W0003680

Annelies Laschitza

Die Liebknechts

Annelies Laschitza

Die Liebknechts

Karl und Sophie – Politik und Familie

Mit 53 Abbildungen

ISBN 978-3-351-02652-3

Aufbau ist eine Marke der Aufbau Verlagsgruppe GmbH

1. Auflage 2007

Einbandgestaltung Andreas Heilmann, Hamburg
Druck und Binden Bercker Graphischer Betrieb Kevelaer
Printed in Germany

www.aufbau-verlag.de

Inhalt

Vorwort

In den Augen seiner Söhne war Karl Liebknecht eine Kraftnatur, voller Lebensfreude und Willensstärke. Sein Vater bezeichnete ihn von klein auf als sehr gesund und hielt ihn für intelligent und gewitzt. Seine Lehrer bescheinigten ihm eigenwilliges Denkvermögen. Studienfreunde beeindruckte er durch Sprachbegabung, Belesenheit, Sinn für Humor und gelegentliches Klavierspiel. Naturverbundenheit und Gesellschaftsinteresse weckten in ihm Wissensdurst und Entdeckerfreude. Väterliche Freunde meinten, er sei ganz der Vater – klug und enthusiastisch. Mit Julia Paradies, seiner ersten Frau, erfreute er sich an drei Kindern: Wilhelm (Helmi), Robert (Bob) und Vera. Sie schwärmten ebenso wie Nichten und Neffen zeitlebens von Karl Liebknechts Güte und Temperament. Für einige Jahre geriet sein Seelenleben durch die heimliche Liebe zu Sophie Ryss aus Rostow am Don aus dem Gleichgewicht. Die Studentin und promovierte Kunsthistorikerin durchlebte mit ihm aufregende Zeiten. Er selbst schrieb 1906: »Ich kenne kein Rätsel als mich selbst«[1], so ausweglos hin- und hergerissen fühlte er sich zwischen einem geordneten Ehe- und Familienleben und der leidenschaftlichen Begeisterung für Sophie, die er 1912, nach dem plötzlichen Tod von Julia, heiratete. Wiederholt quälte Karl Liebknecht das Verlangen, der Politik zu entsagen, öfter ins »Weltmeer der Wissenschaft«[2] einzutauchen und darin Zeichen zu setzen. Kaum aber hatte er mit Studien begonnen, entriss ihn die Politik diesem Vergnügen wieder und er ergötzte sich an ihr nicht minder süchtig.

Karl Liebknecht war bescheiden und kontaktfreudig. Als Rechtsanwalt verhielt er sich zu seinen Klienten aufgeschlossen und hilfsbereit. Parlamentskollegen und Parteifreunde schätzten seine Resolutheit und Solidität, manche verprellte er durch Rigorosität, mit der er bisweilen vorging. Namhafte Politiker, Schriftsteller und Künstler verkehrten mit ihm bzw. zollten ihm

Respekt. Franz Pfemfert bestaunte seine Symbolgestalt. Hellmut von Gerlach lobte seine Toleranz. Romain Rolland schätzte seinen Mut. Kurt Eisner pries seinen Idealismus. Karl Radek betonte seinen Ehrgeiz und »seine menschlichen Eigenschaften, durch die er ebenfalls von dem vorgeschriebenen Typus eines würdigen Parteiführers abwich«[3]. Alexandra Kollontai verehrte ihn als einen »Paladin der Unterdrückten«, der auf Ruf nach Hilfe und Mitgefühl mit einer seltenen Sensibilität reagierte.[4] Henri Barbusse verewigte ihn in seinem berühmten Antikriegsroman »Das Feuer«. Arnold Zweig achtete den Propheten, der das Kriegsinferno vorausgesehen hatte. Alfred Döblin, Sebastian Haffner und Peter Weiss hinterfragten in ihren Betrachtungen über die Revolution 1918/19 in Berlin seine Rolle kritisch. Gemälde, Graphiken, Skulpturen und Filme zeugen vom Bekenntnis zu dem Unbeugsamen. Käthe Kollwitz' Graphiken und Holzschnitte werden die Meuchelmörder für immer anklagen.

Schon 1908 gewahrte Liebknecht: »Die Bande haßt mich in den Tod.«[5] Er ließ sich jedoch nicht beirren. Mit seinem »Trotz alledem!« in privaten und öffentlichen Konfliktsituationen, mit seinem »Nein!« zum Krieg und mit seinem Ruf nach einer »freien sozialistischen Republik Deutschland« bekundete er sein humanistisches Anliegen als Sozialist, der Einfühlungsvermögen wie Ausstrahlungskraft besaß, Ansporn gab und bis heute Menschen beeindruckt.

Über Karl Liebknecht ist in den letzten Jahren relativ wenig Literatur erschienen.[6] In Publikationen zur Geschichte der Neuzeit wird er, wenn überhaupt, nur kurz erwähnt bzw. verzerrt dargestellt. Rosa Luxemburg rückte mit ihren Theorien, Prophezeiungen und nicht zuletzt aufgrund der Widersprüche in ihren Ansichten und Handlungen von Anfang an in den Vordergrund der ideengeschichtlichen Rezeption und steht bis heute immer wieder im Mittelpunkt von internationalen Disputen über die Arbeiterbewegung im 20. Jahrhundert.[7] Als Luxemburg-Biografin ist mir natürlich bewusst, dass sie die theoretisch Bedeutendere der beiden gleichaltrigen Weg- und Schicksalsgefährten ist und ihr wertvoller Briefnachlass eine literarisch reizvollere Lektüre bietet. Mit einer Komposition, die Persönliches, Familiäres sowie Politisches und Zeitgeschichtliches zusammenfügt, möchte ich dazu beitragen, dass Karl Liebknecht aus dem Schatten Rosa Luxemburgs heraustritt und nicht zu einem linken Säulenheiligen versteinert, sondern als ungestümer Kämpfer und umstrittener Querdenker, als Mann mit Charme und Charisma in Erinnerung bleibt.

Die Lebensumstände und Lebensweise von Rosa Luxemburg und Karl Liebknecht waren sehr verschieden. Sie agierten in der sozialistischen Bewegung auf unterschiedlichen Tätigkeitsfeldern und mit ungleichen Motiven und Methoden. In ihrem Bestreben nach Frieden, Demokratie, sozialer Gerechtigkeit und internationaler Solidarität setzten sie unterschiedliche Akzente. Doch früh stimmten sie objektiv und spätestens ab 1914 auch subjektiv in ihren Anliegen meistenteils überein.[8]

Karl Liebknecht gehörte wie Rosa Luxemburg zu einer Generation humanistisch gesinnter und vielseitig gebildeter Sozialisten, deren Denken und Tun in gründlichem Wissen über die jahrtausendealte Menschheitsgeschichte verwurzelt war, die sich den zeitgenössischen Herausforderungen freimütig stellten und die ihre Vorstellungen über künftige Entwicklungen in Deutschland und in Europa mit wachem Blick auf das Weltgeschehen gewannen. Sowohl ihre Kritik am Kapitalismus in dessen erster Phase imperialer und kolonialer Raubzüge und Kriege als auch ihre auf den Sozialismus orientierten gesellschaftspolitischen Erwägungen sind bedenkenswert. Mit ihren Ansichten, durch ihr gesellschaftspolitisches Engagement und ihre integren Charaktere regen sie nach wie vor dazu an, die Suche nach Alternativen zum kapitalistischen Wirtschafts-, Gesellschafts- und Weltherrschaftssystem nicht aufzugeben.

Mein Interesse für Karl Liebknecht wurde bereits vor mehr als 40 Jahren geweckt, als ich den Auftrag erhielt, das Fragment einer Liebknecht-Biografie über die Jahre 1914 bis 1916 aus dem Nachlass Erich Weinerts für den Druck vorzubereiten. Mitten in der Arbeit meldete sich der Sohn des Verfassers Willy Kerff. Der 1897 in Vaalserquartier bei Aachen geborene Willy Kerff, von Beruf Lehrer, war in verschiedenen Funktionen für die KPD tätig gewesen, u.a. bis 1933 Abgeordneter im preußischen Landtag, und hatte bis zu seiner Verhaftung gegen die Nazidiktatur gekämpft. Im Jahre 1935 gelang es ihm, über die Tschechoslowakei in die Sowjetunion zu emigrieren, wo er 1936 bis 1938 an der Liebknecht-Biografie arbeitete. Seine Frau übergab das Manuskript der KPD-Führung, nachdem er im Frühjahr 1938 in Moskau verhaftet und in ein Lager abtransportiert worden war. Die KPD-Führung beauftragte im Frühjahr 1941 Erich Weinert, die Veröffentlichung des Textes vorzubereiten, doch Kerffs Fragment konnte erst 1967 erscheinen.[9]

Durch die Gespräche mit Willy Kerff erhielt ich das erste Mal einige konkrete Kenntnisse von stalinistischen Repressalien gegen Gleichgesinnte in der internationalen kommunistischen Bewegung, die mich erschütterten, vor allem aber motivierten, mit Forschungsbeiträgen über die deutschen Linken deren Verunglimpfung durch Stalin und dessen Protagonisten überwinden zu helfen.

In die erste Hälfte der 60er Jahre gehören auch meine ersten Kontakte zu Sophie und Wilhelm (Helmi) Liebknecht. Beide hatten in der UdSSR unter der Stalindiktatur ebenfalls leiden müssen. Sophie Liebknecht durfte erst 1954, anlässlich ihres 70. Geburtstages, nach Berlin reisen. Auch Wilhelm, der in Moskau lebte, und Robert, der in Paris seinen Wohnsitz hatte, konnten sich in den 60er Jahren wieder begegnen. Der persönliche Austausch mit Sophie, Wilhelm, Robert und dessen Frau Hertha, mit den Enkelinnen Maja und Marianne, mit dem Neffen Kurt und dessen Frau Gisela und seit 1990 mit Charlotte Otto, der Tochter von Theodor Liebknecht, vermittelte mir aufschlussreiche Einblicke in die Familiengeschichte und Lebensart.

Karl Liebknechts und Rosa Luxemburgs Wirken stand im Mittelpunkt meiner Dissertationsschrift »Der Kampf der deutschen Linken für eine demokratische Republik«.[10] Im Jahre 1982 veröffentlichte ich zusammen mit Elke Keller eine Karl-Liebknecht-Biografie in Dokumenten.[11] Darin versuchten wir über Primärquellen ein lebendigeres Bild dieser Persönlichkeit zu vermitteln, als es Heinz Wohlgemuth[12] und Helmut Trotnow[13] gelungen war, deren Liebknecht-Biografien von ideologischen Einseitigkeiten geprägt waren. Wir informierten über den Entstehungsprozess von Liebknechts Fragment mit den Ergebnissen seiner philosophischen Studien, fanden jedoch noch keinen unvoreingenommenen Zugang zu dieser Schrift. Schließlich ermöglichte der

Aufbau-Verlag im Jahre 1992 die Veröffentlichung sämtlicher Briefe Karl Liebknechts an seine Kinder mit einem Vorwort, das viel Unbekanntes aus dem Familienleben enthält und das dramatische Schicksal des Nachlasses von Karl Liebknecht beschreibt.[14] Das große und vielfältige Echo auf dieses Taschenbuch und auf meine 1996 ebenfalls im Aufbau-Verlag erschienene Rosa-Luxemburg-Biografie[15] ermutigte mich zu einem neuen Karl-Liebknecht-Porträt.[16]

Diese Biografie wendet sich gegen die Identität der Vorstellungswelt und Verhaltensweise von Wilhelm und Karl Liebknecht bei Helmut Trotnow und dessen Entgegensetzen von Humanismus und Marxismus. Sie richtet sich nicht minder gegen den stereotypen Vergleich mit Lenin nach der Meßlatte des Leninismus bei Heinz Wohlgemuth und die Konzentration beider Biografen auf den Politiker im Traditionsverständnis von SPD bzw. SED. Zudem versuche ich eigene Fehler und Schwächen zu korrigieren, die sich vor allem aus einer dogmatischen Überhöhung der marxistisch-leninistischen Klassiker und der Vernachlässigung des Individuellen ergeben haben.

Die Wertvorstellungen Karl Liebknechts unterschieden sich von denen Rosa Luxemburgs, weil er ein anders motiviertes Verhältnis hatte zu Karl Marx und Friedrich Engels, zu August Bebel und Wilhelm Liebknecht, zur deutschen Sozialdemokratie, zur russischen Bewegung und zu Vertretern anderer, auch nichtsozialistischer Parteien und Organisationen. Anders als Rosa Luxemburg beschäftigte er sich mit nichtmarxistischen philosophischen Strömungen. In seinem Kampf gegen Imperialismus und Militarismus stand die Entlarvung der »Internationale der Rüstungsindustrie« als Hauptkriegstreiber und der nationalen Demagogie für die Kriegsentfesselung im Mittelpunkt. Die Jugendarbeit der Linken in der Sozialdemokratie trug weitgehend seine Handschrift. Für die Orientierung demokratischer und sozialer Kämpfe waren seine Erfahrungen als Advokat und Parlamentarier von großem Einfluss. Seine Agitationstour durch die Vereinigten Staaten von Amerika wie sein Appell an das Gewissen Europas im Kampf gegen die reaktionärsten Mächte verweisen auf weit über Deutschland hinaus reichende Dimensionen seines emanzipatorischen Anliegens. Schließlich fungierte er in der Novemberrevolution an vielen Brennpunkten, wo er sich vor problematische Situationen gestellt sah und für den Fortgang der Revolution Entscheidungen fällte, die seinem Grundanliegen entsprachen, bis heute jedoch umstritten sind.

Da er als Sozialist und Antimilitarist von internationalem Rang bis zuletzt konsequent blieb, sich beruflich, politisch und privat zum Teil euphorisch und risikobereit auszuleben versuchte, ohne sich an Konventionen zu stören, vor Konflikten zu scheuen und auf Dauer seine Liebenswürdigkeit und Lebensfreude zu verlieren, gebührt Karl Liebknecht weiterhin Beachtung. Menschen, die sich ähnlich engagiert und mutig wie er gegen Kriegspolitik und Rüstungswahn, gegen Völkermord und Menschenrechtsverletzungen, gegen Kulturbarbarei, Religionsmissbrauch und Naturverwüstungen auflehnen wollen, können in seinem Wirken viel Anregung finden und werden sich in ihrer Opposition durch Liebknechts Worte bestärkt fühlen: »Andere mögen ihr: ›Nur nicht zu viel! Nur nicht zu früh!‹ plärren. Wir werden bei unserem: ›Nur nicht zuwenig! Nur nicht zu spät!‹ beharren.«[17]

Der im November 2003 vom Berliner Senat am Potsdamer Platz wieder aufgestellte Sockel für ein Denkmal ist ein großer »Stolperstein« an einer historischen Stelle. Er wird seinen Sinn besonders dann erfüllen, wenn bei recht vielen Frauen, Männern und Jugendlichen Interesse für Karl Liebknecht geweckt wird.

Berlin, 15. Januar 2007

»Ganz der ›Alte‹!«?

Als 1934 die junge Ärztin Vera, Tochter Karl Liebknechts, in Wien an Tuberkulose verstorben war, schrieb der nach Paris emigrierte Bruder Robert tief erschüttert an seinen Bruder Wilhelm in Moskau: »Es gibt nichts, nichts, nichts, was darüber hinwegbringt; man muß zu der einen klaffenden, ewig klaffenden Wunde, nun noch ewig eine zweite tragen und in jeder plötzlich stillen Stunde wird der Gedanke an Vera in unseren tiefsten Lebens- und Wesenskern wie ein glühendes spitzes Eisen hineintreiben und ohne physischen Schmerz an unsern Herzen nagen. Es ist unser Wesen, unser Blut, unser Schicksal, was Vera mit sich genommen hat. [...] Ich war so überzeugt von Papas Kraftnatur, von Papas Lebensfreude und Willenskraft, die in ihr staken, daß ich glaubte, sie könnte in ihrer Lebenskraft doch noch Berge versetzen und Wunder verrichten. Vielleicht wurde ihr unbewußt auch ihre ererbte Kraft 1919, als sie nichts ahnte, mitgetroffen, [...] ihrer Seele Kraft, ihr goldener Charakter, ihre Energie, ihr Trotz blieb unverändert, unberührt; [...]. Das letzte Photo ist beinahe Papa ein kühner, reiner, überlegen lächelnder Ausdruck, als ob sie als einzige wußte, warum und wofür sie gestorben ist.«[1] Dass alle drei Kinder Karl Liebknechts, seine Frau sowie sein Bruder Theodor mit Frau Lucie nach 1933 außerhalb Deutschlands leben mussten, war der Hitler-Diktatur geschuldet. Robert Liebknecht wurde 1937 und Wilhelm Liebknecht 1940 ausgebürgert. Vera Liebknecht wurde 1941, sechs Jahre nach ihrem Tod, die deutsche Staatsangehörigkeit aberkannt.[2]

Robert missfiel an den Nachrufen und Pressemeldungen zum Tode seiner Schwester, dass sie nur auf den Namen Liebknecht und nicht auf Vera konzentriert waren.[3] Das berechtigte Verlangen, in erster Linie persönlich anerkannt zu werden, gehörte ebenso zur Familientradition wie das Bemühen, in jeder neuen Generation Wesenszüge der Ahnen zu entdecken.

Wilhelm Liebknecht, Mitbegründer der deutschen Sozialdemokratie, langjähriger Freund von Karl Marx und Friedrich Engels, hatte seinen Sohn Karl gleich nach der Geburt auserkoren, in der sozialdemokratischen Bewegung in seine Fußstapfen zu treten. »Der Kleine gedeiht sehr gut und wird hoffentlich seinen Paten Marx und Engels Ehre machen«, schrieb er an Friedrich Adolph Sorge.[4] Karl sehe »ganz intelligent aus«, schwärmte er in einem Brief an Friedrich Engels, und er wünschte, dass sie dem jungen Sozialdemokraten etwas Geist von ihrem Geist »einzufiltrieren« suchten. Sonstige Pflichten gäbe es keine.[5] Die drei weiteren Paten waren der Advokat Carl Reh aus Darmstadt, der Fabrikant Paul Stumpf aus Mainz und der Bergdirektor in Bulzach August Kleinschmidt.[6] Warum Wilhelm Liebknecht an Karl schon im Säuglingsalter Ähnlichkeiten mit sich festzustellen meinte, warum er ihn so früh auserkor, ist quellenmäßig nicht zu ergründen. In mancherlei Hinsicht sollte er jedoch mit seiner Behauptung bzw. seinem Wunsch Recht behalten. »Rückhaltlos sein ganzes Ich in die Waagschale«[7] zu werfen, wie es Wilhelm Liebknecht als Maxime seines Lebens verstand, wurde auch Karl zum Lebensbedürfnis. Im Elan, in der Impulsivität, in der Beharrlichkeit und im Wissensdrang ähnelten sich Vater und Sohn. An Eckpunkten ihrer Lebensläufe gibt es erstaunlich viel direkt Vergleichbares. Sie beschritten beide klassische bürgerliche Bildungswege, ihr Denken und Handeln war im Humanismus verankert und sie nutzten ihre Sprachbegabungen für die internationale Kommunikation. Beide agierten als Antimilitaristen und Regimegegner und waren exzellente Parlamentarier. Mutig verweigerten sie den Herrschenden im deutschen Kaiserreich die Kriegskredite und blieben unbeugsam in gegen sie angestrengten »Hochverratsprozessen«. Gefängnisaufenthalte nutzten sie zum Studieren und Schreiben. Auf Agitationstouren durch die USA verschafften sie sich ein eigenes Bild von der »Neuen Welt«. Als Republikaner fochten sie auf den Barrikaden der Revolution für Demokratie. Sie favorisierten im Kampf gegen ihre Widersacher die geistige Auseinandersetzung und verfassten viel beachtete Streitschriften. Gewaltverherrlichung war ihnen fremd, Gewaltverzicht erstrebenswert. Beide erhielten für ihre Antworten auf theoretische Fragen manche Schelte aus dem Kreis der professionellen Theoretiker in der Partei.

Unterschiede im Charakter, im Ehe- und Familienleben und in den Tätigkeiten prägten aber auch sich wenig ähnelnde Eigenschaften, Fähigkeiten und Gewohnheiten aus. Andersgeartete gesellschaftliche Zustände sorgten für kaum vergleichbare Wirkungseffekte. Während Wilhelm sein Studium abbrach, verließ Karl die Universität mit einer Promotion. Er wurde nicht wie der Vater Journalist und Politiker von Beruf, sondern Rechtsanwalt. Auch besaß er keine sonderlichen Anlagen zum Schulmeister, wie sie dem Vater nachgesagt wurden. Viel lieber beschäftigte sich Karl mit Philosophiegeschichte und träumte von wissenschaftlichen Höhenflügen. Während Wilhelm Liebknecht zum Führungskern der deutschen Sozialdemokratie gehörte, seine Stimme als argumentationstüchtiger Rhetoriker großes Gewicht hatte und seine Meinung als Chefredakteur bedeutender Presseorgane mit zunehmendem Alter selbstherrlich durchzusetzen versuchte, erhob Karl Liebknecht keinen Anspruch auf Parteifunktionen mit Einfluss und Macht. Er errang allmählich Achtung durch seine parlamentarische und juristische Tätigkeit, seine antimilitaristischen Aktivitäten und nicht zuletzt durch seine Initiativen, junge Menschen dafür zu gewinnen, ihre Interessen aktiv zu vertreten. Bis zur Gründung der Spartakusgruppe und der Kommunistischen Partei Deutschlands übte er innerhalb der Partei keine Leitungsfunktion aus. Während Wilhelm Liebknecht die deutsche Sozialdemokratie über Jahrzehnte in einem komplizierten Prozess zu einer Massenpartei entwickeln half, musste Karl seinen Platz in dieser national wie international etablierten Partei suchen und behaupten lernen. Er lehnte sich von Anfang an dagegen auf, dass Freund und Feind ihn mit dem »Alten« priesen bzw. befehdeten. Er versuchte zunehmend eigenwilliger aus Dogmenstrenge, Parteiritualen und Lebensnormen auszubrechen.

Karl Liebknecht wurde am 13. August 1871 in Leipzig, Braustraße 11 (heute Nr. 15) geboren. Sein Vater war der am 29. März 1826 in Gießen geborene Wilhelm Liebknecht. Seine Mutter Wilhelmine Natalie geborene Reh stammte aus Darmstadt, ihr Geburtsdatum war der 19. Juli 1835. Die zwei älteren Schwestern, Alice (16. November 1857–27. November 1933) und Gertrud (28. Oktober 1863–21. Februar 1935), stammten aus der ersten

Ehe des Vaters. Der ältere Bruder Theodor war ein Jahr vor ihm, am 19. April 1870, auf die Welt gekommen und lebte bis zum 6. Januar 1948. Die drei jüngeren Brüder waren Otto (13. Januar 1876–21. Juni 1949), Wilhelm (29. November 1877–3. Februar 1972) und Curt (7. Juni 1879–8. November 1966). Die Abstammung der Liebknechts von Martin Luther ist eine Legende.[8]

Der Vater konnte mit seinen 45 Jahren in Karls Geburtsjahr bereits auf ein bewegtes Leben zurückblicken. Er entstammte einer alten Gelehrten- und Beamtenfamilie. Sein Vater, Karls Großvater, war hessischer Regierungsregistrator. Einer seiner Vorfahren, Johann Georg Liebknecht (1679–1749), ein bedeutender Mathemathiker, hatte auf Empfehlung des Philosophen Leibniz einen Lehrstuhl erhalten und wurde schließlich Rektor der Universität Gießen. Wilhelm Liebknecht hatte seine Eltern im Alter zwischen fünf und sechs Jahren verloren. Nachdem ihm der Tod 1834 auch noch die Großmutter entrissen hatte, übernahm Karl Oßwald, Kandidat der Theologie aus Kleeberg und vertrauter Freund des Vaters, die Vormundschaft. Das verschuldete Liebknechtsche Haus am Burggraben in Gießen wurde verkauft. Wilhelm Liebknecht lebte bei Karl Oßwald in der Wohnung des Kaufmanns Bücking in Gießen, bis das »gute Oßwäldchen« 1845 verstarb.[9] Tiefe Spuren hinterließ bei ihm die Ermordung seines Großonkels Friedrich Weidig durch reaktionäre Elemente 1837, denen der republikanische Lehrer und Pfarrer verhasst war. Danach stand für Wilhelm ziemlich früh fest, »daß er dem herrschenden politischen System nur als Feind gegenübertreten konnte«[10]. Er las Schriften von Friedrich Engels, Robert Owen, Saint-Simon und weiteren französischen Sozialisten und entwickelte sich zu einem radikalen Republikaner. Von 1842 bis 1847 studierte er in Gießen, Berlin und Marburg Philosophie, Philologie und Theologie, brach sein Studium jedoch im Gefolge seines politischen Engagements vorzeitig ab. In den Revolutionskämpfen 1848/49 stand er als streitbarer Demokrat auf der Barrikade. Er war Angehöriger der badischen Volkswehr, Leutnant im Mannheimer Arbeiterbataillon, Zivilkommissar, Zeitungskorrespondent, Adjutant Gustav von Struves und Bombardier in der Batterie Borkheim unter Johann Philipp Becker. Als sich im Juli 1849 die Reste der zerschlagenen republikanischen Armee über die Grenzen zurückziehen mussten, floh Wilhelm Liebknecht in die Schweiz. Im August 1849 wurde er Mitglied und später Präsident des deutschen Arbeitervereins in Genf. Dort lernte er Friedrich Engels kennen. Er hielt Vorträge zu politischen und sozialen Problemen, darunter zum Kommunistischen Manifest. Auf Beschluss des Schweizer Bundesrates wurde er Anfang 1850 verhaftet und des Landes verwiesen. Liebknecht emigrierte nach London (1850–1862). Hier kam er in die Lehre von Karl Marx und Friedrich Engels. Marx »zwang uns zum Studieren« und trieb uns in »das prachtvolle Lesezimmer des Britischen Museums mit seinen unerschöpflichen Bücherschätzen«, erinnerte er sich. Marx verweilte dort täglich. »Lernen! Lernen! das war der kategorische Imperativ, den er oft genug uns laut zurief, der aber auch schon in seinem Beispiel, ja in dem bloßen Anblick dieses stets mächtig arbeitenden Geistes lag [...] nie kann ich mein Glück hoch genug preisen, das mich jungen, unerfahrenen, bildungsdurstigen Burschen zu Marx geführt, mich unter seinen Einfluß und seine Schulung gebracht hat.«[11] Wilhelm Liebknecht wurde Mitglied der Londoner Gemeinde des Bundes der Kommunisten. Auch im Kommunistischen Arbeiterbildungsverein fand er ein Betätigungsfeld. In den Londoner Organisationen habe er mehr gelernt als an den Universitäten, da er hier »gründliche Kenntnisse des Lebens und Denkens der Arbeiter erwerben konnte«[12].

1854 heiratete Liebknecht Ernestine Landolt aus Freiburg im Breisgau, die er während der Verfassungskämpfe in Baden in der Haftanstalt Freiburg kennengelernt hatte. Die Tochter des dortigen Gefängniswärters war ihm nach langem Zögern ins Exil gefolgt. Eine Amnestie erlaubte ihnen im Jahre 1862 mit ihrer 1857 geborenen Tochter Alice die Rückkehr nach Deutschland. Sie lebten in Berlin, dort wurde 1863 ihre Tochter Gertrud geboren. 1865 drohte Wilhelm Liebknecht als ehemaligem politischen Emigranten und als »Ausländer« die Ausweisung – er war als gebürtiger Hesse[13] schließlich kein Preuße. Zum neuen Wohnort wählte er Leipzig, wo er vom Einwohneramt ebenfalls als »Ausländer« registriert wurde.[14] Rasch fand er Kontakt zu August Bebel, der in der Stadt einen der bedeutendsten Arbeiterbildungsvereine leitete und ihm nach den vielen Emigrationsjahren half, vom »Fluch der Entfremdung« loszukommen. Dieser Verein hatte Ende 1865 432 Mitglieder. Hier unterrichtete Wilhelm Liebknecht in französischer und englischer Sprache, Geschichte und in Rhetorik. Auch in den 29 sächsischen Arbeiterbildungsvereinen mit etwa 4500 Mitgliedern, die alle mehr oder weniger unter Bebels Einfluss standen,[15] trat Liebknecht als »Wanderredner« auf. Durch die reichen Kenntnisse, die er im Umfeld von Marx und Engels in London erworben hatte, und durch »das Feuer und die Lebendigkeit eines Zwanzigjährigen« habe der 14 Jahre ältere Liebknecht Bebels »Mauserung zum Sozialisten« beschleunigt«.[16] Zum Freundeskreis in Leipzig gehörten neben der Familie Bebel von Anfang an Elise und Robert Schweichel. Bald trafen sich die drei Ehepaare wöchentlich einmal zu Geselligkeit und zum Gedankenaustausch.[17]

Den Freunden und Genossen gegenüber sei Wilhelm Liebknecht »allezeit ein guter Kamerad« gewesen, »der vorhandene Gegensätze auszugleichen suchte«[18].

Anfang 1868 begann er mit der Herausgabe des »Demokratischen Wochenblatts«, das zunächst noch die Zeitung der 1866 gegründeten Sächsischen Volkspartei war, aber zugleich als erste sozialdemokratische Zeitung mit Verlagsort Leipzig im Königreich Sachsen galt. Im September 1868 hatte der Generalrat der 1864 auf Initiative von Marx und Engels gegründeten Internationalen Arbeiterassoziation Wilhelm Liebknecht zum Korrespondenten und Bevollmächtigten in Deutschland ernannt. Im Norddeutschen Reichstag, dem er seit 1867 angehörte, trat er mutig gegen die Blut-und-Eisen-Politik Otto von Bismarcks auf. Mit Bebel und anderen Gefährten gründete Wilhelm Liebknecht auf dem sozialdemokratischen Arbeiterkongress im August 1869 in Eisenach die Sozialdemokratische Arbeiterpartei. Das »Demokratische Wochenblatt« ging als Wochenzeitung in die Hände der SDAP über. Auf Vorschlag von Johann Philipp Becker wurde es in »Der Volksstaat« umbenannt und als »Organ der social-demokratischen Arbeiterpartei und der Gewerksgenossenschaften« ab 2. Oktober 1869 herausgegeben. Leipzig wurde de facto zur sozialdemokratischen Hauptstadt der Bebel'-Liebknecht'schen Richtung und das Königreich Sachsen deren Aktionsbasis.[19] Die offizielle Parteileitung, der Parteiausschuss, fiel »der Braunschweiger Mitgliedschaft um Bracke zu, und die Führung der Kontrollkommission oblag August Geib in Hamburg: Diese bisherigen ADAV-Funktionäre schärften das proletarische Profil der SDAP und sicherten eine straffere Organisation.«[20]

Während des Deutsch-Französischen Krieges lehnten Bebel und Liebknecht die Kriegskredite ab, da nach der Schlacht von Sedan (1./2. September 1870) offenkundig geworden war, dass der Krieg deutscherseits nunmehr eindeutig Eroberungscharakter trug. Als die Kunde von der Proklamierung der Pariser Kommune nach Leipzig drang, solidarisierten sich beide rückhaltlos mit den Zielen und Kämpfern der ersten Arbeiterregierung in der Welt. Daraufhin wurden sie und Adolph Hepner des »Hochverrats« bezichtigt und vor Gericht gestellt. Ihre Verteidiger waren die Leipziger Rechtsanwälte Bernhard und Otto Freitag, erprobte Mitstreiter der Sächsischen Volkspartei. Otto Freitag gehörte fernerhin zum Freundeskreis der Liebknechtschen Familie und wurde Mitglied der SDAP. Die Berichterstattung der Korrespondenten zahlreicher Blätter machte das mutige Auftreten von Bebel und Liebknecht im Prozess zu einer politischen Sensation. Wilhelm Liebknecht war, wie August Bebel hervorhob, »der eigentliche Führer des Prozesses«. Er brillierte durch seinen Scharfsinn und rhetorische Meisterschaft.[21] Stolz erklärte er vor dem Leipziger Schwurgericht: »...ich bin *nicht* ein Verschwörer von Profession, *nicht* ein fahrender Landsknecht der Konspiration. Nennen Sie mich meinethalben einen Soldaten der Revolution, dagegen habe ich nichts.«[22]

Zu dieser Zeit war Wilhelm Liebknecht bereits das zweite Mal verheiratet, und zwar mit Wilhelmine Natalie geborene Reh (19. Juli 1835 bis 1. Februar 1909), die aus gutbürgerlichem Hause in Darmstadt stammte und nach dem Tod ihres Vaters, des Großherzoglich-Hessischen Hofgerichtsadvokaten, eine Erbschaft von 8000 Gulden in die Ehe brachte. Wilhelm Liebknechts erste Frau Ernestine und Mutter der beiden Töchter war am 29. Mai 1867 an Lungenentzündung verstorben.

»Daß Liebknecht mit Natalie Reh bekannt wurde, war eine Folge seiner politischen Betätigung«, schrieb August Bebel später. »Im Frühjahr 1868 reisten er und ich nach Hessen, um dort mehrere bürgerlich-demokratische Kandidaten für die Wahlen zum ersten Zollparlament gegen die Nationalliberalen zu unterstützen. Bei dieser Gelegenheit kamen wir auch nach Darmstadt und wurden von Professor Louis Büchner, dem bekannten Verfasser von ›Kraft und Stoff‹, zu Tische geladen. Hier lernte Liebknecht Natalie Reh kennen, die mit Frau Büchner befreundet war [...] und da erschien ihm in der klugen und redegewandten Natalie Reh die Gesuchte. Ich mußte also am nächsten Tage die Rolle des *postillon d'amour* übernehmen und durch Frau Büchner eine zweite Zusammenkunft vermitteln. Vier Monate später war die Hochzeit.«[23]

Sich für den Witwer mit zwei Kindern von 10 und 4 Jahren zu entscheiden, fiel Natalie nicht leicht. Schließlich war sie eine hochgebildete, sprachbegabte, feinfühlige und anspruchsvolle Frau von 32 Jahren, eine begeisterte Freundin guter Musik und des Theaters. Ihr Vater Theodor Reh legte wegen politischer und weltanschaulicher Differenzen und aus Sorge um die materielle Zukunft seiner Tochter ein Veto gegen die Eheschließung ein und drohte mit Enterbung. Nach dem Tod des Vaters zogen Natalies Stiefmutter und ihr Bruder Erkundungen über Wilhelm Liebknecht ein. Da er nur geringe Einkünfte aus Honoraren für Zeitungsartikel und Privatunterricht aufzuweisen hatte, wünschte Natalie, Liebknecht möge sich vor der Heirat eine gesicherte Stellung bei einer Zeitung, einer Schule oder dergleichen verschaffen. Darauf aber konnte und wollte sich Liebknecht nicht festlegen, weil es sich nicht mit seiner politischen Arbeit vereinbaren ließ. Er versicherte ihr, eine Frau ernähren zu können, wenngleich er nicht reich sei.[24] Die Freundin von Natalie Reh bat er, der Umworbenen verständlich zu machen, dass sein Lebensglück und das seiner Kinder auf dem Spiel stehe. Als »Soldat der Demokratie« habe er viel gekämpft und gelitten und eine »dicke Hornhaut« bekommen. Doch sei er weder rauh noch gefühllos, habe sein Herz jugendwarm erhalten. Er könne nicht leben, ohne zu lieben, ohne geliebt zu werden.[25] Natalie Reh schrieb er am 30. April 1868: »Ich bin leidenschaftlich, rasch im Entschluß, aber auch zäh; noch nie habe ich von dem einmal Erstrebten abgelassen, nie bin ich mir selbst untreu geworden. Also glauben Sie nicht, daß nur eine vorübergehende Laune aus mir spricht ...« Er bräuchte endlich Gewissheit.[26] Sie habe sich niemals glänzende äußerliche Verhältnisse gewünscht, erwiderte ihm Natalie. Sie ersehne Häuslichkeit, unerschütterliche Liebe und festes Vertrauen ihrer Angehörigen, »um für dieselben zu leben und darin meine höchste Seligkeit zu finden«. Sie selbst habe bei ihrer Stiefmutter viel unter Lieblosigkeit und Misstrauen gelitten. Die Einwände ihrer Verwandten beträfen weder seine Person noch seinen Charakter, sondern einzig und allein seine politische Stellung. Sie sei nicht im Stande, ihre Bedenken zu zerstreuen, »die traurige Erfahrung, wie tief die Politik in das Familienglück eingreifen kann, haben Sie leider selbst gemacht, und auch unsere Familie blieb davon nicht verschont«[27].

Als sie ihn bat, recht bald seinen Töchtern begegnen zu können, war er zutiefst gerührt. Doch war er nach wie vor »an den Fels der Politik« geschmiedet, musste sie um Geduld bitten, bis er mit der älteren Tochter zu ihr reisen konnte. Er liebe sie unbändig: »Sie haben alle die Eigenschaften, die ich Ihnen in meinen Träumen beigelegt: Sie haben Verstand, Bildung, Herz und Sie können lieben, leidenschaftlich lieben. [...] Gebe Gott, daß ich es sein möge, dem Sie sich ganz hingeben! Sie werden finden, daß auch ich, wo ich liebe, ganz liebe, und daß es kein Opfer gibt, das ich dem geliebten Weib nicht bringen kann. Sie sind zu verständig, mir Verzicht auf meine politischen Prinzipien zuzumuten; aber das schwöre ich Ihnen: Wenn ich Sie besitze, werde ich mein Leben nach Ihren Wünschen regeln ...«.[28] Nachdem sie sich in der ersten Junihälfte näher kennengelernt hatten, teilte Wilhelm Liebknecht Karl Marx mit, dass er am 30. Juli heiraten werde. Natalie Reh sei die »Tochter des ehemaligen Vizepräsidenten bzw. Präsidenten des Frankfurter Parlaments, der früher ein fanatischer Kaisermacher war, aber durch 1866 zur Vernunft kam«. Sie sei sehr klug, gesund, gutmütig, eine ausgezeichnete Hausfrau und übrigens »eine entfernte Verwandte, ihre Großmutter war die Schwester meines Großvaters«.[29]

Mit ihrem Einzug in die Braustraße 11 in Leipzig begann für Natalie ein völlig neues Leben. »Aus dem gesicherten Frieden ihres Elternhauses, in dem Not und Sorge unbekannte Dinge gewesen waren«, so Minna Kautsky, »trat die junge Frau unvermittelt in ein Leben der Armut, der Unrast, der Kämpfe und der Aschenputtelarbeit. Wenn die sozialdemokratische Partei, die damals noch klein und arm an Geldmitteln war, in jener Zeit die höchsten Anforderungen an den Idealismus ihrer Vorkämpfer stellte, so verlangte sie nicht zuletzt von den Frauen derselben ein fast übermenschliches Maß von Selbstentäußerung und Opferwilligkeit.«[30] Beziehungskonflikte und gesundheitliche Krisen blieben nicht aus. »Ich glaube nicht«, schrieb Natalie am 15. Februar 1871 an Friedrich Adolph Sorge in Hoboken/New York, »daß Sie eine Ahnung haben, in welchem politischen und Parteistrudel mein Mann lebt, von einem eigentlichen Familienleben, von Gemütlichkeit und einem wenigstens einigermaßen ungetrübten Lebensgenuß kann bei uns nicht die Rede sein.«[31] Verbittert äußerte sie noch 1880 gegenüber vertrauten Freunden, dass politisch so engagierte Sozialdemokraten wie ihr Mann eigentlich überhaupt nicht heiraten sollten.[32] Durch moralische und finanzielle Unterstützung von Julie und August Bebel, Elise und Robert Schweichel, Minna Kautsky, Friedrich Engels, Karl und Jenny Marx fand sie schließlich etwa zwei Jahre nach der Eheschließung die Kraft, ihre Rolle anzunehmen.

Karl war noch kein Jahr alt, da mussten Wilhelm Liebknecht und August Bebel im Sommer 1872 im ehemaligen Jagdschloss Hubertusburg die zweijährige Festungshaftstrafe antreten, die gegen sie im Leipziger »Hochverratsprozess« verhängt worden war. Wilhelm Liebknecht begab sich am 15. Juni 1872 nach Hubertusburg, August Bebel kam am 8. Juli 1872 nach.

Die Festungshaft gewährte ihnen allerdings einige Freiheiten. Sie unterlagen keinem Arbeitszwang, ihre Zellen waren geräumig, mit Tischen zum Lesen und Schreiben sowie mit Kisten für Bücher ausgestattet. Vormittags und nachmittags durften sie jeweils zwei bis drei Stunden im Wirtschaftsgarten des Schlosses spazieren gehen. An der Schlossmauer konnten sie sich ein Gartenbeet anlegen. Das Essen bekamen sie auf eigene Kosten aus dem Gasthof »Zum Goldenen Hirsch«. Bebel lernte von Liebknecht Französisch und Englisch. Im Übrigen nutzten sie die Haftzeit zum Studium und zum Gedankenaustausch.[33]

Der Zusammenhalt der beiden übertrug sich auf ihre Familien, zumal Wilhelm Liebknecht, wie Bebel hervorhob, stets eine »echte Kraftnatur« war und durch »unerschütterlichen Optimismus« Mut zu machen verstand.[34] Mindestens einmal im Monat reisten die beiden Frauen nach Hubertusburg. Natalie brachte meist den zweijährigen Theodor mit, Julie die etwas ältere Frieda. Sie wohnten während der zwei bis drei Besuchstage in Wermsdorf.[35] »Die Reise war beschwerlich«, erinnerte sich Bebel. »Die Frauen und Kinder mußten schon früh vor 7 Uhr von Hause fort; Geld für eine Droschke auszugeben hätte jede der Frauen als ein Verbrechen angesehen.«[36]

Die Festungshäftlinge hielten auch Kontakte zur Partei aufrecht. Theodor Yorck, seit 1871 Sekretär des Parteiausschusses, beriet sich mehrmals mit ihnen. Adolph Hepner und Wilhelm Blos, beide zeitweilig Redakteure vom »Volksstaat«, reisten regelmäßig nach Hubertusburg, wenn sie nicht gerade selbst im Gefängnis saßen. Wilhelm Liebknecht ließ seine für die Zeitung verfassten Beiträge zumeist durch den Essenträger Wappler hinausschmuggeln oder er gab sie Natalie mit. Sie versorgte ihn mit Mitteilungen und Geschenken und erledigte seine Korrespondenz.[37]

Die Gegner erreichten nicht, was sie mit dem »Hochverratsprozess« und der Festungshaft bezweckt hatten. Wilhelm Liebknecht und August Bebel blieben standhaft. Der Einfluss der SDAP wuchs. Im Juli 1872 konnte die Genossenschafts-Buchdruckerei gegründet werden, in der neben Broschüren und Kalendern auch der »Volksstaat« gedruckt wurde. Sie befand sich in Leipzig in einem Hinterhaus in der Zeitzer Straße 44 (heute Karl-Liebknecht-Straße). 1874 wurde Julius Motteler der geschäftliche Leiter. Bald schon beschäftigte der Betrieb mit vier Schnellpressen 25 Mitarbeiter.[38] Bei den Reichstagswahlen am 10. Januar 1874 errang Wilhelm Liebknecht eines der sechs Mandate der SDAP, musste aber die Haft bis zum Ende absitzen.

Am 17. April 1874 war er endlich wieder bei seiner Familie in Leipzig. Von 1874 bis 1890 besaß die Familie Liebknecht die dritte Parzelle der gerade entstehenden Kleingartenanlage »Südvorstadt« am Schleußiger Weg. Das 80 Quadratmeter umfassende »Stückchen Land hegte und pflegte Wilhelm Liebknecht sorgsam«[39]. Längst häuften sich bei ihm als Reichstagsabgeordneten, Versammlungsredner, Journalist und Redakteur des »Volksstaat« wieder die Aufgaben. Umso mehr genoss und nutzte er die wenigen Stunden, die ihn Karl Marx im September 1874 auf der Rückreise von Karlsbad nach London besuchte. Schließlich gab es noch viel zu beraten über die inhaltlichen Grundsätze und über das Tempo einer Verschmelzung der ca. 16000 Mitglieder des 1863 von Ferdinand Lassalle in Leipzig gegründeten und inzwischen gespaltenen Allgemeinen Deutschen Arbeitervereins (ADAV) und der 1869 von August Bebel und Wilhelm Liebknecht gegründeten Sozialdemokratischen Arbeiterpartei (SDAP), die ca. 9000 Mitglieder hatte. Nach dem Deutsch-Französischen Krieg, der Gründung des bürgerlichen deutschen Nationalstaates und angesichts der Stabilisierung des junkerlich-bourgeoisen Herrschaftssystems, das zunehmend zu Repressivregeln griff, war die baldmöglichste Vereinigung von SDAP und ADAV geboten. Karl Marx hielt den Klärungsprozess über gemeinsame Positionen in der Kritik am Gesellschaftszustand und in der sozialistischen Zielstellung für nicht genügend fortgeschritten. Wilhelm Liebknecht jedoch, der sich im Vereinigungsprozess auf Seiten der Eisenacher als Hauptakteur erwies und die Bedenken der »Alten in London« nicht teilte, war entschlossen, auf eigene Faust vorzugehen. Bereits 1870 hatte er betont: »Auf dem Feld der *Theorie* lasse ich mich gern von Engels bescheiden, auf dem Feld der *Praxis* glaube ich aber etwas besser bewandert zu sein, als er.«[40] 1875 hatte das Deutsche Reich rund 41 Millionen Einwohner. Bei den Reichstagswahlen 1874 erreichten die Kandidaten der SDAP und des ADAV rund 350000 Stimmen von insgesamt 8,5 Millionen Wahlberechtigten, d.h. 6,8 % der abgegebenen Stimmen, und errangen 9 der 397 Reichstagsabgeordnetensitze. Diese Situation sollte sich durch Vereinigung von ADAV und SDAP zur Sozialistischen Arbeiterpartei Deutschlands (SAPD) auf dem Vereinigungskongress in Gotha im Mai 1875 ändern, auch wenn ein solcher Schritt zur Überwindung der Spaltung naturgemäß Kompromisscharakter tragen musste.[41]

»Der Volksstaat« erschien ab 1. Oktober 1876 als einziges offizielles Parteiorgan der Sozialdemokratie unter dem Titel »Vorwärts«. Die beiden Redakteure Wilhelm Liebknecht und Wilhelm Hasenclever entwickelten das Zentralorgan zunehmend zu einem theoretischen Forum. Das stieß nicht bei allen Lesern auf Gegenliebe, und da auch wenig auf regionale Belange eingegangen wurde, sank die Abonnentenzahl von 12000 auf 7000. Die Partei bemühte sich, dem langsamen Absterben des »Vorwärts« Einhalt zu gebieten. Doch bevor die Anstrengungen Früchte trugen, musste das Blatt am 26. Oktober 1878 nach dem Presseverbot des Sozialistengesetzes sein Erscheinen einstellen.[42] In dieser Zeit mussten Liebknecht und viele andere sozialdemokratische Zeitungsredakteure zahlreiche Prozesse ertragen. So berichtete er im Mai 1877 an Friedrich Engels: »Heut bekam ich 2 neue Prozesse. Macht jetzt 6 – wie viele noch in petto sind, weiß ich nicht.«[43] Infolgedessen war Liebknecht immer wieder einmal von der Familie getrennt, und es fehlte hin und wieder am Nötigsten. »Daß bei diesem unruhigen, aufregenden Leben meines Mannes unser Familienleben nach keiner Richtung hin gedeihen kann, ist selbstverständlich«, schrieb Natalie betrübt an Friedrich Engels in London. Den Mann treffe das alles nicht so sehr, »für eine Frau u. Mutter, der die Pflichten der Erziehung von 4 Kindern allein obliegen u. die nur an's Haus gefesselt ist, ist das was ganz Anderes.«[44] Doch sie verzweifelte nicht und meisterte das Leben.

Karl Liebknecht liebte und achtete seine Mutter über alles. Als sie 1909 starb, traf ihn das in tiefster Seele. »Wie ich, wie wir alle mit unseren Eltern, mit unserer Mutter waren, kann nicht mit Worten beschrieben werden«, schrieb er Sophie. »Es erklärt sich aus vielem, auch aus der Fülle gemeinsamer Not und Verfolgung. Und wirklich – es gibt einen Grad und eine Art der Liebe, die stärker ist als der Tod, der der Tod nichts anhaben kann – der Gestorbene lebt lebendig in der Vorstellung und im Gefühl der Hinterbliebenen fort. So gings mir mit meinen Eltern…«[45]

Im Jahre 1889 berichtete Ignatz Auer Wilhelm Liebknecht, er behaupte, Karl habe »das Gesicht von der Mama, das Wesen aber ganz wie der Papa.« Seine Frau dagegen meine: »›Ganz der Alte!‹ Wer hat nun recht?«[46] Im Folgenden wird sich zeigen: Karl Liebknecht war nicht »Ganz der ›Alte‹!«, der sich mit zunehmendem Alter und Einfluss zu einer respektierten Autorität entwickelt hatte und durch Eigenmächtigkeit nicht selten mit politischen Freunden in Konflikt geriet. Er blieb weitgehend der Suchende und Kontaktfreudige, der sich ohne Bevormundung erproben und bewähren wollte. Statt auf Autorität setzte er auf die Überzeugungskraft seines Engagements. In seiner Persönlichkeit vereinte sich die Leidenschaftlichkeit des Vaters mit dem gutmütigen Naturell der Mutter und deren freimütigem Streben nach intellektueller und musischer Selbstverwirklichung.

Nicolaitaner

Nachdem die Töchter Alice und Gertrud die Smittsche Mädchenschule bereits hinter sich hatten, wurden Ostern 1877 bzw. 1878 die Söhne Theodor und Karl eingeschult. Karl Liebknecht besuchte die 5. Bürgerschule in der Schletterstraße in der Südvorstadt von Leipzig, nahe der elterlichen Wohnung.[1] Von der 1. bis zur 3. Klasse hatte er wöchentlich 30 Stunden Unterricht, und zwar in den Fächern Deutsch, Rechnen, Geometrie, Geschichte, Naturkunde, Schreiben, Zeichnen, Singen, Turnen. Vier Stunden waren der Religion vorbehalten. Seine Eltern hatten zwar 1878 auch für ihn den Kirchenaustritt erklärt, doch Religionsunterricht war laut Volksschulgesetz von 1873 obligatorisch. Wahrscheinlich besuchte er wie die Kinder anderer Leipziger Sozialdemokraten den Unterricht der deutsch-katholischen Gemeinde, in der ein freier Umgang mit religiösen und antikirchlichen Auffassungen gepflegt wurde.[2] Ein Zeugnis aus der Bürgerschulzeit ist nicht erhalten geblieben. Da er nach der 3. Klasse auf das Gymnasium ging, waren seine Leistungen vermutlich überdurchschnittlich.

Am 19. Oktober 1878 wurde im Deutschen Reichstag mit 221 gegen 149 Stimmen das »Gesetz gegen die gemeingefährlichen Bestrebungen der Sozialdemokratie« angenommen, das am 21. Oktober in Kraft trat. Bismarck erklärte den antisozialistischen Vernichtungskrieg. Der Staat habe das Recht und die Pflicht, »die Sozialdemokratie nicht nur in ihren Wirkungen, sondern in ihrer Berechtigung zur Existenz im Staate zu bekämpfen«[3]. Noch im gleichen Jahr forderte Papst Leo XIII. in einer Enzyklika, die katholische Lehre verstärkt zu verkünden, um das »unheilvolle Unkraut des Sozialismus« mit der Wurzel auszurotten.[4]

Das Sozialistengesetz und das generell sozialistenfeindliche Klima im Kaiserreich brachten für die Familie Liebknecht einschneidende Veränderungen mit sich. Nach dem Gesetz konnte jeder, der sich zur sozialistischen Idee bekannte, sozialdemokratische Schriften verbreitete oder sozialdemokratische Organisationen unterstützte, mit Geld- und Gefängnisstrafen gemaßregelt werden. Vereine, Druckschriften und Versammlungen, die »durch sozialdemokratische, sozialistische oder kommunistische Bestrebungen den Umsturz der bestehenden Staats- und Gesellschaftsordnung bezweckten«, wurden verboten.[5] Arbeitervereine, Gewerkschaften und freie Hilfskassen wurden aufgelöst, ebenso Genossenschaftsdruckereien, an denen 2500 Arbeiter mit ihren wenigen Ersparnissen beteiligt waren.[6] Bereits am 26. Oktober 1878 musste der von Wilhelm Liebknecht und Wilhelm Hasenclever redigierte »Vorwärts« sein Erscheinen einstellen.[7] Von den 47 Zeitungen entgingen nur zwei dem sofortigen Verbot.[8] »Das wird unsere Partei nicht vernichten«, schrieb Wilhelm Liebknecht an Friedrich Engels, »aber es vernichtet die Existenz mehrerer Parteigenossen, u. A. auch d[ie] *meine*. Deutschland will ich unter keinen Umständen verlassen, aber ich muß doch auch leben.«[9] Es sei keine »Kleinigkeit, mit einer so großen Familie, wie ich sie habe, zum *Mindesten* eines Theils der ohnehin *höchst knappen* Erwerbsquellen beraubt zu werden. Die Bande möchte mich *aushungern,* da sie uns sonst nichts anhaben kann. Ich denke, aber auch *das* wird ihnen <völlig> vereitelt werden, und wir finden das zur Existenz Nöthige für alle Bedrohten.«[10]

§ 28 des Sozialistengesetzes sah für den Fall der »Gefährdung« der öffentlichen Sicherheit Beschränkungen vor, die unter dem Namen »Kleiner Belagerungszustand« bekannt wurden. Die Behörden waren befugt, durch die Verhängung des Belagerungszustandes Sozialdemokraten mit ihren Familien aus Zentren der Bewegung zu vertreiben. Die Sozialistische Arbeiterpartei Deutschlands zählte damals etwa 40 000 Mitglieder in rund 300 Organisationen. Bereits wenige Wochen nach Erlass des Gesetzes wurde über Berlin, Charlottenburg, Niederbarnim, Osthavelland, Potsdam und Teltow der Kleine Belagerungszustand verhängt. 67 bekannte Sozialdemokraten wurden aus Berlin ausgewiesen. Ein sofort illegal verbreitetes Flugblatt der SAPD rief dazu auf, sich nicht provozieren zu lassen und Solidarität mit den

Ausgewiesenen zu üben. In Leipzig wurden 16 Arbeiter-, sieben Fach- und vier Gesangvereine verboten. 18 Zeitungen mussten ihr Erscheinen einstellen.[11]

Die ersten Jahre unter dem Sozialistengesetz erwiesen sich als besonders schwierig, galt es doch gegen Mut- und Ausweglosigkeit anzukämpfen und politisch unverdächtige Formen für die Parteiarbeit zu finden. Da die parlamentarische Tätigkeit nicht unter die Verbote des Sozialistengesetzes fiel, oblag den sozialdemokratischen Abgeordneten eine große Verantwortung. Sozialdemokraten blieb die Möglichkeit, vor Wahlen Wahlvereine zu bilden, die Kandidaten für die Reichs-, Länder- und Stadtparlamente nominieren konnten. Doch es war schwer, dieses Recht wahrzunehmen. Die Polizei behinderte die Verbreitung von Flugblättern, das Abhalten von Versammlungen, das Austeilen von Stimmzetteln auf Schritt und Tritt. Wähler, die in Verdacht standen, sozialdemokratisch zu wählen, wurden moralisch verfemt bzw. in ihrer Existenz bedroht.

Wilhelm Liebknecht gehörte dem Reichstag von 1874 bis 1887 und von 1888 bis 1900 an. In den sächsischen Landtag wurde er 1879 gewählt, wo er bis 1885 und von 1889 bis 1892 tätig war. Alle damit verbundenen Chancen nutzte er zugunsten seiner Partei. Zu Liebknechts »Uranlage« zählte Eduard Bernstein »eine seltene Unbesorgtheit um alles, was die eigene Person betraf, und Gleichgültigkeit gegen formale Regeln«. Ohne langes Überlegen sei er spontanen Eingebungen gefolgt. Er »rief zu seiner Zeit durch rücksichtsloses Aussprechen dessen, was ihm Wahrheit war, Stürme im Parlament hervor«, er focht »als Anwalt der Menschlichkeit und Gerechtigkeit«.[12] Bei seinen Enthüllungen über die Praxis des Ausnahmegesetzes wählte er auch Formulierungen, die für den anhebenden Richtungsstreit in der Partei über die sogenannte Taktik der Gesetzlichkeit im sozialreformistischen Sinne ausgenutzt werden konnten.[13] So erklärte er am 17. März 1879, dass die Sozialdemokratie keine andere Haltung als die »der Unterwerfung unter das Gesetz befolgt oder auch nur beabsichtigt habe«. Er halte nichts von »unparlamentarischen« Ankündigungen, auf das Gesetz »pfeifen« zu wollen, und erklärte, die Sozialdemokratie sei »Reformpartei im strengsten Sinne des Wortes [...] und nicht eine Partei, die gewaltsam

Revolution machen will, was überhaupt ein Unsinn ist«.[14] Wilhelm Liebknecht verlor jedoch, wie August Bebel hervorhob, »keinen Augenblick den Kopf, sondern regte und spornte an, wo immer er konnte. Ein echter Marschall Vorwärts«.[15]

Nachdem sich das Hamburger Zentralkomitee gegen den Willen von Bebel und Liebknecht bereits am 19. Oktober 1878 aufgelöst hatte, wurde die Zentrale der Partei de facto von Hamburg nach Leipzig verlegt. Bebel wurde die Funktion des Kassierers übertragen, zunächst die einzige Funktion in der Parteiführung. Gemeinsam mit Wilhelm Liebknecht, Wilhelm Hasenclever und Friedrich Wilhelm Fritzsche bildete er das Zentrale Unterstützungskomitee, das bis 1880 als engere Parteileitung fungierte und dessen wichtigste Aufgabe darin bestand, für die Ausgewiesenen und deren Familien Geld zu sammeln. Bis August 1880 kamen 75000 Mark zusammen.[16] Fast jeder namhafte Leipziger Sozialdemokrat trat dem 1879 gegründeten Fortbildungsverein für Arbeiter bei, der unter dem Vorsitz von Friedrich Bosse als eine legale Organisation den Zusammenhalt förderte und das Sozialistengesetz überlebte. Ermutigende Unterstützung kam von im Ausland lebenden Freunden. Carl Hirsch, seit 1871 Pariser Korrespondent der deutschen sozialdemokratischen Presse, schrieb z.B. an Natalie Liebknecht am 3. Dezember 1880, es sei merkwürdig, »daß unser Freund W[ilhelm] regelmäßig um diese fröhliche, selige Zeit sich in die Gemächer der heiligen Justitia zurückzieht. Es ist doch schon das dritte oder vierte Mal, oder gar das fünfte, daß er sich seinen ›Tannenbaum‹ ›in einem kühlen Grunde‹ des Bezirksgefängnisses aufbaut. Sie müssen nun schon ganz daran gewöhnt sein und nehmen es sich also hoffentlich nicht zu sehr zu Herzen; auch wird er wohl sicher für die Festtage einen kleinen Urlaub erhalten. Darf ich Sie bitten, ihn herzlich zu grüßen? Zugleich bitte ich Sie, für die lieben Kleinen mit beiliegenden 20 M. einige Kleinigkeiten kaufen zu wollen.«[17] Die Haft vom 10. November 1880 bis 15. Mai 1881 war nächst der in Hubertusburg 1872–1874 und der badischen Untersuchungshaft von 1848/49 Liebknechts längster Gefängnisaufenthalt.[18]

Natalie Liebknecht versorgte die Kinder so aufmerksam und liebevoll, damit sie möglichst wenig unter der häufigen Abwesenheit des Vaters litten. Die Kinder lehnten sich liebevoll an ihre

Mutter, vertrauten ihr kleine Nöte an, lernten fleißig, spielten vergnügt und wussten beizeiten, dass sie sich von niemandem über den Vater und dessen Freunde ausfragen lassen durften. An Geselligkeit fehlte es in der Familie Liebknecht nie. Sie entsprang dem Naturell von Natalie, dem vielseitigen Betätigungsdrang der Kinder und dem Vorsatz Wilhelm Liebknechts, die Familie nicht mit seinen Arbeitssorgen zu belasten. Natalie ärgerte allerdings, dass sie wenig über all das informiert war, was ihn an »Parteiinterna« bewegte. »Mein Mann spricht sich bei mir sehr wenig aus, er ist im Allgemeinen schweigsam, hat immer, bes[onders] jetzt, sehr viel zu thun und ist infolge davon <ist er> auch in Gedanken stets sehr geoccupiert.«, schrieb sie an Friedrich Engels.[19] Julie Bebel pflichtete ihrem Unmut bei und sagte Wilhelm Liebknecht unverblümt, seine Furcht, Natalie könnte sich beunruhigen, sei falsch. Da sie ständig direkt oder indirekt an seiner Tätigkeit beteiligt sei, verdiene sie unbedingtes Vertrauen. »Unsere Männer sind ja so gut […] und haben ihre Familien sehr lieb, aber durch die ununterbrochene Hetzerei und Überbürdung im Arbeiten und im fortgesetzten Kampfe mit ihren Ansichten werden sie uns immer mehr entzogen und der wichtige Sinn für die Familie geht ihnen immer mehr verloren. Rücksichten uns gegenüber gibt es nicht.«[20] Auch Rosa Luxemburg missfiel das verschrobene Rollenverständnis von Mann und Frau, das noch immer dem traditionellen Ehegebaren in der bürgerlichen Gesellschaft entsprach. »Ein starker frischer Wind« müsse »die Stickluft des jetzigen philisterhaften Familienlebens« vertreiben, das auf die Parteimitglieder, Arbeiter wie Führer, abfärbe.[21] Jenny Marx hatte Wilhelm Liebknecht bereits 1872 geschrieben: »Uns Frauen fällt in allen diesen Kämpfen der schwerere, weil kleinlichere Teil zu. Der Mann erkräftigt sich im Kampf mit der Außenwelt, erstarkt im Angesicht der Feinde und sei ihre Zahl Legion, wir sitzen daheim und stopfen Strümpfe. Das bannt die Sorgen nicht und die tagtägliche kleine Not nagt langsam aber sicher den Lebensmut hinweg.«[22]

Die Kinder nahmen die vielen bekannten und unbekannten Freunde, die bei ihnen ein- und ausgingen und sich mit dem Vater zu Gesprächen zurückzogen, eher als Abwechslung und weniger als etwas Besonderes wahr, das zur politischen Tätigkeit des Vaters gehörte. Im November 1900 hieß es im Bericht der »Leipziger Volkszeitung« über Karl Liebknechts Rede zum Thema »Weltmachtpolitik und Sozialpolitik von oben«: »...das Sozialistengesetz hat es uns deutlich gezeigt, wohin die Gewaltpolitik führt. Er kennt keine unter seinen zahlreichen Erinnerungen an Leipzig, die nicht mit einem Polizisten verknüpft ist. Diese Erinnerungen allein schon sind geeignet, zur Entrüstung aufzustacheln, und da will man uns in den Glauben versetzen, daß durch solche Gewaltpolitik die Chinesen bekehrt werden sollen.«[23] Und auf dem Magdeburger Parteitag 1910 trumpfte Karl Liebknecht gegen den Disziplinbruch der süddeutschen Budgetbewilliger mit der Bemerkung auf: »Ich bin ja sozusagen im Parteileben aufgewachsen« und habe die Parteidisziplin »mit der Muttermilch eingesogen«.[24]

Ab Ostern 1881 besuchte er das Nicolaigymnasium, wo er mit weitaus mehr Kindern aus bürgerlichen als aus sozialdemokratischen Elternhäusern zusammentraf. Dieses städtische Gymnasium war neben der Thomasschule das älteste in Leipzig.[25] Um dort aufgenommen zu werden, musste er am 4. und 5. März 1881 eine Prüfung ablegen. Die Eröffnung des Schuljahres 1881/82 am 26. April war mit einer pompösen Geburtstagsfeier für den König von Sachsen verbunden. Der Schulweg war jetzt weiter als bisher. Zusammen mit seinem Bruder Theodor musste er an die Ecke Königsstraße (heute Goldschmidt-/Stephanstraße) laufen, wo der Neubau der seit 1512 auf dem Nicolaikirchhof existierenden Schule errichtet worden war. Die Einschulung lag in den Händen von Natalie Liebknecht, denn der Vater verbüßte seit November 1880 eine Gefängnisstrafe. Angesichts des jährlich pro Kind aufzubringenden Schulgeldes von 120 Mark und weiterer Gebühren z. B. für die Benutzung der Schulbibliothek wurde der Mutter ziemlich bange. Die Familie lebte so schon in ärmlichen Verhältnissen. Doch um eine der 24 Freistellen an der Nicolaitana zu bitten, kam aus Gründen politischer Selbstachtung nicht in Frage. August Bebel bat Marx und Engels um direkte Hilfe, die wohl auch erfolgte. Weitere Beihilfe gab es vermutlich auch von der Unterstützungskasse der vom Bismarck-Staat verfolgten Familien und einem guten Freund des Hauses, dem vermögenden Sympathisanten Ignatz Bahlmann in Dresden. Als

Mitte der 80er Jahre die Ausbildung für die Kinder Wilhelm Liebknechts aus finanziellen Gründen gefährdet war, sandten Ignatz Auer, August Bebel, Karl Grillenberger, Wilhelm Hasenclever und Paul Singer im Namen der sozialdemokratischen Reichstagsfraktion an vermögende und gut verdienende Parteifreunde ein Rundschreiben und regten die Gründung eines »Erziehungsfonds« an. Als Wilhelm Liebknecht durch eine Indiskretion der »Frankfurter Zeitung« davon erfuhr, schrieb er in dem Blatte, er wisse davon nichts und seine Begriffe von Ehre und politischer Unabhängigkeit würden es ihm nicht erlauben, »den Bettelstab für sich schwingen zu lassen«[26]. Die gestifteten Gelder, darunter 10 Pfund Sterling von Friedrich Engels, bekam Wilhelm Liebknecht von der sozialdemokratischen Reichstagsfraktion zu seinem 60. Geburtstag überreicht.

Das Nicolaigymnasium wollte seine Schüler durch allseitige humanistische Bildung zum selbstständigen Studium der Wissenschaften befähigen. Eine ausgesprochene Vorliebe soll Karl Liebknecht nach Berichten seiner Mitschüler für Sprachen gehabt haben, besonders begabt soll er in Griechisch und Latein gewesen sein. Griechische und römische Literatur und Geschichte gehörten zu seinen Lieblingsfächern. Wenig erbaulich fand er die »patriotischen Gedenk- und Freudentage« an den Geburtstagen des Kaisers und des Königs oder die Schulfeiern und Turnfeste zum sogenannten Sedantag, an denen er mit Gewissensnöten teilnahm. Als Kind des Sozialisten Wilhelm Liebknecht war Karl keinen nennenswerten Drangsalierungen ausgesetzt. Gelegentliche politische Anfechtungen habe er stets »mit Stolz, Verachtung und Mitleid« ertragen, versicherte er später seinen Kindern, »und sie haben mich gefestigt und erhoben«.[27]

Die Hälfte aller Wochenstunden war den altsprachlichen Fächern vorbehalten. Dazu kamen Deutsch, Französisch und fakultativ Englisch. In Geographie, Naturkunde, Arithmetik bzw. Mathematik sowie Physik wurden solide naturwissenschaftliche Grundlagen gelegt. Den Religionsunterricht erhielt er vermutlich weiterhin bis zum 14. Lebensjahr in der deutsch-katholischen Gemeinde, die Verbindungen zu Arbeiterbildungsvereinen pflegte und in der die Sozialdemokraten Gabriel Findel und Friedrich Bosse mit an der Spitze standen.[28] Hinzu kamen

Schreiben, Stenographie, Zeichnen, Gesang und Turnen. In den meisten Fächern unterrichteten am Nicolaigymnasium ausgezeichnete Spezialisten und Pädagogen. Neun der 10 Lehrer Karl Liebknechts waren Doktoren der Philosophie, und vier trugen den Ehrentitel eines Professors. Die meisten waren um eine objektive Beurteilung der Schüler bemüht. Der Rektor Karl Mayhoff schrieb über den lateinischen Aufsatz von Karl Liebknecht: Er »bringt viel mehr Eigenes als die anderen in ziemlich selbständiger Verarbeitung«[29].

Die schriftliche Reifeprüfung fand vom 10. bis 15. Februar 1890 statt. Karl Liebknecht schrieb zwei Aufsätze, in Latein hieß das Thema »Quantum studium Cicero contulerit ad excolendam dicendi artem« und in Deutsch »Worauf beruht in Goethes Tasso die Versöhnung zwischen Dichter und Weltmann?«. Außerdem musste er Klausuren in Französisch, Griechisch und Mathematik und in Latein die von nahezu allen Schülern gefürchtete Extemporale schreiben.

Mündlich wurde er am Nachmittag des 13. März 1890 in Geschichte, Latein, Griechisch und am Vormittag des 15. März 1890 in Französisch und Mathematik resp. Physik geprüft. An der Religionsprüfung nahm er nicht teil. In der Mathematikprüfung musste er sich sehr anstrengen, um die verhältnismäßig schlechte schriftliche Leistung (3a) auszugleichen. Karl Liebknechts Abiturnoten lagen über dem recht guten Klassendurchschnitt. In Deutsch, Latein, Griechisch, Französisch, Geschichte, Mathematik und Physik bekam er eine 2 (in den »Sitten« eine 1b). Autodidaktisch erlernte er während der Gymnasialzeit Klavier spielen.

August Bebel übersandte sofort Glückwünsche zum »gelungenen Examen Karls«; Ignatz Bahlmann begrüßte es mit Freuden, »daß die einem solchen Ereignis vorhergehenden Aufregungen nunmehr vorüber sind«[30]. Briefe Karl Liebknechts an seine Kinder illustrierten, wie nachhaltig ihn seine Gymnasialjahre prägten und welchen Wert das damals erworbene Wissen und die damals geweckten kreativen Fähigkeiten für ihn hatten. Helmi schrieb er aus dem Zuchthaus Luckau am 11. Februar 1917: »Die Schule – mein Junge, Du *täuschst* Dich so abgründlich, wenn Du sie langweilig nennst! Möglich, daß dieser oder jener *Lehrer* langweilig ist. Ganz *wie auf der Universität*, vielleicht nicht mal so sehr. Aber das ist doch nicht die Schule! *Die Schule*: das *sind die Gegenstände, die Wissenschaften, die ihr dort lernt.*« Er legte ihm ans Herz, die Zeit zum Erwerb höchster Bildung zu nutzen. Die Mathematik sei einer der bedeutsamsten »Gradmesser für die Reife des Verstandes« und »für die allgemein-wissenschaftliche Entfaltung des Geistes« sehr wichtig.[31] Besonders schwärmte er vom Literaturunterricht, der unermessliche Horizonte eröffne und »Goethe, Schiller, Lessing, Herder, Klopstock usw. zu einem Freunde gibt«. Er pries die Sprachen als »die interessantesten menschlichen Geistesprodukte«. Über jede Sprache erschließe sich eine neue Welt. Er empfahl Helmi, griechische und römische Klassiker zu lesen, sie würden noch nach Jahrtausenden leuchten. »Wie gern hätte ich jetzt meinen Vergil, Horaz, Homer, Sophokles, Plato hier – wie lebendig sind mir viele Horazsche Oden wieder geworden; [...] Wie glücklich wäre ich, wäre mein Schatz an solcher Kenntnis zehnmal größer, lessingisch-groß!«[32]

Karl Liebknecht wurde in seiner Klasse als ein guter Kamerad geachtet, » jederzeit bereit, den schwächeren Mitschülern zu helfen«. Sein Spitzname war »Dux«. »Den Lehrern gegenüber ließ er [es] niemals an der gebührenden Achtung fehlen. [...] Politisch war er sehr zurückhaltend und versuchte niemals von sich aus politische Fragen anzuschneiden. Einmal nur erinnere ich mich«, berichtet Walter Troitzsch, »daß er auf Befragen nach den Reichstagswahlen des Jahres 1881 mit Stolz erklärte, daß sein Vater in Mainz und in Offenbach gewählt sei.« Darüber entbrannte ein kleiner Streit mit dem Lehrer Oskar Brugmann, der wohl sogar der Sozialdemokratie nahestand.[33] In der Unterprima rief er eine Art Schülerbund ins Leben. »Er muß ein junger Bursche von 17 oder 18 Jahren gewesen sein«, erinnerte sich Franz Mehring, »als er mich brieflich aus Leipzig um ein Freiexemplar der ›Berliner Volks-Zeitung‹ bat, für irgendeinen Bund von Schülern, den er gestiftet hatte. Es war in den Tagen des Sozialistengesetzes, wo sich die ›Volks-Zeitung‹ das radikalste Blatt der deutschen Presse nennen durfte. Ich gewährte ihm gern seine Bitte...«[34]

Die Schulferien verbrachte Karl, meist zusammen mit seinem Bruder Theodor, fast jedes Jahr woanders – einmal in Reichenbach im Vogtland bei der Familie seines Schulfreundes Neu; 1886 in Dresden beim väterlichen Freund Ignatz Bahlmann, bei den

Bebels, die seit 1884 in Plauen bei Dresden wohnten, und bei Paul Singer. Am 3. Oktober 1886 berichtete Bahlmann Natalie Liebknecht von den Entdeckungstouren ihrer Söhne: ein Ausflug mit Bebels und Paul Singer per Dampfschiff nach Pillnitz, Besuche der Gemäldegalerie, der zoologischen und anthropologischen Sammlung und des Rietschelmuseums. »Vorgestern waren sie im Zoologischen Garten und im sog. Großen Garten. Hoffentlich haben die jungen Herrn in den Wissenschaften hier schon einiges profitiert. An Verständnis für die wissenschaftlichen Schätze der hiesigen Sammlung fehlt es ihnen nicht. Geniert haben sie uns noch nicht, und werden wir sie morgen Abend ungern scheiden sehen.«[35] Im Jahre 1887 besuchten beide in Breslau ihre Halbschwester Alice und deren Mann Bruno Geiser. »Liebe Alice, lieber Bruno«, schrieb Karl Liebknecht in seinem Dankesbrief vom 9. Juni: »Die Riesengebirgstour hat mir so viel Neues erschlossen, schöner hätte ich sie mir nicht denken können. Das Wetter war so günstig wie nur irgendmöglich und Bruno, in Deiner Begleitung wurde uns alles Mögliche möglich. Was mir am meisten gefallen hat, kann [ich] noch nicht sagen, mir schwirrt noch mein Kopf, es war eben alles wunderschön. Wir bedanken uns herzlich bei Euch. Ihr habt es an nichts fehlen lassen, [...] Nach dem Apfelsahnen wässert mir noch der Mund, u. verdammterweise haben wir das Rezept vergessen. Die Schweidnitzer Würste entbehrt mein Gaumen nur ungern. Die Elisabethturm-Glocken tönen mir noch in den Ohren. Das Geschrei der Kleinen höre ich immer noch. Manchmal umdünstet mich auch noch der Nebel der Schneekoppe. Ich bin eben noch ganz erfüllt, noch ganz in der Atmosphäre von der Reise.«[36] 1889 war Karl in Nürnberg bei der Familie von Karl Grillenberger und in München bei der Familie von Ignatz Auer, der Natalie Liebknecht am 19. Juli 1889 versicherte: »Karl soeben 2 ¼ Uhr wohlbehalten angekommen. Glücklich, aber müde, Hunger gestillt. Münchner Bier eben geschluckt.«[37] Die Pinakotheken wurden quasi seine Heimat, und er unternahm Ausflüge nach Oberbayern. Von München, bemerkte Karl Liebknecht später, »bekam ich für mein Leben entscheidende Einflüsse, 1889, achtzehnjährig, erwachend, aufatmend, enthusiastisch, die ganze Welt in mich einsaugend und durchglühend, ein Regenbogen alles Seins«[38].

Was Wunder, wenn aus seiner Liebe zur Natur eine nicht weniger starke Liebe zur Kunst hervorging, wurde im Familien- und Freundeskreis resümiert. Er habe in der Jugend viele Gedichte geschrieben, »doch war er selbstkritisch genug, nicht das kleinste Poem an die Öffentlichkeit zu bringen. Nachhaltige Neigungen ließen ihn überhaupt ein engeres Verhältnis zur Dichtung gewinnen, als die meisten ›Gebildeten‹ einnehmen. Den ›Faust‹ kannte er zum Teil auswendig, und eine der schönsten Erinnerungen knüpfte an eine Aufführung von ›Auerbachs Keller‹ an, die er mit einigen Schulkameraden in Leipzig veranstaltet hatte. Wie zur Dichtung überhaupt, so hatte er sich zeitlebens ein starkes inneres Verhältnis zur bildenden Kunst bewahrt. Besonders die klassische Malerei und die klassische Bildhauerei gaben ihm viel.« Das innigste Verhältnis gewann er zur Musik. »Geradezu ergreifend soll er sich bemüht haben, den innersten Kern, den Geist irgendeines Liedes, irgendeiner Symphonie herauszubringen. Er hat inbrünstig um den Geist der Musik gerungen wie um sein Ideal einer glückseligeren Menschheit [...] so aber begreifen wir auch das Bekenntnis seines Bruders: ›Ich hörte niemand so gern Klavier spielen wie Karl, und wer zuhören durfte, wie er sich um die Musik mühte, schien in eine andere Welt entrückt.‹«[39]

Seit 1881 gab es an den Wochenenden und in den Ferien außerdem ein ganz in der Nähe Leipzigs gelegenes Ausflugsziel: Borsdorf. Damit hatte es folgende Bewandtnis. Am 27. Juni 1881 wurde über die Stadt und Amtshauptmannschaft Leipzig der Kleine Belagerungszustand verhängt. Persönliche Freiheit, Unverletzlichkeit der Wohnung, Meinungsfreiheit, Versammlungsfreiheit wurden als verfassungsmäßige Grundsätze außer Kraft gesetzt. Unliebsame Personen wies man sofort aus. Dadurch sollten vor allem die Führer der deutschen Sozialdemokratie ausgeschaltet werden. Mit Liebknecht und Bebel traf das Schicksal weitere 31 Sozialdemokraten und deren Familien. Die Empörung darüber saß tief und verblasste nicht. Wenn »ich mir vergegenwärtige, wie wir aufs Polizeibureau kommandiert, dort wie Verbrecher unters Metermaß gestellt und abgemessen wurden, wie wir photographiert wurden und unser Signalement aufgenommen wurde und wie es dann hieß, binnen drei Tagen macht ihr, daß ihr zum Tempel hinauskommt, das vergesse ich in meinem Leben nicht«, erklärte Bebel 1903 auf dem Parteitag in Dresden.[40] In den folgenden Jahren wurden 164 Sozialdemokraten ausgewiesen und insgesamt über 200 Jahre an Gefängnis- und Freiheitsstrafen verhängt. Die Genossenschaftsbuchdruckerei musste liquidiert werden, weil selbst unpolitische Nachfolgezeitungen der einstigen sozialdemokratischen oder gewerkschaftlichen Blätter verboten wurden. Die Vermögensreste und der beste Teil der technischen Ausrüstung bildeten zwei Jahre später den Grundstock des Verlages von J. H. W. Dietz in Stuttgart.[41]

Am späten Abend des 29. Juni 1881 trafen sich etwa 100 Vertrauensmänner der Partei am Napoleonstein bei Probstheida, wählten die neue Leitung für Leipzig und Umgebung, legten das Verteilernetz für den in Zürich herausgegebenen »Sozialdemokraten« fest und besprachen die illegale Verbreitung von Flugblättern. Julie Bebel, Natalie Liebknecht und Clara Hasenclever, den Frauen der drei ausgewiesenen Reichstagsabgeordneten, wurde die Kasse der Solidaritätsgelder übergeben.[42]

Eine kleinere Gruppe ging mit Bebel und Liebknecht nach Borsdorf im Kreis Oschatz. Andere hielten sich fortan in Halle, Schkeuditz, Altenburg, Chemnitz oder Dresden auf. Die Quartiersuche war mühselig. Monate vergingen, bis Bebel ein Haus entdeckte, in dem er für Liebknecht und sich Räume mieten konnte. Schon bald hieß das Domizil der Exilanten unter Freunden »Villa Liebknecht«. Natalie Liebknecht versuchte das Beste daraus zu machen. »Park u. Wald, beides unsrer Wohnung gegenüber«, schrieb sie an Friedrich Engels, »gehört soz[u]s[agen] uns, denn außer an Sonntagen, verliert sich selten Jemand bis dahin u. so sind wir darin unser eigner Herr. Wir lesen, schreiben u. arbeiten, die Kinder spielen, Niemand stört uns.«[43] Sie führte eine umfangreiche Korrespondenz und wurde zum Erstaunen ihrer Freunde eine emsige Übersetzerin. Ihre langjährige Freundin Elise Schweichel hielt es für ein kühnes Unternehmen, »Die wahrhaftige Lebensgeschichte des Josua Davidsohn« von Mrs. Linton ins Deutsche zu übersetzen, weil sie sich nicht vorstellen konnte, woher Natalie dafür die Zeit nehmen wollte. Jenny Marx hatte Wilhelm Liebknecht auf diesen Roman aufmerksam gemacht. Natalie meinte wie er, diese Lebensgeschichte sei die »beste Propagandaschrift für diejenigen Bevölkerungskreise, [...] in denen die christliche Weltanschauung durch den modernen Materialismus noch nicht verdrängt« sei. Danach übersetzte sie den Roman »Ritter der Arbeit«, der mit einem Vorwort von Wilhelm Liebknecht 1888 erschien, und William Morriss »Kunde von Nirgendwo«. Dieser Roman wurde 1892/93 in der »Neuen Zeit« abgedruckt. Natalie Liebknecht schrieb außerdem für verschiedene Zeitungen und Zeitschriften Theater- und Konzertkritiken. Der Erlös wurde vor allem in der Zeit des Sozialistengesetzes zum Unterhalt der Familie dringend benötigt.[44]

Wegen des Schulbesuchs der größeren Söhne musste Natalie die Woche über in Leipzig bleiben, allerdings aus finanziellen Gründen eine kleinere Wohnung am damaligen Südplatz 11 (heute Karl-Liebknecht-Str. 69) mieten.

Jedes Wochenende ging es hinaus zum Vater. »Wir sieben wohnten in Borsdorf in zwei Zimmern und hatten für sieben nur vier Betten«, erinnerte sich Karls jüngerer Bruder Otto. »Das Rechenexempel, uns alle unterzubringen, wurde dadurch gelöst, daß meine jüngsten Brüder in langen niedrigen Kisten schliefen, die tagsüber unter die Betten geschoben wurden.«[45] An manchem Sonntag kamen noch Schulfreunde hinzu.[46] Pflanzen und Tiere genauestens kennen- und bestimmen zu lernen, Schmetterlinge zu fangen und ausgelassen umherzutollen, gehörte zu den schönsten Kindheitserinnerungen Karl Liebknechts und seiner Brüder. »Mir wird Borsdorf fortgesetzt lebendig«, schwärmte er noch viele Jahre später, »u. unser Zusammenwachsen mit der Natur, die wir nie nur beim ›Spazierengehen‹, nie als bloße ›Sommerfrischler‹ von ferne, unpersönlich, als fremdes Objekt, sahen.«[47] Als er sich in einem Brief an seine Frau im Mai 1918 für seinen Sohn Bob ein Plätzchen wünschte, »wo Arbeit in enger Fühlung mit der Natur u. bei guter Ernährung möglich ist«, hob er schwelgend hervor, »wie wir's in Borsdorf hatten – im primitivsten Quartier, in engsten Kammern u. Verschlägen eines baufälligen Hauses, wir in Wind u. Wetter drauß, aber Wind u. Wetter auch bei uns drin; u. neben Wind u. Wetter Sonnenschein die Fülle; geturnt, geprügelt, Schmetterlinge gezüchtet, gewandert, in Wald, Wiesen, Getreidefeldern verkrochen mit den herrlichsten Büchern – u. allen Musen im Leibe. Kuhstall, Obstgarten, Erntearbeit mit den Knechten, Jauchefässer geritten ...«[48] Im

Garten hatte jedes Kind sein Beet, berichtete Otto, »und es wurden eifrig Schießübungen mit einer aus der Schweiz von meinem Vater mitgebrachten nur mit Hebel zu spannenden Armbrust mit Bolzen, die eine eiserne Spitze trugen, abgehalten. [...] Oft kam es vor, besonders im Winter, daß wir vor unserem Vater, der von Dresden oder Berlin kam, in Borsdorf eintrafen; dann mußte erst Feuer im Ofen gemacht werden, und die steif gefrorenen Bettlaken wurden am Ofen aufgetaut und getrocknet.«[49]

Borsdorf entwickelte sich zum Wallfahrtsort, wie Kurt Eisner schrieb: »Kamen Gäste, und die fehlten nie, so wurden sie in dem nachbarlichen Gasthof ›Kaffeebaum‹ angesiedelt; hier versammelten sich die Parteigenossen, die aus Leipzig herüberkamen, hier die vielen Freunde, die von nah und fern die Borsdorfer Einsiedelei besuchten. Hier aber wurde auch der Krieg gegen das Ausnahmegesetz organisiert und Rat gepflogen, wie mit List und Humor die Heldentaten der Polizei zu durchkreuzen seien.«[50]

Hier fanden illegale Versammlungen der Partei und Besprechungen des Fraktionsvorstandes statt, wurde über den Neuanfang mit relativ unpolitischen Presseerzeugnissen beraten, wurden die Gemeindevertreter unterstützt, die Landtagswahlen und vor allem die Reichstagswahlen 1881, 1884 und 1887 vorbereitet. Kehrte Wilhelm Liebknecht zum Wochenende aus dem Landtag nach Borsdorf zurück, so Friedrich Geyer, »dann warteten ihm die Leipziger Arbeiter en masse auf. Diese wollten Rat, andere kamen aus Freundschaft und wieder andre brachten ausländische Gäste zum Besuch«.[51] Immer wieder musste für verbotene Presseorgane Ersatz geschaffen werden. Für das Lokalblatt der Leipziger Sozialdemokraten schlug Wilhelm Liebknecht am 3. November 1887 den Titel »Der Wähler« vor, der Untertitel lautete »Organ für die Interessen aller Wähler zum Reichstag, zu den Landtagen und zu den Gemeinde-Vertretungen«. Gustav Heinisch berichtete später, er sei an jedem Dienstag und Freitag zum »Alten« nach Borsdorf gefahren, »damit dem Blatt kein Unheil geschehe. Fand er eine gefährliche Stelle, so biß er auf den Bleistift. Das war für mich ein Zeichen, daß etwas zu scharf war. Oft sagte er: ›Sie können alles schreiben, nur müssen Sie die richtige Form finden!!‹ Das war's aber gerade, worin uns Neulingen die Routine fehlte.« Der »Wähler« wurde nicht verboten, aber es gab Anklagen. »Als ich dem Genossen Liebknecht meine erste Anklage zeigte, war er sehr erfreut und rief: ›Jetzt werden wir nicht mehr verboten, jetzt machen Sie sich nur auf Anklagen gefaßt.‹ – und so kam es auch.«[52] Eine andere Episode aus der »Villa Liebknecht« bezeichnete Karl Liebknecht als »das rührendste Erlebnis« seines Lebens: »Unter dem Sozialistengesetz, es mag Mitte der 80er Jahre gewesen sein, erschien eines Tages eine Deputation ostpreußischer Landarbeiter bei meinem Vater im Exil in Borsdorf. Sie legten ihm ihre jammervolle Lage ans Herz und baten ihn, er möge doch bei dem deutschen Kaiser ein gutes Wort für sie einlegen, damit ihre Verhältnisse gebessert würden. Es kam in der Unterhaltung mit diesen braven biederen Leuten ein wahrer Kinderglaube an die Sozialdemokratie, ein wahrer Erlöserglaube, in geradezu überwältigender Weise zum Ausdruck. In der Tat, die Sozialdemokratie ist die Erlöserin der Landarbeiter. Sorgen wir dafür, daß der Kinderglaube dieser Leute nicht zuschanden werde!«, rief Karl Liebknecht in die Debatte auf dem Preußenparteitag 1904 in Berlin, in der er für eine wirksamere Verteidigung der Rechte der ländlichen und der ausländischen Arbeiter eintrat.[53]

Trotz aller politischen und familiären Belastungen reiste Wilhelm Liebknecht 1889 mehrfach in die Schweiz, nach London und Paris. Er nahm auch an der Gedenkfeier für den am 14. März 1883 verstorbenen Freund Karl Marx auf dem Highgate-Friedhof in London teil. Vor den Vertretern des internationalen Proletariats erklärte er: »Toter, lebender Freund! *Wir werden den Weg, den Du uns gezeigt hast, wandeln bis zum Ziel.*«[54] Im September 1886 erfüllte sich für ihn ein seit der Revolutionszeit 1848/49 gehegter Wunsch. Zusammen mit Eleanor Marx-Aveling und Edward Aveling unternahm er bis November eine Agitationsreise durch die Ostgebiete der Vereinigten Staaten von Amerika, um in der »Neuen Welt« den emigrierten deutschen wie auch den amerikanischen Sozialisten beizustehen. Zweck der Reise war auch, über den Kampf gegen das Bismarck'sche Sozialistengesetz in Deutschland zu informieren und Gelder für den bevorstehenden Wahlkampf zu sammeln.[55] Im Jahre 1889 beteiligte er sich aktiv an der Gründung der II. Internationale auf dem Internationalen Arbeiterkongress in Paris. Zum Gedenken an die Pariser

Kommunarden sprach er vor dem Massengrab der Gefallenen auf dem Friedhof Père Lachaise. Auch in Deutschland trat er wiederholt in Versammlungen auf.

Am 30. September 1890 um 24 Uhr verlor das Sozialistengesetz seine Gültigkeit, nachdem die Vorlage für die »Verewigung« dieses Gesetzes am 25. Januar 1890 im Reichstag mit 169 gegen 98 Stimmen abgelehnt worden war. Freudentaumel und Zuversicht erfassten die Genossen. Die Legalität für die Partei, die Gewerkschaften und weitere politische Massenorganisationen war zurückerobert. Zufrieden stellte August Bebel für die Sozialdemokratie fest: »Ihr grimmigster Gegner und ihr gewalttätigster Verfolger muß in demselben Augenblick das Feld räumen, wo die Partei die größten Erfolge erlangte und sie mit einem Schlage zur *stärksten* Partei in Deutschland wurde.«[56] Bei den Reichstagswahlen am 20. Februar 1890 hatte die Sozialistische Arbeiterpartei Deutschlands 1427298 Stimmen erhalten, fast doppelt so viele wie 1887. Als wählerstärkste Partei im Deutschen Reich zog sie mit 35 Abgeordneten ins Parlament, unter ihnen erneut der Vater Karl Liebknechts. Die Parteimitglieder hatten »einen Triumph erfochten«, schrieb Friedrich Engels, »wie ihre zähe Standhaftigkeit, ihre eiserne Disziplin, ihr heitrer Humor im Kampf, ihre Unermüdlichkeit ihn nicht anders verdient« hatten.[57] Bismarck musste am 20. März 1890 abdanken.[58] Für Freund und Feind trat 1890 offen zutage, dass die Sozialdemokratie ihren Masseneinfluss bedeutend verstärkt hatte. Im Vergleich zu 1877/78 verdoppelte sich ihre Mitgliederzahl fast, von etwa 40000 auf schätzungsweise 75000. Die Zahl der gewerkschaftlich organisierten Arbeiter erhöhte sich von 50000 1878 auf rund 300000 im Jahre 1890. Der Parteitag in Halle (Saale) im Oktober 1890 zog eine erste Bilanz über den legalen und illegalen, parlamentarischen und außerparlamentarischen Kampf der Partei und beschloss ein neues Organisationsstatut. Ab jetzt hieß die Partei Sozialdemokratische Partei Deutschlands. Der Parteivorstand wurde beauftragt, ein neues Programm vorzubereiten. Im Reichstag hielt Wilhelm Liebknecht den Gegnern der Sozialdemokratie kraftvoll entgegen: »Wir haben einen elfjährigen Kampf gegen Sie geführt, und in diesem Kampfe sind wir Sieger geblieben; die Besiegten und die Geschlagenen sind Sie.«[59] Die Partei belohnte ihn für seinen großen Anteil am Erfolg mit dem Posten des Chefredakteurs ihres Zentralorgans, den er nur widerwillig annahm. Das neue Parteistatut bestimmte dazu das »Berliner Volksblatt«, das vom 1. Januar 1891 an unter dem Titel »Vorwärts. Berliner Volksblatt« erschien. Wilhelm Liebknechts Jahresgehalt betrug 7200 Mark.[60] Die Familie Liebknecht zog im September 1890 nach Berlin-Charlottenburg in die Kantstraße 160.

Das Ende von Karl Liebknechts Gymnasialzeit fiel mit dem Fall des Sozialistengesetzes zusammen. Es gibt nur wenige Quellen darüber, was er dazu, zum Sturz Bismarcks, zu des Vaters neuer Stellung und zum Umzug nach Berlin meinte. Bei einem seiner ersten öffentlichen Auftritte am 18. Juli 1900 in Magdeburg begründete er seine Entscheidung für den proletarischen Befreiungskampf damit, dass er »wie kein anderer in der Familie den Druck der Ausnahmegesetze gefühlt« habe.[61] 1911 verwies er indirekt auf die Verfolgungszeit unter Bismarck, indem er den Gesetzentwurf über die Polizeiverwaltung im Ruhrgebiet als »ein kleines Sozialistengesetz« anprangerte.[62]

Karl habe sich »im letzten Jahre bedeutend entwickelt«, schrieb Ignatz Auer am 31. August 1900 an Wilhelm Liebknecht.[63] In den Ferien hatte Auer seine große Naturverbundenheit, das gewachsene Interesse an Kunst und Wissenschaft, seine stabile Gesundheit, seinen Bewegungs- und Betätigungsdrang, seinen Frohsinn und respektvollen Umgang mit Menschen wahrgenommen. Karl Liebknecht wurde immer deutlicher bewusst, wie fest verankert und verständnisvoll umsorgt er in seinem Elternhaus und dessen Freundeskreis war. Humanistisches Nicolaigymnasium und sozialdemokratisches Elternhaus schufen wesentliche Voraussetzungen für seine Entwicklung zu einem gebildeten Sozialisten mit lauterem Charakter. Noch bestaunte er das politische Engagement seines Vaters nur und beobachtete kritisch die »rastlose und dabei so oft unerquickliche, ja für andre Menschen geradezu geisttilgende Arbeit«, die Wilhelm Liebknecht »Tag für Tag, Jahr für Jahr« verrichtete.[64] Selbst verlangte es ihm wohl kaum schon danach. Es drängte ihn zum Studium, denn vom geflügelten Wort des »Alten« »Wissen ist Macht« war er begeistert.

Rechtsanwalt Dr. Karl Liebknecht

Der Werdegang Karl Liebknechts zum promovierten Rechtsanwalt erstreckte sich über ein Jahrzehnt. Er umfasst das Studium von 1890 bis 1893 in Leipzig und Berlin, die Referendarzeit von 1894 bis 1899 in Arnsberg und Paderborn und die Promotion im Jahr 1897. Nach großer Staatsprüfung zum Gerichtsassessor und Entlassung aus dem Staatsdienst wurde er im Mai 1899 als Advokat vereidigt und in die Liste der Rechtsanwälte in Berlin aufgenommen.

Am 16. April 1890 ließ Karl Liebknecht sich in die Matrikel der Alma mater Lipsiensis für Rechts- und Kameralwissenschaften eintragen, obwohl er einige Wochen zuvor noch Medizin als gewünschte Studienrichtung angegeben hatte. Sein älterer Bruder Theodor hatte ein Jahr vor ihm an der Leipziger Universität mit dem Jurastudium begonnen, das er ab 1890 an der Universität in Freiburg im Breisgau fortsetzte. Die Jurisprudenz entsprach sowohl dem Ratschlag des Vaters als auch dem Wunsch seiner beiden ältesten Söhne. Der Sozialdemokratie mangelte es nicht an Rechtsanwälten, aber sie habe, wie August Bebel noch 1908 feststellte, »sehr wenig Anwälte, die einen *politischen* Prozeß führen können«[1].

Bereits im ersten Semester, das bis zum 15. August 1890 dauerte, konzentrierte sich Karl Liebknecht vornehmlich auf die Lehrveranstaltungen international ausgewiesener Kapazitäten und schuf so eine solide Ausgangsbasis für seine weitere Entwicklung.[2] Von 7 bis 8 Uhr hörte er an der Philosophischen Fakultät die Einführungsvorlesung in die »Allgemeine theoretische Nationalökonomik« des Kathedersozialisten Lujo Brentano. Von 8 bis 9 Uhr belegte er an der Juristischen Fakultät das Kolleg von Bernhard Windscheid über die »Institutionen des römischen Rechts nebst äußerer Rechtsgeschichte«. Windscheid war Ordinarius der Fakultät und damals einer der bedeutendsten Juristen.

Er gehörte der Kommission an, die den Entwurf zum Bürgerlichen Gesetzbuch auszuarbeiten hatte, verfasste das viel beachtete »Lehrbuch des Pandektenrechts« und trat im Unterschied zu vielen seiner Kollegen gegen stures Auswendiglernen auf. Die Lebendigkeit Windscheids fesselte Karl Liebknecht. Von 10 bis 11 Uhr ging er in die Vorlesung zur »Deutschen Rechtsgeschichte« von Rudolph Sohm, der zu den bekanntesten Kirchen- und Rechtshistorikern zählte und deshalb 1891 in die Kommission für die zweite Lesung des Bürgerlichen Gesetzbuches berufen wurde. Sohm führte in die Quellen des bürgerlichen deutschen Rechts in ihrer Gesamtheit und speziell in die Entwicklung von der Entstehung des Stadtrechts über die verfassungsrechtlichen Anfänge eines einheitlichen Nationalstaates bis zum Jahre 1890 ein. Als Wortführer des konservativen Flügels im Nationalsozialen Verein verfolgte Sohm allerdings das Ziel, der Sozialdemokratie den Garaus zu machen.

Die Nachmittage hielt Karl Liebknecht für das Literaturstudium frei. An den Abenden belegte er mittwochs von 19 bis 20 Uhr an der Philosophischen Fakultät das kulturgeschichtliche Kolleg von Anton Springer über die Renaissance- und Reformationszeit. Der in Prag geborene Wissenschaftler hatte in Tübingen, Prag, Bonn und Straßburg gelehrt und erhielt 1873 in Leipzig den ersten Lehrstuhl für Kunstgeschichte. Er gehörte zu den ersten, die Kunstgeschichte als Wissenschaft auffassten. Durch seine Studien wurde die Ikonografie zu einer Hilfsdisziplin der Kunstgeschichte des Mittelalters. Seine Bücher – u.a. ein Leitfaden der Baukunst des Christlichen Mittelalters, ein Handbuch der Kunstgeschichte, eine Geschichte der bildenden Künste im 19. Jahrhundert (1858), über Raffael, Michelangelo sowie Dürer – setzten neue Maßstäbe in der Betrachtung abendländischer Kunst. Karl Liebknecht zehrte von der Klarheit, Logik und der begeisternden Vortragsweise Springers. Sein Leben lang blieb er ein Verehrer der Renaissance, die er später einmal als ein »Zeitalter der größten überschäumenden künstlerischen Kraft« bezeichnete.[3]

Die übrigen Wochentage hörte Karl Liebknecht von 17 bis 18 Uhr bei Wilhelm Wundt »Geschichte der neueren Philosophie vom Anfang des 17. Jahrhunderts bis auf die Gegenwart«, dessen

Auffassungen er sich auch bei seinen späteren philosophischen Studien wiederholt zuwandte. Dem Belegbogen für die Privatvorlesung des Herrn Geheimrat Prof. Dr. Wundt zufolge hatte er wie alle übrigen 20 Studenten pro Semester 15 Mark Honorar, 1 Mark Stuhlgeld und 0,50 Mark Auditoriengeld zu entrichten. Weitere Vorlesungen konnte Karl Liebknecht nicht hören, da die meisten Kollegreihen gebührenpflichtig waren.

Trotz des dichten Stundenplans und des schmalen Budgets genoss er das Studentenleben von Anfang an in vollen Zügen. Bei den feucht-fröhlichen Runden kam es gelegentlich zu Raufereien. Auf solch Kräftemessen spielte er an, als er später die wegen der Keilereien seiner Söhne aufgeregte Sophie zu beruhigen suchte: Wir »haben diesem Brauch nach Tisch noch als Studenten regelmäßig obgelegen u. wurden geduldet; es ist physiologisch motiviert«[4]. 1909 unterstützte er in einer preußischen Abgeordnetenhausdebatte eine Petition von Studenten für eine Reform der längst überholten Disziplinarordnung an Universitäten. Der »romantische Schimmer, der über der Karzerstrafe lag«, sei »schon sehr verblaßt«. Dieses »privilegium odiosum« müsse beseitigt werden. »Ich glaube, das einzige Privileg, das der Student noch etwas angenehm empfindet – wenigstens ist es mir so gegangen –, ist, daß man bei einem Konflikt mit einem Polizeibeamten nicht auf die Wache gesteckt, sondern bei Vorzeigung seiner Studentenkarte ohne weiteres entlassen wird.«[5]

Karl Liebknecht trat an der Leipziger Universität dem »Akademisch-philosophischen Verein« und der »Leipziger freien wissenschaftlichen Vereinigung« bei. Eine Mitgliedschaft in der »Sozialwissenschaftlichen Studentenvereinigung« ist nicht verbürgt. Der »Akademisch-philosophische Verein«, die von Richard Avenarius 1866/67 ins Leben gerufene wissenschaftliche Hochschulvereinigung in Deutschland, nahm auch Studenten auf. Dem Anliegen »Förderung und Anregung philosophischer Studien und Bestrebungen« wurden die Vortrags- und Leseabende mit Diskussionen gerecht, auf denen sowohl Immanuel Kant und Arthur Schopenhauer als auch Eugen Dühring und Karl Marx vorgestellt wurden. Karl Liebknecht, der am 3. Juni 1890 erstmals als Gast an einer Vereinsversammlung teilnahm und drei Wochen später Mitlied wurde, beteiligte sich an den

Debatten. Aus den Protokollbüchern geht hervor, dass ihn der Begriff des Wertes in der Nationalökonomie und die moderne deutsche Philosophie interessierten. Als ein Referent Rodbertus gegen Marx zu verteidigen versuchte, ereiferte sich Karl Liebknecht nebst anderen im Disput. Auch über das Buch »Die Erziehung« von Herbert Spencer, Vertreter des englischen Positivismus, diskutierte er mit.

Die »Leipziger freie wissenschaftliche Vereinigung« war schon zweimal aufgelöst worden, weil sie die »Förderung des allgemeinen wissenschaftlichen und geselligen Verkehrs der Studenten an der Universität Leipzig, ohne Unterschied der Nationalität und Konfession« bezweckte. Als sie am 7. Juli 1890 abermals gegründet wurde, hatte Karl Liebknecht daran Anteil. Damit das Universitätsgericht die Vereinigung nicht gleich wieder verbieten konnte, wurde der Vereinszweck unverfänglicher formuliert: Allgemeinwissenschaftliche Studien anzuregen und geselligen Verkehr unter den Studierenden aller Fakultäten zu pflegen. Ein Beamter des Universitätsgerichts kontrollierte weiterhin die Mitgliederliste, auf der er den Namen Karl Liebknecht besonders hervorhob. Obwohl die meisten Mitglieder nicht über linksliberale Positionen hinausgingen und jedes offene Bekenntnis zur Sozialdemokratie gemäß einer Verfügung des Sächsischen Kultusministeriums aus dem Jahre 1887 zu einem sofortigen Verweis von der Universität geführt hätte, sollen der erste Band des »Kapital«, »Das Elend der Philosophie« und andere Werke von Karl Marx studiert worden sein.

Als die bürgerliche Presse die Nachricht verbreitete, dass Karl und Theodor zu konservativen Anschauungen gelangt seien und mit ihrem Vater gebrochen hätten, da sie später als Richter in preußische Staatsdienste treten wollten, richteten Sozialdemokraten unablässig Anfragen an Wilhelm Liebknecht. Mit der Kampagne wollte die Presse eine Erklärung provozieren, in der Wilhelm Liebknecht die zweifelsohne schon vorhandene sozialdemokratische Gesinnung seiner beiden Ältesten offenlegte oder diese sich selbst zur Sozialdemokratie bekannten. Die Liebknechts straften die Verleumdung mit Verachtung.[6] Karl Liebknecht wusste also genau, wovon er sprach, als er z.B. 1909 im Preußischen Abgeordnetenhaus anprangerte, wie einseitig die politische Betätigung der Studenten belangt wurde. Er erinnerte daran, dass sowohl bei der »Faschingswahl« 1887 als auch bei der »Hottentottenwahl« 1907 zum Reichstag Studenten unter Billigung der Universitätsbehörden an der Agitation und der Schlepperarbeit für die sogenannten Blockparteien im Kampf gegen die Sozialdemokratie beteiligt waren.[7]

Nach einem Semester verließ Karl Liebknecht die damals sehr angesehene Leipziger Universität, da er im September 1890 mit den Eltern nach Berlin-Charlottenburg zog. Friedrich Engels war über die »schrecklich verbauten« Räume entsetzt: »Hier in Berlin hat man das ›Berliner Zimmer‹ erfunden, mit kaum einer Spur von Fenster, und darin verbringen die Berliner den größten Teil ihrer Zeit [...] Aufmachung und sogar Glanz nach außen, Finsternis, Unbehaglichkeit und schlechte Anordnung nach innen; die Palastfront nur als Fassade und zum Wohnen die Unbehaglichkeit.«[8] Die jährliche Miete für die Wohnung im 4. Stock betrug mehr als 1500 Mark.[9] Die »ganz unpolitische Skizze eines Zeitgenossen« vermittelt einen plastischen Eindruck von dem Domizil: »Im großen Zimmer, rechts am Eingang, stand das Büffet mit schlichter Renaissanceschnitzerei, ein Geschenk der Parteigenossen. Hier die Sammlung der Becher, Humpen, Bierkrüge und Gläser in wunderlichen Formen, seltsamen Farben, durch Freundschaft und Verehrung zusammengekommen, erinnernd an fröhliche Stunden, leidenschaftliche Gespräche. [...] Über dem großen Schreibtisch, den er kaum benutzte, ein Abbild jener Freiheit, wie sie ersehnt wurde, die Glückseligkeit und Frieden auf Erden bringt, daneben Photographien des Asyls in Borsdorf. Nicht weit davon entfernt die Abbildung einer Büste Lassalles. Auf dem Schreibtisch einige Bücher, abgegriffen, in altem Leder: die vierbändige ›Geschichte der Deutschen‹ des Achtundvierzigers August Wirth. [...] Über dem Schreibtisch im schlichten Rahmen: Der Kopf Friedrich Engels. Dort eine bekannte Aufnahme von Liebknechts Amerikareise 1886 [...] An den Wänden Photos aus den sechziger, siebziger Jahren. Eine Photographie war dem Alten besonders wertvoll, sie stellte Disraeli dar. Liebknecht verehrte diesen konservativen Engländer [...] Im Arbeitszimmer an dem schmucklosen Pult stand Liebknecht häufig und warf – schon wieder im grauen Mantel – einige Zeilen aufs

Papier. ›Lieber einige wenige Zeilen – jetzt, gleich, als gar keine.‹ Das Pult bedeckt mit Papieren, Blättern, Briefen, Zeitungsausschnitten. […] Die Wände – bis zur Decke volle Regale, dicht gestopft mit Schriften, vergilbten Ausschnittsammlungen, Büchern, Broschüren, Briefmappen.«[10]

»Hier in Berlin ist alles gut«, schrieb Karl Liebknecht am 31. Dezember 1890 nach Leipzig. »Die Familie hat sich recht leidlich eingelebt, auch Papa und die übrigen Herren fangen jetzt an, obgleich die Arbeitslast immer noch außerordentlich ist, sich mit ihren Verhältnissen mehr zu befreunden. […] Vor wenigen Tagen wohnten wir, mein älterer Bruder und ich, einer Versammlung bei, in der mein Vater über den ›Kampf mit geistigen Waffen‹ referierte. Es war die erste große Volksversammlung, die ich mitgemacht habe und war mir sehr interessant; es gibt hier auch einen sehr guten festen Kern von Genossen, und die Masse steckt voll Begeisterung. Sobald sich eine Gelegenheit bietet, Herrn Bebel oder Auer oder einen andern der Herren zu hören, werde ich nicht fehlen, ich bin sehr gespannt. Meine Hauptarbeit, Hauptzeit u. Hauptinteressen nimmt indes vorderhand mein Studium in Anspruch.«[11]

Er hatte sich am 17. Oktober 1890 an der Königlichen Friedrich Wilhelms Universität zu Berlin einschreiben lassen und war bis zum Schluss des Wintersemesters 1892/93 Student der Rechtswissenschaft. Er belegte laut Aufstellung im Abgangszeugnis insgesamt 30 Vorlesungen und Übungen, pro Semester in der Regel sechs. Das betraf im Hauptfach Rechtsphilosophie und -geschichte, Völker-, Straf-, Kirchen-, Privat-, Handels-, Versicherungs- und Erbrecht sowie deutsches und preußisches Staats- und Verwaltungsrecht. Außerdem besuchte er ein Kolleg des Kathedersozialisten Gustav Schmoller über Nationalökonomie. Zur Französischen Geschichte schrieb er sich beim borussischen Historiker Heinrich von Treitschke ein. Im Sommersemester 1891 besuchte er Dr. Oldenbergs Vorlesungsreihe »Die sozialistischen Lehren in Deutschland«. Im Sommersemester 1892 wandte er sich Gebieten zu, die nur mittelbar oder gar nichts mit seinen juristischen Ambitionen zu tun hatten. So hörte er bei Prof. Schmidt Vorlesungen über das deutsche Volkslied und bei Prof. Mendel über psychologische Probleme der Zurechnungsfähigkeit.[12] Als Franz Mehring Karl Liebknecht persönlich kennenlernte, war er von ihm sehr angetan: »Er war damals ein Student von kaum 20 Jahren, begabt, fleißig, geistig regsam, keck und ein wenig vorwitzig, so wie ein rechter Junge sein soll. Aber er war weder anmaßend noch eitel und am wenigsten empfindlich, wenn man seine grün sprossende Weisheit nicht gleich für voll nahm. Seine bescheidene Liebenswürdigkeit hat Karl Liebknecht von beiden Eltern geerbt.«[13] Selbst sprach er später gern von der »frisch sprudelnden Jugend« und davon, »daß man gerade in der Jugend den Idealen zugänglicher ist«[14]. Als Parlamentarier focht er für »freie Regung auf dem Gebiete der Wissenschaft«, für Idealismus, für »Bewegungs- und Betätigungsfreiheit« und für ein ernsthaftes Streben nach einer »vorurteilsfreien, voraussetzungslosen Wissenschaft« an Universitäten, die nicht zu Drillanstalten entarten dürften.[15] Akademien und Universitäten müssten Orte sein, wo die Anhänger der verschiedensten Richtungen ihre Meinungen frei austauschen.

So oft er konnte, beteiligte sich Karl Liebknecht an den Geselligkeiten der Familie. Der Freundeskreis des Vaters war groß und dafür bekannt, dass man sonntags gern ins Grüne zog. Spaziergänge durch den Grunewald wurden zum Symbol der wachsenden Verbundenheit mit Berlin und zu einer unverbrüchlichen Familientradition. »Es tauchten immer neue Gesichter auf. So steht auf einer Fotoaufnahme der hochaufgeschossene beste Jugendfreund der fünf Söhne Wilhelm Liebknechts, Otto Bracke, später Rechtsanwalt in Braunschweig und Verteidiger meines Mannes beim Prozeß 1916, hinter Wilhelm Liebknecht«[16], hieß es in Aufzeichnungen Sophie Liebknechts.

Die Freunde der Eltern wurden für Karl immer mehr zu Vertrauten: August und Julie Bebel, Louis Kugelmann, Franz und Eva Mehring, Julius Motteler, Robert und Elise Schweichel. Nach Erinnerungen von Theodor Liebknecht besuchte sein Vater mit Karl »einen hohen Staatsbeamten in Finnland, A.N. Herlin. Dieser Mann erkannte die Fähigkeiten des jungen Karl und würdigte ihn der Mitarbeit an seinem Buch ›Das Rechtssystem der Sozialdemokratie‹, das 1894 in Nürnberg erschien.«[17] Im Sommer 1892 dürfte Karl Liebknecht Herlin im finnischen Björneborg bei der Korrektur am ersten Entwurf geholfen haben. Im

Jahre 1893 begegnete er das einzige Mal dem »General« aus London, wie Friedrich Engels liebevoll von seinen Freunden genannt wurde. Auch der Kontakt zur Familie Paradies festigte sich. Der vermögende jüdische Bankier und Kaufmann Louis Paradies, geboren am 2. September 1843 in Danzig, stand seit Anfang der 1870er-Jahre der Sozialdemokratie nahe und wurde später Parteimitglied. Seit etwa 1883 wohnte er mit seiner Frau Rosine (oder Rosina), geboren am 13. März 1848 in Straßburg (Elsass), und den Kindern in Berlin.[18] Diese Freundschaft bezeugten »Fotoaufnahmen von den sonntäglichen Grunewaldspaziergängen«, notierte Sophie Liebknecht. Auf jedem Bild sehe man »den freundlich blickenden Herrn Paradies mit seiner Tochter Julia, einem äußerst anmutigen jungen Mädchen [...] Sie war, so hörte ich meinen Mann und meinen Schwager, Dr. Curt Liebknecht, erzählen, die Gespielin und Jugendfreundin der fünf Brüder Liebknecht, und alle fünf waren in sie verliebt. Heiratsgedanken beschäftigten die älteren unter ihnen, Karl erwies sich als der Bevorzugte...«[19]

Als Karl Liebknecht die Berliner Universität verließ, bescheinigte ihm das Abgangszeugnis vom 7. März 1893: »Hinsichtlich seines Verhaltens auf der hiesigen Universität ist Nachteiliges nicht zu bemerken.«[20]

Am 29. Mai 1893 legte er sein Referendarexamen ab, die erste juristische Prüfung. Eine Referendarstelle zu finden erwies sich als sehr schwierig, weil man »ihm bürokratischerseits«, wie Friedrich Engels schrieb, »nun einmal seinen Vater nicht« verzieh.[21] Die Oberlandesgerichte in Berlin und Kiel lehnten ihn unter allerhand Vorwänden ab. Die Querelen um die Zulassung zum Referendariat bezeichnete Karl Liebknecht z.B. 1910 im preußischen Abgeordnetenhaus als »eine Sache der absoluten Willkür der Verwaltungsbehörde«[22]. Natalie schrieb am 24. Juli 1893 besorgt an Engels: Die Anstellung als Referendar wurde ihm verweigert, »weil er noch Sächsi[scher] Untertan sei. Man möchte gerne unsere Söhne los sein. Der arme Karl war so begierig rasch in seine Thätigkeit einzutreten um rasch fertig zu werden u. nun wartet er schon 9 Wochen u. wer weiß wie lange er noch warten muß.«[23] Seit einem Jahr lebe er in unaufhörlicher Unruhe, teilte Karl seiner Schwester Alice mit. »Erst die Büffelei für das Examen, dann die fortwährende Ungewißheit über meine Anstellung, die erzwungene nicht Untätigkeit, aber zweck- u. ziellose Tätigkeit, denn ich war ja über den nächsten Tag beständig ungewiß: es war wahrlich kein Vergnügen. Jetzt nun scheine ich doch die juristische Karriere, wie ich schon eine Zeitlang fest entschlossen u. vorbereitet war, nicht aufgeben zu brauchen.«[24] Er schöpfte wieder Mut, als er am 4. Oktober 1893 vom liberalen Oberlandesgerichtspräsidenten Wilhelm Falk zum Referendar am Oberlandesgericht in Hamm (Westfalen) ernannt und am 17. Oktober vereidigt wurde. Damit sei ein hinderlicher Stein aus dem Weg, schrieb Wilhelm Liebknecht erleichtert an Engels. Begünstigt wurde dies nicht zuletzt dadurch, dass die Familie Liebknecht mit ihren noch minderjährigen Kindern sowie den erwachsenen Söhnen Theodor und Karl im November 1893 die preußische Staatsangehörigkeit erhielt.[25]

Zunächst mussten Karl und Theodor Liebknecht jedoch bei den Garde-Pionieren als »Einjährig-Freiwillige« ihren Wehrdienst ableisten. Sie rückten beide am 1. Oktober 1893 in die Kaserne des Garde-Pionier-Bataillons in der Köpenicker Straße in Berlin ein und kamen dort in die 2. Kompanie. Als Engels erfuhr, dass Karl Liebknecht unter den Strapazen des Militärdienstes gesundheitlich litt und sich eine Sehnenentzündung zugezogen hatte, fehlte es dem »General« bei aller Anteilnahme nicht an Witz und Spott. Und so schrieb er an Natalie Liebknecht: »Ich glaube gern, daß die Herren Offiziere sich hüten werden, sich Ihren Söhnen gegenüber Blößen zu geben, diese zwei Pioniere stehn zu nah an der Türe des Reichstags, und was auch der Kriegsminister sagen mag, sie scheuen sich doch davor, in den dortigen Debatten persönlich zu figurieren. Und wenn Ihre Söhne nun gar noch, wie mein alter Hauptmann von uns Freiwilligen verlangte, ›das Muster der Kompanie‹ werden, dann kann's nicht fehlen und sie avancieren am Ende doch noch trotz ihres Vaters zum Unteroffizier. Und das wäre ganz in der Ordnung. Wenn Bebel der Sohn eines Unteroffiziers ist, warum sollte Liebknecht nicht der Vater von einem oder mehreren Unteroffizieren sein können? Sie sollen einmal sehn, wie sehr die Tressen die Uniform verschönern, und in Berlin soll das schöne Geschlecht dem Moloch weit geneigter sein, sobald er Tressen trägt, allerdings ist das noch nicht alles, denn wie Heine sagt: Doch am reizendsten sind immer Cäsars goldene Epauletten. So hoch werden wir uns aber schwerlich versteigen.«[26] In preußischen Diensten kam es obendrein zu einer kuriosen Begebenheit, die Alfred Grotjahn erzählte. »Kaisers Geburtstag nahte, und den Einjährigen war befohlen, zu diesem Feste vor den Mannschaften lebende Bilder aus der preußischen Geschichte zu stellen. Es fehlte jedoch an einem Darsteller *Friedrichs des Großen.* Der Hauptmann ließ die Einjährigen antreten, sah jeden einzelnen genau an und befahl *Karl Liebknecht* zu der Rolle. Die großen leuchtenden Augen hatte er ja auch dazu. Kurz vor dem Wegtreten fragte er ihn: ›Wie heißen Sie?‹ ›*Karl Liebknecht*‹, war die Antwort. ›*Der Sohn des Sozialdemokraten?*‹ ›Zu Befehl, Herr Hauptmann!‹ ›Ganz egal.‹ Und dabei ist es denn auch geblieben, und *Karl Liebknecht* hat zu *Wilhelms II.* Geburtstag den *Friedericus Rex* im lebenden Bilde darstellen müssen.«[27]

Im Herbst 1894 begann Karl Liebknecht seine Referendarzeit. Zunächst verbrachte er einige Monate in Arnsberg an der Ruhr, das zum Bereich des Oberlandesgerichts von Hamm gehörte. In dieser mittleren Kleinstadt im Sauerland mit wenig Industrie und einer vorwiegend kleinbürgerlichen Bevölkerung vereinsamte er als »unruhiger Geist« mit einem »tiefen Gemüt«, der »Anschluß an sympathische Menschen« brauchte.[28] Sein Vater berichtete Friedrich Engels von einem regelrechten »gesellschaftlichen Boykott«. Als Karl Liebknecht bei einer Referendarversammlung in Hamm wegen der politischen Ansichten seines Vaters angegriffen wurde, hielt er es für ratsam, den Saal zu verlassen. Obwohl kein Sozialdemokrat, empfand Otto Pape das Verhalten der übrigen Referendare als derart empörend, dass er sich Liebknecht anschloss. Der Vorfall begründete eine Freundschaft, die bis zum Jahre 1898 anhielt. Als Pape 1901 plötzlich starb, schrieb Karl Liebknecht an dessen Schwester: »Die Todesnachricht traf mich wie ein Blitz, ich habe zwar seit mehreren Jahren mit Ihrem Bruder nicht mehr in direkter Verbindung gestanden, aber ich halte und habe ihn in gutem und genauem Andenken.«[29]

In Paderborn, der nächsten Station seines Referendariats, nahmen ihn Freunde seines Vaters freundlich auf. Dr. med Max Baruch verstand sich mit Karl Liebknecht ausgezeichnet. »Sie haben ihm die fremde Stadt zu einer Heimat gemacht, seiner Verbannung – denn das ist es – den Stachel genommen«, schrieb Wilhelm Liebknecht »Carl ist mir in mancher Beziehung sehr ähnlich. Und ich weiß, wie wichtig es für mich war, daß ich als Flüchtling in London – ich war damals ungefähr in seinem Alter – eine *Familie* fand, in der ich ›zu Haus‹ war. Das rettete mich vor dem Untergang. Es war die Familie *Marx*.«[30] Gern trank Karl Liebknecht im Gartenlokal vom Wirt Heitheker, einer Stammkneipe der Referendare und Assessoren des Kgl. Amtsgerichts am Rothoborn, einen Schoppen Wein. »Was war die Paderborner Idylle doch vergnüglich und gemütlich«, schwärmte er 1902 in einem Brief an Max Baruch, »wenn man mich auch aus dem ›Kollegenklub‹ herausgewunken hat – wahrlich kein Malheur und unvermeidlich! –, ich denke oft mit viel Behagen und einer Art Sehnsucht, möchte ich beinah sagen, an dieses Erdenwinkelchen zurück.«[31] Tochter Paula schwärmte damals für Karl und porträtierte ihn. Das Bild schenkte sie 1940 Theodor Liebknecht zum Geburtstag.[32] In Westfalen sei Karl eine neue Welt aufgegangen, bemerkte sein Bruder. Er bekam Aufschluss über den Katholizismus, entdeckte den besonderen Menschenschlag der westfälischen Bauern sowie den eigentümlichen Stolz des dortigen Hochadels. Leute, die Karl Liebknecht damals erlebten, schilderten ihn als sympathischen und fleißigen Menschen, der auch abends im Schein der Petroleumlampe in seinem Dienstzimmer über den Akten saß, wenn seine Kollegen den »Kotten«, das Amtsgericht, verlassen hatten.[33] Schließlich wollte er möglichst viele praktische Erfahrungen sammeln, mit hoher Sachkenntnis die Examina ablegen und seine Bestallung als Advokat überzeugend erreichen. Außerdem strebte er die Promotion an. Mit dem Quellenstudium sei er fertig, berichtete der Vater, als sich Karl einige Zeit in Berlin aufhielt, »wenn er nur nicht wieder zu Großes und Weites erstrebt!«[34].

Mitte 1897 promovierte Karl Liebknecht an der Rechts- und staatswissenschaftlichen Fakultät der Universität Würzburg mit »Magna cum laude«. Promotor war der Dekan Prof. Christian Meurer, der katholisches Kirchenrecht, Völkerrecht, Rechtsphilosophie und Rechtsenzyklopädie lehrte. Die Prüfung war vor den sieben Ordinarii der Fakultät abzulegen, den Professoren

Christian Meurer, Friedrich Schollmeyer, Hugo von Burckhard, Georg Schanz, Friedrich Oetker und Robert Piloty. Die Gebühren betrugen insgesamt 300 Mark.[35] Die Universität Würzburg wählte Karl Liebknecht vermutlich aus politischen Gründen als Ort der Verteidigung. In Berlin und Leipzig, wo er studiert hatte, wurde die Familie von den Behörden und der Öffentlichkeit zu sehr ins Visier genommen. Gedruckt und veröffentlicht wurde seine Dissertationsschrift »Compensationsvollzug und Compensationsvorbringen nach gemeinem Rechte« 1898 in Berlin. »Meinen lieben Eltern in Treue u. Verehrung« lautete die Widmung.[36] »Ja es hat mir auch Freude gemacht, daß Karl, meinem Wunsche entsprechend, erst den Doktorgrad erworben hat«, antwortete Wilhelm Liebknecht seinem Freund Baruch auf die Gratulation.[37] Er habe die Nachricht in London erhalten, wo sie im Freundeskreis heiter gefeiert worden sei. Zünftigem Feiern war vor allem Karl Liebknecht nicht abgeneigt. An Würzburg entsinne er sich sehr gut, schrieb er 20 Jahre später an seine Frau. Er habe dort »aber auch getollt, grad genug!«.[38]

Der frisch gekürte »Dr. iur. et rer. pol.« schloss seine Referendarzeit mit der juristischen Arbeit »Vorbehaltszahlung und Eventualaufrechnung nach heute geltendem und künftigem Reichsrecht« ab und bereitete sich auf das Assessorexamen vor. Sein Bruder Theodor legte dieses Examen Ende 1898 ab.

Um diese Zeit gab es in der Familie Liebknecht viel Aufregung. Wilhelm Liebknecht teilte Paul Meurice am 2. März 1899 mit: »Drei meiner Söhne hatten im Laufe des Winters Prüfungen zu bestehen – und Sie wissen, was das heißt. Zwei haben bestanden (cum laude), der dritte steckt noch mitten in der Arbeit. Um unsere Sorge auf das höchste zu steigern, ist mein erster Sohn, der seit vier Monaten Advokat ist, plötzlich an einem ansteckenden Fieber erkrankt (scar latina) und dies hat uns in eine häusliche Revolution gestürzt, weil unser Logier nicht groß genug ist, um jedem meiner Kinder ein separates Zimmer zu geben. Und wenn Sie zu diesem hinzufügen, das gegen Ende des vergangenen Herbstes der Mann meiner ältesten Tochter gestorben ist und sie allein gelassen hat mit fünf Jungen und ohne Vermögen und ohne Ressourcen, so werden Sie begreifen, daß mein Schweigen Gründe hatte. Ich will deswegen nicht klagen, ich wollte nur *erklären.*«[39]

Am 5. April 1899 bestand Karl Liebknecht die große Staatsprüfung (Assessorenprüfung) mit »Cum laude« und wurde am 11. April 1899 zum Gerichtsassessor ernannt. Am 9. Mai erhielt er die Entlassung aus dem Staatsdienst sowie seine Bestallung als Advokat, am 13. Mai erfolgte die Vereidigung: Karl Liebknecht war nunmehr in die Liste der Rechtsanwälte eingetragen und an den Landgerichten I und II in Berlin zugelassen. Die Freude der Familie war riesengroß. Der »Alte« schrieb am 7. April 1899 an Carl Ulrich: »Von 6 fielen 3 durch – es war also keine ganz leichte Sache. Jetzt wird er Anwalt – zusammen mit dem ältesten Bruder, der von seinem Scharlachfieber-Anfall wieder ganz hergestellt ist. Karl hat auch die Gelegenheit benutzt, sich zu verloben – und zwar mit einer Jüdin, was bei den Antisemiten, wenn sie es erfahren, ein großes Halloh geben wird.«[40]

Die Verlobte Julia Paradies, am 20. Juli 1873 in Meiningen geboren, war eine sehr hübsche junge Frau, klein, zierlich und zart. Sie schmückten herrliche kupferbraune Haare. Ihr von Sophie Cohn gemaltes Porträt hing über Karl Liebknechts Schreibtisch. Die Hochzeit fand am 8. Mai 1900 in Weimar im Kreise der beiden Familien und im Beisein von August Bebel, Robert Schweichel und Paul Singer statt. Eine Wohnung mietete das junge Paar in der Kaiser-Wilhelm-Straße 19, heute Karl-Liebknecht-Straße.

Im Mai 1899 trat Karl Liebknecht als Sozius in die Rechtsanwaltspraxis von Theodor Liebknecht ein. Das Büro befand sich bis 1903 in der Anwaltskanzlei an der Spandauer Brücke 8, nahe dem heutigen S-Bahnhof Hackescher Markt. Hier praktizierte auch Dr. Oskar Cohn, der sich 1897 als Rechtsanwalt in Berlin niedergelassen hatte und wie seine Frau Sophie mit den Liebknechts befreundet war.[41] Alles mache sich sehr gut. Theodor und Karl könnten bald auf eigenen Füßen stehen, berichtete Wilhelm Liebknecht erleichtert seinen Freunden.[42] Seit 1904 unterhielten die Gebrüder Liebknecht ein Büro in der Kaiser-Wilhelm-Straße 46. Nach Meinung des Berliner Polizeipräsidenten war Karl Liebknecht als Rechtsanwalt unter den Sozialdemokraten vor allem deshalb sehr beliebt, weil er Unterbemittelten häufig unentgeltlich half.[43] Er nutzte seine parlamentarischen Möglichkeiten und forderte wiederholt, die Gebühren in den unteren Klassen gänzlich fallen zu lassen oder wesentlich herabzusetzen und damit die Tore der Gerichte weit für jene zu öffnen, die mühselig und beladen sind und auf dem Gebiet der freiwilligen Gerichtsbarkeit vom Staate geschützt werden sollten. Obwohl er als Anwalt dadurch Nachteile hatte, protestierte er gegen jedwede Verteuerung der Rechtspflege.[44]

Da sich ihre Praxis weiter ausdehnte, mieteten die beiden Liebknechts 1908 ein größeres Büro in der Chausseestraße 121, das im Zweiten Weltkrieg durch Bombardement zerstört worden ist. Leider sind dadurch fast sämtliche Advokatenunterlagen Karl Liebknechts verloren gegangen. Nur wenige Stücke sind durch Zufall erhalten geblieben, so z. B. die Handakte, mit der er die Strafsache des Kalkwerkspächters Ernst Richard Schneider wegen öffentlicher Beleidigung in Plauen (Vogtland) vertrat.[45] Zwei weitere Fälle fanden Aufnahme in seinem Beitrag für den Band »Justizirrtum und Wiederaufnahme«, den der Berliner Rechtsanwalt Dr. Max Alsberg herausgab.[46]

Sophie Liebknecht hat das Getriebe im Büro in der Chausseestraße 121 beschrieben. »Das große Berliner Zimmer diente als Warteraum. Zahlreiche Klienten aus verschiedenen Bevölkerungsschichten, hauptsächlich den proletarischen, warteten auf einen der Rechtsanwälte. Die Arbeitszimmer waren einförmig: Schreibtisch, Telefon, Stühle, an den Wänden Regale mit Akten.« In Karls Arbeitszimmer habe es immer stark nach Zigarren gerochen. »Das Büro war durch viele Fäden mit den Familien der Rechtsanwälte verbunden. Es war eine Filiale der Wohnungen, oder waren die Wohnungen Filialen des Büros? Die Bürovorsteherin kannte alle Kinder beim Namen, empfing uns freundlich, wenn wir mal in der Gegend waren und zu ihr hinaufgingen, klagte liebevoll über die Unpünktlichkeit meines Mannes. Stenotypistinnen kamen manchmal in unsere Wohnung, Diktat aufzunehmen und dabei etwas zu plaudern. Das Bürotelefon klingelte als erstes Zeichen des erwachten Tages, dem Herrn Doktor die Zeiten der auf ihn in Moabit wartenden Termine mitzuteilen und ihn vor Verspätungen zu warnen.«[47]

Die Praxis in der Chausseestrasse baute Theodor Liebknecht mit seinen Partnern Dr. Karl Liebknecht und Dr. James Friedlaender zu einer großen Anwaltskanzlei aus. Dort waren neben assistierenden Referendaren mehrere Schreibkräfte und zeitweilig ein Bürovorsteher beschäftigt. Ab 1914 arbeitete auch der Bruder Wilhelm Liebknecht in der Kanzlei mit. Nach einem 1902 mit der Promotion abgeschlossenem Studium der Nationalökonomie hatte er ab 1909 noch Jura studiert und 1914 die Assessorprüfung abgelegt. Wilhelm Liebknecht war vorwiegend als Zivilverteidiger tätig und stand dem von ihm eingerichteten Notariat vor. Friedlaender verließ bald danach die Praxis.

Im hinteren Teil des Büros gab es eine Zweizimmerwohnung. Dort lebte das Ehepaar Land. Beide sorgten für Ordnung und Sauberkeit und waren für die Familien der Gebrüder Liebknecht unentbehrliche Freunde. Ihre behagliche Wohnküche war für die Kinder von Theodor und Karl ein beliebter Anlaufpunkt.

Theodor Liebknecht war mit Leib und Seele Rechtsanwalt, vor allem Strafverteidiger. Da er so rasch wie möglich verdienen musste, waren für eine Doktorarbeit weder Zeit noch Geld da gewesen. Die ihm 1901 von der Sozialdemokratischen Partei vorgeschlagene Wahlkreiskandidatur lehnte er ab, weil er sich auf den Beruf und die familiären Verpflichtungen konzentrieren wollte.[48] Durch kostenlose Sprechstunden für Hilfsbedürftige am Abend im Gebäude des »Vorwärts« stieg das Ansehen der Brüder. In der »Vorwärts«-Rubrik »Redaktionsnachrichten« beantwortete Karl Liebknecht zudem Rechtsfragen.

Es sprach sich rasch herum unter den Armen, Landarbeitern, Dienstboten, Schiffern, Staatsarbeitern, Händlern und Gewerbetreibenden, dass man im Rechtsanwaltbüro Liebknecht gut beraten wurde. Die meisten Klienten waren aus Not mit dem Gesetz in Konflikt gekommen. Familienväter, die von habgierigen Hausbesitzern wegen Mietschulden bedrängt wurden, Landarbeiter, die gegen die Gesindeordnung aufbegehrt hatten, Dienstmädchen, die von Herrensöhnen verführt und dann davongejagt worden waren, Eltern, die gegen erbärmliche Schulzustände protestiert hatten, oder ein Vater, der den Kommandeur des Regiments beleidigt haben sollte, in dem sein Sohn tödlich verunglückt war.[49] Karl Liebknecht wurde als Verteidiger in jeder Art von Prozessen »von den Richtern gefürchtet«, erinnerte sich Martha Nothnagel, die ab 15. März 1907 für ihn als Stenotypistin arbeitete, »denn seine Plädoyers waren außerordentlich überzeugend und hatten bei den Zuhörern einen durchschlagenden Erfolg, vielleicht auch manchmal bei den Richtern, die es aber nicht wagten, ihm beizupflichten. Er urteilte niemals nur nach dem Buchstaben und strengen Paragraphen des Gesetzes, sondern beurteilte den ganzen Menschen, seine Entwicklung, seine Umwelt und sah alles im Zusammenhang mit den herrschenden politischen Verhältnissen. Für jeden Gestrauchelten hatte er ein gutes und belehrendes Wort. Die Höhe des Honorars für die Verteidigung war nicht das wichtigste, sondern die Sorge um die Menschen, die sich ihm anvertrauten.«[50]

Bei öffentlichen Auftritten lag ihm sehr daran, Nächstenliebe, Gerechtigkeitssinn und Freiheitsgefühl zu fördern. In der Debatte um die Erneuerung des Strafrechts im Reichstag 1913 sprach er sich z. B. entschieden gegen den sogenannten Vagabundenparagraphen aus. Er stellte sich an die Seite der Abgeordneten, die wie der verstorbene Pastor von Bodelschwingh darauf hinwiesen, »daß man auch in dem Vagabunden, in dem Landstreicher, dem Stromer doch schließlich den Menschen zu achten habe, der ebenso ein Mensch ist, wie man selbst einer ist«[51]. Der Kriminalistik wie der Rechtsprechung gelte es einzuhämmern: »Die Verhütung der Verbrechen ist in erster Linie eine Sache der Sozialpolitik und auch der Politik im allgemeinen.«[52] In dem Artikelentwurf »Gegen die Freiheitsstrafe« vom Frühjahr 1918 bekräftigte Karl Liebknecht seine Meinung, das »Verbrechen als soziale Erscheinung« könne nur »im sozialen Gesamtzusammenhang, aus dem es – als der Eiter aus einer schwärenden Wunde der Gesellschaftskonstitution – geflossen ist und dauernd fließt, und nur mit sozialen Mitteln bekämpft werden – durch Beseitigung seiner Ursachen, Verstopfung seiner Quellen, durch Bekämpfung des Elends in allen Gestalten, der Unwissenheit, der Verwahrlosung, durch Vermehrung der Selbständigkeit, der freien Energie und des offenen Selbstgefühls«. Dabei kann alle »›Erziehung‹ und psychisch-geistige Einwirkung nur dann ein ernstes, bleibendes Resultat zeitigen, wenn die sozialen Vorbedingungen dazu geschaffen werden«.[53]

Die höchste und heiligste Aufgabe des Anwalts sah Karl Liebknecht darin, »den Schwachen und Unterdrückten Beistand zu leisten, und zwar um so mehr, je bedrückter der Schwache ist und je mächtiger seine Peiniger und Bedrücker sind!«[54]. Diese Maxime hat ihn stets motiviert. Zuweilen haderte er aber mit seinem Beruf, da ihm viel zu wenig Zeit blieb für seine im Studium geweckten wissenschaftlichen Ambitionen. So schrieb er am 20. Oktober 1904 an Karl Kautsky: »Nur 16 Jahre sind Sie älter als ich u. seit schon 30 Jahren in einer fruchtbaren, freilich auch dornigen Arbeit. Die Scham, die ich über meinen – verzeihen Sie das harte Wort – *dreckigen* Anwaltsberuf empfinde, wächst, wenn ich so einen Überschlag Ihrer bisherigen Lebensarbeit mache, ins Unermeßliche. Galgenhumor ist da der einzige Trost.«[55] Seine Mitarbeiter ließ er solchen Unmut nicht spüren. Er verlangte korrekte Arbeit, dankte für jede Hilfe und lobte gute Leistungen. Trotz der Berge von Akten und Papieren, die er täglich zu bewältigen hatte, sei er immer freundlich gewesen, habe Liebe und Wärme ausgestrahlt, und darauf geachtet, dass jeder gut bezahlt wurde, meistens sogar über den tariflich festgelegten Sätzen.[56]

Am 6. April 1902 sprach er auf einer Volksversammlung in Berlin zum Thema «Justiz gegen Proletariat«. »Was dem Proletariat groß und edel gilt, erscheint dem Richter gar oft ›gemeingefährlich‹; was der Arbeiterschaft gemeingefährlich scheint, gilt dem Richter gar oft als ›staatserhaltend‹. So kommen jene Urteile zustande, die wir als Ausfluß der Klassenjustiz bezeichnen.« Gesetzesverletzungen, die Vertretern der politischen und gewerkschaftlichen Arbeiterbewegung angelastet werden, bestrafe man in Deutschland ungemein schwer. Er verwies auf Urteile gegen Streikende, den China-Prozeß des «Vorwärts«, die Landfriedensbruch-Prozesse in Löbtau und Köslin, die Meineidsprozesse in Güstrow und Erpressungsprozesse gegen Arbeiter, die nicht mit Unorganisierten arbeiten wollten. Am Ende seines Vortrags stellte er fest, »daß der Grundsatz: Gerechtigkeit ist die Grundlage des Staates, erst mit Beseitigung der Klassen Wahrheit werden könne«.[57] In der Öffentlichkeit viel diskutierte Prozesse wie der Kaiserinselprozess 1903, der Königsberger Prozess 1904, der Plötzenseeprozess 1905 oder der Dresdener Geheimbundprozess 1909 waren mit seinem Namen verbunden.[58]

Häufig verteidigte er sozialdemokratische Redakteure, die der »Majestätsbeleidigung« bezichtigt wurden. Konrad Haenisch, Julius Kaliski, Karl Leid, Paul Lensch, Paul Löbe und Franz Mehring gehörten zu seinen Klienten. Als sich im Juli 1902 der

Reichstagsabgeordnete Georg Ledebour gegen polizeiliche Übergriffe während einer Volksversammlung erwehren musste, beauftragte er Karl Liebknecht mit der Wahrnehmung seiner Interessen. Ende November 1902 trat er in einem Strafprozess gegen den Vorstand des deutschen Bergarbeiterverbandes in Bochum auf.[59] Wilhelm Dittmann, Redakteur der »Bergischen Arbeiterstimme« in Solingen, hatte als Redakteur mehrerer sozialdemokratischer Blätter bereits einige Beleidigungsprozesse durchgestanden. Bald fühlten sich ein paar Prügelpädagogen beleidigt, bald ein Richter, bald ein Unternehmer, bald ein Polizeibeamter, bald irgendein Geschäftsmann und bald Redakteure und Verleger der bürgerlichen Zeitungen. Gegen die meisten Anklagen verteidigte er sich mit Vergnügen selbst. Als 1903 vor dem Elberfelder Landgericht gleich fünf Prozesse anhängig waren, in denen er zu drei Monaten Gefängnis verurteilt werden sollte, bat er Karl Liebknecht um Unterstützung, weil dieser so geschickt operierte, dass für den Staatsanwalt und die Richter der Angeklagte stark in den Hintergrund trat. Er habe in einem zweistündigen glänzenden Plädoyer nachgewiesen, »daß in der Preßpolemik hüben und drüben gesündigt worden sei und man dabei nicht jedes Wort auf die Goldwaage legen dürfe. Das Resultat war, daß die drei Monate auf drei Wochen Gefängnis reduziert wurden.«[60]

Vielfach gelang es Karl Liebknecht in solchen Prozessen, die längst noch nicht alle erfasst und erforscht werden konnten, die politischen Absichten und das journalistische Können sozialdemokratischer Redakteure so zu verteidigen, daß sich Kläger, Richter und Staatsanwälte in Widersprüchen eigener Rechtsverdrehungen verstrickten und für die Öffentlichkeit de facto auf der Anklagebank saßen. Widerfuhr Angeklagten oder Verteidigern durch die Prozessführung Unrecht, so setzte sich Karl Liebknecht energisch für sie ein. Furchtlos widersprach er, auch in gegen ihn selbst gerichteten Prozessen[61], Ministern, Staatsanwälten, Regierungs-, Polizei- oder Gerichtspräsidenten und bewies präzise Fall- und Gesetzeskenntnis. Die Achtung vor Karl Liebknechts Können wuchs.

Im Laufe der nächsten Jahre konnte er wegen seiner politischen Aktivitäten seine Fähigkeiten als Advokat nicht mit der gleichen Intensität wie sein Bruder Theodor einbringen. Als

1907 versucht wurde, ihm im Zusammenhang mit seiner Verurteilung als »Hochverräter« ein zweites Mal ein Ehrengerichtsverfahren anzuhängen und das Recht abzusprechen, als Rechtsanwalt tätig zu sein, konterte er: Der Anwalt sei durch seinen Beruf politisch nicht gebunden; »nur aus Gründen der Moral ist seine ehrengerichtliche Ahndung zulässig [...], der Hochverrat, den ich begangen haben soll, ist nicht ein wahlweise mit Zuchthaus oder Festung bedrohtes Delikt, sondern ausschließlich mit Festungshaft bedroht, mit custodia honesta genau wie das Duell. [...] Und auf die moralische Würdigung allein kommt's hier an.« Wenn das Gesetz »für den reinen Fall des politischen Hochverrats eine ehrenhafte Strafe zuläßt, so folgt es damit der moralischen Anschauung höherer Kultur, die es als barbarisch und niedrig verwirft, den politisch anders Denkenden, Wollenden und Handelnden nur um deswillen in seiner Ehre anzutasten«.[62] Seine Berufsehre lasse er sich von niemandem streitig machen. »Ich hänge an dem Anwaltsberufe, dem ich vielleicht durch Anlagen, jedenfalls durch eine warme Neigung angehöre«, erklärte er vor dem Ehrengerichtshof der Rechtsanwälte in Leipzig am 10. Oktober 1908.[63] Der politische Fortschritt der Menschheit vollziehe sich allenthalben in der Form des Hochverrats, »und der Hochverrat von heute wird die Legitimation von morgen sein«. In dem vortrefflichen Buch des Rechtsanwalts Weißler über die Rechtsanwaltschaft könne studiert werden: »Die Zahl gerade der einst hochverräterischen Anwälte, die danach weiter Zierden unseres Standes waren, ist Legion.«[64] Karl Liebknecht sah sich in bester Gesellschaft. Auch ein 1911 gegen ihn angestrengtes Ehrengerichtsverfahren, das sich bis 1914 hinzog, schlug fehl. Die bürgerlichen Ehrenrechte raubte ihm erst die Kriegsjustiz, die ihn 1916 wegen »Landes- und Kriegsverrat« mit Zuchthaus bestrafte und dazu verdammte, seinen Anwaltsberuf nicht mehr ausüben zu dürfen.

Aufbruch in die Politik

»Politik ist Handeln, Wirken«, notierte Karl Liebknecht in Aufzeichnungen zu den »Bewegungsgesetzen der gesellschaftlichen Entwicklung« von 1917/18. Für die Politik sei das »Wirken auf andere Menschen« das Wichtigste, damit sie »den gewollten Gesellschaftszustand erhalten und herstellen helfen«. Um diese Wirkung zu erzielen, bedürfe es »je nach der Beschaffenheit der Menschen verschiedener Mittel und Methoden«. Politik sei Wille und Tat, verlange viele Gedankenoperationen. »Aber sie ist keine Wissenschaft.« Drei Aufgaben habe der Politiker: »1. Zielsetzung, 2. Orientierung über die Wege und Mittel zum Ziel, 3. Ausführung: Entschluß, Aktion, Willensbildung …«. Schließlich postulierte er »Politik als Kunst des Unmöglichen«.[1] Von diesen Positionen war er um die Jahrhundertwende noch weit entfernt. Zwar hatte er schon hin und wieder an einer sozialdemokratischen Veranstaltung teilgenommen und im Jahre 1899 einige Stunden die Rednerschule von Georg Ledebour besucht, der sich durch brillante Vorträge an der Berliner Arbeiterbildungsschule großer Beliebtheit erfreute. Doch erst am 19. September 1899 hielt Karl Liebknecht im Wahlverein für den 1. Berliner Reichstagswahlkreis in den Arnimhallen seine erste politische Rede zum Thema »Kommunismus und Frauenwahlrecht in der Entwicklungsgeschichte der Menschheit«.[2] In diesem Wahlkreis erhielt er im August 1900 auch das Mitgliedsbuch der Sozialdemokratischen Partei Deutschlands.[3]

Im Alter von 29 Jahren wurde Karl Liebknecht Mitglied der Partei, die sich als marxistisch orientierte revolutionäre Oppositionspartei verstand und in Deutschland wie in der internationalen sozialistischen Arbeiterbewegung Einfluss und Anerkennung besaß. In Berlin zählte sie zu dieser Zeit etwa 20000 Mitglieder, in Deutschland über 100000.[4] In den freien Gewerkschaften waren in Berlin 95000, in Deutschland 680427 Arbeiter und Arbeiterinnen organisiert. Bei den Reichstagswahlen am 16. Juni

1898 hatte die deutsche Sozialdemokratie 2107076 Stimmen erhalten und 56 Mandate errungen. Sie verfügte über 71 Presseorgane. Die führenden Köpfe der deutschen Sozialdemokratie waren Ignatz Auer, August Bebel, J. H. W. Dietz, Richard Fischer, Alwin Gerisch, Karl Kautsky, Wilhelm Liebknecht, Hermann Molkenbuhr, Wilhelm Pfannkuch, Bruno Schoenlank, Paul Singer und Clara Zetkin. Vorsitzende waren August Bebel und Paul Singer. Das vom Erfurter Parteitag 1891 beschlossene Programm enthielt im ersten Teil eine knappe Analyse des Kapitalismus und stellte die Unversöhnlichkeit des Klassengegensatzes zwischen Proletariat und Bourgeoisie fest. Es bezeichnete die Verwandlung des kapitalistischen Privateigentums an Produktionsmitteln in gesellschaftliches Eigentum und die Umwandlung der Warenproduktion in sozialistische als Voraussetzungen dafür, dass der Großbetrieb und die stets wachsende Ertragsfähigkeit der gesellschaftlichen Arbeit für die bisher ausgebeuteten Klassen aus einer Quelle des Elends und der Unterdrückung zu einer Quelle der höchsten Wohlfahrt und allseitiger, harmonischer Vervollkommnung werden. Dafür müsse der Kampf um die politische Macht, um die Errichtung der Macht der Arbeiterklasse geführt werden. In diesem Sinne betrachteten viele Sozialdemokraten wie August Bebel das beginnende 20. Jahrhundert als »das Jahrhundert der sozialen Revolution«[5]. Der zweite Teil des Parteiprogramms umfasste die Forderungen für die tagespolitischen Kämpfe: allgemeines, gleiches, direktes und geheimes Wahl- und Stimmrecht für alle Reichsangehörigen über 20 Jahre ohne Unterschied des Geschlechts; zweijährige Gesetzgebungsperioden und Aufhebung jeder Beschränkung politischer Rechte; Selbstverwaltung und Selbstbestimmung des Volkes in Reich, Staat, Provinz und Gemeinde; Verantwortlichkeiten der Behörden; volle Koalitions- und Versammlungsfreiheit; Volkswehr an Stelle des stehenden Heeres; Abschaffung aller die Frau benachteiligenden Gesetze; Weltlichkeit der Schule. Gefordert wurden eine umfassende nationale und internationale Arbeiterschutzgesetzgebung, der Achtstundentag, das Verbot der Kinderarbeit, die Beseitigung der Gesindeordnungen und die rechtliche Gleichstellung der Landarbeiter und Dienstboten mit den Industriearbeitern.[6] Auf der Trauerfeier für Friedrich Engels, der am

5. August 1895 verstorben war, hatte Wilhelm Liebknecht verkündet, dass die internationale sozialistische Bewegung und ihre Millionen Anhänger eine Welt vertreten, »die der Welt des Kapitalismus den Untergang bereiten« werde.[7]

Das politische Leben der deutschen Sozialdemokratie spielte sich vor allem in den örtlichen Vereinen ab. Die Versammlungen fanden gewöhnlich vierzehntäglich oder monatlich in Gastwirtschaften statt. Der Mitgliedsbeitrag – in der Regel zehn Pfennig pro Woche – wurde monatlich auf den sogenannten Zahlabenden entrichtet. In den Vereinsversammlungen wurden parteiinterne Fragen beraten, politische Vorträge gehalten, Presseartikel vorgelesen, Spendensammlungen oder andere Aktionen der Partei organisiert. Zugleich gab es öffentliche Versammlungen, an denen auch Nichtmitglieder teilnehmen konnten. Im letzten Jahrzehnt des 19. Jahrhunderts hatte sich unter Einfluss der Sozialdemokratischen Partei ein reges proletarisches Vereinsleben entwickelt. Die Skala proletarischer Organisationen reichte von Arbeiterbildungs- und Unterstützungsvereinen über Kultur- und Freizeitorganisationen, die Bewegung der »Freien Volksbühne« bis hin zu Konsumvereinen und Genossenschaften.

Für Karl Liebknecht bot das vielfältige Partei- und Vereinsleben neue Betätigungsfelder. Anfangs setzte er sich als Versammlungsredner vornehmlich mit dem bürgerlichen Recht auseinander, so sprach er im November 1899 in Berlin über »Das Mietrecht nach dem bürgerlichen Gesetz«, am 29. September 1900 in Dresden über »Das neue bürgerliche Recht – ein Rück- oder Fortschritt für die Arbeiterklasse?« und am 17. Oktober 1900 in Berlin-Schöneberg über »Das Recht der Frau nach dem Bürgerlichen Gesetzbuch«.[8] Eine der ersten explizit politischen Reden hielt er auf einer öffentlichen Volksversammlung am 18. Juli 1900 im Magdeburger Stadtteil Sudenburg. Dort bekannte er vor 270 Männern und Frauen, er habe nur geringe Erfahrungen, das Schicksal habe »ihn aber dazu geschmiedet, dem Proletariat zu dienen«. Als er die Aufgaben der gewerkschaftlichen und politischen Organisationen erläuterte, forderte er eine energischere Opposition gegen die Innen- und Außenpolitik. Die Eroberungen Deutschlands und anderer europäischer Staaten in China kritisierte er heftig. Die Europäer seien »nicht als Friedensengel nach China gekommen, sondern als fremde Teufel, wie sie von den Chinesen zutreffend genannt werden«. Selbst die Königsgräber wollten sie in Peking zerstören. Allein Deutschland habe 25000 Soldaten nach China gesandt, wodurch nicht nur deren Leben aufs Spiel gesetzt, sondern auch hohe Kosten verursacht würden. Von Freiwilligkeit könne keine Rede sein, da den Soldaten bei Verweigerung Militärarrest drohe. Aus Protest gegen die auswärtige Politik müsse unbedingt die Einberufung des Reichstags und des Bundesrats gefordert werden. Europa müsse anerkennen, dass es unrecht hat.[9]

Vater Wilhelm Liebknecht wollte seinen ihm »in mancher Hinsicht ähnlichen« Karl[10] am liebsten in eine Parteiposition lancieren. Über August Bebel ließ er anfragen, ob sein Sohn als bezahlter Mitarbeiter der Partei eingestellt werden könne. Doch Parteivorstand und Kontrollkommission lehnten dieses Ansinnen ab. Sie wollten nicht der Protektion bezichtigt werden.[11] Als Hugo Haase, sozialdemokratischer Rechtsanwalt in Königsberg, Karl Liebknecht den Eintritt in seine Praxis zu einem hohen Jahreseinkommen von 6000 Mark anbot, war Wilhelm Liebknecht strikt dagegen. Karl sollte in Berlin bleiben, die vom älteren Bruder Theodor begründete Praxis aufbauen helfen, aber auch auf politischem Terrain tätig sein.[12] Für die Rechtsanwaltspraxis sollte in erster Linie Theodor verantwortlich zeichnen, um der Familie Liebknecht – die Brüder Otto, Wilhelm und Curt studierten noch – die Existenzgrundlage zu sichern, falls Karl bei künftiger politischer Betätigung in Konflikt mit preußischen Behörden geraten sollte. Zufrieden versicherte Wilhelm Liebknecht seinem Freunde Julius Motteler in London: »›Theo[dor] und der Krummhaarige [Karl] greifen famos zusammen, ergänzen sich, so daß mir nicht bangt für beide oder die andern.‹«[13]

Wie Karl Liebknecht über die Vorstellungen des Vaters dachte, ist den Quellen nicht zu entnehmen. Für Versuche, zwischen Familie, Beruf, Politik und Wissenschaft eine seinen Ambitionen entsprechende Balance zu finden, blieb ihm keine Zeit. Als Wilhelm Liebknecht am 7. August 1900 völlig überraschend verstarb, stand er plötzlich vor neuen Herausforderungen. Wohlauf hatte der »Alte« vom 10. Februar bis Mitte März zusammen mit seinem Sohn Otto die seit langem ersehnte Italienreise unternommen, die ihn nach Mailand, Rom, Neapel, Nizza und San

Remo führte. Danach war er wie eh und je politisch aktiv gewesen. Am 28. und 29. Juli hatte er in Dresden und in Pillnitz viel beachtete Reden gehalten, die als Broschüre »Weltpolitik – Chinawirren – Transvaalkrieg« sofort in die sozialdemokratische Agitation Eingang fanden. Am 4. August allerdings entschuldigte er sich beim Vorsitzenden des Gewerkschaftskartells in Neu-Haldensleben bei Magdeburg, dass er nicht kommen könne. Seit 1½ Monaten sei er jeden Sonntag unterwegs, dem einzigen Tag, den er für die Familie freihabe. Sie sollten bitte mit seinem Sohn Karl vorliebnehmen.[14]

Julius Motteler erfuhr von Karl Liebknecht telegrafisch die traurige Nachricht: »Papachen, der alte, heute früh 4½ tot.«[15] Natalie Liebknecht unterrichtete ihn brieflich über den »furchtbaren Schlag«, der die Familie und sie besonders getroffen hatte: »Ich war ganz allein, allein mit ihm […]. Sämtliche Kinder, mit Ausnahme K[arls] waren 4 Tage vorher etwas in die Ferien gegangen.«[16] Karl Liebknecht hatte mit einem Mal »alles auf dem Nacken«[17]. Im Einverständnis mit seiner Mutter und den Geschwistern kümmerte er sich um die Trauerfeierlichkeiten, vertrat die Familie nach außen und agierte bezüglich des Nachlasses als Familienoberhaupt. »Noch kann ichs nicht fassen, es ist unmöglich, daß er nicht wieder kommt. Wie konnte er sterben«, seufzte Natalie gegenüber Freunden, die ihr wie Minna Kautsky, Paul Singer und August Bebel beistanden.[18]

Im Nekrolog hob die »Vorwärts«-Redaktion hervor: »Er war die Partei selbst. In ihm verkörpert sich die Geschichte der modernen Arbeiterbewegung. Er hat an der Wiege der Partei gestanden. […] Er war durch fünf Jahrzehnte der Führer der Partei. Er hat sie durch alle ihre Entwicklungsphasen, durch innere Fehden und durch zahllose Kämpfe von Sieg zu Sieg geführt […] Eine Kraftnatur, wie sie kaum je erwächst, ein politischer Geist, wie ihn an Umfang und Tiefe selten eine Partei ihr eigen nennen darf, ein Mensch, der sich im Kreise der Familie, der Freunde und Genossen treu bewährt und die höchsten Ziele der Menschheit sich vorschreibt – das war unser Liebknecht.«[19]

Der grandiose Trauerzug nach Berlin-Friedrichsfelde am 12. August 1900 überwältigte die gesamte Familie. An der Beisetzung nahmen auch bekannte Vertreter der II. Internationale teil, so Victor Adler aus Österreich, Jean Jaurès und Paul Lafargue aus Frankreich, Peter Christian Knudsen aus Dänemark, Tom Mann aus Großbritannien, Pieter Jelles Troelstra aus den Niederlanden und Émile Vandervelde aus Belgien.

Unter den vielen Sozialdemokraten aus allen Teilen Deutschlands befand sich der junge Hermann Duncker aus Leipzig. Tief beeindruckt schrieb er an seine Frau Käte: »Ca. 200 000 Menschen folgten ca. 1½ tausend kolossalen Kränzen mit roten Schleifen – und wir zogen durch das Bourgeoisviertel im Westen – durch ganz Berlin, durch das Proletarierviertel im Osten zum Kirchhof. Wir sind marschiert bis dahin von Charlottenburg – fünf Stunden, und keiner wich, der Zug selbst ca. 2½ Stunden lang. Die größte Demonstration, die Deutschland, die die Welt jemals gesehen – aber mit welch schwerem Opfer erkauft [...] und den *ganzen* Weg stand zu beiden Seiten des Zuges das Berliner Volk in Gliedern von 3 bis 10 Mann tief. (Wir gingen zu 6.) Im roten Viertel waren alle Plätze an den Häusern besetzt, auf den Dachfirsten saßen sie noch – es ist unbeschreiblich.«[20]

»Das hätten Deine Nachbarn da draußen in den stillen, breiten Straßen des Westens, toter Freund, nicht gedacht, daß Dir Berlins Bevölkerung, ja das ganze deutsche Volk, ein solches Leichenbegräbnis bereiten würde!«, hieß es am 13. August 1900 in der Extraausgabe des »Vorwärts«. »Zehn Jahre lang hatte der bescheidene Mann, oft jahrelang in demselben anspruchslosen Gewand, tagtäglich die Strecke zwischen seinem Heim und dem benachbarten Stadtbahnhof zurückgelegt. Schließlich war er wohl allgemein bekannt geworden in seinem Stadtteil, der alte Herr, der, mit dem derben Stock in der Rechten, das verschnürte Zeitungspaket am Arm, so rüstig voranschritt.« Paul Singer sprach den ergreifenden Abschiedsgruß. Bis in die zehnte Stunde schritten die Trauernden am Grabhügel vorbei. Aus aller Welt trafen Beileidstelegramme ein, und selbst bürgerliche Presseorgane wie die Londoner »Times« brachten Nachrufe. Der Journalist Christopher Curtis aus den USA war am meisten von der selbstbewussten Haltung und eisernen Ruhe der riesigen Menschenmenge beeindruckt, »an der alle kleinen Schikanen und provozierenden Zurufe der die Straße säumenden Polizei wirkungslos abprallten«[21].

Spenden von Berliner Arbeitern ermöglichten es, Wilhelm Liebknecht ein beeindruckendes Grabmal zu errichten mit einer Porträtbüste von Heinrich Julius May (1849–1911), das die turbulenten Zeiten überdauert hat. Es wurde am Ostersonntag 1902 enthüllt. Trotz abscheulichen Wetters fanden sich etwa 1000 Personen ein, Georg Ledebour hielt die Gedächtnisrede, und im Namen der Familie übernahm Karl Liebknecht das Denkmal.[22]

»Zu einer auch nur kürzesten Ausruhe bin ich seit jenen schwersten Tagen meines Lebens noch nicht gekommen; aber ich wollte u. will auch keine Ausruhe«, schrieb Karl Liebknecht im Weihnachtsbrief an Julius Motteler. »In der rastlosen Tätigkeit, aber unendlich kraftvollen und befruchtenden Selbstlosigkeit ein wenig dem teuersten Vorbild nachzueifern, das ist der Ahnenkult, in dem ich geradezu aufgehe, aufgehen möchte.«[23] Bisher hatte er dafür keine Zeit gehabt. Die Quellen geben keinen Aufschluss darüber, wie gründlich er über die Arbeit seines Vaters Bescheid wusste und ob ihm klar war, dass es galt, dem Vorbild nicht kritiklos nachzueifern. Seine Aktivitäten richteten sich vorerst auf den 6., den »Riesenwahlkreis« seines Vaters mit der Schönhauser, Rosenthaler, Oranienburger Vorstadt, Wedding, Gesundbrunnen und Moabit, wo hauptsächlich Industriearbeiter wohnten. Hier erklärte er am 11. Oktober: Die Sozialdemokratie müsse den Koloß Kapitalismus bannen, sie sei antimonarchistisch, republikanisch und international. Das äußerste Ziel sei die Überführung der Produktionsmittel in den Besitz der Gesellschaft.[24] In diesem Sinne unterstützte er Georg Ledebour bei der Nachwahl im Oktober 1900, damit dieser Wahlkreis der Partei erhalten blieb. Mit Ledebour, der sich als glänzender Versammlungsredner bereits einen Namen gemacht hatte und als Redakteur im »Vorwärts« tätig war, verband Karl Liebknecht seitdem »die innigste wahre Freundschaft«[25].

Auch die Leipziger Sozialdemokraten unterstützte Karl Liebknecht im Wahlkampf für die Stadtverordnetenversammlung mit einem Auftritt zum Thema »Weltmachtpolitik und Sozialpolitik von oben«. Da er die »Weltmachtpolitik« und deren Unterstützung durch Stumm und Krupp anprangerte, entzogen ihm Polizeibeamte das Wort.[26]

Mit Genugtuung beobachteten die Freunde der Familie Liebknecht, dass Karl Liebknecht in die Fußstapfen des »Alten« zu treten begann. Er nehme »die *Inventarisierung* von der Bücherei & sonstigem schriftl. Nachlaß unseres l[ieben] Alten in [die] Hand« und sei festen Willens, »seine ganze Kraft dranzusetzen, in Reih & Glied treu unsrem Vorbild zu folgen«, schrieb Julius Motteler an Max Grunwald am 22. Januar 1901. »So erfüllt er denn die *zuversichtlichste* Hoffnung unsres Alten, die er mir beim letzten Abschied wiederholte: ›*Karl kommt mir nach;* er ist tüchtig & gut; sie sind beide gut, Theo hilft ihm. Beide sind tüchtig & fleißig; so geht's dann auch mit der Existenz. Auch die andern sind brav & machen sich. *Da sind wir außer Sorge.*‹«[27]

Freunde und Angehörige wollten so schnell wie möglich einen biografischen Text über Wilhelm Liebknecht veröffentlicht sehen. Karl Kautsky trug sich mit dem Gedanken, eine solche Skizze zu verfassen und ihn als die »geistige Verkörperung der Internationalität unserer Bewegung« zu würdigen. Er bat, den Nachlass nach entsprechenden Dokumenten durchsuchen zu dürfen. Über den ersten persönlichen Kontakt mit Karl Kautsky erfreut, schrieb Karl Liebknecht am 4. September 1900, er werde Luise Kautskys Einladung zu einem Gespräch bei ihnen folgen.[28] Doch aus Kautskys Plan wurde nichts. Die Bernstein- wie Milleranddebatten belasteten ihn nicht nur als Chefredakteur der »Neuen Zeit«, sondern auch persönlich. Karl Liebknecht hatte im Nachlass des »Alten« bis dahin kaum Material zum Thema Internationalität aufarbeiten können. Er war zunächst nur auf »vollständige und rudimentäre handschriftliche Artikel, aus den fünfziger u. sechziger Jahren« gestoßen, noch nicht zu Ausarbeitungen über die Französische Revolution vorgedrungen und eben erst dabei, die zahlreichen Briefe zu sammeln.[29] Außerdem sorgten Kautskys Erinnerungen an die Dispute, die er im Briefwechsel mit Eduard Bernstein über Auffassungen und Verhaltensweisen Wilhelm Liebknechts in den 90er Jahren geführt hatte, für Befangenheit. Das Widerlichste bei den verschiedenen Auseinandersetzungen in der Internationale sei, hatte er an Bernstein 1896 geschrieben, »daß uns Marxisten immer die Liebknechtschen Phrasen in die Schuhe geschoben werden. L[iebknecht] richtet ungeheures Unheil an. Wenn's beim Vorw[ärts] nicht bald besser wird, habe ich Lust, einmal in der

N[euen] Z[eit] ein Pronunciamento gegen L[iebknecht] loszulassen und dagegen zu protestiren, daß man die deutsche Sozialdemokratie mit L[iebknecht] identifizirt. L[iebknecht[komprommittirt den Marxismus womöglich noch mehr als Hyndman, weil sein Ansehn, vielleicht auch seine Leichtfertigkeit, größer. Ich habe öfter gehofft, L[iebknecht] werde sich zu irgend einer Polemik mit der N[euen] Z[eit] provoziren lassen, und daß man auf diese Weise Gelegenheit bekäme, die große Differenz zwischen uns und ihm aufzudecken. Aber der Alte liest ja nichts und polemisirt auch nicht, sondern erklärt alle abweichenden Meinungen einfach für abgethan. Er wird sich nie herbeilassen, uns zu kritisieren. Wenn wir nicht einmal dazu übergehn, ihn zu kritisieren, bleibt er für die Masse der ›Marxist‹. Aber den Alten anzugreifen, entschließt man sich schwer.«[30]

Karl Liebknecht hatte in die Auseinandersetzungen noch viel zu wenig Einblick, um zu verstehen, warum Kautsky von der biografischen Skizze rasch wieder Abstand nahm. Er kannte Briefe des Vaters wie den vom 31. Oktober 1898 an Georgi Plechanow nicht, in dem er die Rolle Bernsteins und die Revisionismusdebatte als bedeutungslos heruntergespielt hatte: »An Kautskys Stelle hätte ich alle diese Dummheiten [Bernsteins] ins Feuer geworfen, und niemand hätte davon gesprochen.«[31] Unbedarft teilte er die Absicht von Julius Motteler, des weit weniger kritischen Freundes seines Vaters, das gewaltige Detailmaterial zu einem *»lebendigen Bild der ganzen* psycho-physischen Lebenseigenart [zu ordnen und aufzubauen], die seinen Namen in seinem Tun unsterblich gemacht« habe.[32] Die Zeit drängte, denn der Vorstand der Partei hatte beschlossen, eine Broschüre zu Ehren Wilhelm Liebknechts herauszugeben. Zum Verfasser wurde Kurt Eisner bestimmt, der mit ihm in der Redaktion des »Vorwärts« zusammengearbeitet hatte. Karl Liebknecht war mit dieser Entscheidung nicht sehr glücklich, weil Kurt Eisner Wilhelm Liebknecht »weder in seiner früheren und vielleicht wichtigsten politischen Zeit noch in seinen Familienbeziehungen« gekannt habe.[33]

Da Eisner nur wenige Briefe von und an Marx und Engels vorfand, wandte er sich an Julius Motteler, der in London das Parteiarchiv einschließlich des Marx-Engels-Nachlasses verwaltete. Von ihm erfuhr er: »Die Sachen stehen bei mir, die Schlüssel hat

Bernstein und ich habe von Bebel gebundene Weisung, nichts ohne seine Order auszuhändigen.«[34] Kurt Eisner musste auf diese wichtigen Quellen verzichten, da wegen der Revisionismusdebatte eine Einigung zwischen Bebel und Bernstein nicht möglich schien. Nachdem Eisners Skizze kurz unter dem Titel »Wilhelm Liebknecht. Sein Leben und sein Wirken« im »Vorwärts«-Verlag erschienen war, meinte Karl Liebknecht in seinem Brief vom 24. Dezember 1900 an Julius Motteler: »Der große Biographie-Plan ist zu einer Mischung von propagandistischer Tat und Partei-Geschichtsspekulation geworden, wobei freilich die großen Vorzüge Eisnerscher Darstellung nicht geleugnet werden sollen.«[35] Nachdrücklich versuchte Karl Liebknecht den väterlichen Freund zu bewegen, über Wilhelm Liebknecht etwas Besseres zu schreiben.[36] Doch der lehnte ab und riet Karl Liebknecht, die Sichtung des Nachlasses fortzusetzen. »Junge, laß Dich nicht verblüffen!«, schrieb er am 29. Januar 1901 an Karl. »Das alles heißt doch nicht vertrösten, noch weniger etwas verschieben aus der aktuellen Gegenwart in die Zukunft –, sondern es heißt, *mit Nägeln und Zähnen* Schatzgräberarbeit zu tun, statt von der Hand zu erzählen, der der Sturm die Schätze entriß und sie verschüttet.«[37] Nach rund einem Jahr fühlte sich Karl Liebknecht überfordert und bat Julius Motteler um Hilfe, der in kurzer Zeit die Arbeit bewältigte. Am 4. Juni 1902 bedankte sich Natalie Liebknecht bei ihm voller Anerkennung. Vier Tage später fragte sie ihn allerdings etwas skeptisch: »Wird jemals eine Parteigeschichte geschrieben werden, in der man dies alles verwenden kann?«[38] Karl Liebknecht gehörte mit August Bebel zu den ersten, die erhebliche Bedenken gegen die Veröffentlichung kritischer Äußerungen von Karl Marx über Wilhelm Liebknecht vorbrachten. Sie meinten, es täte der unbestrittenen parteigeschichtlichen Leistung von Wilhelm Liebknecht und seinem freundschaftlichen Verhältnis zu Karl Marx Abbruch, wenn die Nachwelt in Briefen von Karl Marx an Kugelmann kritische, zornig überspitzte Bemerkungen über Liebknecht zu lesen bekäme. Briefe von Marx an Kugelmann erschienen daher in der »Neuen Zeit« 1901/02 in stark gekürzter Form[39] und wurden erst Jahrzehnte später vollständig publiziert.[40] Derartige Eingriffe erschwerten eine objektive Einschätzung der Persönlichkeit.

Der Vater hatte zum Reichstagswahlkreis Potsdam-Spandau-Osthavelland in Kontakt gestanden. Karl Liebknecht folgte gern der Bitte um Unterstützung. Im April 1901 referierte er auf einer Gewerkschaftsversammlung in Spandau über das Thema »Das bürgerliche Gesetzbuch und der gewerbliche Arbeitsvertrag«. In Velten sprach er auf zwei Maifeiern, an denen etwa 1000 Personen teilnahmen, zum Protest gegen die Kriege in China und Südafrika. Am 15. Mai war das Thema seiner Rede vor 400 Versammlungsteilnehmern in Potsdam »Die Sozialdemokratie und die bürgerlichen Parteien«, am 15. Juni auf einer Spandauer Volksversammlung mit ca. 350 Personen redete er über »Die Feinde der Sozialdemokratie und der Arbeiter« und stellte das Erfurter Parteiprogramm vor.[41] Er beteiligte sich auch an der Unterschriftensammlung gegen den neuen Zolltarif und die drohenden Lebensmittelverteuerungen.[42]

Auf einer Parteikonferenz des Wahlkreises Potsdam-Spandau-Osthavelland am 28. Juli 1901 wurde Karl Liebknecht bereits einstimmig als Kandidat für die Reichstagswahlen 1903 nominiert.[43] Sofort drohten konservative Gegner, dass bei Wahl eines Sozialdemokraten die großen Staatswerkstätten in Spandau geschlossen und viele Arbeiter brotlos werden würden. Sie behielten die Oberhand in diesem »Kaiserwahlkreis«. Der Name Liebknecht, die vielen Wahlkampfauftritte und die Hilfe durch bekannte Redner wie Fritz Kunert, Fritz Zubeil, Emma Ihrer und durch die Freunde Weyl, Wurm, Waldeck-Manasse und Paul Singer reichten nicht für den Sieg im Wahlkampf. Bei der Auswertung gab es Kritik an den von Karl Liebknecht entworfenen Flugblättern und seinem Fehlen auf der Wahlkreiskonferenz. Der Kreisvertrauensmann August Paris fühlte sich verpflichtet, ihn in Schutz zu nehmen.[44]

Vom Anfang seiner Referententätigkeit an unterlag Karl Liebknecht der polizeilichen Überwachung. Als er im »Vorwärts« für eine Volksversammlung am 26. August 1901 als Referent über das Urteil des Oberkriegsgerichts in Gumbinnen angekündigt wurde, ordnete die Abteilung VII des Berliner Polizeipräsidiums sofort an, dem überwachenden Beamten der Politischen Polizei einen Polizeistenographen beizugeben. Außerdem sollte ein großes Polizeiaufgebot für »Ruhe und Ordnung« sorgen. Der

Andrang der Menschen war so stark, dass schon 1 ½ Stunden vor Beginn der Saal polizeilich abgesperrt wurde und Tausende keinen Einlass fanden. Der Polizeibericht gibt 3000 Versammlungsbesucher an, der »Vorwärts« 5000. Rasch ergriff Karl Liebknecht das Wort zu einem mehr als zweistündigen Vortrag. »Nicht so wild und überstürzend wie sein bekannter Vater«, hieß es im »Vorwärts«-Bericht, »aber doch temperamentvoll und vom Gefühl für sein Thema hingerissen.«[45] Karl Liebknecht wies nach, dass es in Gumbinnen wider Recht und Gesetz zu einer Verurteilung des Unteroffiziers Marten gekommen sei, der angeblich den verhassten Soldatenschinder Rittmeister Krosigk während einer Reitübung am 23. Januar 1901 erschossen haben sollte. Das Fehlurteil führte Karl Liebknecht zum ersten auf den Kriminalkommissar zurück, der in der geheimen Voruntersuchung Einfluss auf die Zeugen nahm und in der Hauptverhandlung das Gericht gegen den Angeklagten aufbrachte; zum zweiten auf die Richter, die sich nicht von der richterlichen Gewissheit, sondern von der richterlichen Überzeugung leiten ließen. »Wir verlangen Einstimmigkeit der Richter; Abschaffung des geheimen Vorverfahrens und eine hochherzigere Stellung der Gerichte der Verteidigung gegenüber.«[46] Die Ursachen für die Missstände in der Militärgerichtsbarkeit müssten im Militärsystem, im Militarismus gesucht werden. Er brandmarkte Drill und Disziplin und Soldatenmisshandlungen, die sie gefügig machen sollten zur Bekämpfung der inneren und äußeren Feinde. Der Militarismus sei in höchstem Maße verderblich und fuße auf dem Kapitalismus der gegebenen Wirtschaftsordnung. Liebknecht schloss seine Rede mit dem Ruf: »Nieder mit dem Kapitalismus, nieder mit dem Militarismus.« Hier griff er das erste Mal so grundsätzlich eine Thematik auf, die fortan im Mittelpunkt seines politischen Kampfes stehen sollte.

Nach nicht einmal zwei Jahren Mitgliedschaft in der Sozialdemokratischen Partei fühlte er sich so in den Strudel der Politik gezogen, dass es kein Entrinnen mehr gab. Wie er seine Situation wahrnahm, zeigt ein Brief vom 22. März 1902 an Max Baruch nach Paderborn: »Vier Jahre sinds freilich schon her, daß wir uns getrennt haben [...] Inzwischen hat sich viel ereignet – nur unser Briefwechsel ist, natürlich durch meine Schuld – eingeschlafen.

Sie dürfen mir das nicht übel nehmen, ich kann eine eigentlich private Korrespondenz überhaupt so gut wie nicht mehr führen. Berufsarbeit, Politik und schließlich – aber nur ein ganz klein wenig – Familie deckt mich vollständig zu. Ich bin ein großer Freund des Familienlebens und mein Bürschchen, das nun schon tapfer läuft und plappert, ist unser Entzücken; aber ich kann diese Genüsse nicht auskosten. Und das wird nicht besser, sondern tagtäglich schlimmer.« Gleich müsse er in die Fraktionssitzung der Stadtverordnetenversammlung, und dann müsse er auch noch an einem Essen der Anwaltschaft teilnehmen. »Wenn doch die Menschheit erst diese unsinnigen Quälereien, diesen zwecklosen Zeitmord lassen würde.«[47]

In die Berliner Stadtverordnetenversammlung war Karl Liebknecht am 6. November 1901 im 32. und 45. Kommunalwahlbezirk gewählt worden. Im Wahlkampf hatte er erklärt, er werde sich für die Selbstverwaltung der Kommunen, das allgemeine und vor allem geheime kommunale Wahlrecht und die Weltlichkeit der Schule einsetzen. Da er nur einen Bezirk vertreten konnte, entschied er sich für den 45., d. h. die Gegend Perleberger, Rathenower, Stendaler und Wilsnacker Straße in Moabit. Hier hatte er von den 2572 abgegebenen Stimmen 1364 erhalten. Die Sozialdemokratische Partei sei die einzige Partei, die für das Wohl der Arbeiter sorge, erklärte er auf einer öffentlichen Versammlung am 11. November 1901, die unter dem Thema »Die Sünden des Freisinns« stand. Als Ziele des kommunalen Programms nannte er »Einführung einer gleichmäßigen unentgeltlichen Volksschule für Arme und Reiche und freie Lehrmittel, Bestellung von Schulärzten, Lösung der Wohnungsfrage, Einführung des Erbanrechtes, Einführung eines Reichswohnungsgesetzes, Fortfall der Fahrrad- und Kinderwagensteuer, Stellung der Polizei unter die Stadtverordneten […] Einführung der freien Selbstverwaltung für alles Bestehende.«[48] Karl Liebknecht war Mitglied des Ausschusses zur Vorprüfung der Gültigkeit der Stadtverordnetenwahlen und Kuratoriumsmitglied für die Kommission zur Verteilung der jährlich bewilligten 3600 Mark, die Studenten der Berliner Königlichen Universität zur Unterstützung aus städtischen Fonds erhielten. Die Sitzungen der Stadtverordnetenversammlung waren wieder ein neues Terrain, auf dem er Sachkenntnisse erwerben und wirkungsvolles Agieren lernen musste. Als er in einem Disput fragte, ob dem Oberbürgermeister noch das Prädikat eines Juristen zuerteilt werden könne, erhielt er prompt den Zuruf »Junger Herr!«. Beherzt konterte er: »Ob jung oder nicht, es handelt sich darum, ob man recht hat oder nicht.«[49] Da die sozialdemokratische Fraktion 28 von insgesamt 144 Abgeordnetensitzen innehatte, wusste Karl Liebknecht viele kommunalpolitisch erfahrene Parlamentarier wie Adolph Hoffmann, Paul Singer, Arthur Stadthagen, Emanuel Wurm und Fritz Zubeil an seiner Seite.[50] Bei seiner Arbeit in den Ausschüssen ließ er sich weitgehend von Singers Grundsatz leiten: »Aber alle Forderungen und Entschließungen müssen gehärtet sein in dem Feuer des sozialdemokratischen Prinzips und dürfen nicht abirren von der uns durch das Parteiprogramm gewiesenen Bahn.«[51]

Nach wie vor sorgte sich Karl Liebknecht um einen würdigen Umgang mit dem Erbe seines Vaters. Kurt Eisner hatte in der Biografie Auszüge aus einem 1880/81 entstandenen Manuskript Wilhelm Liebknechts abgedruckt, in dem dieser, so August Bebel, einige »Reformschrullen«, »sich selbst kompromittierend, zum besten gegeben hat«[52]. Im Austausch mit Marx, Engels und Bebel hatte sich Wilhelm Liebknecht selbst korrigiert und war nach seinen Worten »trotz alledem und alledem der alte«[53] geblieben. »Aus Wilhelm Liebknechts Nachlaß« war die Beilage des »Vorwärts« überschrieben, die zum ersten Todestag des Parteiführers am 7. August 1901 erschien. Die Interpretation der dort auf Veranlassung von Kurt Eisner publizierten Gedanken Wilhelm Liebknechts wuchs sich zu einem heftigen Disput aus. Jean Jaurès versuchte in einer Artikelserie für die »Petite République« den Eintritt des französischen Sozialisten Alexandre-Étienne Millerand in das bürgerliche Kabinett Waldeck-Rousseau mit Zitaten aus Liebknechts Fragment zu rechtfertigen. Er riss dessen Gedanken aus dem Zusammenhang, deutete sie im reformistischen Sinne aus und ignorierte, dass der »Alte« sich gegen den Eintritt eines einzelnen Sozialisten in eine bürgerliche Regierung ausgesprochen hatte. Jaurès' Artikelserie wurde von Albert Südekum übersetzt, unter dem Titel »Aus Theorie und Praxis« im Verlag der »Sozialistischen Monatshefte« veröffentlicht und von

Eduard Bernstein in Rezensionen begrüßt. Die Empörung über die Auslegung des Liebknecht-Fragments erfasste auch die Familie. »Karl soll Bernstein auf sein Hereinziehen Papas zu seinen Ideen antworten«, meinte Natalie Liebknecht sehr bestimmt.[54]

Mit seinem Artikel »Die neue Methode« wagte sich Karl Liebknecht das erste Mal an einen Beitrag für die »Neue Zeit«. Entschieden wandte er sich dagegen, dass sein Vater für die Rechtfertigung des Millerandismus reklamiert wurde. Rosa Luxemburg hatte im 19. Jahrgang des wichtigsten theoretischen Organs der deutschen Sozialdemokratie unter dem Titel »Die sozialistische Krise in Frankreich« eine Artikelfolge zur gleichen Thematik publiziert.[55] Die junge Polin war seit 1898 Mitglied der deutschen Sozialdemokratie und konnte im Unterschied zum gleichaltrigen Karl Liebknecht bereits auf ein Jahrzehnt politischer Arbeit in der sozialistischen Bewegung verweisen. In dieser Serie polemisierte sie insbesondere gegen Georg von Vollmar, der zu den eifrigsten Befürwortern des Millerandismus gehörte und sie während der Bernsteindebatte auf dem Stuttgarter Parteitag 1898 einen Gelbschnabel geheißen hatte, dessen Großvater er sein könne. Ihr konzeptioneller Grundgedanke war: »In der bürgerlichen Gesellschaft ist der Sozialdemokratie dem Wesen nach die Rolle einer *oppositionellen Partei* vorgezeichnet, als *regierende* darf sie nur auf den Trümmern des bürgerlichen Staates auftreten.«[56] Sie zerpflückte die Thesen von Jaurès über die Republik als Übergangsstadium einer gemeinsamen Herrschaftsausübung von Bourgeoisie und Proletariat, vor allem seine Idee der sozialistisch-radikalen Regierungsfähigkeit. Eingehend setzte sie sich sowohl mit der Geschichte Frankreichs, den Klassen, Parteien und Regierungskoalitionen in den drei Republiken seit 1789 und sozialstrukturellen Veränderungen der letzten 30 Jahre als auch mit historischen und sozialstrukturellen Unterschieden zwischen Frankreich und Deutschland auseinander. Daraus schlussfolgerte sie, ein differenziertes Verhältnis zur demokratischen Republik sei berechtigt und Sozialisten sollten ihre Strategie und Taktik ständig neu überdenken, dabei jedoch nicht in Prinzipien- und Disziplinlosigkeit verfallen. Ausführlich legte sie dar, was sie unter revolutionärer Realpolitik verstand.

Karl Liebknecht bezog sich in seinem Aufsatz nicht auf diese

Artikelfolge Rosa Luxemburgs. Eingangs polemisierte er gegen das Verzerren der Marxschen Ansichten von der Revolution und der Diktatur des Proletariats. Den Marxismus bezeichnete er als Lehre von organischer Fortentwicklung, als gesellschaftsorganisatorische Entwicklungslehre. In seiner Argumentation stützte er sich auf Formulierungen aus dem »Kommunistischen Manifest«, ohne diese Schrift zu glorifizieren. Unbefangen äußerte er, das Manifest sei »keineswegs aus einem Gusse« und trüge »manchmal ins Agitatorische, Schlagworthafte« gehende Züge; Marx, »dieses induktivste aller philosophischen Genies« sei nicht frei von Irrtümern, Unvollkommenheiten, Widersprüchen.[57] Das Charakteristikum der von Jaurès verherrlichten »neuen Methode« liege »1. in dem wahren Gottvertrauen auf eine mystische Wunderkraft, genannt ›Demokratie‹; 2. in der Unterschätzung des Gegensatzes zwischen Proletariat und Bourgeoisie, zwischen Sozialismus und Kapitalismus, sowie in der daraus resultierenden starken Hoffnung auf friedlich glatte Entwaffnung und Gewinnung der Bourgeoisie oder ganzer Teile von ihr, vor allem durch die Kraft der Überredung; 3. – trotz aller Vorbehalte – in dem Abschwören der ›Revolution‹, der ›gewaltsamen‹ Aktion.«[58] Mit Güte und Überredungskünsten die Gesellschaft grundlegend verändern zu wollen sei blanke Utopie. Zweifellos walteten im Kampf der Klassen mannigfaltige Kräfte, und er stelle nicht in Abrede, »daß manche Nichtproletarier, selbst Kapitalisten, auch einem Überreden, dem Einflusse gewisser humanitärer Ideen und einer etwaigen ›öffentlichen Meinung‹, einer Einsicht in die Richtung der Entwicklung, in ihr eigenes, besser verstandenes Interesse zugänglich sind«[59]. Er charakterisierte die demokratische Republik als »die elastischste unserer Staatsformen«[60], warnte aber Jaurès vor Illusionen über den Sozialisierungsprozess im Schoße des Kapitalismus und vor Missdeutungen des Römischen Rechts. Die »neue Methode« betrachte fälschlicherweise »als wesentliche Eigenschaft der ›Demokratie‹ nicht so sehr die Herrschaft der Mehrheit, als die Rücksicht auf die Minderheit«[61]. Mit Hinweis auf die Lebensarbeit Wilhelm Liebknechts schleuderte er den Verfechtern der »neuen Methode« entgegen: »Hände weg! Der gehört Euch nicht!«[62]

Wie Rosa Luxemburg 1898 von Georg von Vollmar als junge

Unerfahrene abgekanzelt worden war, so sprach Bernstein auf dem Münchner Parteitag 1902 Karl Liebknecht das Recht auf solche Polemik ab. Zynisch höhnte er bei Liebknechts Abwesenheit: »In der letzten Nummer der ›Neuen Zeit‹, in der Parteitagsnummer, werden Sie einen Artikel finden: ›Die neue Methode‹, von einem jungen Mann, einem Parteigenossen geschrieben, dessen hervorragendste Eigenschaft bisher die gewesen ist, dass er der Erbe eines großen Mannes ist. Mit einer Hochmütigkeit, wie man sie einem jungen Burschen allenfalls verzeihen kann, mit einer Anmaßung, in hochtrabender Weise, die vielleicht jemand, der sehr viel geleistet hat, zusteht, wird da von oben auf den ›revisionistischen Aufkläricht‹ geschimpft. (Große Unruhe.) Der Artikel stammt von dem Genossen Karl Liebknecht und richtet sich gegen Jaurès und mit ihm gegen die ganze revisionistische Richtung. (Zuruf: Das ist Ihr Standpunkt!) Wenn Genosse Karl Liebknecht irgendeine bestimmte Auffassung, eine Theorie bekämpft, mag er es tun mit so scharfen Worten wie er nur will, aber eine ganze Anzahl von Parteigenossen so von oben herab abzufertigen, Parteigenossen, die weit länger als er im Dienste der Partei stehen, das steht ihm nicht zu. (Zurufe: Preßfreiheit!) Ich höre das Wort ›Preßfreiheit‹. Wenn Genosse K. Liebknecht ein eignes Organ gründete, so wäre nichts dagegen zu sagen; aber wenn die ›Neue Zeit‹ das Organ der Partei sein will, muss es einen gewissen Takt innerhalb der Partei wahren (große Unruhe), eine solche Form der Diskussion innehalten, dass man noch als Mensch zu Menschen, als Genosse zu Genossen miteinander verkehren kann. Das ist aber bei einer solchen Art der Diskussion nicht möglich [...] Ich will nicht untersuchen, ob Jaurès ein Recht hat, sich auf den alten Liebknecht zu berufen. Liebknecht hat auch verschiedene Standpunkte zu verschiedenen Zeiten gehabt. Aber andererseits hat man so getan, als ob Jaurès, die Zierde des internationalen Sozialismus, ganz außerhalb der Partei stehe; gewiß kann auch Jaurès in einem bestimmten Punkte Unrecht haben, er kann kritisiert werden, aber nicht wie man Parteiverräter kritisiert.«[63]

Die Phalanx alter »gestandener« Sozialdemokraten gegen die beiden linken Polemiker unterstrich auf ihre Weise, dass sich hier zwei relativ junge, unterschiedlich erfahrene Sozialdemokraten, ohne sich abzustimmen oder einander besonders zu respektieren, zum Regierungseintritt eines Sozialisten, zu Reformen, zu Demokratie, zur demokratischen Republik und zum revolutionären Übergang zum Sozialismus mit Bezugnahmen auf Marx und Engels positionierten. Jeder zeigte sich auf seine Art undoktrinär und kritisch gegenüber einzelnen Marxschen Äußerungen, ging aber grundsätzlich vom »Kommunistischen Manifest« aus. Beide polemisierten gegen Jaurès als einen einflussreichen Befürworter des Millerand'schen Schrittes mit übertriebenen Erwartungen in einen gewaltfreien Übergang zum Sozialismus. Während Rosa Luxemburg das Schwergewicht ihrer Argumente auf die Geschichte, Gegenwart und Perspektiven der französischen sozialistischen Bewegung legte und grundsätzliche Folgerungen für die internationale Arbeiterbewegung anbot, konzentrierte sich Karl Liebknecht auf Erfahrungen der deutschen sozialdemokratischen Bewegung, verweilte ausführlicher bei den vielfältigen Möglichkeiten demokratischer Entwicklungen und verteidigte insbesondere seinen Vater, indem er dessen Ansichten zu Reformen, Kompromissen und einer eventuell so gefährlichen Situation für die Demokratie wiedergab und interpretierte, in der im Ernstfalle eine Regierungsbeteiligung der Partei, nicht eines einzelnen Sozialisten, gerechtfertigt wäre.

Ein solch direkter Vergleich von Beiträgen Karl Liebknechts und Rosa Luxemburgs in der »Neuen Zeit« wird sich nicht noch einmal anbieten. Karl Liebknecht schrieb selten für das Organ, und wenn, dann weniger zu theoretischen Problemen, wie das Rosa Luxemburg hauptsächlich tat. In dem Aufsatz »Die neue Methode« brachte er seine Grundintention von sozialdemokratischer Politik zum Ausdruck: »Der Partei dienen heißt längst nicht immer: kleine oder mäßige Reformen für die Arbeiterschaft erwirken. Es kommt darauf an, *wie* sie erwirkt werden; was nützte es der Sozialdemokratie, wenn sie eine ganze Welt aller erdenklichen Reförmchen gewänne und nähme doch Schaden an ihrer Seele, das heißt: würde verwirrt, verkleinlicht, kleinmütig und selbstzufrieden, verlöre ihr Edelstes und Bestes, den Elan ihrer revolutionären Energie, die auch den Boden für Reformen am fruchtbarsten düngt – man vergleiche nur die Ernte der Sozialgesetzgebung bis zum Jahre 1890 und seitdem!«[64]

Er habe den Artikel, eine der ersten Arbeiten von Karl Liebknecht, mit Interesse gelesen, erklärte August Bebel im Widerstreit mit Bernstein auf dem Münchner Parteitag, »ich habe gefunden, daß der junge Mann eine schneidige Feder führt, und das hat mich gefreut«. Er fände darin nicht eine beleidigende Zeile. Der Sohn, der auf dem Standpunkt seines Vaters stehe, wehre sich dagegen, dass Jaurès die Veröffentlichung aus dem Nachlass Wilhelm Liebknechts für die revisionistische Richtung auszuschlachten versuche. »Wenn also der Sohn Liebknechts den Vater, der leider nicht mehr antworten kann – und ich sage, wenn er antworten könnte, die Antwort des Alten würde noch ganz anders geklungen haben (lebhafte Zustimmung), darauf könnt Ihr Euch verlassen –, wenn der Sohn den Vater in Schutz nimmt, so ist das etwas ganz Selbstverständliches.«[65]

Die Autorität des Vaters erleichterte zwar den allgemeinen Zuspruch für Karl Liebknecht in der Partei, erschwerte aber das Entstehen und die Akzeptanz eigenständiger Leistungen. In den ersten drei Jahren seiner Mitgliedschaft hatte er sich auf eine in der deutschen Sozialdemokratie übliche Weise als Referent ausgewiesen, war in die Stadtverordnetenversammlung von Berlin gewählt worden und hatte versucht, als Kandidat den Reichstagswahlkampf im besonders umstrittenen »Kaiserwahlkreis« zu meistern. Die widersprüchliche Reaktion auf sein Debüt in der »Neuen Zeit« warnte ihn vor überschwänglichem Umgang mit dem väterlichen Erbe. Ihm dürfte bewusst geworden sein, dass ein überlegteres und kritischeres Herangehen nötig war, um die blockierende Phalanx der auf bewährte Mittel und Methoden eingeschworenen älteren Führungsgeneration der Partei zu durchbrechen und mehr Aufgeschlossenheit für neue Fragen und Antworten zu wecken. Größere Wirkung konnte er erst erzielen, als er neue Akzente bei der Verteidigung von Demokratie und Frieden gegen die auf Expansion und Krieg ausgerichtete »Weltpoltik« der europäischen Großmächte und deren innenpolitische Folgen im Kaiserreich zu setzen vermochte.

Aufregende Russenkontakte

»Jede Flutwelle politischer Erregung trägt die Miasmen politischer Prozesse über das Land«, schrieb Karl Liebknecht 1903 in der »Neuen Zeit«. »Im neuen Deutschen Reiche wie in allen absolutistischen oder halbabsolutistischen Staaten pflegt die Staatsgewalt, wo immer sie anfängt, sich unsicher zu fühlen, mit besonders krankhafter Empfindlichkeit auf alle wirklichen und vermeintlichen Angriffe gegen den Monarchen zu reagieren. Man beginnt im Delirium staatsretterischer Sorge ›rot zu sehen‹.«[1] Da die deutsche Sozialdemokratie in den Reichstagswahlen am 16. Juni 1903 drei Millionen Wählerstimmen erhalten hatte und ihre Abgeordnetenzahl auf 81 erhöhen konnte, werde es wieder Majestätsbeleidigungsprozesse hageln, folgerte er aus diesem Erfolg und aus der Geschichte der letzten 25 Jahre. Einer solchen antisozialistischen Hysterie entsprang der sogenannte Kaiserinselprozess von 1903, in dem er mit zwei weiteren Rechtsanwälten die »Vorwärts«-Redakteure Julius Kaliski und Karl Leid verteidigte. Beide hatten mit dem Artikel »Die Kaiserinsel« im »Vorwärts« dagegen protestiert, dass die Havelinsel Pichelswerder für den Kaiser mit einem Schloss bebaut und de facto zur Festung erklärt werden sollte. Karl Liebknecht resümierte in der »Neuen Zeit« den Prozess, in dem Karl Leid zu neun und Julius Kaliski zu vier Monaten Gefängnis verurteilt wurden: Die Gefahr unserer politischen Justiz liege »weniger in der einseitig zugespitzten Gesetzesinterpretation als in der einseitig zugespitzten Beweiswürdigung und Tatsacheninterpretation, die gar oft aus einem Auslegen ein Unterlegen wird«.[2] Die politische Justiz konnte dabei bequem auf den berüchtigten § 95 des Strafgesetzbuches zurückgreifen, wie das Reichsgerichtsurteil gegen seinen Vater im Jahr 1897 gezeigt hatte. Wilhelm Liebknecht erhielt damals wegen Majestätsbeleidigung vier Monate Gefängnis, weil er zur Eröffnung des Parteitages in Breslau

1895 auf die Beleidigung der Sozialdemokratie mit deftigen Worten reagiert hatte.[3] Die Constitutio si quis maledixerit von Theodosius I. aus dem Jahre 393 erklärte »alle wörtlichen Majestätsbeleidigungen für straffrei: ›Wenn sie aus Leichtfertigkeit begangen sind, muß man sie verachten, wenn aus Aberwitz, muß man sie bemitleiden, wenn in kränkender Absicht, muß man sie verzeihen.‹«[4] Der willkürliche Umgang mit dem Majestätsbeleidigungsparagraphen im »Kaiserinselprozeß« stehe dagegen unter dem unrühmlichen Zeichen der Lex Quisquis des oströmischen Kaisers Arcadius und des weströmischen Kaisers Honorius aus dem Jahre 397 u.Z.. Dieses Gesetz bestrafe den bloßen, nicht nachweisbaren Gedanken von »Hochverrat« mit Hinrichtung und Einziehung des Vermögens der Verurteilten.[5] Im Juni 1904 vertrat Karl Liebknecht beim Oberverwaltungsgericht seinen Parteifreund August Paris aus dem Wahlkreis Potsdam-Spandau-Osthavelland beim Protest gegen das Verbot einer Versammlung unter freiem Himmel und polnische Arbeiter, die des Verstoßes gegen das Vereinsgesetz angeklagt waren.[6]

Sein Anwaltsbüro gehörte seit 1903 zu den Anlaufpunkten russischer Emigranten. Es waren vorwiegend vor Verfolgung und Verbannung aus dem zaristischen Russland geflohene Revolutionäre, Bolschewiki und Menschewiki, Sozialrevolutionäre, Parteilose und Studenten. Infolgedessen beschäftigte sich Karl Liebknecht intensiver als bisher mit der Lage der Arbeiterbewegung im zaristischen Russland. Lenin hatte nach dem II. Parteitag der SDAPR 1903 Martin Ljadow angeregt, in Verbindung mit Karl Liebknecht die deutschen Arbeiter mit der russischen revolutionären Bewegung bekannt zu machen. »Für diese Idee begeisterte sich Liebknecht lebhaft«, berichtete Ljadow, der in Deutschland unter dem Namen Martin Mandelstamm agierte. »Ich erzählte und er schrieb es in leicht faßlicher deutscher Sprache nieder. Ich erinnere mich, daß er mich aufforderte, ausführlich auf Details unserer konspirativen Arbeit einzugehen, die [...] den Deutschen völlig unbekannt sei. [...] Liebknecht organisierte eine illegale Versammlung für meinen Vortrag. Die Deutschen, und insbesondere der Gastwirt, waren sehr aufgeregt. Für sie war es ungewöhnlich, sich ohne Polizei zu versammeln.« Solche Zusammenkünfte in verschiedenen Vororten von Berlin und

Leipzig seien sehr erfolgreich verlaufen. Liebknecht habe einen solchen Vortrag mehrmals in großen offiziellen Versammlungen gehalten.[7] Der Parteivorstand der deutschen Sozialdemokratie befürchtete gerichtliche Verfolgungen und untersagte die Kampagne. Nach seinem Willen sollte alles im gesetzlichen Rahmen verlaufen. Karl Liebknecht wurde selbst bespitzelt, ließ sich aber von seinen Solidaritätsinitiativen für seine ausländischen Klienten nicht abbringen. Um die Aktivitäten der russischen Geheimpolizei und deren Zusammenarbeit mit Behörden und Spitzeln in Preußen aufzudecken, organisierte er »eine ganze Konterspionage«.[8] Die meisten Revolutionäre waren bei Grenzüberschreitung wegen angeblicher Zollvergehen oder gefälschter Papiere festgenommen worden. Für sie musste um eine Behandlung nach Recht und Gesetz vor Gericht und in der Öffentlichkeit gefochten oder ein Bleiberecht erstritten werden. Unter den schikanösen Ausweisungspraktiken hatten auch die Angehörigen zu leiden. »Ganz vogelfrei sind die russischen Studenten. In ihre Wohnungen wird eingebrochen, ihre Papiere werden durchwühlt, ohne irgendwelchen Grund werden sie verhaftet, nur unter der Angabe, man wolle die Ausweisung vorbereiten, und später werden sie hinausgeworfen. Werden sie von Gerichten freigesprochen, dann nimmt sie die Polizei wieder fest.« 1909 fasste er weitere Vorfälle zusammen, um gegen den Besuch des Zaren in Deutschland aufzubegehren, und fragte zornig: »Haben wir nicht alle Ursache, gegen so etwas zu protestieren? […] Deutschland ist, abgesehen von Rußland, das einzige Land, in dem solche Zustände noch in solchem umfangreichen Maße herrschen. […] und in Deutschland wieder ist es Preußen, das voran ist.«[9]

Als W. A. Noskow, ein Mitglied der SDAPR aus der Gruppe der Menschewiki um J. L. Martow und P. B. Axelrod, im Januar 1903 an der preußischen Grenze verhaftet und in Thorn eingesperrt worden war, halfen ihm Karl Liebknecht und Hugo Haase, wieder auf freien Fuß zu kommen.[10] Besonderes Engagement und juristische Raffinesse brachte Liebknecht bei der Verteidigung von P. A. Krassikow und F. I. Schtschekoldin auf. Diese beiden Bolschewiki waren im Herbst 1903 in die Fänge der preußischen Polizei geraten. Schtschekoldin war unter verschiedenen Decknamen für die SDAPR tätig und Vertrauensmann der

»Iskra«, der ersten von Lenin gegründeten gesamtrussischen Zeitung, die 1900 in Leipzig, dann in München und in London erschien und ab November 1903 Organ der Menschewiki wurde. Zusammen mit Pjatnizki war er für den Literaturtransport verantwortlich. Der preußischen Polizei fiel er auf, weil sein Quartier in Berlin-Charlottenburg, Kantstraße 55 als Postadresse und als Unterkunft für unangemeldete Personen diente. Am 13. Oktober 1903 traf Schtschekoldin mit Krassikow zusammen, der auf dem Wege von Genf nach Russland war. Krassikow war seit 1900 Mitarbeiter der »Iskra«. Er hatte Lenin in der sibirischen Verbannung kennengelernt. Als Vertreter des Kiewer Komitees der SDAPR hatte er die Initiative zur Bildung des Organisationskomitees für den II. Parteitag der SDAPR ergriffen, der im Juli/August 1903 illegal in Brüssel und London getagt hatte. Er reiste als bulgarischer Kaufmann und besaß mehrere Pässe.

Am 14. Oktober durchsuchten Beamte der Politischen Polizei unter Führung des Kommissars Wynen, der im Verein mit der zaristischen Geheimpolizei die russischen Emigranten in Berlin überwachte, Schtschekoldins Wohnung. Sie fanden dort auch Krassikow vor sowie sozialdemokratische Druckschriften in deutscher und russischer Sprache, Adressenverzeichnisse und andere Materialien. Krassikow und Schtschekoldin wurden ins Polizeipräsidium mitgenommen. Beide verweigerten jede Aussage. Sie forderten Karl Liebknecht als Verteidiger. Ihr Brief an ihn wurde nicht weitergeleitet, da es sich lediglich um ein administratives Verfahren handele. Karl Liebknecht gelangte über die »Vorwärts«-Redaktion an eine Nachricht von Krassikow und ließ sich durch die Auskunft der Politischen Polizei, »für eine Vertretung durch einen Rechtsanwalt liege wohl zur Zeit keine Veranlassung vor«[11], nicht beschwichtigen. In den Verhandlungen am 26. und 31.Oktober entlarvte er das ungesetzliche Vorgehen des Polizeikommissars Wynen und die vom Amtsanwalt beantragte Höchststrafe von sechs Wochen Haft als ungerechtfertigt. Er wies »mit Schärfe den Versuch zurück, den Angeklagten, der das Recht zu allen erdenklichen politischen Gesinnungen habe, wegen seiner Gesinnung zu bestrafen, die man übrigens noch gar nicht kenne; äußerstenfalls sei Krassikow Sozialdemokrat wie drei Millionen Reichsbürger«. Die »gemeingefährlichen politischen Umtriebe« müssten klar beschrieben werden, denn »Verdachtsstrafen können vor Gesetz und Gerechtigkeit nirgends bestehen«.[12] Krassikow und Schtschekoldin wurden zu je drei Wochen Haft und zur Zahlung der Kosten des Verfahrens verurteilt. Karl Liebknecht riet ihnen, Berufung einzulegen. Um zu verhindern, dass Krassikow ins zaristische Russland abgeschoben wurde, beantragte er, seinen Mandanten gegen Kaution bis zur Berufungsverhandlung zu entlassen. Dem Antrag wurde stattgegeben. Als Krassikow am 21. November 1903 die Stadtvogtei verließ, standen Karl Liebknecht, sein Bruder Theodor und eine dritte Person, wahrscheinlich ein russischer Genosse, mit einer Droschke bereit. Sie fuhren zunächst zu Theodors Wohnung, dann begleitete Karl Liebknecht Krassikow zum Bahnhof. Er gab ihm einen Brief an Clara Zetkin in Stuttgart mit. Krassikow gelangte unbehelligt nach Genf, wohin ihn Lenin telegrafisch gebeten hatte. Sein »Befreier« habe ihn durch seine in höchstem Maße herzliche, kameradschaftliche Art, »sorgfältigste Pünktlichkeit und Genauigkeit« beeindruckt, schrieb Krassikow in einem Artikel. »Er besuchte mich und den Genossen Schtsch. mehrmals im Gefängnis, sorgte für Kleidung und Essen; er trat mit einer außerordentlich überzeugenden Verteidigungsrede auf, obwohl keine Hoffnung bestand, die dicke Haut des Berliner Polizeirichters zu durchdringen.«[13] Nach Krassikows Flucht freute sich Karl Liebknecht »wie ein Junge, rieb sich die Hände, lachte mit seinem schönen Lachen und stellte lebhaft die Physiognomie des Polizeipräsidenten dar«, wenn der von alledem erführe.[14] Der Polizeipräsident von Berlin musste dem preußischen Innenminister das Verschwinden von Krassikow unter fadenscheinigen Ausflüchten mitteilen.

Gemeinsam mit Ljadow und M.G. Wetscheslow, den Lenin 1901 »unseren Vertreter in Berlin«[15] nannte, arbeitete Karl Liebknecht einen Fragebogen aus, der unter seinem Namen an russische Staatsangehörige in Deutschland verschickt wurde. Darin sollten die Schikanen der russischen und deutschen Polizei so genau wie möglich auf Deutsch oder Russisch festgehalten werden.[16] Mit den Ergebnissen gingen die deutschen Sozialdemokraten an die Öffentlichkeit. Den Auftakt gab ein längerer Artikel im »Vorwärts« vom 17. Januar 1904, in dem das Zusammenwirken von deutscher und russischer Geheimpolizei sowie die Denunziation russischer Studenten durch den Universitätsrichter bei der Politischen Polizei enthüllt wurden.[17] Hugo Haase interpellierte auf dieser Grundlage am 19. Januar 1904 im Reichstag. Auf die Beleidigungen während dieser Sitzung antworteten die russischen Studenten am 25. Januar mit einer Protestversammlung, die Wilhelm Buchholz leitete. Der in Petersburg geborene Deutsche spielte eine einflussreiche Rolle unter den politischen russischen Emigranten in Berlin und organisierte den illegalen Transport revolutionärer Literatur nach Russland. Er war seit 1891 mit Lenin bekannt und durch Plechanow 1895 mit Wilhelm Liebknecht in Verbindung gebracht worden.

Am 14. Februar lud Karl Liebknecht in seine Wohnung Buchholz, Ljadow, Schergow und Wetscheslow sowie den ehemaligen Kriminalschutzmann Wolz ein, den er über seine Tätigkeit bei der russischen Polizei berichten ließ. Danach gelang es einigen russischen Freunden – mit Bestechungsgeldern ausgerüstet – den Schankwirt, bei dem sich die russischen Spione regelmäßig trafen, und Namen und Adressen von Spitzeln ausfindig zu machen. »In dieser Angelegenheit zeigte Liebknecht eine kolossale Energie und bemerkenswerte Findigkeit«, schrieb Ljadow.[18]

Um die Unterstützung des Spitzelunwesens durch die preußische Polizei bloßzustellen, organisierte die deutsche Sozialdemokratie am 18. Februar 1904 in Berlin 14 Volksversammlungen. Karl Liebknecht sprach in der Brauerei Patzenhofer im Arbeiterbezirk Moabit.[19] Während der Reichstagssitzungen am 27. und 29. Februar kam es zu heftigen Auseinandersetzungen. Als Bebel die russischen Studenten gegen die Pöbeleien des preußischen Innenministers verteidigte, verleumdete Reichskanzler v. Bülow sie als Schnorrer und Verschwörer, die ausgewiesen werden müssten. Fast einstimmig nahm eine von russischen Studenten mit Unterstützung von Vertretern der SDAPR am 5. März 1904 in Berlin organisierte Versammlung eine Protestresolution an, die mit Liebknechts Hilfe abgefasst und von Buchholz unterbreitet worden war. Der preußische Innenminister forderte, »alle Redner und Leiter p.p. der Versammlung betreffs etwaiger baldiger Ausweisung namhaft zu machen«. Am 16. März wurden 14 russische Staatsangehörige, in der Mehrheit Studenten, als »lästige

Ausländer« aus Preußen ausgewiesen. Ljadow war bereits abgereist, Karl Liebknecht legte im Auftrag der übrigen Betroffenen am 22. März beim Berliner Polizeipräsidenten Verwaltungsbeschwerde ein, die jedoch abgelehnt wurde. Gleichzeitig regte er eine Solidaritätsveranstaltung für die Ausgewiesenen an. Zu diesem Abschiedskommers in Schöneberg kamen 100 bis 120 Russen und deutsche Sozialdemokraten.[20] Am 23. März wurden auf dem Anhalter Bahnhof 10 der Ausgewiesenen von etwa 140 Leuten verabschiedet, u.a. vom Ehepaar Buchholz und Erich Mühsam. Der sofort auftauchende Schutzmann wurde mit Gespött, dem Lied »Deutschland, Deutschland über alles« und dem Ruf »Wo ist Graf Bülow« empfangen. Die Versammelten brachten »ein dreifaches Hoch in russischer Sprache aus und sangen ein russisches Lied. Als der Zug sich in Bewegung setzte, erklang ein stürmisches ›Do swidania‹! worauf die Versammelten die Marseillaise sangen.«[21]

Das Neue, noch Unfertige an der russischen Bewegung faszinierte Karl Liebknecht. Sein Interesse an der Formierung der SDAPR und an dem seit Beginn des Russisch-Japanischen Krieges in Gang gekommenen Revolutionierungsprozesses in Russland wuchs zusehends. Während die durchorganisierte deutsche Partei und der auf Autorität pochende Parteivorstand ihn als »Heißsporn« zu zügeln versuchten, verhielten sich die Russen ursprünglicher, dankbarer und respektvoller. »Die Emigranten sahen Liebknecht dem Geiste nach als einen der Ihren an«, schrieb die russische Publizistin und Sozialistin Alexandra Kollontai, die Karl Liebknecht seit 1906 persönlich kannte und vor 1914 mehrere Jahre in Berlin-Grunewald lebte. »Von allen Führern der deutschen Partei vermochte er sich als einziger in alle Feinheiten der russischen Probleme einzufühlen und war stets über unsere Angelegenheiten im Bilde. Mehr noch, Liebknecht verkörperte jenen echten Geist internationaler Kameradschaft, der vielen Führern der II. Internationale mangelte [...] Bei Liebknecht spürte jeder vor allem den Kameraden, dann erst den Führer.«[22] Auch nach 1919 sprach sie gegenüber Sophie und Helmi Liebknecht »immer mit großer, echter Wärme und Freundschaft« von Karl Liebknecht.[23]

Inzwischen hatte Karl Liebknecht mit seiner Ehefrau Julia

zwei Söhne, den am 6. März 1901 geborenen Wilhelm (Helmi) und den am 26. Februar 1903 geborenen Robert (Bob). Im Jahre 1904 zogen sie von der Kaiser-Wilhelm-Straße nach NW 52 Thomasiusstr. 15, wo sie bis Anfang 1910 wohnten. Von hier aus war der Weg zum Gericht bzw. zur Strafanstalt Moabit kürzer, auf dem ihn Julia mit den Kindern gelegentlich begleitete.

Im Sommer 1904 musste Karl Liebknecht häufig nach Königsberg fahren. Vom 12. bis 25. Juli 1904 fand dort vor der Ersten Strafkammer des Königlichen Landgerichts in Ostpreußen ein international viel beachteter Prozess statt, in dem er zusammen mit Hugo Haase und Ernst Fleischmann aus Königsberg sowie weiteren Rechtsanwälten als Verteidiger tätig war. Neun deutsche Reichsangehörige, sieben Sozialdemokraten und zwei professionelle Schmuggler waren der Geheimbündelei, des Hochverrats gegen Russland und der Zarenbeleidigung angeklagt, so der Barbier Max Nowagrotzki aus Königsberg; der Angestellte der Königsberger Ortskrankenkasse und spätere preußische Ministerpräsident Otto Braun; der Schmied und Uhrmacher August Kugel aus Memel; die im gleichen Ort ansässigen Friedrich Klein und Hermann Treptau – Arbeiter und Uhrmacher; der Schuhmachermeister Ferdinand Mertins aus Tilsit; der Schmuggler Martin Kögst aus Bajohren an der preußisch-russischen Grenze; der Zimmermann Friedrich Adolf Ehrenpfort aus Petershagen; der Expediteur in der sozialdemokratischen Buchhandlung »Vorwärts« Friedrich Wilhelm Pätzel aus Berlin.[24] Karl Liebknecht war der Verteidiger von Friedrich Ehrenpfort. Während Hugo Haase die Zustände im russischen Reich anprangerte und Hugo Heinemann die Haltlosigkeit der rechtlichen Konstruktion des Prozesses, legte Karl Liebknecht die politischen Motive des Verfahrens dar.

Kurt Eisner resümierte als Berichterstatter für den »Vorwärts« im Auftrag des Parteivorstandes der deutschen Sozialdemokratie den gesamten Prozessverlauf in der Publikation »Der Geheimbund des Zaren«. Sowohl juristisch als auch politisch habe der Prozess nicht seinesgleichen in der Geschichte. Alles sei beispiellos und rätselhaft, »von der selbst in den tiefsten Reaktionszeiten Preußens nicht gewagten Bitte der preußischen Regierung, Väterchen möge gestatten, daß preußische Staatsbürger wegen Zarenbeleidigung und Hochverrats prozessiert werden, bis zu der alle Fiktionen der Strafprozeßordnung aufhebenden Erscheinung, daß den Zeugen ihr Vernehmungstermin früher mitgeteilt wird, als den Angeschuldigten die Anklageschrift zugestellt, geschweige das Hauptverfahren eröffnet wird.«[25]

Deutsche und russische Polizei- und Justizorgane kooperierten schon seit langem. Sie bezichtigten die sozialistische Bewegung des »Anarchismus«, des »Terrorismus« und des »Nihilismus« und unterstützten ihre Regierungen in dem Bemühen um eine internationale Konvention. Bereits 1898 hatte eine Konferenz von 21 Ländern in Rom die Absicht bekundet, unter der Flagge des Kampfes gegen den Anarchismus sozialistischen Bestrebungen Einhalt zu gebieten. Am 1. März 1904 wurde in St. Petersburg ein Geheimprotokoll über »internationale Maßnahmen gegen die anarchistische Bewegung« von Österreich-Ungarn, Deutschland, Russland, Dänemark, Rumänien, Serbien, Schweden, Norwegen, Bulgarien und der Türkei unterzeichnet. Darin hieß es, dass jeder auszuweisende Anarchist auf kürzestem Wege in das Land gebracht werden solle, dessen Untertan er vor seiner Emigration gewesen sei. Der Modus zur Ausweisung wurde detailliert geregelt, bis hin zu Fragen der materiellen Absicherung des Verfahrens. Zentrale Polizeiinstanzen sollten Nachrichten über Revolutionäre erfassen. Jedes zentrale Polizeibüro der Unterzeichnerländer sollte halbjährlich den Partnern seine Ermittlungen zur Verfügung stellen.[26]

Als Anfang November 1903 deutsche Reichsangehörige in Königsberg und Memel verhaftet wurden, griffen die »Berliner Neuesten Nachrichten« vom 7. November die Sozialdemokratie wegen engster Verbindungen zu verbrecherischen anarchistischen Elementen erneut scharf an. In diese Verleumdungen stimmte auch die freikonservative »Post« ein. Daraufhin trieb Hugo Haase am 16. Januar 1904 im Reichstag den Reichskanzler mit Fragen über das Wirken russischer Agenten in Deutschland in die Enge. Bernhard v. Bülow sollte erklären, warum in Königsberg gegen deutsche Reichsangehörige wegen angeblicher Beihilfe zum Hochverrat gegen das Russische Reich und zur Beleidigung des russischen Zaren ein Verfahren eingeleitet worden sei, bevor überhaupt ein Strafantrag vorliege, der ja von der russischen Regierung ausgehen müsse. Liege denn ein solcher Antrag schon vor? In seiner Antwort verhöhnte der Staatssekretär im Auswärtigen Amt, Freiherr von Richthofen, alle Sozialdemokraten und freiheitsliebenden Bürger in beiden Ländern. Daraufhin protestierte August Bebel gegen die Ausweisung russischer Revolutionäre in das Zarenreich für Taten, die innerhalb Deutschlands als natürliches Menschenrecht gelten. Schließlich sollte jeder wissen, dass den Ausgewiesenen entweder die Peter-Pauls-Festung oder ein sibirisches Bergwerk drohten. Selbst bürgerliche Presseorgane druckten den Protest von 394 in Berlin lebenden russischen Staatsbürgern ab, die sich dagegen verwahrten, als Anarchisten denunziert zu werden. Doch dies blieb ein kurzes Aufmerken, denn der preußische Innenminister Schönstedt und der Polizeiminister von Hammerstein nutzten am 22. Februar 1904 die Tribüne des preußischen Abgeordnetenhauses erneut für antisozialistische Hetzkampagnen. Hugo Haase und August Bebel attackierten diese so eindrucksvoll, dass sich der Reichskanzler vom Krankenlager erhob und wütete: Die revolutionäre Bewegung müsse als »moralische Pest des Anarchismus« bekämpft werden »wie jede andere Seuche«. Bebel wolle Krieg und Revolution entfesseln, eine Zuchthausordnung einführen und seine persönliche Diktatur errichten. Haase und Bebel hielten den Kanzler-Tiraden entgegen: Die preußischen Minister und der Kanzler zögen zwar gegen den »Terrorismus« der Revolutionäre mit allen Mitteln zu Felde, solidarisierten sich aber mit dem Terrorismus der russischen Regierung. Außerdem werde die Eroberung und Tyrannisierung fernöstlicher Gebiete durch Russland im Krieg mit Japan heroisiert. Bebel, Haase und Ledebour beantragten, die Regierung solle einen Gesetzentwurf zur einheitlichen Gestaltung des Fremdenrechts in Deutschland einbringen, in dem vor allem die Zulassung von ausländischen Polizeiagenten zur Überwachung der Ausländer im Deutschen Reich verboten wird. Ihr Antrag erhielt keine Mehrheit.[27]

Karl Liebknecht charakterisierte die politische Bedeutung des Prozesses: »Der Herr Staatsanwalt hat gemeint: Ganz Europa blickt auf diesen Prozeß. Ich gebe zu: Die ganze gesittete Welt blickt auf Königsberg! Aber weshalb? Weil hier der erste Versuch gemacht wird, deutsche Sozialdemokraten oder überhaupt eine freiheitliche Bewegung zu bestrafen, weil sie an den Leiden und Kämpfen des getretenen russischen Volkes Anteil nehmen. Hochverrat gegen Rußland! [...] Selbst wenn die Angeklagten alles getan hätten, was die Anklage ihnen zur Last legt, sie hätten Akte der Kultur verrichtet, die nach ein paar Jahrzehnten, wenn in Rußland eine Änderung eingetreten ist, in der Weltgeschichte ein Ehrenblatt für Deutschland bilden werden.«[28]

Vor dem Richtertisch lagen in Ballen, Paketen und Kisten die beschlagnahmten Schriften. Als der Staatsanwalt fragte, was es denn Schandbareres geben könne als jene Schriften, antwortete Liebknecht: »Ich kenne etwas Schandbareres: Das sind die russischen Zustände, auf die sich diese Schriften beziehen.«[29]

In der Voruntersuchung konnte nicht exakt ermittelt werden, woher die russischen, lettischen und polnischen Schriften kamen und wie sie nach Berlin und dann nach Ostpreußen gelangt waren. Die vielen deutschen und russischen Helfer organisierten gekonnt konspirative Transportwege. Berlin war ein zentraler Umschlagplatz für die nach Russland zu befördernde Literatur, die vornehmlich aus der Schweiz und Großbritannien eintraf. Von hier aus sandten Vertreter der Auslandsorganisation der »Iskra« Schriften, Zeitungen, Flugblätter an Umschlagstellen in Prag und Wien sowie an Lager in Stockholm, Königsberg, Lemberg, Iasi, Warna, Marseille und Täbris. In Wilna, Smolensk, Odessa, Batumi oder Baku wurde für die illegale Vervielfältigung und Verbreitung gesorgt.[30] Die zentrale Transportgruppe der »Iskra« in Berlin wurde von M. G. Wetscheslow geleitet, der mit Karl Liebknecht in engem Kontakt stand. Als bei Wetscheslow eingebrochen und sein Briefwechsel mit Lenin gestohlen wurde, als die geheimdienstlichen Übergriffe sich häuften, organisierte vor allem Liebknecht immer wieder Hilfe.[31] Dennoch drohten durch Verhaftungen und Ermittlungen in Vorbereitung des Königsberger Prozesses die Transportketten zu zerreißen.

Karl Liebknecht, Hugo Haase und die anderen Rechtsanwälte erzwangen, dass jede der zur Debatte stehenden Schriften an den sieben Verhandlungstagen vorgelesen und übersetzt werden musste. Sie nutzten den Prozess, um den russischen Absolutismus anzuprangern. Sie bemühten sich, die Hintergründe aufzuhellen, die zu diesem Prozess geführt hatten, und wiesen nach, dass die

Anklage auf einem Gutachten des russischen Generalkonsuls mit gefälschten Zitaten beruhte. Die russische Sozialdemokratie habe längst die Sinn- und Nutzlosigkeit des Terrors erkannt, erklärte Karl Liebknecht in seinem Plädoyer, sie sei »die schärfste Gegnerin der terroristischen Verzweiflungstaktik, weil sie die einzige Bewegung ist, die ihr Ziel auch ohne Terror erreichen wird, weil sie allein von allen russischen Parteien imstande ist, die Massen zu gewinnen«[32]. Unmissverständlich gab er zu verstehen, dass der »Iskra«-Partei, der »reine[n] marxistische[n] Sozialdemokratie«, seine besondere Sympathie gehöre.[33] Da im »Vorwärts« sein Plädoyer entstellt wiedergegeben wurde, protestierte er und erreichte eine Richtigstellung durch den Leitartikel »Die Sozialdemokratie und der Terrorismus«.[34]

Das Gericht musste am 25. Juli 1904 die neun Angeklagten von der Anklage des Hochverrats und der Zarenbeleidigung freisprechen, drei Angeklagte wurden wegen »Geheimbündelei« verurteilt. »Der Königsb[erger] Proceß hat so geendet, wie wir es uns nur wünschen konnten«, schrieben August und Julie Bebel an Natalie Liebknecht triumphierend. »Viel Vergnügen und gute Erholung in England.«[35] Julia Liebknecht, die ihren Mann nach Königsberg zur Urteilsverkündung begleitete, sandte an Karl Kautsky nach St. Gilgen eine Karte. Darauf hieß es: »Vom Königsberger Prozeß schmuggeln Grüße der Geheimbund der Hochverräter Kurt Eisner, Hugo Haase, Liesbeth Eisner, Thea Haase. Herzl[iche] Grüße Dr. K. Liebknecht, Martha Fleischmann, Kiew, Dr. S. Fleischmann.«[36] Rosa Luxemburg schrieb ebenfalls begeistert an Luise Kautsky nach St. Gilgen: »Vor allem wollen wir uns zu Königsberg gratulieren. Es ist ein wahres Freuden- und Siegesfest […] Donnerwetter, so ein Blutgericht über Russland und Preußen ist doch noch schöner als alle zackigen Berge und lachenden Täler!«[37] In der »Neuen Zeit« konstatierte Mehring zufrieden: Aufs Haupt geschlagen sind in Königsberg »nicht nur der russische Despotismus, nicht nur seine deutschen Vasallen, nicht nur die deutsche Justizverwaltung und Rechtsprechung, sondern alles, was mit brutalen und gewaltsamen oder mit feigen und perfiden Mitteln den Befreiungskampf des modernen Proletariats zu hindern sucht«[38].

Am 29. Juli 1904 berichtete Karl Liebknecht in einer Volksversammlung im 1. Berliner Reichstagswahlkreis vor mehr als 2300 Besuchern über den Königsberger Prozess. Unter stürmischem Beifall forderte er: »Nicht nur jeder Parteigenosse, sondern auch jeder freisinnige Mann muß dazu beitragen, daß die Bastille des Despotismus gestürzt werde und daß wir bald rufen können: Der Zarismus ist tot, es lebe die russische Freiheit!«[39] In der Diskussion sprachen sein Freund Wilhelm Buchholz und der in Königsberg verurteilte Friedrich Wilhelm Pätzel aus Berlin. Die Versammlungsteilnehmer dankten Karl Liebknecht und erklärten, »daß jeder bestrebt sein sollte, in Deutschland erlaubte Schriften nach Möglichkeit nach Rußland einzuschmuggeln, um so die russischen Freiheitskämpfer auf jede Weise zu stützen«[40]. Liebknechts Rede hatte ein Nachspiel. Der Oberstaatsanwalt des Königlichen Kammergerichts scheiterte jedoch bei dem Versuch, gegen ihn ein Ehrengerichtsverfahren einzuleiten.[41] Ähnlich engagiert wie in Königsberg verteidigte er im Juni 1909 in Dresden russische Studenten gegen die Anklage der Geheimbündelei.[42]

Im Jahre 1911 wurde gegen Karl Liebknecht erneut ein Ehrengerichtsverfahren angestrengt, weil er auf dem sozialdemokratischen Parteitag in Magdeburg 1910 gegen den von der preußischen Reaktion hofierten Zarenbesuch und gegen die Verfassungsbrüche des Zarismus gegenüber Finnland protestiert hatte. In seiner Verteidigungsrede legte er eindringlich dar, warum ihn russische Angelegenheiten nicht nur wie jeden Politiker und jeden Kulturmenschen interessieren. »Ich bin seit über acht Jahren in dauerndem, engstem Konnex mit zahlreichen Russen, Angehörigen der verschiedenen oppositionellen Parteien Rußlands, natürlich vor allem der russischen Sozialdemokratie. Ich habe so das unbeschreibliche Elend der russischen Zustände, die Schrecken der Gegenrevolution, die Leiden der russischen Flüchtlinge und die Schwierigkeiten, mit denen die russischen Ausländer in Deutschland zu kämpfen haben, gewissermaßen an mir selbst miterlebt und auf das lebendigste alle die Jahre hindurch täglich mitempfunden. All das Entsetzliche, was man sonst hier nur aus den Zeitungen theoretisch kennenlernt, habe ich fast mit derselben Unmittelbarkeit durchgemacht, als sei ich im Reiche der russischen Knute selbst gewesen. Zahlreiche Freunde habe ich durch die russischen Henker verloren und den Wahnsinn, der durch das Grauen der

Pogrome erzeugt war, leibhaftig vor mir gesehen. Und Finnland steht mir noch außerdem ganz besonders nahe: Nach diesem Lande führte mich zu Studienzwecken die erste größere Reise meines Lebens[43] - und bis zum heutigen Tage trage ich in mir von Land und Leuten dieses unglücklichen Staates die frischesten Eindrücke voller Sympathie.« Das Verfahren zog sich bis 1914 hin.[44]

Nach dem erfolgreichen Königsberger Prozess delegierte seine Wahlkreisorganisation Potsdam-Spandau-Osthavelland Karl Liebknecht das erste Mal zu einem Parteitag. Auf dem Kongress, der vom 18. bis 24. September 1904 in Bremen stattfand, meldete er sich mehrmals zu Wort. Selbstverständlich unterstützte er die Resolution der Genossen aus Königsberg, die zur Solidarität der deutschen Sozialdemokraten mit den russischen Genossen aufforderte, da »das abscheuliche Willkürregiment in Rußland auf das entschiedenste im Interesse der Kultur bekämpft werden muß«[45]. Einen Zusatzantrag von Bebel und Bernstein mit der Forderung an die sozialdemokratische Reichstagsfraktion, einen Gesetzentwurf »zur Schaffung eines der modernen Kultur entsprechenden Rechts der Fremden im Deutschen Reiche« einzubringen,[46] unterstützte er durch Hinweise auf inhumane Behandlung von Emigranten. Deren Schmach entspreche der herrischen Devise, »entweder ein Extraprofit für Ballin [Norddeutsche Lloyd] oder ein Liebesdienst für den Zarismus«[47]. Er plädierte für eine demokratische und sozial gerechte Ausländerpolitik. »Fort mit dem Damoklesschwert der Ausweisung! Das ist die erste Voraussetzung dafür, daß die Ausländer aufhören, die prädestinierten Lohndrücker und Streikbrecher zu sein.«[48] Dabei dachte er auch an die Lage ausländischer Landarbeiter, die er am 29. und 30. Dezember 1904 auf dem Parteitag der Sozialdemokratischen Partei Preußens thematisierte.[49]

Im Revolutionsjahr 1905 ging es für Liebknecht besonders turbulent zu. Bereits am 30. Januar 1905 sprach er zur russischen Revolution in Spandau.[50] Am 9. Februar referierte er neben August Bebel, Georg Ledebour, Paul Singer, Arthur Stadthagen und Clara Zetkin auf Volksversammlungen in Berlin.[51] Am 12. Februar 1905 strömten etwa 2500 Personen in den »Felsenkeller« in Leipzig-Plagwitz, um seine Rede über zwei Ereignisse anzuhören, die die sozialdemokratischen Gemüter aufwühlten und denen er weltgeschichtliche Bedeutung beimaß: dem Ruhrbergarbeiterstreik und der Revolution in Russland.

Der Riesenkampf habe den Bergarbeitern leider kein materielles Ergebnis, aber einen gewaltigen moralischen Erfolg gebracht. Der gesamten Arbeiterschaft sei aufgegangen, »daß die Regierung weiter nichts als ein Ausschuß der Kapitalisten ist«. Das Märchen vom sozialen Königtum gehöre in die Rumpelkammer.[52] Um gegen die Koalition von Unternehmertum und Regierung anzukommen, werde es künftig des politischen Massenstreiks als Generalstreik bedürfen, der nicht im Geringsten etwas mit anarchistischen Vorstellungen vom Generalstreik zu tun habe. Im Verein mit Rosa Luxemburg und vielen anderen Linken in der deutschen Sozialdemokratie trat Karl Liebknecht fortan dafür ein, den politischen Massenstreik als Instrument der Auseinandersetzung mit den herrschenden Kreisen in Politik und Wirtschaft zu betrachten, ohne sich der Illusion hinzugeben, die bürgerliche Gesellschaft durch Generalstreik aushungern zu können.[53] Man könne nicht unter allen Umständen eine Kraftprobe vermeiden, nur um das Wahl- oder Koalitionsrecht nicht erneut zu gefährden. Die Partei müsse sich mit dem politischen Massenstreik als »der aktuellsten Frage unserer gegenwärtigen und künftigen Politik« befassen, denn wenn eine gewisse Gefahr für die Partei existiere, dann »die Gefahr des Verrostens in Bezug auf die Kampfesmittel«[54].

Auf dem Jenaer Parteitag 1905 äußerte er sein Missfallen über Anzeichen einer »wachsende[n] Entfremdung zwischen Gewerkschaften und politischer Partei«. Es widerstrebe ihm, den Arbeitern zu raten: »seid fein bescheiden« und untergrabt nicht euren Arbeitsmarkt. Ohne die innere Zusammengehörigkeit der beiden Organisationsformen des Proletariats könne es keine allgemein wirksamen Kämpfe geben.[55] Die Judikatur und die Rechtspraxis gehe im Deutschen Reich schon längst von sozialdemokratischen Organisationen aus. Der Massenstreik solle dem parlamentarischen Kampf, auf den die deutsche Sozialdemokratie stark eingeschworen, auf dem sie aber auch festgefahren sei, ein festes Rückgrat geben. Zudem müsse er als ein außerparlamentarisches Kampfmittel zum Schutz und zur Erringung wichtiger Rechte angesehen werden.[56] Als sein Rechtsanwaltskollege

Heine fragte: »Werden wir siegen?«, erklärte Karl Liebknecht: »Ja, eine Revolutionsversicherung hat's noch nie gegeben; sie müßte erst erfunden werden. Gewiß! Das Blut des Volkes ist uns teuer, aber die Ideale und die politischen Rechte des Volkes sind uns nicht minder teuer, und wir wollen sie uns nicht widerstandslos rauben lassen. Der Verantwortung für die Tat steht gegenüber die Verantwortung für die Untätigkeit. Juristerei erzeugt Neigung zum Formalismus und erschwert revolutionäres Denken und Fühlen. So erkläre ich mir die vielen Bedenklichkeiten Heines.«[57] Deutlich war zu spüren, wie bei Liebknecht Beruf und Politik verschmolzen. Am letzten Tag forderte er, nicht bloß über die Reform des Strafgesetzbuches und die Prozessordnung zu debattieren, sondern das Wesen der Klassenjustiz und Gesetzgebung und ihren Zusammenhang mit der kapitalistischen Gesellschaftsordnung zu erkennen.[58]

Wie viele Sozialdemokraten betrachtete Karl Liebknecht die Revolution in Russland als »Wendepunkt für die Geschicke der Völker Europas«;[59] sie sei kein Strohfeuer, das mit einigen Gewaltstreichen auszulöschen wäre. Am Blute, das am 22. Januar 1905 in St. Petersburg geflossen sei, werde der Zarismus verbluten. Den heldenmütigen Kämpfern gelte seine volle Anerkennung und Solidarität. Denn die »Freiheit kann sich auch im Westen nie entfalten, solange das Barbarentum und der Zarismus im Osten herrschen«[60]. Seine Beziehungen zu russischen Freunden wurden enger, und er organisierte viele Unterstützungsaktionen. Seine Spende von 6000 Mark fand in der Familie keine einhellige Zustimmung, zumal er sich das Geld leihen mußte.[61] »Aber er besaß eine Intensität des Mitempfindens mit den Opfern irgendeiner Tyrannei«, berichtete Hellmut v. Gerlach, »die ihn zu jedem, aber wirklich jedem Opfer bereit machte. Ich habe vor dem Kriege viel in Sachen der russischen politischen Flüchtlinge mit ihm gearbeitet. Dabei bekam ich den höchsten Respekt vor seiner Selbstlosigkeit und seiner Willensstärke.«[62]

Die Berliner Politische Polizei bespitzelte Karl Liebknecht als »liebevollen Beschützer aller russischen Revolutionäre« unablässig.[63] So blieb dem Innenministerium auch nicht verborgen, dass er Anfang Januar 1906 zusammen mit dem sozialdemokratischen Rechtsanwalt Oskar Cohn am Neujahrsfest von Mitgliedern der

SDAPR teilnahm. Karl Liebknecht erlebte tatsächlich ein besonderes Jolkafest. Er brachte in Ljadows Quatier »eine Tanne, schmückte sie mit kleinen roten Fähnchen und mit Porträts von Marx, Engels und anderen Führern. Wir riefen unsere ganze bolschewistische Bruderschaft zusammen und bei Punsch, den Liebknecht selbst meisterhaft bereitet hatte, und echtem russischen Tee verbrachten wir mit unseren endlosen Liedern wunderbar die ganze Nacht. Danach sagte Liebknecht, daß er noch nie so fröhlich das Neue Jahr gefeiert habe.«[64] Liebknecht dürfte sich in seiner großen Wohnung mit mehreren Bediensteten und viel familiärem Trubel nicht immer wohlgefühlt haben, da er wiederholt die ungezwungene Atmosphäre unter den russischen Freunden suchte und pries, meinte Ljadow.

Der persönlich Aufregendste seiner Russenkontakte blieb zunächst geheim. Am 18. Januar 1906 lernte Karl Liebknecht die Studentin Sophia Borissowna Ryss kennen und erlag sofort ihrem Liebreiz und ihrer Klugheit. Dieser Tag blieb ihm unvergesslich. Zwölf Jahre später erinnerte er Sophie wieder einmal an ihre erste Begegnung und an die heiteren und trüben Situationen, die sie seitdem erlebt hatten.[65]

»Ich bin am 18. Januar 1884 als Tochter des Kaufmanns Boris Ryss u. seiner Frau Olga in Rostow a. Don (Russland) geboren«, stellte sich Sophie 1909 in ihrem Lebenslauf für die Promotion an der Universität Heidelberg vor. »Bis zu meinem 12. Jahre hatte ich Unterricht zu Hause – Dann kam ich auf das Gymnasium in Lausanne (Schweiz), welches ich im Juli 1902 mit dem Diplome de fin d'études verliess – Die nächsten drei Jahre war ich in Russland. Von 1905 bis 1909 studierte ich in Berlin u. Heidelberg …«[66] In ihrer Autobiografie schilderte sie Rostow als eine große, beinahe schöne Provinzstadt am rechten erhöhten Ufer des viel besungenen Don. »Meine Eltern waren fortschrittlich gesinnt. Sie haßten als Juden den Zarismus, wünschten Reformen herbei, hatten Verständnis für den revolutionären Kampf der Arbeiter und der Jugend, waren aber selbst nicht daran beteiligt. Mein Vater war Industrieller: er besaß am linken Ufer des Don großangelegte Bauholzlager, die er verwaltete. Es war, jener Zeit gemäß, sein privates Unternehmen. Meine Eltern waren verständnisvolle Eltern, und ich verdanke ihnen alles, was ich in meiner Jugend habe lernen und sehen können. Ich verbrachte mit meiner Mutter und meinen Geschwistern einige Jahre in Lausanne [...] Es folgten zwei Jahre im geräumig-behaglichen, hellen Elternhaus in Rostow mit intensivem Studium der in der Schweiz vernachlässigten russischen Geographie, Geschichte, Literatur und einiger Nebenfächer, was zu einer Prüfung mit gutem Enderfolg am Rostower Mädchengymnasium führte. [...] Zeitweise getrübt waren diese Jahre durch die beginnende Gemütskrankheit meiner Mutter, und 1904–1906 war ich mit ihr in Berlin, um bei deutschen Ärzten Heilung zu suchen [...] In den wenigen freien Stunden, die ich für mich hatte, begann ich, an der Berliner Universität Geschichte und Kunstgeschichte zu studieren, setzte nachher das Studium in Heidelberg fort (1906 bis 1909) und promovierte 1909 zum Dr. phil.«[67]

Karl Liebknecht war von dieser jungen und temperamentvollen Frau tief beeindruckt. Von Anfang an versuchte er ihr begreiflich zu machen, ohne sie nicht mehr leben zu können. Dabei war er doch seit 1899 mit Julia verheiratet. Beide freuten sich auf das dritte Kind. Wunschgemäß wurde es ein Mädchen, Tochter Vera kam am 24. April 1906 auf die Welt. Zu den Familien seiner Geschwister bestanden enge Kontakte. Otto Liebknecht und seine Ehefrau Elsa, geb. Friedland, lebten seit ihrer Hochzeit im Jahre 1901 in Frankfurt am Main. Elsa schwärmte von gelegentlichen Besuchen: »Die Sonntage, an denen Karl und seine Frau Julia zugegen waren, sind mir unvergeßlich. So ein geistiges Ganzes habe ich fast nie mehr erlebt. Dabei war man fröhlich ausgelassen und vertrauend.«[68] Mit seinem älteren Bruder Theodor sorgte Karl für die jüngeren Brüder Curt und Wilhelm und half seinen verwitweten Schwestern Alice und Gertrud. Zu seiner Mutter hatte Karl Liebknecht ein herzliches Verhältnis. Jegliche Spekulationen über frühere Missstimmungen in seiner Ehe und Familie verbieten sich, die Quellen geben darüber keinen Aufschluss. Der Briefwechsel mit Julia ist durch Kriegseinwirkungen weitgehend verlorengegangen.

Karl Liebknecht, von klein auf in einem festen Familienverbund aufgewachsen, war völlig durcheinander. »Ich kenne kein Rätsel als mich selbst«, schrieb er im ersten erhalten gebliebenen Brief an Sophie Ryss vom 23. September 1906 aus Mannheim nach Heidelberg, »und Niemanden, der so wenig das Rätsel zu raten vermöchte, wie mich selbst. Dabei weiß ich aber genau, wie andere das Rätsel lösen würden, und wie sie es beurteilen würden, wenn sie es vorgelegt bekämen. Nun, wie ihm auch sei, ich *kann nichts* bereuen und *kann nichts* abbitten.«[69] Ins Kloster aber werde nicht gegangen, beschwor er das »liebe kleine Fräulein Sonja«, die von dem Abenteuer nicht minder hin- und hergerissen schien als er. Vom Parteitagungsort Mannheim war er für einige Stunden zu ihr nach Heidelberg geflohen. Das »Heidelberger Paradies« habe ihn »wie ein frisches Bad erquickt«. Verzückt gab er seine Eindrücke von der bezaubernden Stadt, dem rauschenden Neckar und den im Mondschein glitzernden Umrissen der Berge wieder.[70] Mit gleichem Federzug aber klagte er über wahre Tantalusqualen. Er sei des Lebens müde, »nicht aus Mangel an Lebensfreude u. Genußsehnsucht, sondern aus grenzenlosem Übermaß des Genußbedürfnisses, des Entzückens über die Welt, die ich noch nicht mein nennen u. machen kann«[71]. Am 14. Januar 1908, nach wie vor berauscht von der Erinnerung an die Heidelberger Tage und Abende als »Summe aller schimmernden und träumerischen Romantik«, offenbarte er ihr: »Der Gedanke an Dich ist meine Zuflucht, der Inbegriff meines Glücks und meiner Sehnsucht. Die seligsten Stunden meines Lebens hast Du mir geschenkt; und wenn sie auch oft mit Jammer und Verzweiflung durchtränkt waren, es war doch alles gut. Ich war an meiner Stelle, an die ich nach einem Gesetz, das ich nicht kenne, aber das ich fühle, gehöre, so wie ein Eisen an einen Magneten. Warum sind wir nicht beisammen!«[72]

Karl Liebknechts Mutter spürte schon bald etwas von den Seelenqualen des Sohnes und der Gefährdung seines Ehe- und Familienlebens. In einem Brief vom 14. August 1906 redete sie ihm ins Gewissen: »Für undankbar habe ich zwar Dich nie gehalten, aber Du hattest vergessen, was Du vor allem Dir, Deiner Familie u. mir, Deiner Mutter, u. dem Namen, den wir tragen, u. Deinen Geschwistern schuldig bist. Du vergaßest, daß nur der Mensch etwas zu leisten imstande ist, der sich wenigstens einigermaßen in der Hand hat. Nur Ruhe, Sicherheit u. Bestimmtheit im Auftreten ist ein Zeichen von Bildung u. imponiert anderen. Doch – ich bin fest überzeugt, Du wirst das ganz sein u. werden, was ich von Dir erwarte. Begreifst Du, wie mein Herz an Dir hängt, wie lieb ich Dich habe u. daß von Dir für mich alles abhängt. Ich weiß, Du wirst Deiner Familie, Deinen prächtigen Kindern gegenüber nicht ein treuloser Vater sein u. Julia auch wieder so anerkennen, wie Du sie früher anerkannt hast. Ich denke Tag u. Nacht an Dich u. hoffe.«[73] Als er darauf nicht reagierte, fühlte sie sich tief verletzt. Empört schrieb sie, er solle nicht glauben, sie sei blind und taub durch die Welt gegangen, »vielmehr verstehe u. urteile ich über Vieles weit besser als die ›Jungen‹«[74].

Die Liebe zu Sophie Ryss stürzte Karl Liebknecht in einen tiefen Zwiespalt, den er durch Notlügen und Versteckspiel zu verbergen suchte. Auch Sophie quälten Skrupel, Zweifel und Ängste, wie er aus ihren Briefen, die nicht erhalten geblieben sind, herauslas. Nachdem sie von der Berliner zur Heidelberger Universität übergewechselt war und sie sich nur noch selten sehen und sprechen konnten, bedrängte er sie, ihm öfter zu schreiben. »In der Jagd nach dem Glück liege ich am Boden.« Er wolle aber kein Mitleid. Sie möge ihm offen die Wahrheit sagen, ob auch sie ihm so wie er ihr weiter lieb und treu zugetan sei.[75]

Bei aller Vernunft, mit der Karl und Sophie an seine Kinder und Familie dachten, mit der sie die unterschiedlichen Traditionen und Lebensweisen der Liebknechts in Berlin und der Ryss' in Rostow am Don respektierten, war ihre Zuneigung stärker als beider und anderer Gewissensbisse. Die Lebensansprüche der jungen russischen Studentin und des immer bekannter werdenden Advokaten und Politikers waren verschieden. Doch trotz krisenhafter Intervalle und über längere Zeiten nur weniger kurzer persönlicher Begegnungen avancierte Sophie Ryss zur intimsten Vertrauten Karl Liebknechts.

Wie seine Familie reagierte, lässt sich nur aus wenigen Andeutungen schlussfolgern. So schrieb er am 22. Januar 1907 an Sophie Ryss: »Morgen oder übermorgen kommt meine Frau zurück. Und damit wieder ein Martyrium für sie und mich, und für die Kinder. [...] Zu leben lohnt sich für mich nicht mehr«[76]. Im Brief vom 26. Januar heißt es, die alte Leier habe angehoben.[77] Für seine Ehefrau und seine Familie war das heimliche Liebesverhältnis gewiss ein schmerzlicher Vertrauensbruch, der einem sozialistischen Rechtsanwalt und Politiker nicht geziemte. Theodor missfiel sehr, dass er sich im Sommer 1906 für die Familie, die in der Ferienzeit auf Norderney weilte, so rar machte. Er befürchtete, Karl opfere alles und verkenne die Situation. Kategorisch forderte er ihn auf, schleunigst zu kommen und mindestens bis 13. September zu bleiben.[78] Karl jedoch meinte, mit den auch in der Sozialdemokratie geltenden streng konventionellen Vorstellungen über Liebe, Ehe und Familie brechen zu dürfen. Sich selbst, die Geliebte und seine Familie versuchte er durch Flucht in übereifriges Arbeiten zu beruhigen bzw. abzulenken. Ob er je eine definitive Entscheidung erwog, ist fraglich.

Im Jahre 1906 setzte er seine solidarische Hilfe für die russischen Revolutionäre, die durch die Niederschlagung der Revolution rigorosen Drangsalierungen ausgesetzt waren und vermehrt Zuflucht in Deutschland und anderen europäischen Staaten suchen mussten, mit Schwung und neuen Initiativen fort. So bemühte er sich darum, die Solidaritätsbewegung international auszuweiten. Zusammen mit Wilhelm Buchholz richtete er an das Sekretariat des Internationalen Sozialistischen Büros in Brüssel am 26. November 1906 ein Schreiben. Sie regten an, in allen der Internationale angegliederten Parteien Sammlungen für den Wahlkampf der russischen Brüder durchzuführen.[79] Drei Tage später sandte Camille Huysmans, der Sekretär des Internationalen Sozialistischen Büros, an Karl Liebknecht 5200 Mark für die SDAPR. Da es in der deutschen Sozialdemokratie wenig Klarheit über die Parteien, deren Führungskräfte und über den Verlauf der russischen Revolution sowie die Situation im Zarenreich gab, gründeten russische Revolutionäre in Zusammenarbeit mit Karl Liebknecht ein Informationsbüro, das in der Regel zweimal wöchentlich ein »Russisches Bulletin« herausbrachte und den Zeitungsredaktionen zusandte. In einem Rundschreiben vom 15. Dezember 1906, das an bekannte Sozialisten wie den Österreicher Fritz Austerlitz oder den Schweden Hjalmar Branting versandt wurde, bat Karl Liebknecht um eine möglichst regelmäßige finanzielle Unterstützung dieses Vorhabens. »Das Bulletin ist *ausschließlich* dazu bestimmt, der Partei zu dienen. Es scheint mir Pflicht zu sein, es nicht schlechter zu behandeln, als andere Correspondenzen, zumal seine besondere Wichtigkeit für jeden Einsichtigen klar auf der Hand liegt […] Geldsendungen bitte an mich richten (mit dem Zusatz: für das Informationsbüro).«[80] Der spärliche Eingang von Spenden erschwerte die Herausgabe des »Russischen Bulletins«, in dessen Redaktion Alexander Stein tätig war. Es gibt Hinweise darauf, dass Karl Liebknecht selbst viel Geld in das Unternehmen gesteckt hat.[81]

Bald wurde Karl Liebknecht in die Organisierung des V. Parteitages der SDAPR einbezogen. Er fragte bei der Sozialdemokratin Henriette Roland-Holst an, ob in Holland die etwa 300 russischen Delegierten, darunter manche mit recht auffälligem Äußeren, fremdartigen Trachten usw., 14 Tage sicher und menschlich untergebracht werden könnten, ob ein solcher Kongress geheim und ungestört verlaufen und ob holländische Sozialdemokraten die Arbeit unterstützen könnten.[82]

In seiner Parteitagsrede in Mannheim 1906 forderte Karl Liebknecht die deutschen Sozialdemokraten dazu auf, alles zu tun, damit Deutschland nicht zum Henker der Revolution werde. »Wir wären erbärmliche Kerls, und der Teufel sollte uns holen, wenn wir nicht dafür sorgen würden, daß jeder etwaige Versuch, der russischen Revolution aus Deutschland in den Rücken zu fallen, mit einer gründlichen Niederlage auch der preußisch-deutschen Reaktion enden würde.«[83] Nicht nur dort bekam er dafür lebhaften Beifall. Was »Sie in Mannheim gesprochen haben«, schrieb ihm am 19. Dezember 1906 ein russischer Genosse aus Kopenhagen, »das klang mehr, als die Sympathie kundtuenden Worte des offiziellen Genossen, nein, da sprach der treue Freund, Freund im Kampf und Sieg, Leben und Sterben. Dafür meinen innigst empfundenen Händedruck.«[84] Aus Hochachtung nominierte das im August 1908 in Genf tagende Zentralkomitee der SDAPR Karl Liebknecht und Oskar Cohn für ein neues Auslandsbüro, dem sie neben vier Bolschewiki und vier Menschewiki angehören sollten. Der Plan scheiterte allerdings, weil sich das alte Auslandsbüro dem Beschluss nicht unterwarf.[85]

Die Erfahrungen und Erlebnisse im Kontakt zur russischen sozialdemokratischen Bewegung bestärkten Karl Liebknecht darin, sich auch in seiner Partei mit mehr Elan für ein energischeres Auflehnen gegen die Innen- und Außenpolitik der herrschenden Kreise in Deutschland einzusetzen.

Im Bunde mit der Jugend

Rosa Luxemburg hatte auf dem Internationalen Sozialistenkongress 1900 in Paris in der Resolution zu ihrer Rede über den Völkerfrieden gefordert, »daß die sozialistischen Parteien überall die Erziehung und Organisierung der Jugend zum Zweck der Bekämpfung des Militarismus in Angriff zu nehmen und mit größtem Eifer zu betreiben haben«[1]. In vielen europäischen Ländern waren seit der Jahrhundertwende sozialistische Jugendgruppen und zentrale Jugendverbände entstanden. Doch in der deutschen Sozialdemokratie hatte sich nichts getan. Karl Liebknecht fand, in der Jugendarbeit könne er am ehesten an Traditionen der Partei anknüpfen und zugleich etwas Neues entwickeln helfen. Selbst das sollte weit schwieriger werden als gedacht.

Auf dem Bremer Parteitag 1904 plädierte er für eine spezielle antimilitaristische Agitation unter der Jugend. Seinem ersten Antrag, den er am 19. September begründete, erteilten tonangebende Delegierte eine Abfuhr. Vor allem Richard Fischer, Georg von Vollmar, Albert Südekum, Georg Schöpflin, Hermann Molkenbuhr, Karl Frohme griffen Karl Liebknecht an. Er sei »auf vollständig falschem Wege«, betreibe »eine sehr böse Spielerei«, folge »einer Augenblickslaune«, trete mit »geradezu verblüffender Dreistigkeit« auf und mache sich die Sache mit »Hilfe einer rücksichtslosen juristischen Rabulistik« außerordentlich leicht.[2] Hohngelächter begleitete die erregte Debatte, die er am Folgetag trefflich charakterisierte: »Es ist meinem Antrage so gegangen wie einem Opfer in der Schlacht, das erst totgeschossen, dann nochmal totgeschlagen, dann gevierteilt und schließlich ins Wasser geworfen und ersäuft wird.«[3]

Er gab nicht klein bei. In seinem zweiten Antrag wählte er eine in der Partei gängige Formulierung. Er verlange nichts weiter, »als daß die alte Methode – meinetwegen, um die Phrase zu gebrauchen, die altbewährte Methode – angewandt werde mit besonderem Nachdruck auf einem besonderen Gebiete, nämlich dem der Agitation in der Jugend gegen den Militarismus«.[4] Erneut erklärten seine Widersacher, denen August Bebel beistand, was die Partei im Kampf gegen den Kapitalismus und damit auch gegen den Militarismus tue, reiche völlig aus. Liebknechts Vorschläge würden von der Jugend nicht verstanden und nicht gebraucht. Die zur Armee eingezogenen jungen Leute würden dadurch höchstens zu Unbesonnenheiten getrieben und kämen mit der Militärgerichtsbarkeit in Konflikt. Es gäbe schon genügend schwarze Listen. Auf Vorschlag von Südekum, Segitz und von Vollmar wurde zur Tagesordnung übergegangen.[5] In einem Memorandum an den bayerischen Kriegsminister hieß es, es sei bezeichnend, dass der Antrag »überhaupt eingebracht wurde, während die Sozialdemokratie bisher immer nur behauptet hatte, dass sie jede Agitation im Heere grundsätzlich unterlasse«[6].

Einem französischen Freund, der ihm ein Heft der Zeitung »Le Mouvement Socialiste« gesandt hatte, schrieb Liebknecht am 20. Dezember 1904, die »Radikalisierung des politischen Kampfes«, die politische Agitation sei das einzige ewig wirksame Gegengift »gegen den ökonomistischen und nur-parlamentarischen Versumpfungsbazillus des Revisionismus«[7]. Initiativen der Belgischen Sozialistischen Jungen Garde (Jeune Garde Socialiste) und des Verbandes der Jugendlichen Arbeiter Österreichs bestärkten ihn in seiner Überzeugung, den antimilitaristischen Kampf durch Agitation unter der Jugend auszubauen.[8] Als im Oktober 1904 der Verband junger Arbeiter Mannheims unter Ludwig Frank und der Verein der Lehrlinge und jugendlichen Arbeiter Berlins unter Helmut Lehmann gegründet wurden, stimmte ihn dies zuversichtlich.

Franz Mehring warf als Leiter der »Leipziger Volkszeitung« Karl Liebknecht in den Tagen seines Kampfes für die Jugendbewegung »die Zügel über den Kopf«. Der junge Mann sei immer wenig erbaut gewesen, wenn er, die Tasche voll zündender Artikel, nach Leipzig kam und ihn in der Redaktion angetroffen habe, schrieb Mehring. »Und ganz unwirsch wurde er, wenn ich, dem seine Mutter eine verehrte und seine Gattin eine liebe Freundin war, ihm wohl einmal, bedrängt von seiner hitzigen Beredsamkeit, die Aufnahme eines Artikels mit den Worten abschlug: Den kann ich schon vor Ihren Frauen nicht verantworten. Das konnte er in den Tod nicht vertragen; denn darin ist Karl der echte Sohn seines Vaters, daß, wo es die große Sache gilt, jede persönliche Rücksicht ihn kleinlich und unwürdig dünkt.«[9]

Auf dem sozialdemokratischen Parteitag in Jena 1905 wiederholte Karl Liebknecht seine Bremer Forderung mit einem gründlicher argumentierenden Antrag des Wahlkreises Teltow-Beeskow-Storkow: »In der Erkenntnis, daß der Militarismus und Marinismus der festeste Stützpfeiler der heute herrschenden Klassen ist, daß er ferner durch seine kulturfeindlichen Tendenzen und Bestrebungen jedes freie und rege Leben erstickt, ja die zu seinen Diensten eingezogenen Söhne des Volkes zu willenlosen Werkzeugen macht, ist es dringend erforderlich, daß *hiergegen eine regelmäßige, planmäßig betriebene Agitation einsetzt.* Als *erste* Aufgabe wird betrachtet, in jedem Jahre vor der Aushebung zum Militär oder zur See *öffentliche Versammlungen* abzuhalten, wo die jungen Leute, die eventuell Soldat werden müssen, speziell über ihre sogenannten ›Rechte‹ als Soldat aufgeklärt werden, ferner, daß zu dieser Zeit *Flugblätter* desselben Inhalts verbreitet werden und darauf hingewiesen wird, daß sie von dem sogenannten ›Beschwerderecht‹ den ausgiebigsten Gebrauch machen sollen.« Erst durch solche Aufklärung würden die jungen Leute Abscheu vor dem Militarismus bekommen.[10] Sofort übernahm August Bebel als Parteivorsitzender den Widerpart. Er wäre bereit gewesen, diesen Antrag »mit Haut und Haaren zu verschlucken«. Nach Liebknechts prinzipieller, weltpolitischer Rede und dessen gefährlicher Auslegung des Antrages aber sei dies ausgeschlossen. Begreife Karl Liebknecht denn nicht, dass er als Jurist vielleicht, wenn er ein solches Thema behandle, den Schlingen des § 112 des Strafgesetzbuches entgehen könne, »aber die meisten Genossen, die dem Antrage gemäß handeln«, dazu nicht imstande wären.[11] Dieser § besagte: »Wer eine Person des Soldatenstandes, es sei des Deutschen Heeres oder der Kaiserlichen Marine, auffordert oder anreizt, dem Befehle des Oberen nicht Gehorsam zu leisten, wer insbesondere eine Person, welche zum Beurlaubtenstande gehört, auffordert oder anreizt, der Einberufung zum Dienste nicht zu folgen, wird mit Gefängnis bis zu zwei Jahren bestraft.« Selbst wenn man ihn der Feigheit bezichtige, erklärte Bebel, übernehme er nicht die Verantwortung für einen Antrag, der sicher bei der nächsten Reform des Strafgesetzbuches neue und verschärfte Bestimmung gegen solche Versuche zur Folge hätte.[12] Lediglich der Vorschlag, jedes Jahr vor der Aushebung zum Militär und zur See öffentliche Versammlungen abzuhalten und Flugblätter zu verbreiten, die Soldaten über ihre »Rechte« aufklären, wurde angenommen. Karl Liebknecht konnte vorläufig nicht auf die Unterstützung der Parteiführung bauen. Eine erneute Debatte mit Bebel auf dem Mannheimer Parteitag 1906 schloss jeden Zweifel darüber aus.

Zusammen mit der Parteiorganisation Potsdam-Osthavelland beantragte Liebknecht dort, einen antimilitaristischen Ausschuss als Generalstab gegen den Militarismus aufzubauen. Der Militarismus, »durch den der Kapitalismus sich vor der demokratischen Entwicklung verschanzt, sie verfälscht und der unser Volk aufs schlimmste brutalisiert und barbarisiert,« werde immer stärker und gefährlicher. Um ihn zu bekämpfen, bedürfe es »eines besonderen Plans, einer besonderen Beweglichkeit und Aktivität«. Eine antimilitaristische Agitation im Sinne der Vorgaben des Pariser Internationalen Sozialistenkongresses könne innerhalb der allgemeinen Agitation nicht wirksam genug betrieben werden, gelte es doch gegen einen immer stärker und gefährlicher werdenden Militarismus anzukämpfen.[13] »Das ist die reine Ideologie von Liebknecht«[14], praktisch unvorstellbar, hob August Bebel sofort wieder zu einem Rededuell an, in dem er Kraft seiner Autorität die Ablehnung des Antrages vorschlug. Durch einen besonderen Ausschuss für antimilitaristische Propaganda sah er die Macht- und Verantwortungsbefugnisse des Parteivorstandes eingeschränkt. Die Leistungen der deutschen Sozialdemokratie in den letzten Jahrzehnten sollten nicht unterschätzt werden. In ganz Europa gäbe es keine zweite sozialdemokratische Partei, die den Militarismus systematischer bekämpfe als die deutsche Sozialdemokratie, argumentierte Bebel. Karl Liebknecht erklärte, die Partei habe in schwerstem politischen Kampf »ein wahrhaft goldenes Zeitalter durchlebt«, doch nunmehr gelte es, sie vor Selbstgefälligkeit zu bewahren und dem erstarkenden Militarismus auf breiter Basis Paroli zu bieten.[15] Bebel, kräftig unterstützt von Hermann Molkenbuhr, begann seinen zweiten Auftritt gegen Liebknecht mit der Feststellung, er lasse sich nicht von seinen Anschauungen abbringen.[16] Der Streit zwischen ihnen begann sich zu einem Generationenkonflikt und Richtungsstreit in der Partei über das Verhältnis von Tradition und strategisch-taktischen Neuansätzen zu entwickeln.

Es dürfte Liebknecht gewundert haben, dass sich August Bebel nicht auch noch über seinen »Rekrutenabschied« in der »Jungen Garde« vom 22. September 1906, dem Vortag des Parteitages, echauffierte. Dieser Artikel war in Inhalt und Stil kühner, mit treffender politischer Ironie formuliert. Liebknechts Gegner bei der Justiz und Polizei hatten ihn sofort registriert.[17]

Darin führte Liebknecht drastisch an, was die Soldaten in der Kasernenrohheit der kaiserlichen Armee erwartete: »Künftig werdet ihr nur lesen und schreiben dürfen, was der Vorgesetzte gestattet; schwere Strafe riskiert, wer andere als ›staatserhaltende‹ Schriften liest oder auch nur bei sich hat, wer andere als ›staatserhaltende‹ Reden führt, wer andere als ›staatserhaltende‹ Gesellschaften besucht. ›Aber‹, so wird man euch lehren, ›die Armee ist die hohe Schule des deutschen Volkes; sie soll Euch zur Treue gegen den Monarchen, zur Vaterlandsliebe erziehen, auf daß unser Deutsches Reich stark und gefestigt dastehe. Keine Erziehung ohne Zwang‹, so heißt es. ›Erbärmlicher Nörgler, wer sich nicht willig in diesen Zwang schickt, um des edlen patriotischen Zwecks willen!‹«[18] Die Soldaten würden missbraucht: »Denkt an unsere chinesischen Heldentaten, an die Kämpfe in den afrikanischen Kolonien, an den Marokkohandel, der drauf und dran war, Deutschland in einen Weltkrieg zu verwickeln, Mord und Brand über Europa zu breiten. Was hatte das mit dem *Schutz* des Vaterlandes zu tun? Die großmannssüchtige Welt- und Kolonialpolitik mag den Interessen des großkapitalistischen Unternehmertums dienen; dem *Vaterland* , dem *Proletariat* bürdet sie nur Lasten auf.«[19] Auch zum Kampf gegen den »inneren Feind« werde die Armee eingesetzt werden. »Der innere Feind, das sind eure Väter, Mütter, Brüder, Schwestern und Freunde, das ist das gesamte Proletariat und alles, was nicht mit der herrschenden Reaktion durch dick und dünn geht; der innere Feind: Das seid noch heute *ihr selbst!* Und das werdet nach eurer Entlassung wieder sein *ihr selbst!* Ihr selbst, die ihr zum Kampf gegenüber diesem inneren

Feind aufgerufen werdet, zum Kampf gegen euch selbst.«[20] Dafür würden wahnsinnig hohe Summen ausgegeben. Liebknecht formulierte bereits in diesem Artikel: »Und der Militarismus ist der Würgeengel der Kultur; er barbarisiert die Zivilisation und frißt, das Volk aussaugend, alle Mittel auf, die einem wahrhaftigen Fortschritt dienen könnten. Er ist die Quintessenz und die Summe aller Volksfeindlichkeit, der brutale Exekutor und der blutig-eiserne Schutzwall des Kapitalismus.«[21]

Grundlage des antimilitaristischen Kampfes der deutschen Sozialdemokratie war Punkt 3 des Erfurter Parteiprogramms von 1891: »Erziehung zur allgemeinen Wehrhaftigkeit. Volkswehr an Stelle der stehenden Heere. Entscheidung über Krieg und Frieden durch die Volksvertretung. Schlichtung aller internationalen Streitigkeiten auf schiedsgerichtlichem Wege.«[22] Von diesen Zielen, die auch in Beschlüssen der internationalen Sozialistenkongresse vorgegeben wurden, ließen sich die Parlamentarier und Referenten der Partei leiten. Zur antimilitaristischen Taktik gehörte, den volks- und kulturfeindlichen Charakter des Militarismus zu entlarven und prinzipiell gegen sämtliche Militär- bzw. Heeres- und Marineausgaben zu stimmen. Paul Singer hatte auf dem Parteitag in Berlin 1892 als Kampflosung parlamentarischer wie außerparlamentarischer Aktionen ausgegeben: »dem Militarismus, dem herrschenden Militärsystem keinen Mann und keinen Groschen!«[23]. Hinweise älterer Parteistrategen auf langjährige Erfahrungen in der antimonarchistischen und antimilitaristischen Opposition und das bedächtige Warnen vor leichtfertigem Provozieren der Gegner der Sozialdemokratie waren angesichts der Vereinsgesetzgebung in Deutschland nicht ganz abwegig. August Bebel diskutierte mit Karl Liebknecht so hartnäckig, weil er sich um die Partei und um ihn persönlich sorgte.[24] Ihre Differenzen versuchte er auf bloße Meinungsverschiedenheiten über die Mittel der Aufklärung und Bekämpfung des Militarismus zu reduzieren. In Wirklichkeit schätzten beide das Kräfteverhältnis im Kaiserreich, die veränderte internationale Situation angesichts der entstehenden Bündnisse zwischen imperialistischen Staatengruppierungen in Europa, die Zunahme des Wettrüstens und dessen Folgen für die Innen- und Außenpolitik der Länder verschieden ein. Bebel hatte 1898 in seiner

Schrift »Nicht stehendes Heer, sondern Volkswehr!« durchaus schon auf die sozialen Folgen der Rüstungen zu Wasser und zu Lande und auf die »Gefahr einer ungeheuren Massenvernichtung« aufmerksam gemacht.[25] Seit der Jahrhundertwende gebärdeten sich maßgebliche Politiker und Militärs immer aggressiver. Kurz bevor er Reichskanzler wurde, hatte Bernhard Graf v. Bülow im Reichstag den Anspruch auf eine Neuaufteilung der Welt zu Gunsten Deutschlands verkündet. Das Deutsche Reich könne und wolle nicht länger »träumend beiseite stehen, während andere Leute sich in den Kuchen teilen«. Es werde seine Interessen in »allen Weltteilen« mit militärischer Gewalt vertreten; denn es sei nicht möglich, »in dieser Welt den Kampf ums Dasein durchzufechten ohne starke Rüstung zu Lande und zu Wasser«.[26] Das neue Flottengesetz von 1900 sah die Erhöhung des Flottenbestandes auf fast das Doppelte und den Bau von 100 Torpedobooten vor und forcierte das Wettrüsten zwischen dem Deutschen Reich und Großbritannien. Mit dem Hinweis auf die ersten »Proben« der deutschen »Straf«expedition in China bei der blutigen Niederschlagung des Volksaufstandes der Ihetuan hatte der Kaiser bei einer Rekrutenvereidigung 1900 die jungen Soldaten dazu aufgefordert, »den Feind niederzukämpfen! und auch im *Innern die Ordnung aufrechtzuerhalten*«[27]. Als es 1905 ungünstig erschien, die Entscheidung über die Vorherrschaft in Marokko durch einen Präventivkrieg gegen Frankreich und Großbritannien herbeizuführen, schrieb Wilhelm II. an den Reichskanzler: Wegen »unserer Sozialisten« könnten wir keinen Mann aus dem Lande nehmen ohne äußerste Gefahr für Leben und Besitz der Bürger. »Erst die Sozialisten abschießen, köpfen und unschädlich machen, wenn nötig per Blutbad, und dann Krieg nach außen. Aber nicht vorher und nicht a tempo!«[28] Die Denkschrift des Generals v. Schlieffen, Chef des Generalstabes, enthielt bis ins Detail gehende Erwägungen über einen voraussichtlichen Zweifrontenkrieg gegen Frankreich und Russland, über Blitzkriegsstrategie, über Neutralitätsbrüche gegenüber anderen Ländern usw. Der »Schlieffenplan« diente der direkten Vorbereitung des Ersten Weltkrieges, der sich in den konfliktreichen Rivalitäten zwischen dem Dreibund, zu dem sich Deutschland, Österreich-Ungarn und Italien zusammengeschlossen hatten, und der Entente cordiale, in der seit 1904 Frankreich und Großbritannien vereint und mit Russland vertraglich gebunden waren, immer bedrohlicher abzuzeichnen begann.[29] 1906 verfügte Deutschland über die schlagkräftigste Heeresorganisation. Die Friedensstärke betrug 625 000 Offiziere, Unteroffiziere und Mannschaften, die Kriegsstärke 3,3 Millionen Mann. Die Flottennovelle vom Mai 1906 legte den Bau von sechs großen Kreuzern für die Auslandsflotte bzw. Materialreserve sowie eine Vermehrung der Torpedoboote von 96 auf 144 fest und bewilligte die Mittel für eine Erweiterung des Nordostseekanals, der Hafenanlagen und Docks, die im Zuge des Übergangs zum Dreadnought-Bau notwendig wurde.[30]

Karl Liebknecht stellte die bewährte antimilitaristische Politik und Taktik nicht in Frage, betonte aber immer wieder, sie müsse stärker systematisiert und für die Aufklärung der Jugend insbesondere in der Zeit zwischen Schule und Militärdienst genutzt werden. Selbstverständlich seien die Gesetze einzuhalten, daher verbiete sich eine Propaganda im Heer. Es genüge allerdings nicht, das Militärbudget, die Steigerung der Militärlasten und der Präsenzstärke von Heer und Flotte zusammenzustellen. Es fehlten vor allem »zusammenfassende Darstellungen der Militärmißhandlungen, der Leistungen der Militärjustiz, der Soldatenselbstmorde, der Gesundheitsverhältnisse in der Armee, der Dienstbeschädigungen, der Gehalts- und Pensionsverhältnisse, sodann der Verwendung von Soldaten zur Lohndrückerei und der hierauf bezüglichen Korpserlasse, die Verwendung von Soldaten und zur Entlassung kommender Soldaten als Streikbrecher, weiter der militärischen und der bewaffneten polizeilichen Eingriffe in Streiks, der hierbei gefallenen Opfer, des Militärboykottwesens, des militärischen Eingreifens bei politischen Aktionen, der Ausnutzung der Kriegervereine im sozialpolitischen und politischen Kampf, ferner der Leistungen des Militarismus auf allen diesen Gebieten, insbesondere im wirtschaftlichen und politischen Kampf, in andern Ländern, wobei, soweit angängig, je ein besonderes Konto für den Landmilitarismus, den Marinismus und den Kolonialmilitarismus anzulegen sein wird.« Auch über die militaristischen Jugendvereine sei man nicht ausreichend informiert.[31] Ein so verzweigtes und gefährliches Gebilde wie der Militarismus könne »nur durch eine ebenso verzweigte, energische, große, kühne Aktion gefasst werden, die den Militarismus rastlos in alle seine Schlupfwinkel hinein verfolgt«. Ein solches Wirken unter der Jugend, bevor sie zum Militärdienst gezogen werde, könne »elastischer und anpassungsfähiger sein [...] als die allgemeine Agitation«.[32] Der Massencharakter künftiger Kriege und der drohende Einsatz der Armee gegen Aufrührerische und Streikende im Innern ließen für den antimilitaristischen Kampf keine andere Wahl.

Da August Bebel seine Verweise auf Belgien und Frankreich, wo die Empfehlungen des Pariser Kongresses von 1900 ernster genommen worden waren, zurückwies, wurde Liebknechts Antrag in Mannheim wiederum mit großer Mehrheit abgelehnt. Einen gewissen Rückhalt besaß er allerdings doch, denn die Delegierten stimmten einem Zusatzantrag zu, den er mit 22 Sozialdemokraten zu den Leitsätzen über Volkserziehung und Sozialdemokratie von Clara Zetkin und Heinrich Schulz eingebracht hatte. Darin wurden die Genossen aufgefordert, »überall, wo die Vereinsgesetze es gestatten, die Gründung und Weiterentwicklung von Jugendorganisationen zu fördern«[33].

Karl Liebknecht triumphierte auf seine Art. Einen Tag danach, am 30. September 1906, hielt er auf der 1. Generalversammlung des Verbandes junger Arbeiter Deutschlands in Mannheim sein bis dahin umfangreichstes Referat zum Thema »Jugend und Militarismus«. Diese Rede bildete die Grundlage seines einige Monate später erscheinenden Buches »Militarismus und Antimilitarismus unter besonderer Berücksichtigung der internationalen Jugendbewegung«. Bei den 52 Delegierten aus 37 Ortsvereinen der Jugendorganisation mit über 3000 Mitgliedern fand er Gehör, Verständnis und Zustimmung. In Mannheim wurde ein neues Vereinsstatut angenommen. Der Vereinsname schloss nunmehr die Arbeiterinnen ein. In den Ortsvereinen sollten Lehrlingsschutzkommissionen gebildet und auf eine gesunde Lebensführung mit Sport und Kampf gegen Alkoholmissbrauch geachtet werden. Eine von Hermann Duncker eingebrachte Resolution zur Solidarität mit der russischen Revolution fand einhellige Zustimmung.[34]

Nicht nur diese Konferenz zeigte, dass sich auch in Deutschland die proletarische Jugendbewegung stärker formierte. In Berlin hatte Karl Liebknecht bereits eine Woche vorher, am 22. September 1906, die Festrede zum 2. Jahrestag der Gründung des »Vereins der Lehrlinge und jugendlichen Arbeiter Berlins« gehalten, wohl wissend, dass es in Norddeutschland schwieriger war, Jugendarbeit zu leisten, als in den süddeutschen Ländern. Da laut preußischer Vereinsgesetzgebung von 1850 jungen Arbeitern und Angestellten die Mitgliedschaft in politischen Vereinen verboten war, hatte man z.B. den Arbeiterjugendverein in Königsberg aufgelöst und seinen Vorsitzenden mehrere Monate inhaftiert. Dennoch trafen sich Weihnachten 1906 die Delegierten von Arbeiterjugendvereinen aus Berlin, Bernau und Harburg. Sie vertraten knapp 1500 Mitglieder und gründeten einmütig die »Vereinigung der freien Jugendorganisationen Deutschlands« mit Sitz Berlin. Das Statut sah die Förderung der gemeinsamen wirtschaftlichen und Bildungsinteressen vor.[35] Auf seiner Grundlage bildeten sich in Braunschweig, Breslau, Dortmund, Essen, Kiel, Magdeburg, Mühlheim (Ruhr), Ratibor, Rostock, Solingen, Wandsbek und Wilhelmsburg Arbeiterjugendvereine. Im April 1907 gehörten der norddeutschen »Vereinigung« bereits 14 Vereine mit 2282 Mitgliedern an, im Juli gab es bereits 22 Vereine mit 2867 Mitgliedern, 2072 davon allein in Berlin.

In Süddeutschland bestanden im Juli 1907 73 Arbeiterjugendvereine mit 4500 Mitgliedern. Die meisten waren jünger als 18 Jahre. »Die Junge Garde«, Zeitung des »Verbandes junger Arbeiter und Arbeiterinnen Deutschlands« mit Sitz in Mannheim, hatte 6500, »Die arbeitende Jugend«, Zeitung der »Vereinigung der freien Jugendorganisationen Deutschlands« mit Sitz in Berlin, 7000 Abonnenten. In Norddeutschland waren ca. 100 Jugendliche in die Selbstverwaltung der Organisation einbezogen. Die größere Freizügigkeit für das Vereinsleben in Süddeutschland ließ mehr Hilfe und Einfluss der Sozialdemokratischen Partei und der freien Gewerkschaften zu.

Beide Jugendorganisationen setzten sich für bessere Arbeits- und Lebensbedingungen ein, bauten Beschwerdestellen, Jugendschutzkommissionen und eine kostenlose Rechtsberatung auf. Die Mitglieder konnten sich in freier Rede üben. Man organisierte Vorträge und Bildungskurse über Geschichte, Kunst, Literatur, Naturwissenschaften, Nationalökonomie und Rechtslehre. Feste, Spiele, Wochenendfahrten und Gesangsstunden boten reichlich Geselligkeit und Abwechslung. Als Leitmotiv dieser Initiativen gab der Verband junger Arbeiter und Arbeiterinnen Deutschlands »Schutz der jungen Hände gegen Ausbeutung – Schutz der jungen Köpfe gegen Verdummung« aus.[36]

Nach dem Amsterdamer Sozialistenkongress 1904 nahm sich insbesondere Hendrik de Man aus Belgien der Aufgabe an, Verbindungen zwischen den Jugendorganisationen in den einzelnen Ländern herzustellen. Der Belgier studierte seit 1905 in Leipzig. Er überbrachte der Mannheimer Tagung 1906 Grüße der internationalen Arbeiterjugendbewegung und pflegte mit Karl Liebknecht regen Gedankenaustausch. Am 2. Dezember 1906 berichtete er Liebknecht, er habe mit den »soz[ialistischen] Jugendorganisationen in Norwegen, Schweden, Dänemark, Frankreich, Belgien, Holland, Böhmen, Österreich, Italien, Finnland, Spanien, der Schweiz, und Ungarn« Kontakte geknüpft und sei »zu einem überraschend erfreulichen Resultat gelangt«. Nun seien mit Ludwig Frank gründliche Erörterungen dringend notwendig – »ich möchte aber zunächst *Sie* dabei zu Rate ziehen«.[37]

Karl Liebknecht waren die Informationen und der Gesprächswunsch von Hendrik de Man willkommen. Er präzisierte in diesen Tagen sein Manuskript »Militarismus und Antimilitarismus« und dankte für dessen Hilfe in seinem Vorwort. Angesichts der heftigen Debatten in der Partei schien ihm Zurückhaltung geboten. Die Schrift mache »sich nicht anheischig, etwas wesentlich Neues zu bieten«, schrieb er ausdrücklich, um Missgunst und -deutungen seiner Widersacher vorzubeugen, aber erstmals böte sie einen Überblick über die antimilitaristische Bewegung und die Jugendbewegung in den wichtigsten Ländern. Theoretische Grundlegung und historische Vertiefung seien kurz gehalten, wichtig sei ihm der »aktuell politische Zweck der Schrift […], den antimilitaristischen Gedanken zu fördern«[38]. Seine These »Wer die Jugend hat, der hat die Zukunft.«[39] spitzte er am Schluss pathetisch zu: »*Wer die Jugend hat, der hat die Armee.*«[40]

Im Frühjahr 1907 weitete Karl Liebknecht sein Engagement für den Zusammenschluss internationaler Jugendorganisationen aus. Er bildete mit Ludwig Frank und Hendrik de Man ein provisorisches Internationales Sekretariat, dessen Sekretär de Man war. Es gab ein Bulletin in deutscher und französischer Sprache heraus, bis August 1907 erschienen sieben Nummern in hektographierter Form. »Konferenz über Konferenz! Reise über Reise«, schrieb Karl Liebknecht an Sophie Ryss am 5. Juli 1907: »Allernächstens muß ich über Mannheim, Stuttgart, nach Wien u. Zürich segeln! Ganz rasch! Dann Cleve etc. Bonn! Dann internationaler Parteitag in Stuttgart; dann Parteitag in Essen. Natürlich muß ich alle die Einladungen zu Versammlungen, die mich ersäufen [...] ablehnen. Dazu noch die vielerlei Arbeit für die Presse – dreifach könnt ich den Tag füllen; und komme nicht einen Moment zur Meditation, zum Genuß, zur Kunst u. tieferen Wissenschaft – Oberfläche, Oberfläche. Handeln – nicht Denken! Was hilfts! Man betrinkt sich an der Aktivität!«[41] Seiner jungen Freundin versicherte er verliebt, sie ruhe in seinem Herzen. »Das gibt mir Gleichgewicht. Ein Gedanke an Dich und es geht durch meine Seele wie Sonnenschein, der durch Nebel bricht.« Auch sie solle glücklich sein und an ihn denken.[42]

Wegen des gegen ihn angestrengten Hochverratsprozesses durfte Karl Liebknecht während des Internationalen Sozialistenkongresses in Stuttgart den Beratungen der Kommission »Der Militarismus und die internationalen Konflikte« nur als Gast beiwohnen. Für solch feiges Zurückweichen vor den Verfolgungsmaßnahmen der Klassenjustiz hatte er kein Verständnis. Seine Zuschrift vom 20. August 1907 verlas Albert Südekum in der Kommission. Liebknecht wünschte darin, dass die gegen ihn gerichteten Maßregelungen der Klassenjustiz »zur Verschärfung und Anfeuerung der antimilitaristischen Haltung des Kongresses beitragen« werden.[43] Am 23. August 1907 gab Liebknecht auf einer Massenversammlung in Stuttgart zum Thema »Rechtsstaat und Klassenjustiz« mit juristischer Finesse die gegnerische Konstruktion des »Hochverrats« der Lächerlichkeit preis.[44] Am nächsten Tag berichtete er Sophie stolz: »Heute Nachmittag Jugendkonferenz, der ich präsidiere; mit sehr gutem Verlauf [...] All die jungen Leute aus 13 verschiedenen Staaten sind von köstlichem Geist beseelt und klar und zielsicher. Eine wahre Freude.«[45]

Die I. Internationale Konferenz der sozialistischen Jugendorganisationen tagte bis 26. August im Stuttgarter Gewerkschaftshaus. Die 20 Delegierten vertraten nahezu 60000 Mitglieder von Organisationen der Arbeiterjugend in Belgien, Böhmen, Dänemark, Deutschland, England, Italien, den Niederlanden, Österreich, Schweden, der Schweiz, Spanien, Ungarn, Australien. Das Themenspektrum der Referate war breit: die Bildung der arbeitenden Jugend (Henriette Roland-Holst); wirtschaftlicher Kampf, Lehrlingsschutz, Staatslehrwerkstätten, Gewerbeschulreform (Gyula Alpári); die Alkoholfrage (Gustav Möller aus Schweden); Kampf gegen den Militarismus (Karl Liebknecht).[46] Unter großem Beifall wählten die Delegierten Karl Liebknecht, Hendrik de Man, Gustav Möller, Henriette Roland-Holst und Leopold Winarsky zu Mitgliedern des Sekretariats. Sitz des Büros der »Internationalen Verbindung der sozialistischen Jugendorganisationen« wurde Wien. Als Ersatzmann für Karl Liebknecht bestätigte man Emanuel Skatulla. Liebknecht blieb bis 1910 nominell Präsident der Internationalen Verbindung, obwohl er schon zwei Monate nach der Konferenz die Arbeit unterbrechen musste, weil er wegen seiner Schrift »Militarismus und Antimilitarismus« zu 18 Monaten Festungshaft verurteilt wurde. Seine Vertretung übernahm der Tscheche Skatulla. An die Stelle des kurze Zeit später ausscheidenden Hendrik de Man trat Robert Danneberg aus Österreich. Das Büro blieb bis zum Ausbruch des Ersten Weltkrieges bestehen.

In seiner vierstündigen Rede am 26. August brachte Karl Liebknecht noch einmal seine Ansichten auf den Punkt: »Der Militarismus ist aber nicht nur die Armee in ihren verschiedenen Gestalten. Er greift auch weit aus in die bürgerliche Welt, unser ganzes öffentliches Leben umklammernd und bis in seine feinsten Fasern durchdringend. Er ist ein ungeheurer raffinierter Apparat zu dem Zwecke, sich den natürlichen Entwicklungsgesetzen entgegenstellend, die menschliche Gesellschaft autokratisch und souverän im Interesse des Kapitalismus und überhaupt der herrschenden Gewalten nach seinem Bilde, nach seinem Willen einzurichten. […] Aufklärung des Proletariats über das Wesen des Kapitalismus, des Militarismus und seiner besonderen Funktionen innerhalb des Kapitalismus, das ist die Grundlage, das breite Fundament eines jeden möglichen Antimilitarismus, ein Fundament, an das weder Polizei noch Justiz ernstlich herankommen.«[47] Die internationale Jugendkonferenz stellte sich einmütig hinter die vom Internationalen Sozialistenkongress beschlossene Antikriegsresolution. Deren programmatische Aussage über das Verhältnis von Krieg und Revolution und über den besonderen Platz revolutionären Friedenskampfes für den Erfolg der proletarischen Befreiungsbewegung im 20. Jahrhundert ging auf die Initiative von Lenin, Rosa Luxemburg und Martow zur Präzisierung des Bebel'schen Entwurfs zurück.[48] Mit Lenin soll Karl Liebknecht in Stuttgart auch zusammengetroffen sein.[49]

Schon am 7. September 1907 referierte er begeistert begrüßt auf dem 3. Stiftungsfest des »Vereins der Lehrlinge, jugendlichen Arbeiter und Arbeiterinnen Berlins und Umgebung« in »Kellers Festsälen« in der Koppenstraße 29 in Berlin.[50]

Eine völlig andere Atmosphäre erwartete ihn auf dem Essener Parteitag der deutschen Sozialdemokratie vom 15. bis 21. September 1907. Dort wurde er von Albert Südekum im Plenum ohne Widerspruch als ein Genosse abgekanzelt, der Binsenwahrheiten verkaufe und Phantasterei erliege und dessen Ansichten grundsätzlich abgelehnt würden.[51] Nach mehreren solch demütigenden Anspielungen musste Karl Liebknecht am letzten Tag hinnehmen, dass es keine Debatte über die Jugend- und Antimilitarismusproblematik gab. Der Affront zu seinen antimilitaristischen Vorstellungen war so stark, das Verständnis für sein Engagement zur Unterstützung der Jugendorganisationen so gering und die Verärgerung über den bevorstehenden Hochverratsprozess so groß, dass er zu den beiden die Jugend und die antimilitaristische Agitation betreffenden Anträgen der einzige Sprecher blieb.[52] Noch immer mache sich in der Partei ein passiver Widerstand gegen die Jugendorganisationen geltend, kritisierte Karl Liebknecht. Vielfach würden sie lediglich als eine in Mode gekommene Spielerei betrachtet, die geduldet, aber nicht gefördert werde. Dabei wäre es bitter nötig, sie gegen die Verfolgungen und Übergriffe der Polizei zu unterstützen.[53] Nach seiner Fürsprache wurde ein Antrag aus Delmenhorst angenommen, der empfahl, beim Aufbau von Jugendorganisationen zu helfen. Über einen Antrag aus Dortmund zur antimilitaristischen Agitation unter den zum Militär einrückenden Mannschaften wurde trotz Georg Ledebours Widerspruch hinweggegangen. Als Karl Liebknecht vor der Verpreußung der Vereinsgesetzgebung in ganz Deutschland warnte, als er dazu aufforderte, den Kampf gegen den Reichsvereinsgesetzentwurf energischer zu führen, erntete er Heiterkeit und Beifall.[54] Neben Georg Ledebour teilten Paul Lensch, Arthur Stadthagen und Clara Zetkin in Essen seinen Standpunkt.

Um die antimilitaristische Bewegung sei inzwischen ein ganzer Sagenkreis gesponnen worden, dabei werde ein Popanz bekämpft, empörte er sich in einem weiteren Auftritt am gleichen Tag. So habe Südekum ihm vorgeworfen, er sei zu ungeduldig. »Ja, ungeduldig bin ich«, erklärte Liebknecht, »und ungeduldig sind wir hoffentlich alle; daß aber meine antimilitaristische Tätigkeit etwa so zu verstehen wäre, als ob ich meinte, wir sollten uns Hals über Kopf in irgendeine Umwälzung hineinstürzen, das steht im Widerspruch zu allem, was ich geredet und geschrieben habe. Wir denken auch nicht im entferntesten daran, den Militarismus losgelöst vom Kapitalismus zu bekämpfen.«[55] Energisch wies er von Vollmars Vorwürfe zurück, er pflege zu große Redensarten, wolle Kasernenagitation betreiben und versuche eine besondere antimilitaristische Bewegung neben die Partei- und Gewerkschaftsbewegung zu stellen. »Dann ist behauptet worden, der Antimilitarismus sei für mich ein Steckenpferd. Das ist richtig«, er werde sein Steckenpferd weiterhin reiten, weil »hier ein wesentliches Manko unserer Parteitaktik vorliegt«.[56]

Neben Südekum und von Vollmar tat sich in Essen ein neuer Widersacher hervor: Gustav Noske, in Brandenburg geboren, nur drei Jahre jünger als Karl Liebknecht, seit 1906 Reichstagsabgeordneter und seit 1907 Mitglied der Budgetkommission des Reichstages. Im April 1907 hatte er im Reichstag in der Debatte zum Militäretat seine Jungfernrede gehalten. Karl Liebknecht prangerte an, dass Noske im »Kriegervereinston« für die Wehrhaftigkeit Deutschlands plädiert und sich zwecks Abwehr von Angriffskriegen für die Vaterlandsverteidigung ausgesprochen habe. Es scheine fast, als wolle Noske mit dem Patriotismus des Kriegsministers wetteifern, bemängelte Liebknecht. Noske fühlte sich zu Unrecht kritisiert.[57] Die Polemik gegen ihn und August Bebel, der im Parlament ebenfalls die Abwehr eines Angriffskrieges für gerechtfertigt gehalten hatte, sei unverantwortlich.[58] Sie solle die Partei nach links abschwenken lassen, d.h.

dem anarchistischen Lager zutreiben. Noske behauptete, er wolle gegen den Militarismus in den Grenzen kämpfen, die in Deutschland gezogen sind. »Und wer hat in Deutschland etwa zum Ausdruck gebracht«, erklärte er demagogisch, »daß er mit den, übrigens ganz und gar nicht neuen, praktischen Vorschlägen von Liebknecht nicht einverstanden ist? Ich erwarte allerdings nicht, daß die Unteroffiziere dadurch mehr Sympathie für uns gewinnen werden, wenn wir sie besserzustellen suchen, wie Liebknecht wünscht. Also in Fragen der praktischen Agitation besteht zwischen uns nicht der geringste Unterschied.«[59] Seine und Bebels Kritiker dagegen könnten für sozialistenfeindliche Propaganda ausgenutzt werden, weil im Reichstage zwar ein paar sozialdemokratische Abgeordnete gesagt hätten, »daß die Sozialdemokraten ihr Vaterland verteidigen wollen, wenn es angegriffen wird«, aber das sei alles Rederei, denn »dafür ist ihnen hinterher von ihren Genossen der Kopf gewaschen« worden.[60] August Bebel stand ihm bei. Er wollte nötigenfalls ein Schiedsgericht zusammentreten lassen, das Noskes und seine Parlamentsrede studiert und nachprüft, ob Liebknechts Polemik gerechtfertigt sei. Die Partei und er besäßen genug Erfahrung und Scharfsinn, betonte Bebel, um zu beurteilen, ob es sich im Ernstfall um einen Angriffskrieg handele. Die Partei beharrte auf der Erfahrung von 1870/71, als die Unterscheidung zwischen Angriffs- und Verteidigungskrieg noch möglich gewesen war. Angesichts der immer gefährlicheren Rolle der Geheimdiplomatie und der nationalen Demagogie, mit der imperialistische Ziele verschleiert wurden, sollte sie sich als untauglich erweisen, im Ernstfalle eine Antikriegsposition zu beziehen. Gustav Noske entwickelte sich zu einem gefährlichen Gegner Karl Liebknechts, was August Bebel weder gewollt hatte noch akzeptierte.

Die missliche Lage Karl Liebknechts auf dem Essener Parteitag 1907 wurde noch einmal deutlich, als Albert Südekum im Schlusswort zur Debatte über den parlamentarischen Bericht die Tätigkeit der Reichstagsfraktion lobte und Karl Liebknechts kritische Beiträge entstellte. »Unsere Stellung zum Militarismus ist heute genau so, wie sie gestern war und wie sie war, als Noske seine Rede gehalten hat«, erklärte er selbstherrlich. »An dieser Stellung konnte sich nichts ändern, weil dazu auch nicht die mindeste Veranlassung vorlag.« Bebel habe deutlich gemacht, dass es keine Strömungen gäbe, »die dem Kampf gegen den Militarismus auch nur die allermindeste Abschwächung zuteil werden lassen wollen. Aber wir lehnen auch heute grundsätzlich die Liebknechtschen Ansichten und Anregungen ab.« Liebknecht gehöre zu den Ungeduldigen, die »ihr Augenmerk auf einen bestimmten Punkt der sozialdemokratischen Propaganda richten, während das Problem, das wir lösen wollen, doch nur [...] durch die Wandlung unseres Gemeinwesens gelöst werden kann. So steht die Sache denn doch nicht, daß wir den Militarismus, losgelöst von seinen ganzen historischen Existenzbedingungen, von seinen Werdebedingungen, allein abtun können. (Sehr richtig! Liebknecht: Daran denke ich auch nicht.) Gewiß, daran denkt ›niemand‹, sondern nur diejenigen, die das zum Steckenpferd gemacht haben (Liebknecht: Das sind nicht wir!) und die dadurch unserer Agitation nicht nützen, sondern Abbruch tun.«[61]

Die Furcht vor strengerer Handhabung des Vereins- und Versammlungsrechtes und vor der Zuspitzung des Kampfes gegen die Sozialdemokratie sowie das Verbot politischer Jugendorganisationen durch das neue Reichsvereinsgesetz von 1908 brachten Karl Liebknechts Anliegen zu Fall. Er behielt die Jugend im Blick, musste sich aber in der Festung Glatz auf schriftliche Ratschläge beschränken.[62] Die seit 1904 entstandenen süd- und norddeutschen Jugendorganisationen wurden zerstört oder lösten sich auf. In einem anonymen Beitrag für die Zeitschrift »Arbeitende Jugend« warnte er: »Man hüte sich, das mühselige, unter schweren persönlichen Opfern geschaffene Werk der Jugendlichen achtlos zu zertrümmern und ihr dafür Einrichtungen, deren Wert sie nicht einzusehen vermag, aufzuzwingen. Unter keinen Umständen darf die proletarische Jugend mißmutig gestimmt werden, auf daß nicht die Feinde der Arbeiterschaft über die Jugend triumphieren!«[63] In Briefen an Hermann Molkenbuhr, Heinrich Brandler, Max Peters, August Paris, Karl Kautsky und andere plädierte er das ganze Jahr 1908 hindurch für selbständige und unabhängige Jugendorganisationen. »Lediglich dem Zwange der Verhältnisse folgend, strebt der Jugendliche heute mehr denn je nach Selbständigkeit, Selbstbetätigung.«, betonte er 1908 im Artikel »Arbeiterbewegung und Jugendorganisation«. »Dieser Trieb der Jugendlichen läßt sich nicht gewaltsam unterdrücken. Wer es versuchen wollte, würde sich aber auch versündigen an der proletarischen Jugend. Gerade die Selbständigkeit ist es, die den Menschen auszeichnet. Aufgabe einer vernünftigen Erziehung muß es sein, die Jugend zur Persönlichkeit zu erziehen.«[64] Deshalb bedürfe es einer selbständigen freien Jugendbewegung als neues Glied der modernen Arbeiterbewegung. Doch dafür fehlte es in der Partei wie in den Gewerkschaften an Verständnis.

Im Dezember 1908 nahm die in Berlin gebildete »Zentralstelle für die arbeitende Jugend« unter Vorsitz von Friedrich Ebert ihre Arbeit auf. Ab Januar 1909 erschien die neue Jugendzeitschrift »Die Arbeiterjugend«. Auf der internationalen Jugendkonferenz in Kopenhagen 1910 erklärte Friedrich Ebert im Namen der deutschen Parteiführung: »Wir in Deutschland sind der Meinung, daß die Jugendbewegung ein Bestandteil der Partei und der Gewerkschaften ist; für sie bindende Beschlüsse können deshalb nur von den Parteitagen oder den internationalen Kongressen gefaßt werden. Deshalb nehmen wir Deutschen nur als Gäste an dieser Konferenz teil.«[65] Karl Liebknecht legte in einem Referat über die Entwicklung und Psychologie des Militarismus seine wichtigsten Thesen dar, die nach Debatten und einigen Änderungen als Resolution angenommen wurden.[66] Zum Bedauern der Delegierten, die ihm für seine Arbeit dankten, trat er auf eigenen Wunsch als Vorsitzender des Internationalen Sekretariats zurück. Wie sollte er ein Amt in einer Organisation ausüben, in der Deutschland nicht mehr vertreten war? Sein Vertrauen in die Jugend ließ Liebknecht nicht erschüttern. Clara Zetkin schätzte an ihm wie die Jugendlichen, für die er zum Idol wurde, »das prachtvoll ungestüme, überschäumende Temperament des geborenen Kämpfers, seinen frisch-fröhlichen Wagemut und seine trotzige Ausdauer«[67].

»Hochverrat«

»Meine Arbeit quält mich«, stöhnte Karl Liebknecht einerseits im Herbst 1906.[1] Andererseits versuchte er Sophie Ryss mit der Bemerkung zu trösten, »auch Sie werden Ruhe und Frieden in der Arbeit finden, die auch die einzige Erlöserin des Individuums ist, wenigstens sein kann«. Beide litten darunter, dass sie sich nur noch selten begegnen konnten. »Die Arbeit ist wirklich der Münchhausen'sche Zopf, an dem sich der Selbstverlorene aus dem Sumpf selbst wieder herausziehen kann. Es gilt nur zugreifen und beharrlich ziehen ...«.[2] »Und heut«, schrieb er am 29. Oktober 1906, »ist meine Seele verpfändet für Herstellung meines Militarismus-Manuskripts bis Mitte November; da gibts noch blödsinnig zu büffeln. Und ich muß sehen, alles um mich zu vergessen – alles, *in* mir wenigstens zeitweise zu unterdrücken.«[3] Sophie aber sei ihm bei alledem keine Ablenkung, sondern Ansporn, wenn sie ihm nur oft und gut schriebe.[4]

Im November 1906 schloss Karl Liebknecht sein Manuskript »Militarismus und Antimilitarismus« ab, das er in fünf bis sechs Wochen geschrieben bzw. diktiert hatte. Den ersten Teil »Militarismus« untergliederte er in vier Kapitel: I. Allgemeines, II. Der kapitalistische Militarismus, III. Mittel und Wirkungen des Militarismus, IV. Besonderes von einigen Hauptsünden des Militarismus. In den sieben Kapiteln des zweiten Teils äußerte er sich zum Antimilitarismus in Geschichte und Gegenwart, d.h. in der alten und neuen Internationale sowie in der deutschen Sozialdemokratie. Dabei brachte er auch seine Standpunkte zur antimilitaristischen Taktik und Propaganda insbesondere unter der Jugend ein, die er auf den letzten Parteitagen und auf anderen Veranstaltungen bereits dargelegt hatte. Er machte auf neue Wesenszüge des Militarismus seit Beginn der imperialistischen Weltpolitik der europäischen Großmächte aufmerksam. Mit der Vergrößerung von Heer und Marine sei der militaristische Geist immer stärker in die gesamte Gesellschaft eingedrungen. »Der Militarismus muß, um seinen Zweck zu erfüllen, die Armee zu einem handlichen, gefügigen, wirksamen Instrument machen. Er muß sie in militärisch-technischer Beziehung auf eine möglichst hohe Stufe heben und andrerseits, da sie aus Menschen, nicht Maschinen, besteht, also eine lebendige Maschinerie ist, mit dem richtigen ›Geist‹ erfüllen.«[5] Damit die Sozialdemokratie eine wirksame antimilitaristische Taktik entfalten könne, müsse man untersuchen, mit welchen Mitteln und Methoden dieser »Geist« geschaffen wurde, welche Rolle die offiziösen halbmilitärischen Organisationen für die Zivilbevölkerung spielten und welche sonstige militaristische Beeinflussung es gab. »Der richtige ›Geist‹, den der Militarismus braucht«, so hob er hervor, »ist erstens mit Rücksicht auf seine Funktion gegenüber dem äußeren Feind: chauvinistische Verbohrtheit, Engherzigkeit und Selbstüberhebung, zweitens mit Rücksicht auf seine Funktion gegenüber dem inneren Feind: Unverständnis oder selbst Haß gegen jeden Fortschritt, gegen jede die Herrschaft der augenblicklich herrschenden Klasse auch nur im entferntesten bedrohende Unternehmung und Bestrebung.«[6]

Im massiven Anprangern von militaristischem Geist und nationaler Demagogie, die sich in den Schulen, den Universitäten, in einer Unmenge von Vereinen und Publikationen ausbreiteten, bestand das Besondere seiner Schrift. Auch fortan enthüllte er solches Infiltrieren der ganzen Gesellschaft, das Schüren von Kriegsbegeisterung durch Vertrauen auf Gott, Kaiser und Vaterland und die Verherrlichung von Verbrechen bei der Durchsetzung von imperialistischer Weltpolitik. Im gleichen Jahr, in dem seine Schrift erschien, popularisierte Ernst Hasse, der Vorsitzende des Alldeutschen Verbandes, der 1891 entstandenen und immer einflussreicher werdenden Propagandaorganisation, sein Buch »Die Zukunft des deutschen Volkstums«. *»Das deutsche Volk braucht den Krieg«*, hieß es darin, »um sich jederzeit gegen eine Welt von Feinden verteidigen zu können, Feinde ringsum. Aber wir haben auch dasselbe Recht wie andere große Völker, uns auszudehnen, und wenn man in Übersee diese Möglichkeit uns erschwert, sind wir gezwungen, sie in Europa zu betätigen. Auch dies wird nicht ohne Krieg abgehen. Vor allem aber brauchen wir schon in Friedenszeiten die tägliche Kriegsbereitschaft.«[7] Gegen solche Skrupellosigkeit musste nach Karl Liebknechts Meinung entschieden protestiert werden. Der Militarismus stehe nicht nur dem Proletariat »als ein bis an die Zähne bewaffneter Räuber« gegenüber, der »Geld und Leben« fordere. Als »Moloch des Wirtschaftslebens« und als »Vampir des kulturellen Fortschritts« sei er »eine stets gegenwärtige, stets verwirklichte Gefahr, auch wenn er nicht gerade zuschlägt«.[8] Der preußisch-deutsche Militarismus sei »durch die besonderen halbabsolutistischen, feudal-bürokratischen Verhältnisse Deutschlands zu einer ganz besonderen Blüte gediehen«[9].

Liebknecht hatte erstmals auch alle Aktivitäten und Erfahrungen der internationalen Jugendgruppen in seine Darstellung einbezogen. Als er das Manuskript der Leipziger Buchdruckerei AG übergeben hatte, atmete er erleichtert auf. Noch stünden freilich die Korrekturen ins Haus, und etwas unzufrieden sei er mit dem so rasch zusammengefügten Produkt ohnehin. »Aber – es mag nun hinausgehen. Ich liebe es nicht, Kugeln, die abgeschossen sind, nachzulaufen, nicht einmal nachzusehen, komme was kommen mag.«[10] Franz Mehring, den sein Freund Max Seyferth in der Druckerei der »Leipziger Volkszeitung« um Durchsicht des Textes gebeten hatte, stimmte der Veröffentlichung zu.[11]

Sofort nahmen ihn seine Anwaltspflichten wieder voll in Anspruch. »Am 28. [November] beginnt für mich in Posen der berühmte große Waffendiebstahl und Schmuggel-Prozess, der vielleicht 1 Woche dauert. Zwischendrin – am 1. Dezember – muß ich in Güstrow (Mecklenburg) einen großen Spielerprozeß abmachen [...] «[12] Auf alle Fälle müsse er im Dezember nach Mannheim, käme folglich in Sophies Nähe. Doch der Geliebten schien ihr Verhältnis zu ihm nicht ganz geheuer zu sein. Mit dem »Du«, zu dem er überging, kam hin und wieder ein etwas belehrender Ton und manche aufreizende Frage in seine Korrespondenz. Sie reagierte verhalten, war sich der Adressen von Hotels oder Wahl- bzw. Parteibüros nicht sicher und befürchtete Indiskretion Dritter. In ihren Erinnerungen deutete sie an, dass ihr der Grunewald »zum Behüter vieler Geheimnisse« geworden war.[13] Liebknecht berauschte sich in seinen Briefen an gemeinsamen Erlebnissen. »Warum so still und stumm?« Soll alles, was sie einst gesagt und versprochen hatte, »im Nebel verschwinden, im Novembernebel?«, fragte er aufgebracht, als er kein Echo vernahm. Schwor mein Herzensmädchen mir nicht Treue? Bin »ich ganz abgehalftert? [...] Oder ist ein Unglück passiert?« Es fröstele ihn bei solchen Gedanken.[14]

Hin und wieder müsse auch er schweigen, schrieb er am 14. Januar 1907, »der Kampf wird von Tag zu Tag hitziger«[15]. Diese Bemerkung scheint sich nicht nur auf die Arbeit zu beziehen. Nachdem sie sich inzwischen vermutlich kurz in Köln, Mainz und Mannheim getroffen hatten, war Sophie auch wieder einmal in Berlin aufgetaucht, als seine Frau für einige Wochen verreist war. Karl Liebknecht musste Julia gestehen, dass er die in seinem Arbeitszimmer stehende Bronzebüste von Sophie Ryss zu Neujahr als Gegengeschenk für ein Buch bekommen hatte. »Daß Du hier gewesen, redete ich ihr natürlich aus«, schrieb er am 26. Januar 1907 an Sophie, die beschämt und sehr beunruhigt war. Mit seinem »sonnigen Optimismus«[16] hoffte er sie zu stärken: »Du bist ein wahrer edler Schatz an Köstlichkeiten. Wie ich mich nach Dir sehne.«[17] Dabei litt er selbst bisweilen wie unter einem Druck böser Geister. Umso mehr beschwerte er sich, dass Sophie so wenig über ihr Befinden, ihr Studium und ihre Reisen, z. B. nach Paris und Florenz, berichtete.

Mitunter war Karl Liebknecht unausgeglichen und reagierte gereizt. Seine Mutter, seine Frau und seine Geschwister nahmen ihn letztlich so hin, wie er war. Aus Furcht vor der Zerstörung ihres Familienlebens und im Vertrauen darauf, dass er genügend Verstand und Takt aufbrächte, um sein berufliches und politisches Ansehen nicht zu schädigen, fanden sie sich damit ab, dass er Sophie liebte und verstimmt war, wenn er über längere Zeit nichts von ihr hörte oder sich über die Ausweglosigkeit seiner Lage den Kopf zerbrach.

Seit Mitte Dezember 1906 stand Karl Liebknecht das zweite Mal als Kandidat seines Wahlkreises Potsdam-Spandau-Osthavelland im Reichstagswahlkampf, der ihn stärker in Anspruch nahm als der Wahlkampf 1903. Der Reichstag war von Wilhelm II. am 13. Dezember 1906 aufgelöst worden, weil die Mehrheit der Abgeordneten zusätzliche finanzielle Mittel für den Ausrottungsfeldzug gegen die aufständischen Hereros und

Nama, die damals als Hottentotten bezeichnet wurden, in der Kolonie Südwestafrika verweigert hatte. In diesen »Hottentottenwahlen« sah sich die deutsche Sozialdemokratie einer zügellosen nationalistischen Propaganda aller übrigen Parteien ausgesetzt. Reichskanzler v. Bülow erhob unter der Maßgabe, die Gefahr drohe von links, den Reichsverband gegen die Sozialdemokratie, den »Reichslügenverband«, zum offiziösen Wahlrepräsentanten der Regierung. »Alles«, so schrieb er im »Silvesterbrief« an den Vorsitzenden des Verbandes, E. v. Liebert, »was sich etwa irgendwo in Deutschland an reaktionärer Gesinnung findet, gewinnt Kraft und Recht durch die sozialistische Unterwühlung der Begriffe von Obrigkeit, Eigentum, Religion und Vaterland«[18]. Alle »nationalen« Elemente sollten geschlossen gegen die Sozialdemokratie vorgehen. Daraufhin koordinierten Propaganda- und Massenorganisationen der herrschenden Kreise wie der Alldeutsche Verband, der Deutsche Flottenverein, die Deutsche Kolonialgesellschaft, die Kriegervereine und der »Reichslügenverband« ihre Wahlkampfaktionen.

Der Regierungspräsident des »Kaiserwahlkreises« hatte am 22. Oktober 1905 dem preußischen Innenminister die Befürchtung mitgeteilt, dass Liebknecht bei der nächsten Reichstagswahl der Sieg zufallen könnte, weil es nicht genügend Gegenagitation gäbe.[19] Am 19. Dezember sprach Karl Liebknecht auf einer überfüllten Wahlversammlung in Potsdam. Insgesamt soll er auf 50 bis 60 Versammlungen – vorwiegend in seinem Wahlkreis – aufgetreten sein. Als er auf einer sehr stark besuchten Versammlung des 3. Berliner Wahlkreises am 15. Januar 1907 die Kolonialpolitik der Regierung scharf angriff, so berichtete der »Vorwärts« am 17. Januar, »stülpte der überwachende Polizeihauptmann plötzlich den Helm aufs Haupt, schnellte vom Stuhl in die Höhe und – in demselben Augenblick vertagte der Vorsitzende Pohl die Versammlung. Ein lang anhaltender Beifallssturm durchbrauste den Saal. Bald darauf eröffnete der Vorsitzende die Versammlung wieder, und Genosse Liebknecht führte seinen Vortrag ohne Zwischenfall zu Ende.« Die Regierung ließe ihren ganzen Apparat spielen. Und die reaktionären Parteien nicht minder, berichtete er am 22. Januar an Sophie. »Man wühlt die niedrigsten Instinkte auf. Die Gegner lieb ich, die sich gegenseitig prügeln. Und ich komme kaum aus den Kleidern, schlafe [...] in Kontoren, Wagen oder im Zug, nur selten im Bett. Ganze Nächte liege ich auf offenen Wagen auf der Landstraße. Im Regen und Schnee unter freiem Himmel Versammlungen. Und jetzt, seit gestern, eine wüste Kälte.«[20] Am Wahltag, dem 25. Januar 1907, notierte er kurz auf einer Postkarte für sie: »Stichwahl! Aussichtsvoll!«[21] Ein ausführlicher Brief folgte, wie angekündigt, am nächsten Tag: »Ich schreibe hier im Café Josty, Potsd. Platz, inmitten siegestrunkener Philister. Es ist ein Bild zum Heulen: der deutsche Michel mit patriotischem Augenrollen. [...] Die Demi-Monde von Berlin hatte eine gute Nacht [...] Die Niederlage ist keine Niederlage, sondern eine Klärung der Situation [...] Und für unsere Partei *sehr* nützlich; die Selbstbesinnung konnte sie wohl vertragen und die Überschätzung der eignen Mitläufer wie die Unterschätzung der feindlichen Kräfte verdiente längst gründlich ausgerottet zu werden.« Wenns ernster wird, müsse mit noch mehr aufgewühlten niedrigen Instinkten gerechnet werden.[22]

Karl Liebknecht vereinigte auf sich in der Hauptwahl 17158 Stimmen, sein Gegner, der Konservative August Pauli, 13566. Doch noch einmal gelang es Pauli in der Stichwahl am 5. Februar mit 21939 Stimmen gegenüber 18616 Stimmen, die Liebknecht erhielt, der Reichstagsabgeordnete von Potsdam-Spandau-Osthavelland zu werden. Die Sozialdemokratische Partei erhielt trotz Steigerung der Stimmenzahl von 3,0 auf 3,3 Millionen nur 43 Sitze gegenüber 81 im Jahre 1903.[23] Die Wahl sei »ein Beweis, daß unsere Gegner, anders als früher, jetzt besser organisiert sind und besser agitieren als wir«, meinte Liebknecht. »Das mußte so kommen u. ist eine gute Belehrung. Und doch – unser Parteivorstand hat in seiner grauenhaften Schwerfälligkeit mir gerade heut wieder einen bösen Strich durch die Rechnung gemacht. Zu einer raschen u. schneidigen Aktion sind diese Herren samt u. sonders einfach unfähig. Nun gehts wieder an die Arbeit bis zum Zusammenbrechen: Gut so. [...] Nur wer sich selbst verliert, ist verloren.«[24]

In der deutschen Sozialdemokratie prallten unterschiedliche Meinungen über den Mandatsverlust und über die Ursachen der Verschiebungen innerhalb der Wählermassen aufeinander. Die linken Kräfte, wie Karl Liebknecht und Rosa Luxemburg, warnten vor den Gefahren der deutschen Großmachtpolitik. Sie wandten sich gegen Illusionen, künftig mit Unterstützung der Partei durch den Liberalismus oder eine ernstzunehmende bürgerliche bzw. kleinbürgerliche Opposition zu rechnen. Vor allem dürfe der Parlamentarismus und damit die Bedeutung der Anzahl von Mandaten nicht länger überschätzt werden. Im Gegensatz dazu bezeichneten sozialreformerische Kräfte das Wahlergebnis als absolute Niederlage, an der die antikapitalistische und antimilitaristische Politik der Partei schuld sei. Befürworter imperialistischer Kolonialpolitik, wie Richard Calwer, oder Verfechter der Vaterlandsverteidigung, wie Gustav Noske, drängten auf opportunistische Anpassungspolitik. Sie verunglimpften sowohl den Antimilitarismus und Antikolonialismus der revolutionären Kräfte in der Partei als auch deren Kritik an der vordergründig parlamentarisch orientierten Taktik der Sozialdemokratie.

Liebknecht sah sich dadurch mit seinen Forderungen nach einer umsichtigen und prononciert antimilitaristischen Kampfesweise bestärkt. In das Vorwort seiner Schrift »Militarismus und Antimilitarismus« fügte er rasch noch einen Passus über die Reichstagswahlen ein. Sie seien »keine Schlappe« und die Ursachen »gar mannigfaltig«. Seine speziellen Erfahrungen im »Kaiserwahlkreis« zeigten, »daß gerade die militaristisch durchseuchten oder beeinflußten Teile des Proletariats, die freilich an sich schon dem Regierungsterrorismus am wehrlosesten ausgeliefert zu sein pflegen, zum Beispiel die Staatsarbeiter und Unterbeamten, der sozialdemokratischen Ausbreitung einen besonders festen Damm entgegengesetzt haben.«[25] Die Widerstandskraft des deutschen Volks gegenüber »den pseudo-patriotischen Rattenfängereien jener verächtlichen Geschäftspatrioten« sei »beschämend gering«. Die »grandiose Demagogie«, die »Regierung, die herrschenden Klassen und die ganze heulende Meute des ›Patriotismus‹ zu entfalten vermögen«, habe den Ausgang der Wahlen mit beeinflusst. Seiner Ansicht nach boten die Wahlen für das Proletariat Anlass zur »Selbstbesinnung«, sie belehrten über das soziale und politische Kräfteverhältnis, befreiten »von der unglückseligen ›Sieggewohnheit‹«, zwängen »zur Vertiefung der proletarischen Bewegung und des Verständnisses für die Psychologie der Massen gegenüber nationalen Aktionen«.[26] Dieser Klärungsprozess erforderte größte Anstrengungen der revolutionären Kräfte in der Partei.

Der »Vorwärts« veröffentlichte das Vorwort am 23. Februar. Das Buch, »mit lebhaftem Temperament geschrieben«, das ihn thematisch »innerlich lebhaft erregt« habe[27], sei gedruckt, frohlockte er. Bald schon werde er Sophie ein Exemplar schicken. Doch ihn bedrückte, dass sie auf seine Fragen nicht antwortete. Er wolle sehen, ob er »das Unmögliche möglich machen kann, nach Heidelberg zu kommen. Montag bin ich in Leipzig, Dienstag in Breslau, Donnerstag muß ich wieder in Berlin sein!« Mutlos sei er nicht, nur hoffnungslos, er verzweifle an sich selbst. Das wisse außer ihr kein Mensch. »Dir darf ichs sagen. Denn wir sind durch ein Jahr schwerster Seelennot aneinander gekettet, so fest, daß wir uns nicht wieder verlieren können.«[28] Er bestärkte sie in ihrem Vorhaben, Ostern nach Paris zu gehen – »dort gewinnst Du von neuem viel fürs ganze Leben« – er wünsche innig, »daß sie in ihre reiche Seele immer mehr Schätze aufhäufe und bald ein glänzendes Examen mache«.[29] Wiederholt versicherte er ihr, dass er sie nicht überschätze. »Was Du willst, kannst Du«, sie solle nicht zögern, nicht grübeln.[30]

Kaum war seine Schrift erschienen, sah sich Karl Liebknecht gezwungen, am 25. März im »Vorwärts« gegen Widersacher in den eigenen Reihen Stellung zu nehmen. Dass sein »Antimilitarismus« manchen Leuten unbequem sei, wisse er nicht erst seit gestern, und dass diese Leute alles dransetzen würden, »jede mögliche Frucht meiner Arbeit gewissermaßen im Mutterleibe zu töten, mußte ich mir bei mäßigstem Scharfblick voraussagen, um so mehr, als sich hier und da ein sozusagen revisionistisches ›Pfaffentum‹ (um ein beliebtes Schlagwort zurückzugeben) zu entwickeln scheint.« Der österreichische Sozialdemokrat Leuthner habe sich bemüht, mit interpretatorischen Akrobatenstückchen »meine Wenigkeit und den verwünschten ›orthodoxen Marxismus‹« totzuschlagen. Jeder Leser der Schrift werde über die grotesken Verzerrungen den Kopf schütteln, in der »seine Ansichten von dem hyperrevisionistischen Hohlspiegel Leuthners widergespiegelt werden«.[31] In einer späteren Zuschrift an den »Vorwärts« antwortete er auf die gehässige Äußerung eines Sozialdemokraten, Liebknecht und Ledebour hätten einen anderen Standpunkt eingenommen, wären sie selbst Soldat gewesen: »Ich bemerke demgegenüber, daß ich Soldat gewesen bin und diesen Kelch sogar gründlichst, bis auf die Nagelprobe, ausgeschlürft habe. Gerade meine militärischen Erfahrungen bilden einen wesentlichen Teil der Grundlage für meinen antimilitaristischen ›Standpunkt‹.«[32]

Angesichts der raschen Verbreitung der Schrift und deren positiver Aufnahme unter Sozialisten im In- und Ausland drängte der preußische Kriegsminister Karl v. Einem den Kaiserlichen Oberreichsanwalt Dr. Olshausen in einem Schreiben vom 17. April 1907, sofort einen Hochverratsprozess anzustrengen. Das Kriegsministerium übersende »die anliegende Broschüre des Rechtsanwalts Dr. Liebknecht ›Militarismus und Antimilitarismus‹ mit dem Ersuchen ergebenst, die strafrechtliche Verfolgung des Genannten wegen Verbrechens gegen § 86 des Reichs-Strafgesetzbuches gefälligst veranlassen zu wollen«.[33] Am 23. April 1907 beantragte Oberreichsanwalt Olshausen beim Königlichen Amtsgericht Leipzig die Beschlagnahme der Broschüre. Tags darauf berichtete der »Vorwärts«, dass die Polizei in der Verlagsbuchhandlung der »Leipziger Volkszeitung« nur noch 18 Exemplare konfiszieren konnte. Bei Haussuchungen in anderen Buchhandlungen des Reiches konnten von den 5000 Exemplaren bis November 1907 lediglich 68 beschlagnahmt werden. Viele Sozialdemokraten schätzten sich glücklich, die Liebknecht'sche Schrift bereits erworben zu haben.

Am 27. April fuhr er nach Leipzig, um vor den Genossen des Sozialdemokratischen Vereins für den 12. sächsischen Reichstagswahlkreis einen Vortrag über »Militarismus und Antimilitarismus« zu halten. Der anwesende Polizeibeamte entzog ihm das Wort und löste die Versammlung auf.[34] Karl Liebknecht ließ in seinen Aktivitäten nicht nach. Zur Maifeier sprach er vor 700 Teilnehmern in Velten.[35] Eine treffliche Unterstützung fand er in der Dortmunder »Arbeiter-Zeitung« am 2. Mai 1907. Die Zeitung wies darauf hin, dass der preußische Kriegsminister die Haltung der Sozialdemokratie »richtig« wiedergebe, wenn er ihr vorwerfe, sie wolle nicht nur bestehende Mängel im Heer beseitigen helfen, sondern auch im Volke Abneigung gegen das bestehende

Heer wecken. Daher sei es »höchst bedauerlich, daß Genosse Bebel hinterher erklärte, daß die Fraktion für Äußerungen Dritter die Verantwortung ablehne!« Ungewöhnlich sei auch, dass Noske während seiner Reichstagsrede am 25. April zum Militäretat erklärt habe, bei der Broschüre Karl Liebknechts handle es sich um Auffassungen einer Einzelperson, nicht aber um die der deutschen Sozialdemokratie. Die Partei solle nicht lavieren und sich nicht schwach zeigen; der Schaden könne tausendfach schlimmer sein als der Verlust von ein paar Dutzend Mandaten. »Mag deshalb die Fraktion Liebknecht abgeschüttelt haben – die Partei denkt nicht daran, das gleiche zu tun!«

Am 17. Mai 1907 sollte Karl Liebknecht wegen Hochverrats vom Richter verhört werden. »Das Verfahren ist nun doch richtig eingeleitet und vielleicht werd' ich am 17. gleich in ›No Sicher‹ ›eingesperrt‹. Angenehm wär's mir grad jetzt nicht; wegen Dir!«, schrieb er an Sophie. »Aber warten wir. Reg' Dich jedenfalls nicht auf; lebensgefährlich wird die Chose nicht – ein Jahr Festungshaft und Herausschmiß aus der Anwaltschaft – habeat sibi!«[36] Gerade jetzt lechze er nach Lebenszeichen von ihr, vielmehr nach wahren Liebesschwüren. Bereits im Januar hatte er ihr erklärt: »Wegen des Hochverrats geht man mir ernstlich zu Leibe. Die Anklage ist ganz schlau – allerdings beruht sie zum Teil auf plumpen Mißverständnissen. Natürlich kann ich *kein Versteckspielen* treiben – und daß das nicht zu leugnende Material bei üblicher staatsanwaltlicher Deutung für meine ›Verdammnis‹ ausreicht, weiß jedes Kind der Criminaljurisprudenz. Glaub nicht, daß ich gedrückt bin – im Gegenteil – warum soll das Leben immer so laufen à la Kegelbahn. Das paßt mir schon längst nicht mehr. Fatal ist nur, daß an meiner Existenz so viel andre hängen – Brüder, Mutter usw.«[37]

Am 16. Juli 1907 hatte Oberreichsanwalt Olshausen die Anklageschrift fertiggestellt. Sie wurde Karl Liebknecht am 24. Juli zugestellt. Da er verreist war, beantragte sein Sozius Dr. James Friedlaender am 24. Juli, die Frist zur Abgabe einer Erklärung um zwei Wochen zu verlängern. Das Gericht billigte nur eine Woche zu. Am 27. Juli wandte sich Karl Liebknecht von Zürich aus mit einem Schreiben an den Strafsenat des Reichsgerichts, in dem er den Antrag auf Verlängerung der Erklärungspflicht zurückzog. Außerdem kritisierte er das willkürliche Zitieren aus seiner Schrift und erklärte, dass wesentliche Sätze auf verschiedenen Seiten der Anklageschrift nicht seiner Schrift entstammten, also gefälscht seien. Nach seiner Rückkehr schrieb er am 30. Juli dem Reichsgericht, er wünsche, »daß dem Verfahren mit aller möglichen Beschleunigung Fortgang gegeben werden möge«[38].

Am 9. August 1907 beschloss der Strafsenat des Reichsgerichts, das Hauptverfahren gegen Karl Liebknecht zu eröffnen.[39] In seiner Rede auf der Generalversammlung des Wahlvereins Potsdam-Spandau-Osthavelland am 11. August in Hennigsdorf sagte Karl Liebknecht, dass er sich über die Anklage freue. Die »Leipziger Volkszeitung« berichtete, sie erscheine ihm »wie ein wahres Gottesgeschenk, weil uns mit ihr für den Kampf gegen die Reaktion in Preußen-Deutschland eine unschätzbare Waffe in die Hand geliefert worden sei«[40]. Fünf Tage später erhielt er den Eröffnungsbeschluss zum Hochverratsprozess.

Karl Liebknecht ging sofort an die Öffentlichkeit. Auf einer Massenversammlung in Stuttgart am 23. August stellte er in seinem Referat »Rechtsstaat und Klassenjustiz« das Gericht bloß:

»[…] man braucht ›Gewalt‹ zum Tatbestand des Hochverrats! Was tun? […] Zunächst behauptete der Oberreichsanwalt, ich hegte den Plan, Frankreich zu einem Angriff auf Deutschland zu hetzen (Stürmisches Gelächter.), und zwar mit Hilfe der Sozialdemokratie beider Länder. (Erneutes stürmisches Gelächter.) Bei dieser günstigen Gelegenheit wolle ich meinerseits unserer Armee den Garaus machen. […] Natürlich konnte die Anklage diese Position nicht halten. Ich machte den Untersuchungsrichter in aller Höflichkeit darauf aufmerksam, daß fast mein ganzes Buch doch gerade von den Möglichkeiten und Mitteln handle, den Krieg, besonders den zwischen Frankreich und Deutschland, und überhaupt alle Gewalttätigkeiten zu vermeiden, zu verhindern. Jetzt entdeckte man etwas anderes: Ich soll die Absicht verfolgen, die Waffenerzeugung in die Hand zu nehmen (Große Heiterkeit.), die Arbeiter mit Waffen zu versorgen (Heiterkeit.) und in ihrem Gebrauch auszubilden, einzuexerzieren, um so mit dieser Proletarierarmee den treu gebliebenen Teil der Armee zuschanden zu schlagen. (Stürmische Heiterkeit.) […] Jetzt hat nun der Eröffnungssenat des Reichsgerichts in seinem Beschluß noch eine dritte Methode gefunden, um mich abzuschlachten. Drei verschiedene Wege zu einem Ziel: Das zeigt jedem, daß erst das Ziel gesetzt war – ›es muß um jeden Preis bestraft werden!‹ – und dann erst begonnen wurde, einen Weg zum Ziel zu suchen. [...] Man war sich eben in den maßgebenden Kreisen darüber einig, daß die antimilitaristische Propaganda um jeden Preis unterbunden werden müsse.«[41]

In einem Brief an Sophie Ryss vom 24. August stellte er die Prognose: »10 gegen 1 ist zu wetten; daß ich verurteilt werde. Das Minimum ist: 6 Monate Festung; das Maximum: 5 Jahre Zuchthaus. Ich taxiere ¾ Jahr bis 2 Jahre Festung. Wohl Oktober wird die Verhandlung sein. November spätestens werde ich die Strafe antreten müssen. [...] Man kann doch nicht immer so ›gemütlich‹ weiter leben; einmal muß es auch bei mir krachen. Das ist doch eine lächerliche Kleinigkeit. Auf dem Kongreß hier ist sehr viel Wesens von dem Prozess gemacht. Es hängt mir zum Hals heraus. Heut Mittag ist der Kongreß geschlossen – mit sehr guten Resultaten; speziell für mich und meinen Antimilitarismus.«[42]

Am 6. September 1907 teilte ihm der Oberreichsanwalt mit, dass die Hauptverhandlung am 9. Oktober beginne.[43] Karl Liebknecht reiste am 8. Oktober nach Leipzig. Wie sein langjähriger Freund und Verteidiger Hugo Haase wohnte er im »Nürnberger Hof« am Bayerischen Platz.[44] Am 2. Oktober war er mit seinem Bruder Theodor, mit Bebel, Singer, Kautsky, Ledebour und Mehring an der Spitze des Trauerzuges von 4000 Sozialdemokraten zur Beisetzung von Julius Motteler geschritten, der sich engagiert für den Druck seiner Schrift eingesetzt hatte und am 29. September verstorben war.[45] Für die Gebrüder Liebknecht war es ein besonders schmerzlicher Abschied, denn sie hatten Julius Motteler von Kindheit an »so riesig gern [...] Vor allem das Wort von den ›krummen Haaren‹ verknüpfte mich sehr eng mit Ihnen«, hatte Karl Liebknecht am 31. August 1898 an ihn geschrieben.[46] Nach dem Tod seines Vaters hatte er Motteler gebeten, wieder nach Deutschland zu kommen: » Hier hast Du doch Freunde u. alte Kampfgenossen in Fülle; Deutschland ist zwar ein Gefängnis – aber ein fideles, denn ›nur‹ ein politisches, in dem es eine Lust ist zu leben und zu kämpfen, u. jetzt vielleicht mehr, wie je, wohler als in London, Deiner Isolierzelle.«[47]

Bis spät in die Nacht vom 8. zum 9. Oktober schrieb Karl Liebknecht seinen Freunden und machte ihnen und sich selbst Mut. »In 7 Stunden geht die Verhandlung los«, teilte er Sophie mit, »noch hab ich viel dafür vorzubereiten. So kann ich Dir nur ein Wort schreiben – vielleicht ein Wort des Abschieds auf längere Zeit. Es kann nur sein ein Wort der Zuversicht, daß zwischen uns beiden alles gut werden wird, daß Du nach guter Arbeit Dein Examen gut machen wirst und daß Du Deinen inneren Frieden finden mögest. [...] Wie's auch kommen mag, Du mußt mir schreiben.«[48]

Karl Liebknecht rechnete offenbar sogar mit einer Verhaftung noch im Gerichtssaal. 35 Jahre zuvor hatten sein Vater und August Bebel ebenfalls in Leipzig wegen »Vorbereitung zum Hochverrat« vor Gericht gestanden und waren trotz Widerlegung der Anklage zu zwei Jahren Festungshaft verurteilt worden.[49] Was er unter Klassenjustiz verstand, hatte Karl Liebknecht schon des Öfteren dargelegt. Auf Anfrage vor Gericht sagte er ebenso klipp und klar: Angehörige der herrschenden Klassen könnten über andere Bevölkerungsschichten nicht objektiv urteilen. »Wir sprechen von einer Klassenjustiz gegenüber der Sozialdemokratie, insofern es schlechterdings ausgeschlossen ist, daß Sozialdemokraten Richter sind und es sich der Sozialdemokrat stets gefallen lassen muß, von den erbittertsten Feinden seiner Partei abgeurteilt zu werden.« Auch er säße nicht auf der Anklagebank, wenn er kein Sozialdemokrat wäre.[50]

Am 10. Oktober berichtete der »Vorwärts« vom Eröffnungstag im Hochverratsprozess gegen Karl Liebknecht: »Vor den vier Toren des Gebäudes halten starke Schutzmannsposten Wache. Im Gebäude herrscht auf allen Gängen und Treppen lebhafte Bewegung. Eine ungeheuer große Menschenmenge drängt sich zum Sitzungssaal, aber am Eingang des Saales selbst wird strenge Kontrolle geübt.« Der weite Zuschauerraum des Sitzungssaales war bis auf den letzten Platz gefüllt. Dort sah man eine Reihe von Parlamentariern. In den Logen an beiden Schmalseiten des Saales saßen Reichsgerichtsräte und ihre Familien. Ein höherer Offizier des preußischen Kriegsministeriums beobachtete die Verhandlungen aus der Loge über dem Richtertisch. Schon lange vor Beginn der Sitzung hatte Oberreichsanwalt Dr. Olshausen, als Vertreter der Anklage in roter Robe, sich eifrig in das Studium der Akten versenkt. Punkt neun Uhr erschienen die drei Verteidiger des Angeklagten: Dr. Kurt Hezel (Leipzig), Hugo Haase (Königsberg) und Dr. Curt Rosenberg (Berlin) sowie der einzige von der Verteidigung geladene Zeuge, der Reichstagsabgeordnete Bebel.[51]

Der Rechtsanwalt Dr. Karl Paul August Friedrich Liebknecht erscheine hinreichend verdächtig, hieß es in der Eröffnung des Verfahrens, »in den Jahren 1906 und 1907 im Inland ein hochverräterisches Unternehmen: die gewaltsame Abänderung der Verfassung des Deutschen Reiches, nämlich die Beseitigung des stehenden Heeres durch den Militärstreik, gegebenenfalls in Verbindung mit der Aktivierung der Truppen für die Revolution, durch Abfassung sowie durch Veranlassung der Drucklegung und Verbreitung der Schrift ›Militarismus und Antimilitarismus‹ vorbereitet zu haben«[52]. Wegen Verbrechens gegen § 86 des Strafgesetzbuchs in Verbindung mit § 81 Nr. 2, § 82 daselbst, gemäß § 138 des Gerichtsverfassungsgesetzes, § 26 Absatz 4 der Geschäftsordnung des Reichsgerichts wurde das Hauptverfahren entsprechend des Beschlusses des Feriensenats des Reichsgerichts vom 9. August 1907 vor dem vereinigten zweiten und dritten Strafsenat des Reichsgerichts am 9. Oktober 1907 in Leipzig eröffnet.[53] Die Schrift blieb beschlagnahmt. Untersuchungshaft wurde nicht angeordnet.

Karl Liebknecht bekannte sich zu seiner Schrift. Er wies nach, dass die Begründung der Anklage haltlos und erlogen war, dass sie seine Publikation falsch auslegte und unkorrekt zitierte. Seinem vom Verteidiger Kurt Hezel unterstützten Antrag, die Schrift von 126 Seiten zu verlesen, wurde widerwillig stattgegeben.[54] Das Vortragen dauerte fünf Stunden. Der vollständige Wortlaut der Schrift musste ins Protokoll aufgenommen werden, und die Presse kam nicht umhin, daraus zu zitieren. Karl Liebknecht war zufrieden. »Die Verhandlung war göttlich schön. Ich hatte sie alle im Sack und konnte ihnen mit aller Virtuosität die Wahrheit geigen.«[55]

Als inzwischen erfahrener Jurist enthüllte er in dem politischen Tendenzprozess den »diametralen Gegensatz zwischen dem, was er gesagt hat, und dem, was ihm angesonnen« wurde. Die Anklage ließe »an Inkorrektheit nichts zu wünschen übrig«.[56]

Während der Verhandlung widerlegte er mehrfach die angebliche Übereinstimmung seiner Auffassung mit den halbanarchistischen Ansichten des Franzosen Hervé, der »eine Art Scheuche des Bürgertums geworden« sei. Das »Wort Hervé bedeutet jetzt ungefähr soviel wie Bombe«. Er habe Hervé erst vor kurzem in Stuttgart kennengelernt, und sie hätten sich sofort in den Haaren gelegen. Der Präsident empörte sich. Liebknecht segele in verbotenem Fahrwasser, wenn er sich als Versuchsobjekt und als vorverurteilt bezeichne. In seiner furchtlosen Art hatte Liebknecht einige Male für Heiterkeit gesorgt, z. B. als er sagte: »In meiner Schrift habe ich den Hervéismus ausführlich bekämpft; seinen Antipatriotismus halte ich, wie ich klar dargelegt habe, für vollkommen verkehrt. Ich habe nicht die Absicht, irgend etwas zu verschweigen oder zu bemänteln, ich rechne ja mit der Tatsache meiner Verurteilung als einer abgemachten Sache. Ich gebe meine Erklärungen ab ohne Rücksicht auf Ihr Urteil und habe nur Zeugnis abzulegen für unsere politische Auffassung.«[57] Auf den Einwurf des Präsidenten, mit seinen Bemerkungen verkenne er die Aufgabe des höchsten Gerichtshofes, entgegnete Liebknecht: »Die bisherige Geschichte dieses Prozesses rechtfertigt eine gewisse lebhafte Erregung. Ich weiß nicht, wie ich einen Menschen anders denn als ein Versuchsobjekt bezeichnen soll, bei dem man bereits dreimal an verschiedenen Stellen auf der Suche nach hochverräterischen Giften herumgeschnitten hat und bei dem man nun zum vierten Male die Sektion vornimmt, um zu sehen, ob nicht doch irgendwo in den Fasern seines Hirns eine Spur von Hochverrat zu finden sei.«[58]

Am 2. Verhandlungstag stützten August Bebel und die Verteidiger Liebknechts Ansichten über Krieg und Gewalt, über das Reichstagswahlrecht, über das Verhältnis von parlamentarischer, juristischer und politischer Macht, über den Platz außerparlamentarischer Kräfte für jedwede Partei bzw. Macht. So boten Haases kluge Fragen August Bebel die Chance, zu erklären: »Mir ist selbstverständlich niemals der Gedanke gekommen, daß Liebknecht hochverräterische Absichten habe oder durch seine Agitation Vorbereitung zum Hochverrat betreiben wolle.«[59] Die Differenzen zwischen Liebknecht und der Partei in Bezug auf antimilitaristische Taktik wurden auch an diesem Ort thematisiert. Bevor August Bebel als Zeuge aufgerufen wurde, hatte Liebknecht beteuert: »Ich stehe in gewissem Gegensatz zu der Mehrzahl meiner Parteigenossen, aber in Wahrheit bestehen größere Differenzen nicht, und meinem Genossen Bebel erscheint meine Taktik nicht an sich bedenklich, sondern nur, weil er besorgt ist, daß andere die von mir gewollte Grenze nicht innehalten und so Unannehmlichkeiten erleiden könnten.«[60] In Übereinstimmung damit stellte Bebel fest, Liebknechts Forderungen nach Erziehung des Volkes zur allgemeinen Wehrhaftigkeit und zur Entscheidung der Frage über Krieg und Frieden durch das Volk stünden seit 1869 in den verschiedenen Parteiprogrammen und hätten »seitdem für die ganze Partei Geltung«[61]. Den von Liebknecht befürworteten Anträgen, sie möge sich stärker als bisher auf die antimilitaristische Seite des Kampfes konzentrieren, seien die Partei und namentlich er »mit der größten Energie entgegengetreten«. »Wir sind der Ansicht, daß dieses Hervorheben einer besonderen antimilitaristischen Agitation, wie sie der Angeschuldigte betrieben zu sehen wünscht, praktisch falsch und taktisch unrichtig ist. Wir sind eine Partei, die die gesamte bestehende Wirtschafts- und Staatsordnung bekämpft, wir sind eine Partei, die in erster Linie darauf hinzielt, die Massen über die Gesetze, welche das gegenwärtige Wirtschaftssystem regieren, aufzuklären und ihnen die Rolle klarzumachen, die der Kapitalismus darin spielt [...]« Im Folgenden führte er jene Argumente an, die er Liebknecht seit 1904 immer wieder an den Kopf geworfen hatte: Die Genossen seien juristisch nicht so geschult wie der Angeschuldigte und könnten daher sehr leicht mit dem Paragraphen 112 des Strafgesetzbuches in Konflikt kommen. Im Deutschen Reiche gäbe es große einflussreiche Kreise, die den Moment abwarteten, »wo sie gegen die Sozialdemokratie eventuell mit einer Verschärfung des Strafgesetzbuches oder einem Ausnahmegesetz einen entscheidenden Schlag ausführen können«[62].

Dr. Olshausen beantragte zwei Jahre Zuchthaus und Verlust der bürgerlichen Ehrenrechte für fünf Jahre.[63] Die Schrift solle unbrauchbar gemacht und der Angeklagte sofort in Haft genommen werden. Damit kam Olshausen jedoch nicht durch. »Der Reichsanwalt scheint von der Tarantel gestochen oder er operiert so: Fordere recht viel, daß Du etwas bekommst. Der Prozeß ist natürlich Tendenzprozeß, etwas anderes läßt eben § 86 nicht zu«, schrieb August Bebel an Karl Kautsky.[64]

In seiner Schlussrede erklärte Karl Liebknecht, die Anklage sei ein Akt der Staatsräson. »Ich will den Frieden, der Oberreichsanwalt aber die Gewalt. Ich verfolge den Zweck, die Entscheidung über Krieg und Frieden aus dem Dunkel der Kabinette und Diplomatenschleichwege herauszuholen und an das Licht der Öffentlichkeit zu ziehen. Das fassen die Herren ganz besonders unwillig auf. Ich will, daß die Entscheidung über Krieg und Frieden dem Willen des ganzen Volkes unterstellt werde [...] Ich will schließlich, daß unser Heer nicht gegen den inneren Feind, zum Bürgerkrieg, verwendet werde. Und das hat sicher am meisten böses Blut, ja heftigste Empörung gegen mich erregt. Auch hierbei vertrete ich offenbar das Prinzip des Friedens. [...] Was ich von meiner Gesinnung zu halten habe, das weiß ich. Meine Ehre ist mein, und wenn Sie alle fünfzehn der Auffassung sind, daß ich eine ehrlose Gesinnung habe, und wenn Sie mich ins Zuchthaus schicken und mir die Ehrenrechte absprechen: Ich werde innerlich nicht berührt. Das wird von mir abprallen und wird für meine Ehre sein wie ein Hauch auf einen blanken Spiegel! Aber dem Oberreichsanwalt ganz besonders möchte ich nach dem, was hier zutage getreten ist, jede Legitimation absprechen, von meiner Ehre auch nur zu reden!«[65]

Tags darauf teilte er Sophie mit: »Wahrscheinlich ist, daß ich Festung zwischen ¾ und 1 ½ Jahr bekomme. Also vollste Ruhe. Man wird mich wohl auch nicht gleich verhaften.«[66]

Das Urteil des Reichsgerichts vom 12. Oktober 1907 bestätigte seine Vermutung: »1. Der Angeklagte ist schuldig der Vorbereitung eines hochverräterischen Unternehmens und wird mit Festungshaft in der Dauer von *einem Jahre sechs Monaten* bestraft. 2. Die Kosten des Verfahrens werden dem Angeklagten auferlegt. 3. Alle im Besitz des Verfassers, Druckers, Herausgebers, Verlegers oder Buchhändlers befindlichen sowie die öffentlich ausgelegten oder öffentlich angebotenen Exemplare der Schrift ›Militarismus und Antimilitarismus‹ von Dr. Karl Liebknecht, desgleichen die zu ihrer Herstellung bestimmten Platten und Formen sind unbrauchbar zu machen.«[67] Nach Verkündung des Urteils wurde Liebknecht von Tausenden mit Hochrufen begrüßt. Die Massen begleiteten ihn durch die Straßen.

Die »Leipziger Volkszeitung« berichtete vom 5. bis 16. Oktober 1907 ausführlich über den Prozess. Viele Menschen wollten Karl Liebknecht als Redner hören. Auf einer Volksversammlung in Berlin erklärte August Bebel am 16. Oktober 1907: »Liebknechts Ansehen ist nicht nur in den Augen seiner Freunde, sondern auch in denen seiner Gegner gewaltig gewachsen durch die tapfere und geschickte Art, wie er seinen Richtern und vor allem dem Oberreichsanwalt gedient hat. Das ist dem grauköpfigen Oberreichsanwalt in seinem Leben noch nicht passiert, daß ihn ein Angeklagter so heimgeschickt hat wie unser Freund und Genosse Karl Liebknecht.«[68] Bebels Broschüre »Der nationalliberale Parteitag«, in der diese Rede abgedruckt wurde, fand weite Verbreitung. Bis zu Liebknechts Haftantritt berichtete der »Vorwärts« täglich über den Prozess und dessen Widerhall. Auch vom Internationalen Sozialistischen Büro in Brüssel, von jugendlichen Antimilitaristen aus England, von tschechischen Genossen und von verschiedenen österreichischen Organisationen trafen Schreiben mit anerkennenden Worten ein. In Genf fand eine große Protestversammlung statt, auf der russische, französische, italienische, bulgarische und deutsche Vertreter sprachen.[69] Vor dem Ehrengerichtshof in Leipzig betonte Liebknecht ein Jahr später, dass ihm aus aller Welt begeisterte und oft rührende »Sympathiekundgebungen« zuteil wurden. Achtung erfuhr er auch aus den Kreisen der deutschen Beamten; nicht minder von Geistlichen, die ihn unter Anrufung der Bibel rechtfertigten, sowie von Anwälten.[70] Der Kaiser soll sich für Liebknechts Schrift »Militarismus und Antimilitarismus« und für den Prozess stark interessiert haben. Ihm wurde ein ausführlicher Bericht zugestellt.[71]

Der Inhalt der Schrift fand weite Verbreitung. Der Parteivorstand der deutschen Sozialdemokratie hatte am Tag der Urteilsverkündung beschlossen, den Verhandlungsbericht nebst einem Nachwort zu veröffentlichen. Karl Liebknecht stellte das Manuskript für die Massenbroschüre »Der Hochverratsprozeß gegen Liebknecht vor dem Reichsgericht« noch vor Haftantritt fertig. Umso verärgerter war er über die Feigheit gewisser Leute, die die Broschüre »verhunzen« bzw. »kastrieren« wollten.[72] Die Korrektur verzögerte sich. Er wittere Unrat, alarmierte er Karl Kautsky am 11. November. Sein Bruder habe Wolfgang Heine an den Korrekturbogen sitzen sehen. »Gestern höre ich's endlich: Man hat den – mit Verlaub – Dünnsch... gekriegt.« Liebknecht hatte »Haase als geeigneten u. hier natürlich einzigen sachkundigen Beurteiler« vorgeschlagen. Heine sei ihm zwar »genau ein guter Freund«, aber sein »Antipode in allgemein taktischer u. besonders antimilitaristischer Hinsicht!« Man habe sich für den »Mann des langsamsten Tempos, der größten Vorsichtigkeit« entschieden, der gegen zahlreiche Stellen Bedenken angemeldet habe, über die der Parteivorstand beschließen werde.[73]

Diese Broschüre erschien im Dezember 1907 in 50000 Exemplaren im »Vorwärts«-Verlag. Der Oberreichsanwalt bezeichnete diesen Verhandlungsbericht sogar als »eingehendsten« und »korrektesten«.[74] Karl Liebknechts durch Gerichtsbeschluss in Deutschland verbotene Schrift »Militarismus und Antimilitarismus« erlebte 1908 eine Neuauflage in Zürich. Robert Siewert, der 1904 als 17-Jähriger Karl Liebknecht das erste Mal sprechen gehört hatte und 1908 als Maurer auf Wanderschaft ging, war oft dabei, wenn Exemplare dieser Schrift illegal in die Schweiz geschmuggelt wurden. »Wir haben damals Karl Liebknechts Schrift in unseren Zusammenkünften regelrecht durchgearbeitet.«[75] »Die Geschichte lehrt's«, hatte Karl Liebknecht vor Prozessbeginn auf der internationalen Jugendkonferenz prophezeit: »Bald werden die Herren seufzend erkennen: ›Den Hochverräter sind wir los, die Hochverräter sind geblieben!‹«[76]

Festungshaft

Am 24. Oktober 1907, 18 Uhr, traf Karl Liebknecht ziemlich müde in der Festung Glatz ein. In Berlin hatten ihn seine Familie und Freunde am Bahnhof Zoologischer Garten verabschiedet. Vor der Abfahrt hatte er nur eine Stunde schlafen können. An den Tagen zuvor hatte er zu Hause immerfort Besucher empfangen. Besonders erfreut war er über das Kommen von August Bebel, Karl Kautsky, Franz Mehring und Georg Ledebour gewesen. Vom 18. bis 21. Oktober war er auf Großkundgebungen in Berlin von Tausenden seiner Anhänger und Sympathisanten verabschiedet worden. Während des kurzen Zwischenaufenthalts in Breslau wurde er ebenfalls freundlich begrüßt. Auf der letzten Strecke stieg ein alter Parteifreund in seinen Zug, der ihn in Glatz fürsorglich bis zur Kommandantur begleitete.

Nun aber war er schlagartig allein. Bevor er alles genauestens in Augenschein nahm, schlief er sich erst einmal richtig aus. Am 25. Oktober schilderte er Sophie Ryss seine Eindrücke: »Die Festung, auf der ich bin – Glatz hat noch eine 2. – liegt auf einer felsigen Höhe, ca. 150 m über der Neisse, die Du auf der Karte siehst (nur ⅓ so breit wie der Neckar und reines, wildes Gebirgswasser). Ringsum Tal und dann niedrige Hügel, schön bewaldet jetzt im bunten Herbstkleide.« Der Blick reichte bis zum Riesen- und zum Eulengebirge – ein grandioses Panorama. Die Festung bestand aus »gewaltigen Wällen und Mauern und Gräben, die durch Tore und Zugbrücken verbunden sind – einer die andere übertürmend, bis zum Mittelstück, das die ganze Kuppe des Berg's einnimmt, dem Donjon, und einem alten dicken Turm, jetzt als Aussichtsturm gegen 50 Pfennig Entrée Fremden geöffnet. Im Donjon, in dem *höchsten* Wall (Casematten) ist mein Zimmer. Ein langes – 23 Schritt, ca 20 m lang, u. 7 Schritt breites Gewölbe; [...] ein völliger Halbkreis vom Boden aus, also Tonnengewölbe – an der höchsten Stelle nur ca 2¾ m hoch. [...]

Über mir ca 3 m Mauer und Erde oder Sand. Im Winter solls recht kühl sein in diesen Mauern. [...] Vorläufig genügt mir ein Tisch, 2 Stühle, Commode und Kleiderschrank, Feldbettstelle und Waschtisch einfachster Art. [...] Und dann noch eines: einen großen Kachelofen in der Mitte; schon seit vier Tagen vorsorglich geheizt. [...] Wenn gut gelaunt, singt er ganze Rhapsodien. Gestern begrüßte er mich so und sang, während es draußen wütend heulte, die ganze Nacht.«[1]

Wenn er seinen Blick zum Fluss und zur Stadt mit ihren vielen Gärten richtete, beeindruckten ihn »die Wälle, Mauern, Gräben – von kolossalen Dimensionen in Höhe und Tiefe. Ca. 40 m tief stürzt es von meinen Füssen aus unmittelbar in die Tiefe! D.h. ca. 2 Berliner Häuser-Höhe! Die Wälle und Mauern sind z.T. gewachsener Fels; in den Fels gehauen, der überall noch nicht herausbricht. Auf den Wällen allenthalben Gras u. eine ganz mannigfache Vegetation«. Dort konnte man sich lagern oder auf die Schornsteine und Ventilationsvorrichtungen setzen und lesen.[2]

Das Essen war ausgezeichnet, sogar Wein gab es. Er durfte schlafen, wie und wann er wollte. Der Kommandant schien ein »prächtiger Mensch« zu sein[3], und der Bursche zur Bedienung höchst intelligent. Alles sei wie im Paradies. »Hab täglich 5 Stunden Freizeit, 2 morgens, 3 nachmittags. Nach 14 Tagen darf ich diese Stunden auch frei und unkontrolliert in der Stadt verbringen – freilich nicht in Gastwirtschaften u. dergl.« Karl Kautsky erhielt einen ähnlichen Bericht von seiner »Akropolis«.[4]

Lange Zeit war Liebknecht der einzige Gefangene auf der Festung Glatz. »Zu meinen Füssen rasseln u. donnern u. pfeifen die Züge, knattern die Wagen, läuten die Glocken, dröhnen die Schüsse der übenden Soldaten, und fortgesetzt höre ich die Trommeln u. Pfeifen der übenden Militärmusikanten und Hornisten. Ich sehe auch Menschen gehen – ganz klein – weit unten und drüben, jenseits der Neisse. Manchmal meint man ihre Fußtritte schallen zu hören. [...] Jeden Tag ist auch unten auf offenem Platz Koncert der Militärkapelle, lustig und melancholisch, Tanzlieder und Choräle, oft grauenhaft falsch [...] Aber Musik trotz alledem.«[5]

Auf seinem Tisch stand die Bronzefigur von Sophie. Er wünschte sich ein großes und gutes Bild von ihr und recht bald und oft Post. Schon während des Prozesses hatte er ihr ein System des Unterpunktierens von Buchstaben in Briefen oder Zeitungsausschnitten unterbreitet.[6] Er hatte jedoch »freien, unkontrollierten Briefwechsel«[7] und durfte den »Vorwärts« lesen.

Schmerzlich vermisste er seine Kinder – Helmi sechs Jahre, Bob vier Jahre und Vera ein Jahr. Er ließ sie von klein auf an seinen Beobachtungen in der Natur und in der Gesellschaft teilhaben und versuchte ihnen seine Lebensweisheiten und Eindrücke aus Kunst und Literatur zu vermitteln. Aus der Ferne versuchte er sie zu ermuntern, nicht selten gleichzeitig zu belehren oder an Wichtiges zu mahnen. Wenigstens auf diese Weise wollte er als um alles besorgter Vater bei ihnen sein. Helmi schrieb er: »Denk Dir, es gibt noch Schmetterlinge hier oben! Aber ganz wenige: 2 Distelfalter, die auf der Unterseite ihrer Flügel so sehr schön sind, und einen Fuchs habe ich gesehen; der wollte in einer Ecke an meiner Tür überwintern; er saß schon ganz behaglich da und schlief – er dachte, da kommt keiner hin. Als ich aber kam, wachte er auf und flog fort! Ich hätte ihn so gern bei mir sitzen und überwintern lassen bis zum Frühjahr. Dohlen, große schwarze Vögel, gibt's hier Hunderte. Sie kreischen immerfort: Ja, ja! Sei artig, lerne fleißig und schreib mir jede Woche einen Brief über das, was Du gelernt hast. Aber ohne Fehler und reinlich; ganz reinlich – sonst gilt er nicht und ich schreibe Dir auch nicht. Viele Küsse Euch allen von Papa.«[8]

Wenige Tage später folgte ein zweiter Brief an Helmi, denn Karl Liebknecht hatte sich über dessen »hübschen Brief« und den »Lobstrich« in der Schule sehr gefreut. Er beschrieb ihm »wohl 100 verschiedne Arten von Blumen«, die er gesammelt hatte. Da es 1907 so lange warm war, begannen viele von Neuem zu blühen. Er legte verschiedene Gräser in den Brief und kündigte lustige Geschichten an – von einer Lerche, von zwei Täubchen und von 200 Dohlen, von einer Stechfliege und »von zwei Hähnen, die eine halbe Stunde lang um die Wette gekräht haben, bis einer ganz heiser war«. Er sparte nicht mit Verhaltensregeln: »Seid alle recht artig und gut zur Mama! Geht fleißig spazieren. Guckt Euch die Natur, alle Pflanzen und Tiere genau an u. habt sie lieb. Nichts zerstören! Sei fleißig und schreib mir!«.[9]

Fehler in einem Brief Helmis wurden gleich korrigiert und

veranlassten ihn, zu fragen, wie es mit dem Rechnen, mit der Anschauung stehe und was sie jetzt in Religion durchnähmen. Er legte ein kleines Farnkrautblättchen und eine »Fette Henne« bei. Damit Helmi alles, was er ihm sandte, gut aufbewahren und immer wieder betrachten konnte, sollte er ein Herbarium kaufen. In den Novembertagen bekam auch die kleine Lotti, Tochter des Bruders Theodor, den ersten lieben Kartengruß von ihrem Onkel Karl. Um die Weihnachtszeit erfuhr sie, wie der feine Schneemann aussah, der in der Festung Glatz gebaut worden war, aber schon bald vor der Sonne ausgerissen sei.[10] Im Frühjahr 1908 machten ihm Erkrankungen seiner Söhne Sorgen. Neben Helmi bedachte er ab März 1908 auch Bob mit Postsendungen. »Mein kleines Bobbelchen! Ich höre, daß Du jetzt – krank bist! und denk nur: ich bin's auch! Wie dumm, daß wir nicht zusammen sind, sonst könnten wir uns im Bett so hübsch unterhalten u. vorlesen u. erzählen!« Er liege nicht im Bett, weil er keine Zeit habe, könne also gar nicht reden. Dafür sängen die Vögel vor seinem offenen Fenster umso lauter und schöner. Fragen über Fragen: »Und ob Helmi schon wieder *ganz* gesund ist? Und ob Verachen noch gesund ist? Und wie es Mama geht? Ob sie endlich eine ordentliche Hilfe hat?« Auch in diesen Brief legte er einige Federn von einer Dohle, einer Goldammer und von seinen Kanarienvögeln. Nun mögen aber alle schnell wieder gesund werden, damit sie den Pracht-Frühling genießen können.[11] Insgesamt sind 18 Karten und Briefe an seine Kinder und an die Nichte Lotti aus Glatz erhalten geblieben. Manchen Brief richtete er gleich an alle drei Lieblinge.

Karl Liebknecht legte in Glatz letzte Hand an seine 60-seitige Schrift »Antimilitarismus und Hochverrat. Das Hochverratsurteil gegen Karl Liebknecht nebst einem kritischen Beitrag zur Naturgeschichte der politischen Justiz«.[12] In kritischen Kommentaren zum Prozess und zur Justiz prangerte er mit schneidiger Feder den rechtlichen und kulturellen »Tiefstand« in Deutschland an. »Ohne Übertreibung: Wer sich in Preußen vor Gericht auf das verfassungsmäßig ›garantierte‹ Recht der ›freien Meinungsäußerung‹ zu berufen erdreistet, wird als sonderbarer Kauz oder gefährlicher Fanatiker betrachtet.«[13] Im Resümee seiner »Studie über die Schranken des klassenrichterlichen Erkenntnisvermögens, über die Grenzen der ›reinen Vernunft‹ in der politischen Justiz« stimmte er einem Blockliberalen zu, der im Kapitalismus den heimlichen Kaiser der Justiz zu entdecken meinte. Das Urteil im »Hochverratsprozeß« gegen ihn bedeute »in seinen Konsequenzen eine gemeine Gefahr für die politische Rechtssicherheit innerhalb der schwarzweißroten Grenzpfähle«[14]. Diese Publikation erschien 1908.

Am 6. November 1907 erhielt Karl Liebknecht die überraschende Nachricht, dass er »heut mit recht hübscher Mehrheit« wieder auf sechs Jahre zum Stadtverordneten gewählt worden war. Das war ihm »schon als Protest« ganz lieb, zumal er wegen der vielen Beamten-Wähler kaum damit gerechnet hatte.[15] Die Wahl bestätigte ihm, dass er durch seine Verurteilung in weiten Kreisen beträchtlich an Achtung gewonnen hatte.[16]

Auf der Abschiedskundgebung am 21. Oktober in Berlin hatte er nachdrücklich darum gebeten, ihn nicht als einen »Parteimärtyrer« zu betrachten. Er werde auf der Festung an seiner »inneren Ausbildung« nachholen, was er bisher zurückstellen musste. Überhaupt sollte nicht so viel Wesen um ihn gemacht werden.[17]

Mit seinen theoretischen Kenntnissen und den Möglichkeiten eigener theoretischer Arbeit war Karl Liebknecht schon länger unzufrieden.[18] Die Chance einer »Festungsuni« wollte er voll wahrnehmen. Sofort fasste er große Pläne für die 1½ Jahre. Bereits am 1. November 1907 – er hatte sein Vorhaben noch gar nicht richtig begonnen – schwärmte er: »Nun denke: ich bin ein ganzer Philosoph geworden, schlage mich Tag u. Nacht mit den ›Systemen‹ herum u. freue u. ärgere mich über alle: meist sinds doch nur großartige mehr künstlerische Phantasien; freilich auch von wissenschaftlicher gewaltiger Intuition. Man muß sie nur symbolisch verstehen lernen. Es erfordert eine sehr sehr ernste vertiefte Denkarbeit, jeden von seinem Boden, seiner Ausdrucks- und Bildweise aus zu verstehen. Eben bin ich über die verständige, kluge Arbeit Herbart's hinaus zu den phantastischen Conceptionen Schellings gekommen, die oft gar grandios wirken. Mitten in der Hegel'schen Phänomenologie stecke ich. Ich bin froh, hier endlich einmal etwas klare Übersicht zu gewinnen. Mein eignes ›System‹ ist auch bald fertig.«[19]

Es blieb nicht bei solch euphorischen Stimmungsberichten,

doch sein Bruder Wilhelm stellte im Brief vom 24. November fest: »Es scheint wahr zu sein, was Papa einmal sagte: ein Sozialdemokrat findet nur im Gefängnis Ruhe u. Zeit zur Arbeit für sich selbst.«[20]

Die Jahre, da er als Nicolaitaner und Jurastudent in Leipzig begeistert in die große Literatur- und Kunstwelt eingetaucht war, hatte Karl Liebknecht in bester Erinnerung. An die damals empfangenen Inspirationen wollte er anknüpfen. Bislang hatte er sich in Reden und Schriften auf das Kommunistische Manifest, auf Friedrich Engels' Brief zum Entwurf des Erfurter Programms und dessen Vorrede zu Karl Marx' »Klassenkämpfe in Frankreich 1848-1850«, auf Marx' ersten Band des »Kapitals«, auf Karl Kautskys Schrift »Die soziale Revolution« und Ferdinand Lassalles »Offenes Antwortschreiben« gestützt.[21] Ab November begannen sich in seiner Stube in den Kasematten Bücherstapel zu türmen, aus denen er gierig herauszog, was ihn besonders reizte oder was ihm Freunde rieten. Mangels Streitgesprächen bat er Briefpartner um Meinungen und Empfehlungen. Auch Sophie und ihre Geschwister – Adolf, Sylvia und Mira –, mit denen er seit kurzem befreundet war und von denen er in Glatz dankbar Post empfing, sollten ihn auf neuere philosophische und philosophiegeschichtliche Literatur hinweisen. Er werde sich alles aus Berlin schicken lassen. »... was euch an wichtigen Sachen, auch *geschichtlich* etc. aufstößt, auch *politisch, ästhetisch* etc. nenne mir immer«, schrieb er an Sophie am 6. November 1907, »*ich habe jetzt Zeit zum Sammeln* wie nie im Leben vorher u. nachher. Und ich will die Zeit ausnutzen, mit aller Kraft.«[22] Er könne auch Bücher in englischer und französischer Sprache lesen, russische Texte vorläufig noch nicht. Allerdings bemühte er sich ernsthaft ums Erlernen der russischen Sprache, erbat von Sophie Auskunft über Schreib- und Sprechweise einzelner Wörter. Bald las und schrieb er gelegentlich mit Mühe einige Sätze in Russisch.

August Bebel leitete seine Wünsche an Eugen Dietzgen, den Sohn des Arbeiterphilosophen Joseph Dietzgen, weiter. Der riet dem philosophischen Neuling in einem Brief vom 31. Januar 1908, zuerst Schriften seines Vaters und dann Abhandlungen von Vorländer, Lange, Marx, Engels, Kautsky und Plechanow, Spencer, Haeckel, Avenarius, Wundt und Mach zu lesen. Die Arbeit sei gar nicht so gefährlich groß und schwer, sobald er Joseph Dietzgens Schlüssel habe.[23]

Karl Liebknecht aber suchte von vornherein nach einem eigenen Schlüssel für ein eigenes System.[24] Seiner Auffassung nach werde es zu heftigen weltanschaulichen Kämpfen kommen. Die Führungsspitzen der Sozialdemokratie bräuchten eine umfassendere philosophische Bildung, denn wenn man sich vor Dogmatismus und Lebensfremdheit bewahren wolle, müsse man nicht nur demokratische und humanistische Ideale und Interessen des Proletariats, sondern auch die anderer Klassen und Schichten aufgreifen.[25]

Er las sich kreuz und quer ein, versuchte sich die damals viel beachteten und mehr oder weniger umstrittenen Theorien des Marxismus, des Darwinismus, des Neokantianismus, des Dietzgenismus, des Machismus, des Empiriokritizismus, des Pragmatismus usw. usf. kritisch anzueignen. »Die Sache steht so«, gestand er Eugen Dietzgen, »ich bin seit etwa anderthalb Jahrzehnt philosophischer Dilettant, hab mir in den allgemeinen u. wesentlichen Umrissen einen eigenen Standpunkt erkämpft, und folge nun einem stets nur mühselig unterdrückten Trieb, weit ausgreiſend [...] nachzuprüfen, zu detaillieren u. zu formulieren.«[26]

Zu seiner Lektüre gehörten Zimmermanns »Bauernkrieg«, Platon, Schelling, Hegel, Windelband, die Engländer William James, Ferdinand C. S. Schiller, Charles S. Peirce etc., Brausewetters Anthologie mit skandinavischen Novellen, Marx' Bände zur Mehrwerttheorie, Tschechow, Tolstoi, Mehring, Hugo de Vries, Johannes Reinke, Eugen von Böhm-Bawerk, Charles Darwin, Hans Driesch, August Weismann. Aristoteles, Shakespeare, Cervantes, Byron, Le Sage und Lessing. Vor allem dessen »Hamburgische Dramaturgie« regte ihn zum Nachdenken über viele Aspekte der Literatur, Kunst und Moral, über Ästhetik und Ethik in der Kunst an. Von den Exzerpten mit Zitaten, eigenen Ideen, Gedankenblitzen bzw. -assoziationen, Überlegungen zu Überschriften und Kernpunkten für Arbeitsentwürfe existieren noch etwa 2000 Blatt im Format DIN-A 6.[27] Liebknecht brachte seine Anschauungen in Aperçus und Essays, in rasch hingeworfenen, lockeren Entwürfen zu Papier, wie Thomas Schulze festgestellt hat. Vielfach hielt er seine Gedanken in Kürzeln oder nur knappen Andeutungen auf überwiegend kleinen und eng beschriebenen Zetteln oder Zeitungsrändern fest. Leider sind die Notizen nicht datiert. Er ordnete Bemerkungen, Wertungen sowie Literaturbelege zu einzelnen philosophischen und naturwissenschaftlichen Fragen fast ausnahmslos nach Stichworten: z. B. »Der erkenntniskritische Standpunkt, Monismus und Dualismus, Wesen der Dialektik – Kontrastgesetz, Mechanismus der organischen Entwicklung – Antagonismus, Darwinismus, Wesen und Inhalt der ökonomischen Ordnung, Grundgesetze der Psychischen Bewegung. Ein Gesamtplan oder eine Gliederung in Form eines Inhaltsverzeichnisses dieser Studien liegt nicht vor.«[28] Von Anfang an konzentrierte er seine Studien auf die »Bewegungsgesetze der gesellschaftlichen Entwicklung«. Das umfangreiche Material bewahrte er ab 1909 in seinem Pult auf.[29]

Immer wieder setzte er sich mit der »Schicksalsfrage jedes Menschen und jeder Menschenorganisation« auseinander, die da laute: »Was willst du und was tust du? Das ›Was denkst du, was empfindest du, was träumst und hoffst du?‹ spielt im Verhältnis dazu die Rolle von Bedingungen und Bestimmgründen für Wille und Tat [...] aber doch nur Mittel zum Zweck, dem menschlichen Willen und Tat Inhalt und Richtung zu geben.«[30] Er wollte die Komplexität der Natur und speziell der Menschen ergründen, deren objektive wie subjektive Bedingungen und Beziehungen. Seine Betrachtungsart sei nicht Eklektizismus, sondern Universalismus, der, so hob er hervor, sein psychisch-geistiges Lebenselement sei, »außerhalb dessen er schlechterdings nicht existieren kann, in dem er atmet und nach seinen Kräften wirkt – schon unbewußt – halb bewußt von seiner frühen Jugend an; schon längst, ehe ihm noch die Sterne Plotin, Cusanus, Bruno, Spinoza, Leibniz, Goethe aufgegangen waren«[31].

Den Glatzer Notizen zufolge beschäftigte er sich mit Lessing besonders intensiv. So liegt es nahe, dass er bereits 1908/09 den Grund für jene visionären Gedanken legte, die er 1917/18 im Entwurf zu den »Bewegungsgesetzen« ausführte: »Eine künftige Menschheit wird – frei in allen ihren Gliedern: gleichviel welcher Rasse, welcher Farbe, welchen Geschlechtes – in überzeugter und fröhlich-starker Solidarität einander in allen ihren Gliedern unterstützend als eine einige und unteilbare Gesellschaft des äußeren Reichtums, der inneren Wohlfahrt, des Wohlwollens, der Menschenliebe, des Glückes, in ernster Arbeit und in heiterem Genuß ihre Bahn ziehen. Indem die Kulturentwicklung durch immer vollkommenere Einsicht in die Naturkräfte und -gesetze die äußere Natur immer vollkommener der Menschheit unterwirft, d.h. – in den Grenzen der höheren, überlegenen Notwendigkeit – immer vollständiger zur Verfügung stellt und ihr damit die Fähigkeit und die Kraft gewährt, ihre Macht zugleich im Sinne einer Befriedigung unserer höchsten moralischen und ästhetischen Bedürfnisse zu üben: im Geiste des sich dann übermächtig manifestierenden universalen Solidaritätsgefühls und All-Eins-Bewußtseins; sie befähigt und antreibt, diese Macht zu benutzen, um die Natur, das Universum im Größten und im Kleinsten [in] immer vollkommenerer Weise in seiner Art zu achten, ehrerbietig (in jenem Goetheschen Sinn) zu behandeln, zu schützen, zu erhalten; [...] Nicht ferner, wie heute, die Natur feindlich zu hassen, zu entstalten, zu zerstören, ist die künftige Menschheit da, sondern sie zu erhalten, sie zu lieben. Nicht Kampf und Haß, sondern Harmonie und Friede winkt am Ziele des steilen, dornigen Sturmweges der strebenden Menschheit. [...] Eine Vollendung auch der größten Goetheschen Visionen und eine Erfüllung seiner letzten Prophetien.« Ans Ende dieser Gedankenskizze setzte er: »Der Sozialismus aber – die soziale Bewegung des Proletariats – ist die Entstehungs- und Kampfform dieses neuen allumspannenden Humanismus.«[32]

1908 charakterisierte Karl Liebknecht ausführlich die Theosophie. Er beantwortete damit eine Frage von Sophie Ryss. Theosophie sei eine mystisch verschwommene »Philosophie«. Sie werde in Zeiten sozialer Verwirrung populär, so z.B. beim Untergang der griechischen Kultur, im Rom der Caesaren, in der Neuzeit um die Wende vom 18. zum 19. Jahrhundert und heute wieder. Zum tollsten Spiritismus sei es nur ein Schritt. Da er einmal eine Klientin gegen wüste vulgäre Theosophie verteidigte, habe er sich ausführlich mit dieser Materie beschäftigen müssen.[33]

Als leidenschaftliche Kunstgeschichtsstudentin motivierte ihn Sophie, seine Kenntnisse über Literatur- und Kunstgeschichte zu vertiefen. Er verfasste kurze und längere Abhandlungen über das Verhältnis von Volk und Kunst, über die Darstellung des Volkes in der Kunst, über die Volksphantasie in Mythologie, Heldenepos, Nationalepos, Märchen, Balladen, über historische und zeitlose Kontraste und über negative wie positive Entwicklungsfaktoren von »volkstümlicher« Kunst sowie über individuelle oder gesellschaftliche Rezeption. »Jetzt haben Sie auch noch die ganze Kunstgeschichte studiert«, schrieb ihm die Malerin Sophie Cohn am 8. Dezember 1908 voller Bewunderung und fügte hinzu: »Aber schön muß es sein, so begabt zu sein und außerdem die Energie zu haben, den Sachen auf den Grund zu gehen.«[34] Sophie Cohn und Karl Liebknecht hatten z.B. schon über Verbindungslinien zwischen Rembrandt und Tizian gefachsimpelt, nunmehr sorgte sie für manche Informationen, gab Nachrichten weiter und munterte ihn auf: Hass und Wut über die Demütigung würden ihn nach Glatz gewiss im Kampf für das Gute und Gerechte anfeuern.[35]

Geistreich und völlig undoktrinär äußerte sich Karl Liebknecht zur Psychologie und Logik des religiösen Bewusstseins, über das Wesen und das projektive, reflexive und aktive Element der Religion sowie über deren persönliche und sachliche Geltungsbereiche. So wie Träume, Wünsche, Sehnen, Hoffen, Schwärmen, Glauben den Menschen das ganze wache Leben begleiten, Ausflüsse seines Vollkommenheits- und Vollendungsbedürfnisses, des Intellekts, der Phantasie, des Gefühlslebens, der Sinnlichkeit sind, bilden sie »das Meer des religiösen und künstlerischen, des ästhetischen, sittlichen, spekulativen Lebens der Menschheit, auf dem sich die ausgebildeten Komplementärerscheinungen als die Wogen der Oberfläche erheben«[36]. Religion sei eine dieser Komplementärerscheinungen bzw. Mittel »zu politischen und sozialen Zwecken«; das Judentum und das Christentum bezeichnete er als höchste Formen der Religion. Und auf die Frage, was die Größe der Bibel ausmacht und ihre unvergleichliche Wirkung erklärt, antwortete er: »Sie schildert wichtigste und größte Schicksale von Völkern und Individuen [...] Vielfach höchst revolutionär! [...] Die Schilderung ist voll Macht und Beweglichkeit, aller Stimmungen und Töne fähig, dem Gegenstand stets vollkommen angepaßt, ihn mit künstlerischer Elementarkraft verlebendigend, vergegenständlichend. Sie erhebt die konkreten Schicksale auf die Höhe des Typischen, des

Allgemein-Menschlichen, so daß sie als mögliche Schicksale jedes Volkes, jedes Individuums erscheinen. Sie ist vom Geiste einer relativ einheitlichen Weltanschauung getragen. […] Die Bibel bietet einen Spiegel jeden einzelnen Lebens, eine Fülle von Beispielen menschlichen Irrens, Fehlens, Wünschens, Hoffens, Zweifelns, Leidens, Handelns, Überwindens, vorbildlichen Verhaltens in allen erdenklichen äußeren und inneren Nöten und Anfechtungen; eine Fundgrube der Lebensweisheit und Erhebung; keine abstrakten Regeln (wenigstens treten diese ganz zurück), keine Moralpaukerei, sondern Anschauungsunterricht an Menschen von Fleisch und Blut und Lebenskraft und Schwäche. Beispiele aus strotzender Wirklichkeit in vollendeter Darstellung, bei der auch allgemeine Lehren in eindringlicher, proverbial-bildhafter Fassung wie Ströme eines fruchtbaren Regens ohne Ende ausgegossen werden. Sie bietet einen leuchtenden Blütenteppich lyrischer Zartheit, alle phantastischen Wünsche des Orients, den hymnischen Schwung entzückter Begeisterung, die dunkle Tiefe prophetischer Verkündigung und ekstatischen Schauens. So ist sie ein poetisches Werk ohnegleichen – das Buch der Bücher. Wenn sie einst dem religiösen Mißbrauch entzogen sein wird, wird sie der Menschheit die Fülle ihrer Herrlichkeit spenden.«[37]

Bei allem Streben, mit Gefühl, Geist und Verstand die Tiere, die Pflanzenwelt, den Sternenhimmel, die Kunst und Kulturschätze in Geschichte und Gegenwart zu erfassen und andere darauf aufmerksam zu machen, setzte er sich unvermindert mit Widersprüchen in Ökonomie, Politik und Macht im kapitalistischen Weltgeschehen auseinander. Gründlich erörterte er die Aufgaben, die Mittel und die Methoden politischer Tätigkeit, dachte über Ursachen der krassen Gegensätze zwischen Gesellschafts-, Klassen- und Einzelinteresse und über Möglichkeiten nach, diese zu überwinden. In der Zuchthauszeit ab 1916 setzte er solche Reflexionen im Lichte neuer Erfahrungen fort.[38] Unbedingt mehr wollte er über die Rolle des Individuums und möglichst sämtliche Faktoren in Natur und Gesellschaft herausfinden, die Menschen beeinflussen. Die Tüchtigkeit des Einzelnen hielt er für ausschlaggebend. Im Endeffekt ging es ihm um die umfassende Begründung von Menschlichkeit in den Beziehungen zwischen Menschen und Völkern. Dabei griff er immer wieder auf Ideale der Antike, der Renaissance und des Humanismus zurück.[39]

Um Geist und Körper unter ungewöhnlichen Bedingungen vital zu halten, mutete sich Liebknecht sehr viel zu. Minna Kautsky fragte nicht von ungefähr, wie es in seinem »dunklen Loch« aussehe, ob er seine Spaziergänge weiter ausdehne und etwas von der sommerlichen Schönheit erhasche. »Sie nützen Ihre Zeit jetzt, Ihrer großen Aufgabe entsprechend, aber immer kann man ja auch nicht lernen – Ihr Auge will auch etwas haben.«[40]

So weit möglich, sorgte er für Abwechslung im Tagesablauf, in dem Freiübungen und Spaziergänge zu einem Ritual wurden. Tage, an denen Post von seiner Familie, seinen Geschwistern und vielen Freunden eintraf, waren Festtage. August Bebel, Gyula Alpári, Heinrich Brandler, Sophie Cohn, Georg Davidsohn, Hugo Haase, Paul Hirsch, Camille Huysmans, Emma Ihrer, Karl und Minna Kautsky, Georg Ledebour, Gustav Mayer, Franz Mehring, August Paris, Émile Vandervelde und viele andere schrieben ihm. Hin und wieder wurde er mit Blumensträußen und liebevollen Geschenken überrascht, so Ostern 1908 mit einer großen Kiste prachtvoller bunter Eier.[41] Riesig freute er sich, als ihm Maxim Gorki seinen Roman »Die Mutter« schickte und er im Herbst 1908 eine Karte vom Parteitag aus Nürnberg erhielt, die Georg Ledebour, Minna Kautsky samt Familie, Anton Pannekoek, Adolf Geck, Paul Lensch, Rosa Luxemburg, Eduard David und August Bebel unterschrieben hatten.[42]

Einer der wenigen erhalten gebliebenen Briefe an seine Ehefrau stammt vom 26. Mai 1908: »Liebe Julia! Endlich kamen die Zeitungen. Für Deinen Brief vielen Dank – ich schreibe Dr. Sch. eine Karte. Wie stehts mit Helmi? Eine Karte vom Grunewald deutet an, daß er wieder mobil ist. Sein Brief hatte viele Fehler, ich schicke ihn mit Korrekturen zurück. Die Blume, die ich beilege, ist die sogenannte Trollblume, hier Glatzer Rose bezeichnet u. Wappenzeichen des Glatzer Gebirgsvereins; eine Verwandte der Hahnenfußgewächse. Gib sie Helmi für sein Herbarium; er soll feststellen, daß die Blätter den Hahnenfußblättern, die ich ihm schon schickte, sehr ähnlich sind; ebenso die Blüte – sie ist nur mehr gefüllt. Ich hab jetzt auch Blumen im Zimmer – einen

Riesenstrauß Holunder (Flieder); 2 Sträuße Trollblumen, 2 Sträuße Maiglöckchen usw. Außerdem kriechen Regenwürmer hinter den Bordleisten herum – sie sind mir ausgerissen. Ich hab sie als Futter für die Amsel. Ich bin ganz wohl. Nur die Arbeit kommt nicht so rasch voran, wie ich möchte. Die letzten Tage waren kalt u. stürmisch – Hagel haben wir nicht gehabt; nur einige Gewitter, die aber mäßig waren. Ich möchte versuchen, Helmi zu einem mir bekannten Lehrer – Junggeselle glaub ich – in der Nähe des Bodensees (Schweiz) zu bringen, für den Sommer – d.h. die Ferien. Ich werde an ihn schreiben. Vielleicht Bobbi auch. Das wäre doch wundervoll! Wie war's mit dem Unwetter bei Euch? Viele Küsse u. Grüße allen Karl«.[43]

Während er sich Julia vor allem als Mutter der gemeinsamen Kinder zuwandte, schüttete er Sophie immer wieder sein Herz aus. Um die Jahreswende 1907/08 richtete er lange innige Liebeserklärungen an sie. »In meinem Gefühl und Denken zu Dir ist das Innerlichste, Allerverborgenste, Primitivste meiner Seele, meines ganzen Wesens aufgeregt bewegt, empfangend und gebend«, hieß es im Brief vom 20. Dezember 1907. »Was kein Verstand u. keine Philosophie ergründen kann, das Gebiet der Intuition. Es geht zurück zu den Empfindungen u. Schwärmereien meiner frühesten Jugend; in dieses Halbdunkel der Sehnsucht u. Schwermut. Ich sauge von Neuem aus diesen tiefsten Wurzeln.« Ehe er auf sie getroffen sei, habe er sich verdorren und vertrocknen sehen. Sie lasse alle Sinne fiebern, »als wärst Du aus meinem eignen Fleisch und Blut. Könnte ich nur arbeiten, etwas leisten. Wäre ich nicht in mir selbst zerbrochen. Du willst mich zu systematischer Arbeit bringen – wie gut und klug. Wie Du den wichtigsten Punkt gleich frisch herausgreifst! Du kennst mich gut, das sehe ich daran.« Er werde seine Anstrengungen verdoppeln, vielleicht könne er doch etwas leisten, vielleicht rettet das »wenigstens über *einen* Abgrund – in all dem Gewirr.«[44] Sie möge ihm schnellstens ihre Arbeit senden. »Und wie sieht's jetzt in Dir aus? [...] Öffne mir Dein ganzes Herz, immer, weit. Ich will an allem teilnehmen, was drin lebt und sich regt«[45], schrieb er ihr am 14. Januar 1908. Im Brief zu ihrem Geburtstag am 18. Januar beteuerte er: »Dein Glück will ich; und möchte dabei sein, selbst ein Stück von dem Glück sein. Die Arbeit, ja richtig, die Arbeit muß in diesem Jahr fertig werden, und das Examen dazu. Das ist abgemacht.« Sie möge mit ihren Verwandten schön feiern. Er werde sich auch eine gute Flasche kaufen. »Und dabei den West-östlichen Diwan lesen; Du meine Suleika!«[46]

Nach drei Monaten Festungshaft resümierte er sachlich-trocken: »Ich bin ein philosophischer Laie, besser: Dilettant. Aber ich hoffe, ich komme ans Ziel. Schließlich: nur durch eine stete Arbeit objektiviert man *sich* aus sich selbst und zwingt sich zu der möglichen relativen Klarheit.«[47] Sophie fürchtete, er könne sich verzetteln. Er dankte für ihre Offenheit und gestand diese Schwäche ein. Schwäche sei, wie sein Vater immer wieder geschrieben habe, der einzige unverzeihliche Fehler.[48] Er lasse sich aber gern vom Moment hinreißen.[49]

Beide wurden während ihrer Studien bisweilen von Zweifeln beschlichen, doch Karl ermahnte Sophie und sich selbst immer wieder, nach vorn zu schauen und zu arbeiten. Sie sei 24 Jahre, blühende Jugend, könne noch alles gewinnen; er habe »36 Jahre auf dem Buckel; u. an den Schläfen schon graue Haare; und wer weiß, ob ich noch Kraft u. Zeit hab, wirklich was rechtes zu Stande zu bringen; so viele gute Jahre sind dahin. Gewiß hab ich manche Begabung; aber ich hab sie nicht genutzt, nicht gut verwaltet, nichts gelernt: ein Baumeister ohne Steine. Jetzt bin ich von einer wahren Raserei erfaßt: lernen, lernen, lernen. Aber das ist ein Weltmeer voll Wissen. Ich hab mich hineingeworfen; entweder es auszutrinken, oder zu ertrinken oder – zu schwimmen.« Doch das Schwimmen auf dem Wissen hasse er.[50]

Konzentration aufs Wesentliche war eine große Stärke von Sophie Ryss. Sie belegte als Gasthörerin der Universität Heidelberg im Sommersemester 1908 und im Wintersemester 1908/09 Vorlesungen und Übungen über die Geschichte der italienischen Malerei und über Grundzüge der neueren Kunstgeschichte, zur Geschichte der griechischen Kunst und zur Geschichte des frühen Mittelalters. Zügig bereitete sie sich auf die Promotionsprüfung am 1. März und die Verteidigung ihrer Dissertation am 24. Mai 1909 vor. Thema ihrer Dissertationsschrift war »Die heilige Maria Magdalena in der toskanischen Kunst des 14. und 15. Jahrhunderts«. Sie errang ihren Doktortitel mit »magna cum laude«.[51] Seinen Wunsch nach einem Besuch in Glatz erfüllte sie ihm nicht, obwohl er ihr vorschlug, wie sie die Fahrt mit ihren sonstigen Reisen verknüpfen konnte. Sie war in Prag, wiederholt in Wien, auch in der Schweiz und Italien, wo sie in Verona, Florenz und Rom Eindrücke für den bravourösen Abschluss des Studiums sammelte. Die Ferien verbrachte sie mit ihren Geschwistern in Badenweiler.

Seine Frau besuchte ihn in den eineinhalb Jahren allerdings auch nicht: Vera sei noch zu klein und die Reise zu teuer. Julia war nicht so resolut und selbstlos wie seine Mutter Natalie, die trotz ihres hohen Alters zu ihm kam: vom 8. bis 11. Juni – über Pfingsten, als auch Helmi in Glatz war – und im September 1908. Karl wusste, dass seine Mutter Anfang der 1870er-Jahre einmal im Monat mit dem kleinen Theodor die beschwerliche Reise nach Hubertusburg auf sich genommen hatte, wo Wilhelm Liebknecht mit Bebel die zweijährige Festungshaft absaß.

August Bebel konnte sich in Karls Gemütslage hineinversetzen. Als er vor 34 Jahren neun Monate in Zwickau inhaftiert war und von allem, was da so passierte, so gut wie nichts erfuhr, habe er »über alles und alle geschimpft [...] Ich konnte nicht verstehen, daß die Partei und die Welt ohne mich ging, wenigstens nicht nach meinem Kopf, und so ergeht es Dir.«[52]

In der Regel half ein Spaziergang auf den Wällen der Festung Karl aus einem Tief. Oder er ging hinunter in die Stadt, um im Hinterzimmer der Bäckerei Pache Kaffee zu trinken und eine gute Zigarre zu genießen. Danach sah die Welt ganz anders aus, obwohl er zu niemandem außerhalb der Festung Kontakt haben und mit Zivilisten nicht sprechen sollte. Neben Vögeln und Insekten sorgten auch fünf Hunde für Ablenkung, an die er jeden Mittag Knochen verteilte.[53] Schließlich wandte er sich immer wieder seiner Bücherwelt zu, erfreute sich an den Weisheiten der Autoren oder mokierte sich über deren Irrtümer.

Bald merkte Karl Liebknecht, dass er sich ein zu großes Pensum auferlegte. Am 22. Mai schrieb er an Sophie, er studiere im Augenblick die Bände zur Mehrwerttheorie von Marx, in der man ihn im Ringen mit den Problemen beobachten könne. Nun müsse er zu den Spezialarbeiten über materialistische Geschichtsauffassung übergehn. »Mein Plan ist so universell; u. ich sehe überall schon die Umrisse; ich *kann* zum Ziel kommen, verstehst

Du. Ich halte mich trotz allem für klug genug dazu; ich weiss, dass ich über eine große Portion analytischen Scharfsinn, logischer Differenzierungsfähigkeit verfüge, dafür war ich sozusagen seit je ›berühmt‹. Aber ich bin zu schlapp: u. das Jahr ist zu kurz. Und ich finde keine rechte Ruh. Du siehst, ich achte mich selbst gar nicht gering – wie Du wohl denkst. Aber meine Fähigkeiten sind eben zerrüttet. Wie bin ich mit tausend Masten ins Leben gesegelt. Da gabs keinen Lorbeer, nach dem ich nicht gegriffen hätte. Man nennt das Scheitern, Scheitern einer Armada.«[54]

Anfang Juli klagte er, »ich ertrinke im Weltmeer der Wissenschaft; vielleicht rette ich mich noch aus dem Bodenlosen – durch einen Strudel, durch einen Zufall, gleich dem Schiller'schen Taucher«[55]. Er musste umziehen, und zwar wegen des Ofens – »aber alles ist wieder genau so eingerichtet wie nebenan, dieselbe Unordnung u. dieselben Bücherhaufen«. Sophies Bronzemännchen hielt auf seinen Papieren treue Wacht.[56]

Vom 26. bis 30. April 1908 bekam Karl Liebknecht Urlaub, um am 29. April am Ehrengerichtsverfahren gegen ihn in 1. Instanz vor dem Kammergericht in Berlin teilnehmen zu können. Es endete mit Freispruch. Die Verhandlung in 2. Instanz vor dem Ehrengerichtshof in Leipzig am 10. Oktober 1908 bestätigte dieses Urteil. Auch als nach einem halben Jahr Ungewissheit klar war, dass er im Anwaltsstand bleiben konnte, waren die Sorgen um die Anwaltspraxis nicht behoben, die unter seinem langen Ausfall litt und für ihn hohe Gerichts- und Festungshaftkosten aufbringen musste. Auf seinen Bruder Theodor war natürlich einhundertprozentig Verlass, und genügend Mitstreiter gab es auch.

Im Mai 1908 erfuhr Karl Liebknecht zu seiner Überraschung, dass die Berliner Sozialdemokraten ihn an die Spitze der Kandidatenliste für die Wahlen zum preußischen Abgeordnetenhaus gestellt hatten. Er schwankte »wie der Esel zwischen zwei Heugarben«, ob er das Mandat nicht ablehnen sollte, wo ihn jetzt doch gerade die Wissenschaft gepackt hatte. Er wollte »nicht im Parlamentarismus absorbiert werden, wenn er auch noch so interessant ist, – wie im Preußischen Landtag, wo ich dann vielleicht der erste Soz[ial-]Dem[okrat] sein werde, der jemals einzieht; u. ein höchst wichtiger Kampf zu kämpfen ist; eine ›historische‹ Position.«[57] Er werde dadurch aus dem Geleise geworfen, auf dem er zu einem hochgesteckten Ziel gelangen wollte. Dafür brauche er noch mindestens zwei Jahre. Ganz im Innersten müsse er wirklich erst einmal mit sich selbst fertig werden, sonst gäbe es für alles keinen ruhigen festen Grund. Sollte er tatsächlich seine Studien aufgeben müssen? »Und doch *kann* ich mich nicht drücken, weil's wichtig ist u. Holland in Not: Bebel krank, Singer krank usw. – so klaffen gar zu große Lücken; u. sich drücken hieße: Fahnenflucht u. Feigheit vor dem Feinde!«, erklärte er Sophie. Er sah in diesem Mandat »eine höchst entscheidende Wendung« seiner gesamten Tätigkeit, fürchtete aber »jämmerlich parlamentarisch Fiasko« zu erleiden. »Mein Prozeß u. ›Märtyrertum‹ hat alles geblendet u. mich zu einer mythischen Person von heroischen Dimensionen gemacht, bei dem Wunder geglaubt werden! Und wenn er die Wunder nicht kann – ? Wird er dann zerschlagen, wie ein versagender Tongötze? Scheußlich, ich hab mich gestern auf die Nachricht einer gelinden alkoholischen Betäubung in die Arme geworfen.«[58] Sein Vater hatte in den 1890er-Jahren für Streit in der Partei gesorgt, weil er die Beteiligung an Landtagswahlen in Preußen für sinn- und aussichtslos gehalten hatte. In diese Fußstapfen wollte er nicht treten. Nun kamen trotz des reaktionären Dreiklassenwahlrechts erstmals sieben sozialdemokratische Abgeordnete in den preußischen Landtag: Hermann Borgmann, Hugo Heimann, Paul Hirsch, Adolph Hoffmann, Robert Leinert, Heinrich Ströbel und Karl Liebknecht. Noch am 16. Juni 1908, dem Wahltag, erreichten ihn telegrafisch Gratulationen. Seine Wähler und Freunde jubelten.

Nach dem famosen Wahlresultat stand für ihn fest, dass er, wenn auch »nur mit starkem inneren Unbehagen«, in den praktischen Tageskampf gehen müsse. Am 18. Juni schrieb er an Karl Kautsky. »Der Alb der letzten Faschingwahlen ist gewichen; der alte Schwung ist wieder da; u. unsere taktischen Anschauungen haben eine sehr wirksame Befruchtung erfahren. Es gilt jetzt dafür zu sorgen, daß die außerparlamentarische Aktivität nicht nachläßt; dahin zu wirken, muß das A und O unserer Landtagstätigkeit bleiben.«[59] Den ersten Dämpfer versetzte ihm der Oberreichsanwalt, der dem Festungskommandanten von Glatz untersagte, Karl Liebknecht für die Eröffnung des Landtags am 26. Juni zu beurlauben.[60] Der Reichskanzler lehnte seinen Urlaubsantrag ebenfalls ab.[61] Am 20. Oktober fand die erste reguläre Sitzung des Abgeordnetenhauses statt. Die Sozialdemokraten betraten den Saal erst, nachdem die übrigen Abgeordneten den »allergnädigsten König und Herrn« hatten hochleben lassen. Wohl als Strafe für dieses Zuspätkommen lehnte man am Schluß der Sitzung einen Antrag Borgmann und Genossen ab, Karl Liebknecht aus der Festungshaft zu entlassen. Adolph Hoffmann vermerkte in seinen Erinnerungen, »man wollte so schnell die böse Sieben nicht komplett werden lassen«[62]. »Die Bande haßt mich in den Tod;« stellte Liebknecht fest, »u. das ist's, was mich immer wieder tröstet u. sicher macht [...] Ein frischer Zug kommt doch durch unsre Genossen in den Landtag: Ich wollte, dass *sofort* ein Wahlrechtsantrag gestellt würde; zu meinem größten Ärger ist das unterblieben. Der Antrag hätte schon als erster die einziehende Gesellschaft begrüßen müssen – als Menetekel und als unser Losungswort.«[63]

Auch den Kampf um Selbstständigkeit der Jugendorganisationen hatte Liebknecht nicht aus den Augen verloren.[64] In seinem Wagemut ging er so weit, dass er sich einen Tag nach dem Ehrengerichtsverfahren insgeheim mit Abgesandten im Rechtsanwaltsbüro in der Chausseestraße traf. Im Sommer hatte er mit Heinrich Brandler einige Stunden konspirativ in Glatz beraten.

Vorwiegend auf postalischem Wege schaltete er sich ab Sommer 1908 in die Kritik an den Budgetbewilligern in Baden und in die Vorbereitungen des Nürnberger Parteitages der deutschen Sozialdemokratie ein. Bei einiger Geschicklichkeit könne es gelingen, »die Parlamentsdiplomaten von der Masse der Genossen zu trennen u. zu isolieren«, ermunterte er August Paris, der neben Karl Kautsky den Liebknecht'schen Wahlkreis Potsdam-Spandau-Osthavelland vertrat. »Das süddeutsche Parlamentsparkett ist übrigens – für deutsche Verhältnisse! – ganz verflucht glatt u. ich wüßte manchen Norddeutschen, der jetzt Zeter und Mordio schreit u. dort unten auch ausrutschen würde.«[65] Im November 1907 hatte Liebknecht Karl Kautsky bescheinigt, er sei zwar nicht unbedingt als kommandierender General, aber gewiss als Generalstäbler geeignet. Wirksam genug hätte er bereits in vielen grundsätzlichen und taktischen Fragen seine gewichtige

Stimme abgegeben und seine internationalen Kenntnisse zum Tragen gebracht.[66] Auf diese Fähigkeiten setzte Liebknecht, als er ihn bat, Haase, Paul Singer und Rosa Luxemburg zu grüßen und seine Meinung zu übermitteln. Minna Kautsky freute sich, wie leidenschaftlich er als Gefangener die Vorgänge in der Partei verfolgte. Es sei ein rechter Jammer, dass er in Nürnberg nicht dabei sein könne.[67] Unmittelbar vor seiner Abreise nach Nürnberg versicherte ihm Kautsky, dass »wenigstens vieles von Ihren Wünschen wird erfüllt werden, soweit ich nach Besprechungen mit A[ugust] B[ebel], Singer speziell, und mit Berliner Delegierten drüber urteilen kann. Die Jugendorganisation in einer Kommission beraten zu lassen, ist ein allgemeiner Wunsch. Und so weit ich sehe, ist die Mehrheit für die Selbständigkeit der Organisationen [...] Mit richtigem Instinkt ahnen Sie, daß da ein Geschlecht heranwächst, das dem sanft lebenden Fleisch [Anspielung auf Äußerung von Müntzer über Luther] am Engelufer [Sitz der Gewerkschaften] und in der Lindenstraße [Sitz der Partei] unangenehm werden könnte. Dagegen dürfte der Vorschlag, die Budgetfrage in einer Kommission wegzuexkamotieren, abgelehnt werden. Da müssen wir auf das entschiedenste für alle Öffentlichkeit eintreten. Ich freue mich sehr, gewissermaßen als Ihr Lieutenant [sic!] auf dem Parteitag erscheinen zu können. Noch lieber wäre mir's freilich, mit Ihnen zusammen Ihren Wahlkreis zu vertreten.«[68]

Anfang September war Karl Liebknecht einige Zeit bettlägerig. Ein solch respektvoller Brief Kautskys dürfte seine Genesung ebenso befördert haben wie die Fürsorge seiner Familie. Besonders gefreut hatte er sich über den Besuch seiner Mutter, seines Bruders Wilhelm und des Schwiegervaters Louis Paradies, dessen 65. Geburtstag sie am 2. September in Glatz gefeiert hatten. Sie führten wohl auch ernste Gespräche, denn seine Frau Julia, die die Ferien auf Norderney verbrachte, litt unter seiner Abwesenheit und seinem Verhältnis zu Sophie Ryss. Auch Theodor ließ sich nicht davon abhalten, ihn zu besuchen, obwohl Karl alles darauf anlegte, seine Angehörigen und Freunde zu beruhigen – für einen Arzt, einen Masseur und überhaupt für Pflege sei gesorgt. Als der Bruder vom 11. bis 14. September in Glatz war, ging es ihm tatsächlich schon wieder besser.

Im November 1908 nahmen auch die Glatzer Genossen Kontakt zu Karl Liebknecht auf. Zu einer persönlichen Begegnung kam es erst am 1. Mai 1909. August Bebel bestärkte ihn in einem aufmunternden Brief vom 10. November angesichts des glücklichen Endes des Ehrengerichtsverfahrens darin, seinen Anwaltsberuf nicht aufs Spiel zu setzen. »Wir brauchen tüchtigen Nachwuchs. Leider ist derselbe sehr rar, Du bist der Einzige, auf den ich meine Hoffnung setze.« Wenn Liebknecht einmal eine führende Stellung in der Partei bekleide, so müsse er vor allem finanziell von der Partei unabhängig sein. Als Anwalt könne er der Partei »große Dienste leisten, denn wir haben sehr wenig Anwälte, die einen *politischen* Prozeß führen können«[69]. Er möge seine Gesundheit hüten und die sechs Monate, die er noch zu brummen habe, aufs Beste nutzen.

Am 1. Februar 1909 ereilte ihn die schreckliche Nachricht vom Tod seiner über alles geliebten Mutter. An diesem Tag hatte er für fünf Tage Urlaub beantragt, um die schwer Erkrankte in Berlin besuchen zu können. Zu spät. Karl Liebknecht war zutiefst erschüttert. In seinem Schmerz über diesen furchtbaren Verlust schrieb er am 26. Februar ein Gedicht: »So hab ich die verloren, / die ich nicht missen kann; / die mich in Schmerz geboren, / mit Frieden mich umspann, / die allen Sorgen wehrte, / die rastlos für mich wacht, / und die mich Tag und Nacht / mit ihrem Herzblut nährte. / Du Herz, von treuester Liebe / ein unergründlich Meer, / ach, welche Feder schriebe / in deinem Reichtum her. / Wie lind hat mich umfächelt / dein Sinn, wie ein Gedicht; / wie tröstlich mir gelächelt / dein klug und traut Gesicht! / Die Fackel ist verglommen. / Wer führt nun meinen Arm? / Der Mantel mir genommen – / er hegte mich so warm. / Mich friert; meine Brust ist zerrissen, / die niemand heilen kann. / – Die Zähne zusammengebissen! / Wandrer, voran, voran!«[70] Er sandte diese Verse Thedel, so nannte er liebevoll seinen älteren Bruder, und bat ihn, für alle Geschwister und Freunde ein Bild der Mutter anfertigen zu lassen. August Bebel, Clara Zetkin und Franz Mehring würdigten Natalie in ergreifenden Nekrologen. Mehrings Artikel »Natalie Liebknecht« im »Vorwärts«[71] sei unübertrefflich, sei »im Großen u. Intimen der Mama so gerecht geworden, wie's einem Fremden nur möglich sein mag«[72].

Das Leben musste dennoch weitergehen, auch in Glatz. Das Studium regierte noch einmal die Welt des Festungshäftlings. Am 29. Februar teilte er Theodor mit, er wolle nunmehr seine Aufzeichnungen ordnen und in wenigen Tagen an die Ausarbeitung eines umgrenzten Themas gehen.[73] Doch Liebknecht konnte bei Weitem nicht mehr alles schaffen, was er sich vorgenommen hatte. Unzufrieden schrieb er an Karl Kautsky am 23. März 1909, er habe für 1½ Jahre einen Plan entworfen, der mindestens 2½ und mehr erfordert hätte. Und »so halte ich jetzt am Ende lauter Bruchstücke u. skizzierte, oft noch ungeklärte Entwürfe in der Hand. Das ist widerlich. Bin ich hier fort, packt mich wieder der Strudel; u. so sehr ich den liebe, – mit ungeborenen Kindern im Leibe ist man doch zu nichts rechtem zu gebrauchen.«[74]

Die finanzielle Lage der Familie war bedrückend. 1915 schilderte er die vertrackte Situation in einem Brief: »Während meines Hochverratsprozesses und der Strafverbüßung waren nicht nur meine Ersparnisse völlig draufgegangen. Auch die Ersparnisse meines Bruders, der zudem das Büro 1¾ Jahr lang ohne mich führen mußte, waren fast bis aufs letzte verbraucht. Wir standen 1909 nicht nur vis à vis de rien [vor dem Nichts] – ich hatte aus der Zeit der russischen Revolution, wo ich u.a. für politische Prozesse in Rußland auf einmal 6000 M hingab, die ich mir selbst hatte leihen müssen, noch Schulden. Mein Bruder vereinnahmte seit Beginn der Praxis die Erträge des Büros. Er verwaltete auch mein Geld; wir hatten m. W. keine getrennten Konten. Ich war durch meine politische Arbeit, die große Kosten verursacht, so viel vom Büro abgehalten, daß ich dort mehr eine Last als eine Arbeitskraft bildete. Wir haben auch für mehrere bedürftige Verwandte zu sorgen.«[75]

Am 1. Juni 1909, 9 Uhr, durfte er endlich die Festung Glatz verlassen. Aufgrund der Haftunterbrechungen und Urlaubstage hatte er einen Monat, sieben Tage, 14 Stunden und 30 Minuten länger dort verbringen müssen. Julia reiste ihm nach Breslau entgegen. Seine Genossen begrüßten ihn in Glatz, Breslau, Berlin und Spandau. In den Pharus-Sälen in der Müllerstraße in Berlin bereiteten ihm am 2. Juni 1909 Parteivorstand, Zentralvorstand der Gewerkschaften, Vertreter der Berliner Stadtverordneten und Tausende Berliner einen großen Empfang.

Preußenparteitag

Nach seiner Rückkehr aus Glatz umgab Karl Liebknecht in Berlin sofort alltäglicher Trubel. In der Kanzlei sah er unverzüglich nach dem Rechten und besprach mit seinem Bruder Theodor die nächsten Anliegen. Schon am 10. Juni 1909 hatte er in Dresden im sogenannten Geheimbundprozess gegen russische Sozialdemokraten, die er zusammen mit Oskar Cohn verteidigte, sein Plädoyer zu halten. Am 13. Juni hießen ihn in Hohenfelde bei Spandau etwa 5000 Genossen und Freunde seines Wahlkreises herzlich willkommen. Am 24. Juni trat er in der Berliner Stadtverordnetenversammlung auf. Vom 23. bis 25. Juni gab er im preußischen Abgeordnetenhaus bei Debatten über die Immunität der Abgeordneten, das Dreiklassenwahlrecht und die Rechtslage der Studenten mit vier Reden sein Debüt als Landtagsabgeordneter. Das waren, wie er schrieb, »ein paar ganz lustige Tage. Ich hab mich mit den Konservativen nach Herzenslust herumgepaukt.«[1] Für Juli und August standen Versammlungen in Kiel, Altona, Hamm, Barmen, Elberfeld und Görlitz sowie der längst überfällige Urlaub mit der Familie auf dem Plan. Die Angehörigen und Freunde hofften vergeblich, er werde Privatleben und Arbeit besser miteinander in Einklang bringen und Julia und den Kindern wieder seine ganze Zuneigung schenken. Karls und Theodors Familien mit den Frauen Julia und Lucie, 6 Kindern, Kindermädchen, Hausmädchen und Köchin waren eng miteinander verbunden. Zu Otto und dessen Familie sowie Wilhelm und Karls Lieblingsbruder Curt bestanden enge Kontakte. Curt, der angehende Mediziner, war darum besorgt, dass Karl an Körper und Geist gesund blieb, und kümmerte sich gern einmal um die Kinder.[2] Alle in der großen Schar der wanderlustigen Liebknechts freuten sich darauf, dass Karl wieder an den traditionellen Grunewaldspaziergängen teilnahm. Der »Oberbefehl zum Aufbruch« war seit dem Tod des »Alten« auf Theodor übergegangen, wie Sophie schrieb, die später selbst an diesem sonntäglichen Vergnügen teilnahm.[3] Karl Liebknecht warb nach wie vor unbändig um seine Geliebte. Sophie allerdings schien die Chancen für ein Miteinander realistisch eingeschätzt zu haben. Als frisch promovierte Doktorin der Philosophie ging sie immer selbstbewusster ihre eigenen Wege. Sie füllte »die Wanderjahre« 1909 bis 1911 mit Hilfsarbeit an der Kunsthalle in Mannheim, kunstgeschichtlichen Vorträgen und Museumsführungen an der Volksuniversität in Wien. In Berlin fand sie keine ihr zusagende Tätigkeit. Während eines längeren Aufenthalts im Elternhaus in Rostow 1911/12 begann sie mit kunstgeschichtlichen Vorträgen die Grundlage für eine erfolgversprechende pädagogische Arbeit zu schaffen.[4] Karl fürchtete, sie zu verlieren, und beteuerte verzweifelt: »Ich hab all das Leben so gründlich satt; wär ich all die Fesseln los u. hätte nur Dich, u. die Welt verstände nur uns.«[5] Keiner ahne seine Höllenqualen.[6] Monatelang wusste er nicht, wie es ihr ging. Über ihre Ferien, die sie 1910 mit ihren Geschwistern in Göhren auf Rügen verbrachte, erfuhr er mehr durch ihren Bruder Adolf, ihre Schwester Sylvia und deren Gatten Jan Spielrein als von ihr. Er dagegen denke stets an sie, die schöne und kluge Sonitschka, »die nicht mein sein will, der ich aber ganz gehöre; heute mehr als je vorher«[7]. Beharrlich versuchte er ihre Gewissensbisse zu zerstreuen: »Du drängst Dich nicht zwischen uns; es ist alles so schlimm, wie möglich. Könnt ich Dich doch ganz für mich besitzen; mich dünkt, dann könnt ich doch noch glücklich werden u. noch einiges leisten von dem, was ich vermag u. was ich wollte, als ich ins Leben eintrat; u. was mir so oft schon ganz zerronnen scheint. Es ist so elend, so leben zu müssen – als ein Trümmerhaufen.«[8] Die Entfremdung von seiner Frau spiegelt ein knappes Dutzend Postkarten an Julia aus der Zeit von Juni 1909 bis Mai 1910 wider, einige in Englisch geschrieben, mit spärlichen Angaben, wo er gerade tätig war, und lieben Grüßen an sie und die Kinder.[9]

Im Frühjahr 1910 vermochte er dem Liebeswerben einer anderen Frau nicht zu widerstehen. Fanny Jezierska, Mitglied der Sozialrevolutionären Partei Russlands von 1905 bis 1909 und ab 1909 deutsche Sozialdemokratin, hatte Liebknecht durch seine Kontakte zu Zirkeln russischer Emigranten kennengelernt. Die am 7. Oktober 1887 in Grodno (Grajewo) geborene Fanny Jezierska war nach Aufenthalten in der Schweiz und in Frankreich mit ihren Eltern nach Deutschland übergesiedelt. Sie beherrschte vier Sprachen: Russisch, Deutsch, Polnisch und Französisch, ließ sich an einem Polytechnischen Institut zur Ingenieurin für Elektrotechnik ausbilden und fand später bei der AEG Telefunken in Berlin eine Anstellung.[10] Nach wohl nur wenigen für beide erbaulichen Begegnungen wurde die hoffnungslos in Karl Liebknecht verliebte Freundin eine Zeitlang depressiv. In mehreren Briefen an sie beschuldigte er sich, aus törichten Stimmungen heraus sinnlos gehandelt zu haben.[11] Er half ihr, Vertrauen und Zuversicht in ihr Leben zurückzugewinnen, in dem sie in späteren Jahren noch mehrfach politisch gemeinsam tätig sein sollten.

Im Innersten von einer tiefen persönlichen Krise gepeinigt, hatte sich Karl Liebknecht gegenüber der Öffentlichkeit und der Familie weitgehend in der Gewalt. Der neunjährige Helmi führte akribisch Tagebuch: »15. Mai 1910. Heute ist Pfingstsonntag [...] Vorm. sind Bob, Vera, Papa, Mama und ich um 11°10 Min. vom Stettiner Vorortbahnhof nach Lehnitz gefahren.« Er erwähnte, wo sie Mittag aßen, und führte 17 Pflanzen auf, die sie neben zwei Grasarten und 109 Schilfen abends mit nach Hause nahmen.[12] Laut Helmis Aufzeichnungen fuhren sie alle am 28. Juni nach Bad Harzburg, wo sie eine Ferienwohnung mit Garten gemietet hatten.[13] Am 20. Juli feierten sie dort Julias Geburtstag. Am darauffolgenden Tag verabschiedete sich Karl Liebknecht wegen dringender Arbeiten. Seine Familie blieb noch bis Anfang August im Ferienort. »Glaub mir«, schrieb Karl Liebknecht an Sophie Ryss, »so gern ich mit den Kindern war, so sehr ich auch wünschte, meiner Frau ein paar Tage die Glorie der Ehefrau nicht bloß ›in partibus‹ zu verleihen, so wundervoll die Streifen durchs Gebirge waren, durchs Okertal auf den Brocken u. so fort, es war eine unruhige u. schwere Periode. Ich hatte auch keinen Moment Ruhe; die vernachlässigte Arbeit quälte mich.«[14] Bei der Kanzleiarbeit, Versammlungstouren und Vorbereitungen zu den internationalen Konferenzen in Kopenhagen und zum Magdeburger Parteitag fühlte er sich »einsam in einem Jahrmarktstrubel«[15]. Eigentlich wollte er noch einmal nach Bad Harzburg zurückkehren, aber ihm fehlten das Geld, die Zeit und die innere Ruhe. Die Arbeit sei »ja doch die Tyrannin des ganzen Lebens«[16].

Nach dem Ende seiner Festungshaft hatte er begonnen, ein bedeutsames Stück Oppositionsgeschichte zu schreiben. Bereits vor dem Reichsgericht in Leipzig hatte er seine politische Vision – Abschaffung der Monarchie und Einführung der Demokratie – umrissen. »Mein Ziel ist eine Änderung der gegenwärtigen Verfassung von Grund auf und nicht bloß dieser, sondern auch der ökonomischen Zustände – so wahr ich Sozialdemokrat bin.«[17] Als er 1908 ins preußische Abgeordnetenhaus gewählt wurde, entschloss er sich, vor allem im Kampf gegen das preußische Dreiklassenwahlrecht einen Beitrag zu leisten. In der Jungfernrede erklärte er am 23. Juni 1909: »In Preußen ist das Parlament nichts weiter als ein Ausschuß der Verwaltungsbehörden (Abgeordneter Leinert: ›Sehr richtig!‹), und die Herren, die hier als Vertreter der maßgebenden Parteien sitzen, haben nicht eine Spur, behaupte ich, von dem Gefühl, wirklich ein Parlament zu bilden, sondern sie haben nur das Gefühl, eine Attrappe der preußischen Verwaltung zu sein, eine Art Ausschuß der preußischen Verwaltungsorgane [...] Sie vertreten die Polizei, die Bürokratie, das Militär, sämtliche Gewaltfaktoren in Preußen. Sie vertreten nicht das Volk, selbst nicht einmal, soweit es für Sie stimmt; denn soweit es für Sie stimmt, tut es das wiederum nur unter Ihrem Terrorismus (Erneutes Lachen.); unter Ihrem unerträglichen Terrorismus, der jede sozialdemokratische Notwehr um das Tausendfache übersteigt. (›Bravo!‹ bei den Sozialdemokraten.)«[18]

Seine Vorstellungen von einem Aktionsprogramm mit bis ins Einzelne gehenden Gesetzesvorlagen und der Einbeziehung außerparlamentarischer Kräfte in die Reformarbeit konkretisierte er auf dem Parteitag der Sozialdemokratischen Partei Preußens, der vom 3. bis 5. Januar 1910 in Berlin stattfand. Die zentralen Programmpunkte – Verwaltungsreform, Wahlrecht und Kommunalprogramm – mussten nach Liebknechts Auffassung als Einheit betrachtet werden. Sein Antrag 25 lautete: »Der Kampf um die Demokratisierung der Staats- und Gemeindeverwaltung ist als ein integrierender Bestandteil des preußischen Wahlrechtskampfes zu führen. Die Aufklärung über die gegenwärtige preußische Verwaltung und ihre Mißstände ist durch systematisierte Agitation zur Erweckung des lebendigen Gefühls leidenschaftlicher Empörung in die weitesten Kreise zu tragen.«[19] Der dazugehörige Antrag 28 enthielt Leitsätze zur Verwaltungsreform in Preußen, die am 5. Januar, als er sein Parteitagsreferat hielt, im »Vorwärts« veröffentlicht wurden.

Das von Liebknecht in den Leitsätzen entwickelte Programm lässt sich in 16 Forderungen zusammenfassen: 1. Trennung von Staat und Kirche; 2. Neugestaltung der Ministerien nach den sozialen und kulturellen Belangen des deutschen Volkes und mit einem von der Sozialdemokratie schon oftmals geforderten Ministerverantwortlichkeitsgesetz; 3. demokratisches Wahlrecht für die Volksvertretungen auf allen Ebenen und für deren Deputationen und Kammern; 4. Wählbarkeit der leitenden Beamten der Kreis-, Provinz- und Zentralbehörden durch die Einwohner des jeweiligen Distrikts, aller übrigen Beamten durch die zuständigen Volksvertretungen, Verantwortlichkeit und Rechenschaftspflicht der Beamten gegenüber dem Parlament; 5. Beseitigung des Rechts der Verwaltungsbehörden auf Requirierung von Militär, des Rechts der Krone auf Verhängung des Belagerungszustandes, des Begnadigungsrechts der Verwaltungsbehörden und Übertragung derselben an demokratisch gewählte Volksvertretungen; 6. Volkswehr anstelle des stehenden Heeres nach einem besonders auszuarbeitenden Militärprogramm; 7. Dezentralisation der Polizei und Abschaffung der politischen wie der geheimen Polizei; 8. Selbstverwaltungsrecht der Gemeinden, Kreise und Provinzen; 9. demokratische Justiz, Unabhängigkeit und Wählbarkeit der Richter mit ausschließlicher Verantwortlichkeit vor dem Gesetz; einwandfreie Behandlung der Gefangenen in sozialer, hygienischer und geistiger Hinsicht; 10. Weltlichkeit der Schule; 11. Aufhebung aller Sondergesetze und Sondermaßnahmen gegen die nationalen Minoritäten; 12. uneingeschränkte Versammlungs- und Pressefreiheit und ein demokratisches Fremdenrecht; 13. Aufhebung der Gesindeordnungen, Förderung des genossenschaftlichen Zusammenschlusses der kleinen Landwirte; 14. staatliche Arbeitslosen- und Armenfürsorge; 15. gesetzliche Regelung des Gesundheitswesens, wirksame Bekämpfung der Volkskrankheiten; 16. Förderung der Maßnahmen im Allgemeininteresse wie Regulierung von Strömen, Kanal-, Eisenbahn-, Wege- und Städtebau, Senkung der Gebühren für Verkehrsmittel.[20]

Für die Anträge 25 und 28 und einen über die Anwendung des politischen Massenstreiks hatte er sich am 28. November 1909 durch seine Wahlkreisorganisation Potsdam-Spandau-Osthavelland legitimieren lassen. Auf dem Parteitag konnte er auf die Unterstützung durch Arthur Crispien, Robert Dißmann, Hugo Haase, Paul Hirsch, Adolph Hoffmann, Georg Ledebour, August Paris, Paul Singer, Arthur Stadthagen, Heinrich Ströbel, Emanuel Wurm und Fritz Zubeil bauen.

Das erste Mal bekam Karl Liebknecht auf einem Parteitag das Referat zu einem Tagesordnungspunkt zugesprochen. Seine 4½-stündige Rede war mit Beweisen über die »Fülle der Willkür, Roheit und Rückständigkeit« der preußischen Verwaltung gespickt. Keine Leporelloliste der Welt könne sich mit diesem Sündenregister vergleichen.[21] Auch ein demokratisches Wahlrecht wäre wirkungslos, solange »draußen, außerhalb des Parlaments, die Machtverhältnisse nicht verschoben sind. Ein Parlament wird nie und nimmer imstande sein, seinen ersten Willen in ernsten Angelegenheiten gegen die Staatsregierung und ihre außerparlamentarischen Machtmittel durchzusetzen, solange die Verwaltung keine demokratische ist. Deshalb ist der Kampf um die demokratische Verwaltung das Herz- und Hauptstück des Wahlrechtskampfes.«[22]

Der »Vorwärts«-Bericht lobte tags darauf die »vom heißen Feuer der Empörung durchglühte Rede«[23], in der Liebknecht erklärte, dass die Dreiteilung der Gewalten in Preußen nie konsequent verwirklicht wurde: Der Staat verfügt von der Justiz, der Polizei und dem Militär über die Verwaltung, die Kirche und die Schule bis hin zu einem System ideologischer Beeinflussung über eine Vielzahl von Gewalt- und Verdummungsmitteln, mit denen er die Macht der herrschenden Klassen aufrechterhält.[24]

Er korrigierte die in der Partei allgemein vertretene These von der Junkeralleinherrschaft. Eine Anzahl Junker seien selbst Industrielle oder mit jenen aufs Engste versippt. Zwar übe das Junkertum auf die Verwaltung noch immer einen entscheidenden Einfluss aus, aber die Grubenbarone, die Großindustrie, selbst der Großhandel, die Großbanken, die großen Verkehrsunternehmer verschafften sich immer mehr Geltung. Deshalb plädierte er dafür, künftig von Junkervorherrschaft, aber nicht mehr von der Junkeralleinherrschaft auszugehen.[25] Clara Zetkin und Franz Mehring kamen zu ähnlichen Schlussfolgerungen.[26] In Wirklichkeit sei das preußische Dreiklassenwahlrecht »der Ausdruck der politischen Herrschaft der besitzenden Klassen, mögen sie von Geburts oder Geldsacks Gnaden sein«, schrieb z. B. Clara Zetkin.[27]

Karl Liebknechts Vorstoß im Kampf für einen konsequenteren Demokratisierungsprozess zielte auf grundsätzliche Veränderungen in Preußen ab. Hier, im weitaus größten Bundesstaat, erblickte er den Hort der Reaktion. Dafür sorgte nicht zuletzt die Personalunion von preußischem König und deutschem Kaiser, von preußischem Ministerpräsident und Reichskanzler, der wiederum vom Kaiser ernannt wurde. In der Verfassung waren innen- und außenpolitische Rechte des Kaisers bzw. der Regierung verankert, über die der Reichstag keine Befugnis besaß. Preußen hatte mit 17 von 58 Stimmen im Bundesrat auch de jure die Entscheidungsgewalt über Verfassungsänderungen im Deutschen Reich, denn sie galten nach Artikel 78 bei 14 Gegenstimmen im Bundesrat als abgelehnt. Daher betonte auch August Bebel immer wieder: »Es gibt keinen zweiten dem preußischen ähnlichen Staat, aber wenn wir einmal diesen Staat in der Gewalt haben, haben wir alles. Aber das kostet Mühe, das kostet Arbeit, das kostet Schweiß, das kostet eventuell noch weit mehr.«[28]

Karl Liebknecht brandmarkte sowohl die Willkürherrschaft der Bürokratie[29] als auch die Mittel, mit denen die Beamten staatstreu gemacht wurden: das Ordens-, Uniform- und Titelwesen, die scharfe Disziplinarordnung und ökonomische Macht, die Hierarchie von Kontrollinstanzen, die Gewalt und Schikane gegen jegliche freiheitliche Gesinnung und Handlung. Er differenzierte dabei zwischen hochgestellten, gut entlohnten und armseligen Beamten.[30] Die Sozialdemokratie müsse sich auf die niederen Beamten orientieren. Allerdings irrte er in der Annahme, durch sie könne die Verwaltung von unten demokratisiert werden.[31]

Die politische Tragweite seiner Kritik an der preußischen Verwaltung erweiterte er erheblich, indem er auf der Grundlage seiner Studie über »Militarismus und Antimilitarismus« die Unterstützung der Bürokratie durch eine Art Halbbürokratie anprangerte. Er meinte damit »die Mitglieder der Krieger- und Flottenvereine, die Mitglieder der kaiserlichen Automobilklubs und ähnlicher schöner Einrichtungen, der Luftschiffgesellschaft, der Schützenvereine, dann die Militäranwärter und schließlich die Mitglieder gewisser Studentenkorps«[32]. Mit der ideologischen Verdummung der Massen als einer Regierungsmaxime müsse sich die Arbeiterpartei energischer auseinandersetzen.

Liebknecht warnte auch vor dem allmächtigen Regiment der Landräte, denn das Landratsamt der »Könige in ihrem Bezirk« erweise sich als »die gefährlichste Brutstätte der Ungesetzlichkeit, der politische Garten der Circe, wo Recht in Unrecht verkehrt wird«[33]. Daher sei es Illusion, etwa mit einem isolierten kommunalpolitischen Programm, wie es Hugo Lindemann und Albert Südekum propagierten, in Gemeinden, Kreisen oder Provinzen eine tatsächliche Selbstverwaltung sichern zu können. Das kleinste Stückchen Selbstverwaltung würde durch die Hintertür eines undurchsichtigen Rechtsmittelsystems und die Abhängigkeit von den entscheidenden Verwaltungsbehörden eskamotiert.[34] Ebenso ausführlich wies er die völlige Unzulänglichkeit der preußischen Verwaltung in sozialen Fragen nach. Die Arbeit der Sittenpolizei, die Fürsorgeerziehung, das Schulwesen, der Strafvollzug, die Handhabung des Vereinsrechts und des »Fremdenrechts« boten ihm dafür ausreichend Beispiele.

»Das Schlußurteil über unsere Verwaltung ist ein miserables«, stellte er fest. »Die preußische Verwaltung ist nicht nur in bezug auf eine wirkliche Reformtätigkeit im modernen Sinne überall unfruchtbar gewesen, sie ist nicht nur durchaus unzweckmäßig eingerichtet und dabei so teuer wie möglich, sie ist nicht nur rückständig auf allen Gebieten, sondern häuft auf diese Rückständigkeit noch den brutalen Drang, mit dem Polizeiknüppel und polizeilicher Reglementierung plumper und kleinlichster Art in alle Verhältnisse einzugreifen, um alles nach den Wünschen der herrschenden Bürokratie zu fördern. […] Ich bin fest überzeugt, man gibt uns viel eher ein demokratisches Wahlrecht als eine demokratische Verwaltung, weil man genau weiß, daß bei der Verwaltung schließlich doch die Macht liegt.«[35]

Karl Liebknechts Leitsätze, Ideen und Schlussfolgerungen ergänzten Forderungen des Erfurter Programms von 1891. Sie fassten von den revolutionären Sozialdemokraten bisher vertretene Forderungen zusammen, ohne sie allerdings – wie das Rosa Luxemburg tat – zur Forderung nach einer demokratischen Republik zuzuspitzen.[36] Sie bezogen sich auch auf die Kritik von Linksliberalen wie dem ehemaligen Bürgermeister von Husum, Lothar Engelbert Schücking. Dieser hatte 1908 in mehreren Artikeln die Zustände in der preußischen Verwaltung kritisiert[37] und das aufsehenerregende, zunächst anonym erschienene Buch »Die Reaktion in der inneren Verwaltung Preußens von Bürgermeister XY in Z.« veröffentlicht. Daraufhin war er in einem geheimen Disziplinarverfahren als Bürgermeister abgesetzt worden. In der Broschüre hatte Schücking viele von der Sozialdemokratie voll zu unterstützende Feststellungen getroffen: »Der Altpreuße ist Soldat und Aristokrat, unparlamentarisch und nicht imstande, die Kultur eines Landes zu schätzen, die auf demokratischen Grundlagen in friedlicher Weise Blüten getrieben hat. Unter Kultur versteht der Preuße Ordnung, und ihr Sinnbild ist ihm die Polizei.«[38] Da Schücking Mitglied der Demokratischen Vereinigung war, in der sich linksliberale Kreise wie in der Fortschrittlichen Volkspartei im Frühjahr 1910 am Kampf gegen das preußische Dreiklassenwahlrecht beteiligten, gab er nicht nur seine Meinung wieder, wenn er anerkennend schrieb: »Selten sind Männer wie Liebknecht, die energisch Front machen.«[39]

Karl Liebknechts Ansichten wurden auf dem Parteitag von der Mehrheit der Delegierten befürwortet. Er hatte ihnen die Zustimmung erleichtert, indem er erklärte: erstens solle sein Programm der Erweiterung und Vertiefung des Wahlrechtskampfes dienen; zweitens müsse bei der Partei eine Zentralstelle zur Sammlung von Anklagematerial gegen die preußische Verwaltung gebildet werden; drittens mögen sein Referat und die Leitsätze vor allem in der Agitation genutzt werden, und viertens müsse im Kampf für demokratische Verhältnisse in Deutschland der politische Massenstreik angewendet werden.[40]

Für den unmittelbar bevorstehenden Wahlrechtskampf waren Rosa Luxemburg Liebknechts Vorschläge zu unbestimmt. Die Partei sehe sich von allen Seiten vor die Frage gestellt: »Was weiter?« »Und diese Frage ist, da ihr der letzte preußische Parteitag leider mit einer mehr effektvollen als politisch wohlerwogenen

Geste aus dem Wege gegangen ist, nunmehr dringend auf dem Wege einer Diskussion in der Presse und in den Versammlungen zu lösen.«[41] Karl Liebknecht war von seinem Verwaltungsreformprogramm überzeugt und sich bewusst, dass es auf grundlegende Veränderungen der Strukturen und Machtkonstellationen hinauslief. Zuspruch erhielt er von Eduard Bernstein, Paul Löbe, Max Maurenbrecher, Wilhelm Schröder und Arthur Schulz, die sonst kaum für seine Forderungen zu gewinnen waren.

Dass er wie mit seinem Antimilitarismus nun auch mit seinen Forderungen zur Verwaltungsreform die Mächtigen gegen sich aufbrachte, bestätigte z. B. der Konservative Freiherr von Richthofen am 10. Februar 1910 im preußischen Abgeordnetenhaus: »Herr Abgeordneter Liebknecht hat sich auf dem Preußentage der Sozialdemokratie gewissermaßen noch eine Extrawurst geleistet. [...] Sein Exposé über die preußische Verwaltungsreform wird ja gewiß die Königliche Staatsregierung in die eingehendste Erwägung nehmen. (Heiterkeit) Ich kann nur sagen: wenn ein Titelchen davon jemals Gesetz würde, so würde Preußen ruiniert werden und nicht mehr die Vormacht im Deutschen Reich sein!«[42] Liebknecht nahm im Abgeordnetenhaus jede Chance wahr, um seine Forderungen darzulegen – allein im 1. Halbjahr 1910 gelang ihm das mehr als zwanzigmal. In Regierungskreisen wurde jedoch bald »mit Beruhigung« festgestellt, dass Liebknechts »theoretischer Versuch, die preußische Verwaltung nach radikal-demokratischen Grundsätzen umzugestalten«, außerhalb des Parteitages keine Beachtung gefunden und die Agitation weder bereichert noch befruchtet habe.[43]

Da er für die Trennung von Staat und Kirche eintrat und sich energisch dagegen verwahrte, die Kirchenaustrittsbewegung als Religionskampf zu denunzieren, wirkte er mit den Sozialdemokraten Ewald Vogtherr und Georg Zeppler in dem 1910 in Berlin gebildeten Komitee Konfessionslos mit. Wissenschaftler wie Ernst Haeckel, Wilhelm Ostwald und Arthur Drews hatten dieses Komitee im Rahmen des Deutschen Monistenbundes und des 1907 entstandenen »Weimarer Kartells« gegründet.[44]

An den heftigen Auseinandersetzungen, die im Frühjahr 1910 zwischen Rosa Luxemburg und Karl Kautsky über den Einsatz des politischen Massenstreiks im preußischen Wahlrechtskampf und über die Forderung nach einer demokratischen Republik entbrannten, beteiligte sich Karl Liebknecht nicht direkt. Die freundschaftlichen Kontakte zur Familie Kautsky, die ihm während der Glatzer Haft mit Verständnis, Rat und Tat zur Seite gestanden hatte, hinderten ihn, in dieser Polemik Partei zu ergreifen und mit seinen Vorstellungen über die Demokratisierung der preußischen Verwaltung in die Offensive zu gehen. Obwohl sich Karl Liebknecht entschieden für die Propagierung des politischen Massenstreiks einsetzte und im ersten Halbjahr 1910 in Altona, Berlin, Braunschweig, Cottbus, Duisburg, Düsseldorf, Essen, Halle, Hamburg, Hamm, Hannover, Köln, Krefeld, Magdeburg, Marwitz, Nowawes [heute Potsdam-Babelsberg], Remscheid, Solingen, Spandau und Velten – zum Teil auf mehreren Versammlungen – sprach, war Rosa Luxemburg seine Haltung in dieser Frage nicht klar. Anlass dazu gab er, weil er als Mitglied der preußischen Landeskommission, eines Gremiums aus Vertretern der Partei und der Gewerkschaften, am 7. Februar 1910 erklärt hatte, dass ein Massenstreik grundsätzlich nicht verworfen werden sollte, aber in der konkreten Situation zur Unterstützung der Wahlrechtsbewegung in Preußen nicht angebracht sei.[45] Spöttisch bemerkte Rosa Luxemburg im März 1910: »Liebknechts Standpunkt ist der gleiche wie immer: *ein Sprung nach rechts, einer nach links.* Im preußischen *Landtag* verkündete er den *Massenstreik,* und in der *Stadtverordnetenversammlung* war er gegen unseren Antrag: *›Protest gegen das Verbot der Versammlung in Treptow‹*, denn wir waren *›ungesetzlich‹* vorgegangen, als wir nicht auf sein [des Polizeipräsidenten v. Jagow] Verbot hörten.«[46] Liebknecht fehlte es gewiss nicht an Courage, aber er legte Wert darauf, formell-juristische Positionen zu beachten und sich der Polizei nicht ohne Not auszuliefern.[47] Rosa Luxemburg wiederum verfügte weder über parlamentarische noch über juristische Erfahrungen. Beide hatten noch immer keinen persönlichen Kontakt.

Karl Liebknecht machte sich mit Rosa Luxemburgs Auffassungen zur Steigerung des Wahlrechtskampfes vertraut. So erbat er sich z. B. von Konrad Haenisch Exemplare der in der »Dortmunder Arbeiter-Zeitung« erschienenen Rosa-Luxemburg-Artikel.[48] Er unterzeichnete selbstverständlich die von ihr initiierte Massenstreikresolution der Linken für den Magdeburger Parteitag, über die es aber zu keinem Mehrheitsbeschluss kam. Gelassen nahm es Karl Liebknecht hin, dass ihn sein Landtagskollege Leinert persönlich als Massenstreikbefürworter angriff und verhöhnte. Auch wenn es im Parteivorstand, in der Generalkommission der Gewerkschaften, bei vielen »Sozialreformern« in der Partei und nunmehr auch bei Karl Kautsky Widerstand bzw. Bedenken gab, blieb er fortan bei seiner Ansicht: »Das freie, gleiche Wahlrecht für Preußen ist eine Messe, ist einen Massenstreik wert.«[49] Angesichts dieser Position der Linken, die Karl Liebknecht auch ohne neuerlichen Parteitagsbeschluss konsequent verfocht, war es nicht verwunderlich, dass er in den Leitungs- und Pressegremien der deutschen Sozialdemokratie auf wenig Zustimmung stieß. Diese plädierten mehrheitlich dafür, den Kampf gegen das preußische Dreiklassenwahlrecht ohne Risiko in traditioneller Wahlrechtsbewegungstaktik zu führen. »Niemand denkt daran, die Taktik für die Zukunft festzulegen«, hatte er ihnen auf dem Magdeburger Parteitag entgegengehalten, »wir wollen nur Erörterungsfreiheit nach allen Richtungen haben, um gerüstet und befähigt zu sein, in der rechten Situation sofort mit Entschiedenheit und Kühnheit diejenige Waffe zu ergreifen, die am geeignetsten ist, endlich in die Junkerfeste Bresche zu schießen, damit man endlich auch einmal den Namen Preuße tragen kann, ohne dabei wie jetzt Schamgefühl zu empfinden.«[50]

Auf nach Amerika!

Karl Liebknecht fiel es nach der Festungshaft noch immer schwer, seinem Wirken Beständigkeit zu geben. Er fühle sich wie ein Fisch auf Sand, »der langsam verdursten und ersticken muß«, schrieb er an Sophie Ryss. »Und da kann mir nichts helfen; alles, was mit mir in Berührung kommt, zerstöre ich u. verderbe ich.«[1] Von seiner Initiative auf dem Preußenparteitag und von der Arbeit im preußischen Abgeordnetenhaus hatte er sich offenbar mehr Einfluss versprochen. Mit Entsetzen stellte er im Mai fest: »Im Abg[eordneten]haus wars heut grauenhaft – man ödet sich in Klein-Bahn-Dingen tot; im vorigen Jahr wurde ein Abg[eordneter] bei dieser Tagesordnung buchstäblich verrückt.«[2] Er sinnierte: »Und *ich* soll nach Amerika; *ich* soll als Prophet durchs Land ziehn!«[3] Doch die Post aus den USA sorgte im Spätsommer 1910 dafür, dass er sich und seine Familie auf die bevorstehende Reise einstimmen musste. Vom Sekretär des Deutschen Agitationskomitees bei der Socialist Party erfuhr er, dass in New York ein Komitee gebildet wurde, das ihm bei der Landung behilflich sein werde, für gute Unterkunft sorge und auch schon das erste Meeting vorbereite, auf dem er über »Die politische Lage in Deutschland« sprechen sollte.[4] Der Nationalsekretär der Socialist Party, J. Mahlon Barnes, zeichnete für die Organisation der Agitationsreise durch die USA verantwortlich. Er empfahl ihm, eine ausreichende Anzahl Exemplare seines Buches über den Antimilitarismus und anderer deutscher Bücher mitzubringen bzw. schicken zu lassen. »Für Werbungszwecke senden wir in jede Stadt 200 große Plakate, 42 x 28, und 200 Fensterschilder, beide mit Abbildungen von Ihnen.« In den nächsten Tagen werde ihm Geld für die Überfahrt zugeschickt.[5] Bis zuletzt hatte er vergeblich gehofft, Sophie Ryss bekäme zu Studienzwecken eine Einladung in die USA und könnte mit ihm reisen.

Als 15-Jähriger hatte Karl im Jahre 1886 beobachtet, wie sich sein Vater für die Amerika-Reise mit Eleanor Marx-Aveling und Dr. Edward Aveling gerüstet hatte.[6] Mit großem Interesse hatte er damals das Amerikabuch des Vaters »Ein Blick in die Neue Welt« mit Briefen, Notizen und Schilderungen gelesen. Jetzt nahm er es noch einmal zur Hand. Der »Alte« hatte noch Jahre später von der bürgerlichen Demokratie und von dem vielen Andersartigen in der »Neuen Welt« geschwärmt.

Inzwischen hatte sich in Übersee viel verändert. Die sozialistische Bewegung in den USA hatte nach 1890 unter dem Einfluss von Victor Berger, Eugene V. Debs, Job Harriman, Max Hayes, Morris Hillquit und Daniel de Leon einen beachtlichen Aufschwung genommen. Die Socialist Party hatte gute Chancen, zur dritten wichtigen Partei in den USA aufzusteigen. Sie zählte landesweit 100000 Mitglieder. Längst war die sozialistische Bewegung in den USA nicht mehr vorrangig auf die Einwanderer konzentriert. Die sozialistische Propaganda wurde nicht mehr größtenteils von Emigranten und Gästen aus Deutschland betrieben. Dennoch war die Situation nicht unproblematisch. Es zeichnete sich die Gefahr einer Spaltung der Organisation ab, weil bestimmte Kräfte alle Aktivitäten auf Wahlen beschränken wollten. Viele Anhänger des linken Flügels der Partei dagegen gehörten der 1905 gegründeten Industrial Workers of the World (I.W.W.) an oder standen ihr nahe und orientierten auf Massenkämpfe der Arbeiter.[7]

Der Vater hatte die Agitationstour für die deutsche Partei mit 60 Jahren als Mitbegründer der deutschen Sozialdemokratie und langjähriger Freund von Karl Marx unternommen, wurde von Friedrich Engels direkt unterstützt und beraten. Außerdem beherrschte er durch seinen vieljährigen Englandaufenthalt die englische Sprache weit perfekter als Karl, der allein reiste und außer seiner Abgeordnetentätigkeit im Berliner Stadtparlament und im preußischen Landtag keinerlei Parteifunktion ausübte. Voraussichtlich würde er in erster Linie als Sohn des »Alten« und als wegen seiner Schrift »Militarismus und Antimilitarismus« international bekannt gewordener »Hochverräter« empfangen werden. Dabei blickte Karl Liebknecht selbst bereits weit differenzierter und kritischer auf die kapitalistische Gesellschaftsstruktur in den USA als sein Vater und war durch Studium und eigene praktische Erfahrungen vor allzu großen Illusionen über die Demokratie als ideale Regierungsform gefeit. Bis zur Abfahrt bereitete er sich intensiv auf die ihm angekündigten Auftritte vor.

Helmi versetzten die Reisevorbereitungen des Vaters in Aufregung. Er hatte schon begriffen, wie wichtig Details sind, und notierte am 30. September 1910: »N[ach]m[ittag]. Papa um 6.27 Min. von Berlin nach Bremerhaven gefahren und von dort am 1.10.1910 um 10.00 v[or]m[ittags] mit dem Dampfer ›George Washington‹ über Cherbourg, Portsmouth nach Amerika, New York, gefahren. – Nm. Von Papa 2 M gekriegt [...] Nm. haben Mama, Bob und ich Papa zur Bahn begleitet. Wir sind mit einem Auto nach dem Lehrter B[a]hn[hof] gefahren. Am Bahnsteig haben wir Onkel Isi, Herrn Heimann, Onkel Thele und Tante Lu getroffen [...] Papa wird ungefähr um halb 12.00 nachts in Bremen sein und morgen in einer Woche in New York.«[8] In den folgenden Tagen bedrängte er die Mutter, die Onkel, mit Erfolg aber meist nur den Hauslehrer, beim »Berliner Lokalanzeiger« oder in anderen Geschäftsstellen die Schiffsmeldungen des Norddeutschen Lloyd über die Position der »Washington« anzuschauen. Atlanten wurden gewälzt und so manche Frage erörtert. Würde der Vater so seekrank werden, wie es der Großvater Wilhelm Liebknecht ausführlich von anderen Leuten auf seiner Überfahrt nach Amerika beschrieben hatte? Ob er wohl Indianer zu sehen bekäme? Am 14. November erhielt Helmi die erste Karte des Vaters mit dem Bild eines Indianerhäuptlings.

Zunächst genoss Karl das Erlebnis einer solchen Schiffsreise. »Das ist kein Schiff«, bemerkte er, »das ist eine Welt für sich – auf der man das Gefühl, auf einem Vehikel zu sitzen so wenig hat, wie bei der Erde, die doch schließlich auch ein Vehikel ist. Man hat dies Gefühl so wenig, dass man, wenn es schüttert, unwillkürlich, wie bei einem Erdbeben, nach einer besonderen Ursache forscht. Bald freilich wirds im Atlantik kräftiger zu schaukeln beginnen u. dann hat vielleicht auch die innere Sicherheit ein Ende«.[9]

Vier Tage später schilderte er die aufgeregte See, die das Riesenschiff hin und her warf. Das Wasser spritzte fast 20 Meter hoch. Karl Liebknecht blieb von der Seekrankheit verschont, fühlte sich aber angeschlagen. »Nun gehts hinaus in den Hexensabbath amerikanischer Wahlagitation. Ich hab noch viel vorzubereiten – wahnsinnig ...«, hieß es im letzten Brief von Bord der »George Washington«.[10]

Am 10. Oktober war das Reiseziel New York erreicht. Karl Liebknecht wurde an der Landungsbrücke des Norddeutschen Lloyd in Hoboken von Morris Hillquit, Mitglied des nationalen Exekutivkomitees, und weiteren Persönlichkeiten im Namen der Sozialistischen Partei Amerikas als »berühmter deutscher Sozialist« begrüßt. Auch Arno Geiser, ein Neffe Karl Liebknechts, stand an der Landungsbrücke. Karl Liebknecht wohnte während seines Aufenthaltes in New York im Hotel »Manhattan«. Am nächsten Morgen las er in der Presse, dass Mr. Taft, ein Bruder des US-Präsidenten William Howard Taft, der ebenfalls mit der »Washington« gereist war, lauthals von Preußen schwärmte. Noch am gleichen Tag konterte er in einer Versammlung: Deutschland stehe vornan in den Reihen der Reaktion, die sich weltweit, auch über Amerika, erstreckten.[11] Da das Kaiserliche Deutsche Generalkonsulat in New York ausführliche Berichte über seine Auftritte nach Berlin schickte und alle Pressemitteilungen beilegte,[12] witterten Liebknechts Widersacher eine Chance, aufgrund antimonarchistischer Äußerungen Anklage gegen ihn zu erheben.[13] Es fand sich jedoch keine Handhabe zur Strafverfolgung wegen im Ausland begangenen Hochverrats.[14]

Da er auch ansprach, wie sich sein Amerika-Bild angesichts der Wirklichkeit differenzierte, überzeugten seine Reden. »Es sei für jeden Europäer ein Gefühl tiefster, innerer Erregung, wenn er in die Bucht von New York einfahre, wenn die Göttin der Freiheit, die ihm so oft im Traume seiner Gedanken erschienen, von der er soviel und Verschiedenartiges vernommen, endlich vor seinen Augen auftauche [...] Amerika war der Heiland der ganzen Welt, es war das Paradies aller Glücksritter und Verstoßenen, es war das Ventil für Europa, das, wenn die Spannungen politischer oder wirtschaftlicher Art zu gewaltig wurden, sich entlud. Amerika wurde das Signal der neuen Weltwirtschaft. Amerika wurde zur Zeit der Französischen Revolution ein Land der Vertriebenen, zur Zeit der Metternichschen Verfolgungen das Heim der Freidenkenden, zur Zeit der preußischen Gegenrevolution der Zufluchtsort der Liberalen, vor und während des Sozialistengesetzes die Heimstätte für verfolgte Genossen. [...] Aber noch mehr, Amerika ist auch zu gleicher Zeit das Land des Hochkapitalismus, des Hexensabbats des Hochkapitals. [...] Amerika sei das widerspruchsvollste Land der Welt, besonders widerspruchsvoll deswegen, weil bei aller Ausbeutung es heute den Proletariern Europas noch immer als das Hosianna, das gelobte Land Kanaan, in dem Milch und Honig fließe, gelte.«[15]

Die »New Yorker Volkszeitung« vom 11. und 12. Oktober hob die Selbstsicherheit hervor, mit der er seine »wohldurchdachten und mustergültigen Vorträge« hielt. Der New Yorker »Call« schrieb am 11. Oktober 1910: »Dr. Liebknecht ist ein Mann in den Dreißigern, mittelgroß, mit einer hohen Stirn, der Stirn eines Denkers. Seine Augen sind grau und spöttisch, denn er ist ein Anwalt, auch ein erfolgreicher Anwalt, sagt man. Aber wenn Liebknecht über Sozialismus spricht, über die sozialistische Bewegung in Deutschland und der ganzen Welt, hat er etwas von dem Eiferer, dem Apostel in ihm. [...] Unser Gast hier heute Abend ist der Sohn [Wilhelm Liebknechts], dieses hervorragenden Kämpfers. Aber er ist auf Grund seiner eigenen Verdienste hergekommen, und ihm gebührt Respekt und Bewunderung für seine eigenen Taten. Noch jung zog Karl Liebknecht sein Schwert – seine Feder und sein Wort – gegen die herrschende Ordnung, und seitdem entwickelte er sich zu einem besonders furchtlosen Feind der bestehenden Mächte.«[16] Der Pittsburgher »Sonntagsbote« vom 29. Oktober 1910 pries die Rhetorik »von der feinsten Ironie und dem beißendsten Sarkasmus bis zum kraftvollsten und begeisterndsten Aufschrei der Empörung gegen politische und wirtschaftliche Unterdrückung«[17]. Die »Cincinnati Freie Presse« vom 4. November würdigte ihn als einen Redner, der stilistische Gewandtheit, beißenden Spott, kräftigen Humor und ein gutes Organ in sich vereinige und auf die Massen einwirke.[18] Freimütig sprach der Jurist über Heiligtümer wie die Verfassung der USA. Ihre Gedanken und einfachen Wahrheiten hätten ihn als Studenten begeistert. Sie sei das großartigste Dokument moderner Zeiten. Aber was habe Amerika aus seiner Verfassung gemacht? Jetzt sei sie doch bloß ein Stück Papier, das wieder zur Wahrheit gemacht werden müsse. »Was in Amerika real ist, ist eine alle Grenzen übersteigende Unterdrückung, eine Verachtung des menschlichen Lebens, eine brutale, bestialische Jagd nach Gold, deren Pfad mit den Körpern von Millionen Arbeitern bedeckt ist.«[19]

Journalisten bestürmten ihn mit Interviewwünschen. Als ihn der Vertreter von »Call« fragte, welche Botschaft er aus Deutschland für die Genossen in Amerika mitbringe, antwortete Liebknecht: »Kampf und Leben«. Die Frage, wie in Deutschland die sozialistische Bewegung in Amerika gesehen werde, beantwortete er weit ausführlicher: »Ihr habt scheinbar mehr politische Freiheit, und gleichfalls habt ihr scheinbar mehr Möglichkeiten. Nun, dies hält eure Arbeiter davon ab, klassenbewusst zu sein. Die meisten Arbeiter in eurem Land hoffen noch, sich heraufzuarbeiten und reich und erfolgreich zu werden, wie es früher manchen Männern gelang. Dies fördert die Entwicklung einer Art von Arbeiteraristokratie unter Euch.« Vielen Arbeitern fehle politische und soziale Bildung. Im Übrigen entdecke er viel Reaktionäres. Der Roosevelt sei ein genauso hartgesottener Militarist wie der Kaiser. Die amerikanische Regierung versuche wie jede europäische Regierung Kolonien zu annektieren und ihre Finger überall hineinzustecken.[20] Karl Liebknecht musste sich dagegen verwahren, dass Reporter ihm ihre eigene Meinung bzw. Aussagen unterschoben, die er nie gemacht hatte. So wurden ihm in der diffizilen Frage des Generalstreiks anarchistische Auffassungen zugeschrieben. Mit dieser »Unart« hatte er nicht gerechnet.

Noch unangenehmer als solche Kapriolen der Presse waren für ihn die beflissenen Spitzelberichte. Für die Nachwelt sind sie bei aller tendenziösen Gewichtung eine Fundgrube. Diesen Berichten zufolge informierte Liebknecht in seinen Reden vor meist Tausenden von Zuhörern vor allem über die Rolle von Kaiser und Kanzler, die Monarchie in Deutschland sowie über all das, was die deutsche und europäische Arbeiterbewegung für die Befreiung und Erneuerung der Welt unternahm. Immer wieder äußerte er sich auch über den Gegensatz von freiheitlicher Verfassung und amerikanischer Wirklichkeit, über die brutale Zerstörung von Naturreichtümern Amerikas. Er habe sehr bald erfahren, »daß man nach Passieren der Freiheitsstatue gleichzeitig die Freiheit hinter sich läßt. Euer Land ist politisch verwüstet, und Wählerstimmen werden frei ge- und verkauft. Wir von der

Internationalen Sozialdemokratie blicken auf die Genossen in Milwaukee in der Erwartung, daß sie diese Stadt zur Wiege einer neuen Freiheit machen.«[21] Im Bericht des Kaiserlichen Konsulats in Chicago vom 10. November 1910 wurde hervorgehoben, Liebknechts Auftritte am 6. November in Chicago und Milwaukee hätten dazu beigetragen, dass der Sozialdemokrat Victor L. Berger als Abgeordneter für den 4. Kongressdistrikt des Staates Wisconsin am 8. November gewählt worden sei.[22]

Während Karl Liebknecht überall stürmischen Beifall erntete, heulte die bürgerliche Presse diesseits und jenseits des Atlantiks auf. Die »Potsdamer Tageszeitung« behauptete, er habe in New York eine »blutrünstige Rede gegen sein Deutsches Vaterland« gehalten und gehöre zu der »Rotte Menschen, die nicht wert sind, den Namen Deutsche zu tragen«.[23] Diese Verleumdung wies er nach seiner Rückkehr entschieden zurück, z.B. in einer Zuschrift gegen die »Tatarennachrichten über meine amerikanischen Reden« vom 13. Dezember 1910 im »Vorwärts«[24] und am 15. Dezember 1910 in der »Brandenburger Zeitung«.

Manhattans Monopolgewaltige fühlten sich getroffen. Zu deutlich und aufrüttelnd waren die Reden Karl Liebknechts. Nein, stellte er fest, das Amerika von heute sei »nicht mehr das Land von Columbus oder Washington, das Land der Freiheit. Amerika muß noch einmal entdeckt werden. Es muß noch einmal befreit werden. Die Freiheitsgöttin muß noch einmal befreit werden. Und der Befreier kann niemand anders als das arbeitende Volk sein, nicht Roosevelt noch Taft, sondern die ausgebeuteten und unterdrückten Arbeiter. Sie müssen die Entdecker und Befreier Amerikas sein.«[25] Überall forderte er dazu auf, Solidarität zu üben. Sie sei der »Zement der Arbeiterklasse«. Der einzelne Arbeiter sei ein Sandkorn, der vom Flugsand hin und her getrieben werden könne, jedoch nur so lange, »wie es nicht durch Mörtel verbunden, zum Stein, zu Zement verbunden sei«[26]. »Seitdem ich hier bin«, erklärte er in Chicago, »kann mir keiner mehr etwas über Amerika vormachen. Das Elend ist hier so groß, wenn nicht größer als draußen. Nicht das Volk hat hier die Macht, sondern die Finanzoligarchie. Und die pfeift so gut wie überall auf Verfassung und zehn Gebote. Und das Volk – es ist unbegreiflich – kämpft nicht dagegen an. Dem Präsidenten wird zugejubelt wie einem Monarchen. Das Volk läßt ruhig die demokratische Polizei und demokratische Miliz mit demokratischen Knüppeln demokratische Prügel austeilen.«[27] Mit dem Leben der Arbeiter werde gewüstet. »Die Arbeitsräume seien vielfach unsanitär, Sicherheitsvorrichtungen zum Schutz der Arbeiter fehlten, und wenn die Arbeitskraft ausgepreßt sei, werde der Mann herausgeworfen wie der Abfall aus der Maschine.«[28] Zu diesem Zeitpunkt hatte Karl Liebknecht in den USA schon viel erlebt, folgende Stationen seiner Agitationstour sind bekannt: Vom 10. bis 31. Oktober – New York, Brooklyn, Boston, Newark, Paterson, Yonkers, New Haven, New Bedford, Providence. Clinton, Manchester, Elisebeth, Jersey City, Wilmington (Philadelphia), Schenectady, Rochester, Erie, Pittsburgh, Canton, Cleveland und Toledo; vom 1. bis 18. November 1910 – Detroit, Indianapolis, Cincinnati, St. Louis, Davenport, Chicago (Milwaukee), St. Paul, Denver, Salt Lake City, San Francisco, Oakland. Im Unterschied zum Vater reiste er auch im Westen der USA umher. Dort war ein anderes Amerika zu entdecken. »Trotz toller Dollarjagd« sei in diesem »Dreamland« alles Poesie und Romantik, schrieb er aus San Francisco am 4. November 1910.[29]

Überall empfing ihn ein interessiertes Publikum: Arbeiter, Farmer, Angestellte und Angehörige auch anderer Berufsgruppen. Die Veranstaltungen waren durchweg gut besucht. Sowohl die Familie als auch seine beiden Freundinnen bedachte er mit Briefen aus den USA. Seinen Kindern und der Nichte Lotti sandte er Karten mit Abbildungen von Indianern, Alligatoren, Tomatenpflanzungen und anderen Sehenswürdigkeiten aus der »Neuen Welt«.[30] Am 9. November erhielt die Familie eine Pflanze, die er am Niagarafall gefunden und getrocknet hatte. Neugierig schrieben ihm die Kinder. »Wie geht es Dir?«, fragte Helmi den lieben Papi. »Ich denke oft an Dich und freue mich, daß Du bald nach Hause kommst. Wir danken Dir vielmals für die schönen Karten, die Du uns geschickt hast.« Der Hauslehrer, Herr Jaffé, sei »sehr nett und liebenswürdig. Wenn wir artig sind, kriegen wir von ihm öfters Bonbons. Seit Deiner Abwesenheit sind zwei neue Fräuleins und dieselbe Köchin zu uns gekommen. [...] Jetzt ist es 9 Uhr, ich muß jetzt ins Bett. Gute Nacht. Viele Grüße und Küsse Dein Helmi, Vera und Bobbi.«[31]

Aus San Francisco schrieb Karl Liebknecht am 14. November an seine Frau: »Liebste Julia! Durch Salt Lake City – die Stadt der Mormonen – u. quer durch den Salzsee auf fast 40 km langer Brücke. Mondschein – brandende Wogen; schäumend, verschwindende wilde Ranges – himmelstürmende, zerrissene, schneebedeckte. 2 Züge hinter uns herjagend auf demselben Geleise. Und jetzt die Nacht nach Californien; ins *Dreamland*, so heißt auch mein Lokal, in dem ich am 17. spreche. Yosemite-Thal will ich sehn; u. das Goldene Tor. Ich kann nicht viel schreiben, nur sehen u. hören. Sehr müd bin ich. Ich hoffe sehr, Dich in Portsmouth oder wo ›Mauret[ania]‹ landet, zu treffen. Cable mir. Alles ist hier rasend teuer. Schreibe im Parlor-Observation-Car (Pullmann); gleich geht's zu Bett; die 6. Nacht auf der Bahn – u. weitre 8 folgen noch. Es schläft sich gut. Ich küsse Dich u. die Kinder Dein Karl. Wie die englischen Kinder frei u. ohne Ängstlichkeit aufwachsen, schon die kleinen Mäuschen von 4 Jahren so selbständig! Es ist famos. Cable/New York – auch, wenn wichtige Termine.«[32] Fanny Jezierska berichtete er über die offene Hölle der dampfenden und stinkenden Hoch- und Schmelzöfen in Pittsburgh.[33] Auf die »Stadt von Blut und Eisen« kam er auch in seinen Reden immer wieder zu sprechen. Ähnlich sei es in West-Virginia. »Mc. Kees Rocks fand er wie einen Bärenkäfig, wo die Sheriffs auf den Palisaden mit Revolvern herumgehen, damit keine Arbeiter-Bären ausbrechen. In New York und Chicago besuchte er Slums und fand dort Hungertyphus und Wohnungen vor, schlimmer als Hundehütten – für 12 $ im Monat.«[34]

Sophie Ryss erhielt lange Briefe, in denen er faszinierende Naturschönheiten und Bauten schilderte. In den Villenvierteln der Milliardäre in Newport, »da gibts was zu schauen u. zu bewundern. Die Kerls verstehn zu bauen; das englische Muster giebt allem eine grosse Macht u. viel romantische Tiefe.« Von den Universitäten habe er Harvard, Yale und Brown (Providence) gesehen.[35] Eben befände er sich »mitten in den Goldbergen, zwischen den Goldgruben Colorados, fast 7300 Fuß hoch (2300m)«, wo es kleine geschäftige Städte mit 6000 oder 10000 Einwohnern gebe und es bald wie in New York oder Berlin zuginge. »Sogar die Heilsarmee mit fahrbaren Orgeln auf der Strasse – singend u. predigend.« Allerdings sei die Tour durch die Bundesstaaten

Colorado und Utah, d.h. Denver, Colorado Springs, Pueblo, »wo einst jene berühmten kommunistischen Indianer sassen«, Grand Junction und dann Richtung Salt Lake City, eine enorm anstrengende Hatz von einem Ort zum anderen: »an einem Tag 4 Versammlungen u. weite ermüdende Fahrten u. keinen Moment allein – stets eskortiert und gebährenführet; in herzlichster, aufopferndster Weise«. Zum Schlafen käme er sehr wenig.[36]

Zu dieser Zeit hielten auch Vertreter anderer ausländischer Arbeiterparteien oder -organisationen in den USA Vorträge: der Pole Ignacy Daszynski, der Finne George Sirola und Joseph Simon und Carl Hoeltmann, Vertreter der Gewerkschaft der Schuharbeiter in Deutschland. Der Herausgeber der »Kommunalen Praxis« und Reichstagsabgeordnete Albert Südekum war mit Liebknecht am 10. Oktober angekommen, ging aber als sein Widersacher eigene Wege.

Der Geheimdienst blieb im Auftrag der deutschen Botschaft bis zuletzt aktiv. In einem Dossier aus New York an das Polizeipräsidium in Berlin heißt es, Liebknechts »höchst erfolgreiche USA-Rundreise« habe ungefähr 5000 Dollar bares Geld eingebracht. »Durch den Vorverkauf von Teilnehmerkarten für die Versammlungen ließen seine Genossen jede Veranstaltung zu einem moralischen und finanziellen Erfolg werden.«[37]

Zur Abschlusskundgebung am 28. November in Brooklyn kamen trotz strömenden Regens über Tausend Personen. Es sei eine »Kundgebung der Sympathie für die frische, energische Persönlichkeit unseres jungen Liebknecht« gewesen, so die »New Yorker Volkszeitung«. Er nehme gewiss den Eindruck mit, »daß auch in der amerikanischen Arbeiterschaft, so viel unseren deutschländischen Genossen und uns selber an ihr nicht gefallen mag, doch noch die Flamme lebt und die Saat grünt, wovon einer unserer besten Dichter singt, jener heiligen Energien, deren überraschendes Hervorbrechen in den verflossenen Wahlen unser Gast zu seiner tiefsten Freude selber beobachten konnte«[38].

Karl Liebknecht bedankte sich. »Ein Traumland ist dieses Amerika, traumhaft und großartig ist hier die Natur, wo sie sich noch in ihrer Wildheit erhalten hat, wie im Felsengebirge oder in den schimmernden Goldgefilden Kaliforniens. Aber fast überall wird das Traumland der herrlichen amerikanischen Natur bedrängt und bedroht von der kapitalistischen Naturverwüstung [...] Besonders im Süden tritt dies zur traurigen Evidenz hervor, stößt der Reisende doch dort allenthalben auf Spuren verlassener menschlicher Ansiedlungen, deren ehemalige Bewohner nun in anderen Landstrichen in harter Arbeit eine kümmerliche Existenz zu gewinnen suchen. Und selbst Pioniere alten Stils sind ausgestorben. Der einzelne arbeitende Mensch ist heute in der Regel ohnmächtig, auf amerikanischem Boden sein Leben zu erobern. An die Stelle des individuellen Pioniers sind die Produktivkräfte des Kapitals getreten, und zwar des Kapitals in seiner stärksten Form, des Monopols, das das Land einer Tyrannei unterwirft, wie sie selbst in den entwickeltsten europäischen Staaten unerhört ist. Und alles, alles in diesem Lande wird von den eisernen Klammern der Trusts umfaßt, auch seine gepriesenen Freiheiten [...] Nicht der Traum vom Paradiese, eher der Traum von einer Hölle ist es, der hier geträumt wird.«[39] Tags darauf lud ihn das deutsche Agitationskomitee zu einem Bankett ein. Im großen Saal des Labor Temples waren etwa 400 Personen erschienen. Arbeiterchöre sangen, und viele der Anwesenden ergriffen das Wort zum Dank, unter ihnen der betagte deutsche Sozialdemokrat Hermann Schlüter, ein Mitstreiter des Vaters, Wilhelm Gundlach, der Begründer der New Yorker sozialistischen Sonntagsschule, und Maxim Romm als Vertreter der revolutionären Bewegung Rußlands.

Am Morgen des 30. November 1910 trat Karl Liebknecht an Bord des Cunard-Dampfers R.M.S. »Mauretania« die Rückreise an. In Berlin traf er am 7. Dezember ein. Helmi notierte, dass Papa des Öfteren über seine Erlebnisse berichtete,[40] die ihn offenkundig beflügelten: »Meine politische und soziale Einsicht hat trotz der Kürze meines Aufenthalts drüben eine immense Bereicherung erfahren«, schrieb er 1913 an Morris Hillquit.[41]

Der Parlamentarier

Im Reichstagswahlkampf 1911/12 sollte Karl Liebknecht endlich für die Sozialdemokratie im »Kaiserwahlkreis« einen Abgeordnetensitz erobern. 1903 und 1907 war er dem konservativen Gegenkandidaten nur knapp unterlegen. Seitdem hatte sich die Parteiorganisation seines Wahlkreises Potsdam-Spandau-Osthavelland verstärken können. 2 838 Mitglieder zählte sie am 30. Juli 1911. In einem ihrer Flugblätter hieß es: »Den Reichen nimmt man's mit Löffeln und gibt man's mit Eimern! Den Armen nimmt man's mit Eimern und gibt man's mit Löffeln.« Die Sozialdemokraten forderten »Allgemeines Wahlrecht für alle Vertretungskörperschaften. Freies Koalitionsrecht – Presse- und Redefreiheit. Billiges Fleisch. – Billiges Brot. Beseitigung der indirekten Steuern und Beseitigung der Ausbeutung und Klassenherrschaft. Einführung einer progressiven Einkommenssteuer, einer Reichsvermögens- und Reichserbschaftssteuer, steigend vom jährlichen Einkommen und Vermögen von über 3000 Mark.«[1] Konservative, Freikonservative, Nationalliberale und Freisinnige hatten sich bereits 1910 in einem »Neuen Wahlverein« zusammengeschlossen und waren massiv gegen Karl Liebknecht aufgetreten. Auch er hatte schon im Sommer 1910 mit einer Versammlungskampagne begonnen, denn »Kein einsichtiger Wähler darf für einen konservativen oder liberalen Reaktionär stimmen«. Er prophezeite einen heißen Wahlkampf. »Wer weiß, welch schäbiger Mittel sich die Gegner in letzter Stunde noch bedienen werden, um den Ansturm der Sozialdemokratie zu schwächen. Glauben Sie kein Wort. Es wird gelogen werden, daß sich die Balken biegen.«[2] Solch offensives Auftreten provozierte den Justizrat Max Freiherr von Lynker in Spandau: Liebknecht sei als rabiatester und revolutionärster aller Sozialdemokraten »nicht würdig«, den hiesigen Wahlkreis zu vertreten.[3] »Oh, märkisch Volk, wie tief bist du gefallen. Du wählst Karl

Liebknecht, den Greulichsten von allen«, erscholl es jedes Mal, wenn Prediger Martin Schall aus Cladow auftrat.[4]

Karl Liebknechts Gegenkandidaten waren der Konservative Fritz Vosberg, Oberbürgermeister von Potsdam, und der von der Fortschrittlichen Volkspartei und der Nationalliberalen Partei gemeinsam nominierte Justizrat Kennes. Die Regierung forderte in der »Norddeutschen Allgemeinen Zeitung« dazu auf, ein Parlament zu wählen, das der Erhöhung von Zöllen, Steuern und Lebensmittelpreisen zustimmen werde. Sie brauche einen Reichstag, so teilte Innenminister von Dallwitz den Regierungspräsidenten mit, »der bereit ist, Heer und Flotte dauernd im Zustand höchster Leistungsfähigkeit zu erhalten und Lücken in unserer Rüstung zu schließen«[5]. Die Überwindung der Sozialdemokratie sei eine Lebensfrage für das Vaterland. Eine Flut von »patriotischen« Flugblättern, Kalendern, Broschüren und Zeitungsartikeln ergoss sich über die Wähler. Karl Liebknecht wurde nicht müde, die Verlogenheit der gegnerischen Wahlpropaganda mit dem ständigen Gerede von »unserem Vaterland« zu entlarven. »Der Herr Minister hat mit einer Selbstverständlichkeit, die mich geradezu gerührt hat, davon gesprochen, daß unser deutsches Kapital in dem Augenblick, wo die Bedingungen für die Anlegung sich verschieben, ohne weiteres ins Ausland abwandern würde, nach Luxemburg oder sonstwohin. Das ist etwas Selbstverständliches für das ›nationale‹ deutsche Kapital! [...] Man sollte aber dann nicht ewig mit den patriotischen Phrasen um sich werfen, an die kein vernünftiger Mensch auf Gottes Erde mehr glaubt. Das Kapital geht dem Profit nach, und wo es ihn kriegt, da nimmt es ihn, ob innerhalb oder außerhalb des Vaterlandes ist ihm absolut gleichgültig.«[6]

Die Sozialdemokraten führten 1911/12 im Wahlkreis Potsdam-Spandau-Osthavelland 165 Volksversammlungen und 144 Parteiversammlungen durch. Von ihnen wurden 810000 Flugblätter, 58674 Exemplare der »Fackel«, 13500 Kalender »Märkischer Landbote«, 900 Kalender für polnische Arbeiter und 850 Kalender für Schiffer verteilt. An Wahlkosten verausgabte die Parteiorganisation 9643 Mark.[7] Als ihr konservative Kräfte den Victoriagarten, das einzige größere Versammlungslokal, entzogen, ließ sie sich nicht erschüttern. Gegen Ende des Jahres 1911 sprach Karl Liebknecht jeden Sonntag auf zwei, manchmal sogar auf drei Versammlungen. Unbefangen hielt der zehnjährige Helmi, den er häufig mitnahm, im Tagebuch fest, der Papa habe am 26. Dezember in Bredow und Markau nicht auf richtigen Versammlungen geredet.[8]

In Karl Liebknechts Briefen an Sophie Ryss spiegelte sich seine widersprüchliche Gemütslage in der Endphase des Wahlkampfes wider. »Mein Kreis ist schwer«, teilte er ihr am 29. November 1911 mit. »Übrigens liegt mir gar nicht so viel dran, durchzukommen; wir haben dann noch weniger Zeit für uns; u. die parlamentarische Arbeit im Reichstag ist viel ekelhafter u. unwichtiger als im Landtag, wo wir viel schärfer kämpfen.«[9] Man werde ihn auf Dauer nicht in beiden Parlamenten lassen, daher solle sie sich keinen Kummer machen. Er sei wieder »wie aus einer Höllenfahrt kurz aufgetaucht«, schrieb er in den Weihnachtstagen, »kennst Du das Schwimmen im Meer? Wenn einen die Strömung heimlich unten packt u. der Tang umklammert u. die Wellen oben schlagen u. stechen. Einmal kam ich nur mit ganz knapper Not davon. Es ist der reine Zufall, wenn ich nicht untergeh. Dein Brief war so gut. Ich kam erst Sonntag früh nach Haus. Dann Ettys Abfahrt [vermutlich eine Verwandte aus der Familie Paradies], Besorgungen, Bescherung usw. Und am Montag mit Spazierweg da Capo. Und gestern 2 Versammlungen – mit Helmi – Bob wieder etwas erkältet! – tüchtiger Marsch. Soeben, obwohl *3.* Feiertag, auch wieder zu 2 Versammlungen los. Mittags u. abends. So gibt's keine Ruh, ohne doch irgend genügende intellektuelle Befriedigung, nach der mich's so treibt. Nun noch 15 Tage u. dann Schluss.«[10] Das waren nicht nur die Stoßseufzer eines erschöpften Wahlkämpfers. Karl Liebknecht hatte große familiäre Sorgen, denn er war seit 22. August 1911 verwitwet. Als die Familie im Emsland die Ferienzeit und er ein paar Kurtage in Bad Wildbad verbringen wollte, war plötzlich etwas Schreckliches geschehen. »Meine Frau fuhr am 5. [August 1911] zu Verwandten nach Nauheim; dann mit deren Auto in der Welt herum. In Ems erkrankte sie – Magenkrämpfe, wie zuweilen, dachte man. Es wurde schlimmer – Freitag fuhr ich hinüber nach Ems. Da der Arzt die Sache, die sich sehr gebessert hatte, für unbedenklich hielt, so reiste ich Sonnabend/Sonntag Nacht nach

Göppingen zu einer lang geplanten Demonstration. [Dort sprach er am 13. August gegen die Marokko-Hundstagspolitik der preußisch-deutschen Regierung.[11]] Gestern Abend erhielt ich ein Telegramm vom Arzt, dass meine sofortige Rückkehr erwünscht sei. So sitz ich die dritte Nacht auf der Bahn. Und wie Du begreifen wirst, in ziemlicher Unruhe. Die Kinder waren zudem letzte Woche krank, jetzt ist nur Mausi u. Frl. noch in Wildb[ad]. Die Jungen habe ich in Göppingen untergebracht. Die Kur ist natürlich futsch.«[12] Am 22. August 1911 unterrichtete er Familie Kautsky über den unfassbaren Schicksalsschlag: »Liebe Freunde! Meine Julia ist mir soeben gestorben. Folge einer Gallenoperation, die ›glänzend verlief‹ (gestern). Noch vor ein paar Tagen gesund und munter. Es ist nicht auszudenken. Das arme, arme Kind. Richtig verdurstet ist sie. Sie kommt nach Berlin. Herzlichst Ihr Dr. Karl Liebknecht.«[13] Keiner in der Familie und im Freundeskreis wollte glauben, dass Julia, erst 38 Jahre alt, nie mehr zurückkehren sollte. Für Monate blieb die fürchterliche Nachricht die einzige Notiz im Tagebuch von Helmi. Dicht hintereinander musste er vier Todesfälle verkraften: 1909 war Großmutter Natalie und 1910/11 waren die Großeltern Louis und Rosine Paradies verstorben. Zutiefst erschrocken und betrübt, klammerten sich Helmi, Bob und Vera an ihren Vater. Für die Kinder sei der Tod der Julia ein unersetzbarer Verlust, obwohl sie keine Erzieherin gewesen wäre, meinte August Bebel zu Karl Kautsky am 30. August 1911, »aber sie war doch die Mutter, Karl wird's leicht überwinden«[14]. Seit Jahren hatte Bebel insgeheim besorgt beobachtet, wie sehr sich Karl seiner Frau Julia allmählich entfremdet hatte.

Sophie Ryss war von 1909 bis 1911 nur kurz in Berlin gewesen. Natürlich wollte sie mit Karl Liebknecht vertraut und befreundet bleiben, aber jeden Gedanken daran, ihn als Ehemann gewinnen zu können, versuchte sie sich aus dem Kopf zu schlagen. Zu groß war ihre Ehrfurcht vor der Familie mit dem bekannten Namen. Sie stützte sich auf den Zusammenhalt mit ihren Geschwistern und ihren Eltern. Was Karl ihr am 23. August mitteilte, hatte niemand vorhersehen können: »denke – gestern Nachmittag 4 Uhr ist meine arme arme Frau gestorben. Montag […] an der Galle operiert. ›Glänzend verlaufen‹; u. nun dieses Entsetzliche. Die

Kinder – was soll das werden. Ich bin ganz zerschlagen. Die Liebe wird heut Abend [nach] Berlin überführt u. neben meinen Eltern beerdigt.« Erschüttert flehte er sie an, ihm doch endlich ein Lebenszeichen zu geben.[15] Am 25. August ergänzte er seine traurige Mitteilung: »Es war eine schreckliche Zeit; und der 22. das entsetzlichste, was ich je erlebte. Gestern kam die Leiche hierher. Morgen kommt der dritte schwere schwere Akt, die Beerdigung, von der ich nicht weiß, wie ich sie überstehen werde. Die bedauernswerten Kinder. Als ich gestern früh zu ihnen zurückkam, ohne Mama, – ich meinte, das Herz müßte mir brechen. Mausi tänzelt noch über alles, ein flatternder Schmetterling; aber die Jungen!«[16]

Er suchte in Lichterfelde eine neue Wohnung. Unter den Geschwistern kam die Meinung auf, seine Schwester, vermutlich Alice, sollte mit ihm zusammenziehen und ihn bei der Erziehung und Betreuung seiner Kinder unterstützen.[17] Die Schwester aber wollte nicht in einem Berliner Vorort wohnen.[18] »Wie ich mich nach ernster Vertiefung u. gemütlicher wertvoller Arbeit sehne. Dies Leben ist grauenvoll«, seufzte er am 10. Oktober 1911.[19]

Nun, da ein gemeinsames Leben mit Sophie in Familie plötzlich möglich geworden war, bat er sie, unbedingt einmal nach Berlin zu kommen. Er brauche sie, ihre Zärtlichkeit, verlange nach Geborgenheit, liebevoller Nähe, schrieb er ungeduldig im November 1911.[20] Offenbar ahnend, wie kritisch Sophie über seine politische Rast- und Ruhelosigkeit dachte und wie schwer ihr eine endgültige Entscheidung für ihn fiel, beteuerte er, viel mit ihr allein sein zu wollen und sich nicht mehr so zu überanstrengen.[21] Er werde kein Tyrann sein, dazu habe er sie viel zu lieb, sah aber klar voraus: »Wir müssen uns ineinander schicken, freilich wirst Du, mehr als ich, Dich anschmiegen müssen. Ich bin nicht frei; ich muß meinen Weg gehn.«[22] Im Brief vom 31. Dezember 1911 erfuhr sie von seinem festen Entschluss, den sie, so hoffte er inständig, mit ihm teilen werde. »Nun kommt das neue Jahr, das uns zusammenführen wird; u. das für unser Leben sehr wichtig u. wertvoll sein soll […], es soll eine wahre, echte Ehe u. Zusammenarbeit sein; u. Du sollst mich stärken u. beruhigen u. meinen Kindern eine Mutter sein, die sie noch gar nicht entbehren können. Das ist ein ernstes Silvester, wie ich's noch nicht erlebt hab'; wegen dem, was im alten Jahr war, u. wegen dem, was im neuen sein wird.«[23]

Theodor war entsetzt, wie rasch Karl Sophie Ryss in sein Haus eingeführt und hinter dem Rücken seiner Geschwister vollendete Tatsachen geschaffen hatte. Den Hochzeitstermin hätte er wohl gar nicht erfahren, wenn Karl nicht Geld gebraucht hätte. Eine glückliche Ehe mit Sophie Ryss hielt Theodor für ausgeschlossen. Am 18. September 1912 schrieb er »in letzter Stunde noch einmal« an Karl: »Du hast die Gefühle von uns, von Deinen Kindern zu sehr missachtet und verletzt. Wenn Du der Wunde die Zeit gelassen hättest, zu vernarben, dann hätte alles gut werden können. [...] Bei dem Charakter aller Deiner Kinder ist es schlechterdings ausgeschlossen, daß sie sich hiermit abfinden. Bei den Jungen gibt es offenen Widerstand, bei Mausi wird die Wirkung mehr eine innerliche sein; alle drei werden schwer darüber leiden.« Karl möge mit Frl. Ryss sprechen, die sich wohl mehr darüber im Klaren sei, als er es sich eingestehen wolle.[24] Sophie war seit Sommer 1912 wieder in Berlin.[25]

Nicht ohne Widerstreben von verschiedenen Seiten heirateten beide am 1. Oktober 1912. Dass »Du nicht ehelos bleiben würdest, nahm ich an«, schrieb August Bebel an Karl Liebknecht. Es läge ja in seinem und der Kinder Interesse. »Das hat wohl auch die Familie Paradies eingesehen und darum ihre Zustimmung zu Deinem Vorhaben«, meinte er. »Ich wünsche nur, daß Du bei Deiner Wahl die für Dich und die Kinder passende Frau und Mutter getroffen hast. Deine künftige Frau wird keinen leichten Stand haben. Erstens soll sie Dich an die Zügel nehmen, was Dir nicht schaden dürfte, und dann soll Dein Ältester ein schwer zu behandelnder Bursche sein. Mit zwei so obstinaten Burschen fertig zu werden wie Du und Dein Sohn, das ist ein Meisterstück. Aber vielleicht leistet Deine Zukünftige es, ich wünsche ihr zu dem kühnen Unternehmen den allerbesten Erfolg. Ich bitte Dich mich derselben zu empfehlen.«[26] Die Skepsis, die aus diesen Zeilen vom 5. Oktober sprach, hielt Karl Liebknecht für unangebracht, aber er verheimlichte seiner jungen Frau Bebels Briefe nicht. Als August Bebel den Wunsch äußerte, sie zu besuchen, luden sie ihn zum Mittagessen ein. Sophie hatte ihn vor Jahren in einer großen Versammlung gehört. Damals sprach er scharf pointierend, schritt erregt und mit glänzenden Augen auf dem Podest des Saales hin und her. Das Auditorium riss er durch seinen Elan mit – festes Vertrauen verband den Redner mit den Zuhörern.[27] Jetzt aber, schilderte Sophie, kam ein »ganz besonders freundlicher alter Herr mit gelassenen ruhigen Bewegungen und vor allem einer gütigen, entgegenkommenden Stimme, unterhielt sich ebenso vergnügt mit listigem Feuerschein in den Augen mit meinem Mann und mir über Tagesereignisse, wie mit den Kindern über Pilze und erfolgreiches Pilzesuchen [...] Wir schieden, alle sehr zufrieden und entzückt über seinen Vorschlag, ihn in der Schweiz zu besuchen«.[28] Karl und Sophie waren erleichtert. In solch verständnisvoller Atmosphäre unter Freunden ließ es sich leben und arbeiten.

Aus einem Besuch in der Schweiz wurde allerdings nichts. Am 13. August 1913, Karls Geburtstag, als sich Sophies Eltern in Berlin aufhielten und am Abend Gäste erwartet wurden, traf die Nachricht vom Ableben August Bebels ein. Karl Liebknecht nahm an der Beisetzung am 17. August in Zürich teil.

Sophie Liebknecht bemühte sich mit Verständnis, Zuneigung und, wenn es nicht anders ging, mit Strenge um die Kinder. Es bedurfte gewiss großer Beharrlichkeit, bis sich Helmi, Bob und Vera mit Sophie anfreundeten und ihr vertrauten und sie sich in der großen Liebknechtfamilie selbstbewusst behaupten konnte. Als zwar junge, aber kluge, energische und gefühlvolle Frau wurde sie diesen Herausforderungen zur allgemeinen Zufriedenheit nach geraumer Zeit gerecht. Der Umzug von Berlin Alt-Moabit 109, wo Karl Liebknechts Familie seit 1910 gewohnt hatte, nach Lichterfelde in die Hortensienstraße 14 am 27. März 1912[29] begünstigte das Aneinandergewöhnen. Sophie schwärmte von der komfortablen 6-Zimmer-Neubauwohnung am Bahnhof Botanischer Garten der Wannseebahn. An dieser Strecke wohnten viele Sozialisten, u. a. Franz Mehring in Steglitz, Albrechtstraße 20.[30] Nachdem sie mit manchen von ihnen bekannt geworden war, fand sie über Vorträge an der Arbeiterbildungsschule großen Anklang in der sozialdemokratischen Bewegung. »Sie war eine charmante, bildschöne Frau«, erinnerte sich W. Manke. »Ihre Zuhörer waren alle begeistert von ihren Vorträgen, die nie ins Politische übergingen. Über Athen und Griechenland mit seinen berühmten Tempelbauten, seiner Bildhauerkunst und seinen Sagen wußte sie interessant und geistreich zu plaudern und brachte uns so die alte Zeit näher. Ebenso waren wir entzückt von ihren Interpretationen mit Erzählungen vom alten Rom.«[31] Nun lernte Sophie auch Theodor kennen, der, selbst sparsam, bescheiden und korrekt, stets mit allen seinen Fähigkeiten und Mitteln die jüngeren Brüder Wilhelm und Curt und vor allem Karl und dessen Familie unterstützte. Er war die Seele der gemeinsamen Praxis der Gebrüder Liebknecht und hielt Karl den Rücken frei für seine vielseitigen parlamentarischen Aktivitäten. Die meisten Menschen, die ihn kennenlernten, charakterisieren ihn als einen auf seine Ehre bedachten Mann mit Herzensgüte, Weisheit und klarem Verstand, als sehr gefragten Rechtsanwalt, aufrechten Demokraten und Sozialisten. Sein Beruf war Theodor Liebknecht Berufung. Verbürgt sind seine juristischen Fähigkeiten und anwaltlichen Erfahrungen. Wegen seiner Verschwiegenheit und menschlichen Lauterkeit war er sehr beliebt.[32] Wohlbefinden hing für ihn »eben nicht von Äußerlichkeiten ab, sondern von inneren Momenten«, für ihn war das Wesentliche, »daß mein Kopf und mein Herz zu ihrem Rechte kommen«.[33] Theodor Liebknecht hatte 5 Kinder, zu dieser Zeit drei Mädchen, Charlotte (1905–1994), Ilse (1906 bis 1913), und Thea (1910–1999), später kamen noch zwei Söhne hinzu, Ludwig (1915–1983) und Otto (1917–1995). Er erzog sie, wie Karl die Seinen, zu Güte, Achtung vor dem Leben und der Natur, Fleiß und Sparsamkeit. »Als kleines Kind wurde ich mit allen Museen der Stadt vertraut«, berichtete seine älteste Tochter Charlotte, die von Karl Liebknecht besonders ins Herz geschlossene Lotti. »Jeden Bußtag, seit ich denken kann u. es möglich war, ging er mit mir und zweien seiner Geschwister in die Garnisonkirche am damaligen S-Bahnhof Börse, wo von der Singakademie die Matthäuspassion aufgeführt wurde. Jeden Totensonntag war ich seine Begleiterin zu der wundervollen Grabstätte seines Vaters nach Friedrichsfelde, um dort einen Kranz niederzulegen, wo immer bereits eine Blume an der Büste von Wilhelm L. lag [...] Mein Vater war ein Schweiger. Man konnte tagelang mit ihm wandern, ohne daß gesprochen wurde. Aber auf das, was er sagte, konnte man sich verlassen wie auf einen Felsen. Nie durfte in seiner Gegenwart getratscht werden über andere.«[34] Theodor erzog, im Unterschied zu Karl, mit den Augen; seine Blicke verrieten, was er meinte oder anders hören und sehen wollte. Er spielte gern Schach, verglich manchmal auch politische Vorgänge mit Zug und Gegenzug im Schachspiel. Er war ein Freund der Jagd, doch der Literatur nicht minder zugetan. Die vom Vater stammende und ständig erweiterte Bibliothek der Liebknechts in der Chausseestraße 121 war eine Schatzkammer.[35]

Theodor Liebknecht wohnte mit seiner Familie von 1908 bis in die 30er Jahre in Berlin NW 52, Thomasiusstraße 18. Onkel Thele und Tante Lu waren – vor allem für die Kinder Karl Liebknechts – ein Inbegriff familiären Zusammenhalts. Vertrauter seiner Kinder sowie der Neffen und Nichten zu sein war Theodor ein Herzensanliegen. Noch Jahre später hob er hervor: »Übrigens – auch in Berl[in] war doch unser Verkehr fast ausschließlich ein Familienverkehr.«[36] Ausflüge in Wald und Flur, Gesprächsrunden über Politik, Literatur und Kunst, erlebnisreiche Stunden mit Verwandten und Freunden gehörten an Sonn- und Feiertagen zur Erbauung und Erholung. An den übrigen Tagen ging Theodor mit seiner Zeit sorgsam um. Sophie wäre es lieb gewesen, wenn ihr Karl mehr auf eine Balance von Arbeitsenthusiasmus und Muße geachtet hätte.

Augenblicke der Besinnung und des Genusses blieben bei Karl Liebknechts Lebens- und Arbeitsweise erst recht rar, nachdem er am 12. Januar 1912 den »Kaiserwahlkreis« für die Sozialdemokratie erobert hatte. Helmi vermerkte im Tagebuch, der Papa habe Ledebour gewählt und sei ständig in seinem Wahlkreis Spandau-Potsdam-Osthavelland. Am 13. Januar 1912 bekam er von ihm zehn Pfennige, damit er die Extraausgabe des »Vorwärts« kaufen konnte. Er unterhielt sich mit dem Papa über die Wahlen, war aber froh, als er mit Sophie und Bob Schlittschuh laufen gehen durfte. Am 14. Januar fuhren die Söhne mit dem Vater in einem Auto zu einer Versammlung.[37]

In der Hauptwahl erhielt Karl Liebknecht 21 505 Stimmen, Vosberg 12 038 und Kennes 11 044. Die Stichwahl wurde auf den 25. Januar 1912 gelegt, sie brachte für Karl Liebknecht 24 299 Stimmen, für Vosberg nur 20 369. Der Jubel war groß. Potsdam hatte einen »zweiten Kaiser«. Bis in die Nacht hinein gab es spontane Freudenkundgebungen. Bei 21 Grad Kälte warteten mehr als 4000 Menschen in Nowawes (Potsdam-Babelsberg) auf ihren Reichstagsabgeordneten, doch er wurde in Berlin festgehalten. Erst am 28. Januar konnte er mit über 3000 Einwohnern den Wahlsieg feiern, die ihn trotz grimmiger Kälte und Schneegestöber unter freiem Himmel stürmisch begrüßten. Selbst die zahlreich erschienenen Kleinbürger der Residenz wurden von der begeisterten Stimmung erfasst. Noch drei Tage vor der Stichwahl hatte das Potsdamer »Intelligenzblatt« die Lage dramatisiert: »*Wie wir aus zufälliger Quelle erfahren, wird die kaiserliche Familie mit den übrigen Prinzen und dem gesamten Hofstaat im Falle einer Wahl Liebknechts Potsdam verlassen und in eine andere Residenz übersiedeln.* Vom Kriegsministerium ist gleichfalls eine Verlegung der Gardetruppen und weiterer Teile der Garnison im Falle einer Wahl Liebknechts geplant [...] Sollten diese Maßnahmen durchgeführt werden, so würde das einen vollständigen Ruin und Zusammenbruch der Potsdamer Geschäftswelt, des Mittelstandes und eine große Arbeitslosigkeit für die Potsdamer Arbeiterschaft bedeuten.« Der größte Teil der Potsdamer Geschäftswelt habe die zu ganz durchsichtigen Zwecken in die Presse lancierte Meldung geglaubt, erinnerte sich der Sozialdemokrat Willy Leow. »Auf Intervention Karl Liebknechts beim Ministerium mußte das Potsdamer Blättchen diesen Schwindel sofort dementieren [...] Selbst breite Schichten des Mittelstandes waren über diese unerhörte Schwindelmeldung empört und erklärten, daß sie zum Trotz Karl Liebknecht wählen würden.«[38] »Ich bin voll Freude, welcher Jubel in der ganzen Partei«, notierte Minna Kautsky in ihrem Tagebuch.[39]

Die ausländischen Sozialisten widmeten den Erfolgen der deutschen Sozialdemokratie große Aufmerksamkeit. Elmonde Peluso, der Berliner Korrespondent der Pariser Zeitung »l'Humanité«, sollte Karl Liebknecht interviewen. »Ein ungewöhnlicher Menschenstrom bewegte sich an diesem Tage durch seine Zimmer: Freunde, die ihn beglückwünschen, bürgerliche Journalisten, die ihn aushorchen, Parteigenossen, die ihn sich als Versammlungsredner sichern wollten, und viele andere.« Da sie fortwährend gestört wurden, begleitete er ihn auf der Autofahrt nach Potsdam. »Liebknecht saß mir gegenüber, zwischen seinen beiden kleinen Jungen, die sich froh und zärtlich an ihren Vater schmiegten. In Gedanken schien er selbst mehr als fröhlich zu sein: er verstand wohl die Begeisterung seiner Wähler, aber er teilte sie nicht. Wir sprachen über die ›110‹, über den ›Sieg‹, doch er machte sich im Gegensatz zu der herrschenden Meinung keine Illusionen über das kriegsfeindliche Verhalten des Linksblocks im Reichstag.«[40]

Mit den anderen 109 sozialdemokratischen Reichstagsabgeordneten nahm Karl Liebknecht unverzüglich seine Arbeit in der Fraktion auf, die von August Bebel, Hugo Haase und Hermann Molkenbuhr geleitet wurde. Seine parlamentarische Tätigkeit erhielt damit ungewöhnliche Dimensionen, denn er war nunmehr auf allen drei möglichen Ebenen – in der Berliner Stadtverordnetenversammlung, im preußischen Abgeordnetenhaus und im Deutschen Reichstag – Abgeordneter der Sozialdemokratischen Partei. Das forderte von ihm ein Höchstmaß an Elan, Geist, Kraft und Verzicht auf manche Annehmlichkeit. Seine junge Frau, seine Kinder und sämtliche Angehörigen mussten viel Verständnis und Unterstützung aufbringen. Die Aufgaben im Rechtsanwaltsbüro lasteten ab jetzt noch mehr auf den Schultern seines Bruders Theodor.

Stadtverordneter war Karl Liebknecht von 1902 bis 1913; 1911 war er einer von 38 sozialdemokratischen Abgeordneten im Stadtparlament, das 144 Abgeordnete hatte.[41] Hier konzentrierte er sich vor allem auf die Ausschüsse und Deputationen, in denen es vorwiegend um kommunale, soziale und rechtliche Probleme der Menschen und der Stadt ging. Dabei stützte er sich auf die Leitsätze für die Verwaltungsreform vom Parteitag der Sozialdemokratischen Partei Preußens 1910.[42]

Seit dem Ende seiner Glatzer Festungshaft beherrschte die Tätigkeit im preußischen Abgeordnetenhaus sein Parlamentarierleben. Er ließ sich dabei von der Überzeugung leiten, der Demokratisierungsprozess könne in Deutschland nur vorangebracht werden, wenn im größten und einflussreichsten Bundesland des wilhelminischen Kaiserreichs das reaktionäre Dreiklassenwahlrecht zu Fall gebracht und insgesamt demokratische Verhältnisse durchgesetzt würden. In Thesen zur Taktik im parlamentarischen Kampf hielt er u.a. fest: Das Abgeordnetenhaus sei zwar eine groteske und aufreizende Karikatur von Volksvertretung, biete aber dem halben Dutzend sozialdemokratischer Abgeordneter »die vortrefflichste Tribüne der Welt, um zu den Massen zu sprechen, deren starke und zielklare Organisation jenen Sechsen inmitten einer Welt giftiger Feinde wiederum eine erstaunliche Machtstellung gegenüber dem sündenbeladenen preußischen Regime gewähren«[43]. Die Tätigkeit proletarischer Deputierter sei nur dann eine Farce, wenn dem Parlament die aufklärende, aufrüttelnde Wirkung auf das Volk versperrt wäre.

Die kleine sozialdemokratische Fraktion stand 1908 152 Abgeordneten der Deutschkonservativen Partei, 104 des Zentrums, 65 der Nationalliberalen Partei und 60 der Freikonservativen Partei gegenüber. Als Karl Liebknecht 1909 seinen Platz einnehmen konnte, hatte die Majorität des Hauses die Wahl von vier Sozialdemokraten aus nichtigen Gründen annulliert. Mit den beiden anderen Kollegen protestierte er vergeblich dagegen. 1910 waren es dann wieder sechs, 1911 fünf, 1912 sechs und erst ab 1913/14 zehn bzw. neun: Otto Braun, Konrad Haenisch, Paul Hirsch, Adolf Hofer, Adolph Hoffmann, Otto Hue, Robert Leinert, Karl Liebknecht und Heinrich Ströbel.[44] An Diäten bekamen die Abgeordneten 15 Mark pro Sitzungstag und Reisekostenrückerstattung.[45] Die Fraktionsstärke betrug neun; für Anträge waren nach der Geschäftsordnung des Hauses 15 Abgeordnete nötig, für Interpellationen 30. Folglich kam es auf das Engagement jedes Einzelnen an. Um ihren Stellungnahmen ordentlich Gehör zu verschaffen, waren die Sozialdemokraten gezwungen, während der Sitzungen des Hauses ständig anwesend zu sein und bei Auftritten aufeinander einzugehen. Karl Liebknecht nahm des Öfteren Bezug auf die Ausführungen seiner Fraktionskollegen Paul Hirsch, Adolph Hoffmann und Heinrich Ströbel. Mit Otto Hue oder Robert Leinert kreuzte er wegen unterschiedlicher Ansichten gelegentlich die Klinge.

Karl Liebknecht stand in konsequenter Opposition zum Preußenstaat und zum Kaiserreich sowie im Kampf gegen den Militarismus und die Kriegsvorbereitungen seinen Mann. Unermüdlich nahm er auch zu sozialen und kulturellen Problemen Stellung. Nur einige können hier genannt werden: politische und soziale Rechte der Ruhrbergarbeiter, Binnenschiffer, Dienstboten, Forstarbeiter, Bäcker, Winzer, Gastwirte und ausländischen Arbeiter,

Freiheit der Wissenschaft, Unabhängigkeit der Universitäten, humanistischer Strafvollzug, Budgetmanipulation, Polizei- und Justizwillkür, Gesinnungsterror, Behindertenrecht, Bestechungsaffären, Bürokratie, Verstaatlichung, Antisemitismus, Steuerprivilegien, Wasserwirtschaft, Lug und Trug der Herrschenden, Zensurunfug, Ausländerrecht, Theaterbauten, Freiheit der Künstler, Handlungsfreiheit der Kommunen, Interessenvertretung von Berufsgruppen wie Lehrern, Schauspielern, Bibliotheks- und Museumsangestellten, Sinn und Wert der Freien Volksbühnen und von Volkshochschulen, Wanderbibliotheken, -theatern und -ausstellungen, Nutzung von Phonographie, Photographie und Kinematographie, Architektur, Archäologie, Volks- und Völkerkunde. Als wichtige Erfahrungen und Grundsätze für das Wirken als Parlamentarier fasste er Ende 1913 zusammen: »Nichts ist geeigneter, Massenbewegungen zu entfalten, als die Inangriffnahme eines einzelnen besonders aktuellen Punktes. Den Angriff jeweils mit voller Wucht auf einen solchen Punkt zu konzentrieren – das war das taktische Prinzip Lassalles. Die einzelne aktuelle Frage wird ganz konkret empfunden und verstanden. Nur muß eben eine Frage gewählt werden, die wirklich in den Massen so stark empfunden und so klar erfaßt wird, daß eine große Bewegung entsteht. In der parlamentarischen Aktion aber steht natürlich auch nichts im Wege, Einzelfragen von minder großer, minder aktueller Massenbedeutung jeweils in den Vordergrund zu stellen, sei es mit, sei es ohne Antrieb durch eine Petition.

Im proletarischen Klassenkampf muß jede Frage der Tagespolitik sub specie aeternitas, im Hinblick auf das Gesamtprogramm, als Teil des Ganzen betrachtet und behandelt werden. Jede große Frage der Tagespolitik entrollt im Grunde die Gesamtpolitik des Klassenkampfes und zwingt, uns an dieser zu orientieren; jede wichtige Einzelforderung des Programms enthält in nuce das ganze Klassenkampfprogramm. Wird der Einzelkampf und der Tageskampf in diesem Geist geführt, so verwirrt er nicht, sondern klärt auf durch lebendigsten Anschauungsunterricht.«[46]

Wenn er auch bisweilen mit seinem Parlamentarier-Schicksal, das den Rhythmus seines Lebens immer mehr bestimmte, haderte, sich nach ruhigerer Tätigkeit sehnte und mehr Zeit für die Familie wünschte, entsprach die Turbulenz und Spontaneität durchaus seinem Naturell. Ihn bestärkte, dass er als Abgeordneter gebraucht wurde und etwas bewirken konnte. Den Kontakt zu Fraktionskollegen, den direkten Disput mit Widersachern, das Enthüllen von Missständen, die über die Presse sofort publik wurden, und die loyale Achtung, die Parlamentskollegen aus anderen Parteien ihm entgegenbrachten, mochte er in seinem Leben nicht missen.

Karl Liebknecht meldete sich oft zu Wort. Geschickt wartete er mit Einsichten aus seinen Studien während der Glatzer Festungshaft, mit seinen Erfahrungen als Rechtsanwalt sowie als Stadtverordneter oder mit Erlebnissen in der Partei-, Gewerkschafts- und Jugendbewegung auf. Mit seiner Zitierkunst bewies er seine hohe humanistische Bildung, die eine erstaunliche Bibelfestigkeit einschloss. Der Advokat verzichtete natürlich auch als Parlamentarier nicht auf die formell-juristische Begriffswelt. Er gefiel sich in der Darlegung ausgefeilter Gesetzes- und Geschichtskenntnisse und brillierte zuweilen mit geistigen Höhenflügen, die über die eigentliche Debatte hinausführten. Nicht minder überzeugend bediente er sich der Ausdrucksweise des Volkes. Schließlich kam es ihm besonders auf die Information vieler Menschen außerhalb des Parlaments an. Gekonnt spielte er auf Argumente oder Standpunkte anderer Parlamentarier an, um seine Gegenposition bzw. partielle Konformität noch augenscheinlicher darzulegen und das Weitergreifende seiner Ausführungen zu demonstrieren. Im Kontern von Entstellungen und Missdeutungen war er ein Meister. Durch strenge Geschäftsordnungen ließ er sich nicht nötigen. Nach Ordnungsrufen legte er seine Meinung meist noch leidenschaftlicher dar. Dass die kleine sozialdemokratische Fraktion im konservativ dominierten preußischen Abgeordnetenhaus »natürlich immer überschrien« wurde, z. B. von Sprechern des Zentrums, die ihren Wählern »Volksfreundlichkeit« vorgaukelten, irritierte ihn nicht im Geringsten.[47] Er sei nicht zum Vergnügen für die Rechten des Hauses da, entgegnete er bei ständigen Zurufen und Lachsalven. Für einen Sozialdemokraten gehe es in der Polemik stets darum, nicht nur unter den eigenen Anhängern Klarheit zu stiften, sondern auch die Wähler anderer Parteien hellhörig zu machen. »Ich bleibe dabei, wir müssen *allen* Parteien, die von Arbeitergefolgschaft groß gemacht wurden, und vom kleinen Bürger- und Bauerntum, verzeihen Sie das Bild, brennende Schwämme an die Hüte stecken, wie man's wohl bei Pferden tut, indem wir ihre Gefolgschaft mit geschickter Taktik gegen sie setzen.«[48]

Der Präsident und der Vizepräsident des preußischen Abgeordnetenhauses versuchten ständig, ihn mit Ordnungsrufen zu behindern. Sie entzogen ihm das Wort, weil seine Ausführungen angeblich nicht zur Sache gehörten, oder klassifizierten seine Bemerkungen als unzulässige Majestätsbeleidigungen. Genüsslich zitierte er dann die Ansicht der konservativen »Kreuz-Zeitung«, die Sozialdemokratie sei keine böswillige Hetzerin, sondern eine vom Himmel gesandte Gottesgeißel zur Erziehung der herrschenden Parteien in Deutschland und Preußen.

Karl Liebknecht war nicht dafür, dass im »höflichen Kurialstil gekatzebuckelt« werde. Etwas »derbe Allüren« gegenüber der preußischen Regierung und deren Machenschaften gäbe er nicht um des »Wohlgefallens willen« preis.[49] »Wir sind hier in keiner Klippschule!«, rief er, als ihm vorgeworfen wurde, er hätte einen Zwischenruf vom falschen Platz aus gemacht.[50] Hörten die Ordnungsrufe überhaupt nicht auf, brachte er die Schreier zum allgemeinen Gaudium im Parlament auf die Palme.

An die Minister, den Kanzler oder an Vorredner richtete er viele Fragen und deckte so krasse Widersprüche zu ihren früheren Äußerungen auf. Seine Konfrontation mit den Machthabern Preußens in Politik, Ökonomie und Ideologie war klar und unmissverständlich. Er bekundete bewusst seine Gegnerschaft zu Militarismus, Monarchismus und Kapitalismus. Seine Gedanken und Vorschläge speisten sich aus gesellschaftskritischen Strömungen weit über die organisierte Arbeiterbewegung hinaus, wurzelten aber vor allem in den auf dem linken Flügel der deutschen Sozialdemokratie und bei Theoretikern wie Karl Kautsky gängigen marxistisch geprägten Anschauungen über die kapitalistische Gesellschaft. Er verstand sich auch in der parlamentarischen Tätigkeit als Revolutionär. So schrieb er z.B. an Paul Hirsch über den Kampf gegen das Dreiklassenwahlrecht: »Der Vulkan braucht ja noch nicht zu eruptieren, aber sie [die herrschenden Kreise] sollen doch merken, *daß* es ein Vulkan ist, auf dem sie tanzen, u. zwar einer, der noch tätig sein kann.«[51] Als außerparlamentarische Kampfmaßnahmen empfahl er »Boykott, Schulstreik, Steuerverweigerung, antimilit[aristische] Agitation, Spezialagitation unter den zu den anderen Parteien gehörigen Arbeitern u. sonstigen proletarischen Existenzen; u. – wo die Lage es nicht ausschließt – politischen Streik. All das muß ineinander greifen, u. sich ablösen, natürlich unter möglichster Sparsamkeit; das ›Pulver‹ nicht unnötig verpulvern! [...] das ganze müßte zu einer großzügigen einheitlichen Aktion über ganz Deutschland verarbeitet werden. Nur solche weitsichtige Strategie ist jetzt noch am Platz; dazu ist ›die Zeit reif‹ trotz § 86 St.G.B. u. aller Vorsichts- u. Angstmeierei. *Natürlich keine ›Revolution‹.*«[52]

Im Reichstag setzten die traditionelle Aufgabenverteilung und die bisher größte sozialdemokratische Fraktionsstärke dem einzelnen Abgeordneten Grenzen, wie sie Liebknecht vom preußischen Abgeordnetenhaus her nicht kannte. Er wusste sich in dem Kreis von 110 sozialdemokratischen Parlamentariern, darunter langjährig erfahrenen, zu platzieren. Dabei konnte er auf Freunde wie Oskar Cohn, Wilhelm Dittmann, Hugo Haase, August Bebel, Georg Ledebour, Arthur Stadthagen, Emanuel Wurm, Fritz Zubeil zählen. Aber die Schar notorischer Antipoden, die sich an seinem »spektakulären« Antimilitarismus rieben, war nicht klein: Eduard David, Friedrich Ebert, Richard Fischer, Wolfgang Heine, Gustav Noske, Philipp Scheidemann, Georg von Vollmar und Albert Südekum.[53]

Laut Gesetz vom 21. Mai 1906 hatten die Abgeordneten für die Dauer der Sitzungsperiode freie Fahrt auf den Eisenbahnen. Die jährliche Aufwandsentschädigung betrug 3000 Mark.[54]

Auf der Reichstagstribüne hinterließ Karl Liebknecht »stets den Eindruck eines eifernden, mit großem Schwung sprechenden, im übrigen aber seine Worte mit Geschmack und in wirksamster advokatischer Form setzenden Redners«[55]. In seiner Jungfernrede, die er am 23. Februar 1912 zum Gesetz über die Staatsangehörigkeit hielt, wandte er sich gegen die Rechtlosigkeit ausländischer Arbeiter. Am 14. Mai verteidigte er die Interessen der Spandauer Rüstungsarbeiter. Und am 6. Dezember nahm er zur Jesuitendebatte Stellung.[56]

Sein Hauptanliegen im Reichstag war es jedoch, für die Erhaltung des Friedens zu kämpfen und jene Kräfte und Tendenzen zu entlarven, die die Gefahr eines verheerenden Krieges in Europa heraufbeschworen. Dafür kamen ihm ein anonymes Schreiben und die Abschrift von vertraulichen Berichten mit militärischen Interna aus dem Kriegsministerium und der Heeresverwaltung zupass. Der Absender war Herr von Metzen. Der im September 1912 entlassene Direktor des Berliner Krupp-Büros hatte Liebknecht ausgesucht, »als einen Vertreter derjenigen Partei, von der ich erwarte, daß sie ohne Rücksicht auf die Macht u. die soziale Stellung der Schuldigen für eine strenge Verfolgung dieses schmutzigen u. gemeingefährlichen Treibens eintritt«[57]. Von ihm schien er »am ehesten eine wirkungsmächtige Skandalisierung zu erwarten«[58]. Karl Liebknecht nahm die Sendung zum Aufhänger für einen Enthüllungsfeldzug gegen die Friedrich Krupp AG, einen der einflussreichsten Konzerne der Rüstungsindustrie, mit dem er 1913 im In- und Ausland für Furore sorgte. Er zog dabei alle Register parlamentarischer und außerparlamentarischer Taktik. Mutig nahm er in Kauf, dass ihm und seiner Familie unabsehbare Repressalien drohen könnten.

Um keiner Intrige aufzusitzen, wandte sich Karl Liebknecht am 8. November 1912 an den Kriegsminister Josias v. Heeringen mit der Bitte, ihm die Echtheit der Dokumente zu bestätigen, die auf Bestechung und Geheimnisverrat hinwiesen.[59] Dieser Brief mit 15 Kopien von Geheimberichten wirbelte viel Staub auf. Von Heeringen wies das Berliner Polizeipräsidium an, die Angelegenheit zu untersuchen. Als sich durch Observierung und Postkontrollen der Verdacht auf Verrat von Militärgeheimnissen erhärtete, beantragte der Erste Staatsanwalt des Landgerichts I in Berlin am 6. Februar 1913 eine gerichtliche Voruntersuchung. Der Kaiser wurde vom Kriegsminister am 6. Februar 1913 darüber informiert, dass etwa sieben Beamte des Kriegsministeriums verdächtig wären und am 7. Februar verhaftet würden. Am gleichen Tag wurden der Krupp-Angestellte Brandt festgenommen und in der Essener Unternehmensführung, im Berliner Büro und in der Heeresverwaltung richterliche Durchsuchungen durchgeführt. 750 der mit dem Decknamen »Kornwalzer« gekennzeichneten Geheimberichte aus den Jahren 1910 bis 1912 wurden beschlagnahmt. Karl Liebknecht schätzte, dass etwa 1500 solche

Dokumente aus den letzten 6½ Jahren existierten. Die Voruntersuchung wurde auf zwei Direktoriumsmitglieder der Firma Krupp ausgedehnt, auf Otto v. Dewitz und auf Otto Eccius.

Der Justizminister unterrichtete den Kaiser fortlaufend über die Ermittlungen. Im Brief vom 13. Februar 1913 stellte er klar, dass sich unter den »vorgefundenen und beschlagnahmten Papieren« auch Berichte befanden, »deren Duplikate Liebknecht mit seiner Anzeige dem Kriegsminister überreicht hat und [...] deren Geheimhaltung nach dem Gutachten der zuständigen Militärbehörden im Interesse der Landesverteidigung unbedingt geboten ist«. Die Mitglieder des Kruppschen Direktoriums, zumindest v. Dewitz und Eccius, waren sich zweifellos über die Natur der Mitteilungen Brandts im Klaren.[60] Die Staatsanwaltschaft des Landgerichts I musste Anklage erheben. Der Leiter teilte dem Justizminister in einem geheimen Schreiben am 12. Februar mit: »Von den Mitgliedern der Direktion der Firma Krupp ist nach den mir durch mündliche Mitteilung bekannt gewordenen Erkundungen des Untersuchungsrichters der Geheimrat Hugenberg der einflußreichste und der eigentlich oberste Leiter des Unternehmens.«[61] Gustav Krupp von Bohlen und Halbach und Geheimrat Alfred Hugenberg, der von 1909 bis 1919 den Posten des Vorstandsvorsitzenden innehatte, hielten das Unternehmen auf Expansionskurs. Die Belegschaft wuchs bis Anfang 1914 auf 81 000 Mann, der Umsatz erreichte im Geschäftsjahr 1912/13 das Rekordergebnis von fast 431 Millionen Mark.[62] Die leitenden Direktoren der Krupp-Werke sollten von vornherein aus dem Prozess herausgehalten werden.

Der Oberstaatsanwalt beschrieb das Material als »eine Übersicht über die gesamte Tätigkeit des Kriegsministeriums, der Feldzeugmeisterei und der Artillerieprüfungskommission auf dem Gebiet der Beschaffung von artilleristischem Material, über die gesamte Tätigkeit dieser drei Behörden in ihrem Verkehr mit anderen Firmen, über die gesamte Tätigkeit dieser anderen Firmen, soweit sie eben in Fühlung standen mit dem Kriegsministerium und seinen Behörden, und über die gesamten Beziehungen zwischen dem Kriegsministerium und den anderen Militärbehörden einerseits und den anderen Firmen andererseits.«[63]

Ende Februar 1913 unterzeichnete Karl Liebknecht ein Manifest der französischen Sozialisten und der deutschen Sozialdemokratie gegen das Rüstungskapital, das am 1. März veröffentlicht wurde.[64] Der Protest richtete sich vor allem gegen die Verlängerung der Dienstzeit in der Armee auf drei Jahre. Im März unternahm er eine Vortragsreise nach Frankreich, Belgien, Holland und England, die den außerparlamentarischen Kampf gegen das internationale Rüstungskapital forcieren sollte. Vorgesehen waren u.a. Auftritte am 16. und 17. März in Paris, am 18. in Brüssel, am 19. in Anvers, am 20. in Amsterdam und am 22. in London. Sophie Liebknecht hielt in ihren Erinnerungen über Paris fest: »Das außerhalb der Stadt veranstaltete, von unübersehbaren Massen besuchte, von berittener, böse blickender Polizei umringte, von trotzigen, entschlossenen Blicken und Worten geladene Treffen ›Contre les trois ans‹ der französischen Arbeiter machte einen gewaltigen Eindruck. [...] Mein Mann hatte jeden Tag Besprechungen und hielt auch einige Vorträge. Es sollte um jeden Preis eine Koordinierung der Wege und Pflichten der Sozialisten aller Länder gefunden werden.« Auch die Arbeit unter der Jugend war ein wichtiges Thema. Kurz vor der Abreise suchte sie im Hotel Jean Longuet, der Enkelsohn von Karl Marx, auf. Wie Sophie schrieb, sprach man »nur von Krieg und Frieden, und eine dunkle, höllische Gefahr, von der sich niemand – auch die Klügsten nicht – eine richtige Vorstellung machen konnten, schien näher zu rücken ...«[65]

In Brüssel waren Karl und Sophie Liebknecht nur einige Stunden. Hier hatten sich im Volkshaus, dem Parteihaus der belgischen Partei, neben fast allen Genossen des Deutschen Arbeitervereins (etwa 200) über 100 bürgerliche Deutsche und über 200 belgische Genossen eingefunden. Sie begrüßten Karl Liebknecht mit stürmischem Händeklatschen und dem Gesang der »Internationale« in französischer und danach in deutscher Sprache. In seinem zweistündigen Vortrag über den Rüstungswahnwitz und die räuberische Weltpolitik sagte er: »Der Schuß eines einzigen Irrsinnigen auf irgendeinen Potentaten, durch den Chauvinismus aufgestachelt, kann das Pulverfaß zur Explosion bringen.«[66]

Auch in London begegnete er vielen Freunden und Genossen und hielt mehrere Vorträge. Sophie musste die Sehenswürdigkeiten meist allein besichtigen. Im Hauptsaal des Kommunistischen

Klubs wurde Karl Liebknecht besonders herzlich empfangen: »Alle standen, drückten sich eng aneinander. Die Menschen hockten an den Fenstern, auf den Tischen, sogar auf den Kaminen. [...] Karl Liebknecht sprach sehr gut. Seine Worte waren nicht nur Sprachkunst – in ihnen fühlte man sogar die tiefe Aufrichtigkeit, die bestach und bezauberte.«[67]

Im April 1913 organisierte die Sozialdemokratie eine große Kampagne unter der Losung »Nieder mit der Militärvorlage!« bzw. »Keinen Mann und keinen Groschen für neue Rüstungen!«. Allein in Berlin und Umgebung protestierte die Bevölkerung am 6. April 1913 in 60 Volksversammlungen gegen die steigenden Rüstungslasten. In seinem Wahlkreis Potsdam-Spandau-Osthavelland sprach Karl Liebknecht mehrmals nach der Rückkehr von der Reise.

Am 18. April 1913 fanden sowohl im preußischen Abgeordnetenhaus als auch im Deutschen Reichstag Sitzungen statt. Im Abgeordnetenhaus ging es um den Staatshaushalt. Liebknecht ergriff sofort nach der Eröffnung um 12,15 Uhr das Wort, eilte dann zum Reichstag, wo die Sitzung 13,05 Uhr begann und die neue Wehrvorlage der Regierung zur Debatte stand, die die umfangreichste Aufstockung des Heeres seit 1871 vorsah. Die Friedenspräsenzstärke sollte bis zum Herbst 1915 von 683 000 auf über 800 000 Mann erhöht werden. Die Mehrausgaben für die enorme Aufrüstung betrugen 1291 Millionen Mark. Die Regierung musste die einmalige Ausgabe von einer Milliarde Mark durch einen außerordentlichen Wehrbeitrag decken lassen, zu dem alle Vermögen über 10 000 Mark herangezogen werden sollten. Sechs Konzerne – die Gelsenkirchner Bergwerks-AG., die Deutsch-Luxemburgische Bergwerks- und Hütten-AG., die Phönix-AG. für Bergbau und Hüttenbetrieb, Krupp, Thyssen und die Vereinigte Burbach – kontrollierten im Jahre 1913 45 Prozent der Produktion im Stahlwerksverband, 25 Prozent der Produktion im Roheisensyndikat und 22 Prozent der Produktion des Rheinisch-Westfälischen Kohlensyndikats. Die Hauptstelle Deutscher Arbeitgeberverbände und der Verein Deutscher Arbeitgeberverbände verschmolzen im April 1913 zur Vereinigung der Deutschen Arbeitgeberverbände. Heinrich Claß, der Vorsitzende des Alldeutschen Verbandes, bezeichnete den Krieg unverhohlen als den Erwecker aller guten, gesunden und starken Kräfte im Volke. Es erschien eine Vielzahl chauvinistischer und militaristischer Bücher und Broschüren. Diese Pamphlete mit so bezeichnenden Titeln wie »Deutschland und der nächste Krieg«, »Frankreichs Ende 19?? ein Zukunftsbild«, »Der ›bevorstehende‹ Weltkrieg als Vorläufer des Weltfriedens, zugleich ein Kampf ums Deutschtum« wurden in hohen Auflagen gedruckt und brachten »Theorien« von der »Überlegenheit der deutschen Rasse«, vom »Volk ohne Raum« unter die Leute. Feindselige »Vaterlands«-Parolen schürten Nationalismus und Chauvinismus.

Karl Liebknecht trug auf dem Weg zu den Parlamentsstätten stets Notizen, Pressemeldungen, Statistiken, Verlautbarungen von Freund und Feind mit sich. Meist fischte er aus diesem Wust von Materialien im richtigen Augenblick rasch das Wichtigste heraus. So auch in seiner Rede am 18. April 1913, als er zunächst einige Bemerkungen zur Jugendpolitik und zur rechtlichen Regelung der Duellfrage vortrug und dann die brisanten Tatsachen über die Machenschaften des Krupp-Konzerns unterbreitete: »In einer Zeit, in der in der ›Kreuz-Zeitung‹ ein Regierungsrat schreiben konnte: ›Herr, gib uns wieder Krieg!‹«, hob Liebknecht an, »in der die ›Konservative Korrespondenz‹ schreiben konnte: ›Ein Krieg käme uns gerade recht!‹, in der Herr von der Goltz sagen konnte: ›Wenn es doch endlich einmal losginge!‹, in einer Zeit, die den gefährlichen Gedanken des Präventivkrieges durch die fortgesetzten Rüstungen geradezu provoziert«, sei es dringend geboten, auf einem bisher unterbelichteten Gebiet eine der Wurzeln der Kriegsgefahren bloßzulegen.[68] Sofort kam er auf die Praktiken der Rüstungsindustriellen zu sprechen: »Das sind dieselben Kreise, die die Zwietracht der Völker zu Gold münzen [...] Das sind dieselben Leute, für die Zwietracht zwischen den Völkern säen und schüren, gleichviel aus welchem Grunde, Geld verdienen heißt. Das sind dieselben Leute, deren Profit völlig unbeeinflußt ist von dem Anlaß eines Zwistes zwischen den Völkern und seinem Erfolge, bei denen die Höhe des Profits schlechthin proportional ist dem Grade der Zwietracht, des Hasses zwischen den verschiedenen Völkern [...] Mit diesem System muß ein Ende gemacht werden!« Das hieße, zumindest die Firma Krupp und die Deutschen Waffen- und Munitionsfabriken dürften keinerlei Aufträge aus der künftigen Wehrvorlage bekommen und die gesamte Rüstungsindustrie müsse schleunigst verstaatlicht werden. Nur so könne eine Interessentenklasse ausgemerzt werden, deren Existenz eine ständige Kriegsgefahr, eine Wurzel des Rüstungswahnsinns und des Völkerzwistes darstelle.[69] Diese Rede schockierte. Selbst Konservative konnten die Enthüllungen nicht ignorieren.[70]

Der Kriegsminister v. Heeringen behauptete zunächst, Karl Liebknecht habe die Sache übertrieben. Es sähe fast so aus, als traue er der Firma Krupp zu, europäische Geschichte zu machen oder gar Kriegskonflikte herbeizuführen. »Machen Sie keine faulen Witze!«, fiel Georg Ledebour dem Kriegsminister ins Wort, worauf er mit einem Ordnungsruf des Präsidenten zurechtgewiesen wurde.[71] Die Obstruktion der Sozialdemokraten animierte v. Heeringen, die Zusammenarbeit des Kriegsministeriums mit dem Generalstab bei der Vorbereitung der zur Beratung stehenden Heeresvorlage zu verteidigen und ein Hohelied auf die Firma Krupp und deren schon ein Jahrhundert währende Zusammenarbeit mit dem Heer vorzutragen. Georg Ledebour versuchte, Karl Liebknecht durch einen Geschäftsordnungsantrag ein zweites Mal den Weg zur Tribüne des Reichstags zu bahnen. Der Antrag scheiterte jedoch an der rechten Mehrheit des Hauses. Am folgenden Tage wagte es kein Redner, die »Ehre« des Rüstungskapitals direkt zu verteidigen. Karl Liebknecht ergriff erneut das Wort. August Bebel war mit dem Verlauf der ersten Beratungstage zufrieden. Er schrieb Heinrich Angst, dem britischen Generalkonsul in der Schweiz, am 21. April 1913, mit der letzten Militärvorlage sei der Höhepunkt erreicht, »weiter geht's nicht mehr, und daß es uns gelang, das Treiben der Rüstungsinteressenten schonungslos an den Pranger zu stellen u[nd] den ›Patriotismus‹ dieser Herren vor der ganzen Nation bloßzustellen, ist ein gewaltiger moralischer Erfolg«[72].

Im »Vorwärts« vom 21. April bekräftigte Karl Liebknecht in dem Artikel »Was ist? Was wird sein?« seine Anklage: »Brutal, robust, voll zynischen Hohns gegen alle Argumente und Methoden einer sozusagen feineren Gesittung, wie der Militarismus selbst, diese konzentrierte, systematisierte Roheit der Gewalttätigkeit – so ist die Rüstungsindustrie. Ungeheuerlich in ihren Kräften, unersättlich in ihren Ansprüchen, leidenschaftlich in ihrem Profitwillen. Gefüttert mit den saueren Groschen der Armen, die sie in süße Millionen für Geldfürsten wandelt. Umflossen von dem Heiligenschein eines teils philisterhaften, teils marktschreierischen, teils in trüben Spekulationen entarteten ›Patriotismus‹, dessen heuchlerische Verächtlichkeit vielfach so weit geht, daß die Heuchelei aufhört, bewußt zu sein. Und nicht gedeihend bei Glück, Freiheit und Frieden der Völker, sondern bei Zwietracht, Kriegsgefahr, Krieg, die ihre Nahrung bilden: Je mehr Völkerhaß, um so mehr Profit.«[73] Es sei fast stets nur durch einen Glückszufall möglich, »in das Geheimkabinett des Kapitalismus so hineinzuleuchten, wie es uns in den letzten Tagen und Wochen vergönnt war«. Wütend balle die Sippe der vaterlandsfeindlichen Patrioten die Fäuste. Die Betroffenen seien mit viel Eifer bemüht, die ganze Angelegenheit zu verschleiern und wichtiges Belastungsmaterial verschwinden zu lassen.[74]

Am 26. April appellierte Karl Liebknecht an die Abgeordneten: Vor aller Welt müsse mit Fingern auf jene Kapitalcliquen hingewiesen werden, deren Interesse und deren Nahrung der Völkerunfriede sei. Den Völkern müsse zugerufen werden: *»Das Vaterland ist in Gefahr! Es ist aber nicht in Gefahr vor dem äußeren Feinde, sondern vor jenen gefährlichen inneren Feinden, vor allem vor der internationalen Rüstungsindustrie.«*[75] Während die Sozialdemokraten lebhaft Beifall klatschten, taten die Konservativen und Nationalliberalen ihr Missfallen mit Zischen und Unruhe kund. An diesem Tag sprachen auch die Sozialdemokraten Eduard Bernstein, Bernhard Böhle, Oskar Cohn, Hugo Haase, Wilhelm Keil, Daniel Stücklen, Emanuel Wurm und Fritz Zubeil. Sie äußerten sich aber vorwiegend zu Spezialfragen. Nur Wilhelm Keil bekräftigte wesentliche Gedanken Liebknechts und richtete heftige Angriffe gegen die Regierung.[76]

Im »Vorwärts« vom 27. und 28. April 1913 popularisierte Karl Liebknecht seine Enthüllungen im Artikel »Hokuspokus«. Er habe am 18. April über Krupp nackte, kalte Tatsachen berichtet. »Das Idol des Hurrapatriotismus, der im Nimbus einer schrankenlosen Gnade, ja Liebe der kaiserlichen Majestät verklärte Krupp, die Zierde und der Ruhm Deutschlands, der heiligste Nationalheilige, lag im Staub niederer kapitalistischer Menschlichkeit. Krupp der gehätschelte Liebling des Staats, des Kriegsministeriums, dieses täuschend, die Pest der Korruption systematisch in die deutsche Beamtenschaft, die deutsche Militärverwaltung, die deutsche Armee tragend! – Und in derselben Nacht kam der Krupp-Direktor Hugenberg nach Berlin gejagt.«[77]

Weiteres Material über Bestechungen von Heeresangehörigen, die bei Krupp die Lieferung von Kriegsmaterial abnahmen, veröffentlichte der »Vorwärts« vom 5. und 9. Mai 1913. Im gleichen Monat erschien das Flugblatt »Ein ernstes Wort in ernster Zeit. Militärvorlage und internationale Rüstungsindustrie«[78]. Die gegnerische Presse versuchte krampfhaft, aus dem Krupp-Skandal einen »Fall Liebknecht« zu konstruieren. Karl Liebknecht wurde bezichtigt, durch maßlose Übertreibungen im Reichstag eine »Orgie des Antimilitarismus« veranstaltet zu haben. Eher werde daraus wohl »Der Fall Hugenberg«, konterte die »Leipziger Volkszeitung« am 26. April 1913. Genau das sollte jedoch verhindert werden. Wie sehr sich Hugenberg getroffen fühlte, zeigte nicht nur sein sofortiges Erscheinen in Berlin, sondern auch seine telegrafisch verbreitete Erklärung, die die Zeitung glossierte: »Die Genossen sind wirklich fast so weit, daß sie ihre neue ›proletarische Moral‹ der großen Masse der bürgerlichen Welt aufzwingen [...] Welche Moral aber vertritt Herr Hugenberg? Die Moral, wonach es gestattet sein soll, für private Zwecke der Firma Krupp geheime Dokumente zu stehlen? Die Moral, wonach es angängig ist, bei Lieferungen für den Staat diesen Staat zu bestehlen, um ihn dann erfolgreich bewuchern zu können? ›Lappalien‹, erklärt der Herr Geheimrat. Waren es auch Lappalien, als nachgewiesen wurde, daß die Firmen Krupp und Stumm bei den Lieferungen von Panzerplatten das Deutsche Reich um Millionen und aber Millionen bewuchert haben?« Später äußerte Hugenberg, Karl Liebknecht habe ihm durch die Anzettelung »des sogenannten *Krupp-Prozesses* nebst Rüstungskommission und dergl. die Zeit und Bewegungsfreiheit« für eine zügige »wirtschaftliche Mobilmachung« genommen.[79]

Hellmuth v. Gerlach empfand es als einen »wahren Segen«, dass es Sozialdemokraten wie Karl Liebknecht gab.[80] Bertha v. Suttner schrieb: »[...] wie die internationale Waffenindustrie das Schüren nationaler Furcht- oder Trutzgefühle betreibt, um den Absatz der vertrusteten Mordware zu sichern, das hat der Abgeordnete Liebknecht dokumentarisch aufgedeckt. In Pazifistenkreisen wurde schon längst auf das Bestehen des über alle Landesgrenzen verzweigten Kriegssyndikats hingewiesen; [...] aber natürlich dringen die Lehren und Warnungen der Friedensliteratur nicht so weit in die Öffentlichkeit wie solche im Parlament vorgebrachte sensationelle Enthüllungen.«[81]

Auch namhafte Pazifisten wie Kapitänleutnant Hans Paasche oder Kavallerieoffizier Kurt von Tepper-Laski sympathisierten mit Karl Liebknecht.[82] Sie erneuerten wie Bertha von Suttner ihre Proteste gegen das Wettrüsten und unterbreiteten Ideen, wie die Beziehungen der Völker durch die Macht des Geistes statt durch die Schärfe des Schwertes geregelt werden sollten. Die einen forderten die Verstaatlichung der Rüstungsindustrie, andere hofften, Diplomaten und Regenten der europäischen Großmächte zum friedlichen Interessenausgleich bekehren zu können.

Auf der Berner Konferenz im Mai 1913 sprachen sich 156 sozialdemokratische und bürgerliche Parlamentarier aus Deutschland, dem Elsass und Frankreich gegen chauvinistische Kriegshetze und für die Beilegung internationaler Konflikte durch Schiedsgerichte aus. Zur 24-köpfigen Delegation sozialdemokratischer Reichstagsabgeordneter gehörten auch August Bebel und Karl Liebknecht. Der Konferenz gingen Grußbotschaften der englischen Arbeiterpartei und Bertha v. Suttners zu.[83] Karl Liebknecht hatte Anteil daran, dass sich 1913 trotz unterschiedlicher Auffassungen in der von der Sozialdemokratie getragenen antimilitaristischen Bewegung und in der bürgerlichen Friedensbewegung jene Kräfte annäherten, die das Interesse der Mehrheit des deutschen Volkes an der Erhaltung des Friedens engagiert zum Ausdruck brachten.

Julian Marchlewski ergänzte Liebknechts Enthüllungen in mehreren Beiträgen für die »Leipziger Volkszeitung« durch Fakten über Kartelle und Trusts der internationalen Rüstungsindustrie. Rosa Luxemburg, die 1913 mit ihrem Werk »Die Akkumulation des Kapitals« in der Diskussion über die imperialistische Weltpolitik große Aufmerksamkeit auf sich zog, äußerte sich zu Liebknechts Attacke gegen Krupp nicht. In der sechsteiligen Artikelfolge über »Die Reichstagsfraktion und die Militärvorlage«, die sie in der »Leipziger Volkszeitung« im Juli 1913 veröffentlichte,[84] ging es hauptsächlich darum, die durch Beschluss der Fraktionsmehrheit erzwungene Zustimmung zur Deckungsvorlage für die Militärvorlage zu kritisieren. Sie sah darin zu Recht eine Preisgabe des Prinzips »Diesem System keinen Mann und keinen Groschen«. Noch immer hatte sie Karl Liebknecht nicht genauer im Blick, obwohl er zu den 37 Abgeordneten gehörte, die sich gegen die Zustimmung zur Deckungsvorlage ausgesprochen hatten, und mit seinen Krupp-Enthüllungen ein Beispiel gab, wie zwischen den Bourgeois nach dem Anteil an den Kriegsvorbereitungen differenziert werden müsse. Karl Liebknecht wiederum, dessen Angriff sich schließlich gegen das Rüstungskapital richtete, war so auf seine Aktionen fixiert, dass er sich mit den Vorgängen in der Fraktion nicht speziell auseinandersetzte.

Sein »Feldzug gegen die Rüstungsindustrie und ihre friedensgefährdenden Tendenzen war nur zu berechtigt, was freilich damals nicht einmal die Partei richtig begriffen hatte, die in L's Vorgehen Eitelkeit und Sensationslust witterte«, schrieb Heinrich Ströbel am 14. Mai 1916 an Maximilian Harden.[85] Dabei hätte Karl Liebknecht im Jahre 1913 jedwede Unterstützung gebrauchen können, denn die gegnerischen Verleumdungen überschlugen sich. Ein höherer Krupp-Beamter bat gar »den Genossen Liebknecht um Genugtuung mit der Waffe«[86]. Eine Ohrfeige, die er einem seiner Jungen während des Urlaubs in Oberwiesenthal gegeben hatte, genügte, um ihn der Prügelpädagogik zu bezichtigen. Die Familie Liebknecht hatte im August 1913 im Hause des Schuhmachermeisters Karl Korb drei Zimmer gemietet. Sie wanderten zwischen Fichtelberg und Keilberg, und der Vater traf sich für einige Stunden mit Armin Kaden, Emil Richter und Oskar Korb vom sozialdemokratischen Ortsverein.[87]

Das parlamentarische Meisterstück war Liebknecht so gut gelungen, dass gegen einige der in den Skandal verwickelten Personen prozessiert werden musste. Vom 31. Juli bis zum 5. August 1913 fand der erste Krupp-Prozess statt und vom 23. Oktober bis zum 8. November 1913 der zweite. Sie wurden zu einer Farce. »Was aufgedeckt werden sollte«, schrieb Bertha v. Suttner, »die große internationale, mit Milliarden-Interessen die ganze Welt umspannende Zusammenarbeit von Waffenindustrie und hohen und höchsten Kreisen, das hat sich im Gerichtssaal in das

Vergehen einiger subalterner Angestellter verwandelt, die über belanglose Fabrikationsdetails ein paar indiskrete Aufschlüsse gegeben hätten. Die eigentliche, unheimliche Frage von der Verbindung der Kriegsfurchtmache mit der Kriegswerkzeug-Industrie – die ist gar nicht zur Sprache gekommen.«[88]

Karl Liebknecht war sich von vornherein darüber im Klaren gewesen, dass es der Klassenjustiz nicht um Wahrheitsfindung und Bestrafung der Schuldigen ging. Die Prozessführung und die offizielle Berichterstattung zeigten, erklärte er im »Vorwärts« vom 27. August 1913, wie begierig man »nach irgendeinem Mauseloch suchte, um aus der militaristischen Blamage zu entschlüpfen«.

Als er im zweiten Krupp-Prozess selbst als Zeuge vor das Landgericht I in Berlin-Moabit geladen wurde, denunzierte er den Überbringer der Geheimdokumente nicht. Vertraulichkeit und Verschwiegenheit waren für ihn auch vor Gericht Ehrensache. Vielmehr versuchte er weitere Enthüllungen darzulegen. Doch diese Aussagen wurden als nicht zum Verfahren gehörend erklärt. Schließlich seien nur zwei Personen wegen bestimmter Handlungen angeklagt, hieß es. Seine Vernehmung wurde zu einer Formsache heruntergespielt, nachdem man nicht hatte verhindern können, dass er überhaupt gehört werden musste.

Das Tauziehen um die parlamentarische Untersuchungskommission zeigte, dass die herrschenden Kreise alles darauf anlegten, Liebknecht zu isolieren. Vor allem sollte ihm untersagt werden, vor der Öffentlichkeit weitere Interna darzulegen. Der Reichskanzler und in seinem Auftrag Vertreter des Reichsamts des Innern versuchten in mehreren Vorverhandlungen, die sozialdemokratische Fraktion zum Verzicht auf die Mitgliedschaft Liebknechts in der parlamentarischen Untersuchungskommission bzw. Liebknecht zum freiwilligen Rücktritt zu bewegen. Das gelang nicht.[89] »Wird der gesamte Reichstag oder wenigstens seine gesamte Linke soviel Kraft und Mut haben, diesen unerhörten Übergriff zurückzuweisen?«, fragte die »Volksstimme«, Frankfurt (Main), am 10. November 1913 in ihrem Artikel »Der verhaßte Liebknecht« skeptisch. Am 12. Dezember interpellierte Georg Ledebour im Reichstag vergeblich über die Ablehnung Liebknechts als Kommissionsmitglied. Aus Protest zog die sozialdemokratische Reichstagsfraktion auch den zweiten von ihr benannten Vertreter, Gustav Noske, zurück. Sie behielt sich weitere Schritte vor, die jedoch zu keinem Ergebnis führten.[90]

Rosa Luxemburg hat geschildert, wie Liebknecht, von den Ereignissen und auf der Suche nach unwiderlegbaren Fakten und Enthüllungen getrieben, »seit langen Jahren lebte: nur noch im Parlament, [in] Sitzungen, Kommissionen, Besprechungen, in Hatz und Drang, stets auf dem Sprung von der Stadtbahn auf die Elektrische und von der Elektrischen ins Auto, alle Taschen vollgepfropft mit Notizenblocks, alle Arme voll frisch gekaufter Zeitungen, die er doch unmöglich Zeit hatte, alle zu lesen, Leib und Seele mit Straßenstaub bedeckt, und doch immer mit dem liebenswürdigen jungen Lächeln im Gesicht«[91]. Ein Jahr lang führte er mit allen ihm zur Verfügung stehenden Mitteln – internationaler Zusammenarbeit, Kundgebungen, Eingaben an den Kriegsminister, Parlamentsreden, Presseartikeln, Zeugenaussagen – einen entschiedenen Kampf gegen das Rüstungskapital. Damit rückte er schlagartig in den Mittelpunkt des Kampfes gegen die den Frieden in Europa aufs höchste gefährdenden Machenschaften der in Wirtschaft, Politik und Ideologie herrschenden Kreise Deutschlands und fand auch in anderen Ländern Anerkennung. Auf diesem Feld übertraf er das väterliche Vorbild und setzte für die parlamentarische Taktik von Sozialdemokraten Akzente von bleibender Bedeutung. Am Ende des Jahres 1913 zog er folgendes Resümee: »Kein Parlament, auch nicht das mächtigste, das über Gesetzgebung und Verwaltung ›gebietet‹, ist, von seiner Bedeutung als organisatorischer Faktor abgesehen [...] an und für sich selbst eine wesentliche Macht. Das Häuflein Deputierter ist eine Macht durch die realen außerparlamentarischen Mächte, die es repräsentiert. Solche realen Mächte sind vor allem a) die Menschen, b) die sachlichen Machtfaktoren [...]; kein Parlament repräsentiert mehr Macht, als diejenigen Teile des Volkes besitzen, von deren Vertrauen es getragen wird; die wesentliche Macht jedes Parlaments liegt außerhalb des Parlaments.« Politik heiße Interessenvertretung, »da gibt es kein Überreden und kein Überzeugen, da gibt es nur Machtkampf [...] um das Vertrauen, um die ›Seele‹ der Träger der außerparlamentarischen Macht – das ist der Kern jedes parlamentarischen Ernstkampfes ...«[92]

Impulse für Europa

Seit 1911 war Karl Liebknecht ein begehrter Redner auf internationalen Antikriegskundgebungen. Während der 2. Marokkokrise präsentierte er sich auf dem internationalen Sozialistentreffen am 16. Juli 1911 im schweizerischen Arbon unter donnerndem Beifall mit den Worten: Er käme aus dem Lande der »vaterlandslosen Gesellen [...] aus dem Lande, das 3½ Millionen roter Wähler und 2½ Millionen geschulter Gewerkschafter hat (Stürmisches ›Bravo!‹), [...] Ich komme aus dem Lande, in dem die Sozialdemokratie das Glück hat, Gegner von einer nirgends zu übertreffenden Beschränktheit vor sich zu haben, die unseren Mühlen so viel Wasser zuführen, daß wir gar nicht alles verarbeiten können.« Drei Dinge könnten den Arbeitern von niemandem genommen werden: Hirne, Herzen und Hände. Auf diese Kräfte gelte es zu vertrauen. »Pflicht der Völker, der Arbeiter« sei es, »Hüter des Weltfriedens« zu sein.[1] Von Jahr zu Jahr fühlte sich die sozialistische Bewegung in der Auflehnung gegen imperialistische Kolonialkonflikte und gegen den Rüstungswettlauf der europäischen Großmächte stärker werden. Mit dem Vertrauen in die Kraft ging unwillkürlich eine Überschätzung der sozialistischen Antikriegsbewegung einher. Die Marokkokrise hatte sich 1911 auch deshalb nicht zum kriegerischen Konflikt ausgeweitet, weil sich die Großmächte militärisch und strategisch noch nicht für ausreichend gerüstet hielten.

Am 8. Oktober 1912 brach der erste Balkankrieg aus. Bulgarien, Griechenland, Montenegro und Serbien führten bis Mai 1913 einen nationalen Befreiungskrieg gegen die Türkei. Angesichts der Gefahr der Einmischung Deutschlands, Frankreichs, Großbritanniens und Russlands war der Frieden in Europa erneut bedroht. Sofort beschloss das Internationale Sozialistische Büro in Brüssel, zwecks Verständigung über die Haltung zum Krieg zum 24. und 25. November 1912 einen außerordentlichen internationalen Kongress nach Basel einzuberufen. Für den 17. November wurden in allen europäischen Hauptstädten Großkundgebungen organisiert. Karl Liebknecht sprach im Auftrag des Büros in Budapest. Die Zeiten der Kabinettskriege seien vorbei. Aus einem Krieg wie auf dem Balkan könne angesichts der Hochrüstung und der Einmischungsgelüste der europäischen Großmächte rasch ein Weltbrand entstehen. Da heutige Kriege angesichts der fortschreitenden modernen Waffentechnik auf Massenheere angewiesen seien, werde es für die Herrschenden immer aussichtsloser, Kriege wider den Volkswillen anzuzetteln und auszuweiten. »Jede herrschende Klasse und jede Regierung, die es wagen sollte, Europa in Brand zu legen, wird der Fluch des Volkes verfolgen, sie werden von dem Fluche der Geschichte, von dem Haß und den Verwünschungen der Völker ereilt werden, und sie werden all ihrer Heldentaten nimmer froh werden.« Euphorisch rief er, über Europa schwebe der Sieger und Befreier Sozialismus.[2]

Die sozialistische Arbeiterbewegung war in der rund 40 Jahre währenden Friedenszeit in Europa zu einer achtunggebietenden Kraft angewachsen. Die der II. Internationale angeschlossenen Parteien hatten etwa 3,4 Millionen Mitglieder. Rund 14 Millionen Gewerkschaftsmitglieder standen ihnen zur Seite. In ihren Genossenschaften waren sieben Millionen Mitglieder verankert. Eine friedliche Zukunft verhießen an diesem 17. November alle Redner, so Jean Jaurès, James O'Gradey und Karl Renner in Berlin, Ludwig Frank in London, Hermann Molkenbuhr in Amsterdam und Philipp Scheidemann in Paris. Karl Liebknecht folgerte jedoch aus neuen Entwicklungstendenzen, noch entschiedener jene Machenschaften aufdecken zu müssen, die sich hinter den Kulissen von regierungsoffiziellen patriotischen Phrasen und Friedensstifterheucheleien abspielten. Das bewies er wenige Monate später mit der Aufdeckung des Krupp-Skandals.[3]

Er brauche ihm wohl nicht zu sagen, hieß es in einem Schreiben von Zsigmond Politzer (Csapo) aus Paris an Max Grunwald vom 4. Mai 1913, »welche Beachtung hier die Liebknecht'schen Enthüllungen gefunden haben. Meines Erachtens und ich glaube im Geiste unseres unvergeßlichen Jules [Guesdes] zu handeln, wenn ich Ihnen sage, daß wir eigentlich die von Liebknecht gesammelten Daten vervollständigen müßten.«[4] Krupp unterhalte auch in Paris, der Hauptstadt des »Erzfeindes Frankreich«, einen ständigen Agenten. Politzer verwies auf die »sonderbare Rolle« des Präsidenten der italienischen Handelskammer in Paris bei den deutschen Waffenlieferungen an die Türkei und auf österreichische Mittelsmänner im Rüstungsgeschäft. Folglich müssten die Anstrengungen international gebündelt werden, um mehr Fakten über die Kriegsrüstungskonzerne ans Tageslicht zu bringen. Diese Überlegungen gingen mit Karl Liebknechts Idee konform, eine Anklageschrift gegen die »Internationale der Rüstungsindustrie« zu verfassen.[5]

Für dieses Vorhaben brauchte er Verbündete im In- und Ausland. Spätestens seit dem Frühjahr 1913, als er mit seiner Frau zu Antikriegskundgebungen in Paris und London geweilt hatte, bestanden solche Verbindungen zu Gleichgesinnten. Besonders eng wurde sein Kontakt zu Walton Newbold, Mitglied der Independent Labour Party, und zu dem französischen Antimilitaristen André Morizet, Redakteur der »Humanité«. Morizet trat engagiert wie er gegen die Machenschaften von Schneider-Creusot auf. Newbold richtete sich in Flugschriften gegen die englischen Rüstungsfirmen Vickers, Maxim u.a. Seine Broschüre »The War trust exposed« wurde in 100000 Exemplaren verbreitet. Newbold versorgte Liebknecht mit vielen Informationen über die englische und amerikanische Rüstungswelt, die er mit Unterstützung der Trade Unions und der großen Ingenieurverbände zusammenstellte. »Ich könnte auch gefahrlos in den Dienst von Firmen in Amerika treten«, schrieb er am 27. Mai 1914 an Liebknecht, »wo ich nicht so sehr der Gefahr ausgesetzt sein würde, erkannt zu werden, wie hier, wo ich Scharen alter Universitätsbekanntschaften habe (die jetzt in diesen Werken Ingenieure sind), meist mit konservativen und chauvinistischen Neigungen, die sagen würden: ›Hallo, da ist ja Newbold, was macht denn der hier?‹«[6]

Auf Liebknechts Schreibtisch häuften sich Informationen, Statistiken, Exzerpte aus Hand- und Jahrbüchern, Zeitungsausschnitte, Gedankenskizzen. Allmählich reifte sein Plan zum Aufbau des Buches. Es entstanden Abschnitte über die Wirkungen der Krupp-Enthüllungen im Ausland, über das Ausmaß des Schmiergeldunwesens, über den internationalen Handel mit militärischen Konstruktionsgeheimnissen, über die Förderung der ausländischen Rüstungen als Methode der Förderung der einheimischen Rüstungsindustrie, über die Gefährlichkeit der privaten Rüstungsindustrie, zur auswärtigen Politik des Kapitals und zu den Quellen der Kriegshetze.

Aus dem Material über die Geschäftsgebaren der Rüstungskonzerne Krupp, Erhardt, Loewe, Goerz, Deutsche Waffen- und Munitionsfabriken, Daimler-Benz und Nobel-Dynamit AG schlussfolgerte er: Eine außerordentliche Expansion der großen Unternehmungen des Rüstungskapitals sei eine Signatur der letzten Jahre. Die Mordindustrie schieße in die Halme bei der verfluchten Witterung nach Blut, die die Atmosphäre überziehe.[7] Im kapitalistischen Moralkodex hieße es ja längst nicht nur: »Der Zweck heiligt das Mittel, sondern, den Jesuitenkatechismus übertrumpfend: Die kapitalistische Heiligkeit des Täters heiligt Mittel, Zweck und Tat.«[8]

Mit Feuereifer untersuchte er, wie die Rüstungsfirmen zusammenarbeiteten, »um Geld zu münzen aus dem Völkermord«[9]. In seinem Manuskript hielt er dazu fest: »Die Waffen- und Munitionsfabriken und ihr Anhang in Deutschland sind mit österreichischen, belgischen, französischen und russischen Firmen zusammengeschlossen; sie haben den ganzen Erdball in Interessensphären zur Exploitation unter sich verteilt. Wie sonst die Ausnutzung von Bodenschätzen Gegenstand von kapitalistischen Abmachungen ist, so hier die Ausbeutung des Völkerhasses [...] Sie garantieren sich gegenseitig das Recht auf diese Ausbeutung, die Möglichkeit, in der jeweiligen Interessensphäre den Krieg und seine Vorbereitungen in Entreprise zu nehmen, und unterstützen einander, auf daß der Weizen der Rüstungsindustrie immer weiter blühe und Früchte trage [...] Diese Räubergesellschaft ist eben international wie die Räubermoral. Sie ist einfach eine Eigenschaft der hochkapitalistischen, imperialistischen Weltentwicklung.«[10] Er enthüllte, welche Stellung die in Aufsichtsräten und Direktorien sitzenden Personen im Staat, in der Armee und in der Flotte sowie in den Parlamenten innehatten und dass Wirtschaft und Politik immer enger miteinander verquickt waren.

Die Recherchen über die internationale Rüstungsindustrie beanspruchten 1913/1914 die meiste Zeit und Kraft. Dennoch verlor er andere Aufgaben nicht aus dem Blick. Im preußischen Wahlrechtskampf engagierte er sich wie seit eh und je. Am 3. Juni 1913 wurde er erneut ins preußische Abgeordnetenhaus gewählt. Von 593 Wahlmännern im 11. Berliner Landtagswahlkreis stimmten 586 für ihn. Auf Kundgebungen und in der Presse verknüpfte er mehrfach seine Enthüllungen über das Rüstungskapital und seine Meinung über den politischen Massenstreik im Kampf um die Beseitigung des Dreiklassenwahlrechts mit grundsätzlichen Antworten auf die Frage »Was nun in Preußen?« »Der preußische Staat ist so festgefügt, und das Dreiklassenwahlrecht mitsamt der bürokratisch-militaristischen Vorherrschaft vor allem des Junkertums bildet dermaßen den Grund- und Eckstein dieses Staatswesens«, betonte er, »daß es bei dem Wahlrechtskampf notwendig nicht um ein kleines Bröckchen, sondern um ein gewaltiges Stück Macht geht – auf Biegen oder Breschen; daß es in diesem Sinn ›aufs Ganze‹ geht.«[11] Dieser Kampf richte sich gegen die Kasten und Klassen, »die als Vampire an den Adern der Volkskraft saugen«, ohne deren Einfluss z. B. das unsägliche Zoll- und Steuersystem undenkbar sei. Die Gewerkschaften, in deren Reihen es viel Skepsis gegenüber politischen Massenstreiks gäbe, sollten bedenken, dass der preußische Staat der größte und zugleich kleinlichste und arbeiterfeindlichste Arbeitgeber sei und die demokratische Erweiterung des Wahl-, Versammlungs-, Koalitions- und Presserechts auch den von ihnen verfochtenen Arbeiterinteressen entspräche. Der »Sturz und selbst eine erhebliche Schwächung der feudal-bürokratischen Reaktion in Preußen« befreie ganz Europa von einem Alpdruck und eröffne »weite, durchaus nicht phantastische Ausblicke auf eine Neuorientierung der inneren und äußeren Politik der ganzen zivilisierten Welt. [...] Preußen ist in der Tat der archimedische Punkt, von dem aus eine ganze Welt der Niedertracht aus den Angeln gehoben werden kann und muß.« Daher müsse man gegebenenfalls auch zum politischen Massenstreik bereit sein und durch Aufklärung den Willen dafür erzeugen.[12]

Der Kreis der Befürworter des politischen Massenstreiks zur Beseitigung des preußischen Dreiklassenwahlrechts reichte 1913 weit über die Linken um Rosa Luxemburg, Karl Liebknecht, Georg Ledebour, Clara Zetkin, Anton Pannekoek, Friedrich

Westmeyer hinaus. Widersacher wie Eduard David, Gustav Bauer, Gustav Noske oder Carl Legien stempelten besonders Karl Liebknecht als einen der akademischen Revolutionsphraseure ab.[13] Anwürfe aus der Partei konnten seinen Enthusiasmus nicht bremsen, zumal ihm klar war, dass es für einen konsequenten Kampf gegen die Preußenreaktion außerhalb der sozialdemokratischen Bewegung kaum Bundesgenossen gab. Im Höchstfalle könne »laue Hilfe [...] in den Kreisen des Mittelstandes« zu finden sein.[14]

Karl Liebknecht war seit 1910/11 Mitglied des »Komitees Konfessionslos«.[15] Da sich 1913 in der von den Freidenkern getragenen Kirchenaustrittsbewegung ein breiter Boykott gegen die dem preußischen Staat dienende Landeskirche zu entfalten begann, sagte er die Teilnahme an entsprechenden Veranstaltungen zu. Er respektierte die Bestrebungen der Freidenkerbewegung, betonte aber ausdrücklich, dass er den politischen Kirchenboykott als ein Mittel im Kampf gegen die Staatskirche und gegen den preußischen Staat verstand. Die staatlichen Überwachungsbehörden registrierten zufrieden, dass Parteivorstand und -ausschuss der Sozialdemokratie sich gegen die Kirchenaustrittsbewegung stellten. Liebknechts Auftritt auf der Großkundgebung am 28. Oktober 1913 in der »Neuen Welt« in der Hasenheide mit 3000 bis 4000 Zuhörern wurde missfällig vermerkt.[16] Mit Prof. Wilhelm Ostwald referierte er dort zum spektakulären Thema »Massenstreik gegen die Staatskirche«. Die Ehrlichkeit und Achtung vor Weltanschauungsfragen gebiete aus seiner Sicht, die Kirchenaustritte bzw. den Kirchenboykott als politische Bewegung mit politischem Ziel zu betrachten.[17] Er beteilige sich nicht an einem Religionskampf. Religion und Kirche seien für ihn zweierlei, schrieb er in dem Artikel »Politischer Kirchenboykott«, der im »Freidenker« vom 1. Dezember 1913 erschien. Die Religionen wie die Religiosität betrachte er als unangreifbar.

Da er sich in der Glatzer Festungshaft intensiv mit solchen Fragen beschäftigt hatte,[18] wartete er in seiner Polemik gegen Paul Göhre über das Verhältnis der Sozialdemokratie zur Kirchenaustrittsbewegung in der »Neuen Zeit« mit fundierten Äußerungen auf: »Die Partei kann als solche keine Kirchen- oder gar Religionsreformationsprogramme weder der sozialdemokratischen Juden und Mohammedaner noch der sozialdemokratischen Christen fördern oder anregen. Die religiösen Anschauungen bilden und wandeln sich im wechselnden Flusse der Gesamtkulturentwicklung mit der Gesamtheit der Gesellschaftspsychologie, die sich aus der bunten Fülle der individuellen und Gruppenpsychologien zusammensetzt. Jeder Parteigenosse soll ein ganzer Kerl sein; selbstverständlich! So wird er Manns genug sein müssen, für sich und die mit ihm Gleichgesinnten seine etwaigen religiösen Bedürfnisse selbst zu befriedigen, auch auf die Gefahr hin, dass er des Schutzes einer Staatskirche dabei entbehren sollte.«[19]

An der von der Zabernaffäre ausgelösten Protestbewegung gegen den Militarismus und für die Verteidigung der Rechte nationaler Minderheiten beteiligte sich Karl Liebknecht ebenfalls. Nach der provokatorischen nationalistischen Äußerung eines preußischen Leutnants gegenüber einem elsässischen Rekruten war gegen lokale Proteste mit blanker Waffengewalt vorgegangen worden. Allein in Berlin gab es im Dezember 1913 17 Protestkundgebungen. Liebknecht sprach am 2. Dezember in den Pharussälen und am 7. Dezember im Moabiter Gesellschaftshaus.[20] Der Reichstag sah sich gezwungen, das Verhalten der Regierung zu den Vorgängen in Zabern zu verurteilen. Dem Reichskanzler wurde mehrheitlich das Misstrauen ausgesprochen.

Bald danach prangerte er einen neuerlichen Skandal in der Rüstungsindustrie an. Vor dem 6. Strafsenat des Berliner Landgerichts III verteidigte er am 20. Januar 1914 Karl Richter, einen ehemaligen Angestellten von Siemens-Schuckert. Dieser war zuletzt in der Tokioter Filiale beschäftigt gewesen und hatte dort Briefe gestohlen, die belegten, dass die Firma systematisch hohe japanische Offiziere und Staatsbeamte bestach, um ein Monopol für Lieferungen zu erlangen und Höchstpreise zu erzielen. Richter hatte das Unternehmen mit den Briefen erpresst. Als Gericht und Staatsanwaltschaft das Verlesen der Beweisstücke untersagten, erhob Liebknecht Protest. Er befürchtete, der Angeklagte solle vor allem deshalb hart bestraft werden, weil er die Interessen der deutschen Industrie geschädigt habe. Richter wurde jedoch nur zu zweieinhalb Jahren Zuchthaus verurteilt, weil in Betracht gezogen wurde, »daß er durch die ›unlauteren‹ Manipulationen der Firma

Siemens-Schuckert zu seinem Vorgehen mit verführt worden sei«. Die skandalösen Vorgänge während der Gerichtsverhandlungen schilderte Liebknecht ausführlich am 20. Mai 1914 in einer Rede vor den preußischen Abgeordneten. »Meine Herren, soll ich noch hinzufügen, daß der Staatsanwalt am Schlusse der Sitzung [...] äußerte: ›Wenn der Liebknecht uns nicht dazwischen gekommen wäre, wäre die Sache längst vorbei gewesen‹.«[21]

Bereits am 5. Mai 1914 war Karl Liebknecht neben Heinrich Ströbel, Dr. Kurt Rosenfeld und Georg Ledebour auf einer von vier öffentlichen Versammlungen der Sozialdemokratie für den 6. Berliner Reichstagswahlkreis im prall gefüllten großen Saal der Germania-Prachtsäle in der Chausseestraße aufgetreten. Der »Vorwärts« berichtete, er habe in populärer Weise die Gemeingefährlichkeit des internationalen Rüstungskapitals vor Augen geführt und die geheim geknüpften Verbindungen zwischen den Rüstungskonzernen bloßgelegt.[22]

Am 11. Mai 1914 schritt Liebknecht – von hasserfüllten Blicken begleitet – während der Beratung des Militäretats mehrmals zur Reichstagstribüne. Er war entschlossen, Einsichten, die er bei seinen Vorarbeiten für die Anklageschrift gegen die »Internationale der Rüstungsindustrie« gewonnen hatte, vor dem Parlament und damit der Öffentlichkeit darzulegen. Die Vorredner seiner Fraktion hatten sich speziellen Anliegen zugewandt. Albrecht und Thöne trugen z. B. die Wünsche der Schuhmacher und Schneider in der Militärbekleidungsindustrie vor, und der Abgeordnete Schulz regte an, die Soldatenbibliotheken neu zu gestalten, um die Schundliteratur aus den Kasernen zu verdrängen und den Soldaten das Kasernenleben erträglicher zu machen.

Der Kontrast zu Karl Liebknechts Auftritt hätte kaum größer sein können, denn er rollte »in einer großzügigen Rede erneut die ganze Frage der Rüstungskorruption auf [...] und verwies für die ausführliche Darstellung auf eine größere literarische Darstellung, die er unter der Feder hat«[23]. Den Kampf gegen die private Rüstungsindustrie führe er nicht etwa allein, erklärte er, »dieser Kampf wird von der internationalen Sozialdemokratie in allen Ländern zugleich geführt (›Sehr richtig!‹ bei den Sozialdemokraten.), in England, in Frankreich, überall, wo wir Einfluß haben, mit der gleichen Energie. Wir wissen, daß das Übel nicht in Deutschland allein sitzt, sondern überall. Wir bekämpfen deshalb den internationalen Kriegstrust, und wir wissen genau, daß es uns gelingen wird, mit dieser Korruption fertig zu werden. (Lebhafte Zustimmung bei den Sozialdemokraten. Zurufe rechts.)«[24] In seinen Mappen befand sich gewiss auch die folgende Notiz aus seinem Manuskript zur Anklageschrift: »Das Rüstungskapital ist nicht nur vaterlandslos, das Profitinteresse geht ihm sogar über die politischen Prinzipien [...] Die Rüstungskapitalisten haben im Grunde ganz recht; man darf von der Krähe keinen Nachtigallenschlag verlangen: sie sind eben nichts als gewöhnliche Landsknechte, Condottieri des Profits.«[25]

Erich von Falkenhayn, Generalmajor Adolf Wild v. Hohenborn, Matthias Erzberger, Theodor Liesching, Ernst Bassermann und andere führende Politiker der bürgerlichen Parteien bezichtigten ihn, die deutsche Wirtschaft, ja selbst die deutschen Arbeiter zu schädigen. Die französische Rüstungsindustrie werde von seinen Enthüllungen profitieren, und die deutsche Arbeitswelt werde »den ganzen Schaden« zu tragen haben, empörte sich der Zentrumsabgeordnete Matthias Erzberger. Liebknechts Rede dürfe daher nicht unwidersprochen aus dem Hause hinausgehen. Öffentliche Reaktionen wie im Falle seiner Antikrupprede dürften sich nicht wiederholen.[26]

Karl Liebknecht blieb die Antwort auf die Demagogie in den Reden seiner Gegner nicht schuldig: »Meine Herren, wenn es einmal dazu kommen sollte, daß die Rüstungsindustrie vom Boden verschwindet – ein Ziel, das wir alle anstreben –, glauben Sie, die Leute, die bis dahin in der Rüstungsindustrie gearbeitet haben, werden von da an verhungern? Werden ihre Hände und Arbeitskräfte nicht für bessere Zwecke, für die Gesamtkultur nützlicher, verwendet werden? (Lebhafte Zustimmung bei den Sozialdemokraten.) Bilden Sie sich ein, daß wir einen Arbeiter arbeitslos machen möchten?«[27]

Neun Stunden dauerten an diesem 11. Mai 1914 die Reichstagsdebatten. Mit Unterstützung Georg Ledebours kam Karl Liebknecht mehrfach zu Wort. Erregt, jeden Zwischenruf gekonnt parierend, legte er vor den Abgeordneten sein schier unerschöpfliches Material dar. Er zeigte die Verbindung der Rüstungsmonopole zu den Großbanken auf, ihre Verflechtung mit der Sprengstoff-, Motoren- und optischen Industrie. Er gab Dutzende Namen von Ministern, bürgerlichen Parlamentariern, Offizieren, Generalen und Admiralen preis, die in den Leitungsgremien der Rüstungskonzerne Sitz und Stimme hatten. Und er deckte auf, wie viele ausländische Kapitalisten den Aufsichtsräten der »patriotischen« Firmen der deutschen Waffen- und Sprengstoffindustrie, der Kriegswerften und Panzerplattenfabriken angehörten. Berechtige das nicht, vom »Teufelstrust« des internationalen Rüstungskapitals, von einer »Kanoneninternationale in Reinkultur« zu sprechen?[28]

Mit dem inzwischen recherchierten Tatsachenmaterial könne er die Strukturen der »Rüstungsinternationale belegen: einmal insofern die einzelnen Rüstungsunternehmungen selbst international ausgestaltet sind [...], weiter insofern sich die einheimischen Rüstungsunternehmungen mit Kapital, mit Patenten usw. an ausländischen Rüstungsunternehmungen beteiligen und schließlich indem die einzelnen deutschen Rüstungsunternehmungen sich den internationalen Verbänden, Kartells, Trusts usw. anschließen. Dazu tritt die Internationale des *Rüstungshandels* und die Internationale des Handels mit militärischen Konstruktionen, Patenten, Lizenzen, Erfindungen. Und schließlich die Internationale des Finanzkapitals in der Rüstungsindustrie, die gewissermaßen die Krönung bildet.«[29] Gestützt auf die Einblicke in die Affäre mit dem Siemens-Schuckert-Konzern griff er die Justiz- und Kriegsminister an. Mit Erzberger vom Zentrum kam es zu mehreren Rededuellen. Fortwährend durch Ordnungsrufe und die Glocke des Präsidenten unterbrochen, konnte er nicht alles darlegen, was er recherchiert hatte.

Er werde daher andere Wege suchen, kündigte er am 20. Mai 1914 im preußischen Abgeordnetenhaus an. Im Hochverratsprozess gegen ihn waren seine Ansichten durch Verlesen der zur Anklage stehenden Schrift »Militarismus und Antimilitarismus« popularisiert worden. Daher wünschte er »nichts mehr, als daß ich wegen der Veröffentlichung dieses Materials angeklagt werde, Herr Justizminister! Ich hoffe, daß das geschehen und damit mir die Möglichkeit gegeben wird, all das in voller Öffentlichkeit einmal zu erörtern. Man hat bisher dergleichen in Deutschland nicht für möglich gehalten, meine Herren.«[30]

Am 2. Juni 1914 veröffentlichte Liebknecht im »Vorwärts« Dokumente zum Fall Siemens-Schuckert, die er weder im Prozess noch in den Parlamenten hatte publik machen können. Er zitierte die Denkschrift des Auswärtigen Amtes zum Fall Richter und Auszüge aus den von Richter gestohlenen Geheimbriefen der Firma Siemens-Schuckert. Walton Newbold war begeistert von seinem Mut und seiner geschickten Verwertung des bis dahin erreichten Forschungsstandes für ihre gemeinsame Anklageschrift gegen die »Internationale der Rüstungsindustrie«. »Mein lieber Dr. Liebknecht«, schrieb er am 27. Mai 1914, »ich habe soeben eine vollständige Übersetzung Ihrer Rede im Reichstag über die Rüstungsindustrie in Deutschland erhalten, und ich bin in Sorge, ob Sie die Dokumente und Noten, den Bericht über Mr. Snowdens Rede und die anderen Informationen, die ich Ihnen sandte, jemals bekommen haben.«[31] Newbold plante weitere ausgedehnte Reisen auf dem amerikanischen und dem europäischen Kontinent, um neues Material für das gemeinsame Vorhaben zu sammeln. Schließlich müssten Wege und Mittel gefunden werden, um auswärtige Konflikte in einer menschenwürdigen Weise beizulegen.

Wenige Wochen später schwanden dafür die Chancen, als die Nachricht von der Ermordung des österreichischen Thronfolgerpaares, Erzherzog Franz Ferdinand und Frau, durch anarchistische Attentäter aus serbischen Nationalistenkreisen eintraf. Am 28. Juni 1914, »diesem friedlichen Sonntag saßen wir alle nachmittags beim Tee – die Kinder waren zufrieden, daß der Vater einmal Zeit für sie hatte«, erinnerte sich Sophie Liebknecht. »Zum Nachmittag hatte sich eine alte Verwandte angemeldet. Die Wohnungstür läutete, die Erwartete trat etwas eilig ins Zimmer – die Kinder sprangen ihr entgegen, doch sie wehrte nervös ab – und rief erstaunt, wißt Ihr denn nicht? Und nun kam alles blitzschnell: der österreichische Thronfolger – Mord – Sarajewo – Extrablätter in Berlin […] Mein Mann stand schon am Telefon, war durch die Bestätigung der Nachricht äußerst erregt – ›Das ist der Krieg‹ meinte er – ›auf Wiedersehen!‹ ›Erwartet mich nicht vor dem späten Abend‹ und schon war er auf dem Weg zum ›Vorwärts‹«[32], in dessen Redaktion die Meldungen aus aller Welt eintrafen. Mit Beginn der durch den Mord in Sarajewo ausgelösten Julikrise 1914 drohten sich die Beziehungen zwischen den europäischen Staaten aufs äußerste zuzuspitzen. Würde sich dieser Vorfall bei dem Höchststand der Rüstungen der Großmächte, bei den vertraglichen Verpflichtungen im »Dreibund« und in der »Entente« sowie dem überall aufgeputschten Chauvinismus überhaupt lokalisieren lassen?

Zunächst blieb es in den folgenden Wochen relativ ruhig, denn der seit langem vorbereitete Krieg wurde insgeheim inszeniert und die Öffentlichkeit dabei auf raffinierte Weise irregeführt. »Man hoffte noch: Lokalisierung des Konflikts, Bemühungen der Botschafter, Aufrufe der Sozialisten, Telegrammaustausch der Regierungen«, notierte Sophie Liebknecht.[33] In den Parlamentsferien verließen viele Politiker Berlin. Karl Liebknecht jedoch fand keine Zeit für eine Urlaubsreise mit der Familie, die sich Sophie ebenso wie die Kinder Helmi, Bob und Vera – inzwischen 13, 11 und acht Jahre alt – so sehr gewünscht hatten.

Am 12. Juli 1914 fuhr er nach Nordfrankreich, nach Condé sur L'Escaut bei Valenciennes, wo er im Herzen des gewaltigen französisch-belgischen Industriegebietes an einer, wie er selbst schrieb, denkwürdigen Friedenskundgebung teilnahm. »Über 20000 Arbeiter aus der französischen und belgischen Umgebung mit Hunderten von Fahnen und Standarten nahmen an dem Umzug durch das altertümliche Städtchen und an der anschließenden Versammlung teil, die auf einer Wiese vor den Toren stattfand. Roldes [Mitglied des französischen Nationalrats und der Kammern] kennzeichnete die korrumpierende und intrigante Rolle der Waffenindustrie aller Länder, der Krupp, der Waffen- und Munitionsfabriken, der Schneider-Creusot. Longuet und Vandersmissen beleuchteten die Lasten und Gefahren des Militarismus und die Aufgaben des Proletariats gegenüber den Treibereien der Chauvinisten und Imperialisten aller Länder. [...] Liebknecht sprach von den Ursachen der Kriegsgefahren, von der Solidarität der Arbeiterklasse, die in allen Ländern in gleicher Not, ausgebeutet vom internationalen Kapital, dahinlebt, vom vaterlandslosen Kapital, das die patriotische Phrase nur zu Profitzwecken nützt, dem Krieg und Friede nur Geschäft ist.«[34] Sein Aufruf zur Sammlung aller Kräfte der Internationale zum Kampf gegen die Kriegshetzer fand stürmischen Beifall und in einer Resolution Ausdruck. Eine junge Arbeiterin trug die Marseillaise de la Paix von Lamartine vor. Rufe wie »Nieder mit dem Krieg!«, »Es lebe der Friede!«, »Es lebe Deutschland!« und »Es lebe die Internationale« erschollen. Mit dem Ruf »Es lebe Deutschland!« sei aber nicht, so betonte der Vorsitzende der Kundgebung, »das Deutschland der Hohenzollern, der Krupp, der deutschen Waffen- und Munitionsfabriken, der Liebert oder sonstigen militaristischen Cliquen gemeint, sondern das Deutschland der Goethe und Schiller, das Deutschland der Kunst, der Wissenschaft, der Literatur und vor allem das sozialdemokratische Deutschland«[35].

Am Tage danach fuhr Karl Liebknecht nach Paris, wo er an mehreren Veranstaltungen teilnahm und mit Freunden zusammentraf. Einigen französischen Sozialisten versuchte er zu erklären, dass ihre Idee, einen Kriegsausbruch mit einem Generalstreik beantworten zu wollen, unrealistisch sei. Ein Massenstreik ließe sich nicht dekretieren, schon gar nicht in dem Moment, in dem die Kriegsmaschinerie angelaufen sei. Über diese Erlebnisse hielt er fest: »Am 13. Juli früh fuhr ich mit Longuet nach Paris zur Kammersitzung, in der die Deckungsvorlage beraten wurde. Wir sahen den pompösen militärischen Einzug des Kammerpräsidenten, unterhielten uns mit dem Minister der Justiz Bienvenu-Martin über die brennende Amnestiefrage. Der Minister des Innern Malvy sprach uns wegen eines Mißgriffs der Polizei von Condé sein lebhaftes Bedauern aus und versicherte, daß das Vorgefallene den Intentionen der Regierung durchaus nicht entspreche. Jaurès war so kampffrisch wie je, hinreißend und voll strömender, wärmender Kraft. […] In der Sitzung hielt Sembat eine seiner feinen, geistreich-pointierten Reden. Mit Longuet zog ich zum Nationalrat der Partei, der den am 14. Juli, dem Tage des Bastillefestes, beginnenden Nationalkongreß vorbereitete. In der Redaktion der ›Humanité‹ trafen wir von neuem Jaurès. Am Nachmittag dieses Tages, des 13. Juli, hatte der Senator Humbert seine berühmte Rede über die Mißstände in der französischen Heeresverwaltung gehalten. Unter einem Haufen lärmender, hin- und herlaufender Menschen schrieb Jaurès mit einer Konzentration, die sein Hirn mit dreifacher Mauer von der Außenwelt abzuschirmen schien, in wenigen Minuten seinen Artikel über diese Affäre. Wir blieben dann – ein größerer Freundeskreis – bis tief in die Nacht beisammen; Jaurès unerschöpflich in Scherz und Ernst. Paris tanzte – tanzte überall – in den Wirtschaften, in den Cafés, auf den Straßen, auf den Plätzen. Fête nationale, Fête de la République. […] Ein gespenstiger danse macabre […] Wir saßen im Café des Grand Hotel auf dem Boulevard. Freund Duc sprachböseste Prophezeiungen aus für die nächste Zukunft, die mein Optimismus selbstsicher beiseite schob. Spät trennten wir uns. Das war mein Abschied von Jaurès.«[36] Liebknecht fuhr mit nach Châtenay in Longuets Häuschen. Am 14. Juli warf er noch einen kurzen Blick in den Nationalkongress, der über die dem internationalen Sozialistenkongress vorzuschlagende Antikriegstaktik beriet. Nach herzlichem Abschied von Renaudel, Morizet und den anderen Freunden ging es nach Basel, wo das »Franzosenfest« mit einem Feuerwerk gefeiert wurde. In den folgenden zwei Wochen arbeitete Liebknecht in Albisbrunn an seinem Manuskript über die Rüstungsindustrie, von dem er ein Exemplar bei seinem Freund Otto Lang in Zürich hinterlegte.[37] In dieser Zeit führte er vermutlich auch Gespräche mit Robert Grimm und Carl Moor.

In den Jahren 1913/14 beobachteten manche seiner Freunde mit Sorge, wie turbulent es in Karl Liebknechts Alltag zuging. Walton Newbold erinnerte sich: »Er ist ziemlich leicht erregbar, und er versucht, zu viel auf einmal zu tun. Als ich bei ihm war, versuchte er gerade seinen Bericht über die russischen politischen Gefangenen vorzubereiten, den er in Wien vortragen sollte, und er hatte zugleich mehrere wichtige Fälle vor Gericht zu vertreten. Seine Frau […] war an diesem Abend nicht zu Hause, und er stand oft vom Abendessen auf, um seinen kleinen Sohn zu beruhigen, der nicht einschlafen konnte oder wollte, bis sein Vater zu ihm gekommen war. Er ist ein überaus liebenswerter Mann, voller Spaß, ungeheuer ernst zugleich, etwa wie ein ausgewachsener Schuljunge.«[38]

Für bitter notwendig hielt es Karl Liebknecht, Europa auch noch in einer anderen Richtung neue Impulse zu geben. Seit rund 10 Jahren verfolgte er aufmerksam das Zusammenwirken der reaktionären Kräfte in Preußen und in Russland gegen jedwede Befreiungsbestrebungen der vom Zarismus unterdrückten

Bevölkerung und deren illegalen Organisationen. Über die katastrophalen Lebensbedingungen der Mehrheit der Menschen und Völker im Zarenreich besaß er durch seine Kontakte zu in Deutschland lebenden Emigranten aus Russland detaillierte Kenntnisse. In Prozessen und vielfältigen solidarischen Aktionen hatte er versucht, Betroffene unmittelbar zu unterstützen und für weitergehende Beachtung der Belange zu sorgen. Er kannte sich in den Praktiken der zaristischen Polizei und Geheimagenten bei der Verfolgung russischer Freiheitskämpfer gut aus.[39] Er hatte sich solide Kenntnisse über die Geschichte Russlands und juristisches Sachverständnis in den speziellen Fragen des preußischen Ausländerrechts erworben, konnte einfache russische Texte lesen. Durch Sophie und seine Beziehungen zu deren Geschwistern, Eltern und Freunden besaß er ein ausgeprägtes Gefühl für die Mentalität und die Sehnsüchte der unter dem zaristischen Joch lebenden Menschen.

Als Karl Liebknecht erfuhr, dass die Amnestie, die Zar Nikolaus II. 1913 anlässlich des 300. Herrschaftsjubiläums der Romanows erließ, politische Gefangene und Verbannte ausschloss, ergriff ihn große Empörung. Die steigerte sich, als deutsche Sozialdemokraten wie Eduard David ihre Solidarität für die russischen Kampfgefährten lediglich auf Appelle an den Zaren beschränken wollten.

In Frankreich rüttelte eine Liga des Droits des Hommes die Öffentlichkeit auf.[40] Der in Paris lebende Russe Alexander Stein, mit dem Karl Liebknecht schon länger für das »Russische Bulletin« zusammenarbeitete, beriet mit ihm und Hugo Simon, Bankier, Kunstmäzen und ein Freund von Rudolf Hilferding, wie in Deutschland eine ähnliche Wirkung erzielt werden könnte. Zusammen mit Wilhelm Buchholz, Minna Cauer, Oskar Cohn und Bernhard Kampffmeyer bildete Karl Liebknecht Anfang des Jahres 1913 einen Ausschuss, um einen zündenden Aufruf »Für die politischen Gefangenen Rußlands« zu verfassen und eine weitreichende Unterschriftensammlung zu organisieren. Er bat Henriette Roland-Holst um ihre Mitwirkung in Holland. »Es würde sich zunächst darum handeln«, schrieb er am 21. Mai, »den Aufruf mit entsprechenden Änderungen ins Holländische zu übertragen und die Unterschriften der bekanntesten Leute Ihres Landes, möglichst aus den bürgerlichen Kreisen, zu sammeln. [...] Der Aufruf soll möglichst mit sämtlichen Unterschriften aus allen Ländern an einem Tage in der gesamten europäischen Presse veröffentlicht werden.« Ein Ausschuss müsse gebildet werden, der danach öffentliche Sammlungen für die politischen Gefangenen organisiere, Mitglieder werbe, neue Nachrichten in die Presse lanciere usw. usf.«[41]

Im Aufruf hieß es: »Seit der Verkündigung der verfassungsmäßigen Freiheit im Oktober 1905 sind über *vierzigtausend Personen* wegen politischer Vergehen in Rußland verurteilt worden. Davon wurden über *dreitausend* hingerichtet, über *zehntausend* in den Totenhäusern der ›Katorga‹ eingekerkert [...] Die Unterzeichneten haben sich zusammengeschlossen, um die Tatsachen zu sammeln und zu veröffentlichen, die allen Freunden der Gerechtigkeit und Menschlichkeit, ohne Unterschied der Partei, ein gesichertes Urteil über die grauenvollen Zustände ermöglichen. Es gilt, das Gewissen der Menschheit gegen die Mißhandlung und Vernichtung von vielen tausend Menschen wachzurufen. Es gilt, durch moralische und materielle Unterstützung zu zeigen, daß auch die Unglücklichen in den russischen Gefängnissen und in den sibirischen Einöden von menschlichem Mitgefühl umfaßt werden.«[42] Weit über 500 Schriftsteller, Künstler, Musiker, Wissenschaftler, Universitätsprofessoren, Pastoren sowie Politiker und Parlamentarier bürgerlicher Parteien unterschrieben die Protesterklärung vom 25. November 1913 gegen die fortgesetzten Gräuel in den russischen Gefängnissen. Auch fast alle Führer der II. Internationale unterzeichneten. In Deutschland erschien der Aufruf im »Vorwärts«, im »Berliner Tageblatt«, in der »Frankfurter Zeitung«, in der »Vossischen Zeitung« und in anderen bürgerlichen Blättern, in Frankreich in »L'Humanité«, in England im »Manchester Guardian« und »Daily Citizen« und in Holland in »Het Volk«.[43] Zum ersten Mal wurde eine von Sozialdemokraten initiierte politische Aktion gegen die brutale Verletzung von Menschenrechten im zaristischen Russland so breit in der Öffentlichkeit wahrgenommen.

Noch im November 1913 bildete sich der »Deutsche Hilfsverein für die politischen Gefangenen und Verbannten Rußlands«. Dazu hatte vor allem Alexander Stein angeregt. Karl Liebknecht gehörte neben Eduard Bernstein, Oskar Cohn und Hugo Heinemann dem vielköpfigen Beirat des Vereins an, in dem das Bürgertum durch Alfred Blaschko, Lujo Brentano, Hellmut v. Gerlach, Gustav Radbruch und Theodor Heuss vertreten war. Im Vorstand wirkten Minna Cauer, die Liebknecht in ihrem Tagebuch als »sehr sympathisch; oft naiv-kindlich, dann humoristisch und immer liebenswürdig«[44] charakterisierte, N.H. Witt, Eduard Fuchs, der Bankier Hugo Simon, Graf Georg v. Arco, die Schriftsteller Bernhard Kampffmeyer und Dr. Alfred Kerr, die Künstlerin Käthe Kollwitz, der Pfarrer Nithack-Stahn und Rittmeister a.D. K. v. Tepper-Laski. Hugo Simon übernahm auf Bitten von Alexander Stein das Schatzmeisteramt; Adressat für Geldsendungen wurde das Bankhaus »Carsch, Simon und Co« in Berlin.[45] Spätestens in diesem Verein dürften Karl Liebknecht und Hugo Simon näher miteinander bekannt geworden sein. Ihm blieb Liebknecht als »ein Mann von hohem idealistischen Schwung und von tiefgründiger Bildung« in Erinnerung. Weiter hielt Simon in einem Manuskript fest: »Karl Liebknecht und Eduard Fuchs waren dann und wann zusammen mit anderen Genossen in unserem Hause zu Gast, aber während Liebknecht mit seinem warmen und gütigen Herzen jeden Andersdenkenden gelten ließ, konnte das der temperamentvolle Fuchs nicht. [...] So stritten wir beide über den Wert der Toleranz, und Liebknecht war mein Anwalt dabei. Er verteidigte mich und meine Toleranz. In unserem Freundeskreise gab es genügend entgegengesetzte Anschauungen sowohl über die Bewegung selber wie über ihr Endziel, aber die Genossin Fannja, die sich nun ebenfalls oft einfand, erhöhte noch die Vielfaltigkeit.«[46] Fanny Jezierska war Sekretärin des »Hilfsvereins«.[47] Die Namen einiger Vorstands- und Beiratsmitglieder des »Deutschen Hilfsvereins für die politischen Gefangenen und Verbannten Rußlands« lassen, wie Helmut Trotnow hervorhebt, »den Schluß zu, daß es sich um eine Art Vorläufer des ›Bundes Neues Vaterland‹ gehandelt hat, der sich später zur ›Deutschen Liga der Menschenrechte‹ weiterentwickelte«. Karl Liebknecht wurde Sympathisant des »Bundes Neues Vaterland«.[48]

Der in London lebende Anarchist Fürst Peter Kropotkin setzte weiterhin auf illegale Aktionen zur Unterstützung der Verfolgten in Russland und hatte seine Mitarbeit versagt. Außerdem kritisierte er, dass in England, Frankreich, Österreich und in der Schweiz bestehende Exilorganisationen nicht einbezogen wurden. Als man ihn umzustimmen versuchte, teilte er Kampffmeyer mit: »Der Grund meines Ablehnens ist, daß ich die ganze Sache als *widersprechend der einfachsten, revolutionären Ethik ansehe.«* Liebknecht verstünde von den russischen Hilfsorganisationen zu wenig und würde für die Sache »benutzt«.[49]

Trotz der Protestaktion und des großen Widerhalls in der europäischen Öffentlichkeit konnte die Lage der politischen Gefangenen und Verbannten in Russland nicht spürbar verbessert werden. Als Liebknecht vom Internationalen Sozialistischen Büro gebeten wurde, den Bericht und die Resolution für die 5. Kommission des für August 1914 nach Wien einberufenen Kongresses der II. Internationale über die russischen Gefängnisgräuel vorzubereiten, sah er darin eine große Chance, alle Sozialisten Europas auf umfassendere Hilfsaktionen für die vom Zarismus Verfolgten einzuschwören. In seinem Bericht schrieb er u.a.: »Unter diesen Opfern stellen die Vorkämpfer der Arbeiterbewegung und des Sozialismus das weitaus größte Kontingent. Schon darum, aber auch im Namen der Menschlichkeit und des Kulturgewissens, deren edelste Vertreterin sie ist, hat die Internationale des Sozialismus die heilige Pflicht, sich mit der Lage jener Unglücklichen zu beschäftigen, die in den Kerkern des Mörderzaren und in den Eiswüsten der Verbannung dahinsiechen.«[50]

Gelegentliche Proteste in den Parlamenten Deutschlands, Italiens und der Schweiz und aufrüttelnde Schriften von Peter Kropotkin, Vera Figner oder von Pressensé, dem Präsidenten der französischen Liga für Menschen- und Bürgerrechte, hatten keinen Sturm zu entfesseln vermocht. Karl Liebknecht forderte daher vom internationalen Proletariat entschlosseneres Vorgehen. Die einzige Resolution, die er jemals für einen Tagesordnungspunkt eines Kongresses der Sozialistischen Internationale ausarbeitete, sagte alles Notwendige zur Förderung der Freiheitsbewegung, speziell des proletarischen Klassenkampfes in Russland, um die Wurzeln der Romanow-Despotie zu beseitigen.[51] Sie konnte nicht zum Beschluss erhoben werden, denn der für den 13. bis 19. August 1914 geplante Kongress fand nicht statt.

Gegen Krieg und Verderben

Ende Juli 1914 kam Karl Liebknecht aus der Schweiz nach Berlin zurück. Bis zum 3. August trat er weder mit Reden noch mit Artikeln in Erscheinung. Er sei unruhig und in düsterer Stimmung gewesen, berichtete Sophie Liebknecht. Er »verbrachte viel Zeit im ›Vorwärts‹, die neuesten Telegramme zu hören – an Wien war nicht mehr zu denken, wir irrten zuhause ruhelos von Zimmer zu Zimmer – die Sommertage schienen ganz dunkel. Jaurès war tot [am 31. Juli 1914 in Paris ermordet] – an den Fassaden erschienen die unfaßbaren, früher nie gehörten Worte: Allgemeine Mobilmachung – in der Nacht klapperten die Hufe unzähliger, an unserer Wohnung vorbeimarschierender Pferde als Begleitung unserer schlaflosen Nächte – das Spiel begann.« Eigentlich begann es am 28. Juni 1914, als in Sarajevo das österreichische Thronfolgerpaar ermordet wurde, fügte sie wohlweislich hinzu.[1] Seitdem agierten die Geheimdiplomaten und Militärstrategen auf Hochtouren. Die am Krieg interessierten Kräfte in Politik und Wirtschaft lenkten durch Friedensheuchelei von eigenen Kriegsabsichten ab. Ihre Regie sah vor, Russland, den Hort der Reaktion, in die Rolle des Angreifers zu drängen. »Sonst kriege ich die Sozialdemokraten nicht mit!« – erklärte Reichskanzler Theobald v. Bethmann Hollweg. Nur wenn die Deutschen »als die zum Krieg Gezwungenen« dastünden, sei mit der Neutralität Englands zu rechnen.[2]

Nahezu sämtliche einflussreichen Sozialisten meinten noch nach dem österreichisch-ungarischen Ultimatum vom 23. Juli 1914, den Frieden für Europa wiederum retten zu können. Am 25. Juli wandte sich der sozialdemokratische Parteivorstand in scharfen Worten gegen das Treiben der Kriegshetzer und rief dazu auf, in Massenversammlungen dem Friedenswillen Ausdruck zu geben. Das mit Österreich-Ungarn im »Dreibund« zusammengeschlossene Deutschland müsse mäßigend auf die österreichische Regierung einwirken und sich im Falle eines Krieges jeder militärischen Einmischung enthalten. Verärgert drohte Kaiser Wilhelm II.: »Die Sozen machen Antimil. Umtriebe in den Straßen, das darf nicht geduldet werden, *jetzt* auf keinen Fall; im Wiederholungsfalle werde ich Belagerungszustand proklamieren und die Führer samt und sonders tutti quanti einsperren lassen. Loebell und Jagow dahin instruieren. Wir können jetzt keine Soz. Propaganda mehr dulden!«[3] Am 26. Juli wurden die beiden Vorsitzenden der deutschen Sozialdemokratie ins Innenministerium bestellt. Da Friedrich Ebert in Urlaub war, nahm Hugo Haase den Hauptkassierer Otto Braun mit. Unterstaatssekretär Arnold Bill Drews teilte ihnen mit, dass die Regierung vorläufig nicht gegen die Protestkundgebungen einschreiten werde, wenn die Sozialdemokratie jede »unvorsichtige Bemerkung« zur deutschen Politik vermeide. Bei einer eventuellen Mobilmachung käme es auf »vaterländisches« Verhalten an. Würde das erkennbar, könnte auf die Inhaftierung sozialdemokratischer Partei- und Gewerkschaftsführer verzichtet werden.[4]

Bis zuletzt protestierten viele Sozialdemokraten gegen den drohenden Krieg bzw. waren dazu bereit. In Deutschland haben zwischen dem 26. und 31. Juli 1914 »mindestens 288 Antikriegsversammlungen in 163 Städten und Gemeinden, wahrscheinlich noch wesentlich mehr stattgefunden. Allein an den 183 Versammlungen, für die Zahlenangaben vorliegen, waren fast 500 000 Menschen beteiligt.« Mindestens eine Dreiviertelmillion Menschen dürfte an der sozialdemokratischen Antikriegsbewegung teilgenommen haben. Die geplante zweite Versammlungswelle fiel dem Belagerungszustand zum Opfer.[5] Die Parteiführung ließ es bei ihrem demonstrativen Aufruf bewenden.

Insgeheim verhandelte Albert Südekum mit der Regierung. Bereits am 25. Juli sagte er in einer privaten Unterredung Staatssekretär Clemens Delbrück zu, dass die Sozialdemokraten im Kriegsfall ihre »vaterländischen Pflichten« erfüllen würden. Am 29. Juli versicherte er dem Reichskanzler, die Sozialdemokratie werde nicht über Versammlungsproteste hinausgehen. Auf Vermittlung von Südekum trat Bethman Hollweg am 29. Juli mit dem sozialdemokratischen Parteivorstand in Verbindung. Daraufhin forderte dieser die Parteipresse auf, die Antikriegspropaganda abzuschwächen, weil sonst scharfe Repressalien gegen die Partei zu befürchten seien.[6] Hugo Haase wurde telegrafisch instruiert, auf der Sitzung des Internationalen Sozialistischen Büros für eine Vertagung des Internationalen Sozialistenkongresses auf unbestimmte Zeit zu plädieren.[7] Dort wurde beschlossen, den Kongress auf den 9. August vorzuverlegen und nach Paris statt nach Wien einzuberufen.[8] Am 30. Juli war sich der Reichskanzler sicher, dass von der Sozialdemokratischen Partei weder General- noch Partialstreik oder Sabotage zu befürchten seien. Die Militärbehörden verzichteten vorläufig auf die Abwehrmaßnahmen.

Inzwischen hatten die Kriegstreiber vollendete Tatsachen geschaffen. Am 28. Juli hatte Österreich-Ungarn an Serbien den Krieg erklärt. Zwei Tage später befahl die Regierung des mit Serbien verbündeten Russland die allgemeine Mobilmachung seiner Streitkräfte. Damit war der Plan der deutschen Regierung aufgegangen. Kaiser Wilhelm II. proklamierte am 31. Juli für das Deutsche Reich den Kriegszustand; über Berlin wurde der Belagerungszustand verhängt. Auf die allgemeine Mobilmachung und die Kriegserklärung an Russland am 1. August folgte am 3. die Kriegserklärung an Frankreich.[9]

Der Parteivorstand der Sozialdemokratie appellierte in einem neuen Aufruf, der am 1. August 1914 im »Vorwärts« erschien, an die Arbeiter, sich nicht zu Unbesonnenheiten hinreißen zu lassen. Von einem Tag zum anderen schworen die Führungen der deutschen Sozialdemokratie und der freien Gewerkschaften dem Klassenkampf ab und erklärten im Einklang mit der Regierung und den bürgerlichen Parteien, Deutschland befinde sich in einem Verteidigungskrieg. Somit gehe es nur noch darum, der Regierung die Mittel zur Kriegführung zu bewilligen. Ähnlich verhielten sich die Führungen der meisten anderen Parteien der II. Internationale. Camille Huysmans ließ in einem kurzen Rundschreiben vom 1. August mitteilen, dass der Sozialistenkongress auf ein unbestimmtes Datum vertagt wird.[10]

Karl Liebknecht erhielt vom Reichstagspräsidenten Dr. Kaempf am Vormittag des 1. August per Telegramm die Nachricht, dass der Reichstag am 4. August 1914 zusammentreten werde.[11] Am gleichen Tag hieß es in der bürgerlichen Presse, die Sozialdemokratie werde die Kriegskredite voraussichtlich bewilligen.[12] Friedrich Stampfer verschickte in seiner Korrespondenz an die sozialdemokratischen Zeitungen Ende Juli einen Artikel, der in einigen Journalen abgedruckt wurde, obwohl er ihn auf Veranlassung Haases zurückziehen sollte. Darin hieß es: »Wir wollen nicht, daß unsere Frauen und Kinder Opfer kosakischer Bestialitäten werden [...] Die ›vaterlandslosen Gesellen‹ werden ihre Pflicht erfüllen und sich darin von den Patrioten in keiner Weise übertreffen lassen.«[13] Um die Sozialdemokratie auf Kriegskurs zu drängen und das ganze deutsche Volk zur »Vaterlandsverteidigung« anzuhalten, erklärte Kaiser Wilhelm II. am 1. August, er kenne keine Parteien mehr, nur noch Deutsche.[14] Die Teilnehmer der von der Generalkommission der freien Gewerkschaften einberufenen Konferenz der Verbandsvorstände beschlossen am 2. August, die Maßnahmen der Regierung bei der Mobilmachung zu unterstützen, Lohnbewegungen ab sofort einzustellen und während des Krieges keine Lohnkämpfe zu führen. Jegliche Hilfe für Streikende wurde untersagt.[15]

Viele Deutsche verfielen dem Wahn, das Vaterland gegen seine Feinde verteidigen zu müssen. Bereits Ende Juli waren entsprechende Gelübde aufgetaucht: »Bis – aber nur bis Kriegsausbruch: Krieg dem Kriege! Kommt der Krieg doch: Mit Herz und Hand fürs Vaterland!«[16] Ohne Kriegserklärung marschierten deutsche Truppen am 1. August völkerrechtswidrig in Luxemburg ein. Den Überfall auf Belgien am 4. August, dessen Neutralität gebrochen worden war, nahm England zum Anlass, Deutschland sofort den Krieg zu erklären. Von Stund an nahm der Erste Weltkrieg seinen verhängnisvollen Verlauf.

Karl Liebknecht war entsetzt: »*Amtlich* wurden am 1. und 2. August von der deutschen Regierung die aufpeitschenden – schon 1870 erprobten – Tartarennachrichten von Brunnenvergiftungen durch französische Offiziere und Ärzte und ähnliches verbreitet; *amtlich* wurde die ganze deutsche Bevölkerung gegen die in Bausch und Bogen als spionageverdächtig bezeichneten Ausländer gehetzt. Erst als die amtlichen Kundgebungen das Volk in die angestrebten chauvinistischen Delirien, in einen wahrhaft manischen Zustand versetzt hatten, wurden sie dementiert. All dies geschah unter dem bleiernen Druck des Belagerungszustandes, der jedes Wort der Kritik und Vernunft erstickte. Unter dem Titel ›Wie Rußland Deutschland hinterging und den europäischen Krieg entfesselte‹ wurde das deutsche Weißbuch in Zehntausenden Exemplaren verbreitet. ›Der Zar hat unsern Kaiser betrogen‹, so meinten viele gute Seelen, ›darum müssen wir den Krieg führen!‹ Die Politik wurde zur Kinderstube und zum Narrenhaus.«[17]

Er zweifelte kaum noch daran, dass die Kriegskredite im Reichstag auch mit Zustimmung von Sozialdemokraten bewilligt würden. Bis zur Beschlussfassung im Fraktionsvorstand am Morgen des 2. August meinten allerdings die Vorsitzenden der Fraktion, Hugo Haase, Hermann Molkenbuhr und Philipp Scheidemann, auf Ablehnung bzw. Stimmenthaltung orientieren zu müssen, weil sich in der Fraktion keine Mehrheit für die Zustimmung finden werde. Zwei entgegengesetzte Entwürfe einer Fraktionserklärung lagen vor: eine von Eduard David für die Kriegskreditbewilligung und eine von Georg Ledebour mit scharfer Ablehnung der Kriegskredite. Nach Beratungen von Fraktionsmitgliedern und einer Parteivorstandssitzung beschloss der Fraktionsvorstand im Beisein von drei Parteivorstandsmitgliedern am 2. August mit vier gegen zwei Stimmen, auf die Bewilligung der Kriegskredite Kurs zu nehmen.[18]

Die Ereignisse jener Wochen dürften bei den Liebknechts Ängste um die Familie, die Rechtsanwaltspraxis und Karls Leben geschürt haben. Schließlich war er den Kriegstreibern seit Jahren verhasst und Sophie eine Jüdin, deren Eltern in Russland, dem erklärten Feind Nr. 1, wohnten. Unklar war, wie sich der enge Kontakt zu Sophies Geschwistern in der Schweiz und in Paris aufrechterhalten ließ. Vom jüngsten Bruder, Abraham Ryss (Beba), der im von Deutschland überfallenen Belgien studierte, fehlte jede Nachricht. Zu befürchten war obendrein, dass man den dreiundvierzigjährigen Karl Liebknecht zum Kriegsdienst verpflichtete, damit er keine Antikriegsstimmungen befördern konnte. Bereits im August 1914 wurde er wie sein Bruder Theodor das erste Mal gemustert.[19] Wann seine jüngeren Brüder die Gestellungsbefehle erhielten, schien nur eine Frage der Zeit zu sein. Curt wurde Ende November 1914 als erster der Familie als Militärarzt nach Belgien beordert.[20]

Noch immer schwebte gegen Karl Liebknecht ein Ehrengerichtsverfahren. Diejenigen, die es wegen seines Kampfes gegen den Zarismus inszeniert und im Juni 1914 für die Fortsetzung des Verfahrens im preußischen Abgeordnetenhaus gestimmt hatten, versuchten nach Kriegsbeginn, Liebknechts Antizarismus zu missbrauchen. Sie hoben den für den 19. September anberaumten Verhandlungstermin auf. Liebknecht protestierte und verlangte schleunigst einen neuen Termin. Er denke nicht daran, sich »die zum Zwecke der chauvinistischen Erhitzung des deutschen Volkes künstlich erzeugte Stimmung in dem vorliegenden Verfahren nutzbar machen zu wollen«[21]. Zur Berufungsverhandlung kam es erst am 7. November 1914. Es blieb bei dem Verweis des Ehrengerichtshofes von 1911. Liebknecht lehnte kategorisch »die Gemeinschaft mit den Gesellen ab, die im Juni mich in kreischender Wut kreuzigen wollten, weil ich für die getretene Menschlichkeit gegen den damals allmächtigen und angebeteten ›Blutzaren‹ auftrat«[22].

Auf der Sitzung der sozialdemokratischen Reichstagsfraktion am 3. August 1914 traf Karl Liebknecht vermutlich das erste Mal nach Kriegsbeginn mit gleichgesinnten Parlamentskollegen zusammen. Viele Genossen wären in dem Wahn befangen gewesen, »daß die Ablehnung der Kriegskredite für die Mehrheit der Reichstagsfraktion selbstverständlich und zweifellos sei«[23]. Für ihn stand fest, dass der Krieg von Seiten der Großmächte ein imperialistischer Eroberungskrieg und kein nationaler Verteidigungskrieg war. Folglich ging er mit dem festen Entschluss in die Sitzung, sich für die Ablehnung der Kriegskredite einzusetzen. In der sehr kurzen Vormittagssitzung blieb wenig Zeit für die Aussprache. Zudem wurden die Fraktionsvorsitzenden Haase und Scheidemann zu einer Besprechung zum Reichskanzler gerufen. Liebknecht erschütterte vor allem der Zusammenbruch des sogenannten radikalen Flügels. »Von drei Genossen, *Ledebour, Lensch, Liebknecht* wurde in aller Hast – nur Minuten standen zur Verfügung – der notdürftige Entwurf einer der Fraktion vorzuschlagenden Erklärung redigiert, die mit Verweigerung der Kredite schloß.«[24] David meinte, »der Augenblick gebiete, sich von überkommenen Vorstellungen loszusagen und umzulernen [...] Er beantragte im Namen der Mehrheit des Fraktionsvorstandes die Bewilligung der Kredite [...] Für die Bewilligung wurden u.a. die angeblichen feindlichen Invasionen von Ost und West ins Feld geführt, Grenzgeplänkel, denen wichtige deutsche Angriffshandlungen gegenüberstanden [...] Man hörte die Parole ›Gegen den Zarismus‹, Bebels Flintenrede, die stereotyp gewordenen literarischen ›Beweise‹.« Das Gros der Bewilligungsfreunde meinte weiter: »Der Volksstimmung dürfen und können wir uns nicht entgegenwerfen; Jaurès Ermordung und die (damals lügenhaft gemeldete! Ermordung Caillaux') zeigen den Hitzegrad der Kriegsstimmung in Frankreich; [...] unsere Organisationen werden vernichtet, zertrümmert, wenn wir die Kredite verweigern – das ›Ja‹ aber wird die Stellung der Sozialdemokratie gewaltig stärken –, die Regierung wird nicht mehr in der Lage sein, diese Partei als außerhalb des Gesetzes stehend zu behandeln; [...] *Kautsky*, der [als Gast] die Konstruktion der Notstandskredite anregte, schlug vor, der Regierung die Zusicherung abzufordern, daß sie keine Eroberungen wolle, und bei Abgabe der Zusicherung zu bewilligen, bei Verweigerung abzulehnen; der Vorschlag fand allgemeine Zurückweisung.«[25] Liebknecht habe ihm entgegengehalten, bemerkte Kautsky später, dass die Regierung alles versprechen, aber darauf pfeifen werde, wenn sie den militärischen Sieg errungen habe.[26] Alles schien auf eine Zustimmung zu den Krediten hinauszulaufen, obwohl Haase und Ledebour die Ablehnung befürworteten. Die Mehrheit hörte nur mit Ungeduld und Unruhe die Vertreter der Minderheit an. Ein Schlussantrag machte der sehr erregten Debatte ein frühes Ende. 78 waren für die Bewilligung der Kredite, nur 14 Genossen (außer dem fehlenden Emmel, der sich später im gleichen Sinne äußerte) stimmten dagegen. Nach Liebknechts Beobachtung waren das Albrecht, Antrick, Bock, Geyer, Haase, Henke, Herzfeld, Kunert, Ledebour, Lensch, Peirotes, Rühle, Vogtherr. Einige sollen sich der Stimme enthalten haben.

Am Morgen des 4. August lag die Erklärung der am Vortag eingesetzten Kommission für die Bewilligung vor. »Stadthagen forderte vergeblich eine scharfe Wendung zur Kennzeichnung der innerpolitischen Zustände Deutschlands. Liebknechts Antrag, unseren französischen Freunden wenigstens noch ein Wort der Sympathie und Brüderlichkeit zuzurufen, führte – nachdem er von Frank bekämpft war – zur Einfügung einer nichtssagenden Floskel. Sein weiterer Antrag, auch für Österreich jede Eroberungspolitik abzulehnen, fiel«, weil David widersprach.[27] Die Reichstagssitzung fand am Nachmittag des 4. August 1914 statt. Ein tiefer Ernst lag über dem vollbesetzten Haus, als Reichskanzler Bethmann Hollweg die Regierungserklärung verlas, in der er wider besseres Wissen behauptete: »Rußland hat die Brandfackel an das Haus gelegt. Wir stehen in einem erzwungenen Kriege mit Rußland und Frankreich.«[28] »In unserer Fraktion herrschte eine Stimmung verhaltenen Zorns über die Notwendigkeit, jetzt mit denen zusammenstehen zu müssen, deren Politik das Unheil heraufbeschworen hatte«, hielt Wilhelm Dittmann in seinen Erinnerungen fest.[29]

In der langen Fraktionserklärung mit vielen Wenn und Aber zur »Schicksalsstunde« – »Wir lassen in der Stunde der Gefahr das eigene Vaterland nicht im Stich« – wurde behauptet: »Wir fühlen uns dabei im Einklang mit der Internationale, die das Recht jedes Volkes auf nationale Selbständigkeit und Selbstverteidigung jederzeit anerkannt hat, wie wir auch in Übereinstimmung mit ihr jeden Eroberungskrieg verurteilen.«[30] Unter Fraktionszwang stimmte die sozialdemokratische Reichstagsfraktion geschlossen der Bewilligung des ersten 5-Milliarden-Kriegskredits zu. Eduard David notierte am 5. August zufrieden: »Die Wirkung unserer Zustimmung nach außen ist sehr stark. Das Gefühl der nationalen Geschlossenheit beherrscht alles.«[31]

Damit wurde jene schiefe Ebene heraufbeschworen, auf der es kein Halten gäbe, vor der Rosa Luxemburg auf dem sozialdemokratischen Parteitag in Jena 1913 in ihrer Kritik an der Zustimmung zur Deckungsvorlage für die Heeresausgaben gewarnt hatte.[32] Im Frühjahr 1913 hatte Karl Liebknecht mit 37 Abgeordneten gegen die Vorlage votiert, sie alle waren der Fraktionsdisziplin unterworfen worden. Am 4. August 1914 befand er sich in der grässlichen Gewissens- und Erklärungsnot, als überzeugter Kriegsgegner nicht gegen die Fraktionsdisziplin aufbegehrt und mit für die Kriegskredite gestimmt zu haben. Nur bei Anspannung aller Gedächtniskraft sei es möglich, meinte er zwei Jahre später, »sich in die taktische Lage zurückzuversetzen, die am 4. August 1914 für die Fraktionsmitglieder von der Minderheit bestand. Der Abfall der Fraktionsmehrheit kam selbst für den Pessimisten überraschend; die Atomisierung des bisher überwiegenden radikalen Flügels nicht minder. Die Tragweite der Kreditbewilligung für die Umschwenkung der gesamten Fraktionspolitik ins Regierungslager lag nicht auf der Hand: Noch bestand die Hoffnung, der Beschluß vom 3. August sei das Ergebnis einer vorübergehenden Panik und werde alsbald korrigiert, jedenfalls nicht wiederholt und gar übertrumpft werden. Aus diesen und ähnlichen Erwägungen, allerdings, auch aus Unsicherheit und Schwäche erklärte sich das Mißlingen des Versuchs, die Minderheit für ein öffentliches Seperatvotum zu gewinnen. Nicht übersehen werden darf dabei aber auch, welche heilige Verehrung damals noch der Fraktionsdisziplin entgegengebracht wurde, und zwar *am meisten vom radikalen Flügel,* der sich bis dahin in immer zugespitzterer Form gegen Disziplinbrüche oder Disziplinbruchneigungen revisionistischer Fraktionsmitglieder hatte wehren müssen.«[33]

Die Bewilligung der Kriegskredite erwies sich als eine erschreckende folgenschwere Abkehr von den programmatischen Grundsätzen und den taktischen Gepflogenheiten der deutschen Sozialdemokratie. Sie stürzte die Partei in eine tiefe Krise, die in einen Spaltungsprozess der Arbeiterbewegung mündete.

»Mich ganz allein von meinen engsten Freunden aus dem radikalen Lager zu trennen schien mir damals nicht angezeigt«, schrieb Karl Liebknecht am 18. Februar 1915 an den Potsdamer Sozialdemokraten Bruhwodd, »niemand konnte ja diesen Verfall der Partei vorausahnen. Es ging am 3./4. 8. alles Hals über Kopf. Wir hatten nur Stunden, ja Minuten Zeit u. standen zu unserem Schrecken plötzlich vor einer völligen Zersprengung des radikalen Flügels. Haase, selbst von der Minderheit, ließ sich zur Verlesung der Mehrheitserklärung bestimmen! – So fügte ich mich am 4. August mit Zähneknirschen der Mehrheit. Ich habe das selbst von Anfang an aufs tiefste bedauert u. bin bereit, mir jeden Vorwurf deswegen gefallen zu lassen.«[34] Alfred Grotjahn erinnerte daran, dass diese Kriegsbegeisterung »bis weit in die Kreise selbst des linken Flügels der sozialdemokratischen Partei ging [...], *Konrad Haenisch,* der Radikalen einer, und *Paul Lensch,* genannt der ›Jakobiner‹, wurden zu glühenden Patrioten. Der russische Bohemien *Helphand* gar, der seit Jahren die Parteipresse mit den revolutionären Parvus-Leitartikeln versah, erglühte in besonderer Weise für den Kampf gegen den Zarismus: er spekulierte in Getreide und anderen nützlichen Waren und wurde durch den Krieg zum Multimillionär. Ganz unentwegt auf der alten Bahn wandelten eigentlich nur Karl Liebknecht und die beiden radikalen Parteigenossinnen Luxemburg und Zetkin, die ›Rosa‹ und die ›Klara‹.«[35]

Noch am Abend des 4. August trafen sich in der Wohnung Rosa Luxemburgs in Berlin-Südende Hermann Duncker, Hugo Eberlein, Julian Marchlewski, Franz Mehring, Ernst Meyer und Wilhelm Pieck, d. h. ein Kreis von Linken, die keine Parlamentarier und über das Verhalten der Fraktion zutiefst enttäuscht waren. Sie berieten über das »Wie weiter«? Selbst ein Austritt aus der Partei wurde erwogen. Rosa Luxemburg und Franz Mehring verfassten eine Erklärung, in der es wohl hieß: »Wir treten nur darum nicht aus der Partei, weil …«[36] Die Erklärung gilt als verschollen. Karl Liebknecht schrieb in seinen »Betrachtungen und Erinnerungen aus der ›großen Zeit‹«, er habe eine Unterschrift abgelehnt, »nicht ›weil sie mir zu radikal war‹, wie die Legende sagt, sondern weil ich noch damit rechnete, daß die Partei baldigst in schwerste Verfolgungen geraten würde, so wollte ich ihr nicht ›in den Rücken fallen‹; sodann weil ich diese Erklärung als Halbheit empfand: Dann hätte man schon austreten müssen.«[37] Für ihn, der auch familiär in der deutschen Sozialdemokratie tief verwurzelt war, kam ein Parteiaustritt überhaupt nicht in Frage. Selbstmordgedanken, denen Rosa Luxemburg in ihrer Verzweiflung kurzzeitig verfallen war, lagen ihm als Vater von drei Kindern und frisch vermählten Ehemann einer jungen Frau aus Russland erst recht völlig fern. Er wusste, wie sehr sein Vater drangsaliert worden war, weil für ihn wie jetzt für Karl der sozialdemokratische Grundsatz »Diesem System keinen Mann und keinen Groschen« als Verstandes- und Herzenssache unumstößlich war. Dass seine Familie bereits am 5. August Repressalien ausgesetzt wurde, überraschte ihn dennoch und machte ihn wütend. Sofort verfasste er an den Oberbefehlshaber in den Marken einen Beschwerdebrief gegen das dreiste Vorgehen eines Polizeibeamten und von etwa acht bewaffneten Soldaten in seiner Wohnung, das sich auf bösartige Verleumdungen seiner Frau stützte. Eine Abschrift dieses Schreibens sandte Karl Liebknecht an den Reichskanzler und an den Reichstagspräsidenten.[38]

Erfahrungen, die Liebknecht in den Wochen vor und nach dem Kriegsausbruch machen musste, gingen in seine philosophisch-theoretischen Erörterungen über Politik als Kunst des Unmöglichen ein. Er strebte nach einer »schöpferisch konstitutiven Politik«, die neue Kräfte schaffen oder heranziehen sollte. Er dachte wohl nicht zuletzt an die »Burgfriedenspolitiker«, als er in seinen Studien zu den »Bewegungsgesetzen« die »Staatsmännerei« als »bloße Scheinpolitik« und diese als schnöde »Kunst des Möglichen« abstempelte, die ins Verderben führe. Das äußerst Mögliche sei nur erreichbar durch das Streben nach dem Unmöglichen – so bestärkte er sich selbst zu kompromisslosem Tatendrang. »Das objektiv Unmögliche wollen, bedeutet also nicht sinnlose Phantasterei und Verblendung, sondern praktische Politik im tiefsten Sinne.«[39] Der Politiker brauche 1. Tatsachenfeststellung, 2. Kausalerklärende Analyse des Geschehenen, 3. Sozial-psychologische Kritik, 4. Werturteilende Kritik (auch Selbstkritik), 5. Politische Prognose, 6. Das praktisch-politische Fazit, die praktisch-politische Konsequenz für die Zukunft. Schließlich pointierte Liebknecht: Die Qualifikation des Politikers richte sich zum guten Teil »nach der Schnelligkeit und Treffsicherheit, mit der diese Operationen ausgeführt werden. Nicht minder, ja noch mehr jedoch nach Charakterfestigkeit, Willens- und Tatkraft«[40]. Die Suche nach einem Ausweg aus der Krise der Partei und aus dem Zusammenbruch der II. Internationale erforderte von Karl Liebknecht nach dem 4. August 1914 programmatische und operative Entscheidungen. Allerdings verstärkte sich seine Neigung, in besonders kritischen Situationen die Rolle des Einzelnen zu überhöhen und sich zu wenig darauf zu konzentrieren, geduldig die Unterstützung durch Gleichgesinnte zu organisieren.

Parteimitglieder äußerten über das Abstimmungsverhalten der Fraktion am 4. August Unverständnis und Empörung. »Uns linke Sozialdemokraten traf diese entsetzliche Meldung mit betäubender Wucht«, schrieb Jacob Walcher. Viele hielten sie »für ausgemachten Schwindel. Alle waren im Innersten erschüttert und empört. In den Augen von nicht wenigen standen Tränen des Zornes und der Verzweiflung«.[41] Karl Liebknecht stellte sich in den folgenden Monaten freimütig der Kritik. Dabei ging es ihm erstens darum, öffentlich darüber zu informieren, dass 14 Abgeordnete der sozialdemokratischen Fraktion ein Veto gegen die Kriegskreditbewilligung eingelegt hatten. Zum zweiten wollte er dafür werben, den Antikriegskampf weiterzuführen und dabei nach wie vor auf den internationalen Zusammenhalt zu vertrauen. Trotz der erschwerten Bedingungen unter dem Kriegs- und Belagerungszustand gelte es drittens, so rasch, so einfallsreich und so breit wie möglich eine Antikriegsopposition zu organisieren und zur Geltung zu bringen. Ende August 1914 regte Liebknecht beim Berliner Zentralvorstand und beim Parteivorstand die Durchführung von Protestversammlungen gegen Annexionen an; dazu sollte ein Manifest herausgegeben und ein Zirkular an die Presse versandt werden. Auf der Sitzung am 31. August musste er hinnehmen, dass die führenden Parteigremien seinen Vorschlag ablehnten. Es sei ja zu befürchten, wurde ihm entgegengehalten, dass sich in den Versammlungen »Genossen zugunsten von Annexionen aussprechen könnten«[42].

Nach dieser Abfuhr voller Hohn und Häme schlug Karl Liebknecht Georg Ledebour, Paul Lensch und Rosa Luxemburg vor, auf eigene Faust Protestversammlungen einzuberufen. Nur Rosa Luxemburg, mit der er »noch keine nähere Fühlung« gehabt hatte,[43] ließ sich dafür gewinnen. Beide arbeiteten fortan zusammen. Der Berliner Polizeipräsident Traugott v. Jagow schätzte am 26. August 1914 den Zustand der Sozialdemokratie realistisch ein: »Das Parteileben, das früher in Berlin im Vordergrund stand, ist fast ganz erloschen. Die Sozialdemokratie ist nicht mehr aktionsfähig, da fast die Hälfte ihrer Funktionäre zur Fahne eingezogen ist und die hiergebliebenen wenig Interesse zeigen. Beiträge gehen fast gar nicht ein, die eingezogenen Funktionäre haben meist nicht abgerechnet, und die Ausgaben wachsen durch die notwendigen Presseunterstützungen von Tag zu Tag. Auch die Gewerkschaftskassen werden immer leerer.«[44]

Durch die Pressezensur blieben die Initiativen der linken Kriegsgegner weitgehend unbekannt. Richard Fischer und Albert Südekum verbreiteten in sozialdemokratischen Zeitungen im In- und Ausland die Legende von der Einstimmigkeit bei der Bewilligung der Kriegskredite in der Reichstagsfraktion. Liebknecht widersprach: Diametral gegensätzliche Auffassungen hätten in unerhört leidenschaftlichen Debatten Ausdruck gefunden und ein einmütiges Votum schlechterdings ausgeschlossen. Aber seine Zuschrift an die »Bremer Bürger-Zeitung« vom 3. September 1914 wurde nicht veröffentlicht.[45] Das holländische Parteiorgan »Het Volk« publizierte sie erst Wochen später.

In einem Protestschreiben vom 10. September, das Clara Zetkin, Franz Mehring und Karl Liebknecht mit unterzeichneten, stellte Rosa Luxemburg klar, »daß wir und sicherlich viele andere deutsche Sozialdemokraten den Krieg, seine Ursachen, seinen Charakter sowie die Rolle der Sozialdemokratie in der gegenwärtigen Lage von einem Standpunkte betrachten, der demjenigen der Genossen Südekum und Fischer durchaus nicht entspricht. Der Belagerungszustand macht es uns vorläufig unmöglich, unsere Auffassung öffentlich zu vertreten.«[46] Es wurde erst durch Fürsprache von Robert Grimm und Carl Moor am 30. Oktober 1914 in der »Berner Tagwacht«, am 31. Oktober im Züricher »Volksrecht« und am 4. November in »Het Volk« in Holland veröffentlicht. Romain Rolland ließ Karl Liebknecht und dessen engsten Kampfgefährten Gerechtigkeit widerfahren, nachdem endlich bekannt geworden war, wie distanziert sie sich zu den Kriegsbefürwortern verhalten hatten.[47]

Zu einem parteipolitischen Eklat sondergleichen kam es, als Liebknecht sich vom 4. bis 12. September 1914 in Belgien und anschließend kurz in Holland aufhielt. Zum einen hoffte er, Kontakt zu Abraham (Beba) Ryss, dessen Schicksal seit dem Überfall Deutschlands auf Belgien ungewiss war, herzustellen. Zum zweiten wollte er Verbindung zu belgischen Sozialisten aufnehmen und sich ein eigenes Bild von den Verwüstungen des völkerrechtswidrigen Durchmarsches deutscher Truppen durch das neutrale Belgien verschaffen. Auch wollte er genau wissen, ob Partisanen zu den Gräueltaten provoziert hatten, wie aus der deutschen Heeresführung vermeldet wurde. Den Behörden gab er als Zweck seiner Reise Nachforschungen über den Verbleib eines nahen Verwandten an. Er konnte Abraham jedoch trotz Unterstützung von ausländischen Freunden wie Hjalmar Branting, Florentinus Marinus Wibaut und Maurits Mendels nicht finden.[48] Telegramme von Sophie Liebknecht und Hugo Haase vom

13. September an Vliegen, von Sophie an Wibaut vom 14., 18., 24. und 28. September sowie vom 6. Oktober 1914 zeugen von peinigender Unruhe und Sorge. Sophie fürchtete, ihr Bruder, der an der Universität Lüttich studiert hatte, könnte sich zum Dienst in der belgischen Armee gemeldet haben.[49] Am 20. September baten Sophie und Karl Liebknecht sowie Spielreins den schwedischen Sozialdemokraten Hjalmar Branting, folgende Nachricht an die Familie Ryss in Rostow am Don zu übermitteln: »Beba in Sicherheit. Bitte ruhig bleiben.«[50] Seit Anfang November 1914 verlor sich in Belgien jede Spur.[51] Abraham Ryss kam 1915 an der Front in Nordfrankreich um. »Das mit Beba ist so traurig, dass ich nicht weiß, was ich sagen soll«, schrieb Karl Liebknecht an seine Schwiegermutter. »Dieses junge frische lebensdurstige Leben. Und alles und alles. Ich hab ihn sehr lieb gehabt. Ich kannte ihn ja seit 1906. Und ich hab ihn im Juli – 11. Juli – 1914 zuletzt gesehn. Und sein verlassnes Zimmer im September. Der Widerspruch ist so ungeheuer, daß sich Gefühl und Verstand aufbäumen, dass ihnen dieses Ende nur als Abstraktion ohne konkrete Vorstellbarkeit erscheint.«[52]

Auch in angespannten Situationen bemühte sich Karl Liebknecht, zusammen mit verlässlichen Freunden in Bedrängnis geratenen Russen zu helfen. Er bedankte sich bei Hjalmar Branting für seine Unterstützung und bat ihn am 23. September, im Namen von russischen Studenten, die in Lüttich festgenommen worden waren, nochmals 29 Telegramme zu versenden. Dafür ließ er ihm vorläufig 30 Mark zukommen. Auf die Gruppe war Liebknecht bei der Suche nach Sophies Bruder gestoßen. Sie befanden sich im Munsterlager bei Hannover, die Frauen waren frei und hatten ihn – »übrigens *ganz legal!* – gebeten, ihre Angehörigen zu benachrichtigen«[53].

In Lüttich tauschte er sich mit Léon Troclet (Deputierter für Lüttich) aus. Sie kannten sich vom Internationalen Sozialistenkongress 1907 in Stuttgart. Liebknecht wurde von einem Soldaten begleitet und meldete sich auf der Kommandantur. Er besichtigte die Ruinen in Lüttich und schrieb einen Anschlag der Lütticher Föderation der Arbeiterpartei ab, in dem die Bevölkerung zu Ruhe und Gelassenheit aufgefordert wurde. Troclet versicherte ihm, es habe auch in den Vororten keine Partisanen gegeben. Über diese Begegnung hat Troclets Sohn berichtet.[54] Nach Mitteilung des belgischen Sozialisten Camille Fabry reiste Liebknecht von Lüttich nach Namur, Ardenne, Huy, Thienen und Brüssel.[55] In Brüssel suchte er das Büro der belgischen Sozialdemokraten und das Internationale Sozialistische Büro auf. Mit dem Sekretär des ISB, Camille Huysmans, unterhielt er sich über zwei Stunden. »Am folgenden Morgen«, erinnerte sich Huysmans, »sind wir mit zwei Kraftwagen abgereist und durchstreiften mehrere Provinzen. [...] In Tirlemont gerieten wir in den Bereich der Schrapnells, und wir hätten beinahe das Leben verloren. Ich zeigte Liebknecht, was wirklich vorgegangen war. Er sprach mit Belgiern und mit deutschen Soldaten. Er wollte sich an Ort und Stelle eine Meinung bilden [...] Er kam nach Belgien, um sich zu unterrichten. Alles andere ist eine Verleumdung. Die Belgier, die es als einen Verrat betrachteten, einen Deutschen zu empfangen, drückten ihm die Hand mit großer Wärme, als sie erfuhren, daß er gekommen sei, um die Wahrheit zu entdecken und zu sagen.«[56]

Die belgischen Genossen informierten ihn u.a. darüber, dass die deutsche Regierung schon Ende Juli wegen eines Durchmarsches ihrer Truppen bei der belgischen Regierung vorstellig geworden war. Als die Verhandlungen am 2. August scheiterten, habe sie den Durchmarsch ultimativ gefordert. Karl Liebknecht sah mit eigenen Augen die Folgen der brutalen Vergeltungsmaßnahmen, die die deutschen Truppen wegen angeblicher Partisanenaktionen gegen die Zivilbevölkerung der ehrwürdigen Universitätsstadt ausgeübt hatten. Um diesem Wahnsinn Einhalt zu gebieten, erörterte er im Briefwechsel mit Branting eine gemeinsame Demarche aller neutralen Mächte und regte eine gleichzeitige Demarche bei allen kriegführenden Mächten an. Er verkenne das »Phantastische« des Vorschlages nicht, »und doch«[57].

Nach Deutschland reiste er über Amsterdam zurück. Dort traf er am 13. September 1914 Florentinus Marinus Wibaut, Willem H. Vliegen, Frank van der Goes und Maurits Mendels. Nach seiner Rückkehr informierte er Hjalmar Branting über seine Fahrt »durch das unglückliche Belgien« und seine Treffen mit den belgischen und holländischen Freunden: »Ihre verzweifelte Stimmung, die ich nur allzusehr begreife, hat mich tief erschüttert. Der vorläufig geringe aber doch reale Trost einer Hoffnung auf Rehabilitation der deutschen Sozialdemokratie, den ich ihnen – trotz der offiziösen Beschönigungsreisen der Südekum und Genossen – spenden konnte, wurde von ihnen aufgenommen, wie vom gekreuzigten Jesus der Essigtrank. Sie werden meinen und unsrer Minorität Standpunkt kennen. Wir hoffen, daß die Minorität zur Majorität wird. Verwüstend sind die Wirkungen des Sündenfalls nicht nur auf die Internationale sondern auch, und in viel böserem Sinn, auf die deutsche Bewegung, ihre Presse und ihre Aktionen.«[58]

In Deutschland übertrafen sich Berichte und Kommentare zu Liebknechts Reise ins Ausland mit unwahren Behauptungen und Kommentaren, die sich zum Teil auf einseitige oder ungenaue Darstellungen in der belgischen und holländischen Presse stützten. Er wurde des »Vaterlandsverrats« und des »Parteiverrats« bezichtigt. Pieter Jelles Troelstra hatte den Parteivorstand der deutschen Sozialdemokratie gegen Karl Liebknecht aufgewiegelt.[59]

Auf der Sitzung des Parteiausschusses am 27. September und auf der Redakteurkonferenz am 28. September wurde er in Abwesenheit wegen seines Auftretens in Belgien und Holland sowie in Stuttgart rücksichtslos verurteilt. Schließlich sollte er sich am 2. Oktober vor dem Parteivorstand, der über ihn außerordentlich aufgebracht war, verantworten. In einem Schreiben wandte er sich gegen die Unterstellung, seine Belgienreise hätte einen parteioffiziellen Charakter gehabt, bei der Fraktionsinterna öffentlich erörtert worden wären. In Wirklichkeit habe er persönliche Gespräche geführt, die er sich nicht verbieten ließe. Außerdem hätten die ausländischen Genossen ein Recht darauf, entgegen den verzerrten Darstellungen, die Albert Südekum und Richard Fischer auf Auslandsreisen gegeben hätten, die Wahrheit über die Vorgänge um die Kriegskreditbewilligung zu erfahren.[60]

Der Parteivorstand kritisierte auch Liebknechts Auftreten während einer Vertrauensmännerberatung in Stuttgart am 21. September 1914. Dort war er von den meisten Diskussionsrednern wegen seines Verhaltens am 3. und 4. August scharf kritisiert worden. Der Vorstand stützte sich auf einen frisierten Bericht, dem Scheidemann weitere Falschinformationen hinzufügte. Karl Liebknecht vertrat offensiv seine Ansicht über den

Fraktionsbeschluss, über die Haltung offizieller Parteiinstanzen und eines großen Teils der Presse. Mit polemischer Leidenschaftlichkeit, die dem Ernst der Lage entsprungen sei, habe er in Stuttgart betont, »daß ein Wiederaufbau der Internationale nach meiner innersten Überzeugung nur vom Boden einer Auffassung aus möglich ist, die den Standpunkt der Fraktionsmehrheit verwirft [...] Ich habe erklärt, daß die deutsche Partei nach meiner innersten Überzeugung von der Haut bis zum Mark regeneriert werden muß, wenn sie das Recht nicht verwirken will, sich sozialdemokratisch zu nennen, wenn sie sich die jetzt gründlich verscherzte Achtung der Welt wieder erwerben will. Ich habe hervorgehoben, daß der Kampf, der dazu erforderlich ist, doppelt schwer sein wird, weil er nicht nur wie bisher und noch verschärft gegen die Regierung und die herrschenden Klassen, sondern auch gegen gewisse offizielle Parteiinstanzen, gegen eine immer mächtiger gewordene Strömung in der Partei zu führen ist – gegen Strömungen, die die Partei heute in gewissem Umfang zu einem offiziösen Regierungsinstrument haben werden lassen [...]«[61]

Auf seine Frage, ob denn Genossen wie Südekum, Fischer, Scheidemann, Wendel, Jansson und Müller, die bei ihren Auslandsreisen die deutsche Partei aufs Schwerste diskreditiert und dabei die Grundsätze des Parteiprogramms preisgegeben hätten, genauso zur Verantwortung gezogen würden, erhielt er in den folgenden Wochen keine klaren Antworten.

Karl Liebknecht pochte auf seine Meinungsfreiheit und bezeichnete seine Position als »Partei-Ehrennotwehr« in verzweifelter Situation. So sei es z. B. ein Skandal, dass gegen das Verbot des »Vorwärts« nicht parteioffiziell entschieden protestiert wurde. Im Gegensatz zu den revolutionären Gepflogenheiten während des Sozialistengesetzes habe man sofort angefangen, zu »kuhhandeln«, und, »eh' der Hahn dreimal gekräht hatte, kapituliert«[62]. Der »Vorwärts« war am 27. September 1914 vom Oberkommando in den Marken auf unbestimmte Zeit verboten worden, weil in dem Artikel »Deutschland und das Ausland« stand, die deutschen Arbeiter seien wie die Arbeiter der anderen Länder gegen ihren Willen zum Kriege gezwungen worden. Nachdem sich der Parteivorstand schriftlich verpflichtet hatte, während des Krieges das Thema »Klassenhaß und Klassenkampf« nicht mehr zu tangieren, wurde das Verbot am 30. September wieder aufgehoben. Damit unterwarf sich der Parteivorstand offen der Militärdiktatur.

Karl Liebknechts Forderung, seinen Brief vom 2. Oktober ins Protokoll der Parteivorstandssitzung aufzunehmen, wurde stattgegeben, wie Scheidemann ihm am 7. Oktober mitteilte. Nach wie vor blieb ihm jedoch untersagt, »Interessen der deutschen Partei« im Ausland wahrzunehmen. Mit seinem Vorsatz der Regenerierung der deutschen Sozialdemokratie möge er warten, »bis Fragen der Taktik und des Parteiprogramms in voller Öffentlichkeit erörtert werden können«.[63]

Prompt entgegnete Karl Liebknecht: Die Wahrung der Parteiinteressen sei kein Monopol, sehr wohl aber eine Pflicht der Parteileitung. »Noch sind wir so verdammt demokratisch, daß jeder Parteigenosse im Parteiinteresse auch gegen die höchsten Parteiinstanzen Front machen darf.«[64] Er sei sicher, dass er in der deutschen Sozialdemokratie Anklang finde, wenn er die belgischen, holländischen und französischen Genossen vorbehaltlos weiterhin als Freunde bezeichne. Kein Verständnis erwartete Karl Liebknecht für seine Kritik »beim Parteivorstand, dessen Emissäre im Ausland u.a. den deutschen Überfall auf Belgien verteidigt und faktisch fast wie Herolde des deutschen Imperialismus gewirkt haben; beim Parteivorstand, unter dessen Augen die Partei immer tiefer in die masurischen Sümpfe eines seichten Nationalismus und Illusionismus gerät und Position auf Position bis zur kommandierten – zeitweiligen – öffentlichen Abschwörung des Klassenkampfes ohne nennenswerten Kampf räumt; beim Parteivorstand, der die Anregung auf verschärfte Propaganda gegen die Annexionshetze, diese Ausgeburt der imperialistischen Raserei, zurückwies, die am 31. August in Aussicht gestellte Proklamation gegen die Annexionspolitik und für den Frieden bis heute nicht erlassen hat, wohl aber eine Proklamation gegen Entgleisungen ausländischer Genossen und Bruderparteien; der nicht dagegen einschreitet, wenn der Brandenburger Parteivorstand unter Führung eines Parteivorstandsmitgliedes statutenwidrig meinen Wahlkreis an einer Kundgebung gegen den wahnwitzigen Völkermord zu hindern sucht, der aber unter Drohungen die Opposition gegen seine überopportunistische Politik niederzuschlagen versuchte«[65].

Über das ungerechtfertigte Vorgehen gegen ihn sowie über den verordneten und demagogisch gepriesenen »Parteiburgfrieden« war Liebknecht entsetzt.[66] Noch glaubte er, dass sich baldigst ein Ausweg finden ließe. Die Internationale müsse und werde wieder auferstehen, natürlich nicht ohne gründliche Läuterung. Das Signal dazu müsse die deutsche Sozialdemokratie geben, weil sie das Signal zur Intensivierung des Krieges gegeben habe.[67]

Bei der Abwehr verleumderischer Pressemeldungen über seine Belgien- und Amsterdamreise bat er wiederholt Hjalmar Branting in Schweden, Florentinus Marinus Wibaut in Holland und Robert Grimm in der Schweiz um Unterstützung: »Meine wirkliche Auffassung kann ich wegen des Kriegszustandes jetzt nicht veröffentlichen. Ich bitte etwa zu schreiben: ›Diese Meldungen entbehren der Authentizität. Genosse *Liebknecht* wird seine sicherlich kritische Ansicht schon selbst öffentlich sagen, wenn es ihm die politischen Verhältnisse in Deutschland gestatten werden.‹«[68] Branting sandte er eine Abschrift seines Schreibens an den Parteivorstand vom 2. Oktober 1914 zu, weil es völlig unfassbar sei, wie man ihm aus rein parteigenössischen Besprechungen einen Vorwurf machen wolle. Das gehöre eben zu den »Rätseln der Kriegspsychologie« des gegen ihn attackierenden Parteivorstandes.[69] Er erbat sich Abonnements des Stockholmer »Social-Demokraten«, des Amsterdamer »Het Volk« und der »Berner Tagwacht«. Seinen ausländischen Freunden versicherte er im November 1914, gegen die »höchst unerfreulichen«, »traurigen« Zustände in der Partei rege sich immer mehr Unmut bzw. Empörung in den Massen. Die »Jugend sei überwiegend gut geblieben«.[70] Regung in den Massen war ziemlich übertrieben, auch wenn sich im Herbst 1914 allmählich um die bekanntesten Linken getreue Mitstreiter gruppierten. »Fühlung nehmen und Verbindungen anknüpfen«, hatten Kostja Zetkin, Rosa Luxemburg, Paul Levi, Edwin Hoernle, Fritz Westmeyer und Artur Crispien während einer Beratung bei Clara Zetkin in Stuttgart am 11. September beschlossen. Zu dem gleichen Resultat kamen Rosa Luxemburg, Karl Liebknecht (Berlin), Paul Levi, Robert Dißmann (Frankfurt a.M.), Schnellbacher, Dr. med. Georg Wagner (Hanau), Peter Berten (Düsseldorf), Carl Minster (Duisburg) und Artur Crispien (Suttgart) während der Aussprachen am 17. und 18. September 1914 in Stuttgart und Frankfurt am Main. Am 21. September debattierte Liebknecht über die Partei und die Internationale auf einer Vertrauensmännerversammlung in Stuttgart.[71]

Rosa Luxemburg reiste nach dem Frankfurter Treffen nach Berlin zurück und suchte sich auf ihre wissenschaftlichen Projekte zu konzentrieren. Sie gehe an die Arbeit, schrieb sie Mitte Oktober 1914 an Kostja Zetkin, »nur muß ich mich ständig noch gegen Karl L[iebknecht] wehren, der das Bestreben hat, mich täglich mit sich herumzuschleppen, alle Zeit- und Raumdispositionen durcheinanderzuwirbeln und mit besten Absichten, aus denen aber schließlich fast nichts herauskommt, [als] seine und meine Tage totzuschlagen. Er ist ein ausgezeichneter Kerl, aber so dauernd leben könnte ich nicht; ich bin deshalb glücklich, wenn ich wieder allein mit Mimi still zu Hause sitze.«[72]

Auf einer Konferenz der sozialdemokratischen Referenten Berlins am 25. September 1914 hatten sich Karl Liebknecht und Rosa Luxemburg mit ihrem Vorschlag, über die Ursachen des Krieges, den Imperialismus und ähnliche Probleme zu diskutieren, nicht gegen jene durchsetzen können, die lediglich die sozialen Aufgaben der Sozialdemokratie in und nach dem Krieg behandelt wissen wollten.

Mitte September wurde in Berliner Parteikreisen angenommen, dass die »L-L-L«, d.h. Liebknecht-Luxemburg-Ledebour, »bereits die Mehrheit der Berliner Vertrauensleute hinter sich haben«[73]. Anfang Oktober schrieb Wolfgang Heine an v. Vollmar besorgt, »daß in Berlin der terroristische Radikalismus die Oberhand behalten [...] könnte. »Unter der Hand [...] entfalten Haase, Ledebour, die Rosa Luxemb[urg], Dr. Duncker, Mehring und ein Teil der Redactöre des Vorwärts und eine Anzahl ähnlicher Geister eine intensive Wühltätigkeit, um Stimmung zu machen gegen den Beschluß vom 4. August und gegen jede Änderung in der Haltung der Partei. Wie man hört, haben sie dieselben großen Erfolge in den engeren Konventikeln, in denen sie auftreten. Es ist schwer, hiergegen anzukämpfen, weil die wenigen vernünftigen Leute unmöglich in den tausenden von Zahlabenden, die monatlich stattfinden, überall anwesend sein können.«[74]

Mit Interesse verfolgten linke Sozialdemokraten, dass auch einflussreichen bürgerlichen Demokraten Zweifel über Dauer,

Verlauf und Ergebnis des Krieges kamen. Einige von ihnen hatten sich um den damals bekannten Sportreiter Rittmeister a. D. Kurt von Tepper-Laski geschart, gründeten am 16. November den »Bund Neues Vaterland« und organisierten Antikriegsarbeit. Zu den bekanntesten Mitgliedern zählten: Georg Graf von Arco, Eduard Bernstein, Rudolf Breitscheid, Lujo Brentano, Minna Cauer, Albert Einstein, Eduard Fuchs, Hellmut von Gerlach, Kurt Grelling, Emil Gumbel, Wilhelm Herzog, Arthur Holitscher, Lilli Jannasch (Geschäftsführerin), Gustav Landauer, Otto Lehmann-Rußbüldt, Ernst Meyer, Graf Anton von Monts, Otfried Nippold, Paul Oestreich, Baron Karl von Puttkammer, Ludwig Quidde, Martin Rade, Ernst Reuter, René Schickele, Walther Schücking, Helene Stöcker, Kurt von Tepper-Laski (Vorsitzender), Ferdinand Tönnies und Hans Wehberg.[75] Karl Liebknecht beobachtete die Tätigkeit des Bundes mit größter Sympathie. Er sah in dessen Mitgliedern – mit einigen war er seit Jahren persönlich bekannt – Verbündete, die ehrlich nach neuen Wegen im Ringen gegen Krieg, Chauvinismus und imperialistisches Abenteurertum suchten.[76]

Im November 1914 konzentrierte sich Liebknecht auf die Enthüllung der Ursachen, der Triebkräfte und des Charakters des Krieges. Auf dieser Grundlage wollte er möglichst viele Parlamentskollegen aus der sozialdemokratischen Reichstagsfraktion für ein nachhaltiges Votum gegen die 2. Kriegskreditvorlage der Regierung am 2. Dezember gewinnen. In seinem Schreiben an den Parteivorstand vom 26. Oktober hatte er betont: »Gewiß handelt es sich um einen imperialistischen Krieg, um *den* imperialistischen Weltkrieg, der da seit langem kommen sollte und dem wir aus allgemeinen Gründen international alle unsere Kraft entgegenzusetzen gelobt hatten; gerade wir Deutschen hatten aber besonderen Grund, uns ihm entgegenzuwerfen; der rapide emporschießende deutsche Imperialismus hatte historisch die Aggressive; es liegt ein grober deutsch-österreichischer Präventiv- und Eroberungskrieg vor. Das Märchen von feindlichen Invasionen gegen Deutschland – ›war einmal‹; die Parodie ›Befreiungskrieg gegen den Zarismus‹ oder dergleichen ist längst ausgespielt. Indem unsere Fraktion – ganz entgegen der Parteihaltung noch bis zum 27., ja 30. Juli – für die Kredite stimmte, hat sie auch in den ›feindlichen‹ Ländern alle Dämme niedergerissen, die dort gegen den Krieg bestanden. Sie hat zwar Deutschlands militärische Kraft gestärkt, zugleich aber diejenige der ›feindlichen‹ Staaten. Ohne die Abstimmung unserer Fraktion vom 4. August dieses Jahres hätte der Krieg weder in Frankreich noch vor allem in England und Rußland so populär werden können. Die französische Abstimmung vom 4. August, die überdies nach der Besetzung Luxemburgs und dem ersten deutschen Ultimatum an Belgien, zwei schwersten Angriffshandlungen Deutschlands gegen Frankreich, erfolgt ist, stand bereits unter dem Eindruck der schon vor ihrer wirklichen Abfassung prophetisch von der Presse hinausposaunten Beschlüsse unserer Fraktion, womit ich sie selbstverständlich keineswegs rechtfertigen will. Das ist die Intensi[vi]erung des Krieges unter dem Vortritt der deutschen Sozialdemokratie, von der ich sprach.«[77]

Am 31. Oktober 1914 legte er in einem weiteren Brief an den Parteivorstand seine wachsende Unruhe und Empörung dar. Die bürgerliche Presse hatte die Annexion Belgiens, der »Wiege des Deutschtums« zum Glaubenssatz »vaterländischer« Politik und »völkischer« Gesinnung erhoben und die deutsche Verwaltung in Belgien und Nordostfrankreich die Zwangsgermanisierung begonnen. Der »Lokal-Anzeiger« enthüllte an diesem Tag »einen der Kerne des deutsch-imperialistischen Pudels«, auf den er vom ersten Kriegstage an hingewiesen habe, »den Plan einer Annexion der französisch-lothringischen *Minenfelder* im Interesse *der deutschen Schwerindustrie,* der Röchling, Stumm (von Schubert), Krupp, Kirdorf und Genossen, die diese Beute tatsächlich sofort in eigene Regie zu nehmen sich angeschickt haben. [...] Zu diesem Vorgehen benutzt man den Moment des türkischen Eingreifens in den Krieg, von dem man sich – vielleicht sehr zu Unrecht – eine Erleichterung der deutschen Lage erwartet.«[78] Entsprechend einem geheimen Bündnisabkommen zwischen Deutschland und der Türkei vom 2. August 1914 hatte die türkische Flotte am 28. Oktober 1914 auf Druck deutscher Politiker und Militärs ohne Kriegserklärung russische Schiffe und Schwarzmeerhäfen angegriffen. Daraufhin erklärten Russland am 3. November sowie England und Frankreich am 5. November 1914 der Türkei den Krieg.

Im November arbeitete Karl Liebknecht zur Begründung

eines Minderheitsvotums gegen die Kriegskredite mehrseitige Thesen aus, die er den 13 Kollegen der Fraktionsminderheit vom 3./4. August und einigen weiteren Fraktionsmitgliedern übersandte. Eingangs stellte er grundsätzlich fest: »Ein Wesenszug des Imperialismus, dessen Hauptträger auf dem europäischen Festland Deutschland ist, bildet das wirtschaftliche und politische Expansionsstreben, das immer stärkere politische Spannungen erzeugt.«[79] Die deutsche Schwerindustrie greife nach Bodenschätzen und Industrieanlagen in Belgien und Französisch-Lothringen. Das deutsche Finanzkapital sei an Siedlungsgebieten in Kleinasien und Syrien interessiert. Der Balkan sei die Brücke zu den asiatischen Ausbeutungsgefilden, auf denen das deutsch-österreichische Kapital Einfluss geltend mache. Die Gier des deutschen Kapitals nach kolonialer Ausdehnung beschwöre Konflikte mit den afrikanischen Besitzungen Englands und Frankreichs herauf. Insbesondere die international versippte Rüstungsindustrie habe Druck gemacht, den Krieg zu entfesseln. Sie habe das Militär zum Aufrüsten gedrängt und endlich die ersehnten Profite aus ihrem Geschäft ziehen wollen. Die Offizierskamarilla wie die gesamte Kriegspartei unter dem Protektorat des Kronprinzen habe regelrecht nach Krieg gelechzt und zudem gemeint, nur so könne dem weiteren Erstarken der Arbeiterbewegung Einhalt geboten werden. Es handle sich »um einen imperialistischen Krieg reinsten Wassers, und zwar vor allem auf deutscher Seite, mit dem von mächtigsten Kreisen beharrlich verfolgten Ziel von Eroberungen großen Stils«. Vom Gesichtspunkt des Wettrüstens aus gesehen handle es sich »um einen von der deutschen und österreichischen Kriegspartei gemeinsam hervorgerufenen Präventivkrieg«.[80] Das deutsche Volk sei belogen und betrogen worden. Liebknecht prangerte detailliert die raffinierte Inszenierung des Kriegsbeginns als »Vaterlandsverteidigung« der Deutschen an und kennzeichnete das Kriegsgeschehen in Europa seit dem 4. August 1914 mit kriminalistischem Spürsinn und politisch-theoretischer Versiertheit, lange bevor es durch Beweisstücke aus den Regierungskabinetten und aus Tresoren der Rüstungskonzerne dokumentiert werden konnte. Die Thesen und der Entwurf für ein Minderheitsvotum am 2. Dezember 1914 gehören zu den wichtigsten Antikriegsdokumenten Karl Liebknechts und der revolutionären Kräfte der deutschen Arbeiterbewegung, deren Bedeutung auch Weltkriegshistoriker wie Fritz Klein und Fritz Fischer hervorheben.[81]

Als Anhang fügte Liebknecht für den Wiederaufbau der Internationale fünf Thesen bei, mit denen er sich als ein Vordenker für die »Leitsätze über die Aufgaben der internationalen Sozialdemokratie« erwies, die Rosa Luxemburg 1915 entwarf, mit Liebknecht brieflich beriet und im Anhang zur Junius-Broschüre 1916 veröffentlichte.[82] Die Thesen lauteten: »1. Es kann heute, in der Ära der imperialistischen Weltpolitik, die das politische Leben und die Geschicke aller Staaten beherrscht, keine wirklichen nationalen Kriege mehr geben. Jeder Krieg ist heute in seinem Wesen ein imperialistischer Krieg im Interesse der kapitalistischen Ausbeutung, der herrschenden Dynastien und der Reaktion. 2. Die – nur unter außergewöhnlichen Umständen in Frage kommende – Verteidigung des Vaterlandes kann einzig durch Einführung der Miliz an Stelle der stehenden Heere, durch Entscheidung des Volkes über Krieg und Frieden, also auch über Beendigung des Krieges und Bedingungen des Friedens, endlich durch sofortige Abschaffung der politischen Entrechtung und Privilegien und durch Unantastbarkeit der verfassungsmäßigen Freiheit im Lande gesichert werden. Nur unter diesen Bedingungen kann die Partei des Proletariats die Verteidigung des Landes übernehmen und unterstützen. 3. Solange diese Bedingungen nicht erfüllt sind, ist jeder Krieg, gleichviel, welches sein Anlass und mit wessen Sieg oder Niederlage er endet, ein Attentat gegen die Interessen der Arbeiterklasse in allen Ländern und seine Unterstützung ein Verrat an diesen Interessen. 4. Der Klassenkampf im Innern der kapitalistischen Staaten wie die internationale Solidarität der Arbeiter aller Länder sind das Lebensprinzip des Sozialismus und der proletarischen Politik. Sie wirken gleich stark im Frieden wie im Kriege und können nicht im Kriege suspendiert werden. Der sogenannte ›Burgfrieden‹ ist eine Falle, die dem Proletariat von den herrschenden Klassen gestellt wird, um es zum aktiven Werkzeug ihrer Politik zu machen. 5. Die Lebensinteressen des Proletariats in allen Ländern sind gleich und gemeinsam. Sie erfordern, dass die Proletarier aller Länder durch kraftvollste Entfaltung des Klassenkampfes ihre Anstrengungen vereinigen, um die barbarische Menschenschlächterei so bald als möglich zu beenden und den kriegführenden Regierungen ihren gemeinsamen Friedenswillen aufzuzwingen.«[83]

Rosa Luxemburg arbeitete in dieser Zeit an ihrer »Einführung in die Nationalökonomie«. Das hielt sie auch aus »persönlich-ökonomischen Gründen« für nötig, denn die Parteischule war im Kriegsjahr geschlossen worden und damit ihre Einkommensquelle versiegt. »Freilich herrscht einstweilen der ›Burgfrieden‹. Aber im stillen leben wir mit den Südekums etc. wie Hunde und Katzen«[84]. Alle Zentralinstitutionen der Partei würden von opportunistischen Elementen beherrscht. »Es unterliegt keinem Zweifel: Der deutsche wie der internationale Sozialismus machen eine Krise durch wie noch nie in der Geschichte und werden durch diesen Krieg vor die Schicksalsfrage gestellt. Gelingt es nicht, nach dem Kriege eine regelrechte und diesmal auch für den Kriegsfall ernstgemeinte Absage des internationalen Sozialismus an den Imperialismus und Militarismus unter allen ihren Vorwänden zu erreichen, dann kann sich der Sozialismus begraben lassen, oder er hat sich dann vielmehr schon selbst begraben. Die Klärung nach dem Kriege wird über das Sein oder Nichtsein des Sozialismus entscheiden.«[85] In einem Brief vom 12. Oktober 1914 an den Schweizer Sozialisten Carl Moor warnte sie: »Alle krampfhaften Versuche, jetzt so schnell wie möglich die Fäden der Internationalen wieder anzuknüpfen, können nur heuchlerisches Pfuschwerk zutage fördern, wenn sie nicht noch eine viel verwerflichere Tendenz haben.«[86] Ihre letzte Bemerkung spielte auf die Reisen von Albert Südekum nach Italien, von Richard Fischer in die Schweiz, von Philipp Scheidemann nach Holland und Wilhelm Jansson nach Dänemark und Schweden an. Anfang Februar 1915 verfasste Rosa Luxemburg den Artikel »Der Wiederaufbau der Internationale«, der im verbotenen ersten Heft der von Rosa Luxemburg und Franz Mehring herausgegebenen Zeitschrift »Die Internationale« erschien.[87] Wie ein Vergleich mit dem illegalen Manuskriptdruck von Liebknechts Streitschrift »Klassenkampf gegen den Krieg« 1915[88] erkennen lässt, näherten sie sich in ihren Ansichten ziemlich rasch an.

Kaum hatte Karl Liebknecht im November 1914 seine Gedanken für den Kampf um ein Minderheitsvotum zu Papier gebracht, ging er daran, sie unter den von ihm ausgewählten Fraktionskollegen zu verbreiten. Dabei wurde er von Rosa Luxemburg, Clara Zetkin und Karl Radek unterstützt, die sich u. a. um Geyer, Henke und Bock bemühten.[89] Solange Johann Knief in der »Bremer Bürger-Zeitung« Einfluss ausübte, konnte sich Liebknecht auch auf deren Artikel stützen, die den antizaristischen Verteidigungskrieg demaskierten.[90]

Für die Familie fand er so gut wie keine Zeit mehr. Ständig war er auf Achse. Wenn er zu Hause auftauchte, war er übermüdet, reagierte genervt, zog sich in sein Arbeitszimmer zurück oder ruhte sich nur kurz aus, um wieder loszustürmen. Viel Aufregung gab es zudem um die finanzielle Absicherung der Rechtsanwaltspraxis, denn von den laufenden Einnahmen waren, wie er am 5. Januar 1915 schrieb, mindestens 2/3 ausgefallen. Weder sein Bruder noch er besaßen nennenswerte private Mittel, mit denen sie die Bürospesen und Gehälter des Personals decken konnten. Über die Einschränkungen gab es in- und außerhalb der Praxis offenbar Unmut, so dass Karl Liebknecht in zwei Briefen an Simon Katzenstein die Tatbestände aufzuklären versuchte. Er sei völlig vermögenslos, notierte er auf dem Rand des Briefes vom 5. Januar 1915. »Ich sehe, daß man mich bis aufs Hemd ausziehen will; es wird in der niedrigsten Weise heimtückisch gegen mich agiert«, schrieb er 5 Tage später. Von Ende Juli bis über den 4. August 1914 sei er politisch so in Anspruch genommen gewesen, dass er das Büro kaum gesehen habe. Da Theodor und Karl Liebknecht im August erstmals gemustert wurden, rechneten sie von Tag zu Tag mit ihrer Einberufung und damit, das Büro schließen zu müssen. Überhaupt hätten die Büroangelegenheiten schon seit längerem in den Händen seines Bruders und Friedlaenders geruht. »Mein Bruder übergab mir damals eine geringe Summe als einzigen für mich zur Verfügung stehenden Betrag, mit dem ich, d. h. meine fünfköpfige Familie, voraussichtlich während des ganzen Kriegs würde auskommen müssen; wir waren sicher, die Miete nicht zahlen zu können; wir erwogen, inwieweit in dieser Notlage die paar tausend Mark Muttererbteil meiner Kinder für den Familienunterhalt mit in Anspruch genommen werden dürften und müßten. [...] Ich erwähne das nur, um verständlich zu machen, daß wir durch den Krieg in sehr schwierige Lage gerieten«[91].

Sophie Liebknecht drohte unter der Last der sich überstürzenden Ereignisse und aus Angst um das Schicksal ihres Mannes und der Familien Liebknecht und Ryss in den ersten Kriegsmonaten seelisch zusammenzubrechen. In ihrem Kummer suchte sie vermutlich ihre Geschwister auf. Adolf studierte an der Mathematischen Fakultät der Universität Zürich. Sylvia interessierte sich für Malerei und studierte in Paris. Vielleicht hielt sich Sophie auch bei Freunden in Mannheim, Heidelberg, Stuttgart oder Wien auf. Sie neigte bisweilen zu düsteren, verzweifelten Gedanken über sich und ihr Umfeld. »Ich weiß, Sie haben's mir selbst gesagt«, schrieb Rosa Luxemburg an Sophie im Januar 1917. »Sie vergaßen sich oft, degradierten sich und redeten und benahmen sich comme une petite blanchisseuse [wie eine kleine Wäscherin]«. Das dürfe sie nicht mehr, denn sie sei eine kleine Königin, auch Karl müsse das empfinden. Sie müsse mehr Selbstachtung gewinnen.[92] Der ihr sympathischen Luise Kautsky gestand Sophie Liebknecht später: »Ich bin mir selber, meinem eignen Leben und meinen nächsten Menschen absolut fremd – man kann von mir nicht das verlangen, und mich nicht mit dem selben Mass messen, wie andere Menschen. – Warum das alles so ist, weiss ich nicht, daß es aber unzweifelhaft so ist, daran kann ich leider nichts ändern.«[93]

Seit Sophie und Karl Liebknecht sich leidenschaftlich ineinander verliebten, hatte er ihr nie vorenthalten, welche Belastungen das Leben eines Politikers für die Liebes- und Familienbeziehungen mit sich bringe. »Nur das eine Unglück meines unruhigen, unstäten [sic!], wilden Lebens ist irreparabel«, meinte er.[94] Sophie hatte inzwischen mehr oder weniger akzeptiert, wie er seine beruflichen und politischen Anliegen wahrnahm. Aber nach Ausbruch des Ersten Weltkrieges wurde sie von unerhörten Sorgen gepeinigt. Karl Liebknecht beunruhigten der labile Gemütszustand seiner Frau und ihr längeres Fernbleiben. Am 27. November 1914 entschloss er sich zu einem Brief, obwohl er nicht genau wusste, wo sie sich gerade aufhielt. »Liebstes, Dein heute gekommener Brief hat mich erschreckt. Wie kannst Du so empfinden. Das ist unbegründet u. gefährlich. Du verkennst mich u. was ich tue absolut. Könnte ich als Mensch leben, nicht nur als Politiker, so würde unsere Fühlung viel enger u. beständiger sein.

1 Natalie Liebknecht, geb. Reh, um 1870

2 Wilhelm Liebknecht um 1880

3 Geburtshaus von Karl Liebknecht in Leipzig, Braustraße 11 (heute 15)

4 »Villa Liebknecht« in Borsdorf bei Leipzig, 1881–1890

5 Karl Liebknecht (rechts) mit seinen Brüdern Otto, Wilhelm, Theodor, Curt (v.l.n.r.) um 1882

6 Im Kreis seiner Mitschüler am Nicolaigymnasium in Leipzig (letzte Reihe links), 1888

7 Natalie und Wilhelm Liebknecht mit ihren Söhnen Wilhelm, Otto, Karl (Mitte oben), Theodor und Curt um 1888

8 Der Student, 1890/93

9 Mit Bruder Theodor und Freund Otto Bracke, 90er Jahre

10 Familienausflug im Grunewald mit August und Julie Bebel, 90er Jahre

11 Familie Liebknecht und Familie Paradies, 1899

12 Karl mit Ehefrau Julia, 1900

13 Trauerzug zur Beisetzung Wilhelm Liebknechts am 12. August 1900 auf dem Friedhof in Berlin-Friedrichsfelde

14 Unterwegs in Berlin um 1905

15 Karl Liebknecht neben seiner Mutter (rechts) mit Teilnehmern am Internationalen Sozialistenkongress in Stuttgart 1907

16 Begrüßung durch Tausende vor dem Reichsgericht in Leipzig nach der Verurteilung zu Festungshaft, 12. Oktober 1907

17 Aufnahme von 1907

18 Postkarte aus Glatz mit Blick auf die Festung

19 Haftzelle in den Kasematten der Festung Glatz, 1907–1909

20 Harzausflug mit Delegierten des Magdeburger Parteitages, 1910

21 Theodor Liebknecht mit seiner Frau Lucie und seinen Töchtern Charlotte, Ilse und Thea (im Kinderwagen) um 1911

22 Während des Reichstagswahlkampfes in Potsdam, 1911

23 Als Redner auf einer Friedenskundgebung in Berlin-Treptow, September 1911

24 Clara Zetkin und Rosa Luxemburg auf dem Weg zur Tagungsstätte des Magdeburger Parteitages 1910

25 Atelieraufnahme von 1912

26 Mit Julian Borchardt (links) beim Verlassen des preußischen Abgeordnetenhauses in der Prinz-Albrecht-Straße, 1912

27 Karl Liebknecht und Harry Quelch, britischer Journalist und Sozialist, 1912

28 In Oberwiesenthal, 1913

29 Sophie Liebknecht, geb. Ryss, 1913

30 Karl und Sophie im Urlaub mit den Kindern Robert, Vera und Wilhelm in Oberwiesenthal, 1913

31 Robert, Vera und Wilhelm, 1913

32 Mit Wilhelm Dittmann auf dem Weg zum Tagungsort des Jenaer Parteitages 1913

33 Rosa Luxemburg mit den Anwälten Dr. Paul Levi (links) und Dr. Kurt Rosenfeld vor dem Berliner Landgericht in Berlin-Moabit, 1914

34 Mit Schubkarre im Kreis von Armierungssoldaten in Ley/Frankreich, 1915

35 Der Armierungssoldat auf dem Weg zum Reichstag, 1915

36 Teilansicht des Zuchthauses Luckau, in dem Karl Liebknecht 1916–1918 inhaftiert war.

Faksimile der 1. Seite des Briefes an Sophie Liebknecht vom 1. März 1918

37 Karl Liebknecht an der Spitze eines Demonstrationszuges Unter den Linden in Berlin, Dezember 1918

38 Redner an den Gräbern der Revolutionsopfer in Berlin-Friedrichshain, 20. November 1918

39 Auftritt vor dem Innenministerium Unter den Linden, 6. Dezember 1918

40 Mit Sohn Wilhelm im Tiergarten Berlin, 7. Dezember 1918

41 Auf einer Kundgebung im Tiergarten Berlin, Dezember 1918

42 Karl Liebknecht spricht zu Arbeitern und Soldaten vor dem preußischen Abgeordnetenhaus in Berlin, 16. Dezember 1918

43 Protestredner während der Demonstration gegen die Entlassung des Polizeipräsidenten Emil Eichhorn, 5. Januar 1919

44 Am Neuen See im Tiergarten Berlin, wo Karl Liebknecht erschossen worden ist.

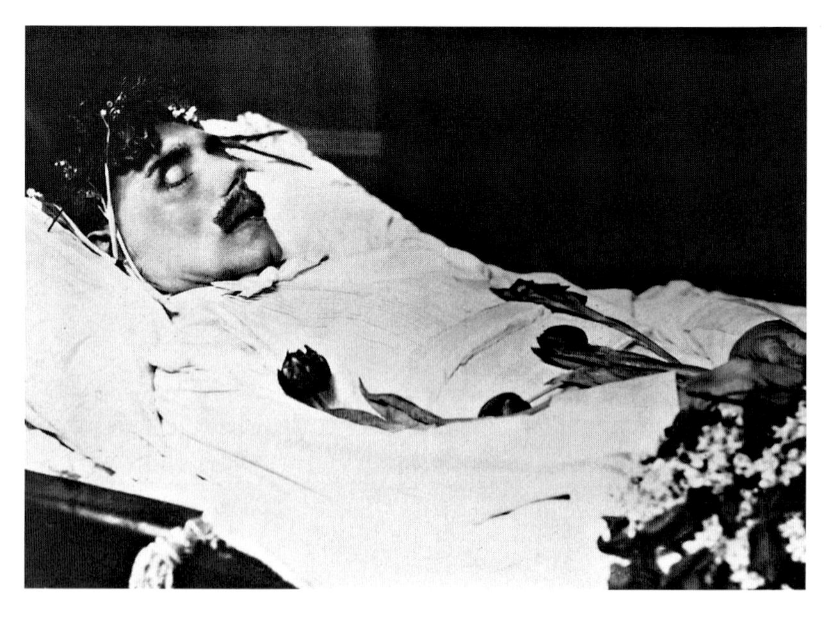

45 Karl Liebknecht auf dem Totenbett, Januar 1919

46 Trauerzug zur Beisetzung von Karl Liebknecht und 31 Januarkämpfern auf dem Friedhof Berlin-Friedrichsfelde, 25. Januar 1919

47/48 Grundstein eines Denkmals am Potsdamer Platz mit der Inschrift: »Von dieser Stelle aus rief Karl Liebknecht am 1. Mai 1916 zum Kampf gegen den imperialistischen Krieg und für den Frieden auf«

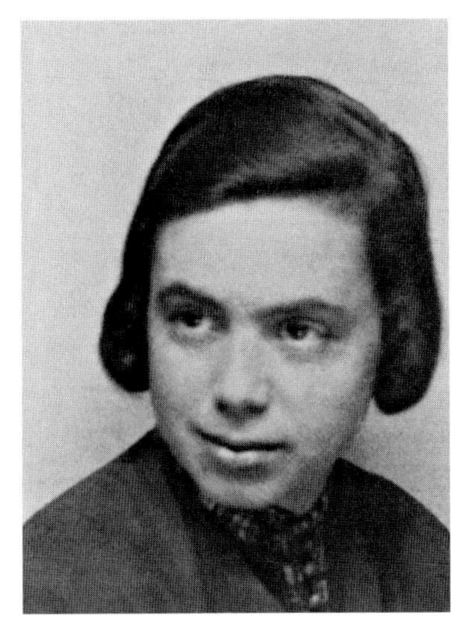

49 Vera Liebknecht in den 20er Jahren

50 Wilhelm Liebknecht (Helmi), etwa 1924

51 Selbstbildnis von Robert Liebknecht (Bob), 1924/25

52 Sophie Liebknecht, geb. Ryss, etwa 1954

53 Porträt Karl Liebknechts von Robert Liebknecht, 1930

Ich sehne mich ja so unsäglich darnach, alle die Dinge, die Dir am Herzen liegen, mit Dir zu erleben, zu besprechen. Und wenn ich in der Politik aufgehe, so fühle ich mich trotz alledem unbefriedigt im tiefsten Innern. Du bleibst mir mit Deinem Wesen u. Deinen Interessen nahe als meine Sehnsucht, die ich fest u. unlöslich in mir trage. So kann ich ohne Dich nicht sein, u. es ist wahr, daß ich Dich noch so liebe wie je zuvor. Die Politik aber frißt mich auf; jede Faser hat sie verschlungen. Ich habe – gerade jetzt in dieser furchtbaren Zeit – keinen Moment der Freiheit, der äußeren u. auch der inneren. Ich bin auch herunter mit meiner Spannkraft. [...] Ich kann mich nicht so elastisch frei machen – nicht mal für Stunden –, wie es sonst wohl ginge. Und was ich zu tun habe, ist nicht: Meditieren, sondern Aktion. Und da heißt's: kurz entschlossen. Und ich muß mit denen, mit denen ich zu *handeln* habe, zusammensein. So fehlt die Möglichkeit zu gewissen Besprechungen mit Dir. Später wird das wieder möglich werden, hoffe ich. Kurzum: Ich bin nicht Herr meiner selbst, u. so kann ich mich auch Dir nicht so widmen, wie ich möchte.«[95]

Wenige Stunden später stürzte er sich in die Endphase der Vorbereitungen zu den Sitzungen der sozialdemokratischen Reichstagsfraktion vom 29. November bis 2. Dezember 1914. Am 28. November trafen sich in der Wohnung Georg Ledebours Albrecht, Bock, Geyer, Henke, Herzfeld, Kunert, Ledebour, Lensch, Liebknecht und Vogtherr. Doch die Beratung nahm ein chaotisches Ende, weil sich außer Liebknecht und Henke keiner für ein Seperatvotum entschied.[96] Entgegen den Vorstellungen des Fraktionsvorstandes forderte Liebknecht vor allem genügend Zeit für gründliche Beratungen.[97] Zumindest müsse in der Fraktion gesagt werden, was in Presse und Versammlungen die Militärdiktatur verbietet. In stundenlangen Zwiegesprächen u.a. mit Herzfeld, Henke und Rühle rang er buchstäblich bis zur letzten Minute vor der Abstimmung um Mitstreiter für die Ablehnung. Immerhin zählten dieses Mal 17 Stimmen zur Minderheit; Paul Lensch war zwar nach rechts ausgeschert, aber hinzugekommen waren Emmel, Stadthagen, Stolle und Baudert. Doch sie alle beugten sich im Endeffekt wieder der Fraktionsdisziplin. Schadenfroh registrierte Eduard David: »Die Radikalen sind in drei Gruppen gespalten, *Hoch* und Genossen, die zustimmen.

Haase, Ledebour u.a., die ablehnen, aber nicht öffentlich. *Liebknecht,* der eine lange, rein doktrinäre Erklärung verliest, die den Krieg als einen von den deutschen Imperialisten inszenierten Eroberungskrieg kennzeichnet und das internationale Proletariat aufruft, ihm ein Ende zu machen. Sie wird mit erstaunter Heiterkeit aufgenommen.«[98] Liebknecht wurde eine Sonderabstimmung und das Verlesen seiner Erklärung untersagt. In persönlichen Gesprächen suchten Haase und Kautsky ihn vom Separatvotum abzuhalten, nur Bernstein stimmte ihm privatim zu.[99] Von der Fraktionsminderheit im Stich gelassen, stand er nun völlig allein.

Vor Beginn der Reichstagssitzung am 2. Dezember herrschte auf der Parlamentstribüne großer Andrang. Um 16.19 Uhr eröffnete der Reichstagspräsident Dr. Johannes Kaempf die Beratungen. Hugo Haase hatte sich von Hilferding überreden lassen, eine Erklärung der sozialdemokratischen Fraktion für die zweite Kriegskreditbewilligung zu verlesen. Außer Karl Liebknecht sprangen alle von ihren Sitzen auf und gaben ihre Ja-Stimme für den zweiten Fünf-Milliarden-Kredit ab. Im Verhandlungsprotokoll des Reichstags heißt es dazu nach der Aufforderung des Präsidenten zur Gesamtabstimmung: »(Geschieht. – Rufe: Einstimmig! – Zurufe: Gegen eine Stimme!) Es ist, soweit ich sehen kann, einstimmig – mit Ausnahme eines einzigen Abgeordneten. (Stürmische Bravorufe und Händeklatschen.)«[100] Fritz Kunert verließ während der Abstimmung den Saal.[101] Die von Liebknecht beantragte Aufnahme seiner Abstimmungsbegründung ins Protokoll wurde vom Reichstagspräsidenten abgelehnt. Eduard Davids Kriegstagebuch-Notiz vom 2. Dezember zufolge verwiesen Rufe von den Bänken der Liberalen auf Liebknechts Sitzenbleiben. Man habe mehr gelacht als sich entrüstet. Der Fraktionsvorstand sei wegen Liebknechts »Nein!« sofort zusammengetreten. Nach kurzem Hin und Her mit Ledebour und Haase, die sich von einer schroffen Verurteilung zu distanzieren versuchten, einigte man sich auf eine von David entworfene Presseerklärung[102], die am 3. Dezember 1914 im »Vorwärts« erschien: »Der Vorstand der sozialdemokratischen Reichstagsfraktion stellt fest, daß der Genosse Karl Liebknecht entgegen dem alten Brauch der Fraktion, der durch einen ausdrücklichen Beschluß für den vorliegenden Fall erneuert wurde, *gegen* die

Kriegskreditvorlage gestimmt hat. Der Vorstand bedauert diesen Bruch der Disziplin, der die Fraktion noch beschäftigen wird, aufs tiefste.« Die Parteipresse wurde angewiesen, diesen Fall nicht weiter zu erörtern. Am 3. Dezember bedauerte der Parteivorstand mit sechs gegen eine Stimme Karl Liebknechts Vorgehen. In einer noch am Abend mit dem Fraktionsvorstand und Mitgliedern der Generalkommission der Gewerkschaften abgehaltenen Sitzung wurde beschlossen, Liebknecht das Vertrauen zu einer weiteren öffentlichen Ausübung seines Mandats zu entziehen.[103] Das aber stieß in der Parteiorganisation seines Wahlkreises mehrheitlich auf Missfallen. Luise Zietz dagegen meinte, Liebknecht habe denen am wehesten getan, die in der Grundanschauung mit ihm übereinstimmten. »Disziplinbruch schlimmster Art, Heiterkeitserfolg bei den Bürgerlichen und – Stärkung des revisionistischen und Kompromittierung des radikalen Flügels. Wie wenig politischen Weitblick muß der Mann besitzen, der so handeln konnte.«[104] Ledebour, Henke, Rühle, Eichhorn, Zubeil warfen ihm vor, ruhmsüchtig zu sein.

Eduard David scheiterte mit seinem Vorstoß bei Scheidemann, Molkenbuhr und Ebert, Karl Liebknecht aus der Fraktion auszuschließen.[105] Zu groß war dessen Rückhalt in Mitgliederkreisen und bei Sozialisten in anderen Ländern. Obwohl Ledebour nicht mit Nein gestimmt hatte, verteidigte er Liebknecht im 6. Reichstagswahlkreis öffentlich und wurde von Eugen Ernst unterstützt.[106] Rosa Luxemburg, Paul Hirsch und Simon Katzenstein ergriffen für ihn Partei.[107]

Karl Liebknecht ließ eine illegal gedruckte Broschüre seines Briefwechsels mit dem Parteivorstand vom Oktober 1914 verbreiten. Exemplare tauchten in Berlin, Leipzig und Jena auf.[108] Auch handschriftliche Kopien seiner Erklärung zum 2. Dezember 1914 kursierten. Sie klärten darüber auf, dass er für die Notstandskredite gestimmt hatte, weil es auch ihm darum ging, das harte Los von Soldaten, Verwundeten, Kranken und von deren Angehörigen zu lindern. Die Kriegskredite aber lehnte er entschieden ab, denn der Krieg sei kein deutscher Verteidigungskrieg. Deshalb müsse schleunigst ein für keinen Teil demütigender Friede ohne Eroberungen gefordert werden.[109] Karl Liebknecht war von der Richtigkeit seines Handelns überzeugt, vertraute auf seine Anhänger, rang um Mitstreiter und preschte unaufhaltsam vor, wenn ihm keiner oder nur wenige folgen wollten. In einem Brief an »Labour Leader« vom Dezember 1914 bekräftigte er: »Jeder Sozialist hat in seinem Lande auch heute zu wirken als Klassenkämpfer und Verkünder der internationalen Brüderlichkeit, im Vertrauen, daß jedes Wort, das er für den Sozialismus, für den Frieden spricht, jede Tat, die er für sie verrichtet, gleiche Worte und Taten in den anderen Ländern entzündet, bis die Flamme des Friedenswillens über Europa hell auflodert.«[110] Rosa Luxemburg stellte sich mutig an seine Seite: Parteidisziplin sei ein Mittel, betonte sie, um den Gesamtwillen der Klasse in »geschichtsaktives Handeln« umzusetzen. Geprägt werde diese Disziplin durch das Programm und durch die Beschlüsse der Partei. Unter dem Schutz des Belagerungszustandes habe die Reichstagsfraktion den Gesamtwillen der Partei und der Klasse vergewaltigt und sich damit des »denkbar flagranten« Disziplinbruchs schuldig gemacht. Die große Masse der Parteigenossen werde, wenn sie wieder ihren Willen zur Geltung bringen könne, Rechenschaft fordern. Liebknecht habe im Sinne des Parteiprogramms gehandelt, die Fraktion habe es verraten.[111]

In Polizeiberichten nach dem 2. Dezember 1914 wurde zunächst festgestellt, in Genossenkreisen sei man ungehalten über das »rüpelhafte Verhalten« Liebknechts. Kurz darauf registrierte man andere Eindrücke: »Obwohl L[iebknecht] den leitenden Genossen äußerst unbequem wird, so ist er doch der Masse selbst noch immer sehr sympathisch, und die Wähler seines Kreises werden ihn auch nicht fallen lassen. Wenn – gelegentlich des letzten Zahlabends – ein Diskussionsredner für ihn in geschickter Weise das Wort ergriff, so fand er zumeist die Zuhörer immer auf seiner Seite.«[112]

Karl Liebknecht trat im Dezember unter anderem in Berlin-Steglitz und in Berlin-Friedenau auf Versammlungen und auf Funktionärsberatungen in Berlin und Potsdam auf. Über die nichtöffentliche turnusmäßige Versammlung des Gewerkschaftskartells am 16. Dezember 1914 in Potsdam mit 150 Teilnehmern hieß es im Bericht des Potsdamer Polizeipräsidenten: »Im großen und ganzen waren die Ausführungen des Liebknecht mit Rücksicht auf die starke in der Partei vorhandene kriegerische Strömung sehr vorsichtig und wurden ziemlich kühl aufgenommen.«[113] Liebknecht musste jedoch auch üble Beschimpfungen und Anfeindungen ertragen und heftige Auseinandersetzungen um der Sache willen führen. Eingeschworene Liebknechtgegner wie Eduard David registrierten empört jede seiner Handlungen und Äußerungen. Davids Hassausbrüche richteten sich ebenso niederträchtig gegen Liebknechts Anhänger: »Die ›Funktionäre‹ sind in Berlin fast durchweg junge Leute in den 20er Jahren, die die Mühe der Flugblattverteilung noch nicht scheuen. Jugendliche Unerfahrenheit und doktrinäre, durch eine ganz einseitige ›Erziehung‹ seitens der radikalen Größen verbissene Geister. [...] vor allem aber wollen sie den Frieden haben um jeden Preis. [...] Bleiben diese Leute in der Partei, so werden sie die ganze Position des 4. August versauen und jeden vernünftigen ferneren Schritt unendlich erschweren oder ganz unmöglich machen.«[114]

Viele Menschen bekundeten Liebknecht ihre Hochachtung.[115] »Empfangen Sie meinen Glückwunsch zu Ihrer mannhaften Demonstration im Reichstag, die mich und außer mir viele, die es nicht aussprechen mögen, mit lebhafter Freude und Sympathie erfüllt«, schrieb Erich Mühsam am 4. Dezember 1914.[116] »Das war das bedeutendste und mächtigste ›Nein‹, das jemals im Deutschen Reichstag seit seiner ersten Sitzung vor 33 Jahren gesprochen wurde«, meldete die »St.-Louis-Arbeiter-Zeitung« (USA) am 12. Dezember.[117] Er habe als würdiger Sohn seines Vaters gehandelt, des unvergesslichen »Soldaten der Revolution«, beglückwünschte ihn Clara Zetkin.[118] Unter der Überschrift »Die zwei Könige von Potsdam« pries »Daily News« die Erklärung vom 2. Dezember als »eins der berühmten geschichtlichen Dokumente« und Liebknecht nach Bebels Tod als »ersten Vertreter der mächtigsten Partei in Deutschland mit klarem Verstand, großem Charakter und der Gabe der Ironie«[119]. H. van Kol beteuerte: »Es ist das zweite Mal in der Weltgeschichte, daß der Name ›Liebknecht‹ in diesem Kreis genannt wird, als der eines Menschen, der es wagt, seine Pflicht zu tun, trotz der Anfeindungen von denen, mit welchen er unter der gleichen Fahne kämpft, die er ohne Flecken zu bewahren wünscht. Dank sehr! Karl, für diese Handlung, auf die der internationale Sozialismus stolz sein kann und deren Früchte er ernten wird.«[120] Camille Huysmans würdigte die konsequente Haltung ebenso aufrichtig.[121] In Romain Rollands Tagebuch hieß es im Dezember 1914: »Allein der mutige Liebknecht lehnt es ab, für die Kriegskredite zu stimmen. Seine Partei distanziert sich von ihm. Ganz Deutschland beleidigt und verhöhnt ihn. Wie einen Schimpf wirft man ihm die Bezeichnung *Einzelgänger* und *Ausländer* an den Kopf. Was für ruhmreiche Beinamen werden sie später für ihn sein!«[122]

Armierungssoldat

Nach dem 2. Dezember gingen Karl Liebknechts Gegner zu neuen Schikanen über, um ihn aus der Öffentlichkeit zu verdrängen. Angesichts einiger Morddrohungen bangten Angehörige und engste Freunde um sein Schicksal und ihr eigenes Leben. Man wünsche, schrieb der Berliner Polizeipräsident v. Jagow am 5. Dezember, dass »diesem ebenso eitelen wie fanatischen Sonderling das Handwerk gelegt werde«[1]. Militärs forderten: »Liebknecht an die Front!« »Sobald feststeht, was die sozialdemokratische Fraktion im Falle Liebknecht tun will«, hieß es im Protokoll einer Sitzung von Regierungsvertretern am 26. Januar 1915, »wird der Angelegenheit von neuem näherzutreten sein.«[2]

Am 30. Januar bekam Karl Liebknecht die Einberufung zum Ersatz-Bataillon der Pioniere in Küstrin zugestellt. Nach Meinung im Kriegsministerium geschah das »irrtümlich« verfrüht. Da für den 2. bis 4. Februar 1915 Sitzungen der sozialdemokratischen Reichstagsfraktion anberaumt waren, wurde er wieder entlassen.[3] Sein Bruder Theodor musste am 31. Januar als Unteroffizier einrücken. Die Rechtsanwaltspraxis führte der Sozius Dr. James Friedlaender weiter. Wilhelm Liebknecht, der das Notariat betrieb,[4] wurde auch bald eingezogen.[5]

Major v. Lettow vom Oberkommando in den Marken erhielt am 6. Februar den Befehl, Karl Liebknecht in ein Armierungsbataillon an der Grenze der Monarchie außerhalb einer größeren Stadt einzugliedern. Die Armeeabteilung Falkenhausen sei dafür am geeignetsten.[6] Liebknecht wurde der Gestellungsbefehl für Sonntag, den 7. Februar, telegrafisch übermittelt. Seinem Antrag, ihn bis zum Abschluss der Landtagsverhandlungen freizustellen,[7] gab der Bezirkskommandeur statt. Zugleich eröffnete ihm dieser, dass er ab sofort den Militärgesetzen unterstehe. Ihm wurde die Teilnahme an Versammlungen und Sitzungen (außer denen des Landtags), Agitation in Wort u. Schrift (im In- und

Ausland) sowie das Ausstoßen »revolutionärer Rufe« untersagt. Groß-Berlin durfte er nur mit besonderer Erlaubnis verlassen. »Uniform zu tragen ist mir ausdrücklich *verboten.*«[8]

Rosa Luxemburg musste am 15. Februar ihre einjährige Haftstrafe entsprechend der Verurteilung im Frühjahr 1914 im Berliner Frauengefängnis antreten. Die Strafe war vom Gericht mit Rücksicht auf ihre Erkrankung ausgesetzt worden. Dieses erbarmungslose Vorgehen enthülle das Wesen des »Burgfriedens«, protestierte Karl Liebknecht am 9. März im preußischen Abgeordnetenhaus. Er beschwere sich jedoch nicht. »Ich weiß, daß meine Freundin Luxemburg genauso wie ich in dieser Vollstreckung im Gegenteil einen Ehrentitel erblickt, ein Zeugnis dafür, daß sie ihrer Pflicht, im sozialistischen Sinne für das Interesse des Volkes zu arbeiten, auch in dieser Zeit der inneren Wirrnisse, nach Kräften und wirksam genügt hat.«[9]

Am 21. März hatte Karl Liebknecht einzurücken. Am 24. März traf er beim 49. Armierungsbataillon in Dieuze in Lothringen ein. Schon wenige Tage danach versuchte die Armeeabteilung Falkenhausen, Karl Liebknecht wegen Misshelligkeiten zurückzuversetzen und gegen ihn ein Kriegsgerichtsverfahren anzustrengen. Im April wurde er ohne Genehmigung des Reichstages vor dem Gericht einer bayrischen Landwehrdivision, der das 49. Armierungsbataillon unterstellt war, wegen seiner Schrift »Klassenkampf gegen den Krieg« belangt.[10] Noch schützte ihn die Abgeordnetenimmunität vor militärgerichtlichen Untersuchungen, aber das Verfahren wurde erst im September 1915 vom Gericht der Njemen-Armee beendet. Das Kriegsministerium telegrafierte der Armeeabteilung Falkenhausen am 13. Mai 1915, Karl Liebknecht sei zur Teilnahme an den Reichstagssitzungen so zu beurlauben, dass er am 16. Mai abends in Berlin eintreffe, und dem Stellvertretenden Generalkommando III AK »zu anderweitiger Verwendung zur Verfügung zu stellen«[11]. Am 29. Juni 1915 musste er die Fahrt nach Küstrin zum 102. Armierungsbataillon antreten. Da sich die Mannschaften allzu oft um ihn versammelten, wurde er aus der Kaserne in Küstrin bald nach Memel geschickt. Dort unternahm er mit Genossen, die er seit langem kannte, heimlich Ausflüge auf die Kurische Nehrung und Haff-Fahrten.[12] Dann ging es von Memel über Libau nach Aistern-Krug zum Hauptquartier der Kompanie. Bei der 4. Korporalschaft erhielt er im Gehöft Warwen bei Durben Quartier. Mitte Juli kamen sie über Beben Richtung Hasenpot immer näher an die Ostfront heran. »Nun bin ich auch in Rußland, ohne Dich!«, schrieb er seiner Sophie. »Aber unter welchen grauenhaften Umständen. Ich kann meine moralische Lage nicht schildern. Willenloses Werkzeug einer mir in der tiefsten Seele verhaßten Macht! Für wessen Interessen! Doch lassen wir das.«[13]

Sophie Liebknecht quälten große Sorgen. Sie lebte in tiefer Trauer um den kürzlich verstorbenen Vater, in Angst um die kränkelnde Mutter und das Schicksal ihrer Brüder. Er tröstete seine Frau in ihrem Schmerz, versicherte, zu ihrem Vater habe er »ein ganz persönliches und innerliches Verhältnis« gehabt.[14] Am 12. Juli schrieb Karl Liebknecht von der Front an seine Schwiegermutter Olga Ryss: »Ich habe den guten Mann sehr lieb gewonnen. Mir scheint, ich hatte Verständnis für sein Wesen. All unsere Pläne und Hoffnungen, ihn künftig dauernd näher bei uns zu haben, ihn u. die ganze Familie, sind nun zu Schanden. Sie entsinnen sich, wie er sich für meine literarische Arbeit im vorigen Jahr interessierte.«[15] Im Juni, als ihre Schwester Sylvia und auch Karl Liebknecht in Berlin waren, unterzog sich Sophie einer Operation. Alles sei gut verlaufen, beruhigte Karl Sophies Mutter, er wisse sie jetzt in guter Pflege. Allerdings müsse künftig dafür gesorgt werden, dass sie »mehr ihren Interessen leben kann, als bisher; die Jungen werden vernünftiger und ruhiger u. artiger werden u. ihr nicht mehr so viel Beschwerden verursachen. Ich wünsche das, ich kann nicht sagen, wie sehr; denn ich liebe Sonja von ganzem Herzen, nicht weniger, als je zuvor.«[16]

Das Armierungssoldatenjahr, von dem Karl Liebknecht mehr als 20 Wochen an der Front und mehr als acht Wochen in Lazaretten verbringen musste, war eine der deprimierendsten und bedrohlichsten Zeiten seines Lebens. Unter schwersten Bedingungen schanzte er von Ende Juni bis in die zweite Augustwoche an der Ostfront. Zu seinem Entsetzen wollte man die Armierungssoldaten »zur bewaffneten Truppe modeln«. »Jedes Zuchthaus wäre Erlösung«, schrieb er Ende Juli, als sie in dieser »verfluchten Ecke« durch die großen Hindenburg-Operationen stark in Mitleidenschaft gezogen wurden.[17]

Nach der Teilnahme an Beratungen der Reichstagsfraktion vom 14. bis 16. August 1915 musste Karl Liebknecht am 3. September wieder hinaus. Seine Kompanie war jetzt in Sauschinen stationiert, arbeitete an der Düna und lag in unmittelbarer Frontnähe. Der Bataillonsstab befand sich in Kertschen, wohin er auf beschwerlichem Marsch über Bauske und Barbern gelangte.

Im Herbst spitzte sich die Lage an der Ostfront auch für die Armierungssoldaten zu. Fast jede Nacht gab es Angriffe. Seine Kinder ließ Liebknecht an den »Frontplagen« ebenso Anteil nehmen wie am Alltag mit Kameraden, unter denen erfreulich viele Berliner und auch Sozialdemokraten waren. Er ließ sie auch spüren, wie machtlos und aufgebracht er als Unfreiwilliger in diesem Krieg war, der sein Leben bedrohte. »Ich hoffe, Ihr werdet Euren Vater nicht verlieren, bevor Ihr flügge seid«[18], schrieb er an sie am 14. September und am 21.: »Liebste herzige Kinder! Es ist heut ein wilder Tag hier und ein sehr böser Abend. Ein russischer Vorstoß aus Riga hat uns überrascht. Wir heben jetzt neue Stellungen aus – in vorderster Linie. Es ist kühl. Neben mir kracht es wie toll; um uns ist die Hölle losgelassen! Ich werde nicht schießen! Lebt wohl – Ihr Liebsten. Seid brav, fleißig, tapfer, unverzagt. Habt Euch lieb u. Sonja u. seid gut zu Sonja, Eurer zweiten Mutter, die es herzensgut mit Euch meint. Ich küsse Euch – so heiß wie ich Euch lieb habe.«[19] Sophie erholte sich ab Ende August mehrere Wochen in der Schweiz.[20]

Als er am 6. Oktober nach der 14-tägigen ärztlichen Behandlung einer Augenverletzung, die er sich beim Bäumefällen zugezogen hatte, aus dem Lazarett wieder zu seiner Truppe musste, äußerte er mit Abscheu vor den »harten Zeiten« im Schützengraben: »alles andre, alle Gefahren spielen keine Rolle; nur mitmorden – das kann ich nicht, da hörts auf«[21].

Unvermindert bot er viel Energie auf, seine Kinder zu erheitern und zu ermutigen, ihren Körper und Geist gesund zu erhalten. Seine Söhne bat er, in der Schule ernsthaft zu lernen. Sie sollten bedenken, wie glücklich sie gegenüber Millionen armer Kinder seien, »die nur wegen der Not ihrer Eltern nichts lernen können von all dem Wundervollen u. deren Anlagen verkommen u. verderben«[22]. »Selbstzufriedenheit u. Selbstüberhebung sind ein Unglück u. machen zum Narren. Das vergeßt nicht. Selbstvertrauen heißt Vertrauen darauf, daß man als tüchtiger Kerl arbeiten will, soweit die Kräfte reichen, u. zum Höchsten streben.«[23] Bob oder Vera schilderte er Baummarder, Füchse, Hunde, Mäuse, Igel, Eisvögel, Schillerfalter, Gabelschwanzraupen oder den Gesang der Nachtigall. Helmi riet er: »Den ganzen Schiller nimm in die Hand, blättre u. lies, lies gründlich u. immer wieder. Und dann nimm den Kleist u. den Körner u. einige Goethe-Bände u. Shakespeare u. Sophokles u. Äschylus [...] Sitz stundenlang allein mit den Büchern. So werden sie Deine Freunde u. Du ihr Vertrauter. Ich möchte Dich nirgends hinzwingen – Du sollst, Du mußt selbst suchen; jeder hat seinen ganz eigenen Weg.«[24]

Nach seinem Zusammenbruch Ende Oktober teilte er Helmi aus dem Lazarett Mietau mit: »Einmal nachts, als wir im Wald arbeiteten (sägten), es war bitter kalt! – wurde ich ohnmächtig. Dann nach dem russischen Rückzug über die Düna, als wir nach unserer neuen Arbeitsstelle zogen, von Bruntau nach Luraum (über Malta), d.h. nach Nordwesten, Richtung Riga – Mitau. Dieser Marsch führte uns durch die eroberten russischen Stellungen, reine unterirdische Labyrinthe, kunstvoll u. bequem ausgebaut. Zer›deppert‹ natürlich jetzt vielfach. Da lagen die Leichen herum, auf der eisigen Erde, gekrümmt wie Würmer oder mit ausgebreiteten Armen, als wollten sie sich an die Erde oder den Himmel schmiegen, retten. Die Gesichter nach dem Boden oder aufwärts. Schwarz schon zuweilen. Gott, ich sah auch manchen unsrer Toten in dieser Zeit u. half, ihnen die Habseligkeiten abnehmen, die letzten Erinnerungen für Frau u. Kinder. Eine Geschichte dieses Krieges wird einfacher sein, mein Kind, als die Geschichte vieler früherer Kriege. Weil die Triebkräfte gerade dieses Kriegs ganz brutal an der Oberfläche liegen. Denk an die Kreuzzüge, wie verwirrend der religiös- u. kulturell-phantastische Anschein, der freilich auch fast nur wirtschaftliche Tendenzen verdeckte; die Kreuzzüge waren große Handelskriege. Die Ungeheuerlichkeit in Maß, Mitteln, Zielen des heutigen Kriegs verdeckt nicht, sondern entdeckt, deckt eher auf. Darüber reden wir noch. Und über vieles andere.«[25]

Die junge Ehe zwischen Karl und Sophie wurde seit Kriegsbeginn ungewöhnlich hart auf die Probe gestellt. Am 2. Hochzeitstag, dem 1. Oktober 1914, hatten sie schon kaum Zeit füreinander gehabt. Im Jahr darauf wussten sie beide nichts Genaues voneinander. Seit dem 3. September 1915 war Karl Liebknecht ohne Lebenszeichen von der ganzen Familie. Die Feldpost zum Armierungsbataillon im Osten funktionierte miserabel. Zum Triennium ihrer Ehe schrieb er an Sophie am 20. September, sie möge verzeihen, es sei zum Kotzen – er müsse erst einmal die scheußlichen Tatsachen loswerden. Sie möge bitte alle Briefe aufheben, da er kein Tagebuch führe. In dem seitenlangen Bericht hieß es: »Wir arbeiten hier *ohne jede* Sicherung vor uns, unmittelbar an der äußersten Front, wo die äußersten Feldwachen liegen u. streifen. Die russische Front steht hier noch diesseits der Düna. Tag u. Nacht Geknatter u. Geknall u. sehr oft böses Gedröhn u. Gefauch u. Gezisch u. Geheul u. Gepfeif u. Gekrach. Granaten u. Schrapnells sind unsere fast ständigen Abwechslungen. Nachts jede Minute zum Abrücken bereit. Wir sollen auch eventuell in die Schützengräben; so gut haben sich – nach Hindenburg – die Schipper bewährt, daß sie dieser ›Ehre‹ teilhaftig werden sollen!«[26] Sie wurden auf verbrecherische Weise geradezu »verheizt«. Für 2500 Mann, die auf einem Gebiet von 200 bis 300 Quadratkilometern stationiert waren, waren nur ein Arzt und zwei Sanitätsoffiziere zuständig, die außerdem zum Fouragetransport abkommandiert wurden. Zu essen gab es fast nur Kartoffeln. Tabak war nicht zu bekommen. »Von 6½ an dunkel. Keine Kerze u. nichts wird geliefert. Man drückt sich herum, kann weder lesen noch schreiben, verkriecht sich in sein ›Bett‹, d.h. auf sein Stroh, u. wickelt sich vor der ekligen Kälte, natürlich in ungeheiztem Stall oder Scheune, oft hundenaß, in den Kleidern in einen Mantel u. eine dünne Decke, friert die ganze Nacht wie ein Schneider usw.«[27] Von Anfang an hatte Sophie ihrem Mann Esswaren, Kleidung, Leckereien, Zeitungen, Feldpostkarten, Kerzen, Tabak usw. geschickt. Er hatte sich darüber gefreut und sich herzlich dafür bedankt, aber immer wieder gemeint, die Lebensmittel sollten sie lieber selbst verbrauchen. Nun bat er um Wintersachen und wöchentlich um fünf Kerzen, fünf Päckchen billigsten Tabak und 20 Zigarren.

Plötzlich merkte er, dass er vom Hochzeitstag ganz abgeirrt war. Er wolle ihr doch vor allem »schreiben, daß ich Dich lieb habe wie je, daß mir unsere gemeinsame Vergangenheit geheiligt ist, daß Du mir eine Erfüllung warst u. daß ich, falls man heil aus dieser Sauerei herauskommt, trotz alledem hoffe, Dir eine Zukunft nach Deiner Sinnesart gestalten zu helfen, mehr als bisher [...] Ich muß schließen, ich friere wie 2 Schneider. Leb wohl, alles Beste – ich küsse Dich u. die Kinder Dein Karl.«[28] Leider ist keiner von Sophies Briefen an den Armierungssoldaten erhalten geblieben. Einige Rückschlüsse auf ihre Mitteilungen ergeben sich aus seinen Feldpostbriefen, in denen er sie z.B. immer wieder bat, über persönliche Anfeindungen erhaben zu sein. Wenn sie nicht lerne, die Leute reden zu lassen, »wirst Du, solang Du meine Frau bist, nicht zur Ruhe kommen«[29]. Durch die Aussicht auf baldige Beurlaubung für die Parlamentstätigkeit oder mit Naturbeobachtungen versuchte er sie aufzuheitern. Ihn selbst konnte der Anblick von Storchennestern und Bienenstöcken, Beerensträuchern und Fischteichen und einem »tiefblauen Himmel, beleuchtet von silbernen Sonnenstrahlen«, nur kurz erbauen.[30] Seine Furcht, Opfer des Krieges zu werden und die Familie im Unheil hinterlassen zu müssen, wurde immer größer. Für alle Fälle machte er ein Testament.[31] Clara Zetkin teilte er Ende August mit, nun sei alles so gut arrangiert, dass er »mit einiger Seelenruhe in die Grube fahren könnte«[32]. »Keine Sorge um mich«, forderte er von all seinen Lieben und Freunden,[33] doch ihn ergriff manchmal »wahnsinnige Angst«, und er flehte Sophie an, nicht vom Tode zu reden. »Sei, wie Du warst. Hab mich lieb. Hilf mir. Ich kann nichts ohne Dich. Dein Karl. In mir zerbricht alles.«[34]

Karl Liebknecht bedrückten neben seinem Kummer um Frau und Kinder die für alle Kameraden seiner Korporalschaft immer unerträglicher werdende »Sauerei« an der Front[35], das Leid der Bevölkerung in den von den Kriegerhorden verheerten Gebieten und der Anblick der vielen Verwundeten und Leichen. Zusätzlich belastend waren die widerlichen Bespitzelungen: »Schmiergesellschaft!!«[36] Mehrmals strengte man rechtswidrig kriegsgerichtliche Untersuchungen gegen ihn an. So wurde er am 11. Oktober 1915 auf Ersuchen des Gerichtsherrn, des Stabsoffiziers der Pioniere bei der Njemen-Armee, Oberst Kahn, über seine Beteiligung an Protestaktionen befragt.[37] Wegen Mangels an Beweisen musste auch dieses Verfahren eingestellt werden.[38]

Es entsprach seinem offenen Wesen, dass er auch im Felde nicht vereinsamte. Er blieb vertrauenswürdig und kontaktfreudig, unterhielt sich mit Berliner Sozialdemokraten, Armierungssoldaten wie er, mit alten Landsturmmännern, mit Menschen, die bei ihm Rat und Hilfe suchten. Selbst Offizieren sagte er unverblümt die Wahrheit ins Gesicht. Durch seine Schlagfertigkeit erpresste er von ihnen manches Bekenntnis zum Angriffskrieg, zu den Eroberungszielen und zur langjährigen Kriegsvorbereitung von deutsch-österreichischer Seite.[39]

Erlebte Sophie Liebknecht in Schilderungen solcher Diskussionen ihren Triumphator Karl, so litt sie mit dem Erschöpften umso mehr, wenn sie Berichte wie im Brief vom 14. Oktober 1915 las: »Wir arbeiten jetzt an der Dünaseite des Dreiecks, unmittelbar am Rand der steilen bewaldeten Böschung 8–20 m tief, in der das westliche Ufer in den Strom hinabstürzt. Jenseits des Wassers arbeiten die Russen an ihrer Stellung. Ihr Klopfen dringt zu uns wie unser Klappern und Klirren zu ihnen. Dazwischen das helle Schwellen und Rauschen der breit strömenden Flut. Die Kugeln pfeifen um die Ohren – zischend, fauchend wie Katzen, die Sterne flirren durch die Äste und zittern im Spiegel des Wassers. Es ist kalt und feucht und weißreifig. Wir graben uns in die Erde. Ist's tief genug, wird wohl, geduckt oder liegend, ein Pfeifchen geraucht. Um 12 geht's heimwärts durch das Labyrinth der Gräben, oft tief gebückt und ohne Deckung, unter fortgesetzter zischender Kugelbegleitung. Man wälzt sich – rechts und links ausweichend in Schlangenwindungen, schweigend und schleichend, die Posten an den Scharten begrüßend. Neulich drang lustige Russenmusik von der anderen Dünaseite zu uns. – Zwei Stunden Wegs nach Haus – im Dunkel stolpernd. Todmüde, bleierne Glieder. Der Orion stolz am Himmel. Vor 4 selten zur Ruh, um 6 wieder auf. Dann beginnt mein Tag, meine Arbeit, Leb wohl, – lebt alle wohl.«[40] Er werde nicht schießen; werde es befohlen, »dann möge man mich erschießen«[41].

Karl Liebknecht verausgabte sich völlig, weil er trotz der Strapazen bei flackerndem Kerzenschein viel las, Briefe an die Familie und an Genossen schrieb und sich auf neue Parlamentsinitiativen vorbereitete. Zum Beispiel sandte er am 18. Oktober 1915 an Fanny Jezierska weitere Teile eines umfangreichen Exposés über »Militarismus und Antimilitarismus. Der antimilitaristische Kampf«.[42] Das als »Instituts-Entwurf« bezeichnete Manuskript bat er abzuschreiben bzw. abschreiben zu lassen und gut aufzubewahren.[43] Rosa Luxemburg fand »es höchst gefährlich, daß K[arl] diese Schriftstellertätigkeit auf Entfernung entwickelt«, und meinte, Fanny Jezierska solle ihn davon in passender Form abmahnen.[44]

Ende Oktober wurde Karl Liebknecht »körperlich matt, mit einigen peinlichen Lokalbeschwerden« ins Lazarett Mietau eingeliefert, obwohl er zu den Kameraden zurückwollte.[45] Nachdem Sophie die Gruppe »Internationale« informiert hatte, gab Franz Mehring die Nachricht sofort an Mathilde Jacob weiter, damit keine Falschmeldungen verbreitet wurden oder solche dementiert werden konnten. Der Arzt nannte »es sogar *ein Glück für Karl* [...], daß es so gekommen sei«[46].

Mitte November wurde Liebknecht ins Reservelazarett »Gesellschaftshaus des Westens« in Berlin-Schöneberg überwiesen. In »diesem goldnen Käfig unter vortrefflichen Ärzten« seien die peinlichen Symptome der »schon in K[öni]gsb[er]g diagnostizierte[n] Nervenentzündung« bald behoben worden, schrieb er am 29. November an Clara Zetkin. »So: um mich um alle Welt keine Besorgnis.«[47] Endlich konnte er wieder die Berliner Tagespresse lesen und Besuch empfangen. Das ganze Jahr 1915 hatte er sich trotz des Verbots politischer Tätigkeit weder mundtot machen noch isolieren lassen. In bürgerlichen Kreisen wunderte man sich darüber, »daß dem Genossen Liebknecht noch immer nicht die Möglichkeit politischer Betätigung genommen ist. ›Der Mann gehört ins Irrenhaus‹«, so die weitverbreitete Ansicht.[48] Hermann Molkenbuhr, Mitglied des Parteivorstandes der Sozialdemokratie, hatte am 20. Januar 1915 im Tagebuch vermerkt, Liebknecht habe einen »Spleen«, sei »geistig nicht normal«.[49]

In seinem Armierungssoldatenjahr suchte Karl Liebknecht fortwährend nach einem erfolgversprechenden Ausweg aus der Krise der deutschen Sozialdemokratie und aus dem Zusammenbruch der Internationale. Noch bevor er eingerückt war, hatte er am 5. März 1915 in der Wohnung von Wilhelm Pieck mit Franz Mehring, Käte und Hermann Duncker, Geithner aus Gotha, Rühle aus Leipzig, Levi aus Frankfurt, Crispien aus Stuttgart,

Berten aus Düsseldorf, Merkel aus Dresden, Gäbel aus Berlin diskutiert. Bei dieser Zusammenkunft wurden, so Wilhelm Pieck, wichtige Weichen für das engere Zusammenwirken oppositioneller linker Sozialdemokraten und die neue politische Monatsschrift »Die Internationale« gestellt.[50] Karl Liebknecht wollte für die Zeitschrift einen Beitrag über die Taktik der sozialdemokratischen Fraktion im Deutschen Reichstag schreiben. Da er bereits dem Militärgesetz unterlag, mussten die Herausgeber auf seine Mitarbeit verzichten.[51] In der Schrift »Klassenkampf gegen den Krieg! Material zum ›Fall Liebknecht‹« brachte er seine Auffassungen und Erfahrungen in der »Sklavensprache« der dritten Person in Umlauf.[52] Voller Empörung über »die unerhörten Schmähungen« der linken, »sehr kleinen Minorität«[53] kanzelte der Parteivorstand der Sozialdemokratischen Partei die Gruppe um »Die Internationale« in einem Rundschreiben an die Vorstände der Bezirks- und Landesorganisationen vom 23. April 1915 als »Zerstörer der Einigkeit« ab.

Als Rosa Luxemburg für den 12. und 13. März 1915 aus dem Gefängnis beurlaubt wurde, fand ein weiteres Treffen statt. Laut Bericht des Berliner Polizeipräsidenten empfing sie in ihrer Wohnung in Berlin-Südende »die Genossen Mehring, Duncker, Liebknecht, Eugen Ernst u.a., mehrere Genossinnen, darunter Frau Liebknecht, sowie ihren Verteidiger Dr. Levi aus Frankfurt a.M.«[54] Zu den nicht genannten Teilnehmern gehörten Leo Jogiches, Mathilde Jacob, Fanny Jezierska und Marta Rosenbaum. Zwei »schöne Tage«, vermerkte Rosa Luxemburg stolz auf ihrem Kalenderblatt in der Gefängniszelle in der Barnimstraße.[55]

Mit Otto Rühle stimmte Karl Liebknecht am 20. März 1915 im Reichstag gegen die dritte Kriegskreditvorlage. Das Ansinnen von mehr als 30 Fraktionsmitgliedern, bei der Budgetabstimmung mit ihnen den Saal zu verlassen und seine »Eigenbrötelei« aufzugeben, hatte er abgelehnt. Ihr Einwand, sein Nein störe die Kundgebung des Hinauslaufens, ließ ihn gleichgültig. Ihm kam es darauf an, offen das politisch Richtige und Notwendige zu tun.[56] Schließlich wollte er mit seiner konsequenten Haltung andere Menschen aufrütteln und nicht nur sein Gewissen beruhigen. In einem Brief vom 23. April meinte Heinrich Ströbel, der wie er seit 1908 der sozialdemokratischen Fraktion im preußischen Abgeordnetenhaus angehörte, »Sie sind nächst Hindenburg der populärste Mann in Deutschland«[57].

Im Mai verfasste Karl Liebknecht für die Gruppe »Internationale« das Flugblatt »Der Hauptfeind steht im eigenen Land!«. Nachdem mit Mühe und Not ein Drucker gefunden war, wurde es über Vertrauensleute in Ortsgruppen und Betrieben verteilt, so dass Liebknechts Argumentation gegen die Reichskanzlerrede zum »Treubruch« Italiens im Reichstag am 28. Mai bekannt wurde. Italien hatte am 23. Mai Österreich-Ungarn den Krieg erklärt. Die deutsche Regierung versuchte als Bündnispartner Österreich-Ungarns erneut einen chauvinistischen Taumel zu entfachen und fand bei der sozialdemokratischen Fraktionsmehrheit, insbesondere Eduard David und Friedrich Ebert, Unterstützung.[58] Nicht gegen das Überlaufen Italiens vom Dreibund zur Entente sei Sturm zu laufen, hieß es im Flugblatt, sondern gegen die »verantwortlichen Unverantwortlichen« für die Fortsetzung des grauenvollen Krieges im eigenen Land. Zu verdammen sei insbesondere die unsinnige Parole des »Durchhaltens«. »*Internationaler proletarischer Klassenkampf gegen internationale imperialistische Völkerzerfleischung heißt das sozialistische Gebot der Stunde.* Der Hauptfeind jedes Volkes steht in seinem eigenen Land! *Der Hauptfeind des deutschen Volkes steht in Deutschland: der deutsche Imperialismus, die deutsche Kriegspartei, die deutsche Geheimdiplomatie.* Diesen Feind im eigenen Lande gilt's für das deutsche Volk zu bekämpfen, zu bekämpfen im politischen Kampf, zusammenwirkend mit dem Proletariat der anderen Länder [...] Die Feinde der Arbeiterklasse rechnen auf die Vergeßlichkeit der Massen – sorgt, daß sie sich gründlich verrechnen!«[59]

Das Kriegsministerium forderte die Militärbehörden auf, das Flugblatt und die Broschüre »Klassenkampf gegen den Krieg« schleunigst zu beschlagnahmen und die Verbreitung weiterer Druckschriften zu verhindern.[60] In vielen Städten, so in Berlin, Chemnitz, Dresden, Düsseldorf, Stuttgart und Bremen, wurden Fahndungen ausgelöst, und es kam zu Verhaftungen. Durch die Veröffentlichung in der »Berner Tagwacht« wurde das Flugblatt auch im Ausland bekannt. Es zeuge davon, hob Lenin in seiner Schrift »Sozialismus und Krieg« 1915 hervor, »daß es in Deutschland noch Männer und Frauen gibt, fähig, den revolutionären Marxismus zu verteidigen«[61].

Weit größere Unterstützung und Resonanz fand ein Protestschreiben vom 9. Juni 1915 an den Parteivorstand und den Fraktionsvorstand der Sozialdemokratie, das von etwa 1000 Funktionären der Partei und der Gewerkschaften unterzeichnet und in mehr als 100000 Exemplaren verbreitet wurde. Wie Liebknecht in »Betrachtungen und Erinnerungen aus der ›grossen Zeit‹« festhielt, veranlasste eine skandalöse Gewerkschaftskundgebung zugunsten der »Burgfriedenspolitik« Ernst Meyer, Heinrich Ströbel, Julian Marchlewski (Karski), Hermann Duncker und ihn, eine Gegenmaßnahme zu arrangieren. »Ich fertigte einen Entwurf, der Ströbel zu scharf war, da er auf Hinzuziehung von Kautsky, Bernstein und andren bestand. Er machte einen Gegenentwurf, von dem einiges in meinen Entwurf übernommen wurde. Ich legte diesen Entwurf Bernstein vor, der sich Bedenkzeit erbat und später absagte; das ›Gebot der Stunde‹ keimte auf.«[62] Im Protestschreiben vom 9. Juni wurden die leitenden Gremien der Partei, vor allem die Reichstagsfraktion, aufgefordert, sich nach zehn Monaten Krieg eindeutig von Annexionszielen zu distanzieren, für eine rasche Beendigung des Krieges einzutreten und die Partei nicht weiter für eine Durchhaltepolitik zu disziplinieren. Gewarnt wurde vor einer immer tieferen Mitschuld am Vernichtungskrieg, der darauf folgende Frieden könne nur in die Vorbereitung eines neuen Weltkrieges münden. Letztendlich gehe es um Parteirettung oder -zerstörung.[63]

Schimpfworte wie Hetzer, Quertreiber, Parteizerstörer, Parteiverderber hagelten von den Rechten in der Sozialdemokratie auf Liebknecht nieder. Eduard David geiferte zum wiederholten Male über Liebknechts »pathologische Eitelkeit« und »Dreistigkeit«.[64] Da viele Menschen den Argumenten dieses Protestschreibens zugetan waren und sich das von Bernstein, Haase und Kautsky verfasste »Gebot der Stunde« vom 19. Juni 1915 ebenfalls gegen den Burgfrieden, imperialistische Annexionen und die Fortsetzung des Krieges aussprach,[65] sah sich der Parteivorstand gezwungen, die Massen mit der phrasenhaften Erklärung »Sozialdemokratie und Frieden« zu beschwichtigen. Für den 14. bis 16. August wurde eine Sitzung einberufen, auf der sich Parteivorstand, Parteiausschuss und Reichstagsfraktion von den Protesten der Opposition distanzierten und die Mitglieder auf die Wahrung der »Einheit« der Partei und die von den Mehrheitssozialdemokraten verfochtene Burgfriedens-Durchhaltepolitik einschworen. Auf dieser Zusammenkunft wurden die von Eduard David vorgelegten »Leitsätze zu den Friedenszielen der Sozialdemokratie«[66] bestätigt, die Karl Liebknecht als unannehmbar betrachtete.[67] Er hielt im Gegensatz zu den Befürwortern »gemäßigter Annexionspolitik« weiterhin an der Ablehnung aller offenen und versteckten Annexionen fest.[68]

Am 20. August 1915 stand im Reichstag die vierte Kriegskreditvorlage zur Abstimmung. Karl Liebknecht lehnte auch diese als Einziger ab. An diesem Tag stellte er das erste Mal eine Kleine Anfrage. Sie lautete: »Ist die Regierung bei entsprechender Bereitschaft der anderen Kriegführenden bereit, auf der Grundlage des *Verzichts auf Annexionen* aller Art in *sofortige Friedensverhandlungen* einzutreten?«[69] Zornig hatte er die Aufforderung von Parteivorstand, Parteiausschuss und Reichstagsfraktion abgelehnt, seine Anfrage zurückzuziehen, weil sie keinen Sinn habe und die Partei unnötig bei der Regierung in Misskredit bringe. Der Staatssekretär des Auswärtigen Amtes v. Jagow verweigerte die Antwort. Das Hohe Haus fertigte Karl Liebknecht mit ironischen Zurufen und Hohngelächter ab. Er jedoch folgerte, Herrn v. Jagows »Bekenntnis« bestätige die Friedensfeindlichkeit der Herrschenden und die Uneinsichtigkeit der »Burgfriedenspolitiker« in der Sozialdemokratie. Es fordere regelrecht dazu heraus, auch künftig ungeachtet der Widerstände als einzelner Abgeordneter Kleine Anfragen zu stellen und allmählich Mitstreiter unter den oppositionellen Fraktionskollegen zu gewinnen.

Als er Clara Zetkin, die seit 29. Juli im Gefängnis saß, weil sie im März 1915 an der Internationalen Frauenkonferenz in Bern teilgenommen und das Manifest dieser Tagung in Deutschland verbreitet hatte, über die Vorgänge informierte, brachte ihn das feige Benehmen der sogenannten Opposition noch einmal in Rage. Nur ein frischer Luftzug könne helfen, diese zu einem würdigeren Verhalten anzutreiben, schrieb er, »u. wenn die Fensterriegel festgerostet sind, heißts, haut die Scheiben ein. Da fällt mir ein, daß dieser Brief gelesen wird, u. einer wirklich meinen könnte, ich bin für's Fenster einschmeißen. Sie erlauben, daß ich in diesem an Sie gerichteten Brief gegen solche Deutung Protest einlege u. dringend darum ersuche, seine Aushändigung an Sie nicht an dieser Deutung scheitern zu lassen.«[70] Er müsse zwar mit einer Verschwörung des Verschweigens und der Entstellung durch seine auf Eduard Davids Leitsätze zum Krieg eingeschworenen Gegner leben, fühle sich aber in dieser »Einsamkeit« mit seiner Neinstimme und der Kleinen Anfrage weder unsicher noch unglücklich. Es sei auf jeden Fall richtig und für ihn unumgänglich gewesen. Rückendeckung bekam Karl Liebknecht unter anderem von der Vorständekonferenz des Kreises Potsdam-Spandau-Osthavelland am 22. August 1915, auf der er zur Kriegskreditbewilligung sprach und die Wähler zur kritischen Abrechnung mit ihren Abgeordneten aufforderte. Vor allem die Genossen müssten sich mutig durchsetzen, dann »werden die Scheidemänner in der sozialdemokratischen Partei zum letzten Male ihre Judasrolle gespielt haben«[71]. Auch in vielen Briefen und manchen Ortsgruppen beglückwünschte man ihn zu seiner Haltung und erklärte sich mit ihm solidarisch. So berichtete die »Vossische Zeitung« am 3. September im Artikel »*Liebknecht, der einzig wahre Sozialdemokrat*«: »Der sozialdemokratische Ortsverein in Berlin-Schöneberg hat gegen drei Stimmen folgende Resolution angenommen: ›Die heutige Mitgliederversammlung in Schöneberg [...] stellt fest, daß *allein* der Genosse Liebknecht durch seine Abstimmung die *Disziplin* und die *Treue* gegenüber den Prinzipien des Sozialismus gewahrt hat.«

Nach einjährigem Bemühen um eine Verstärkung der Opposition in der Sozialdemokratie wurde Karl Liebknecht zunehmend ungeduldiger. Es gelte endlich klare Lehren aus den Ursachen, Umständen und Folgen des 4. August 1914 zu ziehen. Die Bilanz des Jahres sei doch mehr als eindeutig, konstatierte er in dem Artikel »Antimilitarismus!«: »Tötung, Verstümmelung, Erkrankung, Verseuchung von Millionen der kräftigsten Männer; Ausrottung der Menschenblüte Europas; moralische Rebarbarisierung der Völker; Verwüstung geheiligter Kulturschöpfungen von Generationen; Verschleuderung Hunderter von Milliarden; Dezimierung des von der Vergangenheit gespeicherten gesellschaftlichen Reichtums zu Lasten der Zukunft; Teuerung; Hungersnot; eine Sintflut von Kummer und Tränen; ein endloser Gespensterzug trauernder Mütter und Väter, Witwen und Waisen.«[72] Der zum Jahrestag des Kriegsausbruchs verfasste Text erschien unter dem Pseudonym »Implacabilis« (Unversöhnlich) in der Zeitschrift »Jugend-Internationale« in Zürich im September und Dezember 1915. Die Freunde in der Frauen- und Jugendinternationale instruierte er, das Einmaleins des Sozialismus in eindringlichen Lektionen wieder einzupauken, denn ein »bis in die innerste Seele international und klassenkämpferisch gesonnener Sozialdemokrat kann *nie* ein williges Werkzeug des Militarismus sein, nicht im Frieden oder im Kriege gegen den inneren Feind noch im imperialistischen Kriege gegen den äußeren Feind; nicht in der Armee und nicht außerhalb der Armee«[73]. Die deutsche Sozialdemokratie hatte seiner Meinung nach als Organisation seit Beginn des Krieges versagt. Er hielt weiter an dem Gedanken einer Regenerierung und Reaktivierung der alten Partei fest, hob aber die Rolle von Einzelhandlungen nachdrücklicher als bisher hervor: »Der erste Anstoß ruht stets beim einzelnen oder mehreren einzelnen; seine oder ihre Initiative ist das Signal für andere, und deren Eingreifen das Signal für die übrigen. Ein Funke ist's, der zündet, wenn auch erst der Brand der entzündeten Massen die Feuersbrunst bildet.«[74] Karl Liebknecht handelte spätestens seit dem 2. Dezember 1914 in diesem Sinne. Er wusste natürlich, wie stark der Militarismus die Wirkung individueller Auffassungen und Handlungen zu minimieren verstand.[75] Die gesellschaftliche Wirkung des Verhaltens des Einzelnen sollte daher vorausberechnet werden.

Die Gruppe »Internationale« – noch immer nur eine kleine Minderheit – war geschwächt: »Hermann [Duncker] seit 1 Woche eingezogen; ebenso unsre Frankfurter Säule [Paul Levi]. Franziskus [Mehring] hat sich im Harz verkrochen. Rosa traf ich einmal; es scheint ihr nicht sehr gut zu gehen – mit dem Magen; für Abhilfe wird gesorgt, morgen spring ich noch mal vor. Geistig ist sie in bester Form; so wie Sie. Natürlich ist sie nicht ganz auf dem Laufenden.«[76] Im Mai hatte er die besondere Rolle von Mathilde Jacob hervorgehoben: »Sie denkt an alles, sorgt für alles, tut alles: ein aufopfernder Prachtkerl.«[77]

Karl Liebknecht wollte als Vertreter der Gruppe »Internationale« an der internationalen sozialistischen Konferenz teilnehmen, die vom 5. bis 8. September 1915 in Zimmerwald (Schweiz) stattfand. Doch die Postüberwachungsstelle Berlin fing sein Telegramm an Sophie ab, die zur Erholung in der Schweiz weilte. Die Kommandantur beorderte ihn am 3. September wieder an die Front. Eiligst verfasste er am 2. September eine Botschaft: »Ihr habt zwei ernste Aufgaben. Eine harte der rauhen Pflicht und eine heilige der enthusiastischen Begeisterung und Hoffnung. Abrechnung, unerbittliche Abrechnung mit den Fahnenflüchtigen und Überläufern der Internationale in Deutschland, England, Frankreich u. anderwärts. Gegenseitige Verständigung, Ermutigung, Anfeuerung der Fahnentreuen, die entschlossen sind, keinen Fußbreit vor dem internationalen Imperialismus zu weichen, mögen sie auch als Opfer fallen. Und Ordnung in den Reihen derer zu schaffen, die auszuharren entschlossen sind; auszuharren und zu kämpfen – den Fuß fest am Male des internationalen Sozialismus. Die Prinzipien unsrer Stellung zum Weltkrieg, als Spezialfall der Prinzipien unsrer Stellung zur kapitalistischen Gesellschaftsordnung gilt's kurz zu klären: kurz – so hoffe ich! Denn hier sind wir alle, seid Ihr alle einig, müssen wir einig sein. Die taktischen Folgerungen aus diesen Prinzipien gilt's vor allem [zu] ziehn – rücksichtslos, für alle Länder! Burgkrieg, nicht Burgfrieden! Internationale Solidarität des Proletariats üben, *gegen* pseudonationale, pseudopatriotische Klassenharmonie, internationaler Klassenkampf über Staatenkrieg; gegen Staatenkrieg. Internationaler Klassenkampf für den Frieden, für die sozialistische Revolution. *Wie's* zu kämpfen gilt, muß festgelegt werden. Nur im Zusammenwirken, nur in der Wechselwirkung von einem Land zum andern, sich gegenseitig steigernd, können die möglichsten Kräfte entfaltet, die erreichbaren Erfolge erzielt werden.« Die neue Internationale werde und müsse auf neueren, festeren Fundamenten stehen.[78]

In einem Begleitbrief bat er seinen Freund Robert Grimm, den Text in andere Sprachen übersetzen und vervielfältigen zu lassen und jedem auszuhändigen. Es komme auf Proteste, Aktionen und weniger auf Resolutionen an.[79] Als Robert Grimm Liebknechts Botschaft am Eröffnungstag vortrug, rief sie große Begeisterung hervor.[80] Nur Georg Ledebour und Adolph Hoffmann grollten wegen Liebknechts »Eigenbröteleien«. Lenin gefiel besonders die Formulierung »Burgkrieg, nicht Burgfriede«, erinnerte sich Ernst Meyer.[81] Die deutschen Teilnehmer – außer den drei Genannten Berta Thalheimer, Ewald Vogtherr, Josef Herzfeld, Gustav Lachenmeyer aus Stuttgart, Minna Reinhart (oder Reichert) aus Berlin und Julian Borchardt, Herausgeber der »Lichtstrahlen« – stritten sich in Zimmerwald darüber, wer die deutsche Opposition vertrete und sich auf Liebknecht berufen könne, ob es zwei Oppositionsbewegungen gebe oder nur eine und wer Sprecher der Opposition sein dürfe.[82] Karl Liebknecht erregte weltweit Aufsehen. Die »Internationale Korrespondenz« vom 12. Oktober 1915 berichtete: »In einem öffentlichen Park in Adelaide, Australien, fand Anfang Juli eine *Karl-Liebknecht*-Feier statt. Dieselbe war, wie das Melbourner Parteiblatt meldet, von rund 1000 Personen besucht. Die Redner verherrlichten das Verhalten Liebknechts gegenüber dem Militarismus. Einer in ähnlichem Sinne gehaltenen Resolution stimmten die meisten Zuhörer zu. Auf dem Balkan, in Italien, Spanien und in den Vereinigten Staaten legten sich eine Anzahl sozialistischer Vereine den Namen ›*Karl-Liebknecht-Klub*‹ zu. Die ›neue‹ Jugend-Internationale schuf einen *Liebknecht*-Fonds, für den in allen Ländern bisher fast 1000 Fr. gesammelt wurden.«[83]

Die Meinungsverschiedenheiten in Zimmerwald signalisierten, wie notwendig es war, sich über Grundsätze künftigen Zusammenwirkens zu verständigen. Auf der Grundlage ihrer 1915 im Gefängnis verfassten Schrift »Die Krise der Sozialdemokratie«, die erst 1916 als »Junius-Broschüre« erschien und von Lenin scharf kritisiert wurde,[84] entwarf Rosa Luxemburg »Leitsätze über die Aufgaben der internationalen Sozialdemokratie«. Sie tauschte sich mit Liebknecht vorwiegend brieflich darüber aus. Ihre Ansichten über die Voraussetzungen für eine neue Internationale und für die Aktivierung ihrer Gruppe »Internationale« stimmten weitgehend überein.

Karl Liebknecht, der im Unterschied zu Rosa Luxemburg wiederholt mit der Opposition um Ledebour und Haase verhandelte, deren Unentschlossenheit zu Aktionen unmittelbar erlebte und zu überwinden versuchte, schlug vor, die unterschiedlichen Positionen der einzelnen Vertreter der Opposition zum

Krieg viel deutlicher herauszuarbeiten, und warnte vor zu mechanisch-zentralistischen Gedanken in den Punkten über die Grundlagen des internationalen Zusammenwirkens. Seine Gedanken über Spontaneität deutete er in Stichpunkten an: »Spontaner Parallelismus von Empfindungen, Gedanken, Zielen, Forderungen, Taten; spontan erwachsende Koaktion, Kooperation bilden die wichtigste Grundlage, die einzige Dauergewähr des künftigen Sieges. – ›Von unten auf‹, ›Massen, nicht Führer‹, gilt natürlich auch hier. ›Diktatur‹ der Internationale nur möglich, falls *nicht* Diktatur, *nicht* Willensaufzwingung, sondern zweckmäßigste Methode der Aktion, der *Willensausübung*; falls *nicht* Aufnötigung eines Wohlfahrtsausschusses oder sonstigen Zentralwillens auf die Massen, sondern energischste Form der Vollziehung des organisatorisch ermittelten oder frei erkannten Massenwillens.«[85] Das Allerwichtigste sei, so rasch wie möglich durch Taten Signale für den Neuanfang zu setzen. Er wisse natürlich, wie sehr es in theoretischen Abhandlungen auf Kritik und Selbstkritik ankomme, versicherte er Rosa Luxemburg, die vor allem um gründliche theoretische Klarheit über den Zusammenbruch und den Wiederaufbau der Internationale ohne Kriegskreditbewilliger rang. Für theoretische Diskussionen böten sich jedoch unter dem Belagerungszustand, der Zensur, aufgrund der Einberufung bzw. Verhaftung vieler Sozialdemokraten kaum Möglichkeiten. Vorerst müssten endlich mehr vom Krieg Betroffene durch zündende Losungen für den Widerstand gewonnen und zu Antikriegsaktionen ermutigt werden.

Rosa Luxemburg verteidigte in ihrer Erwiderung den straffen Charakter von »Leitsätzen«, sie sollten so gehalten werden, »wie Ihre erste Erklärung gegen die Kredite im Reichstag«, schrieb sie Anfang Dezember 1915 an Karl Liebknecht: «jedes Wort ein Nagel, mit dem Hammer hineingetrieben, und nur das absolut Notwendige gesagt«[86]. Zu Details nahm sie dezidiert Stellung und resümierte: »So wären wir d'accord. […] Daß die Thesen als unsere gemeinsame Plattform ausgehen, war mein dringender Wunsch von Anfang an. Lassen Sie mich nur gleich wissen, ob wir jetzt ins reine gekommen sind. Und lassen Sie (außer unseren nächsten Freunden) ja keine Georgs und keine Ströbels [Georg Ledebour und Heinrich Ströbel] darin auch nur ein Wort ändern! Sie schienen heute etwas gedrückt zu sein. Das tat mir weh. Bleiben Sie unbeirrt bei Ihrem sonnigen Optimismus. Nur Mut, es wird schon schiefgehen. Herzlichst Ihre Rosa Luxemburg.«[87] Julian Marchlewski, von dem sie ebenfalls Hinweise erhielt, bat sie, Karl Liebknecht daran zu erinnern, die Genossen der Gruppe »Internationale«, insbesondere Franz Mehring, mit den Änderungen in den »Leitsätzen« vertraut zu machen.[88]

Neben dem erfreulich verlaufenen Meinungsaustausch mit Rosa Luxemburg zu den »Leitsätzen über die Aufgaben der internationalen Sozialdemokratie«, die 1916 als Plattform für die Spartakusgruppe zum Tragen kamen, krönte Karl Liebknecht seine bisherigen Initiativen mit einem gegen die Kriegverlängerer gerichteten Anfragenfeldzug, den er allen Widerständen zum Trotz bis Anfang 1916 führte. Seit er im Reservelazarett Berlin-Schöneberg lag, war er hauptsächlich mit den Anfragen beschäftigt. Seine Stube verwandelte sich für kurze Zeit in ein Korrespondenzbüro. Briefe und Telegramme häuften sich. Boten vom Reichs- und Landtag brachten Unterlagen. Seine Sendungen mit Appellen und Kritiken zum Anfragenkomplex wurden hinausbefördert. Franz und Eva Mehring zählten neben den Angehörigen zu den häufigsten Besuchern und standen ihm beratend zur Seite. Seine Aktion wurde durch illegale Schriften unterstützt, so durch Hermann Dunckers »Annexionswahnsinn«, Julian Marchlewskis »Leitsätze zur Friedensfrage« und »Wer hat die Schuld am Kriege?« sowie durch das Flugblatt »Ein Ende dem Winterfeldzug!«.

Die Anfragen verhießen im parlamentarischen Kampf keine großen Erfolge, aber er wollte wenigstens dieses Mittel ausnutzen, weil »eine Interpellation nach der Geschäftsordnung nur von einer größeren Anzahl von Abgeordneten eingebracht werden kann, eine Rede stets verhindert werden kann, wenn die Fraktion oder die Mehrheit es will«[89]. Wie bei der ersten Anfrage im August 1915 musste er mit Gegnerschaft in allen Leitungsgremien der Partei und mit Unverständnis bei Fraktionskollegen rechnen. Folglich bemühte er sich, unter anderem Wilhelm Dittmann, Otto Rühle und Hugo Haase für die Unterstützung seiner Anfragentaktik zu gewinnen. Eile war geboten, denn wegen der Protestaktion vom 9. Juni und Ähnlichem schwebte ein militärisches Strafverfahren gegen ihn. Bei Aufhebung der Immunität drohten Verhaftung bzw. anderweitige Lahmlegung. Der Fraktionsvorstand versuchte erneut, ihn von den Anfragen abzubringen, und sandte Hugo Haase ins Lazarett. Karl Liebknecht aber fügte sich nicht. Der Vorstand betrachtete seine sechs Kleinen Anfragen als provokatorische Unterminierung des Vorhabens der Fraktion. Diese beschloss, für seine Anfragen keine Verantwortung zu übernehmen. Nach den Fraktionssitzungen vom 24. bis 27. November 1915 resümierte Liebknechts ärgster Widersacher Eduard David: »Hohn auf die Fraktion [...] Ein Mann bietet hundert Trotz. Respekt vor der inneren Kraft dieser Persönlichkeit; was wäre sie uns wert, wenn auf unserer Seite.«[90] Mit Esprit entledigte sich Karl Liebknecht gegenüber Freunden seines Zornes. »Wie sich die Fraktionsmehrheit, aber noch vielmehr ihre Minderheit, zum Gespött gemacht hat, haben Sie gelesen«, schrieb er an Berta Thalheimer am 30. November 1915. »Ein Aristophanes wäre da zu schade. Kinderpossen von Männern verübt? Ach nein! Auch keine Rüpelnarretei shakespeareschen Stils. Ohne Gleichnis, ohne Gleichen – Ben Akiba war ein gutmütiger Narr. Keine Narrenpritsche sind sie wert. Ich verschrieb mich dem Teufel, könnte ich sie jetzt als Paviane in den kaiserlichen Tiergarten schicken.«[91] Er sah eine Friedensaktion der Fraktion nur dann als »beachtlich« an, wenn sie »der organische Teil einer grundsätzlichen Umwälzung der Politik des 4. August ist«.[92] Dazu gehörte: Verweigerung künftiger Kriegskredite und Budgets, Aufkündigung des Burgfriedens, Eröffnung schärfsten Klassenkampfs auf dem ganzen breiten Blockgebiet der äußeren und inneren Politik.

In einem Schreiben an den Präsidenten des Reichstages vom 1. Dezember 1915 pochte Karl Liebknecht auf sein geschäftsordnungsmäßiges Anfragerecht und beschwerte sich über die Ablehnung der für ihn wichtigsten Anfrage: »1. Ist der Regierung bekannt, daß die Masse des deutschen Volkes in und außerhalb der Armee – ähnlich der Bevölkerung der übrigen kriegführenden Länder – dringend fordert: daß ihr die Schrecknisse eines neuen Winterfeldzugs erspart werden und daß gegenüber diesem Ziele alle Eroberungspläne und alle kapitalistischen Rücksichten schlechthin zurückzutreten haben? 2. Was hat die Regierung bisher zur Erfüllung dieser Forderung getan? 3. Ist die Regierung bereit, dieser Forderung wenigstens noch in letzter Stunde zu genügen?«[93]

Die »Berliner Neuesten Nachrichten« verunglimpften am 2. Dezember 1915 sein Vorgehen als »warnendes Fanal draußen am Kreuzweg der äußersten Linken«. Nur »ausnahmsweise« nehme man von dem Herrn Abgeordneten Liebknecht Notiz, »der es scheinbar gar nicht lassen kann, zwischen der Eitelkeit hohen Spiegeln auf und ab zu spazieren, und den der Vorwurf herostratischen Tuns auch dann nicht zu zügeln vermag, wenn er ihm aus den Kreisen der eigenen Parteigenossen in die Ohren dröhnt. [...] Jung-Liebknecht freilich wird unbelehrbar bleiben, solange nicht alles Spiegelglas auf der Erde in kleinen Scherben liegen wird. Aber als Kraft, die das Böse will, und doch das Gute schaffen kann, sollte er genutzt werden.«

Sein Anfragenfeldzug traf offenkundig die Richtigen. Er informierte am 5. Dezember 1915 alle Reichstagsmitglieder über die Ablehnung seiner Anfrage zum Winterfeldzug durch den Reichstagspräsidenten und die Mehrheit des Seniorenkonvents am 30. November. Die Denkschrift über die Zensur und die Geschäftsordnungskniffe gegen die Kleinen Anfragen enthielt seinen Briefwechsel mit dem Reichstagspräsidenten vom 10. November bis 5. Dezember 1915. Eine zweite Denkschrift vom 5. Dezember mit Dokumenten über militärgerichtliche Verfolgungen belegte den mehrfachen Bruch seiner Immunität.[94] Sämtliche Abgeordneten sollten sich herausgefordert fühlen, zur Unterwerfung des Reichstags unter die Diktatur des Generalstabs Stellung zu nehmen.

Otto Rühle informierte Liebknecht detailliert über den »Mordskrach« in der sozialdemokratischen Reichstagsfraktion: »Hier toben die heftigsten Kämpfe um die Interpellation. Heute früh wurde die Mehrheits-Int[erpellation] mit 58 gegen 43 St. angenommen. Nun hat Simon Aktionsfreiheit für die Minderheit (48 Unterschriften) beantragt. Die Rechte schäumt u. speit Feuer, denkt gar nicht daran, einen Redner der Minderheit zu gewähren, noch gar, ihr Aktionsfreiheit zu gestatten. Wurm legte sich im Sinne Kautskys scharf ins Zeug, Ebert tobte u. paukte die Einheit, Einheit der Partei. [...] Dabei weicht die Linke zusehends zurück. Für ein selbständiges Vorgehen entgegen dem

Mehrheitswillen würden kaum 12–15 Mann sein. Die übrigen sterben den Tod der Fraktionsdisziplin. Das ist das Letzte, das endgültige Fiasko der Opposition.«[95]

Am 9. Dezember 1915 ging es auch im Reichstag hoch her. Reichskanzler Theobald v. Bethmann Hollweg sprach über die Lage Deutschlands im Kriege. Während sämtliche Abgeordneten die Friedensheuchelei der deutschen Kriegspartei eher befangen als feierlich gestimmt über sich ergehen ließen, machte sich Karl Liebknecht mit empörten Zwischenrufen bemerkbar. Zentrumsführer Peter Spahn verlas eine gemeinsame Erklärung der bürgerlichen Parteien zu den Kriegszielen. Philipp Scheidemann unterbreitete die »Friedens«interpellation der sozialdemokratischen Reichstagsfraktion, die mit Fraktionszwang durchgesetzt worden war. Darin wurde die Regierung lediglich gefragt, unter welchen Bedingungen sie zur Aufnahme von Friedensverhandlungen bereit sei. Alle waren über Karl Liebknechts Aufbegehren empört. Ein Schlussantrag der bürgerlichen Vertreter vereitelte sein Auftreten in der Interpellationsdebatte. Geschickt vermochte er jedoch noch an diesem Tage eine Geschäftsordnungsdebatte zu entfachen, in der er das Recht auf Anfragen meisterhaft verteidigte und gegen den neuen Winterfeldzug protestierte.

Am 14. Dezember 1915 konnte Karl Liebknecht endlich von der Tribüne aus seine Anfragen stellen: »Weiß die Regierung«, ist im Reichstagsprotokoll festgehalten, »in welch schwerer wirtschaftlicher Not sich die Masse des deutschen Volkes infolge des Krieges, der Gewinnsucht kapitalistischer Interessengruppen und des Versagens der Regierung befindet? – Ist die Regierung endlich bereit, zur Steuerung dieser Not bei energischer Steigerung der allgemeinen Kriegsfürsorge ohne weiteres Zögern unter Beiseiteschiebung aller Sonderinteressen die erforderlichen Schritte zur ausreichenden Versorgung der Bevölkerung mit Lebensmitteln (Nahrung, Kleidung, Unterkunft, Heizung, Beleuchtung) zu tun, und zwar durch Regelung der Produktion nach den Interessen der Allgemeinheit, durch Beschlagnahme der Vorräte und ihre gleichmäßige Verteilung auf die Gesamtbevölkerung, so zwar, daß sie den Bedürftigen bei einfachster und weitherzigster Prüfung der Bedürftigkeit, unter scharfer Anspannung öffentlicher Mittel, aber unter grundsätzlicher Ausschaltung der Armenfürsorge auf diesem Gebiete, kostenlos oder zu leicht erschwinglichen Preisen in ausreichender Menge zur Verfügung stehen?«[96] Als die Beantwortung durch den Regierungssprecher abgelehnt wurde, erbat sich Karl Liebknecht das Wort zur Ergänzung, die als nicht erlaubte neue Anfrage abgelehnt wurde. Eine zweite Ergänzung zur Anfrage wurde wiederum im Namen des Reichskanzlers abgelehnt. Liebknechts letztes Wort dazu: »Das wird das Volk verstehen!«[97]

Eineinhalb Jahre tobte der Krieg. Millionen von Männern waren bereits gefallen oder zu Krüppeln geworden. Frauen und Kinder wurden von Trauer, Not und Elend gequält. In den Proletariervierteln herrschte der Hunger. Das gesamte wirtschaftliche Leben wurde von der Produktion für den Krieg beherrscht. Wie lange noch sollte dieses höllische Treiben geduldet werden? Für den 21. Dezember 1915 kündigte die Regierung die fünfte Milliardenvorlage von Kriegskrediten an.

Hermann Duncker schrieb am 16. Dezember aus dem Felde an seine Frau. »Ich hörte heute schon von zwei mir unbekannten Kameraden: ›Ja, die Fragen von Karl Liebknecht waren das Richtige und man kann sich denken, warum die Regierung nicht antworten wollte. Gerade da hätten wir Antworten hören sollen usw. Die Abschüttelung von Liebknecht wird überall bitter empfunden. Soweit so gut. Die Minderheit soll sich im übrigen begraben lassen. Skandalös, zu schweigen!«[98] Seine Frau hielt es für angemessener, dass sich die radikale und gemäßigte Opposition zu gemeinsamem Handeln verband, als sich zur Freude der Gegner zu zerstreiten. Sie schrieb am 20. Dezember an ihn, Julian Marchlewski habe ihr gesagt, »daß die Minderheit beschlossen habe, K[arl Liebknecht] auszuschließen! diese Nachricht regte mich natürlich maßlos auf. Denn damit würde die Handvoll parlam[entarischer] Offiziere ihren besten Kerntruppen draußen sich entfremden.« Sie fuhr zu Ledebour in den Reichstag, um von ihm Aufklärung zu erhalten. »Da sind natürlich wieder von beiden Seiten grobe Fehler gemacht worden. K[arl Liebknecht] geht in s[einem) Reklamebedürfnis über jedes zulässige Maß hinaus, und die anderen sind so erbittert über verschiedene Wortbrüche usw., daß man nicht mit ihnen reden kann. Hier haben Georg [Ledebour] und Joseph [Herzfeld] scheint's (wenn man ihnen glauben darf) zu vermitteln gesucht. [...] K[arl Liebknecht] wollte einige Anfragen einreichen und damit die geplante ›große‹ Aktion der Min[derheit] arg stören.«[99]

Am 21. Dezember 1915 entschlossen sich 19 oppositionelle Sozialdemokraten, mit Karl Liebknecht gegen die Bewilligung weiterer Kriegskredite zu stimmen, und zwar: Eduard Bernstein, Wilhelm Bock, Otto Büchner, Oskar Cohn, Wilhelm Dittmann, Friedrich Geyer, Hugo Haase, Alfred Henke, Joseph Herzfeld, Georg Horn, Fritz Kunert, Georg Ledebour, Otto Rühle, Theodor Schwartz, Arthur Stadthagen, Wilhelm Stolle, Ewald Vogtherr, Emanuel Wurm und Fritz Zubeil. Sie begründeten ihren Schritt damit, daß im gegebenen Moment die deutschen Grenzen gesichert wären. Diesen Standpunkt betrachtete Karl Liebknecht als inkonsequent, so erfreulich und wertvoll die Abstimmung am 21. Dezember auch war. Das »Gebot der Stunde«, dieser Stunde, schrieb er noch am selben Tag an Eduard Bernstein, sei doch vielmehr, eine wirklich konsequente, unerbittliche Opposition im Reichstag, und zwar gegen den Willen der Fraktionsmehrheit, aufzubringen. Nur wenn sich die Abstimmung durch die künftige Politik »als Kundgebung des entschlossenen Willens zur Aufnahme des Klassenkampfes, zur grundsätzlichen Zerstörung des parlamentarischen Burgfriedens« erweise, »wird sie mehr sein als eine ›schöne Geste‹«.[100]

Für weitere Anfragen im Januar 1916 erhielt Karl Liebknecht von den »Dezembermännern« keine Unterstützung. Er klagte darin die Unterdrückung Hunderttausender Armenier durch die mit Deutschland verbündete Türkei an,[101] forderte Informationen über die Lage der Bevölkerung in den von Deutschland besetzten Gebieten und prangerte die politischen und sozialen Auswirkungen des Belagerungszustandes auf die Menschen in Deutschland an. Aber immer und immer wieder versuchte man ihn der Lächerlichkeit preiszugeben. Seine Fragen wurden nicht beantwortet. Der am 11. und 12. Januar 1916 tagende Seniorenkonvent nahm Karl Liebknecht endgültig das Anfragenrecht. Mit aller politischen Entschiedenheit lehnte er sich noch mehrmals gegen die Knebelung auf und erklärte schließlich am 18. Januar pointiert: »Meine Herren, ich ziehe vor, von Ihnen Landesverräter und wer weiß was sonst gescholten zu werden als Ihren Beifall zu finden, wie gewisse Mitglieder der sozialdemokratischen Fraktion. [...] Meine Herren, durch Ihr Verhalten beweisen Sie nur, daß Sie die Wahrheit scheuen – (Glocke des Präsidenten. Große Unruhe und Lachen.)«[102] Durch die Reichstagsprotokolle und Zeitungen, so sie es wagten, darüber zu berichten, konnte Karl Liebknechts Anfragenfeldzug als ein kühnes Friedensengagement wahrgenommen werden. Er widerlegte den Einwand, »es sei von vornherein sicher gewesen, daß die Regierung nicht antworten oder durch nichtssagende Antworten den Zweck der Frage vereiteln würde; daher sei es überflüssig zu fragen« im Politischen Brief der Spartakusgruppe vom 27. Januar 1916. Zur Reaktion auf seine Anfrage vom 14. Januar 1916 erklärte er z. B.: »Die türkische Regierung hat ein furchtbares Gemetzel unter den Armeniern angerichtet; alle Welt weiß davon und – in aller Welt macht man Deutschland dafür verantwortlich, weil in Konstantinopel die deutschen Offiziere die Regierung kommandieren. Nur in Deutschland weiß man nichts, weil die Presse geknebelt ist. Auf diese Schandtaten hinzuweisen war ein Verdienst.«[103] Und dann stellten sich »parlamentarische Klopffechter hin und behaupten, Liebknecht diskreditiere und gefährde die parlamentarischen Rechte! Ach nein! Das Verhalten des Reichstags beweist nur, daß der Deutsche Reichstag im Kriege sich zum Troßknecht der Generalstäbler herabgewürdigt hat [...] Leider haben auch Mitglieder der parlamentarischen Opposition sich an der Hetze gegen Liebknecht wegen der Kleinen Anfragen beteiligt, haben mit helotischem Eifer ihre Reisigbündel zu dem Scheiterhaufen geschleppt, auf dem der Frevler gegen den heiligen Parlamentarismus verbrannt werden sollte. [...] Der ungestüme Frager hat auf solche Weise den Parteigenossen durch sein Vorgehen auch in dieser Hinsicht gezeigt, wohin der Kurs geht.«[104]

Spartacus

Vor der Reichstagssitzung am 21. Dezember 1915 konnte Karl Liebknecht das Lazarett verlassen. Da er Weihnachten zu Hause verbrachte, war Festtagsstimmung angesagt, obwohl kein Ende des Krieges abzusehen war. Noch waren die Kräfte zu mächtig, die vom Krieg profitierten, und zu wenige Kriegsgegner wagten sich an die Öffentlichkeit. Viele Menschen litten bittere Not, wussten aber keinen Ausweg aus dem Dilemma.

Die Kinder waren auf den vom Vater geschmückten Weihnachtsbaum gespannt. Es gab liebevoll ausgewählte Geschenke, mochten sie in der Kriegszeit noch so bescheiden sein. Auch für die Erwachsenen stellten sich nach der Bescherung bei Kaffee, Tee oder einem Glas Wein einige besinnliche Stunden ein. Genüsslich zog Karl Liebknecht dabei an einer guten Zigarre. Schauten Franz und Eva Mehring vorbei, dauerte es nicht lange, bis sich Frau Mehring ans Klavier setzte und wie Karl Liebknecht mit Hausmusik für Gemütlichkeit sorgte. Er »liebte die Musik tief und sehnsüchtig, kannte natürl[ich] die Werke der großen Komponisten, spielte (übrigens nur abends nach dem Nachhausekommen) leise und in sich versunken, manchmal lauter und herausfordernder etwas Beethoven, Mozart, Chopin – spielte auch gern – leise dabei mitsingend, die Lieder von Schubert (›Du mußt wagen, denn die Götter leihn kein Pfand‹), Hugo Wolf, Brahms (›Eisen und Kupfer sie mögen zergehn‹) und manchmal für die Kinder etwas Tanzmusik und Weihnachtslieder.«[1]

Karl Liebknecht vermochte nicht alle trüben Gedanken zu verscheuchen. Obwohl die Reichstagssession im Januar 1916 weiterging und Tagungen des preußischen Abgeordnetenhauses bevorstanden, konnte er plötzlich wieder an die ihm verhasste Front beordert oder wegen seiner politischen Tätigkeit militärgerichtlich belangt werden. Noch war er Armierungssoldat. Sämtliche militärstrafrechtlichen Verbote galten weiterhin.

Dessen ungeachtet suchte er mit engen Mitstreitern nach Möglichkeiten, wie die Gruppe »Internationale« wirksamer gegen die Kriegs- und »Burgfriedens«-Politik agieren könnte. Der Briefkontakt zu Rosa Luxemburg und anderen Freunden war seit seinem Lazarettaufenthalt intensiver geworden. Clara Zetkin genoss sein vollstes Vertrauen, zumal sie Sophie, die durchaus schwer zu Gewinnende, mit ihrer Sympathie erobert hatte. Beide schätzten an Clara Zetkin die »Summierung hohen Intellekts u. energischer Aktivität mit einer rührenden Güte und einem jugendfrischen Enthusiasmus, die seltene Kraft der Unwiderstehlichkeit für Freund u. selbst Feind; mitten im schärfsten Parteikampf u. doch zugleich hoch über ihn erhaben, transzendental. Synthese wissenschaftlich geschulten Verstandes u. edelsten humanitären Gefühls: Sozialistin.«[2] Mit Franz Mehring tauschte Liebknecht sich häufig mündlich aus. Des Engagements Fritz Westmeyers in Stuttgart war er sich seit Kriegsbeginn bewusst.[3]

Berta Thalheimer, die sich auf der Zimmerwalder Konferenz sehr für die Gruppe »Internationale« eingesetzt hatte, versicherte er, dass es in Bälde zu einem Treffen der Linken käme.[4] Illegale Kuriere luden für den 2. Januar 1916 zur Reichskonferenz der Gruppe »Internationale« ein. Damit die Raummiete eingespart werden konnte, entschloss er sich, die Zusammenkunft in der Rechtsanwaltspraxis in der Chausseestraße 121 abzuhalten. Das Büro schützte außerdem vor Spitzeln und Zugriffen der Polizei.

Er selbst war nicht gut bei Kasse. »Finanziell lebten wir von den in der schweren Kriegszeit meinem Mann zukommenden Anteilen aus unserem Rechtsanwaltsbüro, das die ganze Zeit weiterarbeitete«, berichtete Sophie Liebknecht, »und außerdem war es meinem, sehr um uns besorgten Vater gelungen, durch Verbindungen mit Schweden mir beträchtliche Geldsummen zukommen zu lassen, die mir lange Zeit eine gewisse Beweglichkeit erlaubten.«[5] Glücklicherweise hatte Dr. James Friedlaender nach dem Tod von Sophie Liebknechts Vater 1915 das Eintreffen einer größeren Summe – vermutlich Sophies Erbanteil – vermeldet.[6] Theodor Liebknecht musste selbst für eine große Familie sorgen. Er war vom 31. Januar 1915 bis 29. April 1916 und vom 28. August 1916 bis 5. November 1917 als Unteroffizier und vom 5. November 1917 bis 15. Januar 1919 im Feldwebelrang in

Russland, Schleswig und zuletzt in Berlin dienstverpflichtet.[7] Der Bruder Curt meldete sich bei Karl brieflich aus Brüssel, wo er seit November 1914 als Arzt im Einsatz war, später war er in Mons.[8] Bruder Wilhelm musste fast den ganzen Krieg als Soldat mitmachen.[9] Ebenso Kurt, der Sohn der Schwester Alice.[10] Der mit seiner Familie in Frankfurt am Main lebende Bruder Otto wurde nicht eingezogen. Er hatte 1907 das Perborat, einen wichtigen Bestandteil des Waschmittels Persil, entwickelt. Da er in der Deutschen Gold- und Silberschmiedeanstalt (Degusa) in angesehener Stellung mit Trocknungsverfahren für Lebensmittel beschäftigt war, hielt ihn die Firma für unabkömmlich.[11]

Neujahr 1916, das Karl und Sophie eigentlich zu herzlicher Besinnlichkeit in Erinnerung an ihre erste Begegnung vor zehn Jahren hätte einladen müssen, gehörte ganz der Politik. Bruder Theodor bestärkte ihn in seinen Aktivitäten. Am 4. Januar schrieb er von der Front: »Du weißt, wie ich an Dir, an der Politik, an der Partei hänge, wie ich darunter leide, daß mir die Hände – jetzt so vollständig gebunden sind, und ich zum ersten Male das innere starke Bedürfnis habe, selbst einzugreifen.«[12]

An der Reichskonferenz der Gruppe »Internationale« nahmen u.a. Hugo Eberlein (Berlin), Johann Knief (Bremen), Rudolf Lindau (Hamburg), Ernst Meyer (Berlin), Carl Minster (Duisburg), Wilhelm Pieck (Berlin), Fritz Rück (Stuttgart), Otto Rühle (Dresden), Georg Schumann (Leipzig), August Thalheimer (Braunschweig), Berta Thalheimer (Cannstadt) teil. Einige Delegierte trafen bereits am 1. Januar ein. Die Tagung fand am 2. Januar statt. Das vermerkte nicht nur der Kriminalwachtmeister Schwarz im Bericht an den Polizeipräsidenten,[13] sondern auch Käte Duncker: »Gestern, den 2.«, schrieb sie am 3. Januar an Hermann Duncker an die Front, »war eine größere Familienbesprechung zusammen mit Onkel Franz [Mehring] und Karl [Liebknecht]. Es handelt sich um die Ordnung des Nachlasses von Tante Rosa [Luxemburg], da waren natürlich auch die Verwandten aus den übrigen Orten gekommen [...] Wir einigten uns auf Tante Rosas Testament und machten dadurch einen Trennungsstrich zwischen uns und der Familie von Onkel Georg [Ledebour], der dieses Testament natürlich anfechten wird.«[14]

Die Beratung dauerte von 10 bis 21 Uhr. Karl Liebknecht wies zu Beginn darauf hin: »Wenn die Polizei signalisiert wird, steckt jeder seine Dokumente und Notizen in das große Aktenregal an der Wand unter das erste beste Aktenbündel.«[15] Danach sprach er über die politische und innerparteiliche Lage und das Verhältnis zur »gemäßigten« Opposition um Ledebour. Lindau berichtet, er habe sich nach Einzelheiten über die Agitation unter den Massen, über Demonstrationen und Streiks erkundigt und wiederholt gemahnt, die Jugend und die Frauen in die Aktionen sowie in die »revolutionäre« Kleinarbeit einzubeziehen.

In der Debatte zu den »Leitsätzen über die Aufgaben der internationalen Sozialdemokratie« drängte Liebknecht darauf, die Notwendigkeit des antiimperialistischen Kampfes eingehender zu begründen. Es gelte vor allem, möglichst viele oppositionelle Kräfte für Antikriegsaktionen zu gewinnen.[16] Die Vertreter der Linksradikalen aus Bremen und Hamburg sowie die Teilnehmer aus Chemnitz kritisierten, dass die Leitsätze nicht auf einen entschiedeneren Bruch mit den Rechten sowie mit der zentristischen Richtung in der Sozialdemokratie orientierten und kein Aktionsprogramm für den Tageskampf enthielten. Johann Knief gehörte zu den Verfechtern dieses Standpunktes.[17]

Die »Leitsätze« wurden im Prinzip gebilligt und von Käte Duncker, Liebknecht, Marchlewski, Mehring und Meyer redaktionell bearbeitet. Dabei seien Liebknecht und Mehring wieder einmal aneinandergeraten, denn »Karl ist schrecklich aufgeregt, empfindlich«, berichtete Käte ihrem Mann am 17. Januar.[18] Am 3. Februar 1916 wurden die Leitsätze mit Liebknechts Artikel »Die Lebensfrage des Sozialismus« im »Politischen Brief« der Spartakusgruppe Nr. 14 vom 3. Februar 1916 veröffentlicht.[19] Sie galten fortan als politisch-ideologische Plattform der Gruppe »Internationale«. Wie auf der Reichskonferenz beschlossen, wurden regelmäßig »Politische Briefe« verbreitet. Die Nummerierung knüpfte an die seit Dezember 1914 vervielfältigten Informationsmaterialien an. Alle Beiträge der ersten beiden »Briefe«, die das Datum vom 27. Januar 1916 trugen, schrieb Karl Liebknecht. Der erste der »Politischen Briefe« mit der Nr. 12 enthielt die Texte »Die Dezembermänner von 1915«, »Ein schwarzer Tag im Reichstag«, »Liebknechts Kleine Anfragen«.[20] Unter dem eingangs an die Genossen gerichteten Parteigruß stand Spartacus –

damit war der Name der Gruppe geboren. Ernst Meyer, der mit der Zusammenstellung und der Verbreitung der Informationsmaterialien beauftragt worden war, hatte sich darüber mit Liebknecht verständigt.[21] Die Briefe wurden hektographiert und ab September 1916 gedruckt, ab da firmierten sie als Spartakusbriefe. Redaktion, Druck und Vertrieb oblagen hauptsächlich dem in der Herstellung illegaler Schriften sehr erfahrenen Leo Jogiches.

Brief Nr. 13 informierte über die Sitzung der sozialdemokratischen Reichstagsfraktion am 12. Januar sowie die Presse- und Parlamentszensur gegen die Anfragen. Am 12. Januar hatte die sozialdemokratische Fraktion Karl Liebknecht mit 60 gegen 25 Stimmen bei eigener Stimmenthaltung aus der Fraktion ausgeschlossen. In seinem Bericht, wiederum in der »Sklavensprache« der dritten Person, hieß es u. a.: »Die Fraktion habe ihr Verhalten so einzurichten, daß Liebknecht für sie nicht mehr existiere. Es habe den Anschein, als ob Liebknecht der einzige Hüter der Volksinteressen sei. Der Parteitag werde ja noch zu sprechen haben. Jedenfalls müsse sich die Fraktion von einem Ballast befreien.«[22] Es gelang Karl Liebknecht trotzdem, bis April 1916 noch einige Male im Reichstag und auch im preußischen Abgeordnetenhaus aufzutreten. In diesen Wochen konnte Karl wieder kaum Zeit für die Familie aufbringen. Am stärksten zu schaffen machte ihm das Verhalten der 18 Sozialdemokraten, die am 21. Dezember 1915 mit ihm und Otto Rühle gegen die Kriegskredite gestimmt hatten. Mit vielen von ihnen, z. B. Oskar Cohn, Wilhelm Dittmann, Hugo Haase, Alfred Henke, Georg Ledebour, Arthur Stadthagen und Fritz Zubeil, hatte er in den vergangenen Jahren manchen Parteistreit gegen die Rechten ausgefochten, und zu einigen pflegte er freundschaftliche Kontakte. Aber nun, wo es im Reichstag auf eine unerbittliche Opposition mit prinzipieller Klarheit ankam, schreckten sie davor zurück, mit ihm und der Spartakusgruppe zusammenzuarbeiten. Der mühsam gewonnene Einfluss werde zum Teufel gehen, wenn keine gemeinsamen Auftritte gegen den Krieg zustande kämen, prophezeite Karl Liebknecht verbittert.[23]

Doch er fand bei der »gemäßigten« Opposition kein Gehör. Herzfeld, Hoffmann und Ledebour brachen am 15. Februar 1916 ihre Zusammenarbeit mit Hermann Duncker, Mehring,

Meyer und Ohlhoff im Berliner Oppositionszirkel ab. Sie sprachen sich gegen die »Leitsätze über die Aufgaben der internationalen Sozialdemokratie« aus, die Berta Thalheimer im Namen der Spartakusgruppe Anfang Februar der Beratung der Internationalen Sozialistischen Kommission zur Vorbereitung einer weiteren Zimmerwalder Konferenz übergeben hatte, bei der auch Hoffmann und Ledebour zugegen waren. Die Enttäuschung darüber bestärkte Karl Liebknecht in seinem Standpunkt, keinesfalls um den Preis einer fragwürdigen Gemeinschaft seine Forderung nach revolutionärem Kampf gegen den Krieg und kompromissloser Abrechnung mit den Kriegsbefürwortern in der deutschen Sozialdemokratie aufzugeben. Auch unter den Mitstreitern in der Spartakusgruppe wurde sein Vorgehen unterschiedlich beurteilt. »Ein Elend ist's jetzt auch in der Partei«, schrieb Käte an Hermann Duncker am 12. Februar. »In der Opposition ist der Kampf in vollem Gange: Karl gegen die 20 oder vielmehr 18. Er hat ja recht, aber er fängt's ungeschickt an, und die Berliner Genossen sind fast einig gegen ihn. Sie wollen die Einheit der Opposition. Ich weiß nicht ein noch aus. Die prinzipielle Klarheit und Entschiedenheit der einen ist gewiß das richtigere. Aber was nützt die, wenn die Massen sich von ihr absondern?«[24] Sie freue sich jetzt auf die Entlassung Rosa Luxemburgs am 18. Februar.

Karl Liebknecht sorgte mit für einen würdigen Empfang. Da kurz zuvor Julian Borchardt und der Berliner Sozialdemokrat Joachim Klüß verhaftet worden waren, musste unbedingt verhindert werden, dass Rosa Luxemburg gleich wieder in »Schutzhaft« genommen wurde. Daher rieten Liebknecht und Ledebour von der geplanten Demonstration vor dem Frauengefängnis in der Barnimstraße ab. Er fuhr mit Mathilde Jacob im Auto zum Gefängnis und verschwand sofort mit Adolph Hoffmann im Portal. Bald darauf kamen sie plötzlich zu einem anderen Portal mit Rosa Luxemburg im Auto heraus. Hochrufe auf Rosa und den Frieden wurden ausgebracht, einige schwangen sich auf die Trittbretter, warfen Blumen in den Wagen und fuhren ein Stück mit.[25]

Am 21. Februar 1916 begann an der Westfront die Schlacht um Verdun, die zu einer der größten Materialschlachten des Ersten Weltkrieges wurde und insgesamt 700000 Tote hinterließ.[26] Die wahnwitzigen Kriegsziele der Herrschenden in Deutschland waren durch diese Niederlage noch unrealistischer geworden. Bis Mitte Februar zählte die amtliche Verlustliste bereits 670000 Gefallene, 1641000 Verwundete und 323000 in Gefangenschaft geratene bzw. vermisste Soldaten. Im Frühjahr 1916 wurden alle Lebensmittel und Konsumgüter knapper und teurer. Trauer, Not und Hunger bedrückten die Mehrheit der Bevölkerung. Karl Liebknecht nahm am 11. März in Neukölln an einer Konferenz der oppositionellen sozialdemokratischen Jugendsektionen von Berlin teil. Am 16. März sprach er im preußischen Abgeordnetenhaus in der Debatte zum Kultusetat über die verheerenden Wirkungen des Krieges auf das Schul- und Erziehungswesen. Am Ende seiner langen, mit vielen Bonmots gespickten Rede rief er »der Arbeiterklasse aller Länder auch bei dieser Gelegenheit« zu: »Ans Werk! Sowohl die in den Schützengräben wie die im Lande – sie sollen die Waffen senken und sich gegen den gemeinsamen Feind kehren, der ihnen Licht und Luft nimmt.«[27] Die Unruhe im Saal wurde immer größer. Der Präsident rief ihn zum dritten Mal zur Sache und zum zweiten Mal zur Ordnung. Nachdem die Mitglieder der Konservativen Partei, der Freikonservativen Partei, des Zentrums und der Nationalliberalen Partei wieder den Saal betreten hatten, den sie während Karl Liebknechts Rede aus Protest verlassen hatten, ließ der Präsident abstimmen. Auf die Frage, wer Karl Liebknecht weiter anhören wolle, erhob sich nur eine Minderheit der Abgeordneten von den Plätzen. Daraufhin musste er die Tribüne verlassen. Über das parlamentarische Mittel »persönliche Bemerkungen« versuchte er, Verleumdungen zurückzuweisen und auf Wunden wie Verdun einzugehen. Doch wieder wurde er durch die Glocke des Präsidenten und Zurufe aus dem konservativen Flügel an gründlichen Darlegungen gehindert.[28]

Am 19. März 1916 sorgten Karl Liebknecht und Rosa Luxemburg auf einer weiteren Reichskonferenz der Spartakusgruppe in Berlin für neue Debatten über die nächsten Aufgaben. Anwesend waren 17 Vertreter aus 8 Wahlkreisen von Berlin und Umgebung und 17 Vertreter aus Arnstadt, Braunschweig, Chemnitz, Dresden, Duisburg, Essen, Frankfurt (Main), Freiberg, Gera, Göppingen, Halle (Saale), Hanau, Hannover, Jena, Leipzig, Pirna und Stuttgart. Mitglieder aus Bremen, Breslau, Düsseldorf, Hamburg, Magdeburg, Mainz, München, Nordhausen und

Würzburg hatten ihre Teilnahme zugesagt, konnten aber aus verschiedenen Gründen nicht anreisen.

Sechs Punkte standen auf der Tagesordnung. Ernst Meyer informierte über die Vorgänge, die im Februar in Berlin zur Spaltung der Opposition geführt hatten. Andere berichteten über die Antikriegsarbeit in ihren Bezirken. Berta Thalheimer gab einen Überblick über die Sitzung der Erweiterten Beratung der Internationalen Sozialistischen Kommission vom 5. bis 6. Februar in Bern. Rosa Luxemburg referierte zur Internationale und zur bevorstehenden Zweiten Zimmerwalder Konferenz. Es war für sie die erste Gelegenheit, vor der Spartakusgruppe zu ihren »Leitsätzen über die Aufgaben der internationalen Sozialdemokratie« sowie zu den Bedenken und Widerständen innerhalb der Opposition in Berlin und im Reich Stellung zu nehmen. Sie betonte einmal mehr, dass es auf den revolutionären Kampfgeist und auf Aktionen der Massen ankomme. Die organisationspolitische Form werde sich finden, hieß es auch in ihrer Resolution. Die Zimmerwalder Bewegung sei als Symptom der revolutionären Orientierung zu begrüßen, dürfe aber nicht überschätzt werden. Die Delegation der Spartakusgruppe müsse diesem internationalen Forum signalisieren, dass in Deutschland eine wirkliche Opposition besteht, und Entstellungen zurückweisen. Drei Resolutionen zur weiteren Arbeit wurden angenommen, auch die von Rosa Luxemburg verfasste. Die Resolution zur Organisierung von Massenaktionen gegen den Krieg hatte Karl Liebknecht vorgelegt und begründet. Den stenographisch festgehaltenen Ausführungen zufolge ging er zunächst auf Ursachen für den Zusammenbruch der Internationale ein. »Die Führer haben die Prinzipien verraten. Aber auch die Masse hat versagt. Die ganze Organisation hat die Massen zu hilflosen Haufen gemacht, die ohne Leithammel nicht auskommen.«[29] Ob er tatsächlich diese Formulierung wählte oder der Stenograph die Rede so zusammenfasste, kann nicht überprüft werden. Die Aktionsfähigkeit einer Partei hänge nicht von der Zahl ihrer Anhänger ab, sondern von der Übereinstimmung in den prinzipiellen Auffassungen und in den taktischen Bestrebungen. Die über alles gepriesene Einigkeit sei nichts weiter als der tiefste Krebsschaden gewesen. Die Masse dürfe nicht im Glauben an Autoritäten Einzelnen folgen. Jeder müsse selbst denken und aus eigenem Entschluss handeln. Ein Programm müsse klar formuliert sein und dürfe nicht anders ausgelegt werden können. Nachdrücklich erinnerte er an den Stuttgarter Internationalen Sozialistenkongress von 1907, in dessen Resolution es hieß, Aufgabe der Sozialisten sei es, »die sich im Krieg entwickelnden Verhältnisse auszunutzen, um das Proletariat zu überzeugen, für den Frieden zu kämpfen und die bürgerliche Gesellschaft zu erschüttern«[30]. Der internationale Kampf gegen den Krieg dürfe nicht durch Phrasen von der Landesverteidigung entkräftet und unwirksam gemacht werden. Auch dürfe man sich weder mit Halbheiten abfinden noch Konflikte mit der Fraktionsmehrheit scheuen. Noske und Heine zu züchtigen und zu peitschen – daran dürfe sich die Spartakusgruppe von der gemäßigten Opposition nicht hindern lassen. Das Wichtigste aber sei, die Massen nach unseren Grundsätzen aufzuklären, »sie zu Aktionen zu erziehen, Aktionen, die vorhanden sind, zu unterstützen und so die gegenwärtige Epoche zu einer revolutionären zu gestalten«[31].

Karl Liebknecht war froh, Rosa Luxemburg wieder frei an seiner Seite zu wissen. Nach den Erinnerungen von Mathilde Jacob waren zu dieser Zeit »Leo Jogiches und Karl Liebknecht die häufigsten Gäste in Südende« bei Rosa Luxemburg. Wenn Sonja ihren Mann begleitete, »gab es schöne Stunden, die Politik wurde ausgeschaltet, nach kurzer Unterhaltung wurde vorgelesen, meist Goethe«. Karl Liebknecht hatte Mathilde seit Jahren zu politischen Hilfsarbeiten herangezogen. Sie bewunderte seinen Mut und seine Ausdauer, schätzte seine stets kameradschaftliche Art. Insgeheim wünschte sie, Rosa und er wären weniger unzertrennlich gewesen. Nach eigenen Angaben war ihr nicht klar, welche Befürchtungen sie hatte.[32] Sie meinte, dass die politische Bedeutung Karl Liebknechts über ihn hinauswuchs, »stets wurde er mit Rosa Luxemburg gemeinsam genannt. Sein politisches Auftreten wurde immer kühner, oft aber waren seine Handlungen tollkühn und nicht frei von Eitelkeit.«[33]

Am 24. März 1916 stand im Reichstag der Notetat der Regierung zur Abstimmung. Die Mehrheit der sozialdemokratischen Fraktion billigte ihn. 14 Abgeordnete verließen vor der Abstimmung den Saal. Karl Liebknecht und Otto Rühle von der

Spartakusgruppe sowie 18 weitere oppositionelle Abgeordnete stimmten gegen den Etat. Nachdem sie in der anschließenden Fraktionssitzung mit 58 gegen 33 Stimmen aus der Fraktion ausgeschlossen worden waren, bildeten sie unverzüglich die Sozialdemokratische Arbeitsgemeinschaft und wählten Wilhelm Dittmann, Hugo Haase und Georg Ledebour zum Vorstand. Hugo Haase legte sein Amt als Vorsitzender der Sozialdemokratischen Partei nieder, als deren Mitglieder sich die Anhänger der Sozialdemokratischen Arbeitsgemeinschaft weiterhin betrachteten.

Liebknecht und Rühle wurden von Hugo Haase aufgefordert, der Sozialdemokratischen Arbeitsgemeinschaft beizutreten. Liebknecht erklärte, er könne sich erst anschließen, wenn sie akzeptiere, dass die Ablehnung des Notetats nicht bloß mit traditioneller Budgetverweigerung begründet werden dürfe. Sie müsse ihren Willen, eine revolutionäre Propaganda gegen den Krieg zu entfachen und Antikriegsaktionen zu unterstützen, offen zu erkennen geben.[34]

Einen Tag nach der Reichstagssitzung vom 8. April 1916 stellte der Reichskanzler Theobald v. Bethmann Hollweg dem Geheimen Kabinettsrat v. Valentini anheim, den Kaiser sofort über die »Liebknechtsche Szene« zu informieren – eine Szene, »wie sie das Haus wohl noch nie erlebt« habe. Der Reichstagspräsident habe ihm »versprochen, unbedingt dafür zu sorgen, daß vor der Vertagung des Reichstags Liebknecht nicht mehr zu Worte kommt. Der Präsident verhandelt schon seit gestern mit den Parteiführern über eine Verschärfung der Geschäftsordnung. Militärisch kann man gegen Liebknecht, solange der Reichstag nicht geschlossen, kaum einschreiten. Ob später eine Untersuchung seines offenbar kranken Geisteszustandes eingeleitet werden kann, muß vorbehalten bleiben.«[35] Dieses Telegramm zeigt, wie Recht Karl Liebknecht hatte, wenn er in seinem Protestschreiben an den Reichstagspräsidenten vom 28. April 1916 gegen die Vertagung des Parlaments bis zum 2. Mai 1916 feststellte, dass »die Mehrheit des Reichstags nur eine Schutztruppe des Imperialismus und eine Kulisse der Militärdiktatur« darstelle. Selbst im Reichstag sei ein Belagerungszustand etabliert.[36]

Über die Vorgänge am 8. April 1916 ergingen an die Öffentlichkeit lauter Falschmeldungen. Lediglich das Reichstagsprotokoll hielt exakt fest, was sich zugetragen hatte. Karl Liebknecht prangerte an, dass Propagandaschriften des Reichsschatzamtes die Methoden der englischen Regierung zur Aufbringung der Kriegsmittel verpönten, obwohl sich die deutsche Regierung ebenfalls solcher Betrugsmanöver bediente, »was natürlich in der Presse und sonst in der Öffentlichkeit nicht gesagt werden darf!«. Es kam zu einem Spektakel, als Karl Liebknecht erklärte: »Man hat in bezug auf die Anleihen von Inzucht des deutschen Kapitals gesprochen. Und die deutschen Kriegsanleihen sind wegen der Einführung der Möglichkeit, früher erworbene Kriegsanleihe zu beleihen, um mit dem Entliehenen neue Anleihe zeichnen zu können, nicht übel als perpetuum mobile bezeichnet worden.«[37] Rufe wie »Landesverrat!«, »Das ist unerhört!«, »Müssen wir uns das gefallen lassen, Herr Präsident!« ertönten. Als der Präsident bedauerte, »daß ein Deutscher von dieser Tribüne Äußerungen gemacht hat, wie dies seitens des Abgeordneten Dr. Liebknecht geschehen ist«, gab es lebhafte Zustimmung und erregte Zurufe: »Das ist kein Deutscher!« Liebknecht konterte: »Und Sie sind Vertreter der kapitalistischen Interessen! Ich bin Sozialdemokrat – Vertreter des internationalen Proletariats«. Ihre Zurufe seien für ihn eine Ehre. Stürmische Rufe »Irrenhaus!« erschallten, andauernd läutete die Glocke. Liebknecht wurde am Weiterreden gehindert. Der Präsident wurde aufgefordert: »Sie müssen uns hier Recht schaffen!« Da Liebknecht dennoch auf eine Presseveröffentlichung des Vortages über die Zusammenstellung der vierten Kriegsanleihe Bezug nehmen wollte, steigerte sich die Unruhe. Liebknecht wurden seine Papiere entrissen. Als er sie vom Boden aufhob, bewertete der Präsident dies als Verlassen der Tribüne. Nach Liebknechts Protest gegen die Infamie schloss er ihn von der Sitzung aus. Liebknecht bäumte sich mit Zwischenruf dagegen auf. Als Wilhelm Dittmann die Beschlussfähigkeit des Hauses in Zweifel zog, wurde die Verhandlung abgebrochen.[38]

Mit solchen Szenen endete Karl Liebknechts vierjährige Tätigkeit als Reichstagsabgeordneter des »Kaiserwahlkreises« Potsdam-Spandau-Osthavelland. Von Anfang an hatte er sich konsequent für die Interessen seiner Wähler und für eine demokratische und friedliche Perspektive Deutschlands eingesetzt.

Seine Erfahrungen verdichtete er unter dem Titel «Nicht die alte Leier, sondern das neue Schwert!« im Spartakusbrief vom 5. November 1916: »Wir sind weder harrende Narren noch parlamentarische Droschkengäule, die stets die alten Straßen traben, vor jeder Neuerung der parlamentarischen Taktik scheuend, noch Musterknaben des guten Tons und trocknen Tons, den wir mit allen politischen Philistern, Schlafröcken und Filzpantoffeln dorthin wünschen, wo der Pfeffer wächst.«[39] Das Parlament könne nicht der Erlöser des Proletariats sein. »Und doch kann es der revolutionären Bewegung wichtige Hilfe leisten. Aber nicht als Gesetzesfabrik, nicht als Schwatztheater und Gebetsmühle einer parlamentarischen ›Opposition‹, sondern indem es vom Klassenkämpfer, der sein parlamentarisches Mandat nur für diesen Zweck erworben hat, zur revolutionären Tribüne verwandelt wird, von der er den Feuerbrand ins Gebälk der herrschenden Ordnung und den Schlachtruf in die Massen schleudert.«[40]

Kurz vor Ostern, das 1916 auf den 23./24. April fiel, nötigte ihn Rosa Luxemburg zu einigen Mußestunden. Er solle sich daran erinnern, »daß es außer Reichstag und Landtag noch eine Welt gibt«. Er sei regelrecht aufgelebt, als er mit Sonja und ihr mehrmals durch die Felder und im Botanischen Garten umherschlenderte. Gemeinsam genossen sie in der Garnisonskirche Bachs Matthäuspassion.[41] Ein anderes Mal rief Rosa die Freunde dringend in den Botanischen Garten zum Konzert der Nachtigall.[42]

Ostern fuhr Karl Liebknecht nach Jena und nahm an der illegalen Konferenz der oppositionellen Jugend teil, zu der sich rund 30 Delegierte aus Berlin, Bremen, Dresden, Duisburg, Elberfeld, Gera, Gotha, Hamburg, Jena, Leipzig, Mühlberg (Elbe) und Weimar einfanden. Alfred Schmiedel sprach sogar von etwa 50 Teilnehmern. Die Spartakusgruppe vertraten neben Liebknecht Edwin Hoernle, Otto Rühle und Georg Schumann. Die Konferenz im vegetarischen Speisehaus in der Zwätzengasse wurde als Treffen der thüringischen Naturfreunde getarnt. Quartiere wurden bei Jenaer Jugendfreunden und Genossen gefunden. Karl Liebknecht übernachtete bei den Schwiegereltern von Georg Schumann und den Eltern von Ernst Zilinski, Vorsitzender der Arbeiterjugend in Jena.

In seinem Referat beschwor er die Jugendlichen, im Sinne der

Beschlüsse der internationalen Jugendkonferenzen von Stuttgart 1907, Kopenhagen 1910 und Bern 1915 gegen den Krieg zu kämpfen und die internationale Solidarität nicht versiegen zu lassen. Wie für die Spartakusgruppe sei es auch für die Jugendlichen wichtig, sich von den »Burgfriedenspolitikern« und deren stillschweigenden Duldern klar abzugrenzen. Um Anhänger zu gewinnen, auf die in entscheidenden Momenten Verlass sei, dürften die Gegensätze in den Ansichten über den Antikriegskampf nicht verwischt werden. »Erst Klarheit und dann Mehrheit! Keine Sammlung ohne Einheit der Anschauungen!«[43] Die von ihm vorgeschlagene Resolution wurde einstimmig angenommen. Ihre Länge und wenig eingängige Formulierungen lassen auf die Eile schließen, in der er sie verfasst hatte. Die Teilnehmer waren beeindruckt, weil er sie als seine jungen Mitkämpfer behandelte, von denen er viel erwartete. Schließlich sollte die unter dem Einfluss rechter Sozialdemokraten stehende »Arbeiter-Jugend« boykottiert und ein eigenes Jugendorgan geschaffen werden. Auf der Tagung wurde eine provisorische Zentrale der oppositionellen Arbeiterjugend eingesetzt und der Anschluss der deutschen Arbeiterjugend an das internationale Jugendsekretariat in Bern bestätigt. Willi Eildermann blieb das Zusammensein mit Karl Liebknecht unvergesslich: »Er sprach sehr oft auf der Konferenz, temperamentvoll und mit großer Suggestivkraft. Manchmal hatte ich das Gefühl, als hämmere er die Argumente den Zuhörern ein, weil er bestimmte Formulierungen, Wendungen und Ausdrücke mehrfach wiederholte.«[44] In kameradschaftlichen Gesprächen berichtete er, wie er bisweilen die Polizei überlistete und dass er zum Schutz vor Spitzeln eine Art Geheimschrift benutzte.

Zum bevorstehenden 1. Mai empfahl Liebknecht den Jugendlichen, sich dort, wo es möglich war, an Friedensdemonstrationen zu beteiligen. Bei einem Spaziergang zum Jenzig am 2. Osterfeiertag übergab er Curt Böhme, der an der Reichskonferenz der Gruppe »Internationale« am 2. Januar 1916 in Berlin teilgenommen hatte, das von ihm verfasste Flugblatt »Auf zur Maifeier!« mit der Bitte, mit Freunden illegal für Druck und Versand zu sorgen. Die für Berlin vorgesehenen Flugblätter wurden als Reisegepäck verfrachtet und kamen tatsächlich an. Nach Losungen wie »Genug des Brudermordes!« – »Fort mit dem ruchlosen Verbrechen des Völkermordes! Nieder mit seinen verantwortlichen Machern, Hetzern und Nutznießern!« hieß es darin: »Wie lange wollt Ihr dem Spuk der Hölle ruhig und gelassen zusehen? Wie lange wollt Ihr stumm die Verbrechen der Menschenmetzelei, die Not und den Hunger ertragen? Bedenkt! Solange sich das Volk nicht rührt, um seinen Willen kundzutun, wird der Völkermord nicht aufhören. Oder aber er hört erst dann auf, wenn alle Länder an den Bettelstab gebracht, wenn alle Völker zugrunde gerichtet sind, wenn von der sogenannten Kultur nicht ein Stein auf dem andern geblieben ist. Die Reichen können noch lange den Krieg ›durchhalten‹. Sie leiden keinen Hunger, sie haben üppige Vorräte eingehamstert, sie machen ja die schönsten Geschäfte bei der Metzelei, sie stärken ihre politische Herrschaft durch den Selbstmord der Arbeiterklasse.«[45]

Das Flugblatt wurde in Berlin, Braunschweig, Bremen, Dresden, Jena, Kiel, Leipzig, Magdeburg, Pirna und Stuttgart verbreitet. Die Ledebour-Gruppe lehnte die Teilnahme an der Maidemonstration in Berlin ab, weil die Spartakusgruppe das Flugblatt ohne sich abzusprechen gedruckt und verbreitet hatte. Wegen fehlender Stimmung unter den Massen könne man sich nur lächerlich machen. Wie Emil Barth vom Deutschen Metallarbeiterverband, Mitbegründer der revolutionären Obleute von Berlin, berichtete, versuchte Liebknecht ihm zu erklären, dass in Situationen wie der jetzigen ein Funke genüge, um den Aufbegehrungswillen von Massen kriegsmüder Menschen zu erwecken. Den Funken wollte er am 1. Mai auslösen, und er war sich eines großen Echos gewiss. Er könne nach seinem Rausschmiss aus dem Reichstag unmöglich wieder zu seiner Truppe, da er wegen seiner politischen Überzeugung über kurz oder lang vor ein Kriegsgericht gestellt werden würde. Wenn er schon ins Zuchthaus verbannt werden solle, dann »mit dem stolzen Bewußtsein: Ich hab's gewagt![46]«.

Mit dem Flugblatt ging Karl Liebknechts Aufruf »Wer gegen den Krieg ist, erscheint am 1. Mai Abends acht Uhr Potsdamer Platz (Berlin) – Brot! Freiheit! Frieden!«[47] von Hand zu Hand. Die Atmosphäre am 1. Mai in Berlin war gespannt, das Polizeiaufgebot gewaltig. Schon um 19 Uhr waren der Potsdamer Platz und seine Zugänge mit Schutzleuten überfüllt. Pünktlich 20 Uhr sammelte sich eine dichte Menge demonstrierender Arbeiter, und alsbald begannen die üblichen Scharmützel mit der Polizei. Insgesamt 10000 Demonstranten waren erschienen. Da erschallte mitten auf dem Potsdamer Platz Karl Liebknechts Stimme: »Nieder mit dem Krieg! Nieder mit der Regierung!«. Ihr Echo war unüberhörbar. Karl Liebknecht wurde sofort verhaftet und in die Polizeiwache des Potsdamer Bahnhofs gebracht. Er versuchte sich zu widersetzen. Geheimdienstler des Herrn v. Jagow traktierten ihn mit Spazierstockschlägen auf den Kopf und bemerkten zynisch: »Die höchste Zeit, daß wir den haben.«[48] Die Polizei, angefeuert von brutalen Offizieren, drängte die Menschenmassen in die Seitenstraßen. Dort bildeten sich erneut drei große Züge. Immer wieder erschallten die Rufe »Nieder mit dem Krieg!«, »Es lebe der Frieden!« und »Hoch Liebknecht!«.

Anschließend ging Rosa Luxemburg mit Mathilde Jacob in die Redaktion des »Vorwärts«. Sie wollten Parteifreunde bitten, Karl Liebknecht von der Polizei herauszufordern, trafen aber niemand an, der helfen konnte. Als sie endlich Hugo Haase telefonisch erreicht hatten und sich mit ihm zum Gefängnis am Alexanderplatz begaben, erhielten sie keine Auskunft mehr, denn es war inzwischen Mitternacht geworden. Karl Liebknecht musste die Nacht in einer Zelle im Polizeipräsidium verbringen. Mathilde Jacob erinnerte sich: »In der Frühe des nächsten Morgens begab sich Rosa Luxemburg zu Sonja Liebknecht, um sie von der Verhaftung ihres Mannes in Kenntnis zu setzen. Wie immer hatte Karl Liebknecht sein Arbeitszimmer abgeschlossen. Während beide Frauen noch beratschlagten, wie sie in das Zimmer gelangen könnten, um alles ›Kompromittierende‹ fortzuschaffen, erschienen Kriminalbeamte. Das Zimmer wurde gewaltsam erbrochen, und man beschlagnahmte zurückgebliebene 1. Mai-Flugblätter.«[49] Rosa Luxemburg wäre um ein Haar ebenfalls gefangen genommen worden. »Daß Liebknecht nun endlich, und zwar durch eigene Schuld, politisch erledigt ist«, bereitete dem Berliner Polizeipräsidenten v. Jagow Genugtuung.[50]

Liebknechts Fraktionskollege Heinrich Ströbel erklärte Maximilian Harden, dass er selbst zu Liebknechts Tat nicht fähig gewesen wäre. Aber: »Ungewöhnliche Zeiten schaffen ungewöhnliche Menschen. L[iebknecht] ist meiner Überzeugung nach aus dem Stoff, aus dem das Geschick Märtyrer und Heroen bildet. Wo ist die Grenze zwischen beiden? Je nach dem Erfolg wird man Narr oder Gott. Ich halte L. durchaus nicht für einen Narren, sondern für einen sehr scharf denkenden Menschen, der nur mehr Energie und Begeisterungsfähigkeit besitzt, als der Durchschnitt.«[51]

Die Verhaftung Karl Liebknechts war ein schwerer Schlag für die Spartakusgruppe. Auf einer Zusammenkunft von etwa 15 Mitgliedern am 4. Juni 1916 sprach Otto Rühle von einem wochenlangen Scheintod. Es sei ein großer Fehler gewesen, dass sämtliche Verbindungen allein durch Liebknecht aufrechterhalten wurden. Ein Aktionsausschuss, dem Käte Duncker, Franz Mehring, Ernst Meyer, Albert Regge und Regina Ruben und Otto Rühle als Vorsitzender angehörten, sollte die Kontakte zu den Gruppen im Reich wieder herstellen.[52] Das wichtigste Bindeglied blieben die Spartakusbriefe.

Julian Marchlewski wurde am 22. Mai in »Sicherheitshaft« genommen, Hugo Eberlein erhielt den Gestellungsbefehl und Käte Duncker Redeverbot. Paul Levi war im März 1916 mit einem Nervenschock ins Lazarett eingeliefert worden, nachdem neben ihm im Unterstand zwei Granaten detoniert waren. Auch Clara Zetkin ging es gesundheitlich nicht gut.

Gegen die Verhaftung und Verurteilung Karl Liebknechts verfasste Rosa Luxemburg anklagende und aufrüttelnde Flugblätter. Ungeachtet der Gefahr, selbst wieder verhaftet zu werden, verteidigte sie ihn furchtlos: »Liebknechts ›Landesverrat‹ besteht darin, daß er um den Frieden *kämpfte*. Aber die ganzen weiteren Schicksale des deutschen und internationalen Sozialismus hängen davon ab, ob das Proletariat verstehen wird, den Frieden zu *erkämpfen* und zu diktieren.«[53] Das aber heiße nicht, untertänige Bittschriften an die Regierung zu unterzeichnen oder in polizeilich genehmigten Versammlungen Beifall zu klatschen und für Friedensresolutionen Hände hochzuheben, um am anderen Tag ruhig weiter Munition zu drehen und mit hungerndem Magen die Militärdiktatur geduldig zu ertragen. Nein! »Um Frieden kämpfen heißt alle Machtmittel der Arbeiterklasse rücksichtslos zu gebrauchen«.[54] Empört berichtete sie Clara Zetkin, wie die gemäßigte Opposition um Haase und Ledebour plötzlich für »Versöhnung«

mit der Spartakusgruppe werbe: »Aber denke doch den moralischen Takt dieser Leute: sofort hinter dem Rücken Karls uns zum gelinden Verrat an Karl zu bewegen, d.h. an der Taktik, für die Karl sein ganzes Ich in die Schanze schlug!«[55]

Über der Politik vergaß Rosa Luxemburg keinen Augenblick, sich liebevoll um Sophie Liebknecht zu kümmern. Sie sorgte mit dafür, dass Sophie ihren Ehemann besuchen durfte und beriet mit Theodor Liebknecht über juristische Möglichkeiten der Unterstützung. Rosa und Sophie verband bald eine überaus herzliche Freundschaft. Beide waren gebildete, weltoffene Jüdinnen, der deutschen, französischen und russischen Sprache mächtig, Literatur- und Kunstliebhaberinnen und für alle Schönheiten der Natur zu begeistern. Nach dem 1. Mai 1916 sahen sie sich fast täglich. »Sie begleitete mich oft ein Stück Weges, wenn ich meinem Mann Zeitungen und Essen nach Moabit brachte und manchmal versuchte, am Potsdamer Platz einen Wagen zur Fahrt nach Moabit zu erjagen«, erinnerte sich Sophie. »Ich brachte nachher die von meinem Mann erhaltenen Kassiber ins Café ›Fürstenhof‹ am Potsdamer Platz und übergab sie Rosa.«[56] Rosa Luxemburg behielt diese Tage ebenfalls im Gedächtnis, »als wir beide [..] im Café Fürstenhof durch unsere übermütigen Lachsalven einiges Aufsehen erregten. Wie war das damals schön – trotz alledem!«[57]

Karl Liebknecht befand sich seit dem 2. Mai 1916 im Gefängnis Lehrter Straße, um diese Zeit Nördliche Militärarrestanstalt Berlin-Moabit. Er erhielt zwei Haftbefehle, beide am 3. Mai ausgestellt. Laut dem ersten war er in Untersuchungshaft genommen worden, »weil er dringend verdächtig ist, in Berlin am 1. Mai 1916 durch eine fortgesetzte Handlung öffentlich vor einer Menschenmenge und durch Verbreitung von Schriften zum Ungehorsam gegen die von der Obrigkeit innerhalb ihrer Zuständigkeit getroffenen Anordnungen aufgefordert, ferner seinen Ungehorsam gegen einen Befehl in Dienstsachen durch Nichtbefolgung betätigt und dadurch die Gefahr eines erheblichen Nachteils im Felde herbeigeführt und endlich einem Beamten, der zur Vollstreckung von Befehlen und Anordnungen der Verwaltungsbehörden berufen war, in der rechtmäßigen Ausübung seines Amtes durch Gewalt Widerstand geleistet zu haben

(§§ 110, 113 RStGB, §§92, 93, 9/2 MStGB und Allerh. Verordnung vom 31.7.14) und weil die Aufrechterhaltung der militärischen Disziplin die Verhaftung erfordert (§ 176, 3 MStGO)«[58].

Dem Polizeipräsidenten v. Jagow genügte es nicht, Liebknecht nur des Ungehorsams zu bezichtigen, er setzte durch, aus dessen Handlungen Landes- und Hochverrat zu konstruieren. Im zweiten Haftbefehl wurde Karl Liebknecht beschuldigt, »vorsätzlich während eines gegen das Deutsche Reich ausgebrochenen Krieges einer feindlichen Macht Vorschub geleistet zu haben«[59].

Im Vernehmungsprotokoll vom 2. Mai 1916 steht, Karl Liebknecht habe zugegeben, am Abend des 1. Mai mehrmals »Nieder mit dem Krieg!« »Nieder mit der Regierung!« gerufen zu haben, weil er der Überzeugung sei, dass es Pflicht der Regierung wäre, den Krieg zu beenden und es Aufgabe des Volkes sei, auf die Regierung Druck auszuüben. Er habe sich dadurch nicht strafbar gemacht und fühle sich in Übereinstimmung mit Gesinnungsfreunden in den anderen kriegführenden Ländern.

»Kein Grund zur Unruhe«, schrieb Liebknecht am 3. Mai an Sophie, um sie zu besänftigen. »Die Haussuchung wird Dich etwas gestört haben; hoffentlich ist das wüste Durcheinander im Zimmer nicht zum Chaos geworden. Bisher fand ich mich doch annähernd zurecht. Bitte sei vorsichtig; laß zusammen, was jetzt zusammen liegt. Ich bin gut untergebracht [...] Wegen der *Steuern* schreib unter Hinweis auf meine Festnahme, daß wir aus dem Büro *nichts* haben, u. mir für dieses Jahr noch 1000 Mk Reichstagsdiäten bevorstehen; daß wir von Verwandten laufend unterstützt werden und insbesondere die Miete von *Curt* [Liebknecht] bezahlt wird. Wende Dich *keinesfalls* an einen andren Anwalt als Thedel [Theodor Liebknecht]; auch an *keinen* Reichstagskollegen. *Ich will keine unerbetenen* und wenn auch noch so gut gemeinten *Dienste!* Das meine ich *ganz strikt.* [...] Grüß die Freunde bestens, besonders Rosa [...] Dich u. die Kinder küsse ich; seid vergnügt, daß Ihr einige Zeit vor mir Ruhe habt.«[60]

Die Militärbehörden versuchten die Verhaftung Karl Liebknechts geheim zu halten. Doch die Nachricht verbreitete sich rasch. Die sozialdemokratische Fraktion sah sich gezwungen, um der Erregung unter Arbeitern und Soldaten zu begegnen, einen Antrag auf Aussetzung des Verfahrens gegen Liebknecht und Aufhebung der Haft für die Dauer der Sitzungsperiode zu stellen. Die Sozialdemokratische Arbeitsgemeinschaft stellte einen gleichlautenden Antrag. »Daß der gesamte bürgerliche Reichstag die Immunität aufheben wird, steht schon fest. Um so besser«, meinte Rosa Luxemburg zu Marta Rosenbaum. »Das ist der politische Selbstmord des Parlamentarismus.«[61] Wie infam Otto Landsberg bei der Begründung des sozialdemokratischen Antrags vorging, schockierte selbst Rosa Luxemburg. In Landsbergs Rede hieß es: »Die Person des Abgeordneten Liebknecht ist mir vollständig gleichgültig. [...] Wie kann sich jemand einbilden, durch eine Demonstration auf dem Potsdamer Platz, durch ein Flugblatt hohe Politik zu machen, in die Geschicke der Welt eingreifen zu können? Wenn wir der krankhaften Nervosität, von der dieses ganze Vorgehen, von der jede Zeile des Flugblatts Zeugnis ablegt, unsere klare, nüchterne Ruhe entgegenstellen. dann dienen wir dem Reich am allerbesten.«[62] Die Mehrheit des Reichstags stimmte gegen den Antrag. Karl Liebknecht verlor seine Immunität. Nun hatten die Militärrichter freie Hand für ihren Verleumdungs- und Verurteilungsfeldzug.

Über die parlamentarische Tragödie habe er sich nicht minder empört als Maximilian Harden, aber er habe nichts anderes erwartet, schrieb Heinrich Ströbel am 12. Mai an Harden. »Ob L[iebknecht] klug oder unklug gehandelt, kann erst die Geschichte lehren. [...] Noch hoffe ich, daß das Militärgericht besonnener und weitsichtiger ist (vielleicht auch aus Inspiration vom Auswärtigen Amt), daß es sich mit einer Festungsstrafe begnügt, die L. einstweilen ›unschädlich‹ macht. Wäre es dennoch anders, erwarte ich nach dem großen historischen Fazit die Amnestie. Millionen werden sie dann fordern, vernehmlich, unwiderstehlich. Denn Liebknecht ist unter den Arbeitermassen, auch den Feldgrauen, weitaus der populärste Mann. Und er hat diese Popularität durch seine Konsequenz und Tapferkeit ehrlich verdient. [...] Ich halte ihn für einen der wenigen Kultureuropäer, die sich in dieser äußersten Härteprobe bewährt haben. [...] Gewisse äußerliche Absonderlichkeiten L.s [...] hatte auch ich erst zu verwinden. Aber bald merkte ich, daß ich es mit einem prächtigen, tiefen Menschen zu tun hatte, einer Persönlichkeit, in der sich Genialität und Kindlichkeit geradezu typisch mischten.«[63]

Sophie Liebknecht wurde von ihrer Furcht vor weiteren Schicksalsschlägen für Stunden abgelenkt, als sie mit Rosa Luxemburg und Mathilde Jacob Pfingsten einen Ausflug nach Lichtenrade unternahm. »Am Abend gingen wir dann noch als die ›drei edlen Frauen aus Ravenna‹ mit Rosen in der Hand auf dem Südender Feld spazieren.«[64] Clara Zetkin erhielt am 12. Mai 1916 einen ausführlichen Stimmungsbericht. Karl belaste sich in seiner üblichen Weise bis zum äußersten. »Trotzdem hoffe ich noch«, schrieb Rosa Luxemburg, »daß die Militärjustiz mehr Sinn für offenkundige Tatsachen haben wird als das Reichstagsgesindel und den von der Polizei und der Regierung gierig erwünschten und plump suggerierten Landesverrat nicht entdecken wird, wo er mit Kerzen nicht zu finden ist. Karl ist persönlich sehr wohl, sieht ausgezeichnet aus (der Arme schläft, ißt und liest zum ersten Mal seit langer Zeit) und ist in seiner üblichen prächtigen Stimmung. Er darf jeden Tag Essen von [zu] Hause, Bücher und sonstige Kleinigkeiten kriegen. Wir haben den Eindruck, daß ihn dort alle mit Sympathie und Achtung behandeln, sie sind halt einfach Militärs und keine ›Parteigenossen‹, deshalb wissen sie noch den Mann und Charakter auch im Gegner zu schätzen. Im Übrigen bleibt abzuwarten, wie die Anklage lautet, sie soll Mitte nächster Woche formuliert werden.«[65] Von Amts wegen wurde Rechtsanwalt und Notar Grasso als Verteidiger Liebknechts benannt.[66] Dem Königlichen Kommandanturgericht gab Karl Liebknecht zu verstehen, er bedürfe keines Verteidigers und verzichte auf alle Fristen.[67] Er lehnte zeitlebens jedwede Bittstellerei ab. Während des Prozesses stand ihm Rechtsanwalt Dr. Otto Bracke aus Braunschweig, ein Freund der Familie, als Verteidiger zur Seite. Vom ersten Augenblick des Verfahrens ließ sich Karl Liebknecht nicht in die Stellung eines Angeklagten drängen, der sich rechtfertigen musste. Er war entschlossen, seine Ankläger anzuklagen und den »grobmaschigen Tendenzprozess« vor allem politisch zu enthüllen. Er fühlte sich keines Verbrechens schuldig.

»Landesverrat«

»Landesverrat ist für den internationalen Sozialisten vollkommener Nonsens. Er kennt keine feindliche Macht, der ›Vorschub zu leisten‹ er auch nur denken könnte. Er steht jeder fremden kapitalistischen Regierung genauso revolutionär gegenüber wie der eigenen. Nicht: ›Einer feindlichen Macht Vorschub leisten‹, sondern: ›In internationaler Wechselwirkung mit den sozialistischen Mächten der anderen Länder allen imperialistischen Mächten zugleich Abbruch zu tun‹ ist die Quintessenz seines Strebens.«[1] So grundsätzlich reagierte Karl Liebknecht am 8. Mai 1916 auf die Anwürfe in den beiden Haftbefehlen.

Ursprünglich hatte das Gericht beabsichtigt, Karl Liebknecht »vollendeten Landesverrat« und »qualifizierten Kriegsverrat« anzulasten, hielt diese Unterstellung jedoch bald für juristisch anfechtbar und ermittelte nun gegen ihn wegen »einfachen Kriegsverrats« und »versuchten Landesverrats«. Karl Liebknecht protestierte sachkundig,[2] verschmähte aber vorsätzlich jede juristische Erörterung. Er trete »seinen Richtern schlechtweg als revolutionärer Soldat gegenüber«[3] und wisse sehr wohl, dass nach dem Militärstrafgesetz Kriegsverrat (§ 57) mit dem Tode und nach dem Reichsstrafgesetz (§ 89) Landesverrat mit zehnjähriger Zuchthaus- oder Festungshaft bestraft werden könne.[4]

Wie Karl Liebknecht und dessen Familie glaubte Rosa Luxemburg anfänglich, es handle sich nur um eine vorläufige Festnahme. Doch seine Feinde trachteten danach, diesen Kopf der Spartakusgruppe nun vollends isolieren zu können.

Am 3. Juni 1916 wurde ihm vor dem Königlichen Kommandanturgericht die Anklageschrift verlesen. Noch am gleichen Tag brachte er seinen Standpunkt zum Hauptanklagepunkt zu Papier und ließ ihn dem Gericht zustellen. Die Anklage auf »Kriegsverrat« entspringe dem engen Horizont der Hauptschuldigen am Kriegsausbruch, konstatierte er. Sie befänden sich »in der guten

Gesellschaft der französischen, österreichischen, italienischen, türkischen, russischen und schwedischen Justiz, die meine Gesinnungsgenossen in diesen Ländern als Landesverräter zu verfemen sucht«[5]. Er habe seine Pflicht getan, wie er sie unbeirrt weiter tun werde, und denke nicht daran, sich zu verteidigen.

»Die wirklichen Landesverräter sitzen heute noch nicht auf der Anklagebank, sondern in den Kontoren der Schwerindustrie, der Rüstungsfirmen, der Großbanken, auf den Rittergütern der agrarischen Junker; sie sitzen an der Moltkebrücke [Generalstab], in der Wilhelmstraße [Auswärtiges Amt], und Unter den Linden, in den Minister- und Prinzenpalais, in den Fürstenschlössern und auf den Thronen. Die wirklichen Landesverräter, das sind in Deutschland die Verantwortlichen und Unverantwortlichen der deutschen Regierung, die Bonapartisten des bösen sozialen Gewissens, jene politischen und kapitalistischen Beutejäger und Vabanquespieler, jene Agioteure und Finanziers aller Art, die um schnöden Vorteils willen den Krieg unter dem Schutz des Halbabsolutismus und der Geheimdiplomatie so frevelhaft inszeniert haben, wie nur ein Krieg inszeniert wurde; das sind diejenigen, die die Menschheit in ein Chaos barbarischer Gewalt gestürzt haben, die Europa in Schutt und Wüstenei verwandeln und in eine Atmosphäre der Lüge und Heuchelei hüllen, in der die Wahrheit erblindet und erstickt, und die dieses infernalische Treiben fortsetzen wollen und werden, bis ihnen die blutenden und geknechteten Massen der Völker in die Arme fallen.[...] Die wirklichen Landesverräter sind die, die auch während des Krieges mit ihren Gesinnungsgenossen in den feindlichen Ländern in einer lebendigen Internationale zur Bekämpfung und Besudelung jeder Friedensregung verbunden sind, deren Macht gegen mich aus der verwerflichen Kriegsanzettelung und aus der Gesetzlosigkeit der Militärdiktatur stammt und gegen die ich alle meine Angriffe hiermit erneuere, die ich im Parlament oder wo immer sonst unter dem Toben der Trabanten des Imperialismus erhoben habe.«[6] Da die Untersuchungen zum Verfahren abgeschlossen waren, beantragte Karl Liebknecht am 6. Juni 1916, die Haftbefehle aufzuheben. Fluchtversuch käme für ihn nicht in Frage. Der Antrag wurde vom Gericht abgelehnt.

Inzwischen hatte Liebknecht die Anklageschrift ausgehändigt bekommen, die sich »wider den Armierungssoldaten Karl *Liebknecht* wegen versuchten Kriegsverrats in Verbindung mit erschwertem Ungehorsam und Widerstand gegen die Staatsgewalt« richtete.[7] Sie stammte vom 2. Juni 1916, umfasste ca. 20 Druckseiten und war vom Kriegsgerichtsrat Dr. Coerrens unterzeichnet. Sie enthielt detaillierte, zum Teil falsche Ermittlungsergebnisse über die Demonstration auf dem Potsdamer Platz, über Herkunft, Inhalt und Verbreitung des Flugblattes und der Handzettel zum 1. Mai 1916 im In- und Ausland, Angaben über den Status des Armierungssoldaten im Heer des Kaiserreiches und über den Tatbestand des disziplinären Ungehorsams und des Widerstands gegen die Staatsgewalt. Ab 10. Juni 1916 enthüllte Karl Liebknecht die Anklageschrift in mehreren Schriftstücken an das Königliche Kommandanturgericht als »eine Sammlung der Geschichtslegenden und Sprachformeln, die in der großen Zeit, da die deutsche Technik des Massenmordes Triumphe feiert, zu jeder Kundgebung des vorschriftmäßigen Patriotismus gehören«[8]. In allen Einzelheiten brachte er erneut die Ursachen, das Szenarium und die verantwortlichen Akteure beim Kriegsausbruch zur Sprache. Er zählte die Fakten der verbrecherischen Kriegführung und deren Heroisierung auf und gab unumwunden zu Protokoll: Die seit einigen Monaten aufgebauschte »Friedensbereitschaft« Deutschlands wie die Anklage selbst bestätige nichts »als die Bereitschaft, die Unterwerfung der Gegner, die Anerkennung des Sieges der Mittelmächte entgegenzunehmen, d.h. *Sieges*bereitschaft!«[9].

»Von der Farce zur Tragödie« führten seine folgenden Fragen: »Weiß die Anklage nichts von den Friedens- und Nahrungsmitteldemonstrationen und von den Hungerkrawallen in fast allen größeren Städten Deutschlands? Von den Hunderten Jahren Zuchthaus und Gefängnis, die deswegen verhängt wurden? Von dem fast allgemeinen Zensurverbot, diese Vorgänge und diese Prozesse zu publizieren? Von der präsidialen Zensur, die im Reichstage meine Anfragen darüber verhinderte? Weiß sie nichts von der Schutzhaft, die so viele unzufriedene Staatsbürger zwangsweise zur Räson bringen soll? Nichts von der immer häufigeren Strafe des Schützengrabens gegen politisch Verdächtige und Unruhige?«[10] In totalem Gegensatz dazu preise die Anklage die Kirchhofsruhe der Militärdiktatur als »Einigkeit!« und verunglimpfe den aufkeimenden »inneren Zwiespalt« als Gespenst. Vieles sei Lug und Trug in dieser Anklage. Man wage es nicht, die Stimmung der Massen, die Disziplin der Truppen einer sozialistischen Feuerprobe auszusetzen. Deshalb müsse ein sozialistischer Feuerteufel wie er mundtot und aktionsunfähig gemacht werden.[11] Selbst Karl Kautsky berichtete in einem Brief an Victor Adler vom 7. August 1916, dass der Radikalismus der Spartakusgruppe »den augenblicklichen Bedürfnissen der breiten, ungeschulten Massen« entspreche. »Liebknecht ist heute der populärste Mann in den Schützengräben, das wird von allen übereinstimmend versichert, die von dort kommen.« Die unzufriedenen Massen verstünden zwar nichts von seiner besonderen Politik, »aber sie sehn in ihm den Mann, der für das Ende des Kriegs wirkt und das ist ihnen jetzt die Hauptsache«.[12] Immer mehr Menschen lechzten nach Wahrheit, erinnerte sich Hellmut v. Gerlach. »Und darum flogen immer mehr Sympathien dem Manne zu, der allein den Mut der Wahrheit zu besitzen schien: Karl Liebknecht.«[13]

Auf den verleumderischen Vorwurf, er würdige die tapferen Männer im Felde herab, entgegnete Karl Liebknecht offen: »Jawohl – die Proletarier-Soldaten, die ›mit hohem Schwung‹, ›jubelnd‹ usw. in den Tod gingen oder noch gehen, sind Opfer eines schändlichen Trugs.«[14] Dafür gäbe es mehrere Gründe: mangelndes Klassenbewusstsein, mangelnde Erkenntnis der eigentlichen geschichtlichen Aufgabe, beides gehe in erster Linie zu Lasten der Sozialdemokratie und der Gewerkschaften. Als »moralischer« Faktor kämen hinzu die künstlich erhaltene Unselbständigkeit der Massen, die Einschüchterung durch drakonische Disziplin, »Tapferkeit« als die Wahl des kleineren Übels in persönlicher »Notwehr«, angestachelter Hass und sorgsam gezüchtete Brutalität. Und selbst unter jenen, die sich von solchen Einflüssen frei glaubten, geistere der Irrwahn, durch Siege im Krieg den Frieden fördern zu können. Mutig schloss er seine erste Stellungnahme zur Anklageschrift: »Ich, der ich die Klassengesellschaft, den Krieg und den Militarismus grundsätzlich ablehne, anerkenne kein Gebot und kein Verbot, auch kein militärisches, das meinen politischen und sozialen Pflichten widerstreitet […]

Und wenn der Kanzler jüngst verkündete: ›Mit denen um Liebknecht‹ werde ›das Volk nach dem Kriege abrechnen‹, so habe ich das Vertrauen, daß sich die Abrechnung des Volkes nach einer ganz anderen Seite richten wird – und hoffentlich gründlich und nicht erst nach dem Kriege.«[15]

Sophie Liebknecht besuchte ihn regelmäßig in der Militärarrestanstalt in Berlin-Moabit und brachte seine Schriftstücke zum Königlichen Kommandanturgericht. Abschriften übergab sie Leo Jogiches. Die Spartakusgruppe sollte davon Kenntnis erhalten. Nichts durfte verloren gehen, denn Karl brauchte Belege und plante eine Publikation über den Prozess mit sämtlichen Dokumenten. Nicht immer vermochte Sophie ihre Ängste und Kümmernisse vor ihm zu verbergen. Auch ihn bedrückte, wie nüchtern und geschäftig sie einander begegnen mussten. »Hat man nix Gebratenes, so frißt man halt die Kohlsuppe und das Kommißbrot des Lebens, wenns nur um einen anständigen Zweck geht«, schrieb er sarkastisch und suchte sie und sich mit Hinweis auf »Goethes Elegie, ›Hermann und Dorothea‹ (nicht das Epos)« zu trösten – »uns lehret Weisheit am Ende. *Das* Jahrhundert, wen hat das Geschick nicht geprüft?«[16]. Er wolle sie doch wieder froher, ja lachend sehen.

Am 20. Juni wurde Sophie Liebknecht ein unheimlicher Schrecken versetzt, da plötzlich drei Kriminalbeamte und ein Kriegsgerichtsrat mit Karl in der Hortensienstr. 14 auftauchten. Von diesen Herren bewacht, sollte er in seiner Wohnung Unterlagen für den bevorstehenden Prozess heraussuchen. Bis zum Prozeßbeginn überhäufte Karl Liebknecht das Kommandanturgericht mit Schreiben, in denen er die Berechtigung seiner Antikriegsposition mit aktuellen Nachrichten untermauerte. Die deutschen Eroberungspläne hätten durch die Tagung des Flottenvereins, die Rede des Admirals Koester und das Ballin-Telegramm von Tirpitz neue Beleuchtung erfahren. Ebenso durch den Brief des Generalstabschefs von Falkenhayn an den Reichsverband der deutschen Presse und die halbamtliche Erklärung des Kanzlers über die Eroberungspläne der Wirtschaftsverbände, die zum Teil weit über die des Kanzlers hinausgingen. Das sage dem genug, »der die Forderungen und den Einfluß der Wirtschaftsverbände und die Elastizität und Vergänglichkeit eines

Reichskanzlers kennt«[17]. Er hielt sich durch ein immenses Pressestudium auf dem Laufenden und besaß durch seine Recherchen über die Rüstungskonzerne und Industriellen-, Agrar- und »Reichslügen«-Verbände ein solides Fundament für seine Anklagen gegen die militärische Kriegsführung und die »zivilen« Kriegsinteressenten und Kriegsgewinnler. Vehement verteidigte er das Recht der freien politischen Meinungsäußerung und rechtfertigte »um hoher idealer Zwecke willen« den drastischen Ausdruck seiner Gedanken und Empfindungen. Er berief sich »auf die Bibel, auf Luther, auf die großen Dichter, auf Shakespeare, auf den Goetheschen Faust. Die Stärke des Ausdrucks kann und muß als ein Mittel anerkannt werden, den Grad einer Stimmung auszudrücken.«[18] In der klassischen und zeitgenössischen Weltliteratur fand er Bestätigung und genügend Stoff, mit dem er auch seine Sophie von den Alltagssorgen abzulenken versuchte: »Liebste! Tristram Shandy muß Dir Behagen und Vergnügen machen in seiner weltbefreienden Ironie. Laß Dich durch die altertümliche Sprache und das breite lockere Gefüge nicht abschrecken. Wenn kein Mensch Dich stören kann – abends, leg Dich aufs Sofa und lies. Wenn Onkel Toby die Pfeife ausklopft, wirst Du Dir eine Zigarette anzünden, wie ich mir unwiderstehlich, eine Pfeife. Und wenn Du von den Nasen liest, vergiß nicht Cyrano und Cadets de Gascogne und bei den Zwickelbärten denk an mich und keinen andern. [...] Sei vergnügt u. ich hoffe, der Schandysmus wirds Dir erleichtern über vieles vieles hinwegzulachen, wie sichs gebührt.«[19]

Für den 28. Juni 1916 war die Gerichtsverhandlung erster Instanz vor dem Kommandanturgericht in Berlin angesetzt. Zwei Tage zuvor erklärte er dem Gericht noch einmal schriftlich, was er als Sozialist als höchste Aufgabe betrachte: »alles zu tun, damit die große Masse des Volks von der Gesinnung und dem Mute erfüllt werde, der dem bonapartistischen: ›Plutôt la guerre que l'insurrection!‹ entgegensetzt das sozialistische: ›Plutôt l'insurrection, plutôt la révolution que la guerre!‹ Das sei das Hauptstück des Antimilitarismus.«[20] Den Vorwurf des Landesverrats schleuderte er an jene zurück, »die diesen räuberischsten aller Raubkriege in schnöder Weise und unter einer infamen Regie um ihrer wirtschaftlichen und politischen Interessen willen entfesselt haben und weiterführen; denen die Verelendung ganz Europas zur Last fällt; an deren Händen das Blut von Millionen klebt: der deutschen Regierung, den deutschen Imperialisten; denen, die sich bei ihrer Anklage gegen mich in der Kumpanei der schlimmsten Kriegshetzer des feindlichen Auslandes befinden [...] Ich werde meinen politischen Kampf, meinen internationalen sozialistischen Kampf, unbeirrt nach meinen Kräften fortsetzen, mag das Urteil lauten, wie es will.«[21]

Am Vorabend des Prozesses gab es in Berlin, Bremen, Stuttgart und in anderen Städten Protestaktionen. In Braunschweig wurde am 27. und 28. Juni 1916 ein Generalstreik durchgeführt. Am Potsdamer Platz in Berlin fanden sich am Dienstag, dem 27. Juni, 20 Uhr ca. 25000 zu einer imposanten Demonstration ein. Durch ein riesiges Polizei- und Militäraufgebot abgedrängt, bildeten die Demonstranten große Züge und sammelten sich um 22 Uhr am Alexanderplatz von neuem zum Protest. Am 28. Juni begann in Berlin vor allem auf Initiative der Metallarbeiter in der Frühe ein Proteststreik, an dem ca. 55000 Arbeiter teilnahmen.[22] In Altmoabit fanden große Demonstrationen statt. Marta Globig, aktive junge Anhängerin der Spartakusgruppe, erinnerte sich, dass Tausende von Menschen vor dem Militärgerichtsgebäude erschienen. »Aus den Fenstern flogen den Polizisten Blumentöpfe auf die Köpfe. Es ist kaum vorstellbar, mit welcher Leidenschaft die Menschen Partei nahmen für den revolutionären Liebknecht.«[23] Die Zugänge zum Gerichtsgebäude waren an diesem Tage abgesperrt. Für die Verhandlungen waren Karten ausgegeben worden. Der kleine Zuschauerraum war dicht gefüllt, im Verhandlungsraum hatten zahlreiche Militärs Platz genommen.

Der Aufruf zur Sache Dr. Karl Liebknecht erfolgte 9.15 Uhr. Sofort nach Vereidigung der als Richter berufenen Offiziere, nach Vernehmung des Angeklagten zur Person und nach Verlesen der Anklageverfügung stellte der Anklagevertreter den Antrag auf Ausschluss der Öffentlichkeit für die Dauer der Verhandlung. Diese Flucht aus der Öffentlichkeit habe er erwartet, bemerkte Karl Liebknecht und protestierte, mehrfach vom Verhandlungsführer unterbrochen, entschieden: »Die Regierung der Zensur, des Belagerungszustandes und des bösen sozialen Gewissens, die Regierung des Lebensmittelwuchers und des

Dreiklassenwahlrechts für die ›Helden des Vaterlandes‹, die Regierung, auf der die Blutschuld für diesen ungeheuerlichen Raubkrieg lastet, diese Regierung hat allen Grund, sich im Dunkel zu verstecken. Und der Militarismus hat das Licht noch nie vertragen können. *Ich* habe nichts zu verbergen. Nicht die Handlungen, um die man mich verfolgt, auch nicht meine Politik.«[24] Der Verhandlungsführer verkündete nach geheimer Beratung den Gerichtsbeschluss, die Öffentlichkeit auszuschließen, und ließ den Zuschauerraum räumen. Theodor Liebknechts Antrag, der Ehefrau, Rosa Luxemburg als der besten persönlichen und politischen Freundin und ihm als Bruder die Anwesenheit zu gestatten, wurde nicht stattgegeben. Als der Verhandlungsführer die Ablehnung von Theodor Liebknechts Forderung mit »es ist alles erwogen« rechtfertigte, rief Karl seiner Frau und seinem Bruder nach: »Geht doch hinaus und verhöhnt die Komödie!«[25]

Zur Anklage erklärte Karl Liebknecht, was er am 26. Juni 1916 im Schreiben an das Königliche Kommandanturgericht dargelegt hatte. Diesen Schriftsatz übergab er dem Gericht. Er verzichtete auf Zeugen und sonstige Beweismittel. Das Urteil der ersten Instanz am 28. Juni 1916 lautete: 2 Jahre 6 Monate 3 Tage Zuchthaus.

Karl hielt sich brillant, meinte Rosa Luxemburg. »Die beiden anderen Instanzen beanspruchen etwa 4 Monate«, schrieb sie am 3. Juli 1916 an Clara Zetkin, »und bis dahin ›fließt noch viel Wasser ins Meer‹ ... und in den Wein der Militärdiktatur. Am 28. haben hier nach genauen Angaben 55000 bis 60000 Metallarbeiter gestreikt. In Braunschweig war, wie man mir erzählte, ein voller Generalstreik durchgeführt.«[26] Die »Freie Jugend« (Braunschweig) druckte in ihrer ersten Ausgabe Franz Mehrings Artikel »Karl Liebknecht« ab. Mehring hatte auf seinem Schreibtisch einen Zettel von Helmi vorgefunden: »Mein Vater ist heute zu zweieinhalb Jahren Zuchthaus wegen versuchten Kriegsverrats verurteilt worden.« Das stille Entsetzen des Jungen bedrückte ihn. Dieser Schmerz ließ ihn den Protest gegen die Verurteilung Liebknechts in sehr persönliche Worte fassen. Den Ungestümen, mit dem er manchen Streit ausgefochten und »Wasser in den brausenden Wein« geschüttet habe, bestärkte er in der gemeinsamen Zuversicht mit Versen des Engländers Lovelace aus dem 17. Jahrhundert, die Herder aufgegriffen hatte und an denen sich ehrenwerte Vorgänger wie Arnold Ruge, Fritz Reuter und Ferdinand Freiligrath erbauen konnten: »Stein, Wall und Mauer kerkert nicht, / Kein Gitter kerkert ein. / Ein Geist, unschuldig, ruhig spricht: / Das soll mein Palast sein. / Fühlt sich das Herz nur frisch und rein / In des Gewissens Ruh – / Kein Sturmwind in den Wüstenei'n / Ist heut so frei wie du.«[27] Auch die Internationale Sozialistische Kommission in Bern unterstützte die Protestaktionen. In der Zeitung »L'Avvenire del Lavoratore«, die in der Schweiz erschien, schrieb der Sozialist Francesco Misiano: »Auf der Seite Liebknechts steht die Kraft der Vernunft und der Wahrheit. Die Furcht der Richter, die den Prozeß unter dem Schleier der Finsternis und des Schweigens führen, offenbart den Prolog ihrer Niederlage. Der Krieg wird enden, und Karl Liebknecht wird an der Spitze einer gewaltigen Kundgebung in Berlin gehen.«[28]

Am 7. Juli 1916 sandte Rosa Luxemburg an Sophie Liebknecht aus Leipzig herzliche Grüße. Mit dem beliebten »Seien Sie heiter und ruhig« in ihrem ersten erhalten gebliebenen Brief an die Freundin sprach sie sich auch selbst Mut zu.[29] Drei Tage später wurde gegen sie und mehrere andere Mitstreiter in der Spartakusgruppe »Militärische Schutzhaft« verhängt. Karl Liebknecht erhob entschiedenen Protest, als am 15. August auch der 70-jährige Mehring verhaftet wurde, der darunter gesundheitlich so litt, dass er am 24. Dezember 1916 entlassen werden musste.[30] Vor allem aber brauchte Sophie Liebknecht in diesen schweren Schicksalsstunden Beistand: »die Arme, sie ist ganz aus den Fugen«, berichtete Käte Duncker ihrem Mann nach einem Besuch von Sophie.[31] »Es tut mir sehr weh, daß ich Sie in Ihrer Lage verlassen mußte«, schrieb Rosa Luxemburg am 2. August 1916 aus dem Frauengefängnis in der Barnimstraße. »Ich denke Sie mir stets so einsam und verloren, und das tut mir weh. Aber ich hoffe, andere Freunde leisten Ihnen oft Gesellschaft. Lesen Sie auch? Ich rate Ihnen wieder dringend, die ›Lessing-Legende‹ zu lesen. Sie müssen Ihre Gedanken beschäftigen, sonst gehen Sie in dem täglichen Kleinkram und der ewigen Nervenspannung zugrunde. Und was wird mit Ihrer Erholungsreise sein?! Sie *müssen* für einige Wochen fort, es wird sich wohl jemand finden, der in dieser Zeit zu Karl das Nötigste hinträgt. […] Ich drücke Ihnen fest und warm die Hand. Bleiben Sie tapfer und lassen Sie sich nicht niederdrücken. Ich bin in Gedanken bei Ihnen. Grüßen Sie vielmals Karl und die Kinder. Ihre Rosa.«[32]

Briefe und Berichte von Besuchen Sophie Liebknechts in der Festung Wronke, wo Rosa Luxemburg vom 26. Oktober 1916 bis zum 27. Juli 1917 einsaß, zeigen, wie beide Frauen einander bereicherten und beistanden. Sophie wurde auch zum wichtigsten Bindglied zwischen Rosa Luxemburg in Wronke bzw. Breslau und Karl Liebknecht in Luckau. Das kleine Bändchen mit Rosa Luxemburgs »Briefen aus dem Gefängnis«, für dessen Erstveröffentlichung Sophie Liebknecht sorgte, spiegelt die Herzensgüte und die Courage wider, mit denen die Freundinnen schwierige Lebenssituationen zu meistern versuchten, aber auch ihren Kummer und Schmerz.

Sophies Sorgen um Wilhelm, Robert und Vera waren schon während des Prozesses 1916 immer größer geworden. Der Vater fand selbst in der Arrestzelle kaum Zeit, an sie zu schreiben. Lediglich drei Briefe an die Kinder sind aus dem Jahr 1916 erhalten geblieben. Anfang August freute er sich mit den Söhnen, dass sie bei Freunden in Hamburg unbeschwerte Ferientage verbringen konnten. »Genießt, was der Tag Euch bringt.« Unmissverständlich erwartete er, dass sie mit Geld sparsam umgingen, die Gesundheit hüteten und auf ausreichend Schlaf achteten. Er war erleichtert, die Söhne in guter Obhut und Sophie vorübergehend etwas entlastet zu wissen. Vera wünschte er, dass ihre Erkältung bald vorbeigehen möge. Ihr berichtete er von einem Täuberich und sechs Hühnchen, die aus dem Hühnerhof in den Spaziergarten zu ihm kamen.[33]

Zu aller Verdruss musste seine Familie aus finanziellen Gründen umziehen. Die neue Wohnadresse war seit 1. Dezember 1916 Berlin-Steglitz, Bismarckstr. 75. »Ich hoffe«, schrieb Karl Liebknecht an Sophie, »Du hast beim Umzug oder sonst nicht Briefe, Papiere, Hefte usw., die Dir überflüssiger Kram erschienen, zurückgelassen oder weggeworfen? Beruhige mich bitte darüber. Das *darf* nicht sein!! Höchstens in Kisten packen.«[34]

Die rund sieben Monate Untersuchungshaft ihres Mannes bürdeten Sophie Liebknecht schwere Lasten auf. Jeden Morgen brachte sie mit dem Rad Zeitungen und zu Hause zubereitetes, in eine Menage gepacktes Essen nach Moabit. »Öfter bekam ich Sprecherlaubnis, und jedesmal, wenn ich, obwohl in Gegenwart eines Militärs, mit meinem Mann sprach, drückte er mir einige Kassiber in die Hand ..., so einmal für Franz Mehring, dem ich sie auch brachte und der sie wahrscheinlich einfach in die Tasche steckte.« Als sie am übernächsten Tag mit ihrem Schwager Wilhelm Liebknecht zur Sprechstunde eintraf, trat ihnen der sonst immer höfliche Militärbeamte zornig entgegen: »Dr. Mehring sei verhaftet worden, man habe bei ihm Kassiber gefunden, nur ich hätte sie herausbringen können; ich begriffe wohl nicht, wo ich sei und welche Folgen das für meinen Mann haben könne. Mein Schwager stand zunächst fassungslos und vielmehr sprachlos daneben, versuchte dann, mich in Schutz zu nehmen, und jetzt wurde mein Mann hereingeführt. Er wußte schon Bescheid. Die Situation war ebenso tragisch wie komisch. Man durfte nicht wie sonst an einem Tisch Platz nehmen, mußte sich stehend und kurz unterhalten, und mir wurde angedroht: Sollte sich noch einmal etwas Derartiges ereignen, würde die Sprecherlaubnis entzogen werden. Verstimmt und verdrießlich verließen wir die wenig gastfreundliche Stätte, und auf der Straße sagte mein Schwager: ›Wozu macht Karl nur solche Sachen? Er wäre imstande, es das nächste Mal wieder mit einem Kassiber zu versuchen!‹ Ich öffnete meine Hand – es lagen wieder ein paar Zettel darin. [...] Und in den Zetteln an mich flehte mein Mann, Leo [Jogiches] zur Tat zu drängen, ihn nicht zu lange sich alles überlegen zu lassen, sich nicht mit vielen Ratgebern zu besprechen, sondern zu handeln, handeln, handeln.«[35] Ob sie es wollte oder nicht, Sophie Liebknecht wurde in dieser Zeit eine wichtige Person für die Spartakusgruppe.

Am 1. Juli 1916 hatte der stellvertretende Gerichtsherr des Kommandanturgerichts Berufung gegen das Urteil eingelegt. Er forderte eine strengere Bestrafung Liebknechts und Aberkennung der bürgerlichen Ehrenrechte. Die Verhandlung zweiter Instanz fand am 23. August 1916 vor dem Oberkriegsgericht in Berlin, Lehrter Straße 58, statt, wieder unter Ausschluss der Öffentlichkeit und der Angehörigen, während Militärs anwesend sein durften. Verteidiger war wiederum Dr. Otto Bracke, Braunschweig. Der Gerichtshof bestand aus 5 Offizieren und 2 Juristen. Die Offiziere besaßen allein die für den Schuldspruch erforderliche Zweidrittelmehrheit. Vorsitzender war der Fregattenkapitän v. Gohren. Verhandlungsführer war der Geheime Oberkriegsgerichtsrat Glasewald, den Karl Liebknecht bereits 1913 unrühmlich im Krupp-Prozess kennengelernt hatte. Gegen den Protest des Angeklagten und seines Verteidigers wurde im Unterschied zur ersten Instanz nun auch ein Schweigegebot verhängt, dessen Bruch strafbar war. Karl Liebknecht, der das ganze Verfahren nicht anerkannte, verwies auf seine schriftlichen Stellungnahmen zur Sache und verlangte vergeblich deren Aufnahme ins Urteil. Wieder brachte er mutig seine Haltung auf den Punkt: »Sie und ich, wir gehören zwei verschiedenen Welten an und sprechen zwei verschiedene Zungen. Ich verwahre mich dagegen, daß Sie, die Sie meine Sprache nicht verstehen, die Sie dem Lager meiner Feinde angehören, meine Worte nach Ihrem Sinne gestalten.« Die Verantwortlichen, die Brandstifter in Berlin und Wien, würden gewiss noch zur Rechenschaft gezogen werden, »daß ihnen Hören und Sagen vergeht«. Bevor er vom Verhandlungsführer unterbrochen werden konnte, setzte er eiligst hinzu: »›Zuchthaus!‹, ›Verlust der Ehrenrechte!‹ Nun wohl! Ihre Ehre ist nicht meine Ehre! Aber ich sage Ihnen: Kein General trug je eine Uniform mit so viel Ehre, wie ich den Zuchthauskittel tragen werde. Ich bin hier, um anzuklagen, nicht – um mich zu verteidigen! Nicht Burgfrieden, sondern Burgkrieg ist für mich die Losung! – Nieder mit dem Krieg! Nieder mit der Regierung!«[36]

Das Urteil, das gegen Karl Liebknecht »wegen versuchten Kriegsverrats, erschwerten Ungehorsams und Widerstandes gegen die Staatsgewalt« in zweiter Instanz vom Oberkriegsgericht des Gouvernements der Residenz Berlin verhängt wurde, lautete auf vier Jahre und einen Monat Zuchthaus, Entfernung aus dem Heere und Verlust der bürgerlichen Ehrenrechte auf die Dauer von sechs Jahren. Die Flugblätter »Auf zur Maifeier!« und die zur Herstellung benutzten Platten und Formen sollten vernichtet werden.[37] Karl Liebknecht legte am 29. August 1916 Revision ein, die vom Reichsmilitärgericht verworfen wurde.

Die Wahlkreisorganisation Potsdam-Spandau-Osthavelland bat Karl Liebknecht am 9. September, einen neuen Kandidaten für den Reichstag aufzustellen. In erster Linie schlug er Franz Mehring vor, der als »Schutzhäftling« in der Stadtvogtei einsaß.

Seine Aufstellung müsse als eine Sympathiekundgebung für den tapferen greisen Kämpen und als Protest gegen die Militärdiktatur betrachtet werden. Dazu gehöre im »Kaiserwahlkreis« allerdings auch Mut und Stolz zu einer ruhmvollen Niederlage. In zweiter Linie empfahl er August Thalheimer, den Redakteur des Braunschweiger »Volksfreund«, »der zu den besten Köpfen und schneidigsten Federn der jüngsten Parteigeneration zählt und sein Blatt während des Krieges musterhaft wie kein anderes in der Partei geleitet hat«[38]. Er könne für ihn in jeder Hinsicht bürgen. Seine Vorschläge wurden nicht akzeptiert. Nominiert wurde von der Kreiskonferenz der Mehrheitssozialisten am 28. Januar 1917 der Gewerkschaftsangestellte Emil Stahl. Die bürgerlichen Parteien verzichteten zugunsten dieses »Arbeiterkandidaten« auf einen eigenen Kandidaten. Auf keinen Fall sollte Mehring, der Gesinnungsgenosse des »unseligen Fanatikers« Liebknecht, gewählt werden, weil sonst das »Urteil gegen Liebknecht sozusagen wieder aufgehoben« würde.[39] Für Franz Mehring traten Hugo Haase, Arthur Stadthagen und Ewald Vogtherr auf. Für Emil Stahl agitierten Scheidemann, Ebert und Wels, sie verhalfen ihm am 15. März 1917 zum Gewinn von 16528 Wählerstimmen. Franz Mehring erhielt 6961 Stimmen.[40] »Mit Stahl machst Du zu viel Wesen«, besänftigte Karl Liebknecht seine Sophie über die Niederlage. »Er ist ein schmutzig-kleines Lümpchen, dessen Rolle so jammervoll ist, daß er einen wahrlich fast dauern möchte. Überblick einmal sein ›Glück‹ – nie war ein Erfolg vor aller Augen so brennend gezeichnet.«[41] Fünf Tage später wurde Franz Mehring im 11. Berliner Landtagswahlbezirk als Nachfolger von Liebknecht mit 341 Stimmen der insgesamt 433 Wahlmänner ins preußische Abgeordnetenhaus gewählt.[42]

Von September bis November 1916 setzte Karl Liebknecht alles daran, über den Prozess eine Dokumentation zusammenzustellen, die den Titel »Das Zuchthausurteil gegen Karl Liebknecht. Wörtliche Wiedergabe der Prozeßakten, Urteile und Eingaben Liebknechts« tragen sollte. Obwohl er sich über den Verlauf und den Ausgang des Prozesses keine Illusionen gemacht und seine Auffassungen über Krieg und Frieden offensiv verfochten hatte, enttäuschte und verletzte ihn das Urteil tief. Das Kalkül der Justiz und der Regierungsbehörden ging auf. In der gesamten Opposition wuchs die Furcht vor neuen Repressalien gegen jene, die sich dem Krieg widersetzten. Karl Liebknecht peinigten Sorgen um seine Familie, die nun lange Zeit mit ihm angeprangert wurde und Schimpf und Schande über sich ergehen lassen musste. Er wollte unbedingt noch vor Haftantritt sein Projekt »Das Zuchthausurteil« abschließen und es möglichst bald gedruckt sehen. Unaufhörlich traktierte er Sophie mit Wünschen und Forderungen. Einige Briefe an sie offenbaren, wie unbeherrscht er in seinem Frust über das Gefangensein werden konnte, wenn etwas nicht so klappte, wie er es verlangt hatte.[43]

Als es schwieriger wurde, ihm Informationen zukommen zu lassen, wies er sie detailliert an, Zettel in Ölpapier zu wickeln und in Esswaren zu verbergen. Auch er wusste Artikelentwürfe und z.B. sein Schreiben an die Wahlkreisorganisation so zu verstecken, dass sie über Sophie an Leo Jogiches oder andere Adressaten gelangen konnten. Immer wieder forderte er von seiner Frau, alles abschreiben zu lassen, genau zu lesen und exakt zu korrigieren. Sie musste aus einem Wust von Papieren in seinem Schreibtisch Aufzeichnungen über Fraktionssitzungen, Sitzungen des Zentralvorstandes und der preußischen Landeskommission heraussuchen. Da es sich oft um lose Blätter voll unleserlicher Notizen in Kurzschrift handelte, kostete sie das erhebliche Mühe. Diese Materialien sollten ihm offiziell beim Besuch übergeben werden, damit der Wächter alles sofort kontrollieren konnte. Ständig gab er Sophie Korrekturhinweise und bat zugleich um Geduld für seine »ewige Bastelei« am Manuskript. Harsch wurde sein Ton, als er vergeblich auf eine Empfangsbestätigung wartete. »Kapiert? Wenn ja, so schreib bitte unterstrichen Gruß, sofort. Aber wirklich, mach's auch. Und sorge, daß alle Manuskripte wirklich korrekt sind.«[44] Viel energischer müsse sich um Geld und um eine Druckerei gekümmert werden. Alle Bedenken wegen des in der zweiten Instanz des Prozesses am 23. August 1916 verhängten Schweigegebots müssten ausgeräumt werden. Er allein stände doch für alles gerade. Natürlich müsse unklar bleiben, von wem die Publikation ausgeht. Sollte es ein neues Verfahren geben, möge sie bitte jedwede Aussage verweigern. Ganz Jurist, gab er viele Hinweise zu Verhaltensregeln.

Sophies Erinnerungen an diese aufregende Zeit verblassten

nicht: Während der Haftzeit »besuchte ich ihn regelmäßig und beförderte auch viele Kassiber. Mit den Kassibern war man ständig in Unruhe: ob nicht irgendwo bei irgend jemanden etwas gefunden worden war, ob nicht eine Haussuchung folgte. Ich versteckte die Zettelchen zwischen den Tellern im Schrank, fand aber keine Ruhe, bis der Morgen kam und Leo Jogiches oder Mathilde Jacob [...] anriefen und den Spuk verscheuchten.«[45] Manchmal spürte Karl Liebknecht, wie stark er Sophie mit seinen politischen Vorhaben belastete und dass er den persönlichen bzw. familiären Problemen zu wenig Aufmerksamkeit schenkte. Er versuchte sich zu rechtfertigen: »Ich vertrage Kritik und will Kritik. Siehst Du nicht, daß Vorenthalten der Kritik ein gefährlicher Betrug – optima mente! – werden könnte? Und gerade, wenn man so abgeschlossen ist und damit schon in gesteigerter Gefahr, den praktisch-nötigen Maßstab zu verlieren [...] Ich wäre viel unruhiger u. unsichrer, wenn ich meinen würde, Ihr scheutet Euch, mir Eure wahre Meinung zu sagen; ich sei zu schwach, sie zu vertragen, oder Ihr hieltet mich doch für zu schwach dazu.« Er trage in sich viel mehr Selbstkritik und Selbstzweifel, als sie ahne.[46] Zwischen seine Aufträge streute er lieb gemeinte Zeilen: »Sonitschka! Was waren das am Montag für Stimmungen! ... Du bist noch so jung! und wirst Dich jung halten – noch viele Jahre –, wenn Du Dich nicht selbst zerbröckelst, wenn Du das Leben frisch u. überlegen nimmst. Es geht, wenn man will u. alles sub specie aeternitatis betrachtet u. anfaßt. Denke, wie ich Dich liebe. Wolle jung bleiben u. gesund, u. Du wirst es. Und wir werden noch glückselige Zeiten gemeinsam erleben. Ich küsse Dich, mein Herz, u. umarme Dich u. küsse die Kinder Dein Karl«.[47]

Sophie fühlte sich bisweilen völlig überfordert, war erschöpft und der Verzweiflung nahe. »Mein armes Mädchen, die Sie so mutterseelenallein dort sind mit Ihrer Qual, ich möchte Ihnen wenigstens an diesem Tage mit meinem Briefe eine sonnige Stunde bereiten«, schrieb Rosa Luxemburg am 15. Januar 1917 und schickte ihr zum bevorstehenden Geburtstag Hyazinthen, Tulpen und ein Bild von sich. Sie dürfe sich nicht selbst degradieren, bat Rosa Luxemburg in diesem Brief, der sie mit Schwärmereien über Korsika und Italien erheitern sollte.[48]

Die Anstrengungen und Aufregungen um Karl Liebknechts Publikationsvorhaben führten zu ersten Ergebnissen. Seine Schreiben vom 3. und 8. Mai 1916 an das Kommandanturgericht wurden im Spartakusbrief vom 20. September 1916 und das Schlusswort des Anklagevertreters und des Angeklagten vom 23. August 1916 im Spartakusbrief vom Dezember 1916 abgedruckt.[49] Das Buch zum Prozess konnte erst Mitte 1919 erscheinen, nachdem es Karl Liebknecht während der Novemberrevolution selbst in Druck gegeben hatte. In russischer Übersetzung war es bereits 1918 in Petrograd veröffentlicht worden. Wegen des über den Prozess verhängten Schweigegebots hatten seine Kampfgefährten in der Spartakusgruppe 1916/17 befürchtet, es könnte eine neue Verhaftungswelle losgetreten werden.[50]

Am 27. November 1916 wurde das Urteil vom Reichsmilitärgericht in letzter Instanz für rechtsgültig erklärt.[51] Kurz darauf teilte das Landgericht II Karl Liebknecht die Streichung seines Namens in der Liste der Anwälte für alle drei Berliner Landgerichte mit. Das Schreiben vervollständige seine Handakten: »aus Soldatenstand – aus Parlamenten – aus Advokatur. Punktum«[52].

Nun rückten Vorkehrungen für den Strafantritt in den Mittelpunkt seiner Nachrichten. Sohn Helmi schlug er am 1. Dezember 1916 in einem Kassiber vor, wie künftig über Striche, Häkchen und Punkte an bestimmten Buchstaben in Briefen, Zetteln oder Zeitungsartikeln geheime Nachrichten ausgetauscht werden könnten.[53] Da die konkreten Haftbedingungen noch unbekannt waren, ließ sich im Detail vorläufig wenig vereinbaren. Sie würden schon zur rechten Zeit alles überlegen, beruhigte er seine Frau,[54] der er bei Verlassen der Militärarrestanstalt Berlin-Moabit Anfang Dezember 1916 nur noch ein knappes Lebenszeichen geben konnte: »Die letzten Küsse und Grüße Dir und den Kindern. Alles, alles Beste. Bald auf Wiedersehen in Luckau, ich bin wohl wie stets, Liebste! ... Sorg für Deine Gesundheit!«[55]

Im Zuchthaus Luckau

Am 8. Dezember 1916 wurde Karl Liebknecht ins Zuchthaus Luckau eingeliefert. Der Transport sei ab Anhalter Bahnhof sehr »diskret« vonstatten gegangen, berichtete er seiner Familie.[1] Ihm wurde sogleich eröffnet, »daß *er* sich nach der Hausordnung genau zu richten habe; [...] allen Befehlen der Beamten unbedingt gehorchen müsse und daß im Falle der Widersetzlichkeit oder eines Fluchtversuches dieselben von ihren Waffen Gebrauch machen würden«. »Meuterei und Aufruhr« würden strafrechtlich verfolgt und »mit Zuchthaus bis zu zehn Jahren bestraft«.[2]

Die geräumige Zelle hatte einen Kachelofen, ein großes Fenster, das er selbst öffnen konnte, und war mit einem Tisch und einem Waschbecken ausgestattet. Der Spazierhof sei sehr groß; »jenseits der Mauern sieht man Bäume u. andre erfreuliche Dinge (auch eine merkwürdige backstein-gothische Kirche mit Riesenschiff – vgl. Prenzlau!) auf dem Hof ein Birnbaum und Gartenanlagen (Gemüse u. Blumen – Stiefmütterchen, Primeln). Natürlich marschier' ich hier in der Colonne.«[3] Er wurde der »Schuhfabrik« zugeteilt, arbeitete aber in seiner Zelle. Nach sechs Wochen Lehrzeit musste er volle Leistung bringen. Sonntags und in den Pausen an den Werktagen durfte man lesen und schreiben. Er hoffte, allmählich an seine eigenen Bücher zu kommen und zum Schreiben eigenes Papier benutzen zu dürfen. Bereits in den ersten Tagen hielt er Ausschau nach der Gefängnisbibliothek, in der er fast alle Klassiker entdeckte.[4]

Nachdem er Weihnachten und Silvester allein hatte verbringen müssen, konnten ihn seine Frau und seine Kinder am 8. Januar 1917 das erste Mal besuchen. Sophie Liebknecht war bestürzt: »Karl wurde wie ein wildes Tier oder wie ein Affe uns hinter einem hohen Drahtnetz gezeigt – er ist ganz geschoren, absolut nicht zu erkennen, ernst und unruhig«, schrieb sie an Mathilde Jacob nach Wronke. »Nachher hat dieser Hund von Aufseher das

Drahtnetz aufgemacht, so daß wir uns verabschieden konnten wie sich's gehört – bis Anfang April –. Das Ganze ist eine Erfindung des Teufels, ein Alpdruck, etwas absolut Unmögliches und Unfaßbares – man möchte schreien und toben, bis man tot zusammensinkt oder ich weiß selbst nicht was – Aber – die Leute halten es aus [...] und das ist, was mich ›beruhigt‹ [...] Sagen Sie Rosa, daß Karl gefragt hat, wie es ihr geht und sie besonders grüßen läßt [...] Ich lege einen Brief an Rosa bei«.[5]

Als Rosa Luxemburg von Sophies Entsetzen erfuhr, erinnerte sie sich an ähnliche Torturen in der Warschauer Zitadelle 1906. Sie versuchte, ihre Freundin zu trösten,[6] und riet ihr zu einem längeren Kuraufenthalt, damit sie sich körperlich wie seelisch stabilisieren könne. Sophies Zustand beunruhigte sie sehr. »Sie sind völlig im Irrtum, wenn Sie annehmen, ich könnte irgendwelche Züge in Ihrem Wesen nicht verstehen oder geringschätzen. [...] Ich glaube sogar, ich verstehe Sie schon besser, als Sie ahnen, und überblicke den ganzen tragischen Konflikt, in den Sie mit Karl und durch Karl – namentlich jetzt in seiner Situation – geraten sind. Sie armes Mädchen, wie möchte ich Sie aus dieser schrecklichen Situation herausreißen; ich würde vor schroffsten Mitteln nicht zurückschrecken. Aber allerdings, das Problem wie die Lösung steckt in *Ihnen* selbst, in Ihrem Innern. Ich dachte nicht, daß Karl Sie noch innerlich so beherrscht, denn dann weiß ich freilich keinen Rat.«[7]

Karl Liebknecht bat seine Frau ebenfalls, in Bälde eine Erholungsreise anzutreten. »Du darfst uns nicht kaputtgehen, Liebchen«. Vor allem solle sie die Eindrücke von ihrem vergitterten Mann und den widerwärtigen Begleitumständen vergessen. »Sehe ich nicht ganz gut aus? Bin ich nicht munter, lebendig, voll Interesse nach allen Richtungen? Und beruhigt es Euch nicht, daß ich heute diesen Extrabrief schreiben darf? Und daß ich zwei Schreibhefte, Bleistift und Gummi erhielt! [...] Habt Ihr Euch nicht Luckau betrachtet? Es scheint doch ein ganz freundliches Städtchen zu sein. Und die Paul-Gerhardt-Kirche muß Dich gewiß interessieren. Von der großen Kirche klingt der Stunden- und Viertelstundenschlag Tag u. Nacht zu mir und regelt mein Leben. Ist der Spazierhof nicht wirklich erfreulich groß und voll bester Luft und Ausblicke? Viel besser insofern, als der Hof der

Militär-Arrest-Anstalt! Also Kopf hoch! Ihr habt Euch bisher so tapfer gehalten, und das war mein Stolz – nun fahrt so fort, wenn's mal schwer fällt, beißt die Zähne aufeinander – und alles geht, geht besser und rascher als man glaubt. Heute sind seit dem 4. November 68 Tage ›rum‹, d.h. ein 1/21,4 der vier Jahre, und fast 8½ Monat sitze ich schon im Ganzen. Wie rasend schnell verging diese Zeit.«[8] Besonders habe ihn erfreut, von Helmi zu hören, dass sie wieder kunstgeschichtliche Vorträge halten wolle. »Halte Deine Wissenschaft fest«, bestärkte er sie, »als Deine Stütze, als Gegenstand Deiner Liebe, als Ersatz für mich, bis unsre Zeit wieder beginnt, unsre Sonne wieder aufgeht. Welches tiefe Glück kann man darin finden.« Sie möge zu Lessing greifen: »Die Klarheit dieses allesdurchleuchtenden Geistes, die Kraft und [der] Schneid seiner Dialektik, die Eleganz seiner Bewegungen, die Knappheit und Eindringlichkeit seines Stils, die souveräne Beherrschung aller Wissenschaft u. Gelehrsamkeit – all dies ist heute noch faszinierend – nicht langweilig, glaub mir [...] Lies *mit Helmi* den *Laokoon* und demonstriere ihm; das wird auch Dir Genuß geben u. Ihr werdet Euch nahe kommen.«[9] Zum Geburtstag wünschte er ihr Ruhe und glückliche Einigkeit mit den Kindern, die sie lieb hätten und sie immer lieber haben würden. Die öde Situation sei nur mit »Kampf – und Trotz und Stolz – komme, was mag!« zu bezwingen,[10] so wie es in seinem Gedicht hieß, das er nach Ankunft in Luckau geschrieben hatte: »Ihr raubt die Erde mir, doch nicht den Himmel, / Und ist's ein schmaler Streif nur, eng, / Durch Gittermaschen, zwischen Eisenstäben, / Er macht des Leibes Sinne selbst / Beschwingt von freier Seele, freier / Als ihr je wart, die ihr mich hier im Kerker / in Fesseln zu vernichten wähnt.«[11]

Sophie jedoch haderte mit ihrem Schicksal: »Ich habe keine Lust nach Hause zu gehen – ich kann nicht atmen, wenn ich an *dieses* Zuhause denke – brr.«[12], schrieb sie an Mathilde Jacob vor einem Treffen mit ihr am Bahnhof Zoo. Karl Liebknecht wusste, welche Last seine Frau zu tragen hatte: »Die pekuniäre Not, die Ernährungs-Quälerei, die Aufregungen mit den Kindern, u. die seelische Zerrüttung, die die öffentlichen Zustände mit sich bringen. All dies gehäuft auf Deine besondren persönlichen Kümmernisse [Sorge um Mutter und Geschwister], die wirklich allein ausreichten, einen Menschen bis zum Boden zu drücken. Und ich von Dir getrennt – Du einsam – mit kranken Nerven, geschwächtem Körper – u. nun die böse Kälte-Periode, die wie es scheint zum Glück vorüber ist.«[13] Dennoch bedrängte er sie unablässig mit Aufträgen, Ratschlägen und Fragen.

Nur einmal im Vierteljahr durften Sophie, die Kinder und die Geschwister Karl Liebknecht besuchen und für kurze Zeit sprechen. Briefwechsel war ebenfalls auf einmal im Vierteljahr festgelegt. Ausnahmen mussten beim Gefängnisdirektor beantragt werden. Pakete, Geld, Briefmarken, Ansichtskarten und Fotografien wurden nicht ausgehändigt. Ein- und ausgehende Post wurde kontrolliert. Politische Bemerkungen wurden herausgeschnitten oder Briefe mit solchem Inhalt zurückgeschickt.[14] Ab Ende des Jahres 1917 konnten die Angehörigen öfter schreiben. Zunächst durfte er keine Tageszeitungen bekommen. Folglich kursierte zwischen der Familie und ihm anfänglich nur die Wochenausgabe des »Berliner Tageblatts«. Sobald die Zeitungsbeilage mit dem nach einem vereinbarten System unterstrichenen Buchstaben zurückkam, erinnerte sich Sophie Liebknecht, »wurde sie entziffert – vom dreizehn- bis vierzehnjährigen Robert und besonders gut von Vera.« Sie habe »Karls Weisungen, Aufrufe und Flugblattentwürfe« stets sorgfältig notiert.[15] Listen mit Wünschen nach Zeitungen, Büchern, Stiften, Stahlfedern, Seife und Tabak traktierten die Familie. Er sorgte sich, ob alle seine Hinweise für den Umgang mit seinen Manuskripten und Unterlagen sowie für die Weitergabe von Vorschlägen an die Spartakusgruppe ernst genug genommen wurden. Liebknechts Gedanken kreisten ständig um seine Schrift »Das Zuchthausurteil«, die neben den Prozessmaterialien weitere Dokumente zum Krieg sowie Anmerkungen und Glossen dazu enthalten sollte.[16] Vom Manuskript für »Die Internationale der Rüstungsindustrie«, an dem ihm ebenso gelegen war, besaß ein Exemplar Oberrichter Otto Lang in der Schweiz. Ein bis zwei Exemplare befänden sich zu Hause, wie er meinte. Eines davon überantwortete er im April 1917 Ernst Meyer mit der Bitte, es in die letzte Form zu bringen, aber in seiner Eigenart zu belassen.[17] Bisher wurden nur Teile des Manuskripts aufgefunden und veröffentlicht.[18]

Viele von den Kassibern, die er Sophie bei Besuchen zusteckte, drehten sich um die Publikation des Manuskripts »Das Zuchthausurteil«. Fast immer waren sie für Leo Jogiches bestimmt. Seit der Verhaftung von Karl Liebknecht und Rosa Luxemburg 1916 lag die Führung der Spartakusgruppe in seinen Händen. Nach wie vor arbeitete er konspirativ. Seine Mitstreiterin Mathilde Jacob schätzte Jogiches als einen Mann mit scharfem Verstand, reichem Wissen und einem ausgezeichneten Gedächtnis.[19] Nach den Erinnerungen Sophie Liebknechts geriet er wegen Karls Anweisungen gelegentlich in Wut: »Wie kann ein Mann, der hinter Gittern sitzt, Ratschläge erteilen? Wie kann er nicht verstehen, daß man alles tut, was möglich ist? Ich will keine Ratschläge hören, ich muß alles genau überlegen.« Man könne sich schwer zwei Menschen vorstellen, die in ihrer Art zu arbeiten verschiedener gewesen wären als Karl Liebknecht und Leo Jogiches. »Ich wußte nicht, wem ich recht geben sollte in diesem eigenartigen Duell.«[20] Merkte Karl, wie unwirsch er wieder einmal reagiert hatte, bat er seine Frau flehentlich um Verzeihung. Er könne erst zufrieden sein, wenn das Manuskript zum »Zuchthausurteil« fertig sei und in Satz gegeben werde. »Fertig! Und *bald!* Ja, wenn es sich nur um Bücher handelte! Aber all die Manuskripte u. Zettel – u. alles, was so leicht verloren geht, wenn's nicht ganz, ganz rasch festgehalten, gefesselt wird! Denk, was steckt darin für Mühe, für Entbehrung! – Soll das umsonst gewesen sein? – *Stückwerk* nützt mir dabei nichts – aber es *kostet schon alle Müh u. Drangsal* des *ganzen,* auf das alles ankommt! Du weißt, daß mir die *Glossen u. Noten* besonders wichtig sind! Ich will Dich wirklich nicht quälen – aber das wird Dich auch beruhigen. *Laß Dir von keinem andren dazwischenreden;* dann freilich gibt's Zerrerei ohne Ende; denn *die andren verstehen* es nicht! *Du nur* verstehst es; *Dir nur vertraue* ich.«[21] Allenfalls könne Franz Pfemfert ihr beistehen.

Als nach Monaten nichts vorangegangen war, machte er seinem Unmut Luft: »Meine Pläne, all meine vergangne Arbeit durch diese Verschleppung nachträglich zu einer Parodie und mich zur Karikatur gemacht zu haben, das ist die Glanzleistung, vor deren vollem Erfolg ich jetzt stehe. Bravissimo! Sprich den Meistern meine Bewunderung aus.«[22]

Über Karls wiederholte Schimpfkanonaden war Sophie so entrüstet, dass sie ihn vor ihrer Kur nicht noch einmal besuchen wollte. Tief betrübt und erregt rang er um ihr Verständnis. Sie müsse doch fühlen, »daß jedes Wort, jedes Zittern des Unmuts, das gegen Dich gerichtet scheint, in Wahrheit selbstquälerisch mich trifft«. Welcher Gedanke, ihn vor Juli nicht besuchen zu wollen. »›Angst vor meinem Stirnrunzeln‹ zu haben; als sei ich ein brüllender Hyrkanischer Leu – Blut u. Tod im rollenden Auge. Unsinn! nicht wahr? Du kommst, Du darfst kommen [...] Du *mußt* kommen.«[23] Käme sie nicht, hieße das seine Strafe verdreifachen und ihre Erholung zunichte machen. »Meine arme gequälte, arme Liebste! Wärst Du bei mir, wie würd ich Dich streicheln u. wärmen u. küssen. Und Du würdest ruhig werden – stark über alle Not zu lächeln, zu triumphieren. [...] Denke: heut sind 100 Tage von 1460 herum! Rund 280 Tage sitze ich bereits. [...] Und wie schnell vergings! Und bald wird alles alles anders. Und wie werden wir dann jubeln.«[24]

Am 13. März 1917 erschien sie bei ihm im Zuchthaus Luckau. Er war begeistert. Ihr Besuch sei köstlich gewesen. Endlich hätten sie eine kurze Zeitspanne ganz für sich gehabt. »Wie hat's Dich im Nu erfrischt – ein Zauberbrunnen hatte Dich umspült. Deine Augen glänzten – ja, meine glänzten auch – sie glänzten, weil sie Dich widerspiegelten, sie glänzten, weil sie meine Liebe leuchteten.«[25] Nun möge sie guten Muts ins Sanatorium nach Ebenhausen reisen und den dortigen Aufenthalt ab Ende März 1917 mit Entdeckungsreisen nach dem nahe gelegenen München, einer Stadt der Künste, wie für sie geschaffen, verschönen. Mindestens eine Gebirgsfahrt solle sie unternehmen.

Am 22. April 1917 informierte die Zuchthausverwaltung Liebknechts Angehörige darüber, dass sie ihre Insassen nicht mehr ernähren könne. Sie sollten zweimal wöchentlich Nahrungsmittel schicken. Als die Frau des leitenden Arztes von Ebenhausen davon erfuhr, ließ sie sofort einen großen Kuchen für Karl Liebknecht backen. Seine Freude über ein Paket von Sophie mit Kuchen, Früchten und Lachs war groß. Auch von zu Hause trafen Lebensmittelsendungen ein. Jede Woche konnte die Familie ohne Marken abzugeben in einer Konditorei am Spittelmarkt eine große Torte abholen und beim Genossen Paul Hoffmann, der eine Wirtschaft im Osten Berlins führte, ein Brot. Die mit mehr Sacharin als Zucker hergestellte Torte spendierte eine elegante, freundliche Dame, die in Berlin mehrere Konditoreien besaß und mit Sophie in Ebenhausen manchmal spazieren ging.[26]

Liebknechts Feinde verbreiteten eine Lüge nach der anderen über sein Befinden. »Um Gottes willen, eben lese ich im *Tageblatt* vom 12.8. [1917], daß Karl L[iebknecht] im Sterben liegt – ist's wahr? Wirklich wahr?«, fragte erschrocken Hermann Duncker seine Frau. »O, diese verruchte Welt! ich kann's noch gar nicht fassen, es kann nicht sein. Er hatte seine Aufgabe ja noch vor sich.«[27] Karl meisterte seinen Gefängnisalltag, schließlich hatte er einige Erfahrungen und eine schier unversiegbare Energie: »den ganzen Tag am offnen Fenster, jeden Morgen kaltes Abreiben, jeden Abend Frottieren – so findet man sich mit den physischen Schwierigkeiten des Eingesperrtseins am ehesten ab«, schrieb er am 10. Juni an Sophie, »mir scheint sogar meine Hautfarbe recht gut. *Du weißt ja, daß ich ungeheuer leicht braun werde*. Wenn Du mich wiedersiehst, sollst Du beruhigt sein; am Ende werde ich mich dann bis zum normalen Zustand gepäppelt haben.«[28] Vernünftig »lebe ich ja wie kein Zweiter: Fenster weit offen Tag und Nacht (auch jetzt noch in der Kühle, Freiübungen) zwei- bis dreimal täglich folgendes Menü: die Arme herumgewirbelt je 60 mal nach vorn und nach hinten, 20 Kopfwendungen, je 20 Bewegungen nach vorn, hinten und nach rechts, links, 60 mal Schulterrollen, 60 Rumpfbeugungen rechts und links, 250 oder mehr Auf- und Abwanderungen in der Zelle – auf und ab zusammen jedesmal 16 kleine Schritte, 250 mal – 4000 Schritt! Dazu kommt, daß meine Arbeit im Stehen verrichtet wird. Kurz, ich sorge dafür, daß mein Blut in Bewegung bleibt, daß Nerven und Sehnen nicht einrosten, daß jede Calorie der Nährstoffe ausgenutzt und an die rechte Stelle befördert wird. So werde ich aushalten, mag kommen was will.«[29]

Sophie Liebknecht fühlte sich in Bayern wohl. Die Kinder waren in Berlin in der Obhut von Tante Alice Geiser. Für den fälligen Besuch in Luckau war vorgesorgt. Das Erholungsheim in Ebenhausen, in dem sie sich bis Anfang Juli 1917 aufhielt, behagte ihr. »Ich bin hier gut installiert – es ist reizend hier – nur sehr einsam für mich natürlich«, schrieb sie Mathilde Jacob. »Der Arzt fand mich blutarm, erschöpft, kurz und gut, ganz meschugge. In einigen Wochen wird's wohl besser werden – und dann kommt das Leben in Berlin und zerstört die ganze Erholung. Na, meinetwegen. [...] Ich werde hier abgerieben, massiert, eingepackt und wie der ganze Schwindel heißt, aber es bekommt mir ganz gut.«[30] Der Leiter, Dr. Marcuse, ein hochgebildeter, fortschrittlich denkender Mann und ausgezeichneter Arzt, nahm sich ihrer gern an – »er sprach sogar mit einigen seiner Gäste offen und anerkennend über die Handlungsweise K.L-s«[31]. An Mathilde Jacob schrieb sie aus dem Isartal, an dem sie Kloster Schäftlarn beeindruckte, und von Urfeld am Walchensee.[32] Sie begegnete Erich Mühsam und lernte Heinrich Mann, dessen Frau sowie Rainer Maria Rilke kennen. In Begleitung eines jungen Rechtsanwalts und dessen Freundin aus dem Bekanntenkreis von Heinrich Mann verbrachte sie drei Tage in München: »hier schlug das Leben trotz Krieg hohe Wellen, Zauberflöte mit Bruno Walter als Dirigenten u. Maria Ivogün als Königin der Nacht«. Sie erlebte die Uraufführung der Oper »Palestrina« von Pfitzner, besichtigte die Pinakotheken und die Glyptothek. Danach fuhren sie an den Chiemsee, wanderten, ruderten und begegneten erneut Rilke, mit dem Sophie Jahre befreundet blieb.[33]

Rosa Luxemburg sandte Sophie den Roman »Le feu. Journal d'une esconade« (Das Feuer. Tagebuch einer Korporalschaft) von Henri Barbusse, der 1917 in Paris erschienen war. Ergriffen las sie die Worte, die Henri Barbusse einem französischen Soldaten in den Mund legte: »... sieh! Einer hat dennoch sein Antlitz über den Krieg erhoben, und es wird einst leuchten in der Schönheit und der Bedeutung seines Mutes. – Liebknecht!«[34]

Rosa Luxemburg offenbarte sich der geliebten jungen Freundin wie nur wenigen anderen Menschen. Sie solle ihre »Abgeklärtheit« nicht überschätzen. Ihr inneres Gleichgewicht und ihre Glückseligkeit gerieten leider beim leisesten Schatten, der auf sie falle, aus den Fugen. So »erfaßte mich plötzlich am Montag ein eisiger Sturmwind [...] und auf einmal wandelte sich meine strahlende Heiterkeit in tiefsten Jammer«[35].

Das Heulen des Sturmes empfand Karl Liebknecht dagegen als eine liebliche Melodie, es ließ das Blut ihm sieden. »Sturm, mein Geselle«, dichtete er im Frühjahr 1917. »Du rufst mich! / Noch kann ich nicht, / Noch bin ich gekettet! / Ja, auch ich bin Sturm,

/ Teil von Dir; / Und der Tag kommt wieder, / Da ich Ketten breche, / Da ich wiedrum brause, / Brause durch die Weiten, / Stürme um die Erde, / Stürme durch die Länder, / Stürme in die Menschen, / Menschenhirn und -Herzen, / Sturmwind, wie Du!«[36] Immer sehnsüchtiger harrte er jedoch der Sturmeskraft des Volkes – »Kampfgebraus auch für mich!« Mit der Zeit wuchs Sophie durch die ihr von Karl, Rosa und anderen Freunden dargebotenen Liebesbeweise und Lebensweisheiten über sich hinaus. Auf Sophies Frage, »›wie man gut wird‹, wie man die ›subalternen Teufel‹ in seinem Innern zum Schweigen bringt«, wusste Rosa Luxemburg auch kein »anderes Mittel als eben jene Verknüpfung mit der Heiterkeit und Schönheit des Lebens, die stets überall um uns sind, wenn man nur versteht, Augen und Ohren zu gebrauchen, und die innerliches Gleichgewicht verschaffen, über alles Ärgerliche und Kleine hinwegheben«.[37]

Karl Liebknecht beruhigte Sophie über sein Befinden. Er berichtete ihr von den Besuchen und bat sie eindringlich: »pfleg Dich nach allen Regeln der Kunst u. sorg Dich nicht um Deinen Karolus, der sich schon durchhauen wird u. Dich umarmt u. küßt u. seiner Herzallerliebsten alles alles Beste wünscht«[38]. Seine große Sehnsucht marterte ihn: »Wann werde ich Dich wiedersehn? Schreib bitte sofort u. gut u. lang – bitte! […] Hast Du Gesellschaft gefunden? Läufst Du viel? Überhaupt, *wie* lebst Du? Denkst Du an mich oder hast Du mich vergessen? Hast Du mich noch lieb? Alles mußt Du schreiben. – Ich küsse Dich tausendmal Du – *Meine!* Und umarme Dich – Dein Karolus.«[39]

Während Sophies Kuraufenthalt schrieb Karl Liebknecht Helmi, Bobbi und Vera lange Briefe. Am 18. April besuchten ihn alle drei zusammen mit seinen Geschwistern Alice und Wilhelm. Am 11. Mai 1917 durfte Helmi seinen Vater im Beisein des Direktors in dessen Anstaltszimmer allein sprechen. In seiner Vorfreude hatte sich Karl Liebknecht für ihn einige Wanderrouten durch die Lausitz ausgedacht. Mitte November 1917 kamen die Söhne mit ihrer Tante Gertrud zu Besuch. Für sie war es eine große Freude, wenn sie alle Vierteljahre ihren Vater in Begleitung eines seiner Geschwister oder von Sophie aufsuchen und ihm kurz berichten konnten, was ihnen am Herzen lag und sich nicht so einfach schreiben ließ. Und sie sahen ihn leibhaftig, wenn auch bedrückter als gewöhnt, hörten ihn sprechen, erlebten ihn lachend und durften ihn kurz umarmen. Die Kinder liebten und verehrten ihren Vater und waren mit ihm fest verbunden. Sie spürten aus seinen Briefen, wie tief er sie in ihrem Wesen verstand und wie genau er ihre Sehnsüchte erriet. Den eigenwilligen Helmi stachelte er an, fliegen zu lernen – »fliegen durch die Welt des Geistes, der Gefühle, der Körper« –, und dabei zu erkunden, wie sich der Drang nach Wahrheit und die Lust am Trug im Verhältnis zur Relativität alles menschlichen Wissens verhalten. Wie konnte er Helmi, der »wie ein eben ausgekrochener Schmetterling im Wirbel eines Taifuns« umherflatterte, aber noch nicht zielstrebig flog, vor »Irrlichtern« behüten? »Niemand fordert, daß Du Außergewöhnliches leistest. Du sollst nur – u. das ist jedes Menschen Pflicht gegen sich u. die Mitmenschen – Deine Kräfte nach Kräften entfalten – das Pfund, das in Dir liegt, beharrlich u. klug nutzen.« Familie und Schule seien auch für ihn die festen Standbeine. Als ob er ahnte, dass sein Ältester sich zeitlebens für Sprachen interessieren würde, riet er ihm nachdrücklich, sich Sprachen anzueignen. Jede Sprache sei eine neue Welt für sich. »Ist die Art des Unterrichts pedantisch – Du hasts in der Hand, ihn frisch u. voll Würze zu machen!«[40] Helmis zeitweiliges Desinteresse an der Schule veranlasste den Vater, den Ältesten regelrecht anzuflehen, seine Pflichten zu erkennen und sich mit allem, was ihn bewegt, Sophie anzuvertrauen. Sophie, die so seelengut sei und sich bis aufs Mark opfere, sei doch vor allem wegen seines Betragens manchmal am Verzweifeln. »Was Du von Helmi schreibst, trifft nicht den Kern«, erklärte Karl wiederum seiner Frau am 26. Mai 1917. Helmi sei mitten im Leben, »ja, so wie Du oft warst u. stets sein kannst. Das ist nur das Äußere, Du weißt's von Dir. […] Du urteilst oberflächlich über unsre ›starke Rasse‹ und bist über mein Verständnis für Unsagbar-Unfaßbares sehr in der Irre. Ich bin trotz alledem mehr Tasso als Antonio. Wer sich, zerbrochen, wieder aufrichtet, war doch auch zerbrochen; und wessen Wunden heilen, war gleichwohl verwundet; u. kann von Schlachten u. Wunden reden. Und hier handelt sich's um Helmi den ›Starken‹! Den *muß ich* doch verstehen, grad nach Deiner Theorie. – Aber Kind – ich bin so froh, daß er Dir *so* schrieb; ich bin sicher, Ihr beide werdet Euch finden und dann um so fester aneinander hängen.«[41] Obendrein möge sie bedenken, dass es seinen Kindern nicht leicht gemacht werde. Die Mehrheit des »honorigen Bürgertums« würde ihnen nicht mit offenen Armen entgegentreten, sondern mit geballten Fäusten. Für die Kinder wäre das durchaus heilsam, und er dächte nicht daran, es zu bejammern, aber es wolle bedacht sein.[42]

Auch Robert versuchte er begreiflich zu machen, dass die Schulzeit fürs ganze Leben Nutzen bringe und beglücken könne, wenn sie ernst genommen werde. »Und bedenkt, wie unsre materielle Lage ist – *wir* sind arm wie Kirchenmäuse. Andere – Verwandte – ermöglichen allein den Besuch des Gymnasiums. Versagt Ihr da, so verschwendet Ihr auch noch diese fremden Mittel! Was soll dann aus Eurer Zukunft werden! Also Böbbelchen! Nimm Dich zusammen! Sorg für eine gute Osterzensur – u. für gute Nachricht aus der Schule [...]«[43] Karl Liebknecht bot seine ganze Kraft auf, seine Kinder zu erheitern. Sie sollten ihren Körper stählen und ihren Geist rege gebrauchen. Wie jeder gute Vater wollte er sie vor den Unbilden des Lebens bewahren, aber auch anspornen, sich für ein menschenwürdiges Dasein zu engagieren, ihren Neigungen nachzugehen und ihre Fähigkeiten zu erproben. Zeitig erkannte er Roberts Vorliebe fürs Malen und Zeichnen und förderte sein Talent durch Stunden bei Sophie Cohn. Er animierte Robert, von der neuen Wohnung und ihrer Umgebung, von Ausflügen und anderen Erlebnissen Zeichnungen und Skizzen anzufertigen. Lieber als Ermahnungen, für gute Zeugnisse zu sorgen oder beim Schlittschuhlaufen vorsichtig zu sein, las Robert Briefe, in denen ihm der Vater schrieb: »Wie michs freut, daß Du Freude an der Natur hast; in den botanischen Garten gehst, Käfer u. Schmetterlinge systematisch sammelst, Raupen ziehst usw. Der Nagelfleck ist ein famoser Kerl. Sehr tüchtig ist Deine Teilnahme am Turnen (Schlagball, Paarlauf-Riege etc.) u. das Interesse an Chemie. Macht Dir die *Musik* keinen großen Genuß? Kommst Du da gut voran?«[44] Auf die Matthäus-Passion zu Ostern sollten sich Robert und Helmi gut vorbereiten, Text und Noten vorher anschauen. Noch viele Jahrzehnte später erinnerte sich Robert an das Musikerlebnis und an des Vaters Worte: »Ihr bekommt ein Werk zu hören, dem keines in der ganzen Welt überlegen ist; u. in einer musterhaften Aufführung, an die Ihr Euer ganzes künftiges Leben denken werdet.«[45]

Die elfjährige Vera lebte von allen am unbeschwertesten. Sie wuchs als fröhliches Kind auf, lernte gut, spielte herrlich Klavier, radelte gern und trieb Gymnastik. Die Briefe an sie berühren durch innige Zärtlichkeit.

Neben Geldnot, Ernährungssorgen, Heizungsproblemen in bitterkalten Wintern quälten die Liebknechts Verleumdungen über Karl und die Spartakusgruppe, die Russenhetze gegen Sophie und die allgemeine Zukunftsungewissheit. Karl war daher dankbar für die Hilfe, die viele Menschen seiner Familie angedeihen ließen. Immer wieder kam er gegenüber den Kindern auf die Unterstützung durch Theodor und dessen Frau Lucie sowie alle seine Geschwister zu sprechen. Otto und Elsa Liebknecht in Frankfurt am Main empfingen die Kinder und auch Sophie gern und herzlich in ihrem schönen, geräumigen Haus in der Myliusstraße.[46] Im Sommer 1917 waren Robert und Vera in Holland bei Freunden.[47] Bob verlebte im Sommer 1918 drei Monate in Bayern. Auch Helmi und Vera waren Anfang Oktober noch dort.[48] Aber prinzipiell: »Keinen Weltschmerz! Gerade in diesen Tagen nicht. Je drohender u. ernster das Geschick, um so mehr gilts zu bestehn! – Kein Pessimismus – Stolz u. Kampf! Trotz u. Sieg!«, schrieb er an Helmi, sein »kleines großes Kerlchen«. »Und stets sei Dir bewußt: Du bist nicht ohne Vater, auch wenn ich im Zuchthaus bin! Und in Notfällen könnt Ihr mich stets besuchen u. mir auch schreiben!!«[49]

Sophie Liebknecht gab sich große Mühe, den Kindern und sich ein erträgliches Leben zu gewährleisten. »Den Winteralltag durchbrachen Geburtstage, Weihnachten, Neujahr – und daß diese Tage armselig, freund- und geschenklos verstreichen würden, quälte meinen Mann in Luckau. [...] Es gelang mir aber, seine Befürchtungen zu zerstreuen, doch brauchte jeder dieser Festtage überlegte Vorbereitungen. Zucker, Mehl und Zutaten fanden sich in der geizig im Schrank verschlossenen ›eisernen Ration‹. Unsere Hausgehilfin fabrizierte daraus festlich aussehende und gut schmeckende Gebilde, auf den Geburtstags- und Weihnachtstischen lagen neue Bücher, kleine Überraschungen, irgendwo aufgetriebene rote ›Äpfel‹ – kurz, die Kinder konnten gut gestimmt sein und sich ihren jungen Gästen widmen.«[50]

Karl Liebknecht freute sich über solche Mitteilungen und über jeden Brief seiner Kinder. Sophie wies er in einem Kassiber strikt an: »Unter keinen Umständen sollen Helmi oder Bobbi deutsche Soldaten werden. Alle Mittel sind dagegen anzuwenden. Sie mögen nach der Schweiz gehen, sobald die Besorgnis ernst wird. Ich kann hier nichts Präzises vorschlagen oder anordnen. Ich gebe dem Imperialismus meine Kinder *nicht.* Freilich sollen sie *nicht vor ihm fliehen,* sondern ihn *bekämpfen.* Wie das praktisch, wenn die Zeit kommt (und für Helmi ist sie nah!), zu ermöglichen, läßt sich heute nicht übersehn.«[51]

Vor allem zu seinen Geburtstagen wurde Karl Liebknecht mit Briefen und Päckchen überrascht. Voller Freude und großer Dankbarkeit berichtete er, wer ihn womit zum 13. August 1917 bedacht hatte: »Allerhand Depeschen kamen, Briefe u. Karten – u.a. radikale Gruppe des VI. Wahlkreises; Vorstand Teltow-Beeskow, Familie Zetkin, Adolph Hoffmann und Freunde, Prof. Radbruchs und Frl. Kantorowicz, Levinés, Marcussons, Oskar Cohns, Otto Bracke und Verwandte, Alice, Gertrud, Th[eodor], Lu[cie] u. Kinder, Otto u. Kinder, Wims [Wilhelm], Curt – Ihr – außer Böbbchen, auf dessen angekündigten Brief ich noch vergeblich laure. Bitte allen meinen Dank übermitteln, keine Beteuerung nötig, daß ich mich sehr gefreut hab'; für einige Angehörige liegen Zettel bei.«[52] Gesinnungsgenossen schickten zwei Rosen, vorzügliche Butter und Kirschsaft. Zum Geburtstag 1918 schrieb Rosa Luxemburg aus Breslau: »Lieber Karl! Zu Ihrem Geburtstag wenigstens möchte ich Ihnen einen direkten Gruß schicken. Durch Sonja höre ich von Ihnen oft. Ich zweifle nicht, daß Sie fest, frisch und munter sind. Alles, alles Gute! Auf Wiedersehen in besseren Zeiten! Herzlichst Ihre R. Luxemburg.«[53] Der Kreis der Gratulanten vergrößerte sich 1918 u. a. um jugendliche Anhänger der Spartakusgruppe. Oskar Cohn übermittelte ihm Grüße, die G. W. Tschitscherin, Volkskommissar für Auswärtige Angelegenheiten Sowjetrusslands, gefunkt hatte.[54] Manche der Schreiben durfte Liebknecht nicht behalten.

Bis November 1917 musste Karl Liebknecht seine Briefe manchmal im Dunklen schreiben; nur spärlicher Lichtschein von einer Laterne drang durch das vergitterte Fenster. Deshalb war er glücklich, als ihm ab 11. November 1917 eine eigene Beleuchtung erlaubt wurde. Er musste sich von Sophie eine Karbidlampe und die nötigen Mittel zum Anzünden besorgen lassen.[55] Sollte ihr das unmöglich sein, wollte der Direktor ihm zwei Stunden länger Anstaltslicht genehmigen.

Zu dieser Zeit gab es im Zuchthaus Luckau viele Veränderungen. »Aus Licht- u. Heiz-Ersparnisrücksicht ist unser ›Kloster‹ geräumt«; schrieb Liebknecht. »Ich liege seit 18 Tagen (Mittwoch 24.10.) in No. 45, erstes Stockwerk (über ›Hochparterre‹) des sog. ›Flügels‹ (Isolierflügel) – des großen Backsteinhauses gegenüber dem Kloster: statt nach Süden jetzt nach Norden: ca. 14 cub.m enger u. nur die üblichen Klappfenster – zum Lüften u. Hinaussehen –, aber ich sehe den Himmel u. – abends, nachts – die Sterne«.[56] Ab März 1918 war im Zuchthaus Luckau Schluss mit der Schuhmacherei. Hoffentlich drohe jetzt nicht die Korbflechterei, bangte Karl Liebknecht. Nach einigen Wochen Interregnum war schließlich Tütenkleben angesagt. Vorläufig sei er wieder Lehrling. Das Pensum betrage 1000 Stück pro Tag. Es blieb dennoch Freiraum fürs Nachdenken. »Vulkanisch wühlt es im Gehirn, und während die Hände Tüten formen, schlägt der Geist kommende Schlachten«, so beschrieb Franz Pfemfert das Entstehen der politischen Aufzeichnungen. »Kurze Zettelchen, gelesene Zeitungsblätter, harmlose Bücher, leere Pakethüllen wurden zu Manuskripten [...] Oft mußte in einer kurzen Glosse zusammengeballt sein, was unter normalen Umständen Stoff für Broschüren gewesen wäre. [...] Da und dort sind die Gedankenstriche ein gewaltsames Niederhalten von Gedankenfolgen.«[57]

Neben den anfänglichen Restarbeiten für die geplanten Publikationen »Das Zuchthausurteil« und »Die Internationale der Rüstungsindustrie« beschäftigte Karl Liebknecht sich weiterhin mit vielen Fragen, die ihn seit langem von Grund auf bewegten. Durch den Krieg und die Vorgänge in der internationalen Arbeiterbewegung bzw. in der Antikriegsbewegung insgesamt drängten sich ihm neue Probleme auf. Da ihn im Unterschied zu den »Schutzhäftlingen« wie Rosa Luxemburg keine politischen Mitstreiter oder andere Freunde besuchen durften, konnte er sich lediglich aus Hinweisen seiner Familienangehörigen und aus der Presse informieren, die ihm nur sporadisch und in begrenztem Umfang zugänglich war. Oftmals musste er sich mit einzelnen Zeitungsseiten bescheiden, auf denen manchmal durch ein geheimes Punktiersystem spärliche Nachrichten verborgen waren, die ihn aber meist verspätet erreichten.

Die weit gefächerten Gedankensplitter zum politischen Geschehen auf Hunderten von Zetteln, die größtenteils erst durch die »Politischen Aufzeichnungen aus seinem Nachlass« 1921 bekannt wurden, können im vorliegenden Rahmen nur knapp skizziert werden. Meldungen über Kriegsereignisse, die Situation im Reich und an den Fronten kommentierte er häufig. Dabei bezog er sich auf Kriegsabläufe und -dokumente im 18. und 19. Jahrhundert. Seine mit neuen Fakten und Erkenntnissen angereicherten Ansichten über den Militarismus und über das Rüstungskapital aus der Vorkriegszeit notierte er unter Stichworten wie »Doppelwurzel des jetzigen Krieges«[58], »Doppelspirale der Expansion«[59], »Das Dilemma des Imperialismus«[60], »Privatkapital und Staat im Kriege«[61], »Perspektiven des Arbeitsmarktes nach dem Krieg«[62]. Er bekräftigte seine Meinung zu den Ursachen, zu den Urhebern und zum Charakter des Ersten Weltkrieges und verdeutlichte seine Überzeugung, dass die Fortsetzung des Krieges, aber auch »Sieg«-Friedensschlüsse mit Annexionen im 20. Jahrhundert auf eine ganze Periode weiterer Kriege hinausliefen.[63] »Imperialismus und Krieg – oder Sozialismus und Frieden – kein Drittes gibt's.«[64] Das erfordere die Ausrottung der Wurzeln und Quellen aller Kriegsinteressen und der politischen Reaktion. Kriegsgewinn, Kriegsanleihen aller Kriegsbetriebe, Munitions- und Waffenfabriken, das gesamte Kapital der Kriegs- und Kriegszielinteressenten, aller kapitalistischer Grundbesitz, sämtliches Bankkapital müssten in Gemeinbesitz gebracht werden.[65] Dazu bedürfe es unweigerlich weltweit, insbesondere aber auch in Deutschland, der Revolution. Die Menschheit sei »wirtschaftlich und militärisch, kriegspolitisch und strategisch [...] zur sich selbst zerfleischenden Einheit des Gegensatzes« geworden. Die »sozialistische Aufhebung dieses Gegensatzes« werde »zur Einheit der Harmonie und des Friedens«.[66] Daher gelte es »unser Größtes und Heiligstes« zu wagen. »Ein Gran revolutionären Drucks von innen gilt mehr als ein Fuder revolutionärer Arbeit im Auslande.«[67] Oder werde »das *deutsche* Volk in alle Ewigkeit ein regiertes und nie ein regierendes Volk sein?«[68].

Um wirkungsvolle Aktivitäten für die Beendigung des Krieges und für einen demokratischen Friedensschluss ohne Annexionen und Repressalien einzuleiten, setzte er auf sinnvolle Einzelaktionen, auf die Jugend, auf die edelsten Geister der Intelligenz, auf die Frauen. Dabei käme es auf eine unablässig kritisch zu prüfende Taktik, und zwar des »tätigen«, nicht des »kontemplativen« Prinzips an.[69] Über die Psyche der Menschen, die Gesellschaftspsyche und »das Zusammen-, Gegeneinander- und Wechselwirken der verschiedenen sich selbständig dünkenden Individuen und Gruppen« dachte er immer gründlicher nach.[70] In seinen politischen Erwägungen kam er zu ähnlichen Schlüssen wie im Fragment über die »Bewegungsgesetze«. Forderungen nach menschenwürdiger Behandlung jedes Individuums erhob er auch in seinem Entwurf gegen die Freiheitsstrafe, den er im Frühjahr 1918 verfasste.[71] Unter »Taktisches« verstand er im Juli 1918: »Je höher das Ziel gesteckt wird, je energischere Kräfte für das Höchste wirken, für das unerreichbar Höchste, um so Höheres wird erreicht.«[72] Er verfasste Flugblattentwürfe, die den deutschen Arbeitern und Soldaten Lehren aus dem Munitionsarbeiterstreik vom Januar 1918 vermitteln und sie zu weiteren Aktionen, ja zur Suche nach einem revolutionären Ausweg aus dem Kriegschaos anspornen sollten. Angesichts der Fortsetzung der militärischen Operationen und Interventionen trotz des Brest-Litowsker Friedensvertrags und der Friedensheuchelei der deutschen Machthaber fluchte er zornig: »Rasen müßte das Volk – oder es ist ein Lager von Mehlsäcken!«[73] »Kämpfen gilt's, nicht in Ministerbüros auf dem Bauche rutschen.«[74]

Wer aber sollte die Flugblätter drucken und verbreiten? Verbittert und enttäuscht hielt er im Mai 1918 fest: »Die meisten Führer der Spart.Gruppe eingesperrt oder sonst matt gesetzt/ lahmgelegt/. Ihre Presse verboten oder lahmgelegt/gehindert/; ihre Versammlungen unterbunden oder aufgelöst oder zum Schweigen verurteilt; des Koalitonsrechts u. der sonstigen Palladien der bürgerl. Freiheit entblößt.«[75]

Wie für viele seiner Freunde war der Ausbruch der Revolution in Russland im Frühjahr 1917 und deren Verlauf das weltweit aufregendste Ereignis. Sophie berichtete, Rosa Luxemburg habe sich über das Foto von ihm gefreut, auf dem er sie mit seinen Blicken überallhin verfolge, und ihr am 19. April 1917 geschrieben: »Wie muß Karl sich jetzt über die Nachrichten aus Rußland freuen! Aber auch Sie persönlich haben Grund, fröhlich zu sein: Nun wird ja der Reise Ihrer Mutter zu Ihnen wohl nichts im Wege stehen!«[76] Weder auf solche Mitteilungen noch auf die sporadischen Informationen, die über die russische Revolution zu ihm drangen, konnte er in seinen zensierten Briefen antworten. Es geschehe so viel in der Welt, wovon er nichts wisse, schrieb er an seine Frau. »Wie berührts Dich? Wie erträgst Du's?« Gern würde er die Last ihrer Sorgen und Ängste tragen helfen.[77] »Ich möchte mich mit Dir u. den Freunden über so vieles aussprechen! Kopf u. Herz platzen mir fast [...] Teufel, wär ich jetzt draus!«, seufzte er am 29. Juli 1917.[78] Nirgends bedrückte ihn seine Abgeschiedenheit so wie in der russischen Frage. In der Sklavensprache eines Zuchthäuslers warnte er vor Sonderfriedensphantasien, die zwar prophetisch, aber »für die Katz« seien. Die Großmächte beider imperialistischer Bündnisse würden dafür sorgen, dass ein von ihnen erzwungener Sonderfrieden »von den Motten zerfressen u. zerfasert« werden wird.[79]

Seine ersten emotionalen Reaktionen auf die Vorgänge in Russland hielt er nur auf Notizzetteln fest, von denen einige vermutlich als Kassiber hinausgeschleust wurden. In einer Notiz von Mitte des Jahres 1917 hieß es: »Rußland beginnt das elementare Lebensgebot zu erfüllen und sich systematisch wieder aufzubauen, wirtschaftlich und politisch durch Neuorganisation seiner entfesselten Kräfte – und militärisch; wobei es gegen den deutschen Imperialismus den amerikanischen (wirtschaftlich) und französischen (militärisch) Einfluß einzusetzen und auszuspielen scheint.«[80] »Das zaristische *Rußland* war uns gewiß zu groß – ein freies, ein revolutionäres Rußland kann uns nicht groß genug sein«, stand auf einem anderen Zettel.[81] Die Stellung Deutschlands zu Russland beurteilte er in seinen politischen Aufzeichnungen im Zuchthaus Luckau unmissverständlich: »1904 schleuderte Fürst Bülow jenes ›tua res agitur‹ [Um Deine eigene Sache geht es.] (d.h. des Deutschen Reiches) gegen die aufdämmernde russische Revolution; und wie über ein Jahrhundert vorher, so war das Jahrzehnt bis zum Ausbruch des Weltkrieges eine dauernde borusso-zarische Allianz gegen die russische Revolution. Hat sich dies seit dem August 1914, in dem die

Kriegsstimmung des deutschen Volkes mit der frechen Demagogie ›Gegen den Zarismus!‹ aufgepeitscht wurde, und gar seit dem März 1917 in sein Gegenteil verkehrt? Natürlich nicht. Die Katzenfreundlichkeiten gegen das revolutionäre Rußland sind ein integrierender Bestandteil, ja das Hauptingredienz der jetzigen deutschen Intrige *gegen* das revolutionäre Rußland, das halb friedensreif geprügelt, halb friedensreif gestreichelt werden soll.«[82]

Die Machtfrage war entscheidend für den Fortgang der russischen Revolution. So notierte er im September 1917: »Nur eine Ganzheit, keine Halbheit, kein achseltragender Kerenski, nur eine Diktatur des Arbeiter- und Soldatenrats, eine Diktatur des Proletariats kann die russische Revolution für die Massen retten; retten vor dem – noch immer – lauernden Zarismus, retten vor den Hohenzollern und Habsburgern, retten vor dem russischen Imperialismus und vor dem Imperialismus der Entente.«[83] Die Diktatur des Proletariats akzeptiere er nur, wenn der Massenwillen unverfälscht realisiert und erhalten werde, wenn sie zur Durchsetzung der sozialen Revolution, der speziellen Klasseninteressen des Proletariats und der Bauernschaft nötig sei und sie für Übereinstimmung von innerer und äußerer Politik sorge.[84] Zum verzweifelten Kampf der Bolschewiki in Auseinandersetzung mit dem parlamentarischen System Ende 1917 merkte er kritisch an, dass es um die Demokratie gehe, »in der der wirkliche Wille der Volksmassen unverfälscht zur Ausprägung kommt«. Unzuverlässigkeit, Betrug, Schwäche, mangelnde Einsicht, Irreführung müssten als Gefahren eines Vertretungssystems geahndet werden. Er kenne keine Formel, um die Diktatur des Proletariats mit reiner Demokratie zu vereinen. Russland sei Ende 1917/Anfang 1918 in einer »Periode der Diktatur des Prolet. – nicht der friedlichen Demokratie!«[85]. Zwar konnte Karl Liebknecht seine Meinung zur Einheit von Sozialismus und Demokratie nicht wie Rosa Luxemburg mit konkreten Bezügen gegen die »Sühneopfer« oder Tatsachen des »roten Terrors« darlegen. Aber sie war ebenso eindeutig humanistisch und durch das Ideal der Einheit von Sozialismus und Demokratie geprägt, das willkürliche Terrorexzesse ausschloss und revolutionäre Gewalt nur zur Abwehr tatsächlicher Konterrevolution rechtfertigte.

Karl Liebknechts Brief an Sophie Liebknecht vom 11. November 1917 enthielt eine erste ausführlichere Stellungnahme, die mit Sicherheit nach draußen ging, während bei vielen politischen Aufzeichnungen nicht verbürgt ist, ob er sie als Kassiber mitgeben konnte oder ob sie bei ihm in Luckau blieben. Zum Grundsätzlichen hieß es in diesem Brief: »Der ungeheure Prozeß der sozialen u. wirtschaftlichen Revolutionierung Rußlands vom Bodensatz bis zum Schaum, dessen Ausdruck nur die politische – die Verfassungs- u. Verwaltungs-Revolutionierung – ist, steht nicht am Abschluß, sondern im Beginn, vor unbegrenzten Möglichkeiten – weit größern als die Große Franz. Revolution: Die Spannung zwischen dem Gewesenen u. dem jetzt Erstrebten u. Möglichen ist größer; ebenso die Spannung zwischen dem Niveau, den Bedürfnissen u. Möglichkeiten in den verschiednen, kulturell so sehr differierenden Gebieten u. Volksteilen; u. vor allem die Spannung zwischen der Lage, den Bedürfnissen u. Zielen der verschiednen Schichten, Klassen usw. in den kulturell u. wirtschaftlich entwickeltsten Gebieten u. Volksteilen. Die *soziale* Revolution, deren Gefahr in Deutschland die bürgerl. Revol. verkrüppelte, scheint in Rußl. schon stärker als die bürgerl. Revol.; wenigstens zeitweilig, wenigstens in den konzentriertesten Zentren Rußlands; freilich steht der russ. Kapitalismus nicht allein – der engl.-franz.-amerik. stützt ihn. Ein Riesenproblem, für das eine provisorische Teillösung in der Kriegsfrage zu gewinnen schon Titanenarbeit fordert.«[86] Von dieser Meinung wie auch von seinen politischen Äußerungen z. B. im Brief vom 9. Dezember 1917 an Sophie sollten vor allem die Freunde der Spartakusgruppe unbedingt Kenntnis erhalten.[87]

Angesichts der Bekanntgabe des sowjetrussischen Friedens- und Waffenstillstandsangebots durch Reichskanzler v. Hertling im Deutschen Reichstag und der Anfang Dezember 1917 beginnenden Waffenstillstandsverhandlungen zwischen den Mittelmächten und Sowjetrussland in Brest-Litowsk könne er »nicht glauben, daß Lenin, Trotzky keine internationalen prinzipiellen Sozialisten, sondern russische Friedensopportunisten und Demagogen sind, und für den nur russischen Augenblickserfolg einer vorübergehenden Erhaltung ihres Regimes ins Lager des deutschen Imperialismus desertieren, den kämpfenden deutschen Sozialisten und der ganzen Internationale in den Rücken fallend und den Scheidemann-, David-Schuften die Ernte einbringen helfen. Das jetzige Sondervorgehen suche ich vorläufig noch so zu deuten: die Entente von innen heraus revolutionär zur Verhandlungsbereitschaft zu peitschen, die Friedensintrige des deutschen Imperialismus zerfetzend – die Eroberungspläne nicht nur Deutschlands, sondern auch Österreichs und Bulgariens (Balkan! Ganz öffentlich offiziell) enthüllen und brandmarken. Dies und schon der Widerstand Deutschlands gegen allgemeine Waffenruhe (schon wegen U.-B.krieg) und Ausnützung der Entlastung an der Ostfront würde die deutschen Massen erregen. Wenn also die Entente auf revolutionären Druck ihre imperialistischen Ziele aufgibt, so kann die internationale revolutionäre Wechselwirkung mit voller Wucht einsetzen. [...] Der infamen Ausnutzung der russischen Revolution für die Zwecke der Mittelmächte muß mit allen, aber auch allen Mitteln entgegengewirkt werden.«[88]

Fünf Tage später fügte er in den Brief vom 14. Dezember 1917 ein: »*Lenin-Trotzky können doch nichts anderes wollen*, als ich skizzierte. Je mehr ich's mir überlege, um so klarer wird's mir, um so beruhigter werde ich. Um so aussichtsreicher oder doch minder aussichtslos erscheint mir ihre waghalsige Taktik, die in dem allgemeinen Morast, vor allem hier, befreiend, die Atmosphäre reinigend, wirken kann. Freilich muß hier alles, aber auch alles geschehen! Jeder Soldat sei eingedenk, daß jeder Tropfen Schweiß und Blut, die er heute auf Hindenburgs Befehl vergießt, die Ausbeuter, Eroberungs-Realpolitiker unterstützt, Hindenburgs Offensive gegen das Wahlrecht, den Frieden! Lenin-Trotzky müssen ihre Herrschaft außer durch Friedenspolitik (die aber nur eine anständige, internationale und sozialistische sein darf oder *nicht* sein darf) befestigen durch soziale und wirtschaftliche Umgestaltungen großen Stils, d. h. Durchführung der sozialen (nach der politischen) Revolution!«[89]

Am 22. Dezember 1917 wurden die Friedensverhandlungen in Brest-Litowsk aufgenommen. Karl Liebknecht konnte sich kaum vorstellen, dass ein Separatfrieden für die Revolution irgendeinen Vorteil bringen würde. Im Gegenteil, er fürchtete, dass der Frieden von Brest-Litowsk zum konterrevolutionären Todesstoß gegen Sowjetrussland würde und den deutschen Imperialismus noch einmal stärken könnte. Seine Befürchtungen waren nicht unbegründet. Der von den Mittelmächten diktierte und am 3. März 1918 unterzeichnete Friedensvertrag bestimmte: Abtrennung Litauens, Kurlands und Polens, Batums und Kars von Sowjetrussland, Anerkennung Finnlands und der Ukraine als selbstständige Staaten, Aufrechterhaltung des Okkupationsregimes deutscher Truppen in den besetzten Gebieten bis zum allgemeinen Frieden, Anerkennung des Vertrages zwischen den Mittelmächten und der Ukrainischen Rada durch Sowjetrussland, Abzug sowjetrussischer Truppen aus der Ukraine, aus Estland, Livland und Finnland, Aufnahme der diplomatischen Beziehungen sowie der Handelsbeziehungen entsprechend dem deutsch-russischen Vertrag von 1904. Durch den Vertrag wurde ein Territorium von 1 Mill. km^2 mit einer Bevölkerung von 46 Millionen Menschen von Sowjetrussland abgetrennt. Der Sowjetstaat verlor seine fruchtbarsten Getreideanbaugebiete, fast alle Ölquellen, 90 Prozent seiner Kohlengruben, 54 Prozent seiner Industrie.

Im März 1918 notierte Karl Liebknecht: »Billig ist's, jetzt über die Fehler der Lenin/Trotzki zu Gericht zu sitzen [...] Als Märtyrer für die Sünden des deutschen Proletariats kann der russische Sozialismus, das russische Proletariat sein Haupt stolz erheben, auch in seinem tiefsten Fall. Das deutsche Proletariat aber hat seine Ehre im Spiel; es muß alles tun, sie zu retten; seine Ehre und damit sein Geschick und das Geschick des russischen und des Proletariats der ganzen Welt.«[90] Während die anderen Zuchthäusler in Luckau den russischen Friedensschluss mit dem Lied »Lobe den Herren« feierten, kritzelte der enttäuschte Karl Liebknecht auf einen Fetzen Papier: »Räuberfrieden. Erdrosselungs-, Zerstückelungs-,›Verständigungs‹-Frieden. Die Vorgänge im Osten haben den ›Verständ.‹narren die Narrenkappen aufgesetzt.«[91]

Ab April 1918 residierte in Berlin die Botschaft der Russischen Föderativen Sowjetrepubliken. Sophie Liebknecht bat er, den Botschafter Joffe zu grüßen. Um alles in der Welt solle sie aber »bei ihnen und andren keinen Firlefanz, keine Wehleidigkeiten, kein Brimborium irgendwelcher Sorte« um ihn machen. Gebieterisch verlangte er: Meine »jetzige Lage ist eine Selbstverständlichkeit u. Kleinigkeit, nichts weiter. So fasse ich's, so faßt Du's, so fassen's meine Kinder. Und damit basta. Aber was rote

Fahne, Mai-Kommers, Karl-Marx-Amnestien – Spielereien – Spielerein. Treiben sie die rechte Politik – darauf allein kommt's an. Von Dekors und Honneurs mag ich heutzutag nichts hören. Gern wär ich draußen – um kämpfen zu können; möchte zugleich hier sitzen u. draußen wirken u. schaffen, was mein Herz begehrt. Wäre meine Kraft so groß wie mein Wille! Genug davon.«[92] Die »Zauberformel, die den Sieg verbürgt«, laute: »Stets auf Erfolg vertrauen und stets auf Mißerfolg gerüstet sein.«[93] Mit ihr galt es auch die tapferen Mitglieder der Spartakusgruppe auszurüsten. An sie dachte er oft. Immer wieder fragte er Sophie, wie es Rosa im Gefängnis in Breslau gehe. »Sahst Du sie in letzter Zeit? Ist man noch völlig d'accord! So oft Du sie siehst oder ihr schreibst, grüß herzlichst von mir, sie muß sich gesund halten. Wie stehts mit Lene [Jogiches] u. allen sonst? Tausend Dinge hab ich auf dem Herzen – u. vergaß doch am Dienstag so vieles zu fragen«, schrieb er am 16. Juni 1918.[94]

Sophie Liebknecht bangte seit Beginn der russischen Revolution vor allem um ihre Mutter und Geschwister. Es machte sie krank, nichts über deren Ergehen zu wissen. Karl Liebknecht erkundigte sich in fast jedem Brief und bei jedem Besuch, ob es Nachrichten aus Rostow gab. »Könnt ich doch nur Deine Mutter und Adolf zu Dir tragen!«, stöhnte er.[95] Am 9. Dezember 1917 schrieb er selbst an seine »liebste Schwiegermama«: »Lange hat S[ophie] keine Nachricht von Ihnen. Die Umstände erklären das, aber rechtfertigen auch Unruhe und Sorge – für uns alle, am meisten für die arme Sonja, die nun alles ganz allein für sich tragen muß. Ein Glück fast, daß sie alle Hände voll zu tun hat und so abgelenkt wird. [...] Nur immer kann ich wiederholen, wie viel und wie herzlich ich und wir alle an Sie, an Sylvia und Mira, an die Kinder und ganz besonders auch an Adolf, in seinem völlig mystischen Zustande, denken und wie alle unsre besten und stärksten Wünsche bei Ihnen und Ihrer Lage sind.«[96]

In einem Brief, den er eventuell Sophie während ihres Besuchs in Luckau am 27. Dezember 1917 gab, wünschte er zum 5. Hochzeitstag nachträglich und zum bevorstehenden Geburtstag alles Herzensgute und versicherte: »An Deine Mutter u. Deine Geschwister höre ich nicht auf zu denken. Hauptsache ist: sich nicht durch Pressemeldungen beunruhigen lassen; keine Panik.

Selbst die Meldungen der ›Petersburger Tel.Ag.‹ sind unzuverlässig u. werden hier von der Zensur verstümmelt u. verzerrt. Und stets vor Augen halten: ist's auch formell u. politisch ein ›Bürgerkrieg‹, so hat er doch militärisch den Charakter eines regulären Kriegs angenommen. Die darin kämpfenden Kosaken sind keine plündernden lockeren Horden. Die Entente wird auch in der Richtung der Regulierung wirken. An Verlust Deines Vermögens glaub ich nicht; so sehr ich ihn wünschte – wenn er die Folge eines allgemeinen revolutionären Prozesses wäre. Aber wenn's auch futsch ist – ach was! Es soll Dich u. uns alle nicht betrüben. Wir zimmern unsre Zukunft auch dann fest u. gut. Hätt ich Dich nur *hier*. Du bist nicht zerbrochen, wenn Du's nur selbst nicht glaubst.«[97] Diese politisch motivierte Rigorosität in der Vermögensfrage der Familie Ryss in Rostow am Don schürte wohl eher Sophies Ängste über die Folgen der Revolution für ihre Angehörigen und führte dazu, dass sie sich immer öfter in Schweigen einigelte. Schließlich bangte sie um den Verlust ihres Privilegs, auf eigene Mittel gestützt über sich selbst bestimmen zu können. »Daß ich Dir jetzt nicht zur Seite stehn kann, in diesen auffressenden Ängsten, geht mir so nahe, greift mir so in die Seele«, schrieb Karl. »Alles bewegt mich wie Dich […] Ich möcht' Deine Hand halten und Deine Stirn küssen und Dich nicht von mir lassen.«[98]

Endlich traf im Juni 1918 eine Nachricht aus Rostow ein. Allerdings durfte nach der nun »verbündeten!! Ukraine«, zu der Rostow jetzt gehörte, noch keine Post versandt werden. »Du wußtest bisher nicht, daß Du eine Ukrainerin bist. Jetzt wird Dir's eingepaukt«, spottete Karl Liebknecht. Sie möge jedoch ruhig bleiben, denn die jetzige Situation werde eine bloße Episode, ein aussichtsloses Zwischenspiel sein.[99] Sein übertriebener Optimismus entsprach nicht den Gedanken, die ihm angesichts der komplizierten und vermeintlich verfahrenen Situation durch den Kopf gingen. In mehreren Aufzeichnungen beschäftigte er sich mit dem Recht auf nationale Selbstbestimmung. Die Forderung danach war, wie er meinte, nur als Forderung gegen kapitalistische Staaten revolutionär. Sie werde sich jedoch unter imperialistischer Schirmherrschaft nicht verwirklichen lassen. Die Gaunersprache der Imperialisten verriete, dass sie die Übernahme der Losung nur als »Diebesschlüssel für Eroberungen« und als »Werkzeug der Verknechtung« verstünden. Erst der Sozialismus werde die Gewährleistung nationaler Selbstbestimmung ermöglichen. Allerdings sei die nationale Selbstbestimmung als Hauptparole einer sozialistischen Regierung unsozialistisch, weil nationale Instinkte gegenüber sozialen Forderungen in den Vordergrund rückten und ein Ausspielen der Nationen untereinander zur Folge hätten.[100] Er erhob grundsätzliche Einwände gegen die bolschewistische Losung von der nationalen Selbstbestimmung bis zur Lostrennung von Russland. Würden um der vermeintlichen Behauptung der Diktatur des Proletariats willen Litauen, Estland, Finnland, Polen, die Ukraine u.a. in die nationale Selbständigkeit entlassen und getrennt von Russland, musste dies seiner Meinung nach zur Niederwerfung der potenziellen Revolutionskräfte dieser Länder und zur imperialistischen Unterdrückung dieser Gebiete führen. Schließlich würden dort hörige Regierungen ausgehalten bzw. installiert. Entsprechend pessimistisch und sarkastisch war seine Reaktion.

Äußerst kritische Glossen verfasste er zur Ukraine.[101] Da ist von »divide et impera«, von »Brandfackel der Zwietracht«, von Aushungern der ukrainischen Bevölkerung und ganz Großrusslands die Rede, von der ukrainischen Rada als Bourgeoisieregierung, von Deutschland unterstützt, um ihm den Marsch nach Odessa, den Einzug ins Schwarzmeergebiet und das Kapern der Schwarzmeerflotte zu ermöglichen.[102] Verbittert entlarvte er die »Deutsche Revolutionsfabrik«, die u.a. durch Agitation in den Gefangenenlagern unter den Iren, Mohammedanern, Ukrainern, Georgiern betrieben werde. Bei den Verhandlungen der Budgetkommission des Deutschen Reichstages sei im Februar 1918 offen zugegeben worden, »daß die so fabrizierten ukrainischen Revolutionäre von Deutschland ausgerüstet und nach der Ukraine geschickt wurden. Was ein Noske billigte (mit ihm die ganzen Regierungssozialisten).«[103] Das angebliche sozialistische Gesicht der in Wirklichkeit eindeutigen Bourgeoisregierungen in der Ukraine und in Finnland sei ein »Berliner Trick«, die »Befreiungs«sehnsucht der »Fremdvölker« sei zum großen Teil »made in Germany« und werde »zur Drapierung der größten Schurkereien genommen – Mephisto im Priester-Meßgewand«.[104]

Ohne Unterstützung durch revolutionäre Aktionen der Arbeiterklasse in den westeuropäischen und skandinavischen Ländern schienen ihm die Aussichten auf weitere Erfolge der russischen Revolution sehr gering. Er wünschte den Bolschewiki und ihren Anhängern, dass sie sich an der Macht halten könnten und mit der Revolution vorankämen. Ab Mitte 1918 hielt er sich mit kritischen Stellungnahmen zunehmend zurück, weil die russischen Freunde in Teufels Küche seien. »Die welthistorische Größe der von ihnen auf allen Gebieten begonnenen kulturellen Aufräumungs- und Neuschöpfungsarbeit erkennt u. bewundert niemand mehr als ich, wenn mir auch bisher nur ihre schattenhaften Umrisse gezeigt wurden. Mein Kopf u. Herz sind voll davon. Viel möcht ich davon hören u. sagen.«[105] Dies schrieb er direkt an die Spartakusgruppe am 6. Juli 1918, nachdem er sich eingangs des Kassibers bitter beklagt hatte, über die derzeitigen Akteure und Probleme der Gruppe im Ungewissen zu sein. Selbst von der Verhaftung von Leo Jogiches am 24. März 1918 erfuhr er verspätet. Sie sei das Böseste seit 1916. »Hat man sich um die Wohnung gekümmert? Es war ein *Archiv* angelegt (1916) Weiß wer davon? Wo was? Es soll nicht verlorengehen! Wer ist sein Anwalt? – Er muß auch im Gefängnis mit Nahrung usw. versorgt werden. Ich grüße ihn«, hieß es in einem Kassiber.[106] Da bei Jogiches 1931 Mark gefunden worden waren, verdächtigte ihn die Berliner Politische Polizei einer Agententätigkeit für das feindliche Ausland. Ohne etwas davon zu wissen, wurde Karl Liebknecht in Luckau im Juli zu Jogiches verhört und verweigerte prinzipiell die Aussage.[107] Am 12. August 1918 beschwerte er sich über seine Uninformiertheit. Er befürchtete, dass man versuchen werde, Jogiches zum Ententeagenten zu stempeln, und hielt nun eine absolute Aussageverweigerung für nicht angängig. Eigentlich könne einer solchen Unterstellung niemand so entgegentreten wie er, er könne evtl. der wirksamste Leumundszeuge sein.[108] Sophie Liebknecht konnte Leo Jogiches über Oskar Cohn, einen seiner Anwälte, in einem russisch geschriebenen Brief ihr Mitgefühl und Karl Liebknechts Meinung mitteilen und ihm Süßigkeiten überbringen lassen. Auf demselben Weg bekam Sophie einen Brief von Jogiches vom 7. September 1918, aus dem Liebknecht und vermutlich auch weitere Spartakusleute seine Meinung zur allgemeinen Lage und zu seiner persönlichen Situation erfuhren. So oder so werde Russland nicht untergehen, hieß es darin. Trauriger wäre jedoch, dass bei einem »(Übergewicht der Alliierten) das *sozialistische* Rußland stirbt, das zwar ein *krüppliges*, aber immerhin doch *unser* Kind ist. Aber was soll die ganze Kaffeesatzleserei! [...] Karls ausgezeichnete Stimmung freut mich sehr. Übermitteln Sie ihm gelegentlich Grüße, und sagen Sie ihm, daß der Kelch (Verdacht der Agententätigkeit) bislang an mir vorübergegangen ist. Vielleicht fällt dem Staatsanwalt ein (was eben Staatsanwälten so einfällt!), sein Instrument danach zu stimmen. Dann benötige ich natürlich K[arls] Aussage sehr.«[109]

Karl Liebknecht wurde im Laufe des Jahres 1918 immer ungehaltener. In seiner Isolation und Uninformiertheit zerbarst er fast vor Ungeduld und Tatendrang. Er war empört, dass sich in Deutschland nach dem verheißungsvollen Januarstreik von über einer Million Rüstungsarbeiter nichts weiter regte. Die herrschenden Kreise waren erneut mit Verhaftungen und Frontbeorderungen gegen die Opposition der auf Frieden drängenden Kräfte, insbesondere gegen die Spartakusanhänger und die revolutionären Obleute der Metallarbeiter in der Rüstungsindustrie, vorgegangen. Vermutlich erfuhr er nicht einmal, dass gewählte Betriebsvertrauensleute den Groß-Berliner Arbeiterrat gebildet hatten, der folgende Streikforderungen erhob, die mit seinen Vorstellungen konform gingen: Sofortiger Friede ohne Annexion und Entschädigung entsprechend den sowjetrussischen Vorschlägen, Hinzuziehung von Arbeitervertretern zu den Friedensverhandlungen, ausreichende Lebensmittelversorgung, Aufhebung des Belagerungszustandes, Freilassung aller politischen Gefangenen, Demokratisierung der Staatseinrichtungen, Einführung des allgemeinen Wahlrechts in Preußen. Zur Leitung des Januarstreiks hatte der Arbeiterrat einen Aktionsausschuss von elf Vertretern der revolutionären Obleute unter Leitung von Richard Müller gewählt. In den Aktionsausschuss wurden auch je drei Vertreter des Parteivorstandes der SPD (Braun, Ebert, Scheidemann) und des Zentralkomitees der USPD (Dittmann, Haase, Ledebour) aufgenommen.

Durch die Verhaftung von Leo Jogiches war Spartakus seines

letzten führenden Kopfes beraubt.[110] Franz Mehring war durch seinen schlechten Gesundheitszustand geschwächt, tat aber sein Bestes. Am 3. Juni 1918 sandte er an die Bolschewiki ein Offenes Schreiben mit brüderlichen Solidaritätsgrüßen. Darin thematisierte er auch, dass sich die Spartakusgruppe getäuscht habe, als sie annahm, die USPD durch Verbleiben in ihren Reihen vorwärtstreiben zu können.[111] Auch Karl Liebknecht hatte die USPD schon vor ihrer Konstituierung »als die Partei [bezeichnet], die für mich allein in Frage käme«[112]. Im April 1917 verwies er auf ein Epigramm Hebbels: »›Leicht ist ein Sumpf zu verhüten, doch, ist er einmal entstanden, so verhütet kein ›Gott Schlangen u. Molche in ihm.‹« Er bat darum, Mehring und Jogiches »gelegentlich an dieses wichtige Distichon« zu erinnern.[113]

Das Erscheinen der Karl-Marx-Biografie von Franz Mehring erfreute Karl Liebknecht ebenso wie Rosa Luxemburg, Clara Zetkin und viele andere Freunde. Als er das Werk zu lesen begann, war er »wie betrunken und tief aufgewühlt« – es zeige »den Glanz der unübertroffenen Meisterschaft«. Er brannte darauf, mit Mehring über Blanqui und Bakunin streiten zu können.[114] Umso entsetzter las er einen Festartikel zu Karl Marx in der »Norddeutschen Allgemeinen Zeitung« von Dr. R. Wilbrandt, Professor an der Universität Tübingen.[115] »Wißt Ihr, was das heißt? Karl Marx regierungsfähig, Karl Marx hoffähig geworden. Karl Marx durch die Gosse des Regierungssozialismus in die Königlich Preußische Allerwelts-Kloake geschwemmt. Deutschlands Demokratisierung macht reißende Fortschritte.«[116] Wie erfreut wäre er gewesen, wenn er erfahren hätte, dass sich zum 100. Geburtstag von Karl Marx über 2000 Jugendliche im Walde von Stolpe bei Berlin zu einer Kundgebung der Freien Jugend Groß-Berlin einfanden, auf der Fritz Globig zur revolutionären Beendigung des Krieges aufrief.

Seine Sorgen um die Spartakusgruppe und deren Aktivitäten blieben groß.[117] Ernst Meyer war krank und konnte sich den Spartakusbriefen kaum widmen. Für einige Redaktions- und Herstellungsarbeiten konnte der junge, aber darin noch unerfahrene Wolfgang Fernbach gewonnen werden. Wilhelm Pieck arbeitete seit Februar 1918 in der Redaktion des Wochenblatts »Der Kampf« in Amsterdam. Paul Levi hielt sich zur Genesung noch in der Schweiz auf. Alles, was die noch nicht direkt verfolgten bzw. eingesperrten Mitglieder wie Mathilde Jacob oder Käte Duncker zur Versorgung ihrer verhafteten Freunde und zur Herstellung und Verbreitung von Agitationsmaterial taten, musste illegal geschehen. Mathilde Jacob hetzte sich regelrecht ab und musste zeitweilig die Arbeiten in ihrem Schreibbüro reduzieren. Längst war sie nicht mehr nur die Schreibkraft bzw. Sekretärin oder Assistentin der Spartakusgruppe, sondern eine vielseitig agierende Kampfgefährtin.[118] Für Verbindungen ins Reich zog sie stärker als bisher Eduard Fuchs heran. Unterstützung erfuhr sie auch durch Fanny Jezierska, die seit Frühjahr 1918 in der Russischen Botschaft arbeitete.[119]

»Da ich mehr als je über Euch im dunkel bin, so kann ich weniger als je tun«, bemerkte Karl Liebknecht unzufrieden. Wieder sei ein kritischer Moment, in dem alles nach Aktion schreie und es darauf ankäme, dass die »Spartakusbriefe« weiter erschienen.[120] Von ihnen wurden in den Groß-Berliner Wahlkreisen und im Ortsverein Berlin-Spandau 1000, im Höchstfalle 2000 Exemplare verkauft.[121] Seit der Verhaftung von Leo Jogiches sei die Arbeit »vor die Hunde gegangen«, stöhnte auch Rosa Luxemburg. Es gäbe zu wenig Leute, und die wenigen seien furchtbar beschäftigt. Die von der sowjetrussischen Botschaft gut bezahlten Arbeiten absorbierten außerdem nicht wenige Kräfte. Doch ehe sich das deutsche Volk rühre, müssten noch furchtbare Dinge passieren.[122]

Wie Rosa Luxemburg fieberte auch Karl Liebknecht danach, freizukommen und aufrütteln zu können. Er notierte im August 1918: »Deutschland ist Angel-, Schlüssel-, Hebelpunkt der Weltrevolution. Nur deutsche Revolution ist Weltrevolution. Noch aber ist das deutsche Proletariat das schwächste, aktionsunfähigste der Welt. Ein siegreicher *deutscher* Imperialismus würde der stärkste sein in der Nachfolge des Zarismus als Vormacht aller Reaktion. Der Weg über einen deutschen Sieg wäre der weiteste Umweg für die soziale Revolution. [...] Die deutsche Revolution – nicht die englische oder französische – ist die einzig mögliche Rettung für die russische Revolution, deren auswärtige Politik ihre kritische Seite ist, beim Versagen des deutschen Proletariats die Quadratur des Zirkels. [...] *Bleibt die deutsche Revolution aus, so bleibt die Alternative: revolutionärer*

Untergang oder schimpfliches Schein- und Trugleben – auf eine vom borussischen Imperialismus, ihrem blutigsten Feind und Verächter, gewährte Gnadenfrist (befristeter Selbstmord). [...] Kann es jemand geben, der an das zweite denkt? Er müßte bis ans Ende der Welt am Pranger stehen. [...] *Alles, alles* kommt auf das deutsche Proletariat an. Keine Anstrengung ist zu groß, ist groß genug. [...] Andere mögen ihr ›Nur nicht zuviel! Nur nicht zu früh!‹ plärren. Wir werden bei unserem ›Nur nicht zuwenig! Nur nicht zu spät!‹ beharren.«[123] Dass er oft dasselbe wiederhole, sei keine Greisenschwäche, erklärte er Sophie, die ihn deswegen tadelte. »Es ist Hämmern. Bis der Nagel fest sitzt, Axtschlagen – bis der Baum fällt. Pochen – bis Schlafende aufwachen. Peitschen – bis Träge u. Feige aufstehn u. handeln.« Er »möchte helfen unter Opferung von tausend eignen Leben – mithelfen zu dem einzigen, was der russischen Revolution und der Welt helfen kann. Verdammte Ohnmacht. Ich stoße an die Wände.«[124]

Noch befand sich Karl Liebknecht außerdem im Banne theoretischer Studien über die universalen Zusammenhänge der Menschheitsgeschichte, für die ihm selbst das Tütenkleben mehr Inspiration vermittelte, als seine Frau ahnen konnte. Mit skurriler Ironie schrieb er am 16. Juni 1918: »Ich studiere daran systematisch das Wesen der Technik, die Psychologie des Erfindens, den Begriff der Geschicklichkeit. Du magst lächeln; u. sicherlich sind ähnliche experimental physische Untersuchungen schon oft gemacht u. wohl auch wissenschaftlich verwertet. Nur genaue Selbstbeobachtung kann volle Klarheit geben. Jede kleinste Bewegung des ganzen Körpers u. der einzelnen Glieder, ihre Haltung, die geringsten Modifikationen in der Verwendung der Sinne, bes. der Augen u. des Gefühls, die Rolle der geistigen Funktionen und des Stimmungszustandes, der Art u. Ordnung des Materials, der Gestaltung des Arbeitsplatzes, der fortgesetzten Repetition gleichartiger Bewegungen, des Tempos und Rhythmus' der Handgriffe etc., der Beobachtung andrer und der Belehrung durch sie u. der eignen praktischen Erfahrung – unzählige Einzelheiten u. Kleinigkeiten sinds, aus denen sich schließlich eines der wichtigsten Bewegungsgesetze der menschlichen Gesellschaft ergibt, das im Kleinsten dasselbe ist, wie im Größten.«[125]

»Die Bewegungsgesetze«

»Die Bewegungsgesetze der gesellschaftlichen Entwicklung« beschäftigten Karl Liebknecht im Zuchthaus Luckau erneut. Diese Thematik interessierte ihn seit rund 25 Jahren. Neugierig wurde er darauf als Nicolaitaner und Jurastudent. Gegen Ende seiner Ausbildung als Rechtsanwalt und beim Streit um das geistige Erbe seines Vaters schienen ihm Marx' Erkenntnisse für das anhebende neue Jahrhundert unzureichend. Bei seinem Aufbruch in die Politik störten ihn recht bald Tendenzen zur Dogmatisierung und Vulgarisierung des Marxismus in der deutschen Sozialdemokratie, ohne dass er selbst bereits die Fähigkeit besaß, dagegen anfechten zu können.[1] Fürs erste stachelte ihn das Parteileben zum Nachdenken an. Durch hier und da offensichtlich werdende theoretische Brache fürchtete er, auch das gesellschaftspolitische Engagement der Partei könnte verkümmern. Die Bekanntschaft mit Sophie Ryss, deren Geschwistern und Freundeskreis forderte ihn ab 1906 heraus, selbst wieder mehr wissenschaftlichen Interessen nachzugehen. Als Advokat, Stadtverordneter, Politiker und Familienvater blieb ihm dafür kaum Zeit.

Während seiner Festungshaft in Glatz 1907 bis 1909 fand er zwar Ruhe zum Studium klassischer und moderner Literatur,[2] verlor sich aber bald in der Fülle der ausgewählten Werke. Er exzerpierte, konzipierte, entwarf und verwarf bei dem Versuch, Ursachen, Bedingungen und Triebkräfte der gesellschaftlichen Entwicklung zu ergründen. In den Jahren danach habe ihr Mann öfter von seiner in Glatz begonnenen Arbeit »Die Bewegungsgesetze« gesprochen, erinnerte sich Sophie Liebknecht. Er habe darunter gelitten, sie im lauten, unsteten Berliner Leben nicht systematisch fortsetzen zu können.[3]

Während Karl Liebknecht aus Glatz auch maßgeblichen Freunden detailliert über seine philosophischen Studien berichtet hatte, beschränkten sich die Mitteilungen aus Luckau über den Fortgang an der Arbeit zu den »Bewegungsgesetzen« auf Briefe an seine Frau und seine Brüder. Am 11. Februar 1917 schrieb er bereits, dass er vorankomme, und vergab an Sophie und seine Brüder Otto und Curt erste »Aufträge«.[4] Sophie konnte ihm angesichts der Fülle wichtigerer Verpflichtungen diese Bitte nicht erfüllen. Im März 1917 konzentrierte er sich auf Literatur über Volksmärchen, Sagen, Mythen der Welt und schwärmte von Wolfram von Eschenbach, Gottfried von Straßburg, Walther von der Vogelweide. Er exzerpierte viele Äußerungen von Goethe und Lessing und plante, danach an Hebbel, Lenau und Schiller zu gehen. Am liebsten hätte er Sophie mit Zitaten überhäuft und sich mit ihr darüber ausgetauscht.[5] Ähnlich wie Rosa Luxemburg litt er darunter, keinen unmittelbaren Gedankenaustausch haben und nur mit sich selbst reden zu können.

Als er seine Frau um Wilhelm Wundts »Physiologische Psychologie« bat, erklärte er ihr sein besonderes Interesse an der Entwicklung von Ideologien und Kultur.[6] »Jahrzehnte möcht' ich studieren – ohne aufzusehn. Und zugleich frei wirken können – ohne zu rasten. Ich brauche ein verdoppeltes Leben, um ganz Ich sein zu können.«[7] An Werken zur Geschichte und Philosophie erwähnte er Bücher von Bernheim und Woltmann, Lawrow und Kropotkin, Müller-Lyer, Carlyle und Volney, von den Schriftstellern Kleist, Tieck, Alexis, Brentano, Dostojewski, Gogol, Puschkin, die er gerade zur Hand nahm oder mitzubringen bat. Er forderte Lexika für Französisch und Latein an, und er äußerte sich über Musik.

Sofern es der Zuchthausalltag zuließ, las und schrieb er, klagte aber im April 1917, fürs Ausformulieren seiner Ideen zu kaputt zu sein.[8] Sein Vertrauen in sein Können schwankte wie seine Stimmungen. »Glaub nur nicht, daß ich das Zeug für wertvoll halte, gar für unersetzlich. Es sind nur vielleicht einige brauchbare Ansätze darunter – u. ich möchte noch etwas Rechtes draus machen. Mein Vertrauen auf meine Fähigkeit dazu ist gering genug.«[9] Wiederholt stöhnte er über die erdrückende Fülle des Materials und seine Neigung zur Zersplitterung. Bereits zehn Jahre früher hatte er in einem Brief an Minna Kautsky seine Schwäche ironisiert: »[...] ich bin ein Meister Petz, nein, ein Isegrimm im Pfaffenspeicher (siehe Reinecke Fuchs). Fresse meinen Kopf am

Ende so voll, daß ich das Tageslicht der großen Übersicht nur innerlich zerschunden u. zerschlagen wieder erreichen werde. Also ohne Schinden gehts im Leben einmal nicht ab. Eben bin ich in einer Periode der Blödheit.«[10]

In seiner Hauptarbeit, den »Bewegungsgesetzen«, stocke er, schrieb er am 10. Juni 1917 an Sophie selbstkritisch: Die Grundlagen seien »im ersten Entwurf längst fertig – aber chaotisch. Jetzt gilt's ordnen, gliedern, ausbauen. Das reizt mich stets weniger als das erste Produzieren, das Heraussprudeln, das eigentliche Zeugen und Gebären – im Gegensatz zu jenem Ordnen, das ich als ein Erziehen bezeichnen möchte.«[11]

Er verwahrte die Aufzeichnungen in einem Köfferchen. Als Sophie es 1919 öffnete, erblickte sie klar und übersichtlich geordnet »Ein Manuskript: ›Bewegungsgesetze‹ bestehend aus: a. einem Schulheft, 82 losen Blättern und 2 Klappen. b. einem Schulheft, 53 Blättern und 2 Klappen. c. vorbereitenden Arbeiten zu diesem Manuskript, bestehend aus vereinzelten, wohlgeordneten Blättern, größeren und kleineren Formats – im ganzen aus 394 Blättern Schreibpapier und Pakethüllen (K. L. klebte Tüten). d. Studien – 222 Blätter. e. Studien – 61 Blätter.«[12] Bei der Entlassung aus dem Zuchthaus Luckau am 23. Oktober 1918 hatte Robert das Köfferchen getragen. Vom Vater war er nachdrücklich ermahnt worden, darauf achtzugeben, denn es enthalte seine ihm teuersten und wichtigsten Manuskripte. Robert bekam einen Riesenschreck, als er es im Empfangstrubel auf dem Bahnsteig stehen gelassen hatte. Doch es stand noch dort, und er brachte es wohlbehalten in die Wohnung.

Fortan war das Köfferchen samt Inhalt das Kleinod der Familie. Sophie sowie die Söhne Wilhelm und Robert hielten »Die Bewegungsgesetze« für Karl Liebknechts Hauptwerk. Sophie hatte seit 1917 verzweifelt in seinen Unterlagen nach den Manuskriptseiten aus Glatz gesucht und in dem von ihm wiederholt zugegebenen Chaos nicht alles gefunden. Manche seiner Glatzer Gedanken brachte Liebknecht daher in Luckau weitgehend aus dem Gedächtnis neu zu Papier.[13] Natürlich wusste die Familie um das Fragmentarische des Manuskripts. Sie kannten auch Karls Bemerkung: »Mehr Selbstverständigung als Abschluß«[14], doch sie waren davon überzeugt, dass er daraus gewiss etwas Rechtes hätte machen wollen und können. Der Gedankenreichtum und die große Themenvielfalt faszinierten sie. Aber sie mussten erleben, dass diese Arbeit nicht die ihr gebührende Beachtung fand, da sie nicht in die Denkschablonen der verschiedenen marxistischen bzw. marxistisch-leninistischen Auffassungen passte. Bis auf wenige Ausnahmen war es Sozialdemokraten wie Kommunisten nicht möglich, Karl Liebknechts philosophische Erörterungen zu den ihn quälenden Fragen der gesellschaftlichen Entwicklung vorbehaltlos zu rezipieren. Die meisten kamen zu dem Schluss, er habe viel zu eigenwillig und abwegig nach einem originären System für das Erkennen von Gesetzmäßigkeiten und Gesetzwidrigkeiten in Natur und Gesellschaft gesucht. Das hinterlassene Manuskript sei nicht bis zu Ende durchdacht, nicht klar genug geordnet und in Gänze schwer zu begreifen. Solche Ansichten versperrten den Zugang zu Liebknechts Denkansätzen und ließen außer Acht, dass auch anderen sozialdemokratischen Theoretikern um die Jahrhundertwende herkömmliche Gedanken und Begriffe für die Analyse von Triebkräften, Tendenzen und Widersprüchen der sich im Umbruch befindlichen Gesellschaft nicht mehr ausreichend schienen. Liebknechts Fragestellungen ähnelten Erklärungen, die z. B. in Kautskys, Bernsteins und Rosa Luxemburgs Schriften sowie in den Revisionismusdebatten ihren Ausdruck fanden.

Der Ärger der Familie vergrößerte sich, als der in der kommunistischen Bewegung durch Dogmatismus und Stalinismus diktierte Umgang mit Karl Liebknecht zu Ignoranz gegenüber den »Bewegungsgesetzen« führte. »Das unvollendete Werk mag kritisiert werden«, schrieb Sophie Liebknecht am 21. März 1961, »es ist aber mit dem ganzen Wesen K. L-s aufs engste verbunden und deshalb zum näheren Verständnis seiner Weltanschauung unentbehrlich.«[15] Diese vernünftige Ansicht fand in der Geschichtsschreibung über die Arbeiterbewegung kein Echo. Sophie trug am meisten dazu bei, dass die Nachwelt mit den »Bewegungsgesetzen« bekannt wurde. 1919 fertigte sie mit Unterstützung einer Stenotypistin eine Abschrift an. Wie Susanne Leonhard berichtete, soll es wegen der Herausgeberschaft zwischen Sophie und Theodor Liebknecht Meinungsverschiedenheiten gegeben haben. Nach Rücksprache mit Franz Pfemfert sollte ursprünglich ihr die Herausgabe angetragen werden. Theodor Liebknecht war gegen diesen Vorschlag.[16] Auf Empfehlung von Prof. Dr. Gustav Radbruch, den Sophie an der Universität Heidelberg kennen- und schätzen gelernt hatte, einigte man sich auf den dort lehrenden Philosophiedozenten Rudolf Manasse.[17] Er veröffentlichte 1922 unter dem Pseudonym Dr. Morris Karl Liebknechts »Studien über die Bewegungsgesetze der gesellschaftlichen Entwicklung«[18]. Den Titel entnahm er nicht dem Manuskript, sondern Vorarbeiten, in denen Karl Liebknecht mehrfach Notizen mit dem Hinweis versah: »Zu meinem Buch: Studien über die Bewegungsgesetze der gesellschaftlichen Entwicklung«. Die Bearbeitung durch Rudolf Manasse erstreckte sich auf »Stoffanordnung« und »Stilisierung«. Dabei nahm er »einige gravierende Änderungen am Manuskript vor. Dazu gehören besonders die willkürliche Gliederung des Manuskripts in zwei Abschnitte und die Einordnung der Auffassungen Karl Liebknechts zur Darwinschen Lehre und Marxschen Mehrwerttheorie [aus gesonderten Abhandlungen]. Darüber hinaus nahm Manasse in das Buch einen dritten Abschnitt auf, dem er den Titel ›Einzelne Kulturerscheinungen‹ gab. Dieser beruhte – ebenso wie viele Ergänzungen des Manuskripts – auf dem reichen Material der Vorarbeiten Liebknechts. Nicht immer geht jedoch aus den Liebknechtschen Aufzeichnungen eindeutig hervor, in welchen Zusammenhang er diese in sich abgeschlossenen Ergänzungen stellte. So assoziiert die Darstellung Manasses oft einen Zusammenhang, der nicht unbedingt mit den Liebknechtschen Auffassungen übereinstimmen muß.«[19] Diese Ausgabe wurde zur Grundlage aller weiteren Publikationen, unter denen die von Ossip K. Flechtheim 1974 veröffentlichte Fassung die verbreitetste ist.[20]

Marlen Michailowitsch Korallow erweiterte mit seinem Buch »Gedanken über Kunst«, das 1971 in Russisch und 1988 in Deutsch erschien, die Sicht auf Liebknechts theoretische Studien.[21] Er wandte sich speziell dem ästhetischen Erbe Karl Liebknechts zu und ergänzte die in den »Studien über die Bewegungsgesetze« enthaltenen Abschnitte über die Kunst mit Auszügen aus Exzerpten und aus Briefen an Sophie Liebknecht.

Als »Die Bewegungsgesetze« nicht in die neunbändige Karl-Liebknecht-Edition des Instituts für Marxismus-Leninismus beim ZK der SED aufgenommen wurden, kritisierten dies seine Witwe und Söhne sowie einige Rezensenten gehörig. Die Herausgeber rechtfertigten sich damit, dass erst sämtliche handschriftlichen Exzerpte, Notizen und Entwürfe zum Fragment entziffert werden müssten, bevor über Umfang und Form der Aufnahme dieser Hinterlassenschaft Liebknechts entschieden werden könne.[22] Mit der Entzifferung war über längere Zeit Erna Herbig, Mitarbeiterin des Instituts, betraut. Wilhelm Liebknecht, der in Moskau lebte, wo die Originale archivarisch aufbewahrt werden, erklärte sich bereit, bei der Entzifferung der schwer lesbaren Autographen seines Vaters mitzuhelfen. Er verstarb 1975 leider viel zu früh.

1995 schließlich konnte Thomas Schulze erstmalig das Fragment Karl Liebknechts aus der Luckauer Gefängniszeit und das von ihm angefertigte »Inhaltsverzeichnis« unter dem Liebknechtschen Titel »Die Bewegungsgesetze der gesellschaftlichen Entwicklung« veröffentlichen. Diese Publikation entspricht dem jetzigen Forschungsstand zu den philosophischen Studien Karl Liebknechts in den Festungs- und Zuchthauszeiten 1907 bis 1909 und 1916 bis 1918.[23]

In den Biografien wurden die »Bewegungsgesetze« nicht übergangen. Harry Schumann schrieb 1923 in der 2. Auflage seines Buches: »Es ist lächerlich, einen Liebknecht mit dem Wort ›Spartakus‹ abzutun« und erweiterte das von ihm 1919 publizierte Porträt um den Abschnitt »Liebknecht als Philosoph«.[24] Auch in Walter Bartels kleiner Bildbiografie[25] von 1961 und in der russischen Karl-Liebknecht-Biografie von M. Janowskaja aus dem Jahre 1965[26] waren die »Bewegungsgesetze« vermerkt. Mit der Einordnung und Wertung des Manuskripts taten sich jedoch bisher alle Biografen schwer. Das trifft auch auf die Autoren der umfangreicheren politischen Biografien zu.

Heinz Wohlgemuth konzentrierte sich in der Einschätzung der politischen Äußerungen Karl Liebknechts auf dessen Annäherung an den Leninismus. Das Fragment sei weder ein »Testament« noch von so zentralem Wert, dass man sich ihm ausführlicher widmen müsste. Auf wenigen Seiten seiner umfassenden Biografie[27] hob er Karl Liebknechts »Fehlorientierung« auf philosophische Idealisten und dessen große philosophiegeschichtliche Unsicherheit hervor. Er meinte, zeitweilig habe Liebknechts praktische Politik im Widerspruch zu dessen weltanschaulichen Ansichten gestanden.[28]

Helmut Trotnow äußerte sich in seiner politischen Biografie von rund 300 Seiten nur andeutungsweise über die »Bewegungsgesetze«, fügte aber einen Anhang von 14 Seiten hinzu.[29] Dabei ging es auch ihm »weniger um eine Gesamtinterpretation des philosophisch ausgerichteten Werkes um seiner Selbstwillen, sondern vielmehr um eine vergleichende Analyse im Hinblick auf die Ergebnisse der vorangegangenen Untersuchung zu den Motiven und Zielen sowie den politisch-theoretischen und politisch-taktischen Vorstellungen des politischen Handelns von Karl Liebknecht«[30]. Die Aufmerksamkeit lenkte er auf Fakten zur Entstehung; er teilte die Zweifel, ob es sich bei der Publikation von 1922 um das ursprüngliche Manuskript handelte und sprach sich für weitere Prüfungen und Recherchen aus. Nach seiner Auffassung hätte Karl Liebknecht niemals seine Einwilligung zur Veröffentlichung in der Fassung von 1922 gegeben, weil der Text bruchstückhaft, unfertig, in der Sprache hölzern und schwer verständlich sei. Trotz notwendiger Relativierungen zeige dieses Lebenswerk Karl Liebknecht in einem völlig neuen Licht. Der halbfertige Charakter ermögliche »einen ungeschminkten Einblick in das geistige Innenleben Liebknechts«[31].

Auch in der von Elke Keller und mir gestalteten Biografie in Dokumenten fanden die theoretischen Studien nicht die ihnen gebührende Wertung. Wir gingen detailliert auf Karl Liebknechts Bemühungen um diese Arbeit ein, urteilten aber anmaßend, er habe es nicht vermocht, »die marxistische Philosophie auf der Grundlage der vielen neuen naturwissenschaftlichen und gesellschaftswissenschaftlichen Erkenntnisse im dialektisch-materialistischen Sinne von Marx und Engels weiterzuentwickeln und gegen die Angriffe von bürgerlichen und revisionistischen ›Marx-Tötern‹ zu verteidigen. Diese Aufgabe meisterte nur W. I. Lenin, wie dessen 1908 erschienenes Werk ›Materialismus und Empiriokritizismus‹ bewies.«[32] Bei der Bewertung seiner Studien in Luckau hielten wir uns an die verbrieften Feststellungen: »Karl Liebknecht blieb auf seiner Suche nach einem System der Bewegungsgesetze der gesellschaftlichen Entwicklung stecken.«[33]

Der inzwischen verstorbene Moskauer Historiker B. A. Aisin ging 2000/01 in zwei Studien von der Prämisse »Theoretiker, Philosoph, Soziologe« aus.[34] Zwar plädierte er für eine differenzierte Wahrnehmung der Marx-Kritik und der Aufgeschlossenheit Karl Liebknechts gegenüber neuen Erkenntnissen, versagte sich aber, das Fragment insgesamt einzuschätzen. Auf jeden Fall sei es weder als marxistisch noch als antimarxistisch zu bezeichnen. Mit einer solchen Behauptung ist jedoch nicht gegen Urteile anzukommen, wie sie Gerd Koenen 2005 in seinem Werk »Der Russland-Komplex. Die Deutschen und der Osten 1900–1945« gefällt hat. Nachdem Koenen es als »ideologisch wie charakterologisch völlig absurd« bezeichnet, Liebknecht als den »deutschen Lenin« anzusehen, lehnt er sich ohne erkennbar eigene Analyse an Helmut Trotnows Meinung an. Liebknecht sei »ein entschiedener Anti-Materialist, [...] ein ›utopischer Sozialist‹ par excellence, mehr proletarischer Erweckungsprediger als revolutionärer Machtpolitiker. Gerade das gehört aber wohl zu seiner charismatischen Wirkung auf die kriegsmüden und verbitterten ›Massen‹«, obwohl er ein Außenseiter und Einzelgänger in der Partei seines berühmten Vaters geblieben sei.[35] Karl Liebknecht schlechtweg als Außenseiter und Einzelgänger zu bezeichnen, entspricht ebenso wenig den Tatsachen seines Lebensweges und der nachhaltigen Wirkung seines Denkens und Tuns wie die unzutreffenden Versuche, ihn als atheoretischen Pragmatiker hinzustellen oder zum verkannten Theoretiker zu stilisieren.

Karl Liebknecht verstand sich weder als professioneller Philosoph noch als Theoretiker. Bei aller Unvollständigkeit trete das fragmentarische Manuskript dem Leser »als totaler Ausdruck eines lebendigen Geistes« entgegen, schrieb Rudolf Manasse 1922 in seinem Vorwort zu Recht.[36] Er hatte sich mit Unterstützung der Familie und von Freunden Karl Liebknechts gründlich mit dessen Motiven und den Entstehungsbedingungen seiner Studien auseinandergesetzt und begriff sie als Reflexionen über einen »Weg zu einem neuen Humanismus, Erweckung der lebendigen Kräfte im Menschen, Auswirkung des Lebens in höchster Intensität« und den Sozialismus als »die soziale Bewegung des Proletariats«, die »Entstehungs- und Kampfform des neuen allumspannenden Humanismus«.[37]

Thomas Schulze hob 1995 das Kernanliegen des Verfassers der »Bewegungsgesetze« hervor: »Marx' und Engels' theoretische Begründung des Zusammenhangs ihrer Lehre mit dem Humanismus kannte Liebknecht auf Grund seiner eingeschränkten Kenntnis der literarischen Quellen nicht. Dennoch war er von einer solchen Einheit zutiefst überzeugt. Gleichzeitig ermöglichten ihm seine detaillierten Beobachtungen, sensibel auf die sich verändernden Klassenbeziehungen zu reagieren und hierbei demokratische und humanistische Interessen verschiedener Klassen und Schichten aufzugreifen. In den ›Bewegungsgesetzen‹ versuchte er, orientiert an der Entwicklungslinie humanistischer Ideen besonders von Spinoza über Lessing, Herder, Kant, Goethe, Hegel, Fichte eine eigenständige philosophisch-theoretische Begründung für die Einheit von Sozialismus, Humanismus und Fortschritt zu finden. Sie mündete in seiner Überzeugung von einem ›neuen Humanismus‹ der zukünftigen Kulturentwicklung. Darin verband er die empirisch erkannte Tendenz einer Annäherung grundlegender Interessen der Werktätigen als objektive Voraussetzung für Humanität in ihren sozialen Beziehungen mit der Überzeugung, daß die Menschheit einer rationellen Gestaltung ihrer Beziehungen zur natürlichen Umwelt fähig ist. [...] Er distanzierte sich in den grundsätzlichen weltanschaulichen Positionen eindeutig vom Verzicht auf die Erkenntnis des gesellschaftlichen Fortschritts.«[38]

Das Inhaltsverzeichnis Karl Liebknechts vermittelt Einblick in den Umfang und die gedankliche Ausrichtung. Zu den angeführten 125 Gliederungspunkten gehörten: Inwelt und Umwelt, Das organische Prinzip, Die Kategorien der Triebe und die Sphären, Das Schema der menschlichen Funktionsbeziehungen, Die menschlichen Schöpfungskräfte, Wesen und Maßstab der Kultur, Wirtschaftliche Verhältnisse und Ideologien, Noch einiges zur Sozialpsychologie, Soziale Resorption, Akkulturation und De(dis)kulturation, Vom Darwinismus, Von der Identität aller menschlichen Kultur, Der Entwicklungsprozeß, Die Bewegungsgesetze, Die Hierarchie der Entwicklungsfaktoren usw. usf.[39] Die Terminologie bedürfe noch der Präzisierung, betonte Liebknecht in seiner Vorbemerkung. Er suche »eine mehr konstitutive, konstruktive Theorie, ein System zu entwickeln – im

Unterschied von der Marxschen Theorie, die nur einen Zeitgedanken, wenn auch einen ungemein fruchtbaren gibt«[40]. Er erhebe nicht den Anspruch der Unfehlbarkeit und Abgeschlossenheit und wolle nicht im Entferntesten ein Dogma geben. Erkenntnistheoretisch stehe er »skeptischer als Humes Skeptizismus, kritischer als Kants Kritizismus, solipsistischer selbst als Fichtes Solipsismus – geradewegs auf dem Boden der Agnosis«[41].

Im Fragment aus dem Luckauer Zuchthaus setzte Liebknecht andere inhaltliche Akzente als im Glatzer Manuskript.[42] Sowohl in der Vorbemerkung von 1917/18 als auch im Abschnitt »Die Gewalt als bildendes Prinzip und Regulator der sozialen Gestaltungen«[43] hob er hervor: »*Ein Hauptergebnis* der Betrachtung aller natürlichen und speziell menschlichen Zustände, ein Hauptergebnis auch der vorliegenden Untersuchung ist dieses: Die Grundlage (Wurzel, das bildende, formende Prinzip) aller Verhältnisse, wie in der unorganischen Welt, wie in den Beziehungen der organischen zur unorganischen Welt und unter den organischen Wesen überhaupt, so auch unter den Menschen, und die Grundlage aller sozialen Gestaltungen ihrer bisherigen Geschichte im besonderen, ist *Macht*; und deren ultima ratio, deren tiefste Grundlage im bisherigen Geschichtsverlauf wiederum *Gewalt*, Gewalt im gröbsten, materiellen, körperlichen Sinn, Gewalt, die als drohende Potenz selbst hinter den scheinbar idealsten Beziehungen im Verborgenen lauert; als deren letzter Regulator auch der zartesten duftigsten Verbindungen. Es gibt auch eine psychische Gewalt (Macht), und sie spielt eine höchst bedeutungsvolle Rolle in der organischen Welt, in den sozialen Beziehungen der Menschen – aber auch ihr letzter Regulator ist die potentielle physische Gewalt?«[44]

Seine Überlegungen galten fast durchweg Vorgängen der Menschheitsgeschichte allgemein, nicht nur der kapitalistischen Gesellschaft.[45] Intensiv beschäftigte ihn die Frage, warum sich Menschen zu Diensten für andere gewinnen oder erpressen lassen, wie es überhaupt zur Herrschaft von Menschen über andere, zum »divide et impera« kam. Er ging von einer »elementar-untrennbare[n] Funktionsbeziehung zwischen geistig-psychischen und physischen Einflüssen« aus.[46] Zu den elementaren kämen soziale Faktoren hinzu. Bereits eroberte Machtpositionen bzw. der

Besitz von Funktionen spielten eine wesentliche Rolle. Das gelte auch für Machtverschiebungen zwischen Klassen der Gesellschaft. Das Proletariat z. B. bedürfe im Lassalle'schen Sinne der Schulung, brauche Klassenbewusstsein, Organisation, Vermögen und einen anderen realen Machtwillen, um sich entfalten und behaupten zu können.[47]

Stärker als bisher suchte Liebknecht nach einer Erklärung des Handelns der Menschen im Geschichtsprozess.[48] Dabei wollte er sich nicht in totalen Gegensatz zur materialistischen Geschichtsauffassung stellen[49] und verteidigte die von Marx und Engels im »Kommunistischen Manifest« dargelegte historische Mission der Arbeiterklasse und die Orientierung auf die soziale Revolution zur Überwindung des Kapitalismus. Beide hätten, so meinte er wie andere Sozialdemokraten seiner Zeit auch, die objektiv determinierte Klassenstruktur und die grundlegenden Interessen der Klassen und Schichten im Kapitalismus herausgearbeitet. Aufgrund der Veränderungen im kapitalistischen Gesellschaftsgefüge und in den unterschiedlichen Herrschaftsstrukturen europäischer und amerikanischer Länder und Regionen waren jedoch nach seiner Auffassung eine ganze Reihe von Fragen neu zu beantworten, so z. B.: Welche Struktur- und Entwicklungsgesetze der Gesellschaft liegen dem Kampf für den Sozialismus zugrunde? Welcher Zusammenhang besteht zwischen Gesellschaftsgesetzen und dem Handeln der Menschen? Welche außerökonomischen Einflüsse wirken auf die Menschen ein?[50]

Besonders intensiv beschäftigte er sich mit der Entwicklung des »Menschen« als des kompliziertesten der bekannten Organismen.[51] Dazu regten ihn nicht nur Darwin und die um diese Zeit aufkommenden Lebens- und Entwicklungsphilosophien an, sondern auch Beobachtungen über sich selbst und über die Entfaltung oder die Entartung von Menschen unter ganz bestimmten Kultur- und Gesellschaftseinflüssen. Beim Menschen schwanke die Befindlichkeit und die Handlungsbereitschaft am mannigfaltigsten. Wiederum stünde neben der Differentiation die Integration, und im Persönlichkeits-, im Ich-Gefühl und -Bewusstsein besäße er »ein besonders vervollkommnetes Mittel [...], die Vielfalt zu einer großen Einheit und den Wechsel zu einer gewissen [...] Gleichmäßigkeit zu ordnen«[52]. In Äußerungen wie den folgenden schlug er einen direkten Bogen zu den ihn peinigenden zeitgenössischen Zuständen. »Wird der Organismus – z.B. von der Umwelt – in seinen Grundlagen, seinem Dasein bedroht, so steigert sich – aufgerüttelt – die Tätigkeit aller seiner Bestandteile aufs äußerste: in Defensive und Offensive. Je größer die Schnelligkeit, Stärke, Dauer der Perzeption, des Urteils und Entschlusses, um so besser gerüstet ist der Organismus gegen die Bedrohung, um so aussichtsreicher der Existenzkampf. Intellektuell entsteht unter solchen Umständen in einfachen und stumpfen Individuen oft geradezu eine geniale Clairvoyance; in sonst trägen Individuen eine bewundernswerte Aktivität und Ausdauer, in sonst feigen Individuen ein heroischer Mut. Die zur Selbsterhaltung dienenden Kräfte des Organismus erscheinen aufs höchste entfaltet, die widersprechenden kraftlos, die neutralen treten zurück. So entsteht in den Krisen der Gesellschaftsentwicklung die Erhebung der Massen-Einsicht bis zur Erkenntnis des Gesellschaftsbedürfnisses, der Massenethik bis zur Preisgabe ihrer individuellen Sonderinteressen für das Allgemeininteresse, bis zur Bereitschaft, sein ganzes Selbst dafür *aufzuopfern,* die Erhebung des Massenmutes zum Heroismus, der Massenkraft und Zähigkeit bis zum Gigantischen, zur Unüberwindlichkeit. Daß und inwiefern all dies auch entsprechend für die *physische* Leistungsfähigkeit zutrifft, bedarf hier keiner näheren Darlegung.«[53] Sein Vertrauen in die Einsichtsfähigkeit und in den Betätigungsdrang von Millionen kriegsmüder Menschen verlor Karl Liebknecht nicht, obwohl es genügend Gründe und Anlässe für Enttäuschungen gab, über die er sich in Zornesausbrüchen Luft verschaffte.[54]

Zum Menschsein gehörten für Karl Liebknecht entsprechend der Devise »Des Lebens Pulse schlagen frisch lebendig« Lebensgenuss, -freude, -gefühl, Erhaltungs-, Fortpflanzungs-, Kindererhaltungs-, Sympathie- und Solidaritätstrieb, Nutzbarmachung der Umwelt sowie Abwehr schädlicher Einflüsse der Umwelt.[55]

Gern griff er auf Goethe zurück. »Solange nicht den Lauf der Welt Philosophie zusammenhält, erhält sich das Getriebe durch Hunger und durch Liebe«, zitierte er genüsslich und wies darauf hin, wie sich zuweilen einzelne Bedürfnisse überlagern können. Er ließ sich durch erotische Szenen in der Literatur, etwa in Zolas »Germinal« oder »Rom«, anregen. Vermutlich spielten auch Erinnerungen an seine Liebe eine Rolle, die er mit Sophie Ryss in Heidelberg, Hamburg, Prag oder auch Berlin verstohlen ausgelebt hatte. Auf die Frage »Ist die *›Liebe‹* ein gleich mächtiger Rivale des *Hungers* wie der Schutztrieb?« antwortete er unverblümt: »Zuweilen, vorübergehend, in Zuständen der Ekstase, der erotischen Manie mag die Liebe, die erotische Raserei selbst den stärksten Hunger und alle anderen Empfindungen und Bedürfnisse, auch die des Schutzes gegen eminenteste Gefahr übertönen – bis zur Vernichtung des Lebens, zur Selbstzerstörung, Selbsthingabe [...] Die Ranggleichheit besteht jedenfalls nur bis zu einer gewissen Grenze, jenseits dann die ›Liebe‹ für die Regel aufhört, der Hunger (und der Schutztrieb) unbeschränkt, in ungeteiltem Regiment, absolut despotisch, herrscht, an der Grenze aller Liebesgefühle, die etwa passieren möchten, konfiszierend, abschlachtend, aufzehrend.«[56] Nicht von ungefähr hieße es in Goethes »Wilhelm Meisters Lehrjahre«: »*Nicht in Zahlen allein, mein Freund, erscheint uns der Gewinn; das Glück ist die Göttin des lebendigen Menschen*, und um ihre Gunst wahrhaft zu empfinden, muß man leben und Menschen sehen, die sich recht lebendig bemühen und recht sinnlich genießen.«[57]

Nach Erörterungen über den Menschen, die Geschichte und das Verhältnis von sozialer Machtstellung und Funktion auf den verschiedenen Entwicklungsstufen folgten Ausführungen, die Karl Liebknecht unter die Überschrift »Marx-Kritik (›Anti-Marx‹)« stellte. Dabei griff er »auf einzelne Erkenntnisse von Marx und Engels zurück, die er fast ausschließlich aus zweiter Hand (aus Büchern von Ernst Bernheim, Karl Vorländer, Ludwig Woltmann) aufnahm, wobei ihm oft der jeweilige Kontext das Verständnis erschwerte«, wie Thomas Schulze herausfand.[58]

In mit I–XXXIII bezifferten Passagen, deren Analyse Spezialisten überlassen bleiben muss, merkte Karl Liebknecht mehr oder weniger thesenhaft Zweifel und Widerspruch zu Marx' ökonomischer Theorie an.[59] Dies betraf vor allem die Begriffe Arbeitskraft und Arbeit, die Werttheorie, die Durchschnittsprofitrate, den Mehrwert, die Kapitalzusammensetzung, die Akkumulation, die Produktivität, den Profit und den gesellschaftlichen Reichtum. Er meinte »eine um so wunderlichere

Antinomie und Inkonsequenz der Marxschen Lehre« zu erkennen, »jemehr diese Lehre in der Konstruktion von Mehrwert und Profit ganz *rücksichtslos von der empirischen Erscheinung der Durchschnittsprofitrate abstrahiert hat«*[60]. Ihm missfiel an Marx, dass dieser z.B. den Wert der Arbeitskraft aus dem historisch-konkreten Stand der sozialen Klassenlage herleitete, also aus einer Klassentatsache auf eine gesamtgesellschaftliche Tatsache schloss.[61] Seine Konstruktion dagegen gehe von der kulturellen Gesamtlage der Gesamtgesellschaft aus.

Selbstreproduktionskraft und Wert der Arbeitskraft seien ganz unvergleichbare Tatsachen, die Marx willkürlich in eine künstliche Relation zu setzen versucht habe. »Was berechtigt, eine Relation irgendwelcher Art zwischen dem Wert des Lohns (Kaufpreises der Arbeitskraft) und der Selbst-Reproduktionskraft der Arbeitskraft herstellen, behaupten zu wollen? Die Arbeitskraft, wie sie ist, telle quelle, mit allen ihren Eigenheiten ist erworben und voll bezahlt, so wie mit dem Kaufpreis einer Blume nicht nur deren Stengel, Blätter usw., sondern auch ihre Fähigkeit zu duften und durch Farbe und Form zu erfreuen. [...] Man mag den ganzen kapitalistischen Arbeitsvertrag verwerfen oder akzeptieren oder beurteilen, wie man mag – aber diese eine angebliche Eigenschaft der Arbeitskraft so absonderlich behandeln und beurteilen zu wollen, fehlt jeder Sinn. Welcher zureichende Grund besteht, aus der Ausnützung gerade dieser einen angeblichen Eigenschaft so weitgehende Folgerungen zu ziehen wie Marx? so bedeutsame Konstruktionen und sonstige wissenschaftliche Gebilde darauf zu gründen, wie die der Exploitation und schließlich die des ganzen Wesens der kapitalistischen Gesellschaftsordnung?«[62]

Karl Liebknechts Wissen trug Thomas Schulzes Recherchen zufolge vorwiegend empirischen Charakter.[63] Exzerpte zu Hilferdings »Finanzkapital«, Rosa Luxemburgs »Akkumulation des Kapitals« bzw. zu den Bänden über die Mehrwerttheorie, über deren Studium Liebknecht 1908 bzw. 1916 berichtete, konnten bisher nicht entdeckt werden. Allerdings liegen umfangreiche Exzerpte aus Karl Kautskys »Ethik und materialistische Geschichtsauffassung«, Max Adlers Artikel »Das Formalpsychische im historischen Materialismus«, Ernst Bernheims »Lehrbuch der historischen Methode« und Ludwig Woltmanns »Der historische Materialismus. Darstellung und Kritik der Marxistischen Weltanschauung« vor.[64] In den meisten dieser Publikationen sucht man die Termini von Karl Marx vergeblich. Das erklärt in gewisser Hinsicht, warum Liebknecht die Marx'sche Mehrwerttheorie nicht begriff.

Er verwendete für »gesellschaftlichen Reichtum« als »allgemein-kulturelle, allgemein sozial-entwicklungsgeschichtliche Tatsache«, und zwar unabhängig von der »über-einzelgesellschaftlichen Realität und Konstitution«, den Begriff »Feudum«[65], der im Fragment in verschiedenen Varianten und Zusammenhängen vorkommt. Auf diesen Begriff war Liebknecht regelrecht fixiert, um die ihm wichtig erscheinenden Gedanken über Kulturentwicklung und über Ideologien als Geistesschöpfungen, als Resorption von Erfahrungen und Erkenntnissen sowie deren Rezeption einzubinden. Mit Fragen wie »Worin drückt sich die menschliche Kultur aus?« oder »Was ist Wesen und Maßstab der Kultur?« oder »In welchem Bezug stehen wirtschaftliche Verhältnisse und Ideologien?« wandte er sich der universellen Bedeutung von Kultur- und Geisteserrungenschaften für die Entwicklung von der Menschwerdung bis zur Gegenwart zu.[66]

Hier kann im Folgenden nur auf einige interessante Gesichtspunkte und Passagen aus weit mehr als 180 Seiten aufmerksam gemacht werden. Karl Liebknecht plädierte für einen umfassenden Kulturbegriff, der die materielle, geistige (intellektuelle) und psychische Kultur im weitesten Sinne, d. h. auch geschichtlich, geographisch und ethnographisch gesehen, umschließt.[67] Er sprach Entwicklungstendenzen an, die sich in der Folgezeit verdeutlichen und neue Probleme aufwerfen sollten: »So kann es in thesi gleichzeitig mehrere ›Gesellschaften‹ geben; in der Epoche der Weltwirtschaft, des Weltverkehrs, der alle Zeiten, Erdteile, Rassen und Kulturformen umspannenden Kultur sind alle etwa noch vorhandenen, von der einen hochkapitalistischen Weltgesellschaft vorläufig noch getrennten Kulturkreise (wofür höchstens nur sehr unwichtige existieren), mindestens nach dem kapitalistischen Postulat bereits destiniert, verfallene und verschriebene Nutzungsgebiete, deren Einbeziehung in das weltumspannende Gesellschaftsgewebe nur eine Frage kürzester Zeit ist. Zu der Gesellschaft rechnen *auch die rein passiven*, der Ausbeutung anderer Personen, Schichten oder Völker verfallenen Gruppen, Schichten und Personen, auch der Bodensatz der Gesellschaft und ihres Lebensprozesses.«[68] Und dennoch existiere das Bedürfnis nach und die Tendenz zur Herstellung von Harmonie, kultureller Kohärenz, Konkordanz, Homogenität, gehe es um »einen verschiedenen Grad von Gleichartigkeit, Gleichmäßigkeit, Ausgeglichenheit und Vollständigkeit, und zwar verschieden sowohl in den Individuen, wie den Schichten usw., wie den verschiedenen Kulturstufen und den jeweiligen gesellschaftlichen Reizzuständen, Stimmungen, Empfänglichkeiten, Empfindlichkeiten für Reaktionen und Aktionen aller Art«[69].

Ideologie versuchte er im Verlauf seiner Erörterungen mehrfach zu definieren. Die gängigen Vorstellungen über das Verhältnis von Basis und Überbau schienen ihm zu eng und starr. Er interessierte sich für Ideologien als »die psychisch-geistigen Vorstellungs-, Wissens-, Stimmungs-, Gefühls-, Wollens-Gebilde, die in jeder Sphäre entstehen, sich über dem praktisch-materiellen Betätigungsgebiet in einer *Art besonderer* Region erheben« als ein das Praktisch-Materielle »befruchtende[r] Dunstkreis, ohne den keine Kultur möglich wäre, wie ohne Atmosphäre kein Leben«.

Spürte er, dass seine Notizen schwer verständlich waren, fügte er gleich hinzu: »Vorsicht! Verwirrungsgefahr! Bilder geben noch keine präzise Lösung!«[70] Oder er relativierte sofort, was er eben apodiktisch formuliert hatte, indem er z.B. feststellte, dass die Trennung von Ideologie und Ökonomie unhaltbar sei. »Jede Ideologie hat ihre ökonomische Basis und Wirkung; jede Zelle der Ökonomie hat ihre ideologische Seele. Ideologie gehört zu allen Sphären, Ökonomie gehört zu allen Sphären.«[71] Da war er wieder fast bei Marx angelangt, der Marx-Kritiker. Letztendlich führten einige seiner weit ausholenden oder spitzfindigen Erklärungen zu durchaus Marx analogen Gedanken von der Notwendigkeit, den gesellschaftlichen Reichtum stets nach Klassen und Gesellschaftsgliederungen zu differenzieren und nach der ökonomischen Basis zu befragen. So kam Liebknecht zu dem Schluss, es gelte die systematische Einwirkung der Geld- und Machtfaktoren auf Produktion, Gestaltung und Ausbreitung ideologischer Erscheinungen und Nuancen herauszuschälen. Das Kapital produziere Stimmung, Mode usw. »wie Stiefelwichse, freilich *nur in engen Grenzen; im Schlußresultat doch mehr Strömungen höherer oder tieferer Macht ausschlachtend als neue* Strömungen schöpfend: nur Oberflächennuancen beeinflussend«. Die sich abzeichnende Wirkung des Weltkrieges charakterisierte er deutlich: »sowohl infolge der eigenartigen *wirtschaftlichen* Verhältnisse (Verarmung der Massen; Kriegslieferanten-Parvenüs; Mittelstands-Zerquetschung) wie der eigenartigen *psychischen* Zustände (Ekstase, Enthusiasmus, Abstumpfung, höchste Aktivität, höchste Passivität, höchste Fessellosigkeit und Eigenmacht, höchste ›Disziplin‹, Versklavung, Abhängigkeit): Anarchie im Großen; Drill und Vergewaltigung gegen die Kleinen, Einzelnen; höchste Eigensucht, höchste Selbstlosigkeit, Aufopferung; höchster Genuß – höchstes Leiden und Dulden usw. – kurz die *krassesten Kontraste* – wie in der französischen Revolution«[72].

Neben der sozial bedingten und bestimmten Ethik, Ästhetik, Weltanschauung und weiteren Ideologieformen gäbe es aber zugleich deren »überklassenmäßige, allgemein-gesellschaftliche Form«. Das »Allgemein-Menschliche« und das »Allgemein-Gesellschaftliche« hielt Karl Liebknecht in den meisten seiner Überlegungen für wichtiger als das klassenmäßig Sondierte. Detaillierte Ausführungen widmete er der menschlichen Seele, den verschiedenen Kulturen der Rassen, Nationen, Geschlechter, Altersstufen, den Gepflogenheiten in den Wissenschaften und im Kunstgenuss. Immer wieder wies er auf Zusammenhänge, Atmosphären, Impulse, Antriebe und Einflüsse hin, die für Universalität und Dauerhaftigkeit von Bewegungsfortschritt maßgeblich seien.[73] Seiten später schränkte er solche Überlegungen wieder auf eine seiner bevorzugten Thesen ein: »So ist der antagonistische, dialektische, in Widersprüchen sich vollziehende Entwicklungsprozeß der Gesellschaft geradewegs experimentell-psychologisch und -physiologisch begründet.«[74]

Ausführlich befasste er sich mit Resorptionsprozessen.[75] Er differenzierte in seinen Betrachtungen über Sinn, Charakter, Möglichkeiten und soziale Wirkung von Rezeptionsvorgängen im Rahmen der kulturgeschichtlichen Entwicklung zwischen Parallel-, Dauer- und wiederbelebender Rezeption.[76] Dabei fehlte es nicht an Hinweisen auf Besonderheiten chinesischer, peruanischer, mexikanischer, russischer, persischer, indischer, türkischer, französischer, englischer Literatur und Kunst. Auch in Rückblicken auf die griechische und römische Antike, die altgermanische Mythologie, die Renaissance und den Humanismus in der Aufklärung benannte er die ökonomisch-politischen Antriebe für eine »Gesamtaufsaugung aller bisherigen, sozial gewordenen oder individuell gebliebenen und, soweit erhalten, der Forschung zugänglichen menschlichen Kulturleistungen«[77]. Die zeitgenössische Häufung von Resorption und Rezeption »als die wissenschaftliche, ideologische Spiegelung des imperialistischen Zeitalters«[78] schien ihm besonders hervorhebenswert. Sie war ein Hauptgrund für seine Hinwendung zu intensiven Studien über die Triebkräfte und die Bewegungsgesetze der gesellschaftlichen Entwicklung. Er geriet regelrecht ins Schwärmen, wenn er geographische, geologische, meteorologische und kosmische Verflechtungen und Verschiebungen konstatierte: »Die ganze bisherige und jetzige menschliche Kultur, von den niedersten zu den höchsten Stufen, von Urzeiten bis zur Gegenwart, im eigenen Volk und bei den fremdesten Völkern, alle Nationen, alle Rassen in nächster Nähe und in fernster Ferne, über den Erdball hinweg zugleich vergegenwärtigt, sei es in lebendiger Gegenwart, sei es von der Wissenschaft aus dem Tode oder der Verborgenheit unter und über der Erde und im Meere erweckt und gerufen, und was irgend für die heutige Kulturmenschheit resorbierbar und rezipierbar, gierig aufgesogen, eingeschlürft und ausgenutzt. So wird eine Allgegenwart nach Ort und Zeit, eine Allumfassung, ein Überallsein und ein Allgleichzeitigsein und ein Alleszugleichsein nach Art und Entwicklungsgrad, eine Gesamtprojektion aller bisherigen Kulturleistungen auf die Fläche der heutigen Kultur in europäischem Sinne – des geschichtlichen und ethnologischen Zeitalters der Weltwirtschaft und Welteroberung – zur erstaunlichen und hochgradigen Realität.«[79]

Nach den Triebkräften und Mechanismen der Gesetze der universellen Entwicklung forschend, kam er auch auf Rückbildungen, Zerstörungen, Rebarbarisierungen bereits erreichter Kulturstufen dauernder oder vorübergehender Art zu sprechen. Darwin, »der wenigst dogmatische, der elastischste Systematiker« für die Höherentwicklung der Organismen im Kampf ums natürliche und soziale Dasein, fand Liebknechts hohe Wertschätzung. Im Gegensatz zu den Anhängern des Begriff der organischen Entwicklung bezeichnete er den Gedanken der dialektisch-antagonistischen Fortbildung des Einzelwesens wie der Gesellschaft – »sei es im Hegelschen, Jung-Hegelschen oder Heraklit-Lassalleschen oder Marxschen Sinne [– als] *Teleologie von reinstem Wasser*, mögen sich ihre Adepten auch mit Händen und Füßen gegen diese Feststellung sträuben und stemmen und reine mechanische ›Kausalität‹ im engeren Sinne behaupten«[80].

Ausführlich widmete er sich den vielen Für und Wider im sozialen Kampf ums Dasein. Er wies auf Ursprünge, Funktionen, Entwicklungsphänomene und Entartungen sozialer Solidarität hin.[81] Es gäbe sogar einen Solidaritätswahn, z. B. den Wahn einer Solidarität mit der herrschenden Klasse, wie er sich im »Burgfrieden« während des tobenden Weltkriegs zeige.[82]

Die Fähigkeit der Menschheit, »mit der Natur, so wie sie ist, in ihrer Totalität ohne Zerstörung, ohne Ausrottung zusammen zu leben, wächst mit der Steigerung der Kultur, mit der Technik, mit der zunehmenden Möglichkeit planmäßigen Verhaltens zu allen Erscheinungen der natürlichen Umwelt, auch ihren – *isoliert* betrachtet – den Menschen feindseligen Erscheinungen und Kräften«. Hochfliegende Verklärtheit spricht aus dem sich an diese idealistischen Gedanken anschließenden Traum von der wahren Weltesche der Edda-Mythe, deren Wipfel die Menschheit beschatten und beschirmen werde, in paradiesischer Glückseligkeit verbunden und verschmolzen mit der übrigen Natur.[83]

Bald schon forderten ihn die Realitäten seiner Zeit dazu heraus, mehr über aktuelle Probleme im Kampf ums Dasein zu reflektieren, etwa über die Rolle organisatorischer und organisierter Macht, über die Mittel und Methoden der Herrschenden zur künstlichen Atomisierung der Unterdrückten, über Gewalt, Waffen u. a. Gewaltwerkzeuge. Er fragte sich: Ist der Fortschritt der menschlichen Entwicklung nur ein Wahn oder eine objektive Tatsache? Der Mensch, Subjekt und Objekt zugleich, schreite in Auseinandersetzung mit seiner Umwelt zu neuer Entwicklung fort, »weil er den bisherigen Zustand nicht mehr erträgt und den neuen als eine relative Verbesserung seiner Lage empfindet und auffaßt«[84]. Zum Wesen des Entwicklungsprozesses gehörten als ein entscheidendes Kriterium kulturelle Niveauunterschiede, die zum Ausgleich treiben. Es sei unmöglich oder willkürlich, in der Kette von wirtschaftlichen, geistig-psychischen, technischen, materiellen und ideologischen Zusammenhängen einen Scheidestrich zu ziehen.[85] Die materielle Kultur gewähre eine feste Basis, ihre bestimmende Kraft trete deutlich hervor. Die Zahl und das Zusammenwirken der gesellschaftlichen Entwicklungsfaktoren seien so mannigfaltig wie die menschlichen Eigenschaften und so kompliziert wie das menschliche Wesen und seine natürliche Umwelt. Dennoch solle der Grad ihrer empirischen Wichtigkeit und die Intensität ihrer Wirksamkeit erforscht werden. »In diesem Sinne die Marxsche Theorie einschränken, heißt zugleich, sie in ihrem Kern erhalten.«[86] Die materialistische Geschichtsauffassung bleibe trotz vorhandener Divergenzen »als Fundierung der großen Durchschnittstendenz« im Grundzug unangefochten.[87]

Möglichkeiten für die praktische Handhabung seiner Studienergebnisse erörterte er unter Stichpunkten wie »Das Aktive und das Reaktive in der Politik«, »Individuen und Gesellschaft«, »Der Weg der gesellschaftlichen Kausalität: durch das Individuum« oder »Die Wege der Kausalität in der politischen Psychologie«. Er meinte, dass die Individuen zu bestimmten Zeiten durchaus zu erkennen vermögen, wie individuelle und soziale Interessen zur Einheit verschmelzen und z.B. die Beendigung des Krieges angesteuert werden könnte. »Aus dem Schrei nach Brot wird die Revolution.«[88] Das komplizierte Beziehungsgeflecht menschlichen Verhaltens erhielt plötzlich eine ganz einfache Plausibilität: Die »*Einsicht* in Wesen und Bedürfnisse der Gesellschaft wächst: der Entwicklungsprozess wird (wenn auch viel weniger und viel langsamer als zumeist gemeint – trotz aller Literatur, Parlamente, Versammlungen, Kooperationen und sonstigen sehr unvollkommenen psychisch-geistigen *Clearing*-Institute) immer mehr ein bewußter. Was aber viel mehr als dieses wesentlich intellektuelle Moment bedeutet: das gesellschaftliche Interesse deckt sich mehr und mehr und immer unverkennbarer mit dem individuellen, mit dem eines immer größeren Kreises und schließlich *aller* Individuen, (soweit sie Gesellschaftsmitglieder sind): Das ist die Hauptsache, aus der die Möglichkeit der sozialistischen Gesellschaft und die Wirklichkeit der sozialistischen Bewegung zur Verwirklichung dieser Gesellschaftsordnung erwächst. Die Integration ist Aufhebung eines großen Teiles der Nachteile, die aus der Reibung im dialektischen Wandlungsprozeß hervorgehen, eines großen Teiles dieser Nachteile, nämlich desjenigen, der ohne Schwächung der sozialen Gesamtkraft entbehrt werden kann.«[89]

Die Religion habe historisch gesehen als »vorläufige Vertretung der Wissenschaft« durch »religiöses Empfinden und Wollen die Glücksmängel und Lücken des Schicksals« ausgefüllt, ihre Funktion sei »phantastische Glücksergänzung und Schicksalsreparatur«.[90] Im Mittelpunkt der Politik stehe das Handeln, das Wirken. In längeren Passagen mit historischen Beispielen ging er auf Probleme der Innen- und Außenpolitik ein, charakterisierte friedliche und gewaltsame Mittel und Methoden und unterschied zwischen schöpferischer und repräsentativer Politik.[91] Die Aktivität stellte er in der Hierarchie der Kräfte über den Willen – das Handeln für die Gesellschaft sei ausschlaggebend.[92] Er bezog ein, was er anstrebte bzw. überzeugend bewiesen hatte. So heißt es unter der Überschrift »Exoterische Formen und esoterisches Wesen der politischen Tätigkeit«: »Der Sinn der Sprache, der Worte, einzelner Vorstellungen, Bilder usw. und ihr Wert und Gewicht ist unter verschiedenen Umständen durchaus verschieden, verschieden bei denselben Menschen zu anderen Zeiten und bei anderen Menschen und Gesellschaftsteilen zur gleichen Zeit; je nach der Stimmung der Zeit, der Art des Lebens, den herrschenden Gedankenrichtungen. Was bei diesen ausgesprochen werden muß, ist bei jenen überflüssig, weil selbstverständlich; was literarisch einen bestimmten Sinn und Wert hat, kann unter Umständen in der politischen Praxis Schall und Rauch sein, während der gleiche Gedanke, den jene literarische Formulierung für den Literaten und Wissenschaftler ausdrückt, in der politischen Praxis, um erfaßt zu werden, so dargestellt werden muß, daß der Literat und Wissenschaftler überlegen den Kopf schüttelt.«[93]

Kritisch beurteilte er die Kräfte, die sich auf der Linie des Kompromisses zu bewegen trachten. Solche Kräfte »werden auf der Kräftediagonale entlang geschleppt und nennen das ›führen‹, ›regieren‹. Sie sind immer die Etiketts des Durchschnitts der Gesellschaftskräfte. Sie hängen am Draht des Radikalismus und fallen vollends um, wenn dieser Draht fehlt oder reißt, außerstande, auf eigenen Füßen zu stehen. Sie sind nur scheinbare Führer, in Wirklichkeit Geführte, Gehaltene, Geschobene, nur scheinbar Kräfte, in Wirklichkeit Produkte der Kräfte, Produkte ohne Eigenkraft, an die Oberfläche geworfene Blasen, Schaumkronen in der Brandung der Entwicklung. Der Radikalismus ist's auch, der am meisten zur Entfaltung aller gesellschaftlichen Kräfte im Entwicklungsprozeß beiträgt [...] Er ist das dialektische Prinzip in energischster Verkörperung. Analog gilt auch von inaktiven Kompromißmajoritäten, daß sie ernten, was die radikalen Minoritäten gesät und zur Reife gebracht haben. Auch solche Majoritäten sind nur aller Eigenkraft ledige Produkte der wirkenden Kräfte.«[94] Er plädierte für ein klares Entweder-Oder, denn Revolution sei »die konzentrierte, intensive (Erscheinungs-) Form, in der sich die Evolution unter gewissen kritischen Umständen in dem Moment der Peripethie vollzieht oder vielmehr ostentativ in die Erscheinung tritt«. Andererseits bedeute Revolution »eine gewisse, große Summe von Evolution, eine gewisse Periode der Evolution zusammenfassend, eine Periode, innerhalb deren sich eine hochgradige, wesentliche Umgestaltung – Umwälzung – vollzieht, gleichviel in welcher Form«.[95]

Mit dem Fragment »Die Bewegungsgesetze der gesellschaftlichen Entwicklung« verließ er die Gefängniszelle nicht als ein Philosoph. Die Kreation eines neuen universellen Erklärungssystems für die Entwicklung in Natur und Gesellschaft war ihm wie auch anderen Zeitgenossen nicht gelungen. Liebknecht war niemals ein atheoretischer Pragmatiker gewesen, sondern hatte sich als differenziert denkender und begründet handelnder Politiker erwiesen. Nunmehr war er durch umfangreiches Literaturstudium und variantenreiche Denkansätze theoretisch klüger, zweifellos kritischer und noch eigenwilliger geworden.

Revolution

Am Nachmittag des 23. Oktober 1918 öffneten sich für Karl Liebknecht die Zuchthaustore. Frühmorgens war in der Strafanstalt Luckau aus Berlin von der Staatsanwaltschaft II ein Telegramm eingegangen: »liebknecht sofort entlassen«.[1] Um revolutionären Aktionen zur Befreiung politischer Gefangener zuvorzukommen, hatte die seit dem 3. Oktober 1918 amtierende Regierung des Prinzen Max von Baden am 12. Oktober eine Amnestie erlassen. Im neuen Kabinett waren als Staatssekretäre Philipp Scheidemann, neben Friedrich Ebert Vorsitzender der SPD, und Gustav Bauer, 2. Vorsitzender der Generalkommission der Gewerkschaften Deutschlands. Doch weder Karl Liebknecht noch Rosa Luxemburg noch Leo Jogiches wurden sofort begnadigt. Die Mehrheit der Kabinettsmitglieder hatte sich im Falle Liebknechts nach Angaben des Regierungschefs nur für die Umwandlung der Zuchthausstrafe in Gefängnis oder Festung ausgesprochen.[2] Es könne aber nicht mehr lange dauern, tröstete Rosa Luxemburg am 18. Oktober Sophie Liebknecht. Schließlich seien Wilhelm Dittmann und Kurt Eisner bereits freigelassen worden.[3] Rosa Luxemburg telegrafierte an den Reichskanzler, erhielt aber statt einer Antwort einen neuen Haftbefehl.[4] Die neue Regierung versuche, die Massen durch Scheingefechte im Zaum zu halten. Nach den Erfahrungen aus Revolutionen früherer Jahrhunderte zu spät, attackierte Rosa Luxemburg.[5]

Die Menschen waren kriegsmüde, wollten Frieden, und die Mutigen begannen aufzubegehren. Die USPD hatte damals mehr als 100000 Mitglieder; sie rief zu einer Friedensdemonstration am 16. Oktober auf, an der 5000 bis 6000 Berliner Arbeiterinnen und Arbeiter teilnahmen. Sie forderten den Sturz der Regierung und die Freilassung Karl Liebknechts. Als sie Unter den Linden ankamen, trieb die Polizei sie mit Säbelhieben auseinander. Statt dagegen zu protestieren, ließ der Parteivorstand der SPD in einem Aufruf vom 17. Oktober verlauten, Deutschland befände sich in einer Umwälzung vom Obrigkeitsstaat zum Volksstaat. Deshalb gelte es in noch stärkerem Maße als am 4. August 1914 das Vaterland in der Stunde der Gefahr nicht im Stich zu lassen und von revolutionären Aktionen Abstand zu nehmen.[6] Ohne die Begnadigung Liebknechts sei er dem Ansturm nicht gewachsen, gestand Scheidemann. »Liebknecht stünde als der große Märtyrer da, der immer Frieden und Waffenstillstand gefordert hätte.« Er sei im Gefängnis gefährlicher als draußen. Da dem Reichskanzler daran gelegen war, »daß die Mehrheitssozialdemokraten ihre Macht in den Gewerkschaften behaupteten«, setzte er am 21. Oktober »die Begnadigung Liebknechts gegen den Widerstand des Vorsitzenden des Reichsmilitärgerichts und des Kriegsministers« durch.[7] Georg Friedrich Nicolai, Demokrat und Pazifist, forderte am 18. Oktober 1918 sogar, Karl Liebknecht nicht nur freizulassen, sondern zu rehabilitieren. Liebknecht sei »der einzige starke Mann in Deutschland. Einmal weil er der einzige ist, der eine Vergangenheit hat, über die er nicht erröten muß und der auch nicht umzulernen brauchte, wenn er sich heute an den Friedenstisch setzte. Zweitens weil er fast der einzige ist, dem das deutsche Volk glauben würde. Und drittens weil er fast der einzige ist, dem das Ausland glauben könnte.«[8]

Gegen 17.30 Uhr traf Liebknecht mit seiner Frau, seinem Sohn Robert und Ernst Meyer auf dem Anhalter Bahnhof in Berlin ein. Schon auf dem Bahnsteig wurde er von Freunden bestürmt und umarmt. Dabei waren die Dunckers, die Marcussons, Eduard Fuchs, Adolph Hoffmann und Karl Kautsky.[9] Viele schüttelten ihm die Hände. Einige hoben ihn auf die Schultern. Fritz Globig von der Freien Sozialistischen Jugend rief begeistert: »Es lebe unser Karl Liebknecht!« Vor dem Bahnhof hatte sich eine große Menschenmenge eingefunden. »Die Polizei wurde immer nervöser und wollte einschreiten. ›Wagt's! Liebknecht ist frei, nicht anrühren!‹ Alles drängte sich ihm entgegen. Ein leerer Plattenwagen stand bereit. Liebknecht und Sophie stiegen auf den Wagen, dicht umdrängt von Demonstranten. […] Über den Askanischen Platz, die Königgrätzer Straße hinunter fuhr der Wagen im Schritt. Hochrufe, Lieder wurden angestimmt. An jeder Straßenkreuzung drängten große Polizeiaufgebote die Massen seitlich ab, aber immer wieder schloß sich die Menge von vorn dicht um den Wagen.«[10] Auf dem Potsdamer Platz hielt Liebknecht eine kurze, leidenschaftliche Ansprache. »Der Jubel der Masse war so spontan und überwältigend, daß die Polizei nicht sogleich Herr der Lage werden konnte.«[11]

Vom Tiergarten aus fuhren Karl und Sophie Liebknecht mit einigen Genossen im Taxi in ihre Wohnung. Dort waren bereits Bekannte und Fotografen eingetroffen. Der Tisch war reichlich mit Früchten, Brot und Butter gedeckt und mit Blumen geschmückt. Der »Vorwärts« bezeichnete Karl Liebknecht plötzlich als »eine durch und durch ehrenhafte Persönlichkeit«. Er habe stets »niedrige Kampfweisen« verschmäht. Und so erkläre sich, »daß viele mit dem Herzen bei ihm waren, wenn auch der Kopf nicht mitwollte«.[12] Die Führungsgremien der USPD entboten ihm herzliche Willkommensgrüße.[13] »Wenn Deutschland eine Republik wäre und Liebknecht an ihrer Spitze stünde, würde der Friede innerhalb 24 Stunden geschlossen werden können«, erklärte Kurt Eisner auf einer Volksversammlung in München.[14] Damit ergänzte er Hugo Haase, der in seiner Rede im Reichstag am 23. Oktober gesagt hatte: »Ein Gedanke bewegt jetzt beherrschend die ganze Welt: wird der *Waffenstillstand* schnell zustande kommen? In der Heimat wie draußen an der Front bricht überall das Verlangen durch: Schluß mit dem grausigen Krieg! [...] Rings um uns werden Republiken sich auftun, und da soll Deutschland allein, umgeben von Republiken, noch einen Kronenträger haben oder Träger vieler Kronen und Krönlein?«[15] Haases Rede habe im Lande wie ein Aufruf zur Tat gewirkt,[16] berichtete Wilhelm Dittman, der auf Versammlungen für eine Republik mit Karl Liebknecht als Präsidenten plädierte.[17]

Karl Liebknecht stürmte am 24. frühmorgens los, um sich bei den Arbeitern vor den Toren der Rüstungsbetriebe über die Stimmung zu informieren und an Versammlungen teilzunehmen, die von revolutionären Obleuten einberufen worden waren.[18] Am Abend gab es für ihn in der russischen Botschaft Unter den Linden einen pompösen Empfang. Bis vor kurzem noch in trister Einzelhaft, stand er nun plötzlich umjubelt im gleißenden Licht der Kronleuchter festlich geschmückter Räume. Der vom Botschafter Joffe feierlich verlesene Funkspruch des ZK der KPR

(Bolschewiki) aus Moskau entbot ihm brüderliche Grüße mit dem ekstatischen Schluss: »Die Befreiung des Vertreters der revolutionären Arbeiter Deutschlands aus dem Gefängnis ist das Zeichen einer neuen Epoche, der Epoche des siegreichen Sozialismus, die sich jetzt Deutschland wie auch der ganzen Welt eröffnet.«[19] Stunden zuvor hatte Liebknecht allerdings noch wenig Bereitschaft für eine sofortige revolutionäre Erhebung erkennen können. Er und Sophie hatten nach so langer Trennung auf ein paar ungestörte Stunden gehofft. Doch unausweichlich waren sie wieder mitten im Zeitgeschehen, wurden von alten und neuen Freunden umringt. Franz Mehring war trotz schlechten Gesundheitszustandes gekommen, Emil Barth, Oskar Cohn, Emil Eichhorn, Eduard Fuchs, Fritz Globig, Hugo Haase, Mathilde Jacob, Georg Ledebour, Jacob Walcher, Luise Zietz. Von der Atmosphäre angetan, durchschritten sie und viele andere Gäste – Arbeiter und Intellektuelle – plaudernd die Säle. Der Schriftsteller Arthur Holitscher hatte Karl Liebknecht das letzte Mal am 1. Mai 1916 gesehen und erschrak: »Ein blasser, stummer, düsterer Asket war das, der da in der Tür stand. Das Haar, das er ehedem wellig trug, kurz geschoren, die Wangen eingefallen, rasiert bis auf einen kleinen gestutzten Schnurrbart. Graugrüne Zuchthausfarbe lag über diesem Gesicht. Sonderbar die Augen, zwischen Unstetigkeit und Starre wechselnd. Neben ihm Sonja [Sophie]. Seit seiner Rückkehr aus der Gefangenschaft war sie jünger, reizvoller geworden. Das schöne geistvolle Antlitz ganz verändert vom Glück.«[20]

Nach dem ersten Gang des Festmenüs erhob sich der Botschafter und berichtete, dass zur selben Stunde in Moskau Hunderttausende mit Fackeln zum Roten Platz vor den Kreml zögen, um Liebknecht zu ehren. Das ehemalige Leibgarde-Regiment des Zaren sei bereits nach Karl Liebknecht benannt worden. Bald darauf sprach Karl Liebknecht. »Eisig, hart und unerbittlich kamen seine Worte, wie seine gestählte Seele es in der Zuchtshaushaft geworden war.« Die Revolutionseuphorie im Saal putschte ihn auf. In 24 Stunden werde das Wunder geschehen sein: die deutsche Befreiung. Seit er wieder in Berlin sei, habe er »eine Sammlung der Gesetze und Verordnungen durchgesehen, die die russische Revolution seit ihrem Bestehen der Welt gegeben hat.

Wenn nur der hundertste Teil von dem Wirklichkeit wird, […] dann ist die Menschheit auf ihrem Wege zum Ideal eine gewaltige Strecke vorwärtsgeführt worden. Es ist das idealste Programm, das Menschen jemals zur Befreiung der leidenden Klassen aufgestellt haben.« Doch die russische Revolution »sei in Gefahr, wenn ihr die deutsche nicht zur Hilfe kommt! Gelingt es dem deutschen Proletariat nicht, den Sieg zu erringen, dann verschlingt der Weltkapitalismus, der noch mächtig und ungebrochen dasteht nach dem Gemetzel, die Welt […] Das wollen wir verhindern.«[21] Seine Rede unterstrich er mit wuchtigen Armbewegungen und mit Faustschlägen auf den Tisch, als wollte er besonders betonen, es gelte, keine Zeit zu verlieren und zur Tat zu schreiten. »Als er sich setzte, wich die Starre von ihm, Müdigkeit schien ihn zu umfangen.« Sophie »schien, während er zur Tat aufrief, plötzlich zu welken, zu verfallen. […] In wenigen Augenblicken war ihr bewusst geworden: Kaum zurückgekehrt, verließ er sie abermals, entschwand er aus ihrem Leben, dorthin, wo die Pflicht ihn rief, in das ungewisse, wahrscheinlich tödliche Schicksal!«[22] Alle erhoben ihre Gläser, stießen auf Karl Liebknecht und miteinander an. Der Klavierspieler, der bereits den Auftakt umrahmt hatte, ließ Melodien von Beethoven und Chopin erklingen. Man trank aus den Kristallpokalen und aß von dem Geschirr des gestürzten Zaren. »Mir war unbehaglich zu Mute bei diesem Mahl, das Rosa Luxemburg nicht gutgeheißen hätte in einer Zeit, wo die Volksgenossen Hunger litten«, erinnerte sich Mathilde Jacob.[23] Die meisten Reden zur Revolution seien den gegebenen Zeitumständen nicht gerecht geworden, meinte sie. In den Gesprächen forderte Karl Liebknecht wiederholt: »Arbeite jeder an der Stelle, wo er steht, für die Revolution, so gut er kann. Was jetzt zu geschehen hat, ist einzig die Tat.«[24]

Als er sich in diesem Sinne am 26. Oktober auf einer Reichskonferenz der Freien Sozialistischen Jugend in der Arbeiterbildungsschule der USPD in der Schicklerstraße 5 äußerte, stimmten ihm die meisten der 57 Delegierten aus 17 Orten stürmisch zu.[25] Er nahm an den Sitzungen des Vollzugsausschusses der revolutionären Obleute Berlins teil, in denen über die nächsten Aktionen beraten wurde. Der Parteivorstand der USPD hatte am 25. Oktober beschlossen, Karl Liebknecht in den Vorstand zu berufen. Er könne sich einverstanden erklären, so Liebknecht, »falls die USP auf einem sofort einzuberufenden Parteitag ihr Programm und ihre Taktik im Sinne der Gruppe ›Internationale‹ ändern und durch entsprechende Gestaltung ihrer Leitung sichern würde«[26]. Seine Bedingung veranlasste die Anbieter zum Rückzug. Es gab keine Basis für gemeinsame Aktionen. Viele Missverständnisse und Verstimmungen der letzten Jahre waren noch nicht ausgeräumt. Als Hugo Simon von der USPD Liebknecht begreiflich machen wollte, dass sie sich auf ein Sofortprogramm zur Sicherung der Ernährung im Lande einigen müssten, sah ihn dieser verständnislos an. Jetzt, da sich die proletarische Revolution vorbereite, könne es doch zur Lösung von Einzelfragen wie der Ernährung keinen Waffenstillstand in der grundsätzlichen Auseinandersetzung zwischen Spartakusgruppe und USPD oder gar mit Mehrheitssozialdemokraten geben. »Sie sprechen wie von einem anderen Planeten«, habe Liebknecht kopfschüttelnd gesagt. »Mit dem Kampf gegen die Kirche, den Militarismus und die Junker alleine – ich kenne Ihr Steckenpferd – ist es heute nicht mehr getan. Es ist der gegebene Augenblick, das ganze kapitalistische Gebäude zu zerstören und eine neue Welt aufzubauen. Wir werden wieder einmal ruhigere Zeiten haben, dann sprechen wir weiter darüber, sagte er freundlich, indem er mir zum Abschied die Hand reichte.«[27]

Am 27. Oktober fanden in den Mittagsstunden fünf öffentliche Kundgebungen der USPD mit insgesamt 5000–6000 Teilnehmern statt. Zum Teil wurden die Säle wegen Überfüllung polizeilich gesperrt. Das »Berliner Tageblatt« berichtete tags darauf über die Versammlung im Stadttheater Moabit, auf der Karl Liebknecht zur Eröffnung sprach. »Mit Schärfe zeichnete er die gegenwärtige Lage und fand starken Beifall. Die herrschenden Klassen müßten beseitigt und durch eine wirkliche Volksherrschaft ersetzt werden. Die Entscheidungsstunde habe geschlagen, die Tat liege in den Händen der Arbeiter […] ›Nieder mit den Hohenzollern!‹«[28] In den Musikersälen in der Kaiser-Wilhelm-Straße trat Otto Büchner als Referent auf, in den Andreas-Festsälen in der Andreasstraße Adolph Hoffmann, in den Sophiensälen Georg Ledebour und im großen Saal der Habels Brauerei in der Bergmannstraße Joseph Herzfeld. Karl Liebknecht hielt überall kurze Ansprachen, nachdem er vor den Lokalen mit Hochrufen begrüßt worden war.

Die herrschenden Kreise waren entsetzt über Liebknechts rasanten Wiedereinstieg ins öffentliche Leben. Kaiser Wilhelm II. hatte ihn bereits wegen seiner Äußerungen bei der Ankunft in Berlin sogleich wieder inhaftieren lassen wollen. Der Berliner Polizeipräsident bat am 28. Oktober den Ersten Staatsanwalt beim Königlichen Landgericht I, »das Verfahren wegen Aufforderung zum Hoch- und Landesverrat und wegen der etwaigen sonstigen in diesen Äußerungen liegenden strafbaren Handlungen zu eröffnen«[29]. Am Tag darauf übergab der Staatsanwalt die Akten an den Oberreichsanwalt in Leipzig, der das Verfahren am 29. November 1918 auf Anweisung des Rates der Volksbeauftragten einstellen musste.

Die Bemühungen von Karl Liebknecht und seinen Gefährten in der Spartakusgruppe, Ende Oktober 1918 durch organisierte Aktionen die Massenbewegung, die sich spontan an mehreren Orten in Deutschland auszubreiten begann, möglichst rasch auf die Revolution hinzulenken, stießen bei USPD-Führern und einflussreichen revolutionären Obleuten auf wenig Gegenliebe. Das bekam er z. B. am Nachmittag des 28. Oktober in einer Aussprache mit Ernst Däumig und Emil Barth zu spüren. Am Abend wurde im Vollzugsausschuss der revolutionären Obleute zwar gegen den Widerstand von beiden Liebknechts Antrag beschlossen, am Sonntag, dem 3. November 1918, wenigstens Tagesversammlungen mit Demonstrationen durchzuführen. Doch am 30. Oktober sprach sich der Berliner Zentralvorstand der USPD dagegen aus. »›Alles oder nichts‹ – also nichts«, notierte Karl Liebknecht erzürnt. »Unsere Auffassung, daß es zwischen den bisher üblichen Demonstrationen und dem revolutionären Endkampf Möglichkeiten, Zwischenstufen gäbe, in denen sich das Heranreifen der Bedingungen für den Endkampf beschleunigen kann, wird wiederum, wie auch bei anderen Beratungen, als revolutionäre Gymnastik ironisiert und abgelehnt.«[30] Liebknecht hatte davor gewarnt, nicht zu viel Gewicht auf detaillierte Vorbereitungen eines bewaffneten Aufstandes zu legen. Auf große Massendemonstrationen und Streiks käme es an. Durch ihren gewaltigen Druck müssten die bewaffneten Mächte des alten Regimes demoralisiert und außer Gefecht gesetzt werden.[31] Um die Massen stärker zu mobilisieren und in die revolutionäre Bahn zu lenken, bedürfe es in erster Linie des unermüdlichen persönlichen Engagements und eines gemeinsamen Vorgehens aller auf grundlegende Veränderungen orientierten Kräfte. Es gelte, die gesamte Energie darauf zu konzentrieren, den Frieden so schnell wie möglich durch die revolutionäre Erhebung des deutschen Proletariats zu erzwingen und die Urheber des Kriegsverbrechens zu entmachten.

In einem Flugblatt appellierte er am 31. Oktober 1918 »An die Arbeiter und Soldaten der Entente!«, zu verhindern, dass die Proletarier der verschiedenen Länder gegeneinander ausgespielt werden und »die geeinte Front des Weltimperialismus gegen das Proletariat im Falle des Feldzuges gegen die russische Sowjetrepublik zur Realität wird«.[32] An diesem Tag entging Karl Liebknecht knapp einer Verhaftung, indem er in stockdunkler Nacht mit seinem Begleiter in Altstralau auf einen Baum kletterte, mit einem gekaperten Kahn nach Treptow übersetzte und dort in einen Möbelwagen kroch.[33] Nach einer Katzenwäsche an einem Straßenbrunnen ging es frühmorgens, »wie tags zuvor verabredet, zu den Flugzeugbetrieben in Johannisthal und Adlershof«[34].

Karl Liebknecht vertraute auf die Erregung der Massen, glaubte an die Durchsetzungskraft der revolutionären Obleute in den Betrieben und hoffte auf wachsende Aktionsbereitschaft von Mitstreitern in der USPD. Auch wenn ihn deren Verhalten im Krieg mehrfach sehr enttäuscht hatte, bewahrte er sein über viele Jahre gewachsenes Vertrauen zu ihnen und rang um eine Verständigung. Das zunächst Wichtigste schien ihm die baldige Einigung auf einen Aufstandstermin. Weiteres Zögern hielt er für höchst bedenklich, und zwar »wegen der Bewegung im Reiche, [die schon viel weiter gediehen war,] der Desorganisations- und Spitzelgefahr sowie der Gefahr, daß sich die Scheidemänner der Bewegung bemächtigen«[35]. Doch die Beratungen im Vollzugsausschuss der revolutionären Obleute sowie zwischen Vertretern der USPD und der Spartakusgruppe zogen sich über eine Woche hin, bis man sich schließlich am 8. November auf den 9. November einigte. Karl Liebknecht führte über das aufregende Hin und Her um den Revolutionsbeginn Tagebuch, das einzige, das bisher bekannt geworden ist.[36] Zusammen mit Ernst Meyer und Wilhelm Pieck versuchte er die Warnungen vor einem zu frühen Revolutionsbeginn zu entkräften. Die Solidarität mit den Revolutionszentren im Reich geböte, auch in der Hauptstadt endlich mit Aktionen zu beginnen und durch sie an die Revolution heranzuführen.[37]

Die Gegner der Revolution trafen unterdessen Maßnahmen, um zu retten, was zu retten war. Der Kanzler Prinz Max von Baden telegrafierte an Generalleutnant Wilhelm Groener nach Spa, dem Sitz der Obersten Heeresleitung, so schnell wie möglich nach Berlin zu kommen, damit über die militärische Lage und die Niederwerfung der revolutionären Bewegung beraten werden könne. Groener traf am 5. November in Berlin ein und begründete den von der Obersten Heeresleitung eingeleiteten Rückzug an der Westfront mit dem Argument, eine Niederlage des Heeres müsse unter allen Umständen vermieden werden.[38] Um auf die Vorgänge in Kiel Einfluss zu nehmen, wo sich am 3. November bewaffnete Matrosen, Arbeiter und Soldaten erhoben hatten, die sich tags darauf bereits auf etwa 20000 Matrosen stützen konnten und Soldatenräte bildeten, sandte die Regierung Staatssekretär Conrad Haußmann zu den Marineeinheiten. Von der SPD fuhr Gustav Noske mit.

Philipp Scheidemann erklärte in der Reichstagsfraktionssitzung am 6. November, jetzt »heißt's sich an die Spitze der Bewegung stellen, sonst gibt's doch anarchische Zustände im Reich. Das müsse man in den Fingerspitzen fühlen, daß die von Kiel und Hamburg ausgehende Bewegung heute, morgen oder übermorgen auch nach Berlin übergreifen werde.«[39] In Aufrufen an die Seeleute und Arbeiter sowie ans deutsche Volk, die Max Prinz v. Baden, Scheidemann und Ritter v. Mann, Staatssekretär des Reichsmarineamtes, unterzeichneten, wurde die Bevölkerung mit angeblich drohender Bürgerkriegsgefahr eingeschüchtert. Am 4. November ging auf dem Bahnhof Friedrichstraße eine Kurierkiste der sowjetrussischen Botschaft entzwei. Zum Vorschein kamen Flugblätter, die zum Sturz der deutschen Regierung aufriefen. Einen Tag später wurden die Mitarbeiter des Landes verwiesen. Der Abbruch der diplomatischen Beziehungen zu Sowjetrussland sollte die Einflussnahme auf die deutsche Revolution verhindern. Nach den Äußerungen von Wilhelm Solf, Staatssekretär des Auswärtigen Amtes, sollte zudem »die Bekämpfung der Bolschewisten [...] ein gemeinsames Band« zwischen Deutschland und den Siegermächten bilden.[40] Mit dieser antibolschewistischen Visitenkarte reisten Matthias Erzberger und die anderen Mitglieder der deutschen Waffenstillstandskommission am 6. November nach Compiègne, um die Bedingungen der Entente entgegenzunehmen. Am selben Tag konferierten der Kanzler und Generalleutnant Groener mit Führern der SPD und der Gewerkschaften, um sich deren Unterstützung zu sichern.

Im »Vorwärts« erging ein Aufruf des Parteivorstandes der SPD gegen revolutionäre Massenaktionen. Da die SPD-Führer fürchteten, an Einfluss zu verlieren, übergaben sie dem Reichskanzler am 7. November fünf ultimative Forderungen, in denen sie einige Erwartungen aus der aufkeimenden revolutionären Bewegung aufgegriffen hatten: 1. Aufhebung des Verbots der für diesen Tag in Berlin angesetzten Versammlungen der USPD zum Jahrestag der Oktoberrevolution in Russland, 2. Anweisung an Polizei und Militär zur äußersten Besonnenheit, 3. sofortiger Rücktritt des Kaisers und des Kronprinzen, 4. Verstärkung des sozialdemokratischen Einflusses in der Regierung und 5. Reorganisation des Preußischen Staatsministeriums im Sinne der Mehrheitsparteien des Reichstages. Von der Antwort wollten sie den Verbleib der Sozialdemokraten in der Regierung abhängig machen.[41] Der Oberkommandierende in den Marken, Generaloberst Alexander v. Linsingen, gab das Verbot der Bildung von Arbeiter- und Soldatenräten nach russischem Muster bekannt.[42] Generalfeldmarschall Paul v. Hindenburg übermittelte dem Kanzler einen Operationsplan zur Niederschlagung der Revolution. Er stellte in Aussicht, alle verfügbaren Truppen schnellstens der Heimat zuzuführen. Die Operationen gegen die Aufstandsgebiete sollten unter Leitung des Kriegsministeriums stehen. Für die Hauptstadt traf das Oberkommando in den Marken weitere außerordentliche Maßnahmen.[43]

Karl Liebknecht warnte mit sicherem Gespür für Probleme und Gefahren davor, den günstigsten Zeitpunkt für einen unblutigen Sturz der alten Mächte zu verpassen. Es blieb jedoch bei der Orientierung auf den 11. November. Das aber hielt ihn nicht davon ab, dem VI. Allrussischen Sowjetkongress in Moskau zum Jahrestag der Oktoberrevolution in einem Grußschreiben optimistisch zu versichern: »Wir stehen an einem Wendepunkt der Geschichte. [...] Die russische Sowjetrepublik wurde zum Banner der kämpfenden Internationale, sie rüttelt die Zurückgebliebenen auf, erfüllt die Schwankenden mit Mut und verzehnfacht die Kraft und Entschlossenheit aller.« Die Revolution des deutschen Proletariats habe begonnen. Sie werde »die russische Revolution vor allen Schlägen retten und die Grundfesten der imperialistischen Welt zum Einsturz bringen«.[44] Nahezu stündlich bekam er das Illusionäre seiner Botschaft zu spüren. Erst als die Vollzugsausschusssitzungen der revolutionären Obleute und ihre Akteure immer stärker von der Berliner Polizei belagert wurden, erst als Ernst Däumig, einer der Führer der revolutionären Obleute von Groß-Berlin und linkes Mitglied des Zentralvorstandes der USPD, mit dem Aufstandsplan in seiner Mappe am 8. November verhaftet wurde, fiel die Entscheidung, für den 9. November zum Kampf gegen die drohende Militärdiktatur und für die sozialistische Republik aufzurufen. Das Flugblatt des Vollzugsausschusses des Arbeiter- und Soldatenrates trug die Unterschriften von Emil Barth, Paul Brühl, Paul Eckert, Otto Franke, Hugo Haase, Georg Ledebour, Karl Liebknecht, Paul Neuendorf, Wilhelm Pieck und Paul Wegmann.[45] Ein zweites Flugblatt mit der Aufforderung der Spartakusgruppe zum Kampf nannte Karl Liebknecht und Ernst Meyer als Unterzeichner.[46] Da Liebknecht am 8. November bis Mitternacht in einzelnen Bezirken und Betrieben unterwegs war, billigte er das zweite Flugblatt nachträglich, »obwohl es nicht alles Nötige enthielt«[47]. Als nächste Ziele wurden darin angegeben: »1. Befreiung aller zivilen und militärischen Gefangenen. 2. Aufhebung aller Einzelstaaten und Beseitigung aller Dynastien. 3. Wahl von Arbeiter- und Soldatenräten, Wahl von Delegierten hierzu in allen Fabriken und Truppenteilen. 4. Sofortige Aufnahme der Beziehungen zu den übrigen deutschen Arbeiter- und Soldatenräten. 5. Übernahme der Regierung durch die Beauftragten der Arbeiter- und Soldatenräte. 6. Sofortige Verbindung mit dem internationalen Proletariat, insbesondere mit der russischen Arbeiterrepublik.«[48] Der Parteivorstand und die Reichstagsfraktion der SPD versuchten noch einmal, die kampfbereiten Arbeiter und Soldaten mit einem Flugblatt in Millionenauflage zu beschwichtigen, auf die Verhandlungen mit der Regierung des Prinzen Max von Baden zu vertrauen und den Abschluss des Waffenstillstandes abzuwarten.[49] Es nützte nichts.

Als letzten Satz schrieb Karl Liebknecht in sein Tagebuch: »So kam am 9. November die Revolution – trotz aller Brems- und Verwirrungsversuche des ›Vorwärts‹ usw.«[50] In den frühen Morgenstunden versammelten sich die Belegschaften in den großen Betrieben, darunter die Schwartzkopff-Arbeiter. »Einige Kollegen hatten bereits Transparente angefertigt mit der Losung: Nieder mit dem Krieg! Nieder mit der Monarchie! Wir wollen Frieden und Brot! Es bildete sich ein Demonstrationszug, der etwa 4000 Menschen umfaßte und dem sich später noch die Arbeiter der AEG Brunnenstraße und der AEG Ackerstraße anschlossen.«[51] In allen Stadtbezirken formierten sich lange Demonstrationszüge und marschierten ins Zentrum. Auch viele Frauen waren dabei. Soldaten rissen demonstrativ die Kokarden von ihren Mützen und reihten sich ein. Überall wehten rote Fahnen. Truppen in den Kasernen schlossen sich den Arbeitern an. Karl Liebknecht befand sich mittendrin. In Schöneberg in der Hauptstraße hielt er einen Demonstrationszug kurz an. »Ich half ihm, Frauen und Kinder aus den ersten Reihen zu entfernen«, erinnerte sich Otto Franke. »An ihre Stelle wurden Soldaten mit Gewehren eingereiht. Sie marschierten mit uns gemeinsam, denn die Arbeiter aus Friedenau, Steglitz und Tempelhof hatten schon die Train- und Eisenbahnerkaserne genommen.«[52]

Die Gegenseite geriet in Panik. Arnold Wahnschaffe, Unterstaatssekretär in der Reichskanzlei, verlangte von Friedrich Ebert, sofort in die Demonstrationsbewegung einzugreifen. Mit der Thronentsagung sei zu rechnen. Ebert antwortete: »Zu spät! Die Kugel ist im Rollen.« »Ich sagte mir«, schrieb Prinz Max von Baden später, »die Revolution ist im Begriff, siegreich zu sein; wir können sie nicht niederschlagen, vielleicht aber ersticken. Jetzt heraus mit der Abdankung, mit der Berufung Eberts, mit dem Appell an das Volk, durch die verfassungsgebende Nationalversammlung seine eigene Staatsform zu bestimmen. Wird

Ebert mir als Volkstribun von der Straße präsentiert, dann kommt die Republik, ist es Liebknecht, auch der Bolschewismus. Aber wenn der abdankende Kaiser Ebert zum Reichskanzler ernennt, dann besteht noch eine schmale Hoffnung für die Monarchie. Vielleicht gelingt es, die revolutionären Energien in die legalen Bahnen des Wahlkampfes zu lenken.«[53]

Am 9. November demonstrierten den ganzen Tag über Hunderttausende durch die Stadt, entwaffneten Polizisten und Offiziere, besetzten Polizeiwachen und stürmten Kasernen. Viele von ihnen wussten aus Erfahrung, dass mit feindlichen Angriffen gerechnet werden musste. Unter den 650 befreiten politischen Gefangenen war auch Leo Jogiches. Gegen Mittag waren das Polizeipräsidium, das Rathaus u.a. wichtige Gebäude besetzt. Emil Eichhorn wurde zum neuen Polizeipräsidenten ernannt. Heftige Kämpfe entwickelten sich vor der Universität und der Preußischen Staatsbibliothek Unter den Linden, wo sich Offiziere verschanzt hatten und Widerstand leisteten, der von Arbeitern und Soldaten gebrochen werden konnte. Allerdings gab es in der Mittagszeit die ersten Blutopfer, als die Demonstranten vor der Maikäferkaserne, der Unterkunft des Gardefüsilierregiments, in der Chauseestraße standen und Erich Habersaath, Arbeiter bei Schwartzkopff und ein beliebter Führer der Berliner Arbeiterjugend, als Erster in den Kasernenhof stürmte. Mit ihm fielen zwei weitere Arbeiter im Kugelhagel der Offiziere, die danach von empörten Arbeitern und Soldaten überwältigt wurden. Regierung und SPD-Führer gerieten in arge Bedrängnis. Um 12 Uhr ließ der Reichskanzler vom Wolff'schen Telegrafenbüro die Nachricht verbreiten, der Kaiser und preußische König habe sich entschlossen, dem Thron zu entsagen.[54] Wilhelm II. floh am 10. November nach Holland. Er wolle sich nicht von irgendwelchen hergelaufenen Kerls aufhängen lassen, das deutsche Volk sei eine Schweinebande.[55] Der Reichskanzler Prinz Max von Baden übertrug sein Amt Friedrich Ebert, dieser nahm es an und erklärte, die Geschäfte im Rahmen der bestehenden Verfassung zu führen. Ebert rief zur Aufrechterhaltung von »Ruhe und Ordnung« auf, bat die kaiserlichen Behörden und Beamten um die Weiterführung ihrer Tätigkeit und kündigte die Bildung einer »Volksregierung« an. Seine Anhänger, die im »Vorwärts«-Gebäude versammelt waren, bildeten einen Arbeiter- und Soldatenrat von Berlin, dem neben ihm Otto Braun, Eugen Ernst und Otto Wels 12 sozialdemokratische Vertrauensleute aus Betrieben angehörten. In einer Extraausgabe des »Vorwärts« proklamierten sie den Generalstreik, der bereits ausgebrochen war.[56]

Inzwischen hatten Demonstranten auch das Reichstagsgebäude besetzt. Hier hielt gegen 14 Uhr von einem Balkonfenster aus Philipp Scheidemann eine Rede an die Massen auf dem Königsplatz. Dabei rief er die freie deutsche Republik aus, um, wie er sich später brüstete, einen bolschewistischen Sieg zu verhindern.[57] Am 9. November wagte er es allerdings nicht, öffentlich gegen Karl Liebknecht direkt oder gegen den Bolschewismus aufzutreten.[58] Er habe überhaupt kein Recht, die Republik auszurufen, schrie ihn Ebert im Reichstagsrestaurant an. »Was aus Deutschland wird, ob Republik oder was sonst, das entscheidet eine Konstituante.«[59] In den Nachmittagsstunden besetzten bewaffnete Trupps die großen Zeitungsverlage, das Wolff'sche Telegrafenbüro und das Telegrafenamt. Hermann Duncker gelang es mit Gefährten, den »Berliner Lokal-Anzeiger« für die Spartakusgruppe zu besetzen. Noch am Abend wurde hier die von ihm und Ernst Meyer zusammengestellte erste Nummer der Zeitung »Die rote Fahne« gedruckt.

Gegen 16 Uhr strömten die vom Alexanderplatz und von Unter den Linden anrückenden Demonstrationszüge auf den Schlossplatz zu. Unter ihnen war Karl Liebknecht. Er stieg vor dem Schloss auf einen kleinen Kraftwagen und verkündete in einer kurzen Ansprache, wie die »Vossische Zeitung« am folgenden Tage berichtete, »daß der Arbeiter- und Soldatenrat von Berlin das Schloß in seinen Schutz genommen habe. Es sei kein beliebiges Privateigentum mehr, sondern Volkseigentum. Die Wache würde durch das Telegraphenbataillon ausgeübt, sie habe striktesten Befehl, jegliche Versuche, einen Angriff auf das Gebäude zu unternehmen, mit Waffengewalt zu vereiteln. Darauf sprach ein Unteroffizier des Telegraphenbataillons ... Sodann wandte sich Liebknecht wieder an die Menge und sagte: ›Der Tag der Revolution ist gekommen. Wir haben den Frieden erzwungen. Der Friede ist in diesem Augenblick geschlossen. Das Alte ist nicht mehr. Die Herrschaft der Hohenzollern, die in diesem

Schloß jahrhundertelang gewohnt haben, ist vorüber. In dieser Stunde proklamieren wir die freie sozialistische Republik Deutschland. Wir grüßen unsere russischen Brüder, die vor vier Tagen schmählich davongejagt worden sind.‹ Liebknecht wies dann auf das Hauptportal des Schlosses und rief mit erhobener Stimme: ›Durch dieses Tor wird die neue, sozialistische Freiheit der Arbeiter und Soldaten einziehen. Wir wollen an der Stelle, wo die Kaiserstandarte wehte, die rote Fahne der freien Republik Deutschland hissen!‹ [...] Kurze Zeit darauf zeigte sich Karl Liebknecht mit Gefolgschaft auf dem Balkon, von dessen Grau sich eine breite rote Decke abhob. ›Parteigenossen‹, begann Liebknecht, ›der Tag der Freiheit ist angebrochen. Nie wieder wird ein Hohenzoller diesen Platz betreten. [...] Parteigenossen, ich proklamiere die freie sozialistische Republik Deutschland, die alle Stämme umfassen soll, in der es keine Knechte mehr geben wird, in der jeder ehrliche Arbeiter den ehrlichen Lohn seiner Arbeit finden wird. Die Herrschaft des Kapitalismus, der Europa in ein Leichenfeld verwandelt hat, ist gebrochen. Wir rufen unsere russischen Brüder zurück. [...] Wenn auch das Alte niedergerissen ist‹, fuhr Liebknecht fort, ›dürfen wir doch nicht glauben, daß unsere Aufgabe getan sei. Wir müssen alle Kräfte anspannen, um die Regierung der Arbeiter und Soldaten aufzubauen und eine neue staatliche Ordnung des Proletariats zu schaffen, eine Ordnung des Friedens, des Glücks und der Freiheit unserer deutschen Brüder und unserer Brüder in der ganzen Welt. Wir reichen ihnen die Hände und rufen sie zur Vollendung der Weltrevolution auf. Wer von Euch die freie sozialistische Republik Deutschland und die Weltrevolution erfüllt sehen will, erhebe seine Hand zum Schwur.‹ (Alle Hände erheben sich und Rufe ertönen: Hoch die Republik!).«[60] Für ihn blieb es der erhebendste und glücklichste Moment im Revolutionsgeschehen. Da hatte er weder Zeit noch Muße, sich in des Kaisers Bett zu legen, wie das Ben Hecht, der »Shakespeare von Hollywood«, 1918 als Berichterstatter für »Chicago Daily News« gesehen haben will.[61]

Karl Liebknecht eilte vom Schloss in den Reichstag. Dort umarmte er auf der Treppe Hellmut von Gerlach von hinten. »Ich drehe mich um und blicke Karl Liebknecht in die halb feuchten, halb strahlenden Augen. Mit warmer Stimme ruft er mir zu:

›Gerlach – endlich die Freiheit! Sie gehen nicht ganz mit mir, ich weiß. Aber heute wollen wir uns doch zusammen freuen!‹«[62] Im Fraktionszimmer der USPD trafen nach und nach alle ein, die sich am Vortag für den Revolutionsbeginn ausgesprochen und eingesetzt hatten. Während ihrer Gespräche über das weitere Vorgehen erschienen Vertreter des inzwischen gebildeten Soldatenrates und forderten die USPD zur gemeinsamen Regierungsbildung mit der SPD auf. Das sei für den Abschluss des Waffenstillstandes unbedingt notwendig. Gegen 19 Uhr erschien Philipp Scheidemann mit diesem Vorschlag. Karl Liebknecht, Georg Ledebour und Richard Müller lehnten entschieden ab. Emil Barth plädierte für die alleinige Regierungsbildung durch USPD und Spartakus. Oskar Cohn, Emil Barth und Wilhelm Dittmann stellten die Frage in den Raum, ob eine Regierungsbeteiligung auch Karl Liebknecht einschließen könne. Philipp Scheidemann, der mehrmals ins Beratungszimmer kam, wies diese Entscheidung der USPD zu, deren Mitglied Karl Liebknecht sei. Bald kristallisierte sich unter allgemeiner Zustimmung der Vorschlag heraus, Emil Barth, Karl Liebknecht und Hugo Haase in die Regierung zu entsenden. Die Auseinandersetzungen drehten sich nunmehr um die Bedingungen für einen solchen Eintritt. Für Karl Liebknecht kamen von vornherein nur drei Tage in Frage, damit eine Regierung zustande kam, die für die Verhandlungen über den Waffenstillstand gebraucht wurde.[63]

Als immer mehr Arbeiter- und Soldatendeputierte eintrafen und Liebknecht drängten, in die Regierung einzutreten, formulierte er folgende Bedingungen, die er als Voraussetzung für die Bildung einer gemeinsamen Regierung von SPD und USPD, also auch für seinen Eintritt in ein solches Kabinett ansah: »1. Deutschland soll eine sozialistische Republik sein. 2. In dieser Republik sollte die gesamte exekutive, legislative, jurisdiktionelle Macht ausschließlich in den Händen von gewählten Vertrauensmännern der gesamten werktätigen Bevölkerung und der Soldaten sein. 3. Ausschluß aller bürgerlichen Mitglieder aus der Regierung. 4. Die Beteiligung der Unabhängigen gilt nur für drei Tage, als ein Provisorium, um eine für den Abschluß des Waffenstillstandes fähige Regierung zu schaffen. 5. Die Ressortminister gelten nur als technische Gehilfen des eigentlichen und entscheidenden Kabinetts. 6. Gleichberechtigung der beiden Leiter des Kabinetts.«[64] Weil die Entscheidung der USPD letztendlich von Hugo Haase abhing, der sich noch in Kiel befand und folglich sofort nach Berlin geholt werden musste, unterzeichnete er mit Philipp Scheidemann ein Dokument folgenden Wortlauts: »Inhaber dieses, Herr Paul Dittmann aus Hamburg, ist beauftragt, den Reichstagsabgeordneten Hugo Haase, der sich in Kiel befindet, sofort nach Berlin zu holen. Es sind ihm zu diesem Zwecke von der Regierung zwei Militärautos mit Bemannung zur Verfügung gestellt. Der Transport geschieht im Einverständnis mit dem Großen Hauptquartier.«[65] Hugo Haase traf unterdessen gegen 21 Uhr mit dem Zug ein. Er erklärte sein Einverständnis, mit Karl Liebknecht und Emil Barth für den Regierungseintritt zu kandidieren. Die SPD-Seite lehnte in ihrer Antwort vor allem die Rätemacht-Bedingung ab und forderte, die Wahlen zu einer konstituierenden Versammlung als zentrale Forderung zu betrachten. Da die Mehrheitssozialisten, wie Liebknecht später erklärte, u.a. seine wichtigste Forderung, dass die gesetzgebende, ausführende und richterliche Gewalt ausschließlich in die Hände der Arbeiter- und Soldatenräte gehöre, ablehnten, sei ein Regierungseintritt für ihn keinesfalls in Frage gekommen.[66] Von seinen Spartakusfreunden wurde er anderntags kritisiert, überhaupt erwogen zu haben, kurzzeitig in eine gemeinsame Regierung mit den Mehrheitssozialisten einzutreten.[67] Georg Ledebour blieb weiterhin strikt gegen einen Regierungseintritt, Hugo Haase lehnte dies zunächst auch ab, ließ sich jedoch umstimmen.[68]

Im Plenarsaal des Reichstages traten gegen 22 Uhr die in den Betrieben und Kasernen gewählten Arbeiter- und Soldatenräte zu ihrer ersten Sitzung zusammen. »Emil Barth eröffnete sie mit einer feurigen Ansprache und wurde zum Vorsitzenden gewählt.« Am nächsten Morgen, Sonntag, dem 10. November 1918, sollten sämtliche Arbeiter- und Soldatenräte neu gewählt werden und am Sonntagnachmittag 5 Uhr im großen Zirkus Busch die Wahl der neuen Reichsregierung vornehmen, »was praktisch auf eine Bestätigung der von den beiden sozialistischen Parteien vorgeschlagenen Regierungsmitglieder hinauslief«, schrieb Wilhelm Dittmann.[69] Weitgehend unbekannt blieb folgende Begebenheit, von der Robert Liebknecht berichtete: »Am

9. November abends kämpften noch zahlreiche kaisertreue, zumeist sehr junge Offiziere und schossen aus Gebäuden auf revolutionäre Arbeiter. Nach ihrer Festnahme sollten sie erschossen werden. Ihre Familien kamen völlig aufgelöst zu meinem Vater und baten eindringlich um seinen Einspruch, und er hat mit viel Einsatz diese Exekution verhindert.«[70]

Die Spartakusgruppe nannte am 10. November in einem Aufruf an die »Arbeiter und Soldaten von Berlin« folgende Aufgaben zur Sicherung und Weiterführung der Revolution: Entwaffnung der Polizei und Offiziere; Bewaffnung des Volkes; Übernahme aller Behörden und Kommandostellen durch Vertrauensmänner der Arbeiter- und Soldatenräte; Beseitigung des Reichstags und aller Parlamente sowie der bestehenden Reichsregierung; Abschaffung aller Dynastien und Einzelstaaten; einheitliche sozialistische Republik; Übernahme der Regierung durch den zu wählenden Berliner Arbeiter- und Soldatenrat; Wahl von Arbeiter- und Soldatenräten in ganz Deutschland; Aufnahme der Beziehungen zu den sozialistischen Bruderparteien und Rückberufung der sowjetrussischen Botschaft.[71] Ein weiteres Flugblatt der Spartakusgruppe forderte die Berliner Arbeiter- und Soldatenräte auf, keine Regierungssozialisten in die provisorische Regierung zu wählen.[72] »Die rote Fahne« empfahl am 10. November, auf allen Massenversammlungen eine entsprechende Resolution anzunehmen. Für die Spartakusgruppe war es außerordentlich schwierig, ihre Appelle zu verbreiten. Alle Arbeit lastete auf den Schultern weniger Führungskräfte und einer zahlenmäßig schwer einzuschätzenden Gruppe von Mitgliedern und Sympathisanten. Die Anhänger der Gruppe waren nach dem Januarstreik 1918 noch einmal Verhaftungen, Einberufungen und Repressalien ausgesetzt gewesen. Vielen Kämpfern des 9. November 1918 fehlte es an Klarheit über die Absichten und Ziele der auf sie einwirkenden verschiedenen Kräfte und Richtungen der Arbeiterbewegung. Scheidemann rief die freie deutsche Republik aus, Liebknecht die freie sozialistische Republik, Ebert sprach kurz darauf von sozialer Republik, und im »Vorwärts« standen am 10. November unter der Überschrift »Kein Bruderkampf« die überschwänglichen Worte vom Sieg des Proletariats. Wie sollten die Menschen die Unterschiede erfassen können?

Gewiss war die erste Revolutionsbilanz erfreulich. So listete der Rat der Volksbeauftragten am 12. November folgende Beschlüsse mit Gesetzeskraft auf: »1. Der Belagerungszustand wird aufgehoben. 2. Das Vereins- und Versammlungsrecht unterliegt keiner Beschränkung, auch nicht für Beamte und Staatsarbeiter. 3. Eine Zensur findet nicht statt. Die Theaterzensur wird aufgehoben. 4. Meinungsäußerung in Wort und Schrift ist frei. 5. Die Freiheit der Religionsausübung wird gewährleistet. Niemand darf zu einer religiösen Handlung gezwungen werden. 6. Für alle politischen Straftaten wird Amnestie gewährt. Die wegen solcher Straftaten anhängigen Verfahren werden niedergeschlagen. 7. Das Gesetz über den Vaterländischen Hilfsdienst wird aufgehoben, mit Ausnahme der sich auf die Schlichtung von Streitigkeiten beziehenden Bestimmungen. 8. Die Gesindeordnungen werden außer Kraft gesetzt, ebenso die Ausnahmegesetze gegen die Landarbeiter. 9. Die bei Beginn des Krieges aufgehobenen Arbeiterschutzbestimmungen werden hiermit wieder in Kraft gesetzt.«[73]

All diese Ergebnisse wurden von den revolutionären Kräften, auch von der Spartakusgruppe, begrüßt. Letztere warnte vor einem zu schnellen Zufriedensein mit dem Erreichten. Um ein für alle Mal eine friedliche und demokratische Entwicklung zu sichern, müssten die Urheber von Krieg und Elend in Politik und Wirtschaft mit mehr Elan und Zielklarheit zur Verantwortung gezogen werden. Deshalb forderten Liebknecht und Luxemburg die Fortsetzung der Revolution als Teil der Weltrevolution gegen Kapitalismus und Krieg, für Sozialismus und Frieden. Damit fanden sie bei den Arbeiter- und Soldatenräten wenig Anklang, wie sich bereits am 10. November 1918 zeigte. An diesem Tag endete die erste Versammlung der Arbeiter- und Soldatenräte mit einer bitteren Enttäuschung für Karl Liebknecht und einem Fiasko für die Spartakusgruppe. Ob bei der Zusammenkunft im Zirkus Busch nur gewählte Räte anwesend waren, wurde nicht kontrolliert. Eröffnet wurde die Versammlung von Emil Barth. Friedrich Ebert versuchte in seiner Rede die Arbeiter- und Soldatenräte für die Unterstützung der Regierungssozialisten zu gewinnen. Nach ihm sprach Hugo Haase. Dann erhielt Karl Liebknecht das Wort. Er war gegen 17 Uhr eingetroffen. Zuvor hatte er seine Frau angerufen. Mit Robert fuhr Sophie zum Zirkus Busch; Helmi war noch in Bayern, Vera in Holland. Sophie beschrieb die Situation zutreffend: »[...] die ganzen Ränge waren von Feldgrauen besetzt – die Arena ziemlich leer – in der Hauptloge – die Rechten und die Linken. Dort waren Scheidemann, Ebert, Landsberg, Barth – von unseren Leuten erinnere ich mich nur an meinen Mann und Hugo Haase. Der runde Raum lärmte – die Stimmung war fieberhaft erhitzt, die heimkehrenden Soldaten sahen nicht zum Scherzen aufgelegt aus. Zuerst sprachen die Rechten – die Volksbeauftragten. Sie sprachen vom beendeten Krieg, von der endlich eingetretenen Möglichkeit, nach Hause zurückzukehren – die Worte ›nach Hause‹ brausten in Tausenden Kehlen auf – das war das Zauberwort, das langersehnte. Damit, mit diesem Wort hatten die Rechten, wie es sich bald herausstellte, gewonnen.«[74]

Er müsse Wasser in den Wein der Begeisterung schütten, erklärte Karl Liebknecht in seiner Rede. »Die Gegenrevolution ist bereits auf dem Marsche, sie ist bereits in Aktion! (Rufe: Wo denn?) Sie ist bereits hier unter uns! Wer hat zu Ihnen gesprochen, waren das Freunde der Revolution? (Rufe: Nein! – Lebhafte Gegenrufe: Ja!) Lesen Sie, was nach dem Willen des Reichskanzlers Ebert (Ruf: Ohne den wären Sie noch gar nicht da!) der ›Vorwärts‹ geschrieben hat. Das war eine Verleumdung der Revolution, die gestern geschlagen worden ist. Es drohen Gefahren für die Revolution von vielen Seiten. (Rufe: Von Ihnen!) Gefahren nicht nur aus den Kreisen, die bis dahin das Heft in der Hand gehabt haben, als Scharfmacher, Agrarier, Junker, Kapitalisten, Imperialisten, Monarchisten, Fürsten, Generäle, sondern auch von jenen, die heute mit der Revolution gehen und vorgestern noch Feinde der Revolution waren. (Stürmische Unterbrechungen: Einigkeit, Einheit! – Gegenrufe: Nein! – Rufe: Abtreten!) [...] Die Rätegewalt kann nicht in nennenswertem Maße in die Hände von Offizieren gelegt werden. Der einfache Soldat in allererster Linie muß das Heft in der Hand behalten.« Sowohl diese Forderung als auch seine Warnung: »In heimtückischer Weise wird die Soldatenorganisation von den Feinden der Revolution für ihre Zwecke ausgenutzt«, löste anhaltende Unruhe aus. Lärm und Protest steigerten sich, als er ausrief: »Der Triumph der Revolution wird nur möglich sein, wenn sie zur sozialen Revolution wird, nur dann wird sie die Kraft besitzen, die Sozialisierung der Wirtschaft, Glück und Frieden für alle Ewigkeit zu sichern. (Teilweiser Beifall, andauernde Unruhe. – Erneute Rufe: Einigkeit!)«[75] Karl Liebknecht hatte nicht lange gesprochen, berichtete Sophie Liebknecht, »die Soldaten, fast alle direkt von ihren Truppenteilen in Berlin eingetroffen, erhoben sich wie ein Mann, rannten in ihren schweren dröhnenden Stiefeln über die samtbezogenen Ränge in die Arena, füllten sie, schrien, schimpften, drohten mit erhobenen Fäusten. Wieder hatte sich ein einziges Wort ihrer bemächtigt ›Parität‹. Das Wort stieg auf, wiederholte sich tausendfach – Zorn, Entschlossenheit, Forderung nach Frieden, Zurückweisung neuer Kämpfe hörte man.«[76]

Paritätische Zusammensetzung des zu wählenden Vollzugsrates forderten aufgebrachte Soldaten mit erhobenen Gewehren und Säbeln, als Barth die USPD-Vorschlagsliste verlas, auf der auch Karl Liebknecht, Rosa Luxemburg und Wilhelm Pieck standen. Die Krakeeler verlangten, Regierungssozialisten in den Vollzugsrat aufzunehmen. »Barth wollte sein Amt niederlegen und drohte, sich eher eine Kugel durch den Kopf zu schießen, als mit den Regierungssozialisten zusammenzuarbeiten«, erinnerte sich Wilhelm Pieck. »Ein ungeheurer Tumult setzte bei den Worten Barths ein, und dieser wußte nicht, was er machen sollte. Liebknecht lehnte für die Spartakusgruppe ab, mit den Regierungssozialisten im Vollzugsrat zusammenzuarbeiten. Da die Versammlung immer turbulenter wurde, so daß ein Verhandeln ausgeschlossen war, verließen Liebknecht und seine Freunde die Versammlung.«[77]

Sophie Liebknecht fuhr erregt in die Wohnung nach Steglitz zurück. Karl Liebknecht blieb im Hotel Excelsior am Anhalter Bahnhof, wo eine Art Stabsquartier der Spartakusgruppe aufgeschlagen worden war. Hier traf gegen 22 Uhr Rosa Luxemburg ein, die erst mit Beginn der Revolution in Breslau am 8. November aus dem Gefängnis freigelassen worden war. Zusammen mit ihr, Leo Jogiches und weiteren Spartakusgenossen beriet Karl Liebknecht in der Nacht über die nächsten Aufgaben. Sie hatten natürlich erfahren, wie die Vollversammlung der Berliner Arbeiter- und Soldatenräte im Zirkus Busch ausgegangen war. Der gewählte Vollzugsrat der Arbeiter- und Soldatenräte bestand aus sieben Vertretern der USPD, sieben der SPD und 14 Soldaten, die fast alle der SPD angehörten. Als provisorische Regierung wurde der Rat der Volksbeauftragten bestätigt, in den von der USPD Emil Barth, Wilhelm Dittmann und Hugo Haase, von der SPD Friedrich Ebert, Otto Landsberg und Philipp Scheidemann eintraten. Die Vollversammlung erließ einen Aufruf »An das werktätige Volk!«, in dem es hieß: »Das alte Deutschland ist nicht mehr [...] Deutschland ist Republik geworden, eine sozialistische Republik.«[78] Die Träger der politischen Macht seien jetzt die Arbeiter- und Soldatenräte. Als wichtigste Aufgabe habe die Regierung den Waffenstillstand abzuschließen. Auch von rascher und konsequenter Vergesellschaftung der kapitalistischen Produktionsmittel war die Rede. An die russische Arbeiter- und Soldatenregierung ergingen brüderliche Grüße, und es wurde die Erwartung ausgesprochen, dass deren Vertretung nach Berlin zurückkehrt.

Noch am Abend des 10. November 1918 trafen Ebert und Groener, Erster Generalquartiermeister der Obersten Heeresleitung, telefonisch Absprache wegen des Kampfes gegen den Radikalismus und Bolschewismus. Von da ab verständigten sich beide täglich über die notwendigen Maßnahmen. Ebert habe sich bei der Bekämpfung der Revolution stets als zuverlässig erwiesen, hielt Groener in einem Brief vom 3. August 1919 fest.[79] Am 10. November 1918 erklärte er seiner Frau, dass er Ebert stützen und verhindern wolle, »daß der ›Karren‹ nicht noch weiter nach links rutscht«[80]. Die Ebert-Groener-Verbindung offenbarte sich spätestens im Dezember1918/Januar 1919 als ein konterrevolutionärer Kontrakt, der viele Menschenopfer kostete und das im Kampf gegen links lauthals verkündete Ideal einer wahren Demokratie auf verhängnisvolle Weise beschädigte.

Am 11. November 1918 unterzeichneten Vertreter der deutschen Regierung und der Entente in Compiègne das Waffenstillstandsabkommen. Es legte u.a. die sofortige Räumung der besetzten Gebiete fest, mit Ausnahme der zum ehemaligen Russland gehörenden. Die Ostgebiete sollten durch deutsche Truppen auch weiterhin besetzt bleiben, um das Vordringen der sozialistischen Revolution zu verhindern. Robert Liebknecht teilte in seinen Erinnerungen mit, Karl Liebknecht sollte am 9. November zur Unterzeichnung des Waffenstillstandes mit nach Compiègne geflogen werden, »möglicherweise um ihn bereits auf dem Rückweg umzubringen, zumindest aber, um ihn vor den Augen der Soldaten als Kapitulant zu diskreditieren. Natürlich ging mein Vater nicht darauf ein.«[81]

Als Mathilde Jacob spät abends mit dem Gepäck von Rosa Luxemburg ins Hotel kam, saßen ihre Freunde noch immer beratend beieinander. »Wenn alle einig waren, pflegte Karl Liebknecht in irgend einem Punkt eine abweichende Meinung zu haben. Er konnte stundenlang wegen einer Geringfügigkeit diskutieren, um diese durchzusetzen. An diesem Abend war er ruhig und ein wenig gedrückt! Hatte ihn doch Leo Jogiches nur mit Mühe zurückhalten können, mit Haase und Ledebour in die Koalitionsregierung einzutreten.«[82] Das aber hatte für Karl Liebknecht so nicht zur Entscheidung gestanden.

Im Hotel Excelsior wurde am 11. November 1918 der Spartakusbund gegründet. Seiner Zentrale gehörten an: Willi Budich, Käte und Hermann Duncker, Hugo Eberlein, Leo Jogiches, Paul Lange, Paul Levi, Karl Liebknecht, Rosa Luxemburg, Franz Mehring, Ernst Meyer, Wilhelm Pieck, August Thalheimer. Karl Liebknecht und Rosa Luxemburg wurde die Redaktion der »Roten Fahne« übertragen. Als sie ihre Tätigkeit aufnehmen wollten, wurden sie von aufgehetzten Setzern und Druckern in der Druckerei des »Berliner-Lokal-Anzeigers«, die zwei Tage zuvor von Hermann Duncker in Beschlag genommen worden war, behindert und beschimpft. Es hätte nicht viel gefehlt, und beide wären vom »militärischen Schutz«, den die Firma Scherl herangeholt hatte, verhaftet worden. Daraufhin suchten Rosa Luxemburg und Karl Liebknecht am Abend den Vollzugsrat auf, der im Reichskanzlerpalais tagte, um eine erneute Verfügung gegen Scherl zu veranlassen. Scherl verstand es dennoch, den Druck der »Roten Fahne« zu verhindern. Erst nachdem die Spartakusgruppe in der Druckerei Lehmann in der Königgrätzer Straße eine neue Druckgelegenheit gefunden hatte, konnte am 18. November die Zeitung wieder erscheinen.[83]

Während Rosa Luxemburg de facto als Chefredakteurin fungierte, die meisten Leitartikel schrieb und eng mit Paul Levi, Leo

Jogiches und Mathilde Jacob zusammenarbeitete, widmete sich Karl Liebknecht hauptsächlich der Agitation unter den Massen, meist mit jungen Genossen zum Schutz an seiner Seite. »Er gönnte sich kaum einige Stunden Schlaf, sprach täglich in drei bis vier Versammlungen, in Betrieben, auf öffentlichen Plätzen, und war überall, wo immer er nötig war.«[84] Er wurde skrupellos verleumdet. »Das alte Spiel« betitelte Rosa Luxemburg ihren Artikel, in dem sie die wahnwitzigen Räubergeschichten und schamlosen Lügen anprangerte: »Liebknecht hat in Spandau 200 Offiziere ermordet. Liebknecht ist in Spandau ermordet worden. Die Spartakusleute haben den Marstall gestürmt. Die Spartakusleute haben in das ›Berliner Tageblatt‹ mit Maschinengewehren eindringen wollen. Liebknecht plündert die Läden. Liebknecht verteilt Geld unter die Soldaten, um sie zur Gegenrevolution aufzustacheln. Die Spartakusse rückten gegen das Abgeordnetenhaus vor.« Die Absichten seien offensichtlich: »Es gilt, durch diese Schwindelmärchen die Philister in panikartige Stimmung zu versetzen, die öffentliche Meinung zu verwirren, die Arbeiter und Soldaten einzuschüchtern und irrezuleiten, um eine Pogromatmosphäre zu schaffen und die Spartakusrichtung politisch zu meucheln, ehe sie noch die Möglichkeit hatte, die breitesten Massen mit ihrer Politik und ihren Zielen bekannt zu machen.«[85]

Spartakus solle zu Tode gehetzt werden, erklärte Karl Liebknecht auf einer Versammlung der Berliner Arbeiterräte. Man sage, »der Liebknecht muß unschädlich gemacht werden, weil er gegen die Einigkeit ist. Es gibt niemand in der Welt, der die Einigkeit mehr herbeisehnt und wünscht als ich, der bereit ist, sein alles dafür hinzugeben (großer Beifall). Aber nur für eine Einigkeit, die dem Volke hilft.« Spartakus wolle nicht jetzt schon Schluss machen mit der Revolution, sondern zur sozialen Revolution übergehen. Deshalb »bleibt uns nichts anderes übrig, als nur die anzuerkennen, die dasselbe Ziel haben«[86]. Die Regierungssozialisten um Scheidemann hissten die Flagge eines neuen Burgfriedens und verkündeten scheinheilig, es gäbe keine verschiedenen sozialistischen Parteien mehr, sondern nur noch Sozialisten. Sie wollten die Revolution liquidieren, warnte Liebknecht, sie wollten »die Bewegung ›in ruhige Bahnen‹ lenken, um die kapitalistische Gesellschaft zu retten«, und das Proletariat durch die Einigkeitsphrase hypnotisieren. Weil der Spartakusbund diese Vorhaben durchkreuzte, fielen sie mit fanatischem Hass über ihn her.[87] Bereits 1917, als nach dem Würzburger Parteitag der SPD die Einheitsparole verstärkt erhoben wurde, hatte er vor jeder »phrasenumnebelten Einigkeitsmeierei« gewarnt und sich geschworen: »Einigkeit des Kampfgeistes – ja und für immer! Einigkeit der toten Form als Tod des Kampfgeistes – nimmermehr!«[88]

Das Fazit seiner Agitation, Gespräche und Beobachtungen legte er in der »Roten Fahne« am 21. November im Artikel »Das, was ist« dar. Als klaffender Widerspruch der deutschen Revolution zeige sich: »Ihre politische Form ist die einer proletarischen Aktion, ihr sozialer Inhalt der einer bürgerlichen Reform.«[89] Der Sieg der Arbeiter- und Soldatenmassen wiederum sei weniger ihrer Stoßkraft zu verdanken als dem inneren Zusammenbruch des früheren Systems, begünstigt durch die Flucht der herrschenden Klassen vor der Verantwortung. Während die »sozialistische Regierung« die proletarische Form auf den bürgerlichen Inhalt zurückschrauben wolle, müsse es sich das Proletariat zur Aufgabe machen, die Revolution zur sozialen Revolution zu steigern. Zunächst erklärte er, warum das Proletariat die Macht nicht besaß, unverzeihliche machtpolitische Inkonsequenzen die bisherigen Ergebnisse der Revolution gefährdeten und sich überall die Gegenrevolution organisierte. Zwar wurden in allen größeren Städten Deutschlands Arbeiter- und Soldatenräte gebildet, doch schränkten Bürger- und Bauernräte, die in den Händen mittlerer und großer Grundbesitzer lagen oder einem allgemeinen Volksparlament glichen, die proletarische Macht ein. Die gewählten Arbeiterräte waren nicht selten sehr unsicher, unentschlossen und kraftlos. Bei der Bildung von Soldatenräten hatten oft Offiziere, teils aus hochfeudalen Kreisen, eingegriffen. Der gesamte bürgerliche Staats- und Verwaltungsapparat und die militärische Maschinerie wurden von der »sozialistischen« Regierung aufrechterhalten bzw. wiederhergestellt. Die wirtschaftliche Macht der besitzenden Klassen einschließlich der Grundbesitzer und das Bildungsprivileg wurden überhaupt nicht angetastet. Es drohte ein Aushungerungskrieg. Auf diese Analyse folgte eine klare Botschaft: »Die arbeitenden Massen müssen dem Prozeß ihrer weiteren Schwächung sofort Halt gebieten; sie müssen der Regierung, die diesen Prozeß fördert, sofort in den Arm fallen: Bis hierher und nicht weiter! Sie müssen das Eroberte fest in den Fäusten halten: sie müssen zur Eroberung der übrigen Machtpositionen schreiten, um die herrschenden Klassen endgültig niederzuzwingen und die Herrschaft des Proletariats zur Wahrheit und Wirklichkeit von Fleisch und Bein zu gestalten. Zaudern heißt das noch zu Gewinnende mitsamt dem bisher Gewonnenen verlieren. Zaudern zögert den Tod heran – den Tod der Revolution. Die Gefahr ist riesengroß und dringend.«[90] Ähnliche Überlegungen flossen kurz darauf in »Leitsätze« ein, die Liebknecht nicht veröffentlichte. Angesichts der Illusionen, die die Mehrheit der Menschen über die Wahlen zu einer Nationalversammlung und deren Macht hatten, spitzte er darin seine Meinung über die Unterschiede zwischen bürgerlicher und sozialistischer Demokratie zu: »Die bürgerliche Demokratie ist eine verfälschte Demokratie, da die ökonomische und soziale Abhängigkeit der arbeitenden Masse auch bei formaler Gleichheit den herrschenden Klassen sachlich ein ungeheures politisches Übergewicht gibt und die ökonomische und soziale Abhängigkeit an und für sich wirkliche Demokratie ausschließt. So führt der Weg zur Demokratie über den Sozialismus, nicht aber der Weg zum Sozialismus über die sogenannte Demokratie. Eine ›Nationalversammlung‹ kann höchstens am Schlusse, nicht aber am Anfang der jetzt einzuschlagenden Entwicklung stehen.«[91]

Am 24. November 1918 traf Kurt Eisner mit Karl Liebknecht zusammen. Als Ministerpräsident von Bayern war er nach Berlin gekommen, um auf Einladung der Reichsregierung an einer Konferenz am 25. November teilzunehmen. Eisner versuchte Liebknecht zum Eintritt in eine neue, radikal-revolutionäre Regierung zu bewegen, in die er selbst sowie Hugo Haase und evtl. auch Karl Kautsky und Eduard Bernstein eintreten wollten bzw. sollten. Eisner ging es vor allem darum, mit den Entente-Mächten rasch zu einem Verständigungsfrieden zu kommen. Liebknecht hielt es zu diesem Zeitpunkt für ein unmögliches Unterfangen, mit Kriegsverbrechern wie Clemenceau, Lloyd George und Wilson Frieden schließen zu wollen. Hier könne es doch nur den Kampf bis aufs Messer geben, notierte Eisner. Seine Hinweise auf die drohende Hungerkatastrophe hatten Liebknecht nicht beeindruckt. Laut Protokoll berichtete Eisner im Ministerrat am 26. November in München deprimiert über das Ergebnis seiner Mission in Berlin: »Keine Revolutionsstimmung, Zerfahrenheit, Ratlosigkeit, Katzenjammer. Jeder fürchtet sich vor dem anderen, jeder arbeitet gegen den andern. Liebknecht und Luxemburg sind die einzigen agitatorisch Tätigen.«[92] Karl Liebknecht strebe eine bolschewistisch-terroristische Diktatur des Proletariats an, er selbst dagegen eine »Diktatur freier Menschen«.[93]

Auch Liebknechts Freiheits- und Demokratieverständnis schloss Minderheitengewaltherrschaft und Terror aus.[94] Er befürchtete, ähnlich wie Rosa Luxemburg,[95] bedrohliche Tendenzen der Nachkriegsentwicklung, wenn nicht eine Erhebung der Massen in den europäischen Ländern an den Grundfesten des Kapitalismus rüttle. In Notizen 1917/18 im Zuchthaus Luckau hatte er festgehalten: Der Krieg werde unmöglich die Kriegsursache aus der Welt schaffen, »d.h. die Konkurrenz der imperialistischen Systeme (Komplexe!) um die Naturschätze, die Arbeitskräfte, die Absatzmärkte der Erde«. »Nach dem Krieg wird die menschl. Wirtschaft noch viel mehr als bisher Weltwirtschaft sein, die Produktion noch mehr Weltproduktion u. noch mehr der Rohstoffe u. Arbeitskräfte der ganzen Welt bedürftig, der Handel noch viel mehr Welthandel – in Einfuhr u. Ausfuhr (Einkauf u. Absatz) sein. Das heißt aber: die Erde wird noch enger werden für die Konkurrenten – noch unzureichender. Die imper. Gegensätze noch schärfer, d.h. aber, die Kriegsursachen noch stärker!«[96] Auf detaillierte Bemerkungen zu Perspektiven für Konsumartikel, Lebensmittel, Produktivkräfte, Produktionsmittel folgte die Prognose: »[…] *allgemein* aber wird die Ausbeutung von Erde, Wasser, Luft, Lebewesen (auch Menschen als Arbeitskräfte) zur Gewinnung von Rohstoffen u. Kräften intensiver werden; die technischen Verbesserungen, Erfindungen u. Entdeckungen (auch *neuer* Rohstoffe u. neuer Verwendungsmöglichkeiten u. neuer Vorkommen) von *bisher* schon verwandten Rohstoffen (Erzlager, Kali usw.) werden die Produktionsergebnisse u. die Prod.möglichkeiten rascher wieder heben als sonst möglich […] Der Krieg um die Rohstoffe der Erde u. um den Weltmarkt hat also zwar Rohstoffe u. Weltmarkt verwüstet, es besteht aber die Aussicht, daß diese Verwüstung infolge verbesserter u. intensivierter Wirtschaft zunächst im Gebiet der Produktionsmittel, sodann im Gebiet des Konsums viel rascher wieder gutgemacht wird, als bei Zugrundelegung des wirtschaftlichen Zustands der Vorkriegszeit anzunehmen.« Einen Ausbruch aus diesem kapitalistischen Zirkel hielt er nur im Sozialismus für möglich.[97] Karl Liebknecht, Rosa Luxemburg und ihre engsten Mitstreiter appellierten »An die Proletarier aller Länder!«, dass das vom verruchten Völkermord ruinierte Europa nur durch den Sozialismus vor furchtbarster Hungersnot, Stockung des gesamten Produktionsmechanismus, Seuchen und Degeneration zu retten sei. »Der Sozialismus allein ist imstande, das große Werk des dauernden Friedens zu vollbringen. [...] Die Zeit der leeren Manifeste, platonischen Resolutionen und tönenden Worte ist vorbei: die Stunde der Tat hat für die Internationale geschlagen. Wir fordern euch auf: Wählet überall Arbeiter- und Soldatenräte, die die politische Macht ergreifen und die zusammen mit uns den Frieden herstellen werden.«[98]

Vor dem 53er-Ausschuss der Marine bekräftigte Karl Liebknecht seine Auffassungen über die Sicherung eines dauerhaften Friedens. Der Ausschuss war auf Beschluss der Arbeiter- und Soldatenräte der Marine vom 19. November gebildet worden. Er bestand aus 24 Vertretern der Nordseestation, 20 Vertretern der Ostseestation, fünf Vertretern der Niederelbe und vier Vertretern von Berlin. Er sollte das Reichsmarineamt und den Admiralstab kontrollieren. Aus seiner Mitte wählte er fünf Matrosen als Zentralrat der Marine. Karl Liebknecht half bei der Ausarbeitung eines politischen Programms. Darum hatte ihn Karl Baier während einer Versammlung mit Frontsoldaten am 23. November in den Sophiensälen gebeten.[99] Die Rede, die er am 27. November vor dem Ausschuss hielt, wurde als Flugschrift verbreitet. Darin erklärte er, die Sozialisierung der Gesellschaft sei ein langer und schwieriger Prozess. Gleich in den ersten Tagen der Revolution hätte die Regierung energische Schritte gehen müssen. »Statt dessen hat sie bis heute noch nicht einmal die Krongüter der Potentaten konfisziert. Die Großbetriebe sind zur Enteignung längst reif. Die Rüstungsindustrie wollte der Reichstag bereits 1913 verstaatlichen. Die kriegswirtschaftlichen Maßnahmen der letzten vier Jahre haben gezeigt, wie schnell tiefste Eingriffe in das kapitalistische Wirtschaftsgetriebe vorgenommen werden können, und zwar ohne daß Desorganisation die Folge wäre. Und die Kriegswirtschaft bietet technisch brauchbare Handhaben zur Sozialisierung. Kein ängstliches Schwanken, sondern festes Zugreifen auch hier.« Durch energischen Einfluss der revolutionären Kräfte in allen Ländern und nicht »auf dem Flugsand Wilsonscher Gnade« müsse ein dauerhafter Frieden errungen werden. Die Schwierigkeiten der Demobilisierung und des Neuaufbaus einer Friedenswirtschaft müssten im Sinne proletarischer Demokratie durch die Bevölkerungsmehrheit gelöst werden. Nicht nach Mord, Plünderung, Räuberei und Anarchie trachteten die Revolutionäre, ihnen gehe es um »Klarheit über Weg und Ziel« im Streben nach »Glück und Wohlfahrt, Brüderlichkeit, Freiheit und Völkerfrieden«.[100]

In der Zeitschrift »Die junge Garde« rief Karl Liebknecht die Jugend zur Weiterführung der Revolution auf. Am 1. Dezember referierten er und andere Mitstreiter in Berlin auf Massenveranstaltungen über die Frage »Was will der Spartakusbund?«. Am 1. Dezember sprach er auf Veranstaltungen in Berlin, am 2. Dezember sprach er vor 10000 Arbeitern und Angestellten der Waffen- und Munitionswerke Wittenau, Moabit und Oberspree, die sich im Zirkus Busch versammelt hatten. Alfred Merges, einer der Begleiter Karl Liebknechts, berichtete, »kein Arbeiter und Soldat konnte sich dem Zauber seiner Stimme entziehen. Von der Gewalt und der Beweiskraft seiner Worte wurden die Herzen der Massen entzündet.«[101] Er habe zwar nie seinen »logisch dozierenden Ton« verloren, bemerkten andere, aber da er den »Eindruck eines Besessenen machte, eines manischen Menschen«, wurde das Zutrauen seiner Hörer noch erhöht. Er lief oder fuhr mit dem Auto durch die Stadt, redete an Straßenkreuzungen oder auf Plätzen und liebte Rededuelle.[102]

Aus Sicherheitsgründen konnte Karl Liebknecht nicht mehr nach Hause zurückkehren. Die Verbindung zu seiner Familie hielt u. a. Alfred Merges. Kam der Achtzehnjährige zu den Liebknechts in Steglitz, wurde er mit Fragen nach dem Befinden und den Unterkünften des Vaters bestürmt. Sophie gab ihm gewöhnlich einen Brief an Karl und Wäsche mit, die Kinder aufgesparte kleine Näschereien. Auf Karls ausdrücklichen Wunsch durfte er ihnen nichts über die aufreibenden Kämpfe und seine Verfassung erzählen. Wie er von der Straße kam, legte er sich in ständig wechselnden Quartieren hin, und wenn es auf dem Billardtisch im Hinterzimmer einer Kneipe war, um kurz zu schlafen oder zu entspannen. »Karls Unbeugsamkeit ließ ihm wenig Zeit, auf sein Äußeres und auf seine Kleidung zu achten, und es war bedrückend, ihn in zerrissenen Schuhen zu sehen«, berichtete Merges. Er vertraute den Genossen, die ihn schützten oder für ihn Zimmer suchen und mieten mussten. Kam ein Kurier, weckten sie ihn ungern. Meldungen las er schnell, »überlegte kurz und gab seine Antwort, aber nicht ohne ein herzliches Wort und ermunternde Kampfesgrüße für die Genossen mitzusenden«[103]. Clara Zetkin würdigte, dass Karl Liebknecht und Rosa Luxemburg unerhörte Strapazen auf sich nahmen. »Ein fieberhaftes, verzehrendes Hasten, das auch die Nacht als Arbeitstag einforderte [...] Lange ehe sich die Situation im blutigen Bürgerkrieg entlud, beinahe vom ersten Tag der Revolution an, lauerten Fanatiker auf sie, die ihnen den Tod geschworen.«[104]

Die Hetzjagden gegen Spartakus wurden immer gefährlicher. Wie Mathilde Jacob sich erinnerte, entledigte sich das Hotel Excelsior seiner spartakistischen Gäste. Sie mussten von einem Hotel zum anderen ziehen, konnten nicht mehr alle in einem Quartier wohnen und mussten sich unter falschen Namen ausgeben. Fast sämtliche Hotels um den Anhalter Bahnhof verweigerten inzwischen die Unterkunft.[105] Sogar Regierungskreise in den USA erfasste Angst vor den Revolutionären in Deutschland. Sie erwogen, engste inoffizielle Beziehungen mit der Ebert-Regierung herzustellen und ökonomische Hilfe zu leisten: »Wenn wir nicht klug und sofort handeln, wird eine Liebknecht-Mehring-Diktatur unvermeidlich dieselbe Rolle in Berlin spielen, die die Lenin-Trotzki-Diktatur in Petrograd spielt«, hieß es in einem Brief des US-Diplomaten William Bullitt vom 25. November 1918 an den Staatssekretär des Äußeren, Robert Lansung.[106] Weltpolitisch hatte US-Präsident Woodrow Wilson schon im Januar 1918 mit seinem 14-Punkte-Programm für Friedensverhandlungen und der Idee eines Völkerbundes gegen die sowjetrussischen Friedensinitiativen zu steuern begonnen.

In Deutschland konsolidierten sich die reaktionären Kräfte Ende des Jahres 1918 und bewaffneten sich mit Unterstützung der Armee in Freikorps, Bürgerwehren und Weißen Garden. Neben der gegen den Spartakusbund aufgehetzten Presse verbreiteten täglich Hunderttausende anonyme Flugblätter ärgste Lügen. Der bis dahin unbekannte Dr. Eduard Stadtler wuchs im Zeichen des Antikommunismus mit Finanzspritzen der Deutschen Bank zu einer Schlüsselfigur empor. Erste Sporen hatte er sich als antibolschewistischer Agitator im Stab des deutschen Botschafters Karl Helfferich in Moskau verdient. Am 1. November 1918 hatte er im Großen Saal der Philharmonie das erste Mal in Berlin über den »Bolschewismus als Weltgefahr« referiert. Danach war er angesichts der revolutionären Kämpfe kurzzeitig untergetaucht. Nun meldete er sich mit Pamphleten zurück und warb mit Unterstützung von Helfferich, der wieder als Direktionsmitglied der Deutschen Bank tätig war, in einflussreichen Kreisen für seinen Plan, ein Generalsekretariat zum Studium und zur Bekämpfung des Bolschewismus zu gründen. Tausende von Mark ermöglichten eine außerordentliche Aktivität: populäre Flugschriften, Vortragsskizzen und Plakate, die in hohen Auflagen gedruckt wurden, die Zeitungsredaktionen erhielten unentgeltlich die »Antibolschewistische Correspondenz«. In kurzer Zeit führte Stadtler antikommunistische Organisationen in der »Antibolschewistischen Liga« zusammen und übernahm deren Leitung. Für ihn stand fest, dass nur jene, die hinter Karl Liebknecht und Rosa Luxemburg standen oder sie unterstützten, die eigentlichen Revolutionäre in Deutschland waren. Deshalb müsse Spartakus mit brutaler Gewalt niedergeschlagen werden! Bald schon stellten ihm mehr als 50 Großindustrielle und Bankiers für den antikommunistischen Propaganda- und Hetzfeldzug einen Millionenfonds zur Verfügung. Er buhlte auch um den Beistand der Siegermächte im Kampf gegen die Revolution.[107]

In der Abwehr und Entlarvung solcher Machenschaften fanden Karl Liebknecht, Rosa Luxemburg und ihre engsten Mitstreiter bei USPD-Mitgliedern und revolutionären Obleuten, die seit dem 9. November mit ihnen zusammen kämpften, Unterstützung. In einem Zirkular vom 4. Dezember 1918 wurden USPD-Vertreter im Rat der Volksbeauftragten kritisiert, nicht energisch genug gegen das Vordringen der Konterrevolution vorzugehen. Warum werde der Hetze gegen Spartakus nicht mit aller Macht entgegengetreten? Warum lernt ihr »nichts von Rußland?«. Sicherung der Revolution sei das Gebot der Stunde.[108] Wilhelm Dittmann erinnerte an den Protest von Ernst Däumig, Curt Geyer (Leipzig) und Otto Brass (Remscheid).[109] Die von den Regierungsmitgliedern verteidigte Pressefreiheit höre doch dort auf, wo es heiße »Tötet Liebknecht!«, entgegnete Richard Müller am 7. Dezember Philipp Scheidemann in einer Sitzung des Vollzugsrates mit dem Regierungskabinett.[110] Diese Sitzung war zustande gekommen, weil Berlin am 6. Dezember 1918 Schauplatz eines blutigen Anschlags der Gegenrevolution geworden war, dem 14 Tote und mehr als 30 Verwundete zum Opfer fielen. Die Vertreter des Vollzugsrates stritten mit den Regierungsmitgliedern über deren Mitschuld am Putsch. Wie die »Rote Fahne« berichtete, bewegten sich um 5 Uhr »unter Anführung Scheidemann-treuer Offiziere, mehrere Truppenteile: die Franzer, Flammenwerfer, Pioniere, Funker in demonstrativem Zug durch die Straßen, besetzten das Abgeordnetenhaus, in dem der Vollzugsrat des Arbeiter- und Soldatenrates Sitzung hatte, ein Teil der Mannschaften mit einem bewaffneten Unteroffizier an der Spitze drang in die Sitzung ein und erklärte den Vollzugsrat für verhaftet, und zwar auf Grund eines angeblichen Befehls der Regierung Ebert-Haase. Die Putschisten erklärten weiter: Sie seien gekommen, um den Vollzugsrat zu beseitigen und Ebert als den Präsidenten der deutschen Republik auszurufen. [...] Gleichzeitig wurde von einem anderen Teil der Truppen, nämlich vom Garde-Grenadierregiment Kaiser Franz, die Redaktion der ›Roten Fahne‹ besetzt. Redaktionsräume, Treppen, Hof und Hauseingang wurden abgesperrt, die Maschinen angehalten, Schränke erbrochen, Tische und Schubladen durchsucht. Man fahndete nach Liebknecht, und die ›ganze Gruppe der Spartakusleute‹ sollte verhaftet werden. Auch hier beriefen sich die Putschisten auf einen Befehl von Ebert-Haase.«[111] Für die USPD-Vertreter war das noch immer kein Grund, den Rat der Volksbeauftragten zu verlassen. Georg Ledebour hatte an der Seite von Richard Müller in der Sitzung des Vollzugsrates das schuldhafte Verhalten Eberts kritisiert. Der Kanzler habe »konterrevolutionäre Machenschaften durch sein Auftreten begünstigt«. »Bei der Demonstration auf dem Hof der Reichskanzlei hat man ein Hoch auf den Präsidenten Ebert ausgebracht, hat man gerufen: Schlagt Liebknecht tot! Verhaftet den Vollzugsrat!« Es sei für ihn unvorstellbar, dass Ebert und die anderen Herren vom Kabinett das nicht bemerkt hätten.[112] Bestehe wirklich eine Gefahr von links, von der Spartakusgruppe, fragte Gerhard Obuch, ebenfalls Mitglied des Vollzugsrates. Er sei überzeugt, »daß das Kabinett die Gegenrevolution stärkt und fördert. Der ›Vorwärts‹ stimmt in seiner ganzen Schreibung mit den großen bürgerlichen Blättern überein und trägt nur zur Verwirrung der Geister bei.«[113]

Aus Protest gegen die Politik der Regierungssozialisten hatten sich Karl Liebknecht und Rosa Luxemburg am 6. Dezember, noch vor Beginn des Putsches, in einer Aussprache mit den leitenden Gremien der USPD gegen deren weitere Regierungsbeteiligung ausgesprochen.[114] Danach stellte sich Karl Liebknecht furchtlos an die Spitze der Protestkundgebungen gegen den Putsch. Und er wich nicht zurück, als die Republikanische Soldatenwehr mit Maschinengewehren die Demonstranten Unter den Linden bedrohten. Am 7. Dezember hielt er in der Siegesallee eine Rede. Tags darauf stand er an der Spitze eines gewaltigen Demonstrationszuges in Treptow, der mit Losungen wie »Die ganze Macht den Arbeiter- und Soldatenräten!« und »Fort mit der Regierung Ebert-Scheidemann, den Schuldigen am Blutbade!« im Anschluss an die Kundgebung ins Stadtinnere zog, wo Liebknecht vor der Kommandantur sprach.

Die Situation spitzte sich immer mehr zu. Philipp Scheidemann deckte die Militaristen mit der wiederholten Behauptung, die Gefahr komme von links. Generalfeldmarschall Paul v. Hindenburg forderte am 8. Dezember die Ebert-Regierung auf, die Arbeiter- und Soldatenräte sofort aufzulösen und die militärische Befehlsgewalt wiederherzustellen. Der Berliner Stadtkommandant Otto Wels ließ am 9. Dezember die Büroräume des Spartakusbundes in der Zimmerstraße 77 besetzen und nach Waffen durchsuchen. Friedrich Ebert begrüßte am 10. Dezember am Brandenburger Tor die in Berlin einrückenden von konterrevolutionären Offizieren geführten Gardetruppen. »Beherrscht von ›fast pathologischer Bolschewistenfurcht‹, konzentrierten sie [die Mehrheitssozialisten] alle ihre Anstrengungen darauf, im Bund mit den kaiserlichen Offizieren die Bestrebungen der radikalen Linken zu unterdrücken und ›Ruhe und Ordnung‹ wiederherzustellen.«[115]

An diesem Tag meldete sich bei Karl Liebknecht Georg Friedrich Nicolai und bat ihn im Auftrag eines englischen Korrespondenten um ein Interview. Nicolai war Karl Liebknecht als mutiger Pazifist bekannt, der nicht verschwieg, dass er den Bolschewismus als gewalttätige Bedrohung der Menschenrechte verurteilte und auch gegenüber seinem Bekenntnis zur Diktatur des Proletariats Vorbehalte hatte. Es ging in dem Interview um zwölf Fragen: »Wie definieren Sie Bolschewismus? Die konsequente Durchführung des Sozialismus. 2. Was ist das Programm des Spartakusbundes? 3. Hält er den Gebrauch von physischer Gewalt für nötig? Ja, Gewalt ist nötig, um Gewalt zu brechen. Gewalt ist nötig, um die träge Masse mitzureißen. 4. Beabsichtigt er, sich mit den Bolschewisten anderer Länder zu vereinigen? Ja, wir glauben an den Sieg der Internationale. 5. Wie denken die anderen Sozialdemokraten über den Bolschewismus? Andere Sozialdemokraten gibt es nicht. Die Mehrheitssozialisten hassen uns, die Unabhängigen beneiden uns, haben aber nicht den Mut, uns zu folgen. 6. Glauben Sie, daß eine Gegenrevolution zugunsten der Monarchie stattfinden wird? Ja, die Gegenrevolution ist bereits da und – das ist das schlimmste – unter uns Proletariern durch die kaiserlichen Sozialdemokraten vertreten. 7. Was würde geschehen, wenn der Kaiser und Kronprinz zurückkämen? Sie würden den Scheidemännern, diesen doppelten Verrätern vom 4. August und vom 9. November den Fußtritt geben. Aber sie kommen nicht zurück, denn wir wachen. 8. Wie soll man mit denen verfahren, die Greueltaten während des Krieges begangen haben? Sollen sie vor ein deutsches oder ein alliiertes Gericht gestellt werden? Besser vor ein deutsches Gericht. Aber sie werden vor den Staatsgerichtshof der Welt kommen. Der wird sie verurteilen, aber dann begnadigen, denn sie wußten nicht was sie taten. 9. Glauben Sie, daß die Soldaten der Entente von den bolschewistischen Ideen angesteckt werden? Nicht nur die Soldaten! Die Völker der Welt! 10. Haben Sie eine Botschaft für die Völker außerhalb Deutschlands? Sagen Sie ihnen, wir lieben alle unsere Brüder wie uns selbst. 11. Wie denken Sie sich die Zukunft Europas? Wird es bolschewistisch werden? Der Sozialismus wird herrschen, aber vielleicht erst nach einer Zeit grimmiger Reaktion, vielleicht erst lange nachdem man uns gemordet hat. 12. Wie steht der Spartakusbund zur Entente und zum Frieden? Wir *wollen* nicht nur den Völkerfrieden, wir *sind* der Völkerfrieden, und wir kämpfen für ihn.«[116]

Georg Friedrich Nicolai war von Liebknecht beeindruckt. Er charakterisierte ihn als einen aufrichtigen Idealisten, »der nicht die Ereignisse beherrschte, sondern von ihnen beherrscht war, ein sanfter Mensch, der die Sprache des Neuen Testaments sprach und sich selbst als Opferlamm betrachtete. Die Spartakisten mit Liebknecht an der Spitze seien die wertvollsten Persönlichkeiten der Revolution. »Ihre Ansicht, daß die Zeit reif ist für die Verwirklichung der sozialistischen Gesellschaft ist ein begreiflicher aber fataler Irrtum.«[117]

Für Karl Liebknecht war Klassenkampf kein plumpes, starres, in jedem Land isoliert und in stiermäßigem Drauflosrennen zu befolgendes Schema. Eigene Ideen müssten immer wieder neu geboren, Erfahrungen anderer beobachtet und ausgewertet werden.[118] In diesen rast- und ruhelosen Wochen täuschten ihn der Beifall und die Zustimmung der Menschen, die nicht selten zu Tausenden auf Kundgebungen seinen Worten folgten, bisweilen über die allgemeine Stimmung in der Mehrheit der Bevölkerung hinweg. Mit ihrem Entweder proletarische Rätemacht oder Wahlen zur bürgerlichen Nationalversammlung standen Karl Liebknecht und Rosa Luxemburg ziemlich allein. Über Demokratie herrschte weitverbreitet Unklarheit. Selbst unter Partei- und Gewerkschaftsfunktionären gab es vielfältige Meinungen. Die einen waren besessen vom bloßen Eifer, das russische Beispiel nachzuahmen. Andere versprachen sich von einer Verbindung zwischen Rätemacht und Nationalversammlung eine Lösung. Manche begannen an der Fähigkeit von Arbeiter- und Soldatenräten zur Ausübung von Macht zu zweifeln, während andere wiederum nur eine zeitlich oder sachlich begrenzte Arbeit von Räten für richtig hielten. Viele hatten gar keine konkrete Vorstellung oder schwankten zwischen den Meinungen hin und her. Fortwährend kamen zudem neue Verwirrung und Ängste auf durch das von Konterrevolutionären an die Wand gemalte Schreckgespenst des Bürgerkriegs.

Von seinem Revolutionskonzept war Karl Liebknecht fest überzeugt. Im Unterschied zu Russland strebte er für Deutschland eine Diktatur des Proletariats an, die auf Mehrheitswillen basieren, menschenwürdig sein und strikt »roten Terror« ablehnen sollte. Der besonders ihm nachgesagte Radikalismus zeigte sich ausschließlich in seiner konsequenten Orientierung auf die antikapitalistische und antimilitaristische Zielstellung. Gewaltverherrlichung lehnte er ebenso ab wie anarchistische oder terroristische Aktionen. Historische und jüngste revolutionsgeschichtliche Erfahrungen hatten ihm jedoch bewusst gemacht, dass sich tiefgreifende gesamtgesellschaftliche Umwälzungen, die Revolutionen bewirken sollten, nicht gewaltfrei vollziehen.

Die große Entscheidung über die Stellung von Arbeiter- und Soldatenräten zur Nationalversammlung fiel auf dem 1. Reichsrätekongress der Arbeiter- und Soldatenräte, der vom 16. bis 21. Dezember 1918 stattfand. Die Chancen für die revolutionären Kräfte standen schlecht, denn die Mehrzahl der Delegierten waren Anhänger der Regierungssozialisten um Friedrich Ebert und Philipp Scheidemann. Karl Liebknecht und Rosa Luxemburg hatten kein Mandat zum Kongress erhalten. Auch der Antrag, beide als Gäste mit beratender Stimme zuzulassen, wurde abgelehnt. Sie sahen sich gezwungen, ihre Ansichten für eine demokratische und effektive Ausgestaltung der Macht der Arbeiter- und Soldatenräte schriftlich und mündlich außerhalb des Kongresses zu verbreiten. Am 15. Dezember forderte Rosa Luxemburg die Teilnehmer der außerordentlichen Verbandsgeneralversammlung der USPD von Groß-Berlin auf, gegen die Ebert-Scheidemann-Regierung Position zu beziehen und sie nicht weiterhin wie Hugo Haase als sozialistische Regierung zu bezeichnen. In einem Korreferat erläuterte sie ihren Programmentwurf »Was will der Spartakusbund?« Ihr Antrag auf sofortigen Austritt der USPD aus der Regierung Ebert-Scheidemann, die Ablehnung der Einberufung der Nationalversammlung, die Übernahme der gesamten Macht durch die Arbeiter- und Soldatenräte und die sofortige Einberufung eines Parteitages der USPD erhielt nur 195 Stimmen, während der

Antrag von Rudolf Hilferding, der auf die Wahlen zur Nationalversammlung orientierte, 485 Stimmen bekam.[119]

Karl Liebknecht beriet am Vorabend des Kongresses im Sekretariat des Spartakusbundes mit Delegierten zum Reichsrätekongress. Von der Spartakusgruppe nahmen u.a. Fritz Heckert, Eugen Leviné, Wilhelm Münzenberg und Albert Schreiner, von der USPD u.a. Peter Berten, Otto Brass, Curt Geyer, Karl Ryssel, Johannes Kretzen, Friedrich Seger und Emanuel Wurm teil. Karl Liebknecht unterbreitete Vorschläge für vier Anträge an den 1. Reichsrätekongress. Der Rätekongress sollte sich 1. »als oberste gesetzgebende u. ausübende Gewalt« erklären. 2. »Die Gegenrevolution und die vom Rätekongreß sofort zu ergreifenden Maßregeln zum Schutze der Revolution« als ersten Tagesordnungspunkt behandeln. 3. »Zu Punkt II der Tagesordnung zu beantragen: Deutschland eine einheitliche sozialistische Republik, in der alle Macht den A.-u.S.-Räten zusteht. Der vom Rätekongreß gewählte Vollzugsrat – beim Nichtzusammensein des Rätekongresses – das höchste Organ der Gesetzgebung und der Vollzugsgewalt, durch das auch die Volksbeauftragten u. alle zentralen Reichsbehörden zu ernennen u. abzusetzen sind.« 4. »Sofortiger Aufruf des Rätekong. an die Proletarier aller Länder zur Bildung von A..-u. S.-Räten zwecks Durchführung der gemeinsamen Aufgaben der sozialistischen Weltrevolution.«[120] Den 1.und 3. Antrag sollte Fritz Heckert stellen und begründen, den 2. Otto Brass, den 4. Eugen Leviné. Doch über dieses Maximalprogramm Liebknechts und über das Vorgehen auf dem Kongress ergaben sich bereits in der Vorrunde erhebliche Differenzen, so dass dort nur Heckert und Leviné für die Forderungen eintraten und von den linken USPD-Delegierten nicht unterstützt wurden.

Am Eröffnungstag stellte sich Karl Liebknecht auf den Balkon des Abgeordnetenhauses, in dem der Kongress tagte, und sprach zu etwa 250000 Arbeitern und Soldaten, die der Spartakusbund zu dieser Demonstration mobilisiert hatte. »Genossen, Kameraden, Freunde! Der Tag, an dem der erste Kongreß der Arbeiter- und Soldatenräte zusammentritt, ist von historischer Bedeutung. Die erste Aufgabe des Kongresses ist, die Revolution zu schützen, die Gegenrevolution niederzuwerfen: Entwaffnung aller

Generale und Offiziere; Aufhebung der bisherigen Kommandogewalt; Gründung einer Roten Garde, um die soziale Revolution durchzuführen. Aushebung des Restes der Gegenrevolutionäre, und dazu gehört auch – ich sage das, auch wenn sich irregeführte und mißleitete Proletarier darüber empören – die Regierung Ebert-Scheidemann (Stürmische Rufe: Nieder mit den Scheidemännern!) Denn in der Regierung Ebert-Scheidemann laufen nach dokumentarischen Feststellungen die Fäden der Gegenrevolution zusammen. Ebert hat gestern noch Erweiterung seiner Machtbefugnisse verlangt. (Lebhafte Protestrufe gegen Ebert!) Vorläufig haben wir in Deutschland keine sozialistische, sondern eine kapitalistische Republik. Die sozialistische Republik muß erst durch das Proletariat herbeigeführt werden, durch den Kampf gegen die jetzige Regierung, die zur Trägerin des Kapitalismus geworden ist. Wir verlangen von dem Kongreß, daß er die volle politische Macht zwecks Durchführung des Sozialismus in die Hand nimmt und die Macht nicht einer Nationalversammlung überträgt, die nicht ein Organ der Revolution sein würde. Wir fordern von dem Rätekongreß, daß er die Hand nach unseren russischen Brüdern ausstreckt und die Delegierten der Russen herüberruft. Wir wollen die Weltrevolution und die Vereinigung der Proletarier aller Länder unter Arbeiter- und Soldatenräten.«[121] Der Sowjetdelegation mit Radek, Bucharin, Joffe, Rakowski und Ignatow war die Teilnahme am Rätekongress beim ersten Kontakt mit dem Soldatenrat in Dünaburg versperrt worden. Der Rat der Volksbeauftragten hatte ihr am 10. Dezember die Einreise nach Deutschland verweigert.[122]

Der Kongress entschied völlig anders, als Karl Liebknecht gefordert hatte. Der 19. Januar 1919 wurde als Termin für die Wahlen zur Nationalversammlung festgelegt. Bis zur anderweitigen Regelung durch die Nationalversammlung oblag die gesetzgebende und vollziehende Gewalt dem Rat der Volksbeauftragten. Der von den Arbeiter- und Soldatenräten gewählte Zentralrat, in dem wegen der Verweigerung der USPD lediglich Mitglieder der SPD vertreten waren, erhielt nur das Recht der parlamentarischen Überwachung. Die Beschlüsse über Heer und Marine kamen nicht zur Geltung. Die Regierung wurde beauftragt, mit der Sozialisierung der hierzu reifen Industrien, besonders des Bergbaus, zu beginnen. Auch dieser Beschluss wurde nicht verwirklicht. Die Regierung, noch war es der Rat der Volksbeauftragten aus je drei Vertretern von SPD und USPD, hatte die Machtfrage zu ihren Gunsten entschieden. Für die revolutionären Kräfte war der Kongress eine eklatante Niederlage. »[...] was könnte wohl die Bourgeoisie in der heutigen Situation mehr und Besseres wünschen«, stellte Rosa Luxemburg zu diesem »Pyrrhussieg« fest.[123] Sie war enttäuscht und aufgebracht. Karl Liebknecht hatte bereits während des Kongresses auf einer Abendsitzung der revolutionären Obleute am 18. Dezember vorgeschlagen, zum Verhalten der USPD kritisch Stellung zu nehmen und sofort einen Parteitag einzuberufen. Am 22. Dezember wurde diese Aufforderung von der Zentrale des Spartakusbundes wiederholt.

Die USPD hob dagegen mit Blick auf das Kongressergebnis in der »Freiheit« vom 20. Dezember hervor, sie habe immer wieder betont, »daß der Kampf für die Rätediktatur schon deshalb gegenstandslos sei, weil die Diktatoren von der ihnen zugedachten Mission nichts wissen wollten«[124]. Die Forderung des Spartakusbundes »Alle Macht den Arbeiter- und Soldatenräten« wurde von der Mehrheit der Räte wie der Bevölkerung nicht angenommen.

Angesichts der prekären Situation für die deutsche Revolution entschloss sich der Spartakusbund, Eduard Fuchs nach Moskau zu entsenden. Dort sollte er Rosa Luxemburgs Brief vom 20. Dezember an Lenin und den von ihr in der »Roten Fahne« veröffentlichten Programmentwurf des Spartakusbundes an die Partei der Bolschewiki übergeben. In Gesprächen, auch mit Lenin persönlich, konnte er zwischen dem 26. und 28. Dezember 1918 die Situation schildern und über Folgerungen beraten. Inzwischen hatte Karl Radek mit falschen Papieren und in der Uniform eines österreichischen Offiziers die Grenze passiert. Er traf am 19. Dezember in Berlin ein, um als Emissär der Bolschewiki auf den weiteren Fortgang der Revolution und den Gründungsprozess einer neuen Partei Einfluss zu nehmen. Von Rosa Luxemburg und Leo Jogiches wurde er recht zurückhaltend empfangen. Seine besondere Aufmerksamkeit galt Karl Liebknecht, der sich, wie in der Moskauer »Prawda« Mitte November propagiert wurde, als der lernfähige Führer der deutschen Revolution erwiesen habe. Karl Liebknecht war jedoch viel zu eigenwillig, zu sehr auf sein Charisma bedacht und in der deutschen wie internationalen Arbeiterbewegung so verwurzelt und sozialisiert, dass er für nichts zu überreden oder zu disziplinieren war, was seiner eigenen Erfahrung und Erkenntnis zuwiderlief.

Für Karl Radek stand fest, dass Russland allein, ohne die Hilfe der Arbeiter in Europa, den Sozialismus nicht aufbauen und die Folgen des Krieges nicht überwinden könne. Er schien sich als der kommende Führer der deutschen und mitteleuropäischen Revolution zu fühlen. Vielleicht brachte er Liebknecht die silberne Sprungdeckel-Uhr als Geschenk mit, die 1987 auf einer Auktion angeboten wurde. Sie war vom Hofuhrmacher des Zaren, Pawel Bure, angefertigt, auf den zaristischen Adler war ein Sowjetstern montiert und im rückseitigen Deckel »Gruß an den Genossen Karl Liebknecht von Lenin im Nov. 1918« eingraviert.[125] Dem Botschafter Dänemarks gegenüber brüstete sich Radek: »Ich habe 400 Agitatoren in Berlin, und in zwei Monaten wird die Stadt uns gehören.«[126] Als er mit der Sowjetdelegation zum 1. Reichsrätekongress schon an der Grenze zu Deutschland festgehalten worden war, hatten sich seine Vorstellungen relativiert. Lenin hatte ihn nicht ohne Grund darauf hingewiesen, nun sei »ein ernster Augenblick« gekommen: »Deutschland ist zerschlagen. Der Weg der Entente nach Rußland ist frei ... Denken Sie daran, daß Sie im Rücken des Feindes arbeiten. Die Intervention ist unausbleiblich, und vieles wird von der Lage in Deutschland abhängen.« Er möge nicht versuchen, die Ereignisse zu forcieren, diese sollten »sich nach den inneren Gesetzen der deutschen Revolution entwickeln«.[127] Radek lag mit dem Entwurf des Spartakusprogramms Karl Liebknechts und Rosa Luxemburgs eindeutige Meinung über die demokratische Konstituierung der Diktatur des Proletariats vor: »Der Spartakusbund wird nie anders die Regierungsgewalt übernehmen als durch den klaren, unzweideutigen Willen der großen Mehrheit der proletarischen Masse in Deutschland, nie anders als kraft ihrer bewußten Zustimmung zu den Aussichten, Zielen und Kampfmethoden des Spartakusbundes.«[128] Im Unterschied dazu verfocht Radek die Ansicht, dass die Revolution nie und nirgends »als Tat der Mehrheit der Bevölkerung beginnen« werde. Generell bedeute die Diktatur des Proletariats die Diktatur einer Minderheit; wäre es anders, wäre sie nach Kautskys Lehre in Russland schädlich und in Deutschland unnötig.[129]

Zum Gedenken an die 14 Mordopfer vom 6. Dezember richtete Karl Liebknecht am 21. Dezember an drei Orten – vor dem Reichskanzlerpalais, vor der Kommandantur und am Grabe in Friedrichshain – mahnende Worte und flammenden Protest gegen das revolutionshemmende Treiben der Regierungssozialisten.[130] Am 23. Dezember sprach er vor etwa 5000 Zuhörern in den Unionsfestsälen in der Berliner Hasenheide. In einem umfangreichen Referat zum Programmentwurf »Was will der Spartakusbund?« erläuterte er seine Ansichten zum Stand und zu den weiteren Aufgaben der Revolution. Bisher sei »die deutsche Revolution nichts anderes gewesen als ein Versuch zur Überwindung des Krieges und seiner Folgen«[131]. Für das chaotische Durcheinander, das allenthalben in Deutschland herrsche, trage nicht die Revolution die Verantwortung, sondern die herrschenden Klassen, der von ihnen entfesselte Kriegsbrand und dessen Folgen. Mit dem Ruf nach »Ordnung und Ruhe« solle das Proletariat zur Kapitulation vor der Gegenrevolution gezwungen werden.[132] Es sei höchste Zeit für den Austritt der USPD aus der Regierung Ebert-Scheidemann.

Gewiss ließe sich eine revolutionäre Bewegung nicht auf glattem Parkettboden durchführen, erklärte er weiter. Die Gegenrevolution setze auf Blutvergießen, um die Revolution zu ersticken. »Und da wagt man, uns anzuklagen, daß wir es seien, die den Terror, den Bürgerkrieg und das Blutvergießen wollen, da wagt man, uns zuzumuten, wir sollten auf unsere revolutionäre Aufgabe verzichten, damit die Ordnung unserer Gegner wiederaufgerichtet werde! […] Die Presse der Bourgeoisie und der Sozialpatrioten, vom ›Vorwärts‹ bis zur ›Kreuz-Zeitung‹, strotzt von den abenteuerlichsten Lügen, von den frechsten Verdrehungen, von Entstellungen und Verleumdungen. Was schimpft man uns nicht alles nach? […] Mit einem Wort: daß wir die gefährlichsten und gewissenlosesten Bluthunde der Welt seien.«[133]

Karl Liebknecht bot seine ganze Argumentationskunst auf, um diese Lügen- und Hetzparolen zu entkräften. Er verharmloste keineswegs die Probleme, die sich beim Übergang von der politischen zur sozialen Revolution, bei wichtigen Maßnahmen in Richtung Sozialisierung auftäten. Ohne Widerstand werde es nicht abgehen, wenn Waffenlager, Rüstungsindustrien, industrielle wie landwirtschaftliche Großbetriebe mit Beschlag belegt würden. Aber man könne sich weder den geeigneten Zeitpunkt für eine Revolution aussuchen, noch die Revolution nach eigenem Ermessen vertagen. Die Schwierigkeiten bei der Versorgung der Bevölkerung verkenne er durchaus nicht.[134] Zum Schluss betonte er nochmals, hinter der heuchlerischen Parole von der alles vereinenden und rettenden Nationalversammlung stehe »in Wahrheit der alte deutsche Imperialismus, der trotz der Niederlage Deutschlands nicht tot« sei und das deutsche Proletariat um die Früchte seiner Revolution prellen wolle.[135] Die meisten Teilnehmer bekundeten ihre Sympathie mit Karl Liebknecht und ihre Bereitschaft, den Spartakusbund zu unterstützen.

Einen Tag danach, am 24. Dezember 1918, erschütterte die Revolutionäre in Berlin ein neuer Putschversuch. Auf Geheiß von Ebert, Landsberg, Scheidemann, d.h. der SPD-Vertreter im Rat der Volksbeauftragten, und des Kriegsministers Scheüch schossen am Morgen des 24. Dezember konterrevolutionäre Truppen unter Generalleutnant Lequis auf die Matrosen der Volksmarinedivision, die letzte revolutionäre Militäreinheit, im Schloss und im Marstall. Da Berliner Arbeiter den Matrosen sofort zur Hilfe eilten, musste der Artillerieangriff abgebrochen werden. 11 Matrosen und 56 Soldaten der Lequis-Truppen fanden den Tod.

Zusammen mit mehr als 30000 Arbeitern und Soldaten verurteilte Karl Liebknecht am 25. Dezember in der Siegesallee den Putsch. Eindringlich appellierte er, vor der Heranziehung revolutionsfeindlicher Truppen durch die Ebert-Scheidemann-Regierung auf der Hut zu sein. Sobald sich die Reaktion ihrer Macht nämlich sicher sei, werde sie »sich keinen Augenblick besinnen, die Revolution im Blut zu ersticken«[136].

Wagnis und tragisches Ende

Karl Liebknecht stand um die Jahreswende 1918/19 vor schwerwiegenden Entscheidungen. Im Kampf um die Partei wurde er nahezu Tag und Nacht gebraucht. Schließlich hatte er von den Führern des Spartakusbundes die besten Kontakte zu Linken in der USPD und zu den revolutionären Obleuten. Am 23. Dezember lud die Zentrale des Spartakusbundes in der »Roten Fahne« zum 30. Dezember 1918 zu einer Reichskonferenz in Berlin ein. Die USPD-Führer lehnten es am 24. Dezember in ihrer Zeitung »Die Freiheit« definitiv ab, vor den Wahlen zur Nationalversammlung einen Parteitag einzuberufen.[1] Die Internationalen Kommunisten Deutschlands (Bremer Linksradikale u. a. linksradikale Gruppen) sprachen sich auf ihrer Reichskonferenz am 24. Dezember im Beisein von Leo Jogiches und Karl Radek für die Vereinigung mit dem Spartakusbund und für die Gründung einer kommunistischen Partei aus.[2] Einige in der Spartakusbundzentrale befürchteten, wie sich Jacob Walcher erinnerte, dass Linke in der USPD, z.B. Georg Ledebour oder Richard Müller, sowie revolutionäre Obleute in Berlin eine eigene Partei gründen könnten, die »einen Zwischenplatz zwischen der USPD und dem Spartakusbund einnehmen würde«[3]. Dass es zum endgültigen Bruch mit der SPD, aus der die Linken im Februar 1917 ausgeschlossen worden waren, kommen musste, darüber war sich die Leitung des Spartakusbundes schon lange einig. Nunmehr ging es um eine deutliche Abgrenzung von der USPD, mit deren linken Kräften sie aber auch künftig zusammenwirken wollte. Die wichtigsten Antworten auf die Frage »Was will der Spartakusbund?« lagen seit dem 14. Dezember mit dem in der »Roten Fahne« veröffentlichten Programmentwurf Rosa Luxemburgs vor.[4] Karl Liebknecht hatte seine Ansichten das letzte Mal am 23. Dezember vor Tausenden in der Hasenheide erläutert. Meinungsverschiedenheiten gab es in der

Zentrale des Spartakusbundes über den Namen der neuen Partei. Karl Liebknecht hatte von Anfang an für Kommunistische Partei plädiert. Rosa Luxemburg und Leo Jogiches hielten Sozialistische Partei für sinnvoller. Für ihren Vorschlag stimmten drei, für Kommunistische Partei vier.[5]

Am 29. Dezember 1918 kamen die in Berlin schon eingetroffenen Delegierten des Spartakusbundes zu einer nichtöffentlichen Sitzung zusammen. Über den Verlauf dieser »Vorkonferenz« ist bisher kaum etwas bekannt. Nach einem Erinnerungsbericht von Werner Hirsch beschlossen sie gegen nur drei Stimmen – Leo Jogiches, Carl Minster und Werner Hirsch – die Trennung von der USPD und die Bildung einer eigenen Partei.[6]

Am 30. Dezember 1918 begann um 10.00 Uhr im Festsaal des preußischen Abgeordnetenhauses die Reichskonferenz des Spartakusbundes, die am 1. Januar 1919 als Gründungsparteitag der KPD (Spartakusbund) endete. Ernst Meyer eröffnete die Konferenz. Anwesend waren 127 Delegierte bzw. Vertreter aus 56 Orten und außerdem 16 Gäste.[7] Das Protokoll sah folgende Tagesordnung vor: 1. Die Krisis in der USPD. Referent: Karl Liebknecht. 2. Die Nationalversammlung. Referent: Paul Levi. 3. Unser Programm und die politische Situation. Referent: Rosa Luxemburg. 4. Unsere Organisation. Referent: Hugo Eberlein. 5. Wirtschaftliche Kämpfe. Referent: Paul Lange. 6. Internationale Konferenz. Referent: Hermann Duncker. Zu Vorsitzenden des Parteitages wurden Wilhelm Pieck und Jacob Walcher, zu Schriftführern Fitz Heckert und Rosi Wolfstein gewählt. An die erkrankten Genossen Clara Zetkin und Franz Mehring sandten die Delegierten Grußtelegramme.

Sodann betrat Karl Liebknecht das Rednerpult, vom Zuchthaus und von den Revolutionswochen gezeichnet: hervorstehende Backenknochen, tiefliegende Augen, ernster Blick. Er sprach über die Entstehung der USPD, über deren Zusammensetzung und über das Verhältnis des Spartakusbundes zu ihr. Die wiederholte Zusammenarbeit der Führungsgremien der USPD mit den Mehrheitssozialisten kritisierte er als »heimlichen Verrat«[8]. Die Politik der »scheinradikalen Impotenz« habe nur in ganz bedingtem Sinne nützlich, vorantreibend gewirkt.[9] Spartakus sei aber überzeugt, »daß die Massen der USPD unendlich besser sind, als die sogenannten Führer«[10]. Der Austritt von Barth, Haase und Dittmann aus der Reichsregierung am 29. Dezember und der beabsichtigte Austritt von Ströbel, Rosenfeld, Breitscheid, Simon, Hofer und A. Hoffmann aus dem preußischen Regierungskabinett (erfolgte am 3. Januar 1919) schaffe keine neue Lage. »Wenn wir heute auseinandergehen«, folgerte Liebknecht, »muß eine neue Partei gegründet sein, eine Partei, die im Gegensatz zu den scheinsozialistischen Parteien steht, [...] eine Partei, die geschlossen und einheitlich zusammengesetzt ist im Geiste und im Willen, eine Partei, die ein klares Programm hat, eine Partei, in der das Ziel und die Mittel zum Ziele gewählt sind mit klarer Entschlossenheit [...] nach den Interessen, die die sozialistische Weltrevolution erfordert. [...] Wir haben nicht uns als etwas Neues zu schaffen, wir sind bereits da.«[11] In der von ihm unterbreiteten langen Resolution, die ohne Diskussion gegen eine Stimme angenommen wurde, hieß es am Schluss: »Unter Lösung seiner organisatorischen Beziehungen zur USP konstituiert sich der Spartakusbund als selbständige politische Partei unter dem Namen: Kommunistische Partei Deutschlands (Spartakusbund).«[12] Über den Namen wurde gesondert abgestimmt, da mit Kommunistische Arbeiterpartei Deutschlands und Revolutionäre Kommunistische Partei Deutschlands weitere Vorschläge eingegangen waren. Eine große Mehrheit befürwortete den in der Resolution enthaltenen.[13]

Danach erhielt Karl Radek als Vertreter der russischen Sowjetrepublik das Wort. Die deutsche Revolution habe »die russische Revolution von der Umklammerung befreit« und werde die »Welle der Arbeiterrevolution« nach dem Westen tragen.[14] Detailliert schilderte er die Veränderungen für die Arbeiter und Bauern, für die Städte und Dörfer sowie die Völker des ehemaligen Zarenreiches unter der Arbeitermacht. Die Zahl der Mitglieder der Bolschewiki sei zwar nicht sehr groß, aber sie besäßen die moralische Kraft, weiterhin ungeheure Massen um sich zu scharen.[15] Toleranz gegen Konterrevolutionäre sei unangebracht.[16] Die russische Revolution lasse sich nicht kopieren.[17]

Radek verteidigte die Unvermeidlichkeit des Brester Friedens vom März 1918 und die Anerkennung des nationalen Selbstbestimmungsrechts. »Das Arbeiter-Rußland bringt keinem Volke

Vergewaltigung. […] Man mag über die Formel der Selbstbestimmung theoretisch streiten. Sie bedeutet eines: Wir wollen den Volksmassen keiner Nation irgend etwas aufzwingen, sie sollen sich frei entscheiden, ob sie mit uns gehen oder nicht.«[18] Die Erfahrungen der russischen Revolution und die konterrevolutionären Putsche vom 6. und 24. Dezember 1918 in Deutschland hätten gezeigt, dass mit Bürgerkriegen gerechnet werden müsse. Eine sozialistische Revolution, die die Bourgeoisie enteignen müsse, könne sich nicht »schiedlich-friedlich abwickeln«[19].

Die russische Revolution habe »unendlich viel gelernt von dem deutschen arbeitenden Volk«, die russischen und die deutschen Revolutionäre verbinde »die große unverfälschte Lehre des deutschen Kommunismus, den *Marx* vor der Arbeiterklasse der ganzen Welt vertrat […] wir stehen im Bündnis seit den ersten Tagen des Krieges, seit dem Tage, wo Liebknecht sein ›Ich klage an!‹ von der Tribüne des deutschen Reichstages in die Welt geschleudert hat.« Er sei davon überzeugt, dass die Weltrevolution im Eilschritt gehen und »keiner uns mehr hindern wird, mit allen Völkern der ganzen Welt die Erfahrungen der neuen Zeit auszutauschen«.[20]

Karl Liebknecht dankte Karl Radek in bewegten Worten: »Die Sowjetrepublik, sie ist in der Tat die erste gewaltige Leistung des Proletariats zur Verwirklichung des sozialistischen Endziels. Als ich im Zuchthause von den russischen Vorgängen las, als ich verspätet die Nachrichten bekam, da war es, als ob eine Fülle von Licht in meine Zelle drang, da war es wie eine Erlösung zu hören, wie dieses zurückgebliebenste Volk der Welt diese gewaltige Tat verrichten konnte.«[21] Er befürwortete bedingungslos ein solidarisches Verhältnis zur russischen Räterepublik und deren Verteidigung gegen die imperialistischen Vernichtungsabsichten.[22] Die bisherige deutsche Revolution könne »im allergeringsten bereits als vollzogen betrachtet werden«. Sie sei »bürgerlich-reformistischen Charakters«, die sozialistische Revolution stehe erst bevor.[23] Seinen Bruder Theodor beschäftigte noch Jahre danach die Frage, wieso er seine kritischen Bedenken aus der Luckauer Haftzeit z.B. zum Brest-Litowsker Friedensvertrag und zu den Meinungsverschiedenheiten über die Konstituierung der Diktatur des Proletariats hier nicht zur Sprache gebracht hatte. »Mein Bruder, Rosa sowie Leo Jogiches, der Kopf der spartakistischen Bewegung, glaubten zuletzt auch an die deutsch-russische Zusammenarbeit. [...] Sie hofften allerdings immer, daß es den ehrlichen Elementen unter den russischen Genossen vielleicht doch gelingen würde, das Steuer herumzuwerfen. [...] Keiner von ihnen hätte sich in die Abhängigkeit von Moskau begeben, die sich später herausstellte. Es waren ehrliche, saubere und selbständige Politiker.«[24]

Karl Liebknecht, einer der erfahrensten Parlamentarier auf der Konferenz, plädierte in seinem Beitrag zu Punkt 2 der Tagesordnung für die Beteiligung der KPD (Spartakusbund) an den Wahlen zur Nationalversammlung am 19. Januar 1919: »Selbstverständlich wird das bei weitem wichtigste Mittel für uns sein, die Massen bei ihren direkten Aktionen, die die Revolution geboren hat und die nimmer unterdrückt werden können, auf den Straßen, in den Fabriken zu unterstützen und voranzutreiben. Selbstverständlich wird unsere wichtigste Aufgabe sein, die Massen aufzuklären durch den Anschauungsunterricht, das Rätesystem zu revolutionieren.«[25] Gleichzeitig dürfe nicht unterschätzt werden, welche Möglichkeiten der Aufklärung und der eigenen Positionierung der bevorstehende Wahlkampf biete. Die Massen könnten aufgefordert werden: »Ihr sollt für uns stimmen [...]. Schickt uns hinein, nicht damit wir dort parlamentarisieren, damit wir dort Vorteile ergattern, damit wir in irgendwelche Verhandlungen eintreten mit den Scheidemännern, wie von irgendeiner Seite gemeint worden ist, sondern damit wir mit Zähnen und Nägeln darin sitzen zur Vernichtung der Nationalversammlung.«[26] Nach wie vor focht er für in den Massen verwurzelte und aktiv tätig werdende Arbeiter- und Soldatenräte. Aber der Ruf nach einer Nationalversammlung habe in der Öffentlichkeit einen so hohen Stellenwert erhalten, dass es verfehlt sei, dem Wahlkampf fernzubleiben und ihn nicht für außerparlamentarische Aktionen zu nutzen.[27]

Auch Rosa Luxemburg, Paul Levi, Robert Gehrke, Käte Duncker, Fritz Heckert, Ulrich Rogg, Werner Hirsch und Carl Minster setzten sich für die Beteiligung an den Wahlen ein. Doch die Delegierten entschieden sich mit 62 gegen 23 Stimmen dagegen.[28] Niemand möge sich durch die Hetze der bürgerlichen

Presse gegen diesen Beschluss nervös machen lassen, riet Liebknecht am nächsten Tag.[29] »Wir haben alle einstimmig beschlossen, den Casus nicht zur Kabinettsfrage zu machen und nicht tragisch zu nehmen«, schrieb Rosa Luxemburg an Clara Zetkin, die bestürzt reagiert hatte. Die Niederlage sei der vorübergehende Triumph eines etwas unausgegorenen Radikalismus. Die Spartakisten seien eben zu einem großen Teil eine frische Generation, »frei von den verblödenden Traditionen der ›alten bewährten‹ Partei«, und das müsse mit Licht- und Schattenseiten genommen werden.[30]

Am 31. Dezember stand Rosa Luxemburg mit ihrer Programmrede im Mittelpunkt. Karl Liebknecht hielt fast ein Korreferat. Er warb mit ihr gemeinsam um Verständnis dafür, dass zu diesem Zeitpunkt unmöglich ein bis in alle Einzelheiten erschöpfendes Bild der künftigen Gesellschaft gezeichnet werden könne. Das Erziehungs- und Schulwesen allerdings gehöre zu den wichtigsten Machtpositionen auf sozialem Gebiet, deren Aufbau nicht langfristig genug durchdacht und vorbereitet werden könne.[31] Ebenso müsse um baldige Klarheit über den Umgang mit den Kleinbauern und dem Landproletariat gerungen werden. Teile der Bevölkerung, die für den Sozialismus noch nicht bereit wären, sollten z.B. durch sozialistische Landgenossenschaften gewonnen werden. Es wäre völlig falsch, sofort das Eigentum der Kleinbauern konfiszieren zu wollen und ihnen bloß die Bearbeitung des Bodens zu überlassen.[32] Des Weiteren bekräftigte er seine Meinung, dass das Proletariat keinen Terror wünsche und brauche. Allerdings müsse die revolutionäre Bewegung gerüstet sein, um den Widerstand der herrschenden Klassen niederhalten zu können.[33]

Gegen 18 Uhr überraschten einige Vertreter der revolutionären Obleute die Delegierten mit der Nachricht, dass »Ledebour, Däumig, Müller, Scholze und einige andere, die gern eine Rolle im Berliner Parteileben spielen wollten, aber weder innerhalb der USPD noch in der von uns gegründeten Kommunistischen Partei arbeiten wollten, Stimmung für die Gründung einer eigenen Partei machten«[34]. Wilhelm Pieck, Karl Liebknecht und Ernst Meyer wurden beauftragt, mit den Obleuten zu verhandeln. Indessen setzte der Parteitag die Beratungen zu den noch ausstehenden

Tagesordnungspunkten fort und sprach den Mitgliedern der Zentrale des Spartakusbundes Hermann Duncker, Käte Duncker, Hugo Eberlein, Leo Jogiches, Paul Lange, Paul Levi, Karl Liebknecht, Rosa Luxemburg, Ernst Meyer, Wilhelm Pieck und August Thalheimer gegen zwei Stimmen das Vertrauen als Parteiführung aus. Als Vertreter der Internationalen Kommunisten Deutschlands wurde Paul Frölich in die Zentrale gewählt.[35]

Der von den revolutionären Obleuten entsandten Kommission gehörten u.a. Georg Ledebour, Richard Müller, Ernst Däumig, Richard Nowakowski, Paul Eckert, Paul Scholze an. Karl Liebknecht oblag die schwierige Aufgabe, die Befürworter einer weiteren Parteigründung von ihrem Vorhaben abzubringen. Deren Sprecher Georg Ledebour, ähnlich ehrgeizig, erfahren und gewandt wie er, weigerte sich hartnäckig. Die Vorbehalte der Obleute richteten sich vor allem gegen den Namen der neuen Partei und den Beschluss über die Nichtbeteiligung an den Wahlen. Richard Müller unterstellte dem Spartakusbund Putschtaktik. Die Delegation versteifte sich in ihren Vorbehalten und forderte außerdem volle Parität innerhalb der Organisation sowie entscheidenden Einfluss auf die Presse, die Flugblätter und die Taktik. Karl Liebknecht kostete es Mühe, Geduld zu bewahren. Die Gespräche zogen sich bis in die Mittagsstunden des 1. Januar 1919 hin. Im Endeffekt ließen sich acht revolutionäre Obleute für die Mitarbeit in einer Kommission der neuen Partei gewinnen. Auf dieses Ergebnis gestützt, versuchte er im Bericht an den Parteitag Zuversicht zu wecken. Die revolutionären Ob- und Vertrauensleute verkörperten »die besten und tatkräftigsten Elemente des Berliner Proletariats«, auch wenn »ihnen eine gewisse Abneigung gegen Spartakus und Kommunismus und dergleichen noch stark im Blute« liege. Die Zusammenarbeit »gehört für mich zu den erfreulichsten Kapiteln meiner ganzen Parteitätigkeit«[36]. Die Gespräche hätten ihm aber auch bewusst gemacht, dass der Spartakusbund noch nicht genug für Aufklärung und Revolutionierung der Massen getan habe.[37] Die Resolution über die Verhandlungen mit den revolutionären Obleuten wurde einstimmig angenommen[38] und der Parteitag mit einem »Hoch auf die internationale sozialistische Weltrevolution« geschlossen.[39]

Die Konterrevolutionäre nahmen die Kommunistische Partei Deutschlands (Spartakusbund) aufgrund ihrer Programmatik, ihrer Entschlossenheit zur Fortsetzung der Revolution und der charismatischen Persönlichkeiten an ihrer Spitze vom ersten Tage an scharf ins Visier. In der Stadt tauchten überall Plakate der »Antibolschewistischen Liga« auf, die zum Mord aufriefen: »*Arbeiter, Bürger*! Das Vaterland ist dem Untergang nahe. Rettet es! Es wird nicht bedroht von außen, sondern von innen: *Von der Spartakusgruppe. Schlagt ihre Führer tot! Tötet Liebknecht! Dann werdet ihr Frieden, Arbeit und Brot haben! Die Frontsoldaten.*«[40] Die militärischen Vorbereitungen dafür waren weit vorangetrieben. Bereits seit Ende Dezember wurden die ersten Freiwilligenverbände, die Gardekavallerie-Schützendivision, die 17. und 31. Infanteriedivision u.a., insgesamt ca. 10000 Mann, im Süden und Südwesten von Berlin konzentriert. Friedrich Ebert und Gustav Noske statteten am 4. Januar 1919 solchen Freikorpsverbänden in Zossen einen Besuch ab. Die »Deutsche Allgemeine Zeitung« schrieb am 30. Dezember 1918, dass zur Niederwerfung Karl Liebknechts und Rosa Luxemburgs »Theorien nicht genügen« werden und es darauf ankäme, »Gewalt gegenüberzustellen«. Einflussreiche Konzerne unterstützten die »Antibolschewistische Liga« mit 500 Millionen Mark. Auf Karl Liebknecht und Rosa Luxemburg wurden Kopfprämien ausgesetzt. Für beide wurde es in Berlin immer lebensbedrohlicher. Der Bremer Soldatenrat schlug ihnen daher vor, nach Bremen überzusiedeln, weil sie dort sicherer wären. Doch Liebknecht lehnte ab und »stellte die Gegenfrage: ›Was werden die Berliner Arbeiter sagen, wenn sie erfahren, daß wir nicht mehr hier sind? Mag kommen, was will, wir bleiben hier.‹«[41]

Hauptmann Pabst, Stabschef der Gardekavallerie-Schützendivision, schrieb am 1. Januar 1919 an Friedrich Ebert: »Solange Spartakus sich der Förderung des Polizeipräsidenten Eichhorn und ähnlicher Leute erfreut, wird es unmöglich sein«, »Ruhe« zu schaffen. »Wir fordern [...] Entfernung aller Unruhestifter aus verantwortlichen Stellen. Findet die Regierung wiederum nicht den Mut zur Tat, so ist sie verantwortlich für alle Folgen.«[42] Generalleutnant Groener, mit dem Friedrich Ebert zu Beginn der Revolution einen Pakt geschlossen hatte, berichtete: »Mit Beginn des Jahres 1919 durften wir uns zutrauen, in Berlin zuzupacken und zu säubern. Alle Maßnahmen jetzt und später erfolgten in engstem Einvernehmen mit der Heeresleitung, aber die Leitung und die Verantwortung vor Regierung und Volk trug der bald zum Reichswehrminister ernannte Noske, der, den Fußstapfen Eberts folgend, ein festes Bündnis mit den Offizieren einging.«[43] Der »Vorwärts« vom 1. Januar 1919 behauptete, jeder Tag, den der Berliner Polizeipräsident Emil Eichhorn länger in seinem Amt bleibe, »bedeutet eine Gefahr für die öffentliche Sicherheit«. Eichhorn wurde beschuldigt, für ein Monatsgehalt von 1700 Mark von der Telegrafenagentur der russischen Botschaft aus bolschewistische Propaganda geleitet und den von der preußischen Regierung zum Polizeipräsidenten ernannten Eugen Ernst gewaltsam von seinem Platze gedrängt zu haben. Unter der Überschrift »Aus den Geheimnissen des Polizeipräsidiums. Das Berliner Unsicherheitsamt« wurde Eichhorn beschimpft und bezichtigt, den Einzug der Truppen in Berlin behindert, für das Polizeipräsidium Waffen, Munition und sogar 120 Maschinengewehre angeschafft und die Bewaffnung der Spartakusgruppe begünstigt zu haben. Am 4. Januar 1919 forderte der Präsident des Deutschen Industrie- und Handelstages von der Ebert-Scheidemann-Noske-Regierung, dass »1. Ordnung und Sicherheit wiederhergestellt werden, 2. die Untergrabung des Wirtschaftslebens durch übertriebene Forderungen der Arbeiter, durch mangelhafte Arbeitsleistung und durch Arbeitsscheu unterbleibe, 3. die Sozialisierung als Grundsatz aus dem Programm der Zukunft ausscheide«[44]. Noch am selben Tag übersandte der neue preußische Innenminister Paul Hirsch (SPD) dem Berliner Polizeipräsidenten Emil Eichhorn, der dem linken Flügel der USPD angehörte, die Entlassungsurkunde.

Die Nachricht von der Absetzung Eichhorns verbreitete sich in Windeseile und rief einen Sturm der Entrüstung hervor. Sein Amt sollte der willfährige preußische Polizeiminister Eugen Ernst übernehmen. Am Abend des 4. Januar berieten die revolutionären Obleute, Vertreter des Berliner USPD-Vorstandes, Karl Liebknecht und Wilhelm Pieck darüber, wie die ungeheuerliche Provokation beantwortet werden sollte. Sie beschlossen einen gemeinsamen Aufruf zu einer bewaffneten Demonstration am darauffolgenden Tag, am 5. Januar 1919, 2 Uhr in der Siegesallee. Weit mehr als 100000 Menschen folgten dem Aufruf und fanden sich zum Protestmarsch im Tiergarten und vor dem Polizeipräsidium am Alexanderplatz ein. Karl Liebknecht war pünktlich zur Stelle und hielt in der Siegesallee eine Ansprache. Er zog mit durchs Brandenburger Tor und Unter den Linden lang. Am Gebäude des preußischen Innenministeriums protestierte er von einem Auto aus gegen die Absetzung von Emil Eichhorn. Er wiederholte den Ruf nach Bewaffnung der Demonstranten, forderte die Bildung einer »Roten Garde«, um die Errungenschaften der Revolution zu verteidigen.[45] Vom Balkon des Polizeipräsidiums ermahnte er zusammen mit Emil Eichhorn, Georg Ledebour und Ernst Däumig die Demonstranten, sich nicht zu unüberlegten Handlungen, d. h. zu Angriffen oder zum Erstürmen von Gebäuden, hinreißen zu lassen. Doch die Empörung über die Provokation drohte zu eskalieren, als Agenten der Kommandantur und Spitzel die Massen aufwiegelten und zur Besetzung des Zeitungsviertels aufriefen.[46] Während die revolutionären Obleute sowie Vertreter der USPD und KPD über das weitere Vorgehen berieten, besetzten bewaffnete Demonstranten die Druckereien des »Vorwärts«, des »Berliner Tageblatts«, die Verlagsgebäude von Mosse, Ullstein, Scherl und das Wolff'sche Telegrafenbüro.

Am Abend nach der Riesendemonstration am 5. Januar herrschte unter den revolutionären Obleuten eine euphorische Stimmung. Mit überwältigender Mehrheit beschlossen sie, für den 6. Januar den Massenstreik auszurufen mit dem Ziel, die Ebert-Scheidemann-Regierung zu stürzen. Karl Liebknecht stimmte diesem Ziel erst zu, als die sich später als falsch herausstellende Nachricht über die Unterstützung der Aufständischen durch die Berliner Truppen eintraf. Nach einem Erinnerungsbericht von Karl Radek antwortete Rosa Luxemburg auf seine Frage nach dem Ziel der von der KPD-Führung mitgetragenen Massenaktion: »Der Streik sei ein Proteststreik. Wir wollten sehen, was Ebert wagte, wie die Arbeiter in der Provinz auf die Ereignisse in Berlin reagierten; dann würden wir sehen.« Karl Liebknecht habe ihm anvertraut, er habe zwar keine rein kommunistische Regierung, aber eine Regierung des USPD-Führers Georg Ledebour mit Unterstützung der revolutionären Obleute für möglich gehalten.[47] Wilhelm Pieck bekundete, dass er einer der Wortführer für ein radikales Vorgehen war. So wurde z. B. auf seinen Antrag hin ein Revolutionsausschuss mit 33 Mitgliedern gebildet, in dem Ledebour von der USPD, Liebknecht von der KPD (Spartakusbund) und Paul Scholze von den revolutionären Obleuten gemeinsam den Vorsitz wahrnahmen. Dieser Ausschuss, dem Vertreter der revolutionären Obleute, der USPD, der Volksmarinedivision, des Zentralrats der Marine, der Eisenbahner und der Berliner Garnison angehörten, beschloss, »noch in der Nacht die Kabinettsmitglieder zu verhaften, die militärisch wichtigen Gebäude am Montag zu besetzen«, die Arbeiter zu bewaffnen und Kommissionen einzurichten. Zwei Uhr nachts verhandelten Karl Liebknecht, Wilhelm Pieck und zwei weitere Mitglieder des Revolutionsausschusses mit dem Führer der Volksmarinedivision Leutnant Heinrich Dorrenbach. Dorrenbach stellte Verhaftungen in Aussicht, aber die relevanten Personen blieben auf freiem Fuß.[48] Bald nahmen Verwirrung und Desorientierung überhand, zumal USPD-Führer einerseits die Massen auf die Straße riefen und andererseits mit der Ebert-Scheidemann-Regierung zu verhandeln suchten.

Die Zentrale der KPD war sich über die einzuschlagende Taktik unsicher. Paul Levi zufolge habe auf einer Sitzung am 4. Januar 1919 völlige Übereinstimmung darüber geherrscht, nicht die Regierung anzustreben. Dabei kann es sich aber auch nur um ein Zusammentreffen von Mitgliedern der Zentrale in der Redaktion der »Roten Fahne« gehandelt haben.[49] »Ich war selbst Zeuge«, schrieb Karl Radek, »wie in der Redaktion der ›Roten Fahne‹ alte Genossen händeringend fragten, was von ihnen erwartet werde. Sie wurden mit leeren Phrasen abgespeist, weil man dort selbst auch nicht wußte, was man wollte.«[50]

Am 6. Januar demonstrierten ab 11 Uhr wieder hunderttausende Menschen von der Siegesallee zum Marstall. »Was am Montag in Berlin sich zeigte, war vielleicht die größte proletarische Massentat, die die Geschichte je gesehen hat […] Bis weit hinein in den Tiergarten standen sie. Sie hatten ihre Waffen mitgebracht, sie ließen ihre roten Banner wehen.« So schilderte Paul Levi ein Jahr später diesen Tag, der den Eindruck von einem großen Triumph der Revolutionäre vermittelte und die Vorstellung weckte, die Ebert-Scheidemann-Regierung könne sich nicht mehr halten.[51]

Für Karl Liebknecht begannen die schwierigsten Tage seines Lebens. Die KPD (Spartakusbund) musste sich, wie Clara Zetkin 1922 feststellte, zum Sturz der Regierung »negativ-kritisch« und zu den Massen »positiv-vorwärtsweisend« verhalten.[52] Inmitten der durch die verstärkten Kräfte der Konterrevolution aufgebrachten Menschenmenge wurde Liebknecht ständig zu Ansprachen und Entscheidungen über nächste Schritte bzw. Aktionen gedrängt, ohne im jeweiligen Moment konkrete Kenntnisse über die Lage in der Stadt zu besitzen. Unter dem überwältigenden Eindruck der auf den Straßen Demonstrierenden wurde für den Fall des Gelingens eines Aufstandes folgende Erklärung des Revolutionsausschusses vorbereitet: »Kameraden! Arbeiter! Die Regierung Ebert-Scheidemann hat sich unmöglich gemacht. Sie ist von dem unterzeichneten Revolutionsausschuß, der Vertretung der revolutionären sozialistischen Arbeiter und Soldaten (Unabhängige Sozialdemokratische Partei und Kommunistische Partei) für abgesetzt erklärt. Der unterzeichnete Revolutionsausschuß hat die Regierungsgeschäfte vorläufig übernommen. Kameraden! Arbeiter! Schließt Euch den Maßnahmen des Revolutionsausschusses an. Berlin, den 6. Januar 1919.«[53] Eine solche Erklärung verlangten vor allem Arbeiterdeputationen, damit sie sich bei der Besetzung von Regierungsgebäuden legitimieren konnten. Karl Liebknecht las den Text in Eile und unterschrieb auch für Ledebour mit, der dies nachträglich billigte. Eine vorherige Absprache mit der Zentrale der KPD gab es nicht. Bekannt wurde dieses Dokument erst am 14. Januar 1919 durch einen Faksimiledruck im »Vorwärts«, der damit die Verleumdung des Januaraufstandes als Putsch rechtfertigen wollte.

Am 6. und 7. Januar überstürzten sich die Ereignisse. Von der Siegesallee, wo er eine Ansprache gehalten hatte, fuhr Karl Liebknecht am 6. Januar in einer Droschke Richtung Marstall. In der Wilhelmstraße wurde er von Bürgern umringt, »die ihn lynchen wollten. Auf den Ruf eines Soldaten: Liebknecht ist in Gefahr! liefen einige wenige bewaffnete Soldaten herbei und befreiten ihn wieder. Er hielt dann Unter den Linden eine kurze Ansprache, in der er sich für die Befreiung bedankte.«[54] Diese in einer fast aussichtslosen Situation gehaltene Rede wurde in der »Republik« vom 7. Januar 1919 abgedruckt: »Arbeiter. Genossen! Es ist der Augenblick gekommen, da wir handeln können. Aber Vorsicht ist geboten. Geht nicht wieder in die Fabriken zurück. Wir wollen uns hier in der Siegesallee treffen. Morgen, übermorgen; um 9 Uhr, um 10 Uhr. Es ist gleichgültig. Nehmt aber nicht die Arbeit früher auf, bis wir unsere Aufgabe erfüllt haben. Die Berliner Truppen werden auf unserer Seite stehen, weil wir der tatbereite Teil sind. Alles ist am Werke, um die Truppen für uns zu gewinnen. Es ist Tatsache, daß die Regierung Ebert-Scheidemann auch vom bürgerlichen Gesichtspunkt aus nicht mehr bleiben kann. Nur durch Euer Vertrauen kann unsere Aufgabe erledigt werden. Dieses Vertrauen könnt Ihr aber nur durch Euren guten Willen zur Tat zeigen, auf daß die sozialistische Republik nicht mehr nur Lüge sei, sondern Wahrheit werde. Der heutige Tag wird hinausrufen, daß die sozialistische Revolution endlich begonnen hat, sie wird wirken auf die Entente, auf alle Völker, über die ganze Welt hin, aber unsere Arbeit ist noch nicht getan, sondern sie beginnt erst. Es heißt für uns, Gewehr bei Fuß stehen, aber auch Gewehr geladen. Es gibt keine Ruhe, es gibt keine Rast, bis unser Ziel erreicht ist, bis die Regierung Ebert-Scheidemann der Abscheu der ganzen Welt geworden ist. Es lebe die Weltrevolution, es lebe der internationale völkerbefreiende Sozialismus!«[55] Umringt von kämpferisch jubelnden Massen, redete er sich in einen revolutionären Rausch. Die Diskrepanz zwischen seinen Worten und der Realität war ihm nicht klar.

Nach dieser Ansprache setzte Karl Liebknecht die Fahrt zum Marstall fort. Während der dortigen Verhandlungen mit den Sprechern der Volksmarinedivision über die Unterstützung der Aufständischen riefen die um den Marstall laufenden Massen nach ihm. Von einem Fenster aus forderte er zu Geduld auf, man wäre dabei, alles zu organisieren. Er lief zum Polizeipräsidium am Alexanderplatz, wohin sich der Revolutionsausschuss verzogen hatte, nachdem er wie Karl Liebknecht von der Volksmarinedivision aus dem Marstall gewiesen worden war. Doch die weiteren Verhandlungen in der Nacht vom 6. zum 7. Januar führten zu keinem Ergebnis. Erst am Abend des 6. Januar bekam die Spartakusführung durch Leo Jogiches und Paul Levi zu Karl Liebknecht und Wilhelm Pieck im Polizeipräsidium kurz Kontakt. Nachdem am 7. Januar früh nach einer Schießerei am Polizeipräsidium Ruhe eingetreten war, fuhr Liebknecht nach Neukölln, um dort bei einem Genossen einige Stunden zu schlafen.[56]

Im Leitartikel der »Roten Fahne« vom 7. Januar »Was machen die Führer?« forderte Rosa Luxemburg von der Aufstandsleitung klare und rasche Direktiven. Als Ziele gab sie Entwaffnung der Gegenrevolution, Bewaffnung der Massen und Besetzung aller Machtpositionen aus.[57] Im Revolutionsausschuss setzte sich jedoch zunächst der Vorschlag der USPD-Führer Rudolf Breitscheid, Oskar Cohn, Wilhelm Dittmann, Karl Kautsky und Luise Zietz mit 51 gegen 10 Stimmen durch, mit der Ebert-Scheidemann-Regierung in Verhandlungen zu treten. Karl Liebknecht und Wilhelm Pieck waren strikt dagegen.[58]

Am 7. Januar mittags nahmen erstmals Karl Liebknecht und Wilhelm Pieck an einer Sitzung der KPD-Zentrale teil. »Die Genossen Luxemburg und Jogiches drängten auf eine entschlossene Kampfesführung und klare Parolen.«[59] Noch in der »Roten Fahne« vom 8. Januar 1919 verlangte Rosa Luxemburg in ihrem Leitartikel »Versäumte Pflichten« das Hinwegräumen bzw. Vertreiben der Ebert-Scheidemann-Regierung.[60] In einem Aufruf der Regierung vom 8. Januar hieß es: »Mitbürger! Spartakus kämpft jetzt um die ganze Macht. Die Regierung, die binnen 10 Tagen die freie Entscheidung des Volkes über sein eigenes Schicksal herbeiführen will, soll mit Gewalt gestürzt werden. Das Volk soll nicht sprechen dürfen. Seine Stimme soll unterdrückt werden. Die Erfolge habt Ihr gesehen. Wo Spartakus herrscht, ist jede persönliche Freiheit und Sicherheit aufgehoben.«[61] Karl Liebknecht und Hugo Haase verfassten Flugblätter und riefen für den 9. und 10. Januar zum Generalstreik auf, um noch einmal die revolutionäre Massenbewegung zu beleben.[62] Karl Radek dagegen forderte in einem Schreiben vom 9. Januar die KPD-Zentrale auf, zum Rückzug aus dem Kampf um die Regierungsgewalt aufzurufen. Sie hätte sich von vornherein auf eine Protestaktion gegen die Absetzung Emil Eichhorns beschränken müssen. Rosa Luxemburg lehnte dies ab, während Jogiches mit Radek übereinstimmte.[63]

Erst am Abend des 10. Januar 1919 wurde in einer Sitzung der

Zentrale der KPD beschlossen, die gemeinsame Aktion mit den revolutionären Obleuten abzubrechen und sich nur noch zu informativen Zwecken an ihren Beratungen zu beteiligen. Die kapitulantenhafte Haltung der USPD-Führer an der Spitze des Revolutionsausschusses wurde verurteilt. Ein entsprechendes Schreiben an die revolutionären Obleute wurde am 13. Januar in der »Roten Fahne« veröffentlicht, so dass die Aufforderung zum Rückzug zunächst weitgehend unbekannt blieb.[64] Karl Liebknecht und Wilhelm Pieck ignorierten die Ratschläge, zumal die revolutionären Obleute und die USPD-Führer die Verhandlungsversuche mit den Mehrheitssozialisten schon wieder aufgegeben hatten.

Dem Beschluss vom 10. Januar schienen seit dem 8. Januar heftige Auseinandersetzungen vorangegangen zu sein, da sich Paul Levi im Mai 1921 verpflichtet fühlte, bei Ernst Meyer und Wilhelm Pieck einige Interna ins Gedächtnis zu rufen: »Sie erinnern sich, wie Karl Liebknecht widerspenstig war, und Sie erinnern sich, wie Leo Jogiches es war, der den Vorschlag machte, noch jetzt, in der Aktion, eine scharfe Erklärung an die ›Rote Fahne‹ zu senden, die von Karl Liebknecht deutlich abrückt, die erklären sollte: Karl Liebknecht vertritt den Spartakusbund nicht mehr bei den ›Revolutionären Obleuten‹. Sie wissen genau, wie ablehnend Rosa Luxemburg der Sache gegenüberstand, Sie wissen, wie scharf ihre Kritik war und gewesen wäre, in dem Augenblick, in dem die Aktion zu Ende war.«[65]

Der aus dem Revolutionsausschuss hervorgegangene militärische Ausschuss hatte sein Hauptquartier inzwischen in der Bötzow-Brauerei bezogen. Auch Karl Liebknecht kehrte wieder in eines der kleinen Lokale im Bötzow-Viertel zurück. In den Treffpunkten der versprengten Revolutionäre und auf den Straßen wurde immer wieder nach ihm verlangt. Er besaß vermutlich keinen Überblick mehr über die tatsächliche Lage. Ständige Kontakte zu den Genossen der KPD-Zentrale waren aus konspirativen Gründen kaum möglich. Im Unterschied zu anderen Genossen der Parteiführung war er laufend mit veränderten Situationen konfrontiert. Die Genossen stürmten mit immer neuen Fragen auf ihn ein. Er war überfordert, ausgepowert und enttäuscht. Das geringe Echo auf sein Flugblatt mit dem Aufruf zum Generalstreik am 9./10. Januar zeigte, dass die Mehrheit der Arbeiter für die Ablösung der Regierung nicht mehr auf die Straße gehen wollte. Die in Berlin stationierten militärischen Einheiten, auf deren Hilfe die Revolutionäre, auch Liebknecht, gehofft hatten, erklärten sich für neutral.

Karl Liebknecht bedrückten Ängste und Sorgen um seine Familie. So oft wie möglich ließ er sich telefonisch vom Befinden der Familie berichten. Plötzlich sperrte man das Telefon in seiner Wohnung. Erst als dem Amt Steglitz mit Besetzung gedroht wurde, wurde diese »Störung« behoben. Am 8. Januar konnte er endlich seine beiden Söhne kurz wiedersehen. Liebknecht nahm sich mitten in einer Besprechung sofort einige Minuten Zeit für sie, sprach und umarmte sie. »Als Liebknecht dann später erfuhr, daß sein älterer Sohn im Vorwärts eingeschlossen sei, sagte er: ›Die Hauptsache ist, er hält sich tapfer, denn es ist ja mein Sohn. Es kann ihm ja auch schließlich nichts passieren, da er ja gar nicht mit Waffen umzugehen weiß‹.«[66] Nach Angaben seiner Begleiter trug Karl Liebknecht keine Schusswaffe bei sich. Eine Waffe würde ihm sowieso nichts nützen, wenn man ihn und sie erschießen wolle.[67] Die zwölfjährige Tochter Vera hielt sich bei Freunden in Holland auf und bekam von alledem nichts mit. Wenigstens eine Beruhigung für den Vater.

Indessen bereiteten die Regierungssozialisten, vor allem Gustav Noske, und ehemalige kaiserliche Offiziere mit den um Berlin zusammengezogenen Truppen die Niederschlagung der Erhebung der Januarkämpfer vor. In der Nacht zum 10. Januar wurde die Druckerei der »Roten Fahne« von Noske-Truppen besetzt. In den Morgenstunden des 11. Januar begann der Sturm auf das »Vorwärts«-Gebäude, dabei wurden sieben Parlamentäre ermordet. Nach mehrstündigem Bombardement wurden auch die anderen besetzten Pressehäuser geräumt. Das Büro der KPD wurde von Regierungstruppen verwüstet. Die Bötzow-Brauerei, zeitweilig Treffpunkt der revolutionären Obleute, zu dem auch Karl Liebknecht ging, wurde ebenfalls gestürmt. Der Januaraufstand wurde blutig niedergeschlagen.

Karl Liebknecht, der seit dem 5. Januar ständig unter den Demonstranten und Streikenden gewesen war, konnte bald nicht mehr öffentlich auftreten. Einmal schlief er in der Blücherstraße, im Haus von Dr. Alfred Bernstein, einmal in der Bötzowstraße, einmal in der Greifswalder Straße, dann wieder in Neukölln. Rosa Luxemburg hielt sich manchmal im gleichen illegalen Quartier auf, was Freunde wie Mathilde Jacob für sehr gefährlich hielten. Trotz der Hetze vergaß Liebknecht nicht, die Menschen, die ihm mutig für wenige Stunden eine Schlafstatt boten, seine Dankbarkeit spüren zu lassen. Die letzte handschriftliche Notiz, die die Familie von Karl Liebknecht erhielt, schrieb er am 10. Januar 1919 an Sophie: »Liebste! Ich hoffe, Ihr seid wohl und nicht unruhig um mich. Ihr werdet mich bald sehen und täglich Nachricht haben. Helmi war heut früh nicht zu Haus? Ich küsse Dich vielmals und umarme Dich, Liebste. Dein Karl. Küsse den Kindern. Viele Grüße allen, auch Hilma«, der treuen Haushälterin.[68]

Georg Ledebour wurde am 11. Januar verhaftet, bald darauf Leo Jogiches, Mathilde Jacob und Paul Levi. Mit Entsetzen vernahm zudem Karl Liebknecht die telefonische Nachricht, dass auch seine Frau und sein jüngerer Sohn Robert verhaftet worden waren. Robert war 15 Jahre alt, als ihm das widerfuhr und er die Pogromstimmung gegen seinen Vater miterleben musste. Er vergaß es bis an sein Lebensende nicht. »Um uns wimmelte es von Spitzeln und Achtgroschenjungs«, berichtete er in einem Interview. »Überall, wo wir Freunde und Bekannte besuchten, fanden hinterher Razzien und Hausdurchsuchungen statt. Meine Mutter und ich wurden am 12. Januar 1919, einem Sonntag, von Offizieren verhaftet und unter Druck gesetzt, den Aufenthaltsort meines Vaters zu verraten. Auf dem Weg zum Armeequartier wurden wir auch ein Stück mit der Straßenbahn transportiert, einzelne Leute, die uns erkannten, trommelten gegen die Scheiben oder bespuckten sie, es war ein beängstigender Hass, dem zur Lynchjustiz nicht mehr viel fehlte. Die Offiziere drohten einerseits und versprachen andererseits unter Offizierseid, daß meinem Vater nichts passieren würde, wenn wir seinen Aufenthaltsort verraten würden, den wir im übrigen natürlich selbst nicht wußten.«[69] Ebenso empört schrieb Hugo Haase an seinen Sohn: »Der weiße Terror wütet wie nur je unter dem zaristischen Regime. [...] Die Landsberg, Ebert, Scheidemann, die sich als die Hüter der Gesetzlichkeit aufspielten, lassen die Soldateska, die sie aus den alten Offiziers- und Unteroffiziers-Elementen und Bourgeois-Söhnchen zusammengesetzt und verhetzt haben, schalten. [...] Die wildesten Schreier über den bolschewistischen Terror verübten oder duldeten entsetzliche Ausschreitungen, die, wenn sie von Petersburg oder Moskau berichtet würden, einen Aufschrei der sogenannten gesitteten Welt entfesseln würden.«[70]

In den blutigen Januarkämpfen wurden Hunderte von Arbeitern getötet, verwundet und verhaftet. Am 13. Januar fuhr Karl Liebknecht zur Familie Marcusson nach Wilmersdorf in die Mannheimer Straße 43. Auch Rosa Luxemburg fand sich dort ein. Sie meinten, dort einigermaßen sicher zu sein. Karl Liebknecht unterhielt sich an diesem Abend über alles mögliche, erinnerte sich Otto Franke, »erzählte aus seinem Leben, von seinem früheren Wirken, seinen Arbeiten und Forschungen und fürchtete für seine Arbeit, denn er sagte: ›Wenn ich weiß, daß sie mir bei der Haussuchung etwas von meinen geschichtlichen Papieren verbringen, schieße ich mir eine Kugel durch den Kopf.‹ Worauf Rosa Luxemburg lachend sagte: ›Aber Karl, Sie haben ja gar keinen Revolver!‹ Sie unterhielten sich nun und versuchten, so weit als möglich die trübe Stimmung zu bannen.«[71] Es soll auch noch einmal zum Disput gekommen sein, als Rosa Luxemburg im »Vorwärts« vom 14. Januar 1919 das Faksimile von der beabsichtigten Regierungsübernahme des Revolutionsausschusses vom 6. Januar 1919 mit den Unterschriften von Karl Liebknecht, Georg Ledebour und Paul Scholze zu Gesicht bekam. Sie habe ihn gefragt: »›Karl ist das unser Programm?‹ Der Rest war Schweigen.«[72]

Theodor Liebknecht verteidigte gegenüber seinen Mitstreitern in der USPD unverdrossen seinen Bruder. Wenn man sich mit ruhigem Blute die »Rote Fahne« und das Programm des Spartakusbundes durchlese, beide Zeugnisse hätten ja unmittelbar mit dem Wirken seines Bruders Karl zu tun, so werde man finden, »daß nirgends zu Putschen aufgereizt, aber grundsätzlich davor gewarnt wird«. Das Heer sei gegen die Linksparteien aufgewiegelt worden, um mit Hilfe von Lockspitzeln »Putsche und Aufstände« zu provozieren und diese dann blutig niederzuwerfen. »Wir haben, der Kollege Rosenfeld und ich«, sagte Theodor

Liebknecht 1920 auf dem USPD-Parteitag in Halle, »viele der Prozesse durchgeführt, die aus Anlaß dieser Kämpfe entstanden sind, von dem ersten bis zum letzten. Und wir haben überall und überall die Finger dieser Agenten gefunden (Hört, hört!), die ihrerseits die Massen gegen den Rat ihrer Führer dazu trieben, vorwärts zu gehen, Putsche zu versuchen, zum Teil natürlich unterstützt von unruhigen Elementen, die, unklar, nicht übersehen konnten, wie die Zusammenhänge waren.«[73]

Am 14. Januar schrieb Karl Liebknecht in der Wohnung der Familie Marcusson einen Artikel für die »Rote Fahne«. Noch einmal rechnete er mit dem verlogenen Generalsturm auf Spartakus ab, der zu den scheußlichsten Gräueltaten aufgerufen, an die hundert der Besten niedergemetzelt und viele hundert der Getreuesten in den Kerker geworfen hatte. Stolz betonte er, sie alle, auch er, seien nicht geflohen oder hätten sich verkrochen. Zu den Ursachen der Niederlage legte er dar: erstens seien die demonstrierenden und protestierenden Arbeiter von den Matrosen und Soldaten verlassen worden; zweitens habe Unentschlossenheit und Schwäche ihrer Leitung sie gelähmt; drittens habe die gegenrevolutionäre Schlammflut sie ersäuft. Der Kampf sei unvermeidlich, aber die Zeit zum Sieg noch nicht reif gewesen. Die Ebert-Scheidemann-Noske haben gesiegt, »denn die Generalität, die Bürokratie, die Junker von Schlot und Kraut, die Pfaffen und die Geldsäcke und alles, was engbrüstig, beschränkt, rückständig ist, stand bei ihnen. Und siegte für sie mit Kartätschen, Gasbomben und Minenwerfern.«[74] Erschüttert und verbittert prangerte er die Regierungssozialisten an: »Wie die offizielle deutsche Sozialdemokratie im August 1914 tiefer sank als jede andere, so bietet sie jetzt, beim Morgengrauen der sozialen Revolution, das abscheuerregendste Bild.«[75] Mehr Trotz und Wunsch als Realitätssinn führten seine Feder, wenn er erklärte: »Mit Abscheu und Verachtung werden sie sogar von denen zurückgestoßen, die im Toben des Weltkrieges selbst die Pflichten des Sozialismus preisgegeben hatten. Beschmutzt, ausgestoßen aus den Reihen der anständigen Menschheit, hinausgepeitscht aus der Internationale, gehaßt und verflucht von jedem revolutionären Proletarier, so stehen sie vor der Welt.«[76] Fünf Tage später, bei den Wahlen zur Nationalversammlung am 19. Januar 1919, zu denen die KPD nicht angetreten war, erhielten die SPD und die USPD von 14 Millionen Bürgerinnen und Bürgern, d.h. von fast 50 Prozent der Wahlberechtigten in Deutschland, die Stimme.

Karl Liebknecht glaubte an die »lebendigen Urkräfte der sozialen Revolution« und deren »unaufhaltsames Wachstum« als »das Naturgesetz der Gesellschaftsentwicklung«. Hautnah habe er es immer wieder zu spüren bekommen: »Himmelhoch schlagen die Wogen der Ereignisse – wir sind es gewohnt, vom Gipfel in die Tiefe geschleudert zu werden. Aber unser Schiff zieht seinen geraden Kurs fest und stolz dahin bis zum Ziel. Und ob wir dann noch leben werden, wenn es erreicht wird – leben wird unser Programm; es wird die Welt der erlösten Menschheit beherrschen. Trotz alledem!«[77] Bis zum letzten Tag blieb er ein Optimist und Idealist. Er vertraute auf die Lern- und Begeisterungsfähigkeit der Menschen für die Ziele, für die er selbst unermüdlich und aufopferungsvoll gekämpft hat: Frieden, soziale Gerechtigkeit, Demokratie, Völkerverständigung, Naturverbundenheit und individuelle Entfaltungsmöglichkeit. Sein »Trotz alledem!« wurzelte in der Gewissheit, die er Helmi im Frühjahr 1918 zu vermitteln versucht hatte: »Die ganze Erde, alle Kontinente wirst Du, werdet Ihr von der neuen Generation, sehen und durchkreuzen; von den Wundern der ganzen Erde werdet Ihr Euch vollsaugen. Das wird ein Leben der Kraft, der Leidenschaft, der unermüdlichen Tat sein.«[78]

Am 15. Januar 1919 frühmorgens, als die »Rote Fahne« mit dem letzten Artikel Karl Liebknechts erschien, stand Otto Franke vor dem Fenster der Liebknecht'schen Wohnung in der Steglitzer Bismarckstraße 75. Wie verabredet, signalisierte er, alles sei in Ordnung. Am 16. kam er nicht. »Von Angst und Unruhe um meinen Mann und Rosa getrieben, ging ich (wohl zwischen 11 und 12 Uhr vormittags) auf die Straße«, erinnerte sich Sophie Liebknecht, »ich wollte versuchen, vielleicht bei Mathilde Jacob oder sonst jemanden zu erfahren, wo mein Mann und Rosa die letzte Nacht untergekommen waren; da brachte mir, laut grinsend, der Zeitungsverkäufer die Zeitung vorbei. Ich ging nach Hause. Etwas später kamen die Jungen, Wilhelm – Helmi – und Robert mit der BZ in der Hand –, aus der Schule – und noch etwas später war die ganze Wohnung zum Sammelpunkt unserer Freunde und Bekannten geworden.«[79]

Das Schlimmste war geschehen. Karl Liebknecht und Rosa Luxemburg wurden am 15. Januar 1919 in Berlin-Wilmersdorf aufgespürt und von der dortigen Bürgerwehr verhaftet. Am Abend wurden sie ins Eden-Hotel, das Stabsquartier der Gardekavallerieschützendivision, verschleppt, in dem Hauptmann Papst befehligte und sich von Gustav Noske telefonisch für die Ermordung der beiden de facto einen Freibrief verschaffte.[80] Karl Liebknecht wurde nach schwerer Misshandlung im Tiergarten hinterrücks erschossen und von den Mordschützen als unbekannter Toter in das Leichenschauhaus eingeliefert. Unmittelbar danach wurde Rosa Luxemburg unter dem Vorwand, sie werde nach dem Moabiter Gefängnis überführt, aus dem Hotel geschleift, beschimpft, niedergeschlagen, in ein Auto gestoßen, während der Fahrt erschossen und in den Landwehrkanal geworfen. Am nächsten Tag meldete die »BZ am Mittag«: »Liebknecht auf der Flucht erschossen – Rosa Luxemburg von der Menge getötet.«

Der Verlust der beiden war für alle Revolutionäre und nicht wenige Menschen weit über Deutschlands Grenzen hinaus unfassbar. »Mir ist selbst immer, als wären wir verwaist nach Karl und Rosas Tod«, schrieb Hermann Duncker an seine Frau Käte. »Aber wir wollen doch in ihrem Sinne weiterwirken, sie *in* uns leben lassen. [...] Kopf hoch.«[81] Die Zentrale der KPD verurteilte diesen abscheulichen politischen Mord in einem Aufruf Mitte Januar. Ihr Presseorgan, die »Rote Fahne«, war am 15. Januar verboten worden und konnte erst am 12. Februar wieder erscheinen. Die offiziellen Berichte über die Ermordung Karl Liebknechts und Rosa Luxemburgs bezeichnete sie als Lug und Trug. Die Regierung Ebert und Scheidemann habe die beiden meucheln lassen. Es gelte nicht zu wehklagen oder sich an den Mördern persönlich rächen zu wollen. Vielmehr heiße es zu schwören, ihr Werk zu Ende zu führen, wohl wissend, dass der Kampf lange dauern werde.[82] Wer von dem Standpunkt urteile, erklärte Lenin auf dem II. Gesamtrussischen Gewerkschaftskongress am 20. Januar 1919 in Moskau, »an Liebknecht und Luxemburg sei einfach ein Mord verübt worden, der ist mit Blindheit geschlagen, der zeichnet sich durch feige Denkart aus, der will nicht begreifen, daß es sich hier um Explosionen eines unaufhaltsamen Bürgerkriegs handelt, der unabwendbar aus allen Widersprüchen des Kapitalismus entsteht«.[83]

Leo Jogiches kam in seinem Artikel »Der Mord an Rosa Luxemburg und Karl Liebknecht« in der »Roten Fahne« vom 12. Februar 1919 dem tatsächlichen Hergang des Verbrechens sehr nahe, ohne Einzelheiten zu kennen und die Tatsachen über das Zusammenspiel von Militärs und Regierungsvertretern dokumentieren zu können. Und das Morden nahm kein Ende. Am 21. Februar 1919 wurde Kurt Eisner Opfer konterrevolutionärer Banditen. Ende Februar starb der seit langem erkrankte Franz Mehring in tiefer Trauer um seine Kampfgefährten. Neue Aufregung erfasste Sophie Liebknecht im März 1919, als bei ihr Clara Zetkin vorfuhr, die vier Treppen hochstieg und aufgelöst fragte: »›Wissen Sie, wo Leo ist?‹ [...] Nein, ich wußte nicht, hatte nichts gehört. [...] In diesen Augenblicken fühlten wir – Mord!«[84] Tatsächlich war Leo Jogiches am 10. März 1919 heimtückisch ermordet worden. Und wieder wurde die Lüge verbreitet: »auf der Flucht erschossen«[85]. Eugen Leviné, mit dem Sophie Liebknecht seit der Studentenzeit befreundet war,[86] wurde am 13. Mai verhaftet, von einem Münchner Sondergericht zum Tode verurteilt und am 5. Juni 1919 erschossen. Am 8. Oktober 1919 wurde auch auf Hugo Haase ein Mordanschlag verübt, an dessen Folgen er am 7. November 1919 verstarb.

Eine Schreckensnachricht über das Schicksal von Freunden jagte im Jahre 1919 die andere und vergrößerte den Schmerz der Familie Liebknecht. Sophie hatte im Januar 1917, als sie ihren Mann das erste Mal in Zuchthauskleidung sah, geglaubt, dass sie »niemals etwas Schrecklicheres sehen könnte«. Zwei Jahre später hatte sie von ihm am Sarg Abschied nehmen müssen – unfassbar – nach diesem Meuchelmord –, »ruhig, friedlich, schlummernd«, schrieb sie wie sich selbst zum Troste an ihre Mutter am 28. April 1919. »Auf der Stirn gibt es eine Wunde – wir haben ihm rote Blumen auf die Stirn gelegt, Blumen in die Hände, und wir haben ihn fotografieren und zeichnen lassen. [...] Was mich angeht, ich verstehe noch nicht ganz, daß das wahr sein soll. Aber ich weiß, daß es wahr ist – Man weiß nicht, was sie mit dem

Körper unserer armen Freundin gemacht haben – man hat auch Leo getötet [...] Aber schließlich – sie sind alle gestorben – wie sie sterben wollten – sie sind gestorben für eine Sache, die ihnen heilig war – ich habe sie sagen hören, daß sie auf *ihrem* Schlachtfeld sterben wollten.«[87] Dieser und weitere bisher unbekannte Briefe Sophie Liebknechts an ihre Mutter Olga Ryss in Rostow am Don, in französischer Sprache geschrieben, vermitteln einen ergreifenden Eindruck von der Stimmung und der Selbstbehauptung der Familie. Hatten sie doch plötzlich alle den Mittelpunkt ihres Lebens verloren, »denn seit Jahren war mein Mann unser aller Ego«[88], schrieb Sophie an ihre Mutter.

Der jüngere Sohn Robert hatte in der Mordnacht bei seinem Freund Julius Goldstein geschlafen, dessen Schwester Hertha später seine Frau wurde. »Spät am Abend war ich noch über die Brücke am Tiergarten gelaufen und hatte in der Nähe Schüsse gehört. Ich bin mir ziemlich sicher, daß es die Todesschüsse waren, die meinen Vater trafen.«[89] Die Erinnerung daran saß tief. Vielleicht setzte er gerade deshalb mehrfach zu einem Porträt seines Vaters an, das ihm schließlich 1930 meisterlich gelang.[90] Im Tagebuch von Käthe Kollwitz, der Robert öfter seine Skizzenbücher und Erstlingsarbeiten zeigte, hieß es am 27. Januar 1919, seine Zeichnungen seien von »Liebknecht'schem Ungestüm«, persönlich habe er »einen nervösen, etwas gepeinigten Eindruck« gemacht. Zwei Tage zuvor hatte der Anblick Karl Liebknechts auf dem Totenbett Käthe Kollwitz zu Skizzen angeregt. Sie fertigte zunächst eine Fülle von Zeichnungen an. Später begann sie einen Steindruck, aber auch der befriedigte sie nicht. Nach einer Radierung fand sie die endgültige Form in einem Holzschnitt, der als erschütterndes Kunstwerk weltweit bekannt wurde.[91]

Am 25. Januar 1919, einem Sonnabend, fand die Beisetzung von Karl Liebknecht und 31 ermordeten Januarkämpfern statt. Romain Rolland schilderte in »Das Gewissen Europas« seine Eindrücke: »Trotz der strengen Anweisungen der Regierung, deren Truppen überall die Plätze und Hauptstraßen durch Artillerie blockierten, begab sich ein eindrucksvoller Zug zum Friedrichsfelder Friedhof. Aus allen Vierteln Berlins waren die Armen zusammengeströmt; das Elend bildete eine Ehrengarde an den dreiunddreißig [sic!] Särgen; Soldaten, auch russische ehemalige

Gefangene kamen; weinende Frauen und junge Mädchen in Trauer; Abordnungen von Arbeitern, Soldaten, Matrosen aus dem ganzen Reich; sozialistische Jugend; rote Fahnen; Transparente mit diesem einzigen Wort: *Mörder!* Man legte die zweiunddreißig Spartakisten und ihren Führer in dasselbe Grab. Nicht ein Schrei. Aber ein Grollen tief in den Herzen. Und in wie vielen Hirnen mochten die letzten Worte des Führers nachhallen, der letzte Artikel, den Liebknecht für die *Rote Fahne* kurz vor seinem Tode geschrieben hatte: das *Trotz alledem!*«[92] Rosa Luxemburg konnte erst am 13. Juni 1919 beigesetzt werden, nachdem ihre Leiche am 31. Mai 1919 im Landwehrkanal entdeckt worden war.

Wie Sophie Liebknecht ihrer Mutter schrieb, fuhr sie etwa alle 10 Tage zum Friedhof, wo schon bald ein großer Platz für ein Denkmal gekauft wurde.[93] Um ihre Mutter zu beruhigen, schilderte Sophie ihre Lage. Sie und die Kinder seien gesund, die Lebensmittelpreise seien gefallen, es gäbe fast alles, Kaffee, Tee, Obst usw. Natürlich fehle es noch an vielen Sachen. Aber sie seien zufrieden, und die Mutter brauche sich nicht zu ängstigen. Wie es um ihren Gemütszustand aussehe, könnten sie sich gewiss vorstellen.[94] Da Sophie zwar gelegentlich von zu Hause Post und Geld erhielt, nie aber etwas von ihren Angehörigen zu Karls Tod vernahm, vermutete sie im November 1919 verzweifelt, etwa 25 Briefe vom Frühjahr 1919 seien in Rostow nie angekommen. Sie wiederholte daher nochmals eindringlich: »Andere Freunde sind auf eine noch schrecklichere Weise zu Tode gekommen als mein Mann. Er ist auf *seinem* Schlachtfeld gestorben – er hat oft gesagt, daß für ihn eine Kugel der schönste Tod wäre – er hat diese Kugel bekommen von der Hand seiner schlimmsten Feinde – ebenso die arme kleine Freundin [Rosa Luxemburg] – diese wilden und niederträchtigen Tiere haben sie getötet, mühelos geschützt durch das Dunkel der Nacht.« Sie könne bis jetzt nicht viel davon sprechen. Den Kindern gehe es Gott sei Dank gut.«[95]

Waren die Kinder nicht in Berlin, bestärkte sie sie in ihren Vorhaben durch freimütige Briefe. An Robert schrieb sie z. B. am 22. August 1919, sie sei immer müde, »und innerlich so aufgeregt und unglücklich, weil ich immer an Papa denken muss, auch wenn ich spreche und lache und immer hab ich ein dumpfes Gefühl einer furchtbaren Schuld ihm gegenüber, als ob ich das Furchtbare hätte verhüten können und das macht mich wahnsinnig – ich kann wirklich ohne Papa nur noch ein Scheinleben führen – es ist auch noch so viel zu tun mit den Manuskripten und dergl. und ich weiß nicht, ob ich's richtig mache, nun es ist halt so – ich weiß auch nicht, wozu ich das schreibe. Alles, alles möchte ich noch machen, damit aus Euch was richtiges wird. Das ist jetzt mein Hauptwunsch – Ihr habt ja alle drei alle Anlagen, die man braucht, nur hab ich etwas vor Euren Charakteren Angst – Ihr seid in Kleinigkeiten so furchtbar unmöglich, dass ich wirklich nicht weiss, wie sich das entwickeln wird – […] nun ich hoffe, es legt sich mit den Jahren.«[96]

Niemand könne nachfühlen, schrieb Theodor Liebknecht an seine Tochter, »was für uns die Eltern, was wir Geschwister uns waren und sind. Und was für uns die Familie bedeutet«.[97] Für ihn war es völlig selbstverständlich, alles für die Kinder seines Bruders zu tun, die 1911 ihre Mutter und nun auch noch den Vater verloren hatten. Zusammen mit Isy Paradies, einem Onkel von Julia, der Mutter der Kinder, übernahm er die Vormundschaft für die drei Waisen. Schlagartig trug er nicht nur Sorge für die vier eigenen Kinder, sondern für sieben, davon fünf Jugendliche, die sich auf ihre Abiturprüfungen vorzubereiten, die Studienfächer zu wählen und ihr Studium bis zum erfolgreichen Abschluss mit familiärem Rückhalt durchzustehen hatten. Helmi, Robert und Vera erwarben das Abitur mit Erfolg. Für Helmi gab es Schwierigkeiten: »Die Steglitzer Jugend nämlich wollte nicht mit ihm, dem Sohn des ›Verbrechers‹ das Gymnasium absolvieren.«[98]

Als Karl Liebknechts Bruder Otto davon erfuhr, wandte er sich mit seiner Frau an Konrad Haenisch, den damaligen Kultusminister. Sie erreichten, dass Helmi das Abitur am Steglitzer Gymnasium machen konnte. »Danach kam er mit falschem Namen zu uns nach Frankfurt. Schwer seelisch mitgenommen«, erinnerte sich Elsa Liebknecht. »Ich ging zu Prof. Tietze [Titze], dem damaligen Rektor der Universität in Frankfurt a.M., er sagte mir seinen Schutz für Helmi zu. Helmi konnte studieren.«[99] Alle drei Kinder Karl Liebknechts studierten ihren Wünschen entsprechend, Helmi ab 1919 Staats- und Rechtswissenschaft und Ökonomie in Berlin, Frankfurt am Main und Wien,

Vera Medizin ab 1925 in Berlin und Wien[100] und Robert ab 1923 an der Kunstakademie in Dresden.[101] Robert wurde ein international geachteter Künstler und lebte bis 1994 in Paris. Helmi war sehr sprachbegabt und bereiste 1925 bis 1927 Tunesien, Algerien, Frankreich und England. Ab 1928 lebte er bis 1975 in der Sowjetunion, wo er für Verlage und Institute tätig war. Von Robert wissen wir, daß Helmi, der in den Revolutionstagen ein aktiver Mitstreiter gewesen war, die Ermordung des Vaters tief erschüttert hat. Sie blieb für ihn ein Trauma, das sich alljährlich in den Januartagen besonders bedrückend auswirkte. Als Robert 1929 mit seinem Bruder in Moskau nach jahrelanger Trennung endlich wieder einmal zusammentraf, notierte er: »Mit den Nerven ist seit Papas Tod unsere ganze Familie herunter, sowohl Papas wegen als auch der damit verknüpften Unterdrückung der revolutionären Bewegung und der zermürbenden raffiniert organisiert durchdachten Niederhaltung und Verelendung des deutschen Volkes, das jedoch leider infolge des politischen Wirrwarrs und der komplizierten Lage Deutschlands geringere Fortschritte in der politischen Aufklärung macht, als man erwarten sollte.« Sophies Lage sei besonders tragisch, so objektiv man die Sache auch betrachte: »Die russische Revolution hat ihr ihr natürliches Vermögen und die deutsche ihren Ernährer genommen.«[102] Vera wurde Ärztin und verstarb nach kurzzeitiger Praxis 1934 an Tuberkulose.

Theodor Liebknecht zog sich trotz seiner großen Verpflichtungen nicht in die Familie und in den Beruf zurück. Unermüdlich appellierte er an seine Parteifreunde in der USPD und an das Gerechtigkeitsgefühl der Menschen, die Schuld der Schuldigen an der Ermordung Karl Liebknechts und Rosa Luxemburgs nicht zu verdunkeln. Theodor Liebknecht war generell unzufrieden mit dem Verlauf und den Ergebnissen der Novemberrevolution 1918/19 in Deutschland. Herausgekommen sei eine Republik, »die *keine demokratische* , keine Volksrepublik war, sondern deren Träger das Militär, die alte Offizierskaste und die alte Bürokratie waren, und hinter ihnen, wie früher, Junkertum und Großkapital, [...] die ihrerseits die willigen Herren Ebert, Noske, Scheidemann usw. als Deckung benutzten, als Schild vor sich hielten, gewissermaßen als einen roten Vorhang, hinter dem sie ihrerseits ihre Neugruppierung vornahmen.«[103] In den folgenden Jahren prangerte er vehement das Wiedererstarken des vom preußischen Militarismus beherrschten machtgierigen Deutschlands an. Auch die Deformation des Sozialismus in der UdSSR verfolgte er sehr kritisch. Er betrachtete die für Europa besorgniserregenden Entwicklungen in den beiden Staaten als Folgen bzw. Ergebnisse eines auf Agententätigkeit, Geheimbündelei, Verschleierungs- und Verdummungstaktik basierenden Bündnisses zwischen Deutschland und Russland, das zum Hitler-Stalin-Pakt führte. Die Arbeiter- und Soldatenräte dagegen seien das, »was uns die russische Revolution wirklich an Wertvollem gezeigt hat«[104]. Theodor Liebknecht verstand sich als demokratischer Sozialist. Das Anliegen seines Bruders Karl, das übler Hetze ausgesetzt war, verteidigend, forderte er zu differenziertem Umgang mit dem Begriff der Diktatur des Proletariats auf, den er später einmal als eines der »unglücklichsten Schlagworte« in der sozialistischen Bewegung bezeichnete.[105]

Sophie wünschte sich nichts sehnlicher, als ihrer Mutter wieder zu begegnen. Sie träumte in Erinnerung an ihre Gymnasialzeit, die sie mit ihr in Lausanne verlebt hatte, von einem gemeinsamen Aufenthalt in der Schweiz. Sie wollte auch endlich ihre Geschwister wiedersehen, Sylvia mit ihrem Jascha und den Kindern und Adolf, die wohl am besten auch in die Schweiz oder nach Frankreich übersiedeln sollten. Mira werde wahrscheinlich in Russland bleiben wollen. »Oh, liebe Mama, wenn Du wüßtest, wie sehr ich Euch sehen möchte – Kannst Du wirklich nicht kommen? Was ist zu tun, um sich wiederzusehen?«, schrieb sie am 7. November 1919.[106]

Doch diese Wünsche erfüllten sich nicht. In den ersten Jahren nach dem 15. Januar 1919 setzte Sophie Liebknecht zusammen mit Freunden wie Franz Pfemfert, Julian Gumperz und Rudolf Manasse alles daran, um Manuskripte, Schriften und Briefe Karl Liebknechts und auch die Briefe Rosa Luxemburgs an sie zu publizieren.[107] Mit ihrer und Theodor Liebknechts Unterstützung entstand eine erste Biographie, deren Verfasser Harry Schumann im Vorwort vom Oktober 1919 völlig zu Recht schrieb: »Man kann nicht verhehlen, daß Liebknecht eine der markantesten und menschlich wie geistig interessantesten Persönlichkeiten unserer

Zeit ist. Mag man manches auch als Verirrung betrachten – in jedem Fall muß man anerkennen, daß sein Name weder aus der Politik noch aus der Geschichte jemals ausgelöscht werden kann.«[108]

Völlig unverständlich blieb Kurt Liebknecht, einem Neffen von Karl, dass seine Eltern Otto und Elsa den am 11. Februar 1919 von der Nationalversammlung gewählten Reichspräsidenten Friedrich Ebert, der an den Feierlichkeiten anlässlich des 75. Jahrestages der Revolution von 1848 in der Paulskirche teilnahm, 1923 zum Tee eingeladen haben. Über diesen Besuch sei die Familie in Berlin empört gewesen, »sie glaubten in Ebert den Verräter Karl Liebknechts zu sehen. Wir empfanden es keineswegs. Auch darüber jahrelange Verstimmung. Theos Familie und Bobbi, der 2te Sohn Karls, ließen es uns immer fühlen.«[109]

Die Witwe, die Brüder und die Söhne Karl Liebknechts bemühten sich mit aufrechten Demokraten und streitbaren Juristen vergeblich um die Ermittlung und Bestrafung der Mörder. Sie waren zu Recht entsetzt, dass die beiden Prozesse, die im Mai 1919 vor dem Feldkriegsgericht in Berlin und im April 1929 vor dem Schöffengericht Berlin (Jorns-Prozess) durchgeführt wurden, nicht die Hauptschuldigen auf die Anklagebank brachten.[110] Lediglich einzelne Mittäter wie der Husar Runge, der am Ausgang des Edenhotels auf Karl Liebknecht mit dem Gewehrkolben eingeschlagen hatte, erhielten geringfügige Strafen.[111] Die am Abtransport zum Tiergarten und an der Erschießung Beteiligten blieben weitgehend unbehelligt.[112] Nicht zu übersehen war, wie Sebastian Haffner in seinem Buch »Der Verrat« anprangerte, »die unverhüllte, ja schamlose Begünstigung der Direktmörder durch Justiz- und Regierungsbehörden (sie wurden von einem Militärgericht ihrer eigenen Division in einem possenhaften Verfahren zum größten Teil freigesprochen; soweit man sie zu leichten Strafen wegen ›Wachvergehens‹ und ›Beiseiteschaffen einer Leiche‹ verurteilen mußte, verhalf man ihnen unmittelbar danach zur Flucht). Und nicht zu übersehen schließlich die Reaktion der gesamten bürgerlichen und sozialdemokratischen öffentlichen Meinung auf die Mordtat, die von beschönigender Vertuschung bis zu offenem Jubel reichte; eine Hehlerreaktion, an der sich bis zum heutigen Tag nichts geändert hat.«[113] Waldemar

Pabst, Stabschef der Garde-Kavallerie-Schützen-Division konnte 1962 unbehelligt öffentlich zugeben, dass er Karl Liebknecht und Rosa Luxemburg ermorden ließ.[114] Der politische Meuchelmord an beiden blieb ungesühnt – ein Kainsmal der Entstehungsgeschichte der Weimarer Republik mit verheerenden Folgen unter der Hitler-Diktatur. Für die Arbeiterbewegung zog das tragische Ende von Karl Liebknecht und Rosa Luxemburg folgenschwere Entwicklungen nach sich. Ihre Spaltung vertiefte sich nicht zuletzt durch die Auseinandersetzungen, die über die Ursachen und die Verantwortung für den Mord und über das Erbe geführt wurden. Die internationale kommunistische Bewegung verlor zwei aufrichtige Persönlichkeiten mit weitem intellektuellem Horizont und großem moralischem Gewicht.

Am 5. Oktober 1923 lehnte das Versorgungsamt III Berlin-Schöneberg Sophie Liebknechts Antrag auf Bewilligung von Hinterbliebenen-Versorgung ab, da ihr Ehemann auf der Flucht erschossen worden sei und seinen Tod mitverschuldet habe. Das Gegenteil sei bisher nicht erwiesen.[115]

Im Jahre 1925 sah Sophie Liebknecht sich gezwungen, die Wohnung in Steglitz aufzugeben und in eine kleine 2-Zimmer-Gartenhauswohnung nach Berlin W 30, Bayrischer Platz 4 zu ziehen. Nun oblag ihr mit der Einlagerung von Karl Liebknechts Nachlass eine große Verantwortung. Sie kam mit den Schwägern überein, alle Fotos aus der Jugend und der ersten Ehe Karls mit Julia, alle Briefe, Geschenke, kleinen Andenken aus der Zeit vor ihrer eigenen Eheschließung 1912 und die große Bibliothek in Karls Arbeitszimmer im Rechtsanwaltsbüro in der Chausseestr. 121 einzulagern. Alles Wertvolle wurde in seinem Schreibtisch eingeschlossen. Eine Kassette mit Briefen an seine erste Frau aus der Zeit des Brautstandes, aus Paderborn, Arnsberg, Würzburg, auch spätere, wahrscheinlich aus Glatz, den USA usw., hatte Karl Liebknecht 1915 seinem Bruder Curt in dessen Wohnung im Wedding übergeben. Beide Häuser wurden bei Bombenangriffen auf Berlin im Zweiten Weltkrieg vernichtet.[116] Bevor Sophie Liebknecht 1934 aus Deutschland ausreiste, brachte sie mit Hilfe ihrer Freundin Susanne Leonhard einen Koffer mit Dokumenten und vor allem den Briefen an sie in die Botschaft der UdSSR. Der gesamte Inhalt wurde Eigentum des Archivs der KPdSU.[117]

Nachdem Robert und Hertha Liebknecht 1933 nach Paris, Theodor Liebknecht mit seiner Frau Lucie in die Schweiz emigriert waren und Vera Liebknecht in Wien beerdigt worden war, verließ auch Sophie Liebknecht das faschistisch beherrschte Deutschland. Sie begab sich zunächst nach London und übersiedelte bald darauf nach Moskau, wo sie bis zu ihrem Tod am 11. November 1964 lebte. Dort unterrichtete sie von 1935 bis 1958 an der Hochschule für Diplomatie und im Außenministerium der UdSSR deutsche Sprache und Kulturgeschichte. In den Zeiten der Stalin'schen Diktatur erlitt Sophie Liebknecht demütigende Schikanen und unheilbare Verluste: Ihr Bruder Adolf wurde 1938 als »deutscher Spion« verhaftet und verstarb 1942 im Gefängnis Taganrog. Dessen Frau, eine Ärztin, war aus Verzweiflung darüber bereits 1939 verstorben. Den verwaisten Sohn der beiden, ihren Neffen Boris (1928–1996), nahm Sophie 1940 zu sich nach Moskau. Sie konnte ihn adoptieren und lebte mit ihm und später mit dessen Familie in ihrer kleinen Wohnung zusammen. Schwester Sylvia musste viele Jahre in Verbannung verbringen. Deren Mann, der Mathematiker und Physiker Jan Nikolajewitsch Spielrein, Korrespondierendes Mitglied der Akademie der Wissenschaften der UdSSR, überlebte die ab 1937 gegen ihn gerichteten Repressionen nicht. Wilhelm (Helmi) Liebknecht setzte sich mutig für Verhaftete und deren Angehörige ein, wurde wahrscheinlich 1938/39 aus der KPD ausgeschlossen und während des Krieges mit seiner Familie nach Usbekistan evakuiert.[118]

Die Angehörigen der Familie von Karl und Sophie Liebknecht ließen sich durch die furchtbaren Schicksalsschläge nicht erdrücken, nicht entmutigen. Lebensbejahend und im fürsorglichen Miteinander richteten sie sich im »Zeitalter der Extreme«[119] am unerschöpflichen Optimismus Karl Liebknechts auf, dessen Maxime war: »Keinen Weltschmerz! Gerade in diesen Tagen nicht! Je drohender und ernster das Geschick, um so mehr gilts zu bestehn!« – »Hätt' ich Dich hier«, versicherte er am 2. September 1917 Helmi, »trunken würd' ich Dich machen von der Herrlichkeit des Lebens u. der Welt; *dieser* Welt, *dieses* Lebens, *dieser* Menschheit – jawohl«[120].

Anhang

Danksagung

Das Buch entstand über viele Jahre unter außergewöhnlichen familiären Umständen. Ganz besonders herzlich möchte ich daher in stillem Gedenken meinem lieben, viel zu früh verstorbenen Horst danken, der mein Vorhaben trotz seiner schweren Krankheit bis ins Jahr 2006 mit großem Interesse und Verständnis begleitet hat. Ebenso herzlich bedanke ich mich bei meinen Töchtern Elke und Beate und ihren Familien für die in jeder Hinsicht herzensgute Unterstützung und bei Marie und Klaus Luckner für ihre freundschaftliche Hilfe bei der Betreuung meines Ehemannes.

Ein großes Dankeschön möchte ich Frau Maja Liebknecht, Hennigsdorf, für ihre umfang- und hilfreichen Erkundungen und Auskünfte über die Familie Liebknecht sagen, ebenso Frau Marianne Liebknecht, Wien, für Anregungen und freundlichen Zuspruch. Frau Gisela Liebknecht, Berlin, und Frau Charlotte Otto, geb. Liebknecht, Berlin, gewährten mir dankenswerterweise Einsicht in wertvolle Materialien. Mein Dank gilt auch Frau Ingeborg Liebknecht, Mannheim, Frau Bärbel Liebknecht, Stadtbergen und Frau Helen Rupertsberger-Knopp, Wien, für Fotografien bzw. für ihr freundliches Reagieren auf meine Anfragen.

Unübertrefflich ist die große Hilfe, die mir mein Freund und Kollege Till Schelz-Brandenburg, Bremen, mit seiner kritischen Durchsicht des ersten Gesamtentwurfs gegeben hat. Dafür sage ich ihm meinen ganz besonderen Dank. Für die Unterstützung durch Literaturhinweise, Einsicht in Archivalien, Recherchen zu einzelnen Fragen, Übersetzungen und Anschauen erster Entwürfe bedanke ich mich des Weiteren vielmals bei Eckhard Müller, Berlin, Ottokar Luban, Berlin, Alexander Vatlin, Moskau, Renate Merkel-Mewis, Berlin, Hartmut Henicke, Berlin, Wolfgang Schröder, Taucha, Claudie Weill, Paris, Ursula Herrmann, Schwielowsee, Heinz Deutschland, Berlin, Helmut Steiner, Berlin, Elke Keller, Berlin, Elisabeth Ittershagen, Berlin, Harry Gelhaar, Berlin, Volker Külow und Michael Schulze, Leipzig.

Da meine Studien in Archiven des In- und Auslandes in einem Zeitraum von mehreren Jahrzehnten stattgefunden haben, mögen es mir die Mitarbeiterinnen und Mitarbeiter der ausgewiesenen Archive bitte nicht verübeln, wenn ich ihnen allen sehr herzlich für beste Untersützung danke, ohne sie hier namentlich nennen zu können.

Und schließlich bedanke ich mich ebenfalls sehr herzlich beim Verlag, insbesondere bei Herrn René Strien für persönliches Verständnis und respektvolle Geduld, bei meiner Lektorin Maria Matschuk und bei allen an der Herstellung des Buches Beteiligten.

Berlin, 1. Mai 2007 Annelies Laschitza

Abkürzungen

ADAV – Allgemeiner Deutscher Arbeiterverein
ARS – Ausgewählte Reden und Schriften
BA – Bundesarchiv, Koblenz
BArch – Bundesarchiv, Berlin-Lichterfelde
BLHA – Brandenburgisches Landeshauptarchiv
BayHStA – Bayerisches Hauptstaatsarchiv
BzG – Beiträge zur Geschichte der Arbeiterbewegung
IISG – Internationaal Instituut voor Sociale Geschiedenis (Internationales Institut für Sozialgeschichte), Amsterdam
IWK – Internationale wissenschaftliche Korrespondenz zur Geschichte der deutschen Arbeiterbewegung
JB – JahrBuch für Forschungen zur Geschichte der Arbeiterbewegung
KPD – Kommunistische Partei Deutschlands
KPR – Kommunistische Partei Russlands
KPdSU – Kommunistische Partei der Sowjetunion
LAB – Landesarchiv Berlin
LVZ – Leipziger Volkszeitung
R – Reich
RGASPI – Rossiski Gosudarstwenny Archiv Sozialnoi-polititscheskoi Istorii (Russisches Staatsarchiv für sozialpolitische Geschichte), Moskau
SAPD – Sozialistische Arbeiterpartei Deutschlands
SAPMO-BArch – Stiftung Archiv der Parteien und Massenorganisationen der DDR im Bundesarchiv, Berlin
SDAP – Sozialdemokratische Arbeiterpartei
SDAPR – Sozialdemokratische Arbeiterpartei Russlands
SED – Sozialistische Einheitspartei Deutschlands
SPD – Sozialdemokratische Partei Deutschlands
UdSSR – Union der Sozialistischen Sowjetrepubliken
USPD – Unabhängige Sozialdemokratische Partei Deutschlands

Siglen

GB – Luxemburg, Rosa, Gesammelte Briefe. Bd. 1–5. Berlin 1982–1984. Bd. 6. Hrsg. v. Annelies Laschitza. Berlin 1993.
GRS – Liebknecht, Karl, Gesammelte Reden und Schriften. Bd. I–IX, Berlin 1958–1971.
GW – Luxemburg, Rosa, Gesammelte Werke. Bd. 1–5. Berlin 1971–1975, überarb. Auflagen der Bände 1–4 mit Vorbemerkungen v. Annelies Laschitza. Berlin 2000–2007.
Lebt wohl – Liebknecht, Karl, Lebt wohl, Ihr lieben Kerlchen! Briefe an seine Kinder. Hrsg. v. Annelies Laschitza und Elke Keller. Berlin 1992.
MEW – Marx, Karl/Engels, Friedrich, Werke.

Anmerkungen

Vorwort

1 An Sophie Ryss, 23. September 1906. SAPMO-BArch, NY 4001/37, Bl. 7.

2 An Sophie Ryss, 6. Juli 1908. Ebenda, Bl. 151.

3 Radek, Karl, Karl Liebknecht zum Gedächtnis. In: Liebknecht, Karl, Reden und Aufsätze. Hrsg. von Julian Gumperz. Hamburg 1921, S. 362.

4 Kollontai, Alexandra M.,Die »Rote Rosa« (1921). In: Steiner, Helmut, Alexandra Kollontais gelebte Emanzipation im Widerspruch. Berlin 2005, S. 106.

5 An Sophie Ryss, 30. Juni 1908. SAPMO-BArch, NY 4001/37, Bl. 147.

6 Vgl. Laschitza, Annelies, Rosa Luxemburg, Karl und Sophie Liebknecht. Einblicke in eine entstehende neue Liebknecht-Biografie. In: Mensch sein, das heißt ... Rosa Luxemburg und ihre Freunde in Geschichte und Gegenwart. Pankower Vorträge, Heft 69/1, »Helle Panke« e.V. Berlin 2004, S. 25.

7 Vgl. Laschitza, Annelies, Die Welt ist so schön bei allem Graus. Rosa Luxemburg im internationalen Diskurs. Rosa-Luxemburg-Stiftung Sachsen e.V. Leipzig 1998. – Ito, Narihiko/Laschitza, Annelies/Luban, Ottokar (Hrsg.), Rosa Luxemburg im internationalen Diskurs. Internationale Rosa-Luxemburg-Gesellschaft in Chicago, Tampere, Berlin und Zürich (1998–2000). Berlin 2002. – Rosa Luxemburg und die Arbeiterbewegung: Neuere Ansätze in Rezeption und Forschung. In: Mitteilungsblatt des Instituts für soziale Bewegungen. Bochum, Nr. 29/2003. – Rosa Luxemburg. Aktuelle Aspekte der politischen und wissenschaftlichen Tätigkeit. Moskau 2004 (russ.). – Bergmann, Theodor/Ito, Narihiko/Hochstadt, Stefan/Luban, Ottokar (Hrsg.), China entdeckt Rosa Luxemburg. Internationale Rosa-Luxemburg-Gesellschaft in Guangshou 21./22. November 2004. Berlin 2007.

8 Vgl. Laschitza, Annelies, Rosa Luxemburg und Karl Liebknecht. Ein biografischer Vergleich. In: Kinner, Klaus/Seidel, Helmut (Hrsg.), Rosa Luxemburg. Historische und aktuelle Dimensionen ihres theoretischen Werkes. Berlin 2002, S. 215 ff.

9 Vgl. Kerff, Willy, Karl Liebknecht 1914 bis 1916. Fragment einer Biografie. Bearb. u. hrsg. v. Annelies Laschitza. Berlin 1967.

10 Vgl. Laschitza, Annelies, Deutsche Linke im Kampf für eine demokratische Republik. Der Kampf der deutschen Linken für eine demokratische Republik und die Anwendung des politischen Massenstreiks in Deutschland. Zur Entstehung der deutschen Linken als politisch-ideologische Strömung in der deutschen Sozialdemokratie (1909/1910). Berlin 1969.

11 Vgl. Laschitza, Annelies unter Mitwirkung von Elke Keller, Karl Liebknecht. Eine Biografie in Dokumenten. Berlin 1962.

12 Vgl. Wohlgemuth, Heinz, Karl Liebknecht. Eine Biografie. Berlin 1973; 2. durchgesehene Aufl. 1975. – Ders., Karl Liebknecht. Stationen seines Lebens. Berlin 1977.

13 Vgl. Trotnow, Helmut, Karl Liebknecht. Eine politische Biografie. Köln 1980. – Ders., Politik als Berufung. Wilhelm und Karl Liebknecht. In: Väter und Söhne. Zwölf biografische Porträts. Berlin 1996.
14 Vgl. Lebt wohl.
15 Vgl. Laschitza, Annelies, Im Lebensrausch, trotz alledem. Rosa Luxemburg. Eine Biografie. Berlin 1996.
16 Vgl. Anm. 6, S. 23 ff.
17 GRS IX, S. 562.

»Ganz der ›Alte‹!«?

1 Robert an Wilhelm Liebknecht, o.D. SAPMO-BArch, NY 4269/21, Bl. 40f.
2 Vgl. Janitzki, Michael (Hrsg.), Robert Liebknecht. Ölbilder, Zeichnungen, Grafiken und Texte zu Leben und Werk. Gießen 1991, S. 109. – Auskunft von Maja Liebknecht für Autorin, 28. Juni 2000. – Büning, Marianne, Werte im Wandel. Gesichter eines Berliner Gymnasiums: Fichtenberg-Oberschule 1904–2004. Berlin 2003, S. 181.
3 An Wilhelm Liebknecht, 12. Dezember 1934. SAPMO-BArch, NY 4269/21, Bl. 42.
4 26. August 1871. RGASPI, Moskau, Fonds 200, Verz. 1, Nr. 397.
5 28. August 1871. SAPMO-BArch, NY 4034/75.
6 Taufregister der ev.-luth. »St. Thomas«-Kirchgemeinde Leipzig, Jg. 1871, Bl. 243, Nr. 1481, Kopie. Ebenda, NY 4001/2, Bl. 1.
7 Zit. nach Schröder, Wolfgang, Ernestine. Vom ungewöhnlichen Leben der ersten Frau Wilhelm Liebknechts. Eine dokumentarische Erzählung. Leipzig 1987, S. 199. – Liebknecht, Wilhelm, Kleine politische Schriften. Hrsg. von Wolfgang Schröder. Leipzig 1976, S. 259.
8 In der Familie Liebknecht war eine Begräbnisrede überliefert worden, in der es am 19. September 1749 in Gießen bei der Beerdigung des Urgroßvaters von Wilhelm Liebknecht, Professor Johann Georg Liebknecht, geheißen hatte, dass der Verstorbene mit Martin Luther durch Blutsverwandtschaft verbunden gewesen wäre. Wilhelm Liebknecht sprach dies einige Male in Reden und Schriften an, so dass es auch bei einigen Karl-Liebknecht-Biografen auftaucht. Nachforschungen haben jedoch keinen Beweis erbracht. Vgl. Stammbaum der Familien Liebknecht/Reh, angefertigt von Theodor Liebknecht, Privatnachlaß Charlotte Otto, geb. Liebknecht, Kopie im Besitz der Autorin. – Euler, Friedrich Wilhelm, Karl Liebknecht. In: Genealogie, Bd. 9, 18. Jg., H. 3 – März 1969, S. 481. – Weitershaus, Friedrich Wilhelm, Wilhelm Liebknecht. Gießen 1976, S. 24 u. 32. Nach Weitershaus hat einer der Vorfahren der Familie Liebknecht, Hans Liebknecht (ca. 1604–1675), eine Margarethe Schmidt (1614–1675) geheiratet, die laut einer alten Chronik von Verwandten Luthers abstammen soll, die sich aber nicht nachweisen lässt, da aus jener Zeit keine Kirchenbücher vorhanden sind.
9 Vgl. Weitershaus, Wilhelm Liebknecht, S. 24 ff.
10 Liebknecht, Wilhelm, In der Lehre. Etwas aus meinem Leben. In: Neue Deutsche Rundschau, Berlin 1898, S. 398.

11 Liebknecht, Wilhelm, Karl Marx zum Gedächtnis. Ein Lebensabriß und Erinnerungen. In: Mohr und General. Erinnerungen an Marx und Engels. Berlin 1982, S. 13 u. 80.

12 Vorwärts, 15. Januar 1891.

13 Vgl. Schröder, Ernestine, S. 109.

14 Vgl. Schröder, Wolfgang, Ich muß mich ganz hingeben können. Frauen in Leipzig. Hrsg. von Friderun Bodeit. Leipzig 1999, S. 151.

15 Vgl. August Bebel. Eine Biografie. Autorenkollektiv unter Leitung von Ursula Herrmann und Volker Emmrich, Berlin 1989, S. 39ff.

16 Bebel, August, ARS 6. Bearb. v. Ursula Herrmann unter Mitarb. von Wilfried Henze u. Ruth Rüdiger. Berlin 1983, S. 98 u. 100.

17 Vgl. Herrmann, Ursula, Elise Schweichel (1831–1912). Schriftstellerin und Sozialdemokratin im Ringen um Frauenemanzipation. Berlin 2004.

18 Bebel, August, ARS 6, S. 99.

19 Vgl. Rudloff, Michael/Adam, Thomas unter Mitwirkung von Jürgen Schlimper. Leipzig – Wiege der deutschen Sozialdemokratie. Leipzig 1996, S. 36ff.

20 Schröder, Wolfgang, Auf der Suche nach einer effektiven Organisationsform: Bemerkungen zu Parteibildungsprozessen im 19. Jahrhundert. In: Parteibildungsprozesse in der deutschen Arbeiterbewegung. Hrsg. v. Klaus Kinner. Rosa-Luxemburg-Stiftung Sachsen. Leipzig 2006, S. 20.

21 August Bebel. Eine Biografie, S. 147.

22 Der Leipziger Hochverratsprozeß vom Jahre 1872. Neu hrsg. von Karl-Heinz Leidigkeit. Berlin 1960, S. 29.

23 Bebel, August, ARS 8/2. Bearb. v. Anneliese Beske u. Eckhard Müller. München 1997, S. 452f.

24 Wilhelm Liebknecht an Natalie Reh, 30. April 1868. Zit. nach Schröder, Ich muß mich ganz hingeben können, S. 143.

25 Wilhelm Liebknecht an Sophie Büchner, 21. April 1868. Zit. nach ebenda, S. 143.

26 Ebenda.

27 Natalie Reh an Wilhelm Liebknecht, Anfang Mai 1868. Zit. nach ebenda, S. 146.

28 Wilhelm Liebknecht an Natalie Reh, 5. Mai 1868. Zit. nach ebenda, S. 148.

29 Wilhelm Liebknecht an Karl Marx, 17. Juli 1868. In: Die I. Internationale in Deutschland 1864–1872. Berlin 1964, S. 224.

30 Kautsky, Minna, Natalie Liebknecht. In: Neue-Welt-Kalender für das Jahr 1910, Hamburg 1910, S. 74.

31 RGASPI, Moskau, Fonds 200, Verz. 4, Nr. 390. Zit. nach Schröder, Ich muß mich ganz hingeben können, S. 154.

32 Vgl. Natalie Liebknecht an Friedrich Engels, 11. Dezember 1880. In: Liebknecht, Wilhelm, Briefwechsel mit Karl Marx und Friedrich Engels. Hrsg. u. bearb. v. Georg Eckert, The Hague 1963, S. 279.

33 Vgl. August Bebel. Eine Biografie, S. 151.

34 Bebel, August, ARS 6, S. 98.

35 Bebel, August und Julie, Briefe einer Ehe. Hrsg. v. Ursula Herrmann, Bonn 1997, S. 627.

36 Bebel, August, ARS 6, S. 372.
37 Vgl. August Bebel. Eine Biografie, S. 152.
38 Vgl. Rudloff u.a., Leipzig – Wiege der deutschen Sozialdemokratie, S. 39.
39 Polenz, Linda, Wilhelm Liebknechts Garten – jetzt wird er wieder beackert. Schleußiger Parzelle in Schülerhand. In: Leipziger Volkszeitung, 7. Juni 2004.
40 An Karl Marx, 13. Mai 1870. In: Liebknecht, Wilhelm, Briefwechsel mit Marx und Engels, S. 101.
41 Vgl. Schröder, Auf der Suche nach einer effektiven Organisationsform … In: Parteibildungsprozesse in der deutschen Arbeiterbewegung, S. 20ff. – Ders., Wilhelm Liebknecht und der Weg der Vereinigung von Gotha 1875, In: Beutin, Wolfgang/Malterer, Holger/Mülder, Friedrich (Hrsg.), »Eine Gesellschaft der Freiheit, der Gleichheit, der Brüderlichkeit«. Beiträge der Tagung zum 100. Todestag Wilhelm Liebknechts am 21. und 22. Oktober 2000 in Kiel. Frankfurt a.M. 2001, S. 45ff.
42 Rudloff u.a., Leipzig – Wiege der deutschen Sozialdemokratie, S. 40.
43 Liebknecht, Wilhelm, Briefwechsel mit Marx und Engels, S. 218.
44 An Friedrich Engels, 28. August 1877. Ebenda, S. 238.
45 An Sophie Liebknecht, 21. Januar 1917. In: Liebknecht, Karl, Briefe aus dem Felde, aus der Untersuchungshaft und aus dem Zuchthaus. Hrsg. v. Franz Pfemfert. Berlin-Wilmersdorf 1919, S. 56f.
46 Ignatz Auer an Wilhelm Liebknecht, o.D. IISG, NL Wilhelm Liebknecht, Nr. 61, Bl. 107.

Nicolaitaner

1 Vgl. John, Matthias, Höhere Bildung in Leipzig. Karl Liebknecht als Nicolaitaner und Studiosus. Leipzig 1998, S. 17f.
2 Vgl. Kolbe, Günter, Demokratische Opposition in religiösem Gewande und antikirchliche Bewegung im Königreich Sachsen. Phil Diss. Karl-Marx-Universität Leipzig 1964, S. 4 u. S. 167ff.
3 Engelberg, Ernst, Bismarck. Das Reich in der Mitte Europas. Berlin 1990, S. 302.
4 Vgl. ebenda, S. 327 u. 444ff.
5 Der Kampf der deutschen Sozialdemokratie in der Zeit des Sozialistengesetzes 1878–1890. Die Tätigkeit der Reichs-Commission, hrsg. v. Leo Stern. Quellenmaterial bearb. v. Herbert Buck. Berlin 1956, S. 1015.
6 Vgl. Mehring, Franz, Geschichte der deutschen Sozialdemokratie. Zweiter Teil. Von Lassalles »Offenem Antwortschreiben« bis zum Erfurter Programm 1863 bis 1891. Berlin 1960, S. 515.
7 Vgl. Rudloff u.a., Leipzig – Wiege der deutschen Sozialdemokratie, S. 40.
8 Vgl. Engelberg, Bismarck, S. 304.
9 8. Juni 1878. In: Liebknecht, Wilhelm, Briefwechsel mit Marx und Engels, S. 256.
10 17. November 1878. Ebenda, S. 260.
11 Vgl. Rudloff, Michael u.a., Leipzig – Wiege der deutschen Sozialdemokratie, S. 42.

12 Bernstein, Eduard, Aus den Jahren meines Exils (Völker zu Hause). Erinnerungen eines Sozialisten. Berlin 1918, S. 137 f.

13 Vgl. Langkau, Götz, Einleitung zu Wilhelm Liebknecht, Briefwechsel mit deutschen Sozialdemokraten. Bd. II 1878–1884. Hrsg. v. Götz Langkau unter Mitwirkung v. Ursula Balzer u. Jan Gielkens u. unter Berücksichtigung von Vorarbeiten aus dem Nachlaß v. Georg Eckert. Frankfurt a. M./New York 1988, S. 11.

14 Zit. nach ebenda.

15 Zit. nach August Bebel. Eine Biografie, S. 201.

16 Vgl. ebenda, S. 203.

17 IISG, NL Wilhelm Liebknecht, Nr. 410/I.

18 Vgl. Langkau, Götz, Einleitung zu Wilhelm Liebknecht, Briefwechsel ..., S. 21.

19 3. August 1887. In: Liebknecht, Wilhelm, Briefwechsel mit Marx und Engels, S. 299.

20 Bebel, August und Julie, Briefe einer Ehe, S. 628.

21 GW 1/2, S. 185.

22 26. Mai 1872. In: Liebknecht, Wilhelm, Briefwechsel mit Marx und Engels, S. 168.

23 GRS I, S. 12.

24 GRS III, S. 488 f.

25 Vgl. dazu John, Höhere Bildung in Leipzig, S. 19 ff., auf dessen Forschungsergebnisse ich mich vorwiegend stütze.

26 Vgl. Bebel, August, ARS 2/2. Bearb. v. Ursula Herrmann u. Heinrich Gemkow unter Mitarb. v. Anneliese Beske u. a. Berlin 1978, S. 228 f. – August Bebels Briefwechsel mit Friedrich Engels. Hrsg. v. Werner Blumenberg. The Hague 1965, S. 264. – MEW, Bd. 36, Berlin 1967, S. 463 u. 817/Anm. 592.

27 GRS IX, S. 516.

28 Vgl. Kolbe, Demokratische Opposition in religiösem Gewande, S. 212 ff. – Groschopp, Horst, Dissidenten, Freidenker und Kultur in Deutschland. Berlin 1997.

29 John, Höhere Bildung in Leipzig, S. 31.

30 Zit. nach ebenda, S. 44.

31 Lebt wohl, S. 101 u. 107.

32 Lebt wohl, S. 101 ff.

33 John, Höhere Bildung in Leipzig, S. 161.

34 Mehring, Franz, Karl Liebknecht. In: ders., Gesammelte Schriften, Bd. 15, Berlin 1977, S. 698.

35 Zit. nach John, Höhere Bildung in Leipzig, S. 165.

36 SAPMO-BArch, NY 4001/35, Bl. 1 f.

37 IISG, NL Wilhelm Liebknecht, Nr. 395/3.

38 Pfemfert, Briefe aus dem Felde, S. 80.

39 Schumann, Harry, Karl Liebknecht. Ein unpolitisches Bild seiner Persönlichkeit. Dresden 1919, S. 32 f.

40 Bebel, August, ARS 7/2, 2. Bearb. v. Annliese Beske und Eckhard Müller. München 1997, S. 447.

41 Vgl. Rudloff u.a., Leipzig – Wiege der deutschen Sozialdemokratie, S. 52.
42 Vgl. August Bebel. Eine Biografie, S. 238.
43 3. August 1887. In: Liebknecht, Wilhelm, Briefwechsel mit Marx und Engels, S. 298.
44 Vgl. Adamy, Kurt, Die Eltern Karl Liebknechts. Potsdam 1975, S. 20. – Ders. in: BZG 4/74, S. 672.
45 Liebknecht, Otto, Mein Vater: Wilhelm Liebknecht. In: Das Volk, Nr. 75, 30. März 1946.
46 Vgl. John, Höhere Bildung in Leipzig, S. 162.
47 GRS VIII, S. 285.
48 GRS IX, S. 518.
49 Liebknecht, Otto, Mein Vater: Wilhelm Liebknecht. In: Das Volk, 30. März 1946.
50 Eisner, Kurt, Wilhelm Liebknecht. Sein Leben und Wirken. Berlin 1900, S. 81f.
51 Geyer, Friedrich, Liebknecht im sächsischen Landtag. In: Vorwärts, 12. August 1900.
52 Zit. nach Rudloff u.a., Leipzig – Wiege der deutschen Sozialdemokratie, S. 56.
53 GRS I, S. 114f.
54 MEW, Bd. 19, Berlin 1962, S. 339.
55 Vgl. Schröder, Wolfgang, »Wir hätten Dich so gern zurückgehalten – im neuen Lande brauchen wir die Alten ...« Wilhelm Liebknechts Agitationsreise in die USA im Herbst 1886. Schriften aus dem Liebknecht-Haus Leipzig 7. Leipzig November 2000.
56 Bebel, August, ARS 2/1. Bearb. v. Ursula Herrmann u. Heinrich Gemkow unter Mitarb. v. Anneliese Beske u.a. Berlin 1978, S. 765.
57 MEW, Bd. 22, Berlin 1963, S. 10.
58 Vgl. Engelberg, Bismarck, S. 557ff. u. 574.
59 Stenographische Berichte über die Verhandlungen des Reichstags, VII. Legislaturperiode, V. Session 1889/90, Erster Band, Berlin 1890, S. 138.
60 Parteitagsprotokoll Berlin 1892, S. 92ff. u. 122ff. – Weitershaus, Wilhelm Liebknecht, S. 241. – Trotnow, Helmut, Politik als Berufung. Wilhelm und Karl Liebknecht. In: Väter und Söhne. Zwölf biografische Porträts. Berlin 1996, S. 216 gibt 10 000 Mark an.
61 Polizeiüberwachungsbericht. Landeshauptarchiv Sachsen-Anhalt, Merseburg, Rep. C 29 III, Nr. 6, Bd. V, S. 252.
62 GRS IV, S. 33.
63 IISG, NL Wilhelm Liebknecht, Nr. 61, Bl. 65.
64 Karl Liebknecht an Alice Geiser, 27. September 1893. SAPMO-BArch, NY 4001/35, Bl. 4.

Rechtsanwalt Dr. Karl Liebknecht

1 August Bebel an Karl Liebknecht, 10. November 1908. In: Bebel, August, ARS 9. Bearb. v. Annliese Beske u. Eckhard Müller. München 1997, S. 164.
2 Vgl. zum Folgenden John, Höhere Bildung in Leipzig, S. 45ff.

3 GRS III, S. 251.
4 Karl Liebknecht an Sophie Liebknecht, 2. September 1917. GRS IX, S. 349.
5 GRS II, S. 301 ff.
6 Vgl. Volksstimme (Frankfurt a.M.), 14. August 1900. – John, Höhere Bildung in Leipzig, S. 62.
7 Vgl. GRS II, S. 304.
8 An Laura Lafargue, 18. September 1893. MEW, Bd. 39, Berlin 1968, S. 120 f.
9 Vgl. Bebel, August, ARS 2/2, S. 360. – MEW, Bd. 37, Berlin 1967, S. 419.
10 Weitershaus, Wilhelm Liebknecht, S. 261.
11 An Herrn Laube, 31. Dezember 1890. SAPMO-BArch, NY 4001/31, Bl. 2b.
12 Vgl. Archiv der Humboldt-Universität zu Berlin, Rektor und Senat (Abgangszeugnisse). A 6, Bd. 1008, Bl. 103. Kopie in: SAPMO-BArch, NY 4001/2, Bl. 33–36.
13 Mehring, Gesammelte Schriften, Bd. 15, S. 698.
14 GRS II, S. 306.
15 GRS II, S. 307.
16 Sophie Liebknecht. In: Karl und Rosa. Erinnerungen. Zum 100. Geburtstag von Karl Liebknecht und Rosa Luxemburg. Berlin 1971, S. 135 f.
17 Schumann, Karl Liebknecht, S. 153.
18 Die Angaben der Wissenschaftlichen Archivarin der Stiftung Neue Synagoge Berlin – Judaicum, Barbara Welker, vom 18. Oktober 2004 erhielt ich freundlicherweise von Gerd Callesen, Wien.
19 Karl und Rosa, S. 135.
20 Vgl. Anm. 12.
21 An Natalie Liebknecht, 27. Juli 1893. MEW, Bd. 39, S. 110.
22 GRS III, S. 27.
23 Liebknecht, Wilhelm, Briefwechsel mit Marx und Engels, S. 388.
24 An Alice Geiser, 27. September 1893. SAPMO-BArch, NY 4001/35, Bl. 3.
25 Vgl. IISG, NL Wilhelm Liebknecht, Nr. 452.
26 Am 1. Dezember 1893. MEW, Bd. 39, S. 170 f.
27 Grotjahn, Alfred, Erlebtes und Erstrebtes. Erinnerungen eines sozialistischen Arztes. Berlin 1932, S. 63.
28 Wilhelm Liebknecht an Max Baruch, 2. April 1896. IISG, NL Theodor Liebknecht, Nr. 41.
29 Zit. nach Trotnow, Karl Liebknecht, S. 25 f.
30 Wilhelm Liebknecht an Max Baruch, o.D. IISG, NL Theodor Liebknecht, Nr. 41.
31 Am 22. März 1902. SAPMO-BArch, NY 4001/32.
32 Paula Baruch, verehelichte Häberlein, an Theodor Liebknecht, IISG, NL Wilhelm Liebknecht, Nr. 380.
33 Vgl. Als Referendar in Paderborn. In: Freie Presse, Paderborn, 15. Januar 1966.
34 Wilhelm Liebknecht an Max Baruch, o.D. IISG, NL Theodor Liebknecht, Nr. 41.

35 Schreiben von Marcus Sporn M.A. vom 16. Januar 2006 an die Verf. mit Angaben aus dem Universitätsarchiv der Bayerischen Julius-Maximilians-Universität Würzburg, ARS 1089 u. 1092.
36 Kopie im Besitz der Verf.
37 Wilhelm Liebknecht an Max Baruch, 4. August 1897. IISG, NL Theodor Liebknecht, Nr. 41.
38 An Sophie Liebknecht, 12. August 1918. In: Pfemfert, Briefe aus dem Felde, S. 120.
39 SAPMO-BArch, SgY 32/F-ME-484.
40 Ulrich, Carl, Erinnerungen des ersten hessischen Staatspräsidenten. Hrsg. v. Prof. Dr. Ludwig Bergsträsser. Offenbach am Main 1953, S. 205.
41 Vgl. Heid, Ludger, Oskar Cohn. Ein Sozialist und Zionist im Kaiserreich und in der Weimarer Republik. Frankfurt a.M. 2002, S. 28ff.
42 Vgl. Wohlgemuth, Karl Liebknecht, S. 34.
43 An den Oberreichsanwalt, 1907. SAPMO-BArch, R 3003(alt St2/1)/1, Bd. 2.
44 Vgl. GRS II, S. 470ff.
45 Wegner, Arthur, Karl Liebknechts Gedanken zum Strafrecht. In: Wiss. Z. Univ. Halle XXI'72 G, H. 2, S. 73f.
46 Vgl. Justizirrtum und Wiederaufnahme. Hamburg o.D. [1913]. – GRS IV, S. 90ff.
47 Sophie Liebknecht. In: Karl und Rosa, S. 139f.
48 Vgl. Laschitza, Annelies, Theodor Liebknecht. In: Soziale Demokratie und sozialistische Theorie. Festschrift für Hans-Josef Steinberg zum 60. Geburtstag. Hrsg. v. Inge Marßolek/Till Schelz-Brandenburg. Bremen 1995, S. 320.
49 Vgl. Wohlgemuth, Karl Liebknecht, S. 74.
50 Karl und Rosa, S. 184.
51 GRS III, S. 327.
52 GRS V, S. 62.
53 GRS IX, S. 395f.
54 GRS IV, S. 485.
55 IISG, NL Karl Kautsky, DXV, Nr. 486.
56 Vgl. Martha Nothnagel. In: Karl und Rosa, S. 183.
57 Vorwärts, 12. April 1902.
58 Vgl. das Kapitel »Aufregende Russenkontakte«.
59 Vgl. Wohlgemuth, Karl Liebknecht, S. 77.
60 Dittmann, Wilhelm, Erinnerungen. Bearb. u. eingel. v. Jürgen Rojahn. Frankfurt a.M. 1995, 1, S. 92.
61 Vgl. die Kapitel »Hochverrat« und »Landesverrat«.
62 GRS II, S. 261f.
63 GRS II, S. 264.
64 GRS II, S. 262f.

1 Schulze, Thomas, Karl Liebknecht. Die Bewegungsgesetze der gesellschaftlichen Entwicklung. Fragment. Bern 1995, S. 293, 296 u. 304f.
2 Vorwärts, 21. September 1899.
3 Vgl. Kopie des Mitgliedsbuchs Nr. 201, eingetreten August 1900. SAPMO-BArch, NY 4001/2, Bl. 49.
4 Vgl. Fricke, Dieter, Handbuch zur Geschichte der deutschen Arbeiterbewegung 1869 bis 1917 in zwei Bänden. Bd. 2, Berlin 1987, S. 720 u. 916. – Geschichte der revolutionären Berliner Arbeiterbewegung. Bd. 1. Von den Anfängen bis 1917, Berlin 1988, S. 429ff. – Steinberg, Hans-Josef, Die deutsche sozialistische Arbeiterbewegung vom Ende des Sozialistengesetzes bis zum Ersten Weltkrieg. In: Arbeitsbuch deutsche Arbeiterbewegung. Darstellung. Chroniken. Dokumente. Bd. 1. Hrsg. unter der Leitung v. Thomas Meyer, Susanne Miller u. Joachim Rothfels. Bonn 1984, S. 179ff.
5 Bebel, August, Die Aufgabe des zwanzigsten Jahrhunderts. In: ARS 7/1. Bearb. v. Annliese Beske u. Eckhard Müller. München 1997, S. 149ff.
6 Vgl. Programmatische Dokumente der deutschen Sozialdemokratie. Berlin/Bonn-Bad Godesberg 1973, S. 176ff.
7 Vorwärts, 15. August 1895.
8 Vgl. Herbig, Erna, Über Karl Liebknechts Referententätigkeit. In: BzG 1971, H. 4, S. 581ff.
9 Bericht von Polizeikommissar Eggert. Landeshauptarchiv Sachsen-Anhalt, Merseburg, Rep. C 29 III Nr. 6 Bd. V. Bl. 252ff.
10 Wilhelm Liebknecht an Max Baruch, o. D. IISG, NL Theodor Liebknecht, Nr. 41. – Julius Motteler an Karl Liebknecht, 29. Januar 1901. IISG, NL Wilhelm Liebknecht, Nr. 387/7.
11 Vgl. Zetkin, Clara, Vorwort zu einer Karl-Liebknecht-Biografie. In: dies., Rosa Luxemburg, Karl Liebknecht. Den Führern des Spartakusbundes und Gründern der KPD. Hrsg. v. Wilhelm Pieck u. Fritz Heckert. Moskau/Leningrad 1934, S. 164f.
12 Vgl. Wohlgemuth, Karl Liebknecht, S. 38.
13 Julius Motteler an Karl Liebknecht, 29. Januar 1901. IISG, NL Wilhelm Liebknecht, Nr. 387/7.
14 SAPMO-BArch, NY 4034/73.
15 IISG, NL Motteler, Nr. 81.
16 IISG, NL Wilhelm Liebknecht, Nr. 392/4.
17 Karl Liebknecht an Julius Motteler, 26. August 1900. IISG, NL Wilhelm Liebknecht, Nr. 383/3.
18 An Minna Kautsky, 15. August 1900. IISG, Kautsky-Familien-NL, Nr. 1641.
19 Vorwärts, Extraausgabe vom 7. August 1900.
20 SAPMO-BArch, NY 4445/120, Bl. 31.
21 Zit. nach Hoffmann, Joachim, Berlin-Friedrichsfelde. Ein deutscher Nationalfriedhof. Kulturhistorischer Reiseführer. Berlin 2001, S. 26.
22 Die Laterne, Spandauer Wochenblatt, 6. April 1902.
23 Am 24. Dezember 1900. IISG, NL Wilhelm Liebknecht, Nr. 383/5.
24 Vgl. GRS I, S. 8.

25 GRS, IX, S. 697.

26 Vgl. Vorwärts, 30. Oktober u. 1. November 1900

27 SAPMO-BArch, NY 4012/17.

28 Vgl. Julius Motteler an Karl Liebknecht, o. D. IISG, NL Wilhelm Liebknecht, Nr. 387/3. – IISG, NL Karl Kautsky, DXV Nr. 483.

29 An Karl Kautsky, 9. September 1900. Ebenda.

30 Eduard Bernsteins Briefwechsel mit Karl Kautsky (1895–1905). Eingel. u. hersg. v. Till Schelz-Brandenburg unter Mitarbeit v. Susanne Thurn. Frakfurt/Main 2003, S. 248.

31 SAPMO-BArch, NY 4034/73, Bd. 1, Bl. 119.

32 Julius Motteler an Karl Liebknecht, 29. August 1900. IISG, NL Wilhelm Liebknecht, Nr. 387/6.

33 Karl Liebknecht an Julius Motteler, 26. August 1900. IISG, NL Wilhelm Liebknecht, Nr. 383/3.

34 Julius Motteler an Karl Liebknecht, 19. Januar 1901. IISG, NL Wilhelm Liebknecht, Nr. 387/8.

35 IISG, NL Wilhelm Liebknecht, Nr. 383/5.

36 Vgl. am 26. Dezember 1900. IISG, NL Wilhelm Liebknecht, Nr. 383/6.

37 IISG, NL Wilhelm Liebknecht, Nr. 387/6 – Zit. nach Trotnow, Karl Liebknecht, S. 48.

38 IISG, NL Wilhelm Liebknecht, Nr. 392/13.

39 Hrsg. v. Karl Kautsky in: Die Neue Zeit, 20. Jg. 2. Bd., März-September 1902. – Vgl. Hundt, Martin, Louis Lugelmann. Eine Biografie des Arztes und Freundes von Karl Marx und Friedrich Engels. Berlin 1974, S. 386.

40 Erste vollständige Ausgabe: Pisma Marksa k Kugelmanny, Moskau/Leningrad 1928. – Die erste vollständige Ausgabe in deutscher Sprache erschien in Moskau 1940: Marx, Karl, Briefe an Kugelmann. – Vgl. Hundt, Martin, Louis Kugelmann (1828–1902). Zur politischen Tätigkeit eines Freundes und Kampfgefährten von Karl Marx und Friedrich Engels. Phil. Diss., Institut für Gesellschaftswissenschaften beim ZK der SED, Berlin 1969. – Trotnow, Karl Liebknecht, S. 49 ff.

41 Vgl. Rückert, Otto, Zur Geschichte der Arbeiterbewegung im Reichstagswahlkreis Potsdam-Spandau-Osthavelland (1871–1917) unter besonderer Berücksichtigung der Tätigkeit Karl Liebknechts. Teil 1–3, Potsdam 1965, Teil 1, S. 63 ff.

42 Vgl. ebenda, Teil 1, S. 67 u. Teil 3, S. 291.

43 Vgl. Vorwärts, 30. Juli 1901.

44 Vgl. Vorwärts, 12. u. 16. August 1903.

45 Vorwärts, 28. August 1901.

46 Zit. nach Wohlgemuth, Karl Liebknecht, S. 51.

47 SAPMO-BArch, NY 4001/32. Ähnlich an Unbekannt, 11. Oktober 1901. Zentral- und Landesbibliothek Berlin. Historische Sammlungen, Kuc 8-5-153.

48 LAB, A Rep 038 – 01, Polizeiverwaltung Spandau, Nr. 170, Bl. 237.

49 GRS I, S. 64.

50 Vgl. Reuter, Ursula, Paul Singer (1844–1911). Eine politische Biografie. Düsseldorf 2006, S. 513 u. 621.

51 John, Matthias, Karl Liebknechts Tätigkeit in Ausschüssen der Berliner Stadtverordnetenversammlung. In: Jahrbuch für Regionalgeschichte, 7. Bd., Weimar 1979, S. 120.
52 August Bebel an Friedrich Engels, 20. September 1881. In: Bebel, August, ARS 2/2, S. 68.
53 12. Dezember 1881. In: Liebknecht, Wilhelm, Briefwechsel mit Marx und Engels, S. 280.
54 An Julius Motteler, 26. Juni 1902. IISG, NL Wilhelm Liebknecht, Nr. 392/17.
55 Vgl. GW 1/2, S. 5 ff.
56 GW 1/1, S. 486.
57 Die Neue Zeit, 20. Jg. 1901/02, Zweiter Bd., S. 713 ff. Vorbehalte gegen Marx-Kritik führten dazu, dass diese Eingangspassage und weitere Äußerungen in den GRS I, S. 14 ff. fehlen.
58 Die Neue Zeit, 20. Jg. 1901/02, Zweiter Bd., S. 716.
59 Ebenda, S. 717.
60 Ebenda, S. 718.
61 Ebenda, S. 721.
62 Ebenda, S. 723.
63 Parteitagsprotokoll München 1902, S. 123 f. u. 146.
64 Die Neue Zeit, 20. Jg. 1901/02. Zweiter Bd., S. 722.
65 Parteitagsprotokoll München 1902, S. 126.

Aufregende Russenkontakte

1 GRS I, S. 37.
2 GRS I, S. 44.
3 Vgl. Parteitagsprotokoll Breslau 1895, S. 63 ff., bes. S. 68.
4 GRS I, S. 45.
5 Vgl. ebenda.
6 Vgl. GRS I, S. 480.
7 Ljadow, M., Karl Liebknecht und die Bolschewiki. In: Gewerkschafts-Beilage der Arbeiter-Zeitung, Organ der KPD, Bezirk Nordwest (Bremen). Nr. 19, 23. Januar 1926.
8 Ebenda.
9 GRS II, S. 315 f.
10 Vgl. J.L. Martow an P.B. Axelrod, 10. März 1903. In: Russisches Revolutionsarchiv Berlin-Charlottenburg, Januar 1924, S. 81. – Wohlgemuth, Karl Liebknecht, S. 78. – Weill, Claudie, Rosa Luxemburg und die Menschewiki. In: Rosa Luxemburg im internationalen Diskurs. Internationale Rosa-Luxemburg-Gesellschaft in Chicago, Tampere, Berlin und Zürich (1998–2000), S. 292 ff.
11 Zit. nach Wohlgemuth, Karl Liebknecht, S. 80.
12 Vorwärts, 28. Oktober 1903.
13 Krassikow, P., Karl Liebknecht – Mein Befreier. In: BzG, 1963, H. 1, S. 72.
14 Ebenda.

15 Lenin, Briefe, Bd. I, 1893–1904, S. 91.
16 Vgl. SAPMO-BArch, NY 4001/4, Bl. 24 ff.
17 Vgl. Vorwärts, 30. Januar, 15., 17. u. 18. Februar 1904.
18 Zit. nach Wohlgemuth, Karl Liebknecht, S. 84.
19 Vgl. Eisner, Kurt, Der Geheimbund des Zaren. Der Königsberger Prozeß wegen Geheimbündelei, Hochverrat gegen Rußland und Zarenbeleidigung vom 12. bis 25. Juli 1904. Hrsg. u. eingel. v. Detlef Jena. Berlin 1988, S. 38.
20 Vorwärts, 23. März 1904.
21 LAB Pr. Br. Rep. 030 Berlin C Nr. 12707//2, Bl. 91 f.
22 Kollontai, Alexandra, Ich habe viele Leben gelebt. Autobiografische Aufzeichnungen. Berlin 1981, S. 151.
23 Liebknecht, Sophie, Der Sozialistenkongreß in Basel – Herbst 1912. SAPMO-BArch, NY 4001/58, Bl. 132.
24 Vgl. Jena, Detlef, Einleitung zu Eisner, Kurt, Der Geheimbund des Zaren, S. 5.
25 Eisner, Der Geheimbund des Zaren, S. 55.
26 Vgl. Jena, Einleitung zu Eisner, Der Geheimbund des Zaren, S. 26.
27 Vgl. ebenda, S. 30 ff.
28 Eisner, Der Geheimbund des Zaren, S. 359 u. 368. – GRS I, S. 73.
29 Ebenda, S. 360. – GRS I, S. 69.
30 Vgl. Jena, Einleitung zu Eisner, Der Geheimbund des Zaren, S. 19.
31 Vgl. ebenda, S. 21.
32 Eisner, Der Geheimbund des Zaren, S. 365.
33 Ebenda.
34 Vgl. Vorwärts, 24. u. 28. Juli u. 11. August 1904.
35 Bebel, August, ARS 9, S. 75.
36 IISG, Familienarchiv Kautsky, part. 2, map. 3.
37 GB 2, S. 59.
38 Mehring, Franz, Gesammelte Schriften. Bd. 14, Berlin 1964, S. 715.
39 GRS I, S. 75.
40 LAB Pr. Br. Rep. 030 Berlin C Nr. 14929, Bl. 380 r.
41 Vgl. ebenda, Bl. 388.
42 Vgl. GSR II, S. 268 ff.
43 Vgl. das Kapitel »Rechtsanwalt Dr. Karl Liebknecht«.
44 Vgl. das Kapitel »Gegen Krieg und Verderben«.
45 Parteitagsprotokoll Bremen 1904, S. 131.
46 Ebenda, S. 137.
47 GRS I, S. 91.
48 GRS II, S. 73.
49 Vgl. GRS I, S. 111 ff.
50 Vgl. Vorwärts, 3. Februar 1905.
51 LAB Pr. Br. Rep. 030 Berlin C Nr. 14929, Bl. 210 r.
52 GRS I, S. 128.
53 Vgl. GRS I, S. 87.
54 GRS I, S. 88.
55 Vgl. GRS I, S. 152 ff.
56 Vgl. GRS I, S. 159.

57 GRS I, S. 160.
58 Vgl. GRS I, S. 161.
59 GRS I, S. 128.
60 GRS I, S. 131.
61 Vgl. GSR VIII, S. 187.
62 Gerlach, Hellmut v., Erinnerungen eines Junkers. Berlin o.J., S. 105.
63 Vgl. Rückert, Zur Geschichte der Arbeiterbewegung ..., Teil 1, S. 87.
64 Ljadow, M.N., Is shisni partii w 1903–1907 godach (Wospominanija), Moskau 1956, S. 18f.
65 Vgl. SAPMO-BArch, NY 4001/65, Bl. 133f.
66 Ruprecht-Karls-Universität Heidelberg, Universitätsarchiv, UAH H-IV-757/4.
67 SAPMO-BArch, NY 4001/58, Bl. 31f.
68 Abschrift der Memoiren von Elsa Liebknecht, S. 8. In Privatbesitz von Gisela Liebknecht, Berlin.
69 SAPMO-BArch, NY 4001/37, Bl. 7.
70 An Sophie Ryss, 26. September 1906. In: Liebknecht, Karl, Gedanken über Kunst. Schriften. Reden. Briefe. Hrsg. u. mit einer Einführung und Kommentaren versehen von Marlen Michailowitsch Korallow. Dresden 1988, S. 284. – SAPMO-BArch, NY 4001/37, Bl. 8ff.
71 Ebenda.
72 SAPMO-BArch, NY 4001/37.
73 SAPMO-BArch, NY 4001/48, Bl. 3f.
74 Am 27. September 1906. SAPMO-BArch, NY 4001/48, Bl. 10.
75 An Sophie Ryss, 23. November 1906. SAPMO-BArch, NY 4001/37, Bl. 25f.
76 SAPMO-BArch, NY 4001/37, Bl. 42ff.
77 Vgl. am 26. Januar 1907 an Sophie Ryss. SAPMO-BArch, NY 4001/37, Bl. 47.
78 Vgl. am 31. August 1908. SAPMO-BArch, NY 4001/48, Bl. 5f.
79 Vgl. GRS I, S. 234f.
80 BArch, N 2104, Konrad Haenisch, Teilnachlaß 1. – Karl Liebknecht an Fritz Austerlitz, 6. September 1907. Österreichisches Staatsarchiv, Wien, Allgmeines Verwaltungsarchiv, Sozialdemokratische Parteistellen, Karton 17. – An Hjalmar Branting. Arbeiterbewegungsarchiv, Stockholm, NL Branting, Vol. VII. – SAPMO-BArch, NY 4001/32.
81 Vgl. GRS VIII, S. 187. – Wohlgemuth, Karl Liebknecht, S. 111.
82 Am 25. April 1907. IISG, NL Roland-Holst, part. 4/2.
83 GRS I, S. 193.
84 SAPMO-BArch, NY 4001/38.
85 Vgl. Heid, Oskar Cohn, S. 224.

Im Bunde mit der Jugend

1 GW 1/1, S. 808.
2 Parteitagsprotokoll Bremen 1904, S. 179, 182, 186 u. 189.
3 GRS I, S. 82.

4 Ebenda.
5 Vgl. Parteitagsprotokoll Bremen 1904, S. 189.
6 Zit. nach Höhn, Reinhard, Sozialismus und Heer. Bd. 3, Der Kampf des Heeres gegen die Sozialdemokratie. Bad Harzburg 1969, S. 170.
7 SAPMO-BArch, NY 4001/31, Bl. 17b.
8 Vgl. Jahnke, Karl Heinz, »Wach auf!« 1904 – Bildung der ersten Arbeiterjugendvereine in Deutschland. Rostock 2004, S. 16.
9 Mehring, Karl Liebknecht. In: ders., Gesammelte Schriften, Bd. 15, S. 698f.
10 Parteitagsprotokoll Jena 1905, S. 99.
11 Ebenda, S. 284.
12 Ebenda, S. 285.
13 GRS I, S. 199f.
14 Parteitagsprotokoll Mannheim 1906, S. 385. – Bebel, August, ARS 8/1, S. 89.
15 Karl Liebknecht an einen französischen Genossen, 12. Dezember 1904. SAPMO-BArch, NY 4001/31, Bl. 17a.
16 Vgl. Parteitagsprotokoll Mannheim 1906, S. 386. – Bebel, August, ARS 8/1. Bearb. v. Anneliese Beske u. Eckhard Müller. München 1997, S. 90.
17 Vgl. Der Hochverratsprozeß gegen Karl Liebknecht 1907 vor dem Reichsgericht. Verhandlungsbericht. Berlin 1957, S. 57ff.
18 GRS I, S. 184.
19 GRS I, S. 186f.
20 GRS I, S. 188.
21 GRS I, S. 189.
22 Parteitagsprotokoll Erfurt 1891, S. 5.
23 Parteitagsprotokoll Berlin 1892, S. 131.
24 Vgl. August Bebel, Eine Biografie, S. 651.
25 Bebel, August, Nicht stehendes Heer, sondern Volkswehr! Stuttgart 1898, S. 3 u. 79.
26 Fürst Bülows Reden. In Auswahl hrsg. v. W. v. Massow. Erster Bd.: 1897–1901, Leipzig o.J., S. 100 u. 107.
27 Das persönliche Regiment. Reden und sonstige öffentliche Äußerungen Wilhelms II., S. 41.
28 Bülow, Bernhard v., Denkwürdigkeiten. Bd. 2, Berlin 1930, S. 198.
29 Vgl. Deutschland im Ersten Weltkrieg. Bd. 1. Vorbereitung, Entfesselung und Verlauf des Krieges bis Ende 1914. Von einem Autorenkollektiv unter Leitung von Fritz Klein. Mit einem Vorwort von Fritz Klein zu dieser Ausgabe. Leipzig 2004, S. 55, 70, 73.
30 Ebenda, S. 83 u. 85.
31 GRS I, S. 452f.
32 GRS I, S. 440f.
33 Parteitagsprotokoll Mannheim 1906, S. 145.
34 Vgl. Jahnke, »Wach auf!«, S. 55.
35 Vgl. ebenda, S. 32f.
36 Ebenda, S. 27.
37 SAPMO-BArch, NY 4001/38, Bl. 76.
38 GRS I, S. 252f.

39 GRS I, S. 445.
40 GRS I, S. 456.
41 SAPMO-BArch, NY 4001/37, Bl. 81.
42 SAPMO-BArch, NY 4001/37, Bl. 81.
43 GRS II, S. 16.
44 Vgl. GRS II, S. 17.
45 Am 24. August 1907. SAPMO-BArch, NY 4001/37, Bl. 83.
46 Vgl. Jahnke, »Wach auf!«, S. 38.
47 GRS II, S. 57 u. 60.
48 Vgl. GRS II, S. 43 ff. – Laschitza, Annelies, Im Lebensrausch, trotz alledem, S. 279 f.
49 Vgl. Wohlgemuth, Karl Liebknecht, S. 135.
50 Vgl. Jahnke, »Wach auf!«, S. 42.
51 Vgl. Parteitagsprotokoll Essen 1907, S. 264.
52 Vgl. ebenda, S. 390 ff.
53 Vgl. GRS II, S. 74 f.
54 Vgl. GRS II, S. 76.
55 GRS II, S. 77.
56 GRS II, S. 79.
57 Vgl. Parteitagsprotokoll Essen 1907, S. 230 ff.
58 Vgl. Bebel, August, ARS 8/1, S. 260.
59 Parteitagsprotokoll Essen 1907, S. 231 f.
60 Ebenda, S. 232.
61 Ebenda, S. 264.
62 Vgl. GRS II, S. 226 ff.
63 GRS II, S. 252 f.
64 GRS II, S. 250.
65 Bericht über die Konferenz in: Der Jugendliche Arbeiter, Jg. 1910, Nr. 10, S. 5.
66 Vgl. ebenda, S. 6.
67 Karl und Rosa, Erinnerungen, S. 277.

»Hochverrat«

1 An Sophie Ryss, 23. November 1906. SAPMO-BArch, NY 4001/37, Bl. 26.
2 Am 24. Oktober 1906. In: Liebknecht, Karl, Gedanken über Kunst, S. 285.
3 SAPMO-BArch, NY 4001/37, Bl. 24.
4 Vgl. SAPMO-BArch, NY 4001/37, Bl. 23.
5 GRS I, S. 288.
6 GRS I, S. 291.
7 Hasse, E., Die Zukunft des deutschen Volkstums. München 1907, S. 132.
8 GRS I, S. 440.
9 GRS I, S. 277 f.
10 An Sophie Ryss, 27. November 1906. In: Liebknecht, Karl, Gedanken über Kunst, S. 285.

11 Vgl. Mehring, Karl Liebknecht. In: ders., Gesammelte Schriften, Bd. 15, S. 699.
12 An Sophie Ryss, 23. November 1906. SAPMO-BArch, NY 4001/37, Bl. 25f.
13 Vgl. Karl und Rosa, Erinnerungen, S. 137.
14 Am 23. November 1906. SAPMO-BArch, NY 4001/37, Bl. 25f.
15 An Sophie. SAPMO-BArch, NY 4001/37, Bl. 39.
16 Vgl. Rosa Luxemburg an Karl Liebknecht, Anfang Dezember 1915. In: GB 5, S. 91.
17 An Sophie. SAPMO-BArch, NY 4001/37, Bl. 46f.
18 Bülow, Bernhard v., Denkwürdigkeiten, Bd. 2, S. 198.
19 Vgl. RGASPI, Moskau, Fonds 191, Verz. I, Nr. 440, Bl. 28f.
20 SAPMO-BArch, NY 4001/37, Bl. 43.
21 An Sophie Ryss. SAPMO-BArch, NY 4001/37, Bl. 45.
22 SAPMO-BArch, NY 4001/37, Bl. 46.
23 Vgl. Rückert, Zur Geschichte der Arbeiterbewegung ..., Teil 1, S. 111ff.
24 An Sophie Ryss, 28. Januar 1907. SAPMO-BArch, NY 4001/37, Bl. 49.
25 GRS I, S. 251.
26 Ebenda.
27 GRS II, S. 109.
28 An Sophie Ryss, 12. Februar 1907. SAPMO-BArch, NY 4001/37, Bl. 52.
29 SAPMO-BArch, NY 4001/37, Bl. 53.
30 An Sophie Ryss, 15. Mai 1907. SAPMO-BArch, NY 4001/37, Bl. 70.
31 GRS II, S. 11f.
32 GRS II, S. 64.
33 Der Hochverratsprozeß gegen Karl Liebknecht 1907 vor dem Reichsgericht, S. 213. – Vgl. BArch, R 3003 C 3/07, Bd. 1 u. 2.
34 Vgl. Vorwärts, 28. April 1907.
35 Vgl. Vorwärts, 3. Mai 1907.
36 Am 15. Mai 1907. SAPMO-BArch, NY 4001/37, Bl. 71.
37 An Sophie Ryss, 20. Januar 1907. Ebenda, Bl.73.
38 Vgl. BArch, R 3003(alt St2/1)/1, Bd. 1, Bl. 20, 24, 26 u. 27.
39 Vgl. ebenda, Bl. 37f.
40 GRS II, S. 14.
41 Ebenda, S. 36ff.
42 SAPMO-BArch, NY 4001/37, Bl. 82f.
43 Vgl. BArch, R 3003(alt St2/1)1, Bd. 1, Bl. 46.
44 Karl Liebknecht an Dr. Curt Rosenberg, 8. Oktober 1907. Stadt- und Landesbibliothek Dortmund, Nr. 19 293.
45 Vgl. Leipziger Volkszeitung, 30. September, 1.–5. Oktober 1907.
46 IISG, NL Wilhelm Liebknecht, 383/1
47 Am 26. Dezember 1900. IISG, NL Wilhelm Liebknecht, 383/6.
48 SAPMO-BArch, NY 4001/37, Bl. 89f.
49 Vgl. das Kapitel »Ganz der ›Alte‹!«?
50 GRS II, S. 117 u. 128.
51 GRS II, S. 82.
52 GRS II, S. 83.

53 Ebenda.
54 Vgl. GRS II, S. 85 u. 93ff.
55 An Sophie Ryss, 11. Oktober 1907. SAPMO-BArch, NY 4001/37, Bl. 92.
56 GRS II, S. 99.
57 GRS II, S. 134.
58 Ebenda.
59 GRS II, S. 141.
60 GRS II, S. 133f.
61 GRS II, S. 142.
62 GRS II, S. 136f.
63 Vgl. GRS II, S. 161.
64 August Bebels Briefwechsel mit Karl Kautsky. Hrsg. von Karl Kautsky jr. Assen 1971, S. 189f.
65 GRS II, S. 161f.
66 Am 11. Oktober 1907. SAPMO-BArch, NY 4001/37, Bl. 91f.
67 Der Hochverratsprozeß gegen Karl Liebknecht 1907 vor dem Reichsgericht, S. 157. – GRS II, S. 163f.
68 Vorwärts, 18. Oktober 1907. – Der Hochverratsprozeß gegen Karl Liebknecht 1907 vor dem Reichsgericht, S. 18. – August Bebel. Eine Biografie, S. 662.
69 Vgl. Der Hochverratsprozeß gegen Karl Liebknecht 1907 vor dem Reichsgericht, S. 17.
70 GRS II, S. 260.
71 Vgl. Der Hochverratsprozeß gegen Karl Liebknecht 1907 vor dem Reichsgericht, S. 167.
72 An Sophie Ryss, 11. November 1907. SAPMO-BArch, NY 4001/37, Bl. 112.
73 An Karl Kautsky, 11. November 1907. IISG, NL Karl Kautsky, D XV, Nr. 491.
74 Vgl. Der Hochverratsprozeß gegen Karl Liebknecht 1907 vor dem Reichsgericht, S. 19.
75 Karl und Rosa, Erinnerungen, S. 222.
76 GRS II, S. 62.

Festungshaft

1 SAPMO-BArch, NY 4001/37, Bl. 98ff.
2 SAPMO-BArch, NY 4001/37, Bl. 100f.
3 SAPMO-BArch, NY 4001/37, Bl. 98.
4 Am 11. November 1907. IISG, NL Karl Kautsky, D XV, Nr. 491.
5 An Sophie Ryss, 11. Oktober 1907. SAPMO-BArch, NY 4001/37, Bl. 102.
6 Vgl. an Sophie Ryss, 11. Oktober 1907. SAPMO-BArch, NY 4001/37, Bl. 93.
7 Vgl. auch Karl Liebknecht an Heinrich Brandler, 21. August 1908. GRS II, S. 239.
8 Am 28. Oktober 1907. In: Lebt wohl, S. 43.
9 Am 2. November 1907. In: Lebt wohl, S. 44.

10 Vgl. Lebt wohl, S. 46.
11 Lebt wohl, S. 48.
12 GRS II, S. 163ff.
13 GRS II, S. 182.
14 GRS II, S. 219f.
15 An Sophie Ryss, 6. November 1907. SAPMO-BArch, NY 4001/37, Bl. 108.
16 Vgl. GRS II, S. 260.
17 Vgl. GRS II, S. 224 u. 266.
18 Vgl. Karl Liebknecht an Karl Kautsky, 20. Oktober 1904. IISG, NL Karl Kautsky, D XV, Nr. 486.
19 An Sophie Ryss, 1. November 1907. SAPMO-BArch, NY 4001/37, Bl. 107.
20 SAPMO-BArch, NY 4001/48.
21 Vgl. Schulze, Karl Liebknecht. Die Bewegungsgesetze, S. 348.
22 SAPMO-BArch, NY 4001/37, Bl. 109.
23 Vgl. Eugen Dietzgen an Karl Liebknecht, 31. Januar 1908. SAPMO-BArch, NY 4001/40.
24 Karl Liebknecht an Eugen Dietzgen, 4. Februar 1908. Ebenda, NY 4001/32.
25 Vgl. ebenda.
26 Ebenda.
27 Vgl. Schulze, Karl Liebknecht. Die Bewegungsgesetze, S. 277ff. u. 352.
28 Ebenda.
29 Vgl. ebenda, S. 5 u. 21. – SAPMO-BArch, NY 4001/24.
30 Schulze, Karl Liebknecht. Die Bewegungsgesetze, S. 242.
31 Ebenda, S. 21.
32 Ebenda, S. 225f.
33 Karl Liebknecht an Sophie Ryss, 22. August 1908. In: Liebknecht, Karl, Gedanken über Kunst, S. 296f.
34 SAPMO-BArch, NY 4001/40, Bl. 105f.
35 Vgl. Heid, Oskar Cohn, S. 32ff.
36 Schulze, Karl Liebknecht. Die Bewegungsgesetze, S. 280.
37 Ebenda, S. 290f.
38 Vgl. das Kapitel »Die Bewegungsgesetze«.
39 Vgl. Schulze, Karl Liebknecht. Die Bewegungsgesetze, S. 164.
40 Am 31. August 1908. SAPMO-BArch, NY 4001/40.
41 Vgl. Karl Liebknecht an die Kinder, 3. April 1908. In: Lebt wohl, S. 57.
42 Vgl. SAPMO-BArch, NY 4001/40.
43 Ebenda, NY 4001/36.
44 SAPMO-BArch, NY 4001/37.
45 Ebenda.
46 Am 16. Januar 1908. SAPMO-BArch, NY 4001/37, Bl. 125.
47 Am 20. Januar 1908. SAPMO-BArch, NY 4001/37, Bl. 126.
48 SAPMO-BArch, NY 4001/37, Bl. 128.
49 Vgl. GRS II, S. 237.
50 Am 23. März 1908. SAPMO-BArch, NY 4001/37, Bl. 130f.

51 Ruprecht-Karls-Universität Heidelberg, Universitätsarchiv. UAH RA 4730, Rep. 29/5 u. 29/18, H-IV-757/4. Auskunft mit Kopien von Archivamtfrau Hunerlach vom 23. August 2006.
52 Am 2. April 1908. In: Bebel, August, ARS 9, S. 148.
53 Vgl. Karl Liebknecht an Sophie Ryss, 2. Juli 1908. SAPMO-BArch, NY 4001/37, Bl. 149.
54 SAPMO-BArch, NY 4001/37, NY 4001/37, Bl. 142 f.
55 An Sophie Ryss, 6. Juli 1908. SAPMO-BArch, NY 4001/37, Bl. 151.
56 An Sophie Ryss, 2. Juli 1908. SAPMO-BArch, NY 4001/37, Bl. 149.
57 An Sophie Ryss, 22. Mai 1908. SAPMO-BArch, NY 4001/37, Bl. 140.
58 Am 4. Juni 1908. SAPMO-BArch, NY 4001/37, S. 145.
59 IISG, NL Karl Kautsky, D XV, Nr. 494.
60 Telegramm des Oberreichsanwalts an den Festungskommandanten in Glatz vom Juni 1908. In: Vorwärts, 26. Juni 1908.
61 Vgl. Karl Liebknecht an Sophie Ryss, 30. Juni 1908. SAPMO-BArch, NY 4001/37, Bl. 147.
62 Hoffmann, Adolph, Episoden und Zwischenrufe aus der Parlaments- und Ministerzeit. Berlin 1924, S. 24 f.
63 Karl Liebknecht an Sophie Ryss, 30.Juni 1908. SAPMO-BArch, NY 4001/37, Bl.147.
64 Vgl. das Kapitel »Im Bunde mit der Jugend«. – SAPMO-BArch, NY 4001/31, Bl. 56 f.
65 An August Paris, 31. August 1908. IISG, NL Karl Kautsky, D XV, Nr. 489.
66 Am 30. November 1907. Ebenda, Nr. 493.
67 Am 31. August 1908. SAPMO-BArch, NY 4001/40.
68 Am 9. September 1908. SAPMO-BArch, NY 4001/40.
69 Bebel, August, ARS 9, S. 164.
70 SAPMO-BArch, NY 4001/35.
71 Vorwärts, 3. Februar 1909.
72 Karl Liebknecht an Theodor Liebknecht, 24. Februar 1909. IISG, NL Theodor Liebknecht, map. 42.
73 IISG, NL Theodor Liebknecht, nach Trotnow, Karl Liebknecht, S. 296.
74 IISG, NL Karl Kautsky, D XV Nr. 498.
75 Karl Liebknecht an Simon Katzenstein, 10. Januar 1915. GRS VIII, S. 187.

Preußenparteitag

1 An Sophie Ryss, 25. Juni 1909. SAPMO-BArch, NY 4001/64, Bl. 8.
2 Vgl. Curt Liebknecht an Karl Liebknecht, 2. Oktober 1907. SAPMO-BArch, NY 4001/49, Bl. 25 ff.
3 Vgl. Karl und Rosa, S. 137 ff.
4 Vgl. SAPMO-BArch, NY 4001/58, Bl. 32.
5 An Sophie Ryss, 20. Februar 1910. SAPMO-BArch, NY 4001/64, Bl. 39 f.
6 Vgl. An Sophie Ryss, 28. Juli 1910. SAPMO-BArch, Bl. 61.
7 10. September 1910. SAPMO-BArch, Bl. 95.
8 An Sophie Ryss, 20. September 1910. SAPMO-BArch, Bl. 67.

9 Vgl. SAPMO-BArch, NY 4001/36, Bl. 10ff.
10 Vgl. Luban, Ottokar, Fanny Thomas-Jezierska (1887–1945). Von Rosa Luxemburg zu Gramsci, Stalin und August Thalheimer – Stationen einer internationalen Sozialistin. In: Jahrbuch für Historische Kommunismus-Forschung 2003, Berlin 2003, S. 288ff.
11 Vgl. An Fanny Jezierska, 22. Mai, 11. August, 29. u. 30. Oktober, 4. u. 14. November 1910. IISG, NL Robert Liebknecht.
12 SAPMO-BArch, NY 4001/61.
13 Ebenda.
14 Am 28. Juli 1910. SAPMO-BArch, NY 4001/64, Bl. 60f.
15 SAPMO-BArch, NY 4001/64, Bl. 59.
16 An Sophie, 7. Februar 1910. SAPMO-BArch, NY 4001/64, Bl. 38.
17 GRS II, S. 108.
18 GRS II, S. 279ff.
19 Protokoll über die Verhandlungen des Parteitages der sozialdemokratischen Partei Preußens. Abgehalten in Berlin vom 3. bis 5. Januar 1910. Berlin 1910, S. 127.
20 Vgl. GRS II, S. 342ff.
21 GRS II, S. 421.
22 GRS II, S. 421f.
23 Vgl. Der Wahlrechts-Parteitag. Vorwärts, 6. Januar 1910.
24 Vgl. GRS II, S. 361ff.
25 Vgl. GRS II, S. 379f, 383, 412, 423f.
26 Vgl. Mehring, Franz, Gesammelte Schriften, Bd. 2, S. 685ff. u. Bd. 14, S. 584.
27 Kämpfend voran! (ungez.) In: Die Gleichheit, Nr. 7, 3. Januar 1910, S. 99.
28 Bebel, August, ARS 8/2, S. 478.
29 Vgl. GRS II, S. 379 u. 363.
30 Vgl. GRS II, S. 368ff.
31 Vgl. GRS II, S. 368f., 392 u. 420.
32 GRS II, S. 378.
33 GRS II, S. 416.
34 Vgl. GRS II, S. 393.
35 GRS II, S. 411 u. 417.
36 Vgl. GW 2, S. 289ff. – Laschitza, Annelies, Im Lebensrausch, trotz alledem, S. 331.
37 Nachdruck in: Das Anklagematerial der Königlichen Regierung gegen den Bürgermeister Dr. Lothar Schücking in Husum. Hrsg. von Dr. Walter Schücking. Berlin-Schöneberg 1908.
38 Schücking, Die Reaktion in der inneren Verwaltung Preußens von Bürgermeister XY in Z., 2. Aufl., Berlin-Schöneberg 1908, S. 48.
39 Ebenda, S. 124, vgl. auch S. 34, 37, 96. – Mehring, Gesammelte Schriften, Bd. 15, S. 368ff.
40 Vgl. GRS II, S. 417ff.
41 GW 2, S. 293.
42 Stenographische Berichte über die Verhandlungen des Preußischen Hauses der Abgeordneten, 21. Legislaturperiode, III. Session 1910, 2. Bd., Berlin 1910, Sp. 1430.

43 Dokumente aus geheimen Archiven, Teil III: 1906–1913. Bearb. v. Dieter Fricke u. Rudolf Knaack. Berlin 2004, S. 273.

44 Vgl. Groschopp, Horst, Dissidenten, Freidenker und Kultur in Deutschland. Berlin 1997, S. 188 ff.

45 Vgl. Groh, Dieter, Negative Integration und revolutionärer Attentismus. Die deutsche Sozialdemokratie am Vorabend des Ersten Weltkrieges. Frankfurt a. M./Bonn/Wien 1973, S. 137. – Laschitza, Annelies, Deutsche Linke im Kampf für eine demokratische Republik, S. 247. – Trotnow, Karl Liebknecht, S. 126.

46 GB 3, S. 128.

47 Vgl. GRS II, S. 237.

48 Vgl. Karl Liebknecht an Konrad Haenisch, 12. April 1910. BArch, N 2104.

49 GRS VII, S. 364.

50 GRS III, S. 501.

Auf nach Amerika!

1 Am 28. Juli 1910. SAPMO-BArch, NY 4001/64, Bl. 61.

2 An Sophie Ryss, 9. Mai 1910. SAPMO-BArch, NY 4001/64, Bl. 52.

3 An Sophie Ryss, 28. Juli 1910. SAPMO-BArch, NY 4001/64, Bl. 61.

4 Vgl. Briefe vom 11. Juli u. 21. August 1910. SAPMO-BArch, NY 4001/41, Bl. 62 ff.

5 SAPMO-BArch, NY 4001/41, Bl. 68 f. – Faksimile in GRS III, nach S. 496.

6 Vgl. Schröder, Wolfgang, »Wir hätten Dich so gern zurückgehalten – im neuen Lande brauchen wir die Alten …«. Wilhelm Liebknechts Agitationsreise in die USA im Herbst 1886. Schriften aus dem Liebknecht-Haus Leipzig 7, Leipzig November 2000.

7 Vgl. u. a. Nicholson, Philip Yale, Geschichte der Arbeiterbewegung in den USA. Mit einem Vorwort von Michael Sommer, aus dem Amerikanischen von Michael Haupt. Berlin 2006; Silver, Beverly J., Arbeiterbewegung, Krieg und Weltpolitik: Die gegenwärtige Dynamik aus welthistorischer Perspektive/Labor, War and World Politics: Contemporary Dynamics in World-Historical Perspektive. Überarb. Version des Papiers, das auf der »Internationalen Tagung der HistorikerInnen der Arbeiter- und anderer sozialer Bewegungen« am 11.–14. September 2003 in Linz/Österreich vorgestellt wurde; Elfenbein, Stefan, Ein amerikanischer Traum. In: Berliner Zeitung, 25. Oktober 2000.

8 SAPMO-BArch, NY 4001/61.

9 An Sophie Ryss, 2. Oktober 1910. SAPMO-BArch, NY4001/64, Bl. 71 f.

10 An Sophie Ryss, 6. Oktober 1910. SAPMO-BArch, NY4001/64, Bl. 73 ff.

11 Vgl. Foner, Philip S., Karl Liebknecht und die Vereinigten Staaten von Amerika. Eine dokumentarische Studie. In: Jahrbuch für Wirtschaftsgeschichte, 1968, Teil III, Berlin 1968, S. 32.

12 Vgl. Fischer, Alexander, Sozialistische Agitation in der »Neuen Welt«. Karl Liebknechts Reise in die Vereinigten Staaten von Amerika im Jahre 1910. In: Frankfurter Historische Abhandlungen. Bd. 17, Wiesbaden [1978], S. 134 ff., der die entsprechenden Akten des Politischen Archivs des Auswärtigen Amtes, Bonn ausgewertet hat.

13 Vgl. Vorwärts, 23. Oktober 1910.
14 Vgl. GStA PK Rep 77 CB, P Nr. 122, Bl. 108 r.
15 Wiedergabe seiner Rede vom 10. Oktober 1910 in: GRS III, S. 505, hier fälschlich 14. Oktober angegeben.
16 Zit. nach Foner, Karl Liebknecht und die Vereinigten Staaten von Amerika, S. 22 u. 26.
17 Zit. nach Fischer, Alexander, Sozialistische Agitation in der »Neuen Welt«, S. 139 f.
18 Ebenda, S. 139.
19 Zit. nach Foner, Karl Liebknecht und die Vereinigten Staaten von Amerika, S. 54.
20 Ebenda, S. 22 u. 24.
21 Aus einem Spitzelbericht über sein Auftreten am 8. November 1910. LAB A Pr. Br. Rep. 030, Nr. 8595.
22 Vgl. Fischer, Sozialistische Agitation in der »Neuen Welt«, S. 145 f.
23 Brandenburger Zeitung, 10. November 1910. Zit. nach Rückert, Zur Geschichte der Arbeiterbewegung ..., Teil 2, S. 176.
24 Vgl. GRS III, S. 516.
25 Zit. nach Foner, Karl Liebknecht und die Vereinigten Staaten von Amerika, S. 39.
26 Zeitungsbericht vom 15. Oktober 1910 über Karl Liebknechts Auftreten in New York. In: GRS III, S. 506.
27 Zit. nach Fischer, Sozialistische Agitation in der »Neuen Welt«, S. 153.
28 Zit nach ebenda, S. 148.
29 An Fanny Jezierska. IISG, NL Robert Liebknecht.
30 Vgl. Lebt wohl, S. 53 ff. u. 68 ff.
31 Am 15. November 1910. SAPMO-BArch, NY 4001/61.
32 SAPMO-BArch., NY 4001/36.
33 Am 29. Oktober 1910. IISG, NL Robert Liebknecht.
34 Zit. nach Fischer, Sozialistische Agitation in der »Neuen Welt«, S. 153.
35 Am 20. Oktober 1910. SAPMO-BArch, NY 4001/64, Bl. 76 f.
36 SAPMO-BArch, NY 4001/64, Bl. 78 f.
37 LAB A Pr. Br. Rep. 030, Nr. 8595.
38 Bericht der »New Yorker Volkszeitung«, 29. November 1910. Zit. nach Fischer, Sozialistische Agitation in der »Neuen Welt«, S. 157.
39 GRS III, S. 511.
40 Lebt wohl, S. 71.
41 SAPMO-BArch, NY 4001/32, Bl. 187.

Der Parlamentarier

1 Rückert, Zur Geschichte der Arbeiterbewegung ..., Teil 2, S. 182.
2 GRS V, S. 8 f.
3 Zit. nach Rückert, Zur Geschichte der Arbeiterbewegung ..., Teil 2, S. 180.
4 Ebenda, S. 182.
5 Ebenda, S. 181.

6 GRS IV, S. 156.
7 Vgl. Rückert, Zur Geschichte der Arbeiterbewegung ..., Teil 2, S. 184.
8 Vgl. Tagebuch von Wilhelm (Helmi). SAPMO-BArch, NY 4001/61.
9 SAPMO-BArch, NY 4001/64, Bl. 140f.
10 SAPMO-BArch, NY 4001/64, Bl. 146f.
11 Vgl. GRS IV, S. 451f.
12 An Sophie Ryss, 14. August 1911. SAPMO-BArch, NY 4001/64, Bl. 124f.
13 August Bebels Briefwechsel mit Karl Kautsky, S. 271.
14 Ebenda, S. 271f.
15 SAPMO-BArch NY 4001/64, Bl. 126.
16 SAPMO-BArch NY 4001/64, Bl. 127f.
17 Vgl. an Sophie Ryss, 15. November 1911. SAPMO-BArch, NY 4001/64, Bl. 145.
18 Vgl. an Sophie Ryss, 26. [korrekt 27.] Dezember 1911. SAPMO-BArch, NY 4001/64, Bl. 147.
19 An Sophie Ryss. SAPMO-BArch, NY 4001/64, Bl. 139.
20 Vgl. SAPMO-BArch, NY 4001/64, Bl. 144.
21 Vgl. am 29. November 1911. SAPMO-BArch, NY 4001/64, Bl. 141.
22 Am 30. Dezember 1911. SAPMO-BArch, NY 4001/64, Bl. 149.
23 SAPMO-BArch, NY 4001/64, Bl. 150f..
24 SAPMO-BArch, NY 4001/64,, NY 4001/48, Bl. 43f.
25 Vgl. SAPMO-BArch, NY 4001/64, NY 4001/58.
26 Am 5. Oktober 1912. SAPMO-BArch, NY 4001/64, NY 4001/41, Bl. 133.
27 SAPMO-BArch, NY 4001/64, NY 4001/41, Bl. 133.
28 SAPMO-BArch, NY 4001/64, NY 4001/41, Bl. 133.
29 Einwohneramt, 28. Dezember 1916. Zuchthausakten Luckau. In: SAPMO-BArch, NY 4001/13, Bl. 59.
30 Vgl. Liebknecht, Sophie, Verschiedenes. SAPMO-BArch, NY 4001/58, Bl. 79. u. 86.
31 Volksrecht, Zürich, Nr. 12, 15. Januar 1965.
32 Vgl. Laschitza, Annelies, Theodor Liebknecht. In: Soziale Demokratie und sozialistische Theorie, S. 321 u. S. 319ff.
33 An seine Tochter Dr. Charlotte Otto, 16. Oktober 1934. NL Dr. Charlotte Otto, in Privatbesitz.
34 Hinweise u. Notizen von Dr. Charlotte Otto, in Privatbesitz.
35 Vgl. Laschitza, Annelies, Theodor Liebknecht. In: Soziale Demokratie und sozialistische Theorie, S. 321.
36 Am 16. Oktober 1934 an Dr. Charlotte Otto, in Privatbesitz.
37 SAPMO-BArch, NY 4001/61.
38 Erinnerungen an Karl Liebknecht. Rote Fahne, Nr. 12, 15. Januar 1926. Zit. nach Rückert, Zur Geschichte der Arbeiterbewegung ..., Teil 3, S. 341ff.
39 Tagebuch v. Minna Kautsky 1909–1912. IISG, Familienarchiv Kautsky, part. 82, map. 4.
40 Peluso, Elmonde, Erinnerungen. Der rote Aufbau, 5. Jg. 1932, 1. Halbj. S. 605f.
41 Vgl. Geschichte der Berliner Arbeiterbewegung. Bd. 1. Von den Anfängen bis 1917. Berlin 1987, S. 533. – John, Matthias, Karl Liebknechts

Tätigkeit als Berliner Stadtverordneter. Phil. Diss., Karl-Marx-Universität Leipzig 1979. – Ders. Karl Liebknechts Tätigkeit in Ausschüssen der Berliner Stadtverordnetenversammlung. In: Jahrbuch für Regionalgeschichte, 7. Bd., Weimar 1979, S. 92 ff. – Ders., Die Zeit war reif, der »Kompromisselei mit der bürgerlichen Gesellschaft« ein für allemal ein Ende zu bereiten. In: Jahrbuch für Regionalgeschichte, 11. Bd., Weimar 1984, S. 59 ff.

42 Vgl. das Kapitel »Preußenparteitag«.

43 GRS VI, S. 408.

44 Vgl. Fricke, Dieter, Handbuch zur Geschichte der deutschen Arbeiterbewegung 1869 bis 1917 in zwei Bänden. Bd. 2, Berlin 1987, S. 769 u. 771.

45 Vgl. Korn, Alfred, Die Grundgesetze der Verfassung und Verwaltung des Deutschen Reiches und des Königreichs Preußen. Berlin 1911, S. 35.

46 GRS VI, S. 410 f.

47 GRS VI, S. 125 f.

48 Karl Liebknecht an Carl Herz, 27. Dezember 1908. IISG, NL Carl Herz, Nr. 47/2.

49 Vgl. GRS IV, S. 44.

50 GRS IV, S. 12.

51 Am 21. Januar 1909. IISG, NL Wilhelm Liebknecht, Nr. 381/6–11.

52 Ebenda.

53 Vgl. Fricke, Handbuch zur Geschichte der deutschen Arbeiterbewegung, Bd. 2, S. 758 f.

54 Vgl. ebenda, S. 747. – Korn, Die Grundgesetze der Verfassung, S. 74.

55 Holitscher, Arthur, Mein Leben in dieser Zeit. Der »Lebensgeschichte eines Rebellen« zweiter Band (1907–1925). Potsdam 1928, S. 143.

56 Vgl. GRS V, S. 78 ff., 345 ff. u. 443 ff.

57 SAPMO-BArch, NY 4001/38.

58 Bösch, Frank, »Kornwalzer«. Formen und Wahrnehmung von Korruption im Kaiserreich. In: Historische Zeitschrift, 270 (2005).

59 Vgl. GStA PK, I. HA Rep. 84a Justizministerium 5a, Bd. 1.

60 Ebenda.

61 Ebenda.

62 Vgl. Bührer, Werner, Alfred (1812–1887) und Friedrich Alfred Krupp (1854–1902). In: Fröhlich, Michael (Hrsg.), Das Kaiserreich. Portrait einer Epoche in Biografien. Darmstadt 2001, S. 49 f.

63 GRS VII, S. 264.

64 Vgl. Leipziger Volkszeitung, Nr. 49, 1. März 1913.

65 Karl und Rosa, Erinnerungen, S. 141 ff.

66 Schoenbeck, Willi, Erinnerungen. In: ebenda, S. 212.

67 Maiski, I.M., Putetscheswije w proschloje. Moskau 1960, S. 42 ff.

68 GRS VI, S. 259.

69 GRS VI, S. 267 u. 269 f.

70 Vgl. Westarp, Graf Kuno von, Konservative Politik im letzten Jahrzehnt des Kaiserreichs. Erster Band: 1908–1914. Berlin 1935, S. 325 f.

71 Vgl. Verhandlungen des Reichstags. XIII Legislaturperiode. I. Session, Bd. 289, Berlin 1913, S. 4913 ff.

72 Bley, Helmut, Bebel und die Strategie der Kriegsverhütung 1910–1913. Göttingen 1973, S. 228.
73 GRS VI, S. 297f.
74 Vgl. hierzu auch Bösch, Krupps »Kornwalzer«, S. 357ff.
75 GRS VI, S. 296.
76 Vgl. Verhandlungen des Reichstags, Bd. 289, S. 5187ff.
77 GRS VI, S. 372.
78 Vgl. Parteitagsprotokoll Jena 1913, S. 20.
79 Geschäft und Politik Hugenbergs. Sonderausgabe 4 der Sozialdemokratischen Parteikorrespondenz, Berlin, 20. Oktober 1929, S. 5. Zit. nach Dokumente aus geheimen Archiven, Teil III, S. 552.
80 Die Welt am Montag (Berlin), 4. August 1913.
81 Sturm läutet das Gewissen. Nichtproletarische Demokraten auf der Seite des Fortschritts. Hrsg. von Werner Fritsch, Siegfried Schmidt, Gustav Seeber, Rolf Weber, Manfred Weißbecker unter der Leitung von Dieter Fricke. Berlin 1980, S. 256.
82 Vgl. Wette, Wolfram (Hrsg.), Pazifistische Offiziere in Deutschland 1871–1933. Unter Mitwirkung von Helmut Donat. Bremen 1999, S. 69 u. 346.
83 Vgl. August Bebel. Eine Biografie, S. 727.
84 Vgl. GW 3, S. 267ff.
85 BA Koblenz, N 1062 [NL Maximilian Harden], Nr. 103, Bl. 15.
86 Vgl. Vorwärts, 8. September 1913.
87 Beckert, Siegfried, Seltene Tage der Erholung in kampferfüllter Zeit. Leipziger Volkszeitung, 23. Juli 1981.
88 Sturm läutet das Gewissen, S. 256.
89 Vertrauliches Schreiben von Hugo Haase an die Mitglieder der sozialdemokratischen Reichstagsfraktion, 20. Oktober 1913. RGASPI, Moskau, Fonds 215, Verz. 1, Nr. 39.
90 Vgl. Dokumente aus geheimen Archiven, Teil III, S. 553.
91 GB 5, S. 197.
92 GRS VI, S. 407, vgl. auch GRS IX, S. 366ff.

Impulse für Europa

1 GRS IV, S. 449.
2 GRS V, S. 430f.
3 Vgl. das Kapitel »Der Parlamentarier«.
4 RGASPI, Moskau, Fonds 308, Verz. 1, Nr. 76.
5 Vgl. GRS VII, S. 12.
6 SAPMO-BArch, NY 4001/42.
7 Vgl. GRS VII, S. 26.
8 GRS VII, S. 408.
9 GRS VII, S. 248.
10 Zit. nach Herbig, Erna, Über Karl Liebknechts unveröffentlichtes Fragment »Die Internationale des Rüstungskapitals«. In: Karl Liebknechts Vermächtnis für die deutsche Nation. Berlin 1962, S. 105 u. 110.

11 GRS VI, S. 354.
12 Vgl. GRS VI, S. 354 ff.
13 Vgl. Parteitagsprotokoll Jena 1913, S. 228 ff. u. 301 ff. – GRS VI, S. 366 u. 383 ff.
14 GRS VI, S. 360.
15 Vgl. das Kapitel »Preußenparteitag«.
16 Vgl. Dokumente aus geheimen Archiven, Teil III, S. 556.
17 Vgl. GRS VI, S. 398.
18 Vgl. das Kapitel »Festungshaft«.
19 GRS VII, S. 36.
20 Vgl. GRS VI, S. 433.
21 GRS VII, S. 380.
22 Vgl. Vorwärts, 7. Mai 1914.
23 Vorwärts, 12. Mai 1914.
24 GRS VII, S. 299.
25 Zit. nach Herbig, Über Karl Liebknechts unveröffentlichtes Manuskript, S. 108.
26 Vgl. Verhandlungen des Reichstags. XIII. Legislaturperiode, I. Session. Bd. 295, Berlin 1914, S. 8718 f.
27 GRS VII, S. 298.
28 GRS VII, S. 257 u. 243.
29 GRS VII, S. 258.
30 GRS VII, S. 379.
31 SAPMO-BArch, NY 4001/42.
32 SAPMO-BArch, NY 4001/58.
33 Ebenda.
34 GRS VIII, S. 3 f.
35 GRS VIII, S. 4.
36 GRS VIII, S. 5 f.
37 Liebknecht, Karl an Sophie Liebknecht, 18. März 1917. SAPMO-BArch, NY 4001/65, Bl. 98 f. – Ein Auszug liegt bei Bemerkungen von Sophie Liebknecht zum Rüstungsmanuskript. Ebenda, NY 4001/58, Bl. 112. – Bei Pfemfert, Briefe aus dem Felde, S. 65 ist diese Passage ausgelassen worden.
38 Newbold, Walton, Einnerungen. Die Pflugschar, August 1915. In: Wochenpost (Berlin) Nr. 3, 11. Januar 1974.
39 Vgl. das Kapitel »Aufregende Russenkontakte«.
40 Vgl. Luban, Ottokar, Ergänzungen zum Aufsatz von Hanna Papanek. In: IWK, 30 (1994), H. 4, S. 659 f.
41 Zit. nach dem Dokumentenanhang von Trotnow, Helmut, Karl Liebknecht und der »Deutsche Hilfsverein für die politischen Gefangenen und Verbannten Rußlands«. In: IWK, 12 (1976), H. 3, S. 364.
42 Ebenda, S. 365 f. – Vorwärts, 25. November 1913.
43 Vgl. Trotnow, Karl Liebknecht und der »Deutsche Hilfsverein ...«. In: IWK, 12 (1976), H. 3, S. 360 f.
44 Cauer, Minna, Leben und Werk. Dargestellt an Hand ihrer Tagebücher und nachgelassenen Schriften von Else Lüders. Stuttgart 1925, S. 167.

45 Vgl. Trotnow, Karl Liebknecht und der »Deutsche Hilfsverein ...«. In: IWK, 12 (1976), H. 3, S. 362 u. Luban, Ergänzungen zum Aufsatz von Hanna Papanek. In: IWK, 30 (1994), H. 3, S. 659.
46 Simon, Hugo, Seidenraupen. Manuskript, S. 1131 f. Archiv der Hamburger Arbeitsstelle für Exilliteratur, Universität Hamburg.
47 Luban, Ottokar, Fanny Thomas-Jezierska (1887–1945) ... In: Jahrbuch für Historische Kommunismusforschung 2003, S. 289.
48 Vgl. Trotnow, Karl Liebknecht und der »Deutsche Hilfsverein ...«. In: IWK, 12 (1976), H. 3, S. 354.
49 Ebenda, S. 360.
50 GRS VII, S. 426.
51 GRS VII, S. 433 f.

Gegen Krieg und Verderben

1 SAPMO-BArch, NY 4001/58, Bl. 140.
2 Bülow, Bernhard Fürst von, Denkwürdigkeiten. Dritter Band, Berlin 1931, S. 168.
3 Die deutschen Dokumente zum Kriegsausbruch 1914. Zweiter Band, Berlin 1927, Nr. 332, S. 46.
4 Vgl. Haases Aufzeichnungen aus den Tagen vor Kriegsausbruch. In: Vorwärts, 7. November 1929.- Miller, Susanne, Burgfrieden und Klassenkampf. Die deutsche Sozialdemokratie im Ersten Weltkrieg. Düsseldorf 1974, S. 41.
5 Kruse, Wolfgang, Krieg und nationale Integration. Eine Neuinterpretation des sozialdemokratischen Burgfriedensschlusses 1914/15. Essen 1993, S. 31 ff.
6 Vgl. Wohlgemuth, Karl Liebknecht, S. 239. – Miller, Susanne, Burgfrieden und Klassenkampf. Die deutsche Sozialdemokratie im Ersten Weltkrieg. Düsseldorf 1974, S. 42.
7 Vgl. Haases Aufzeichnungen aus den Tagen vor Kriegsausbruch. In: Vorwärts, 7. November 1929.
8 Haupt, Georges, Der Kongreß fand nicht statt. Die Sozialistische Internationale 1914. Wien 1967, S. 176.
9 Vgl. Deutschland im ersten Weltkrieg, Bd. 1, S. 221 ff.
10 Vgl. Haupt, Der Kongreß fand nicht statt, S. 176.
11 Vgl. Dittmann, Erinnerungen 2, S. 239.
12 Vgl. GRS VIII, S. 19.
13 Zit. nach Scheidemann, Philipp, Memoiren eines Sozialdemokraten. Bd. 1, Dresden 1928, S. 239 ff.
14 Schulthess Europäischer Geschichtskalender. 30. Jg. 1914, München 1917, S. 371.
15 Vgl. Die Gewerkschaften in Weltkrieg und Revolution 1914–1919. Bearb. v. Klaus Schönhoven. Köln 1985, S. 12 u. 74 ff.
16 GRS VIII, S. 13.
17 GRS VIII, S. 14.

18 Vgl. Miller, Susanne, Burgfrieden und Klassenkampf, S. 54ff.
19 Vgl. GRS VIII, S. 186.
20 Vgl. Foto mit Widmung für Karl, Brüssel, 31. Dezember 1914; Brief vom 29. Oktober 1915. SAPMO-BArch, NY 4001/48, Bl.49 u. 75.
21 GRS VIII, S. 145.
22 GRS VIII, S. 149.
23 GRS VIII, S. 19.
24 GRS VIII,, S. 20.
25 GRS VIII, S. 20f.
26 Vgl. Kautsky, Karl, Sozialisten im Krieg. Prag 1937, S. 451.
27 GRS VIII, S. 21f. – Dittmann, Erinnerungen 2, S. 243 u. 3, S. 1092.
28 Schulthess Europäischer Geschichtskalender, 30. Jg. 1914, S. 382.
29 Dittmann, Erinnerungen 2, S. 245 u. 248.
30 Stenographische Berichte über die Verhandlungen des Reichstags, XIII. Legislaturperiode, Bd. 306, Berlin 1914, S. 8f.
31 Das Kriegstagebuch des Reichstagsabgeordneten Eduard David. 1914 bis 1918, hrsg. von E. Matthias und S. Miller. Düsseldorf [1966], S. 13.
32 Vgl. GW 3, S. 341.
33 GRS IX, S. 265f.
34 GRS VIII, S. 195f.
35 Grotjahn, Alfred, Erlebtes und Erstrebtes. Erinnerungen eines sozialistischen Arztes. Berlin 1932, S. 154.
36 Vgl. Laschitza, Annelies, Im Lebensrausch, trotz alledem. S. 467 – Plener, Ulla, Hugo Eberlein. Erinnerungen an Rosa Luxemburg bei Kriegsausbruch 1914. In: Utopie kreativ, H. 174 (April 2005), S. 355ff.
37 GRS IX, S. 277.
38 SAPMO-BArch, NY 4001/32, Bl. 122ff.
39 Schulze, Karl Liebknecht. Die Bewegungsgesetze, S. 304f.
40 Ebenda, S. 305f.
41 Karl und Rosa. Erinnerungen, S. 247.
42 GRS VIII, S. 24.
43 GRS IX, S. 277.
44 Dokumente aus geheimen Archiven. Bd. 4 1914–1918. Berichte des Berliner Polizeipräsidenten zur Stimmung und Lage der Bevölkerung in Berlin 1914–1918. Bearb. v. Ingo Materna u. Hans-Joachim Schreckenbach unter Mitarbeit von Bärbel Holtz. Weimar 1987, S. 4.
45 Vgl. GRS VIII, S. 25.
46 GRS VIII, S. 26.
47 Vgl. Rolland, Romain, Das Gewissen Europas. Bd. 1, Berlin 1963, S. 153.
48 Vgl. Rojahn, Jürgen, Um die Erneuerung der Internationale: Rosa Luxemburg contra Pieter Jelles Troelstra. Zur Haltung der radikalen Linken in Deutschland nach dem 4. August 1914. In: international review of social history, Volume XXX – 1985 – part. 1, S. 140ff.
49 Vgl. ebenda, S. 39.
50 Telegramm an Hjalmar Branting. Arbeiterbewegungsarchiv Stockholm, NL Branting, Vol. VII. – SAPMO-BArch, NY 4001/59, Bl. 73ff.
51 Vgl. Rojahn, Um die Erneuerung der Internationale, S. 147.

52 An Olga Ryss, [12. April 1915]. SAPMO-BArch, NY 4001/66, Bl. 2.
53 Zit. nach Rojahn, Um die Erneuerung der Internationale, S. 140f. – SAPMO-BArch, NY 4001/59, Bl. 189ff.
54 Vgl. Monde du Travail, Journal socialiste, 29./30. August 1964.
55 Vgl. Trotnow, Karl Liebknecht, S. 190.
56 Internationale Korrespondenz [Berlin], 3. Jg. Nr. 20, 9. Juni 1916.
57 An Hjalmar Branting, 23. September 1914. Arbeiterbewegungsarchiv, Stockholm, NL Branting, Vol. VII.
58 Ebenda.
59 Zit. nach Rojahn, Um die Erneuerung der Internationale, S. 44.
60 Vgl. GRS VIII, S. 32ff.
61 GRS VIII, S. 34.
62 GRS VIII, S. 47.
63 GRS VIII, S. 37.
64 GRS VIII, S. 38.
65 GRS VIII, S. 38f.
66 GRS VIII, S. 49.
67 Vgl. GRS VIII, S. 40f.
68 Zit. nach Rojahn, Um die Erneuerung der Internationale, S. 143.
69 Vgl. ebenda, S. 145.
70 Ebenda, S. 147.
71 Vgl. ebenda, S. 58f.
72 GB 5, S. 13.
73 Das Kriegstagebuch des Reichstagsabgeordneten Eduard David, S. 43.
74 Zit. nach Rojahn, Um die Erneuerung der Internationale, S. 54f.
75 Vgl. Deutsche Demokraten. Die nichtproletarischen demokratischen Kräfte in der deutschen Geschichte 1830 bis 1945, von einem Autorenkollektiv unter Leitung von Dieter Fricke. Berlin 1981, S. 158.
76 Vgl. Deutsche Demokraten, S. 157ff. – Deutschland im ersten Weltkrieg. Bd. 1, S. 382ff.
77 GRS VIII, S. 49f.
78 GRS VIII, S. 52.
79 GRS VIII, S. 161.
80 GRS VIII, S. 164.
81 Vgl. Deutschland im ersten Weltkrieg, Bd. 1, S. 394ff. – Fischer, Fritz, Krieg der Illusionen. Die deutsche Politik von 1911 bis 1914. Düsseldorf 1969, S. 666.
82 GW 4, S. 49ff.
83 GRS VIII, S. 171f.
84 GB 5, S. 21.
85 Ebenda, S. 15.
86 Ebenda, S. 16.
87 Vgl. GW 4, S. 20ff.
88 Vgl. GRS VIII, S. 1ff.
89 Vgl. GB 5, S. 25. – Radek, Karl, Autobiografie. In: Dejateli SSSR i revoluzionnogo dwishenija Rossii. Enziklopeditscheskii slowar, granat. Moskau 1989, S. 593ff.

90 Engel, Gerhard, Johann Knief – Biografisches zu seinem Platz in der Geschichte der deutschen Linken. In: JahrBuch für Forschungen zur Geschichte der Arbeiterbewegung, III, September 2005, S. 112ff.
91 GRS VIII, S. 184f. u. 186f.
92 GB 5, S. 160.
93 Am 12. Juni 1924. IISG, Kautsky-Familienarchiv, Nr. 1186.
94 An Olga Ryss, 12. Juli 1915. SAPMO-BArch, NY 4001/66, Bl. 6.
95 GRS VIII, S. 173f.
96 Vgl. GRS IX, S. 270.
97 Vgl. GRS VIII, S. 53.
98 Das Kriegstagebuch des Reichstagsabgeordneten Eduard David, S. 73.
99 Vgl. GRS IX, S. 271.
100 Stenographische Berichte über die Verhandlungen des Reichstags. XIII Legislaturperiode, II. Session, Bd. 306, Berlin 1916, S. 22.
101 Vgl. Die Internationale und der Weltkrieg. Materialien. Gesammelt v. Carl Grünberg. Erste Abteilung. Vor dem Kriege und während der ersten Kriegswochen. Leipzig 1916, S. 302f.
102 Vgl. Das Kriegstagebuch des Reichstagsabgeordneten Eduard David, S. 80.
103 Vgl. Dokumente aus geheimen Archiven, Bd. 4, S. 31.
104 An Konrad Ludwig, 16. Januar 1915. IISG, Kleine Korrespondenz.
105 Vgl. Das Kriegstagebuch des Reichstagsabgeordneten Eduard David, S. 82.
106 Vgl. Dokumente aus geheimen Archiven, Bd. 4, S. 32.
107 Vgl. Das Kriegstagebuch des Reichstagsabgeordneten Eduard David, S. 84f.
108 Vgl. Georg Schumann an Karl Liebknecht, 7. Dezember 1914. SAPMO-BArch, NY 4001/42.
109 Vgl. GRS VIII, S. 64.
110 GRS VIII, S. 72.
111 Vgl. GW 4, S. 15ff.
112 Dokumente aus geheimen Archiven, Bd. 4, S. 32f.
113 BLHA Potsdam, Rep. 2 A Regierung Potsdam, I. Pol., Nr. 1043, Bl. 84.
114 Das Kriegstagebuch des Reichstagsabgeordneten Eduard David, S. 84f.
115 Vgl. Zustimmungsbriefe. SAPMO-BArch, NY 4001/42 u. 43.
116 RGASPI, Fonds 210, Verz. 1, Nr. 693. – SAPMO-BArch, NY 4001/42.
117 Liebknecht, Sophie, Die grüne Mappe mit Übersetzungen von Zeitungsausschnitten der internationalen Presse. SAPMO-BArch, NY 4001/58, Bl. 167.
118 Am 12. Dezember 1914. SAPMO-BArch, NY 4005/58, Bl. 2.
119 Ebenda, Bl. 166.
120 Ebenda, Bl. 15.
121 Ebenda.
122 Rolland, Das Gewissen Europas, Bd. 1, S. 204.

Armierungssoldat

1 Dokumente aus geheimen Archiven, Bd. 4, S. 32.
2 BArch, R 43/1395, Bl. 117.
3 Vgl. Wohlgemuth, Karl Liebknecht, S. 272.

4 Vgl. Laschitza, Annelies, Theodor Liebknecht. In: Soziale Demokratie und sozialistische Theorie, S. 324.
5 Vgl. Karl Liebknecht an Wilhelm Liebknecht, 9. Dezember 1917. APMO-BArch, NY 4001/35, Bl. 27f.
6 Vgl. Wohlgemuth, Karl Liebknecht, S. 272.
7 Vgl. GRS VIII, S. 193.
8 Ebenda.
9 GRS VIII, S. 212.
10 Vgl. GRS VIII, S. 419.
11 Vgl. Wohlgemuth, Karl Liebknecht, S. 286.
12 Vgl. Lebt wohl, S. 76ff.
13 GRS VIII, S. 260.
14 Am 5. Juli 1915. GRS VIII, S. 253.
15 SAPMO-BArch, NY 4001/66, Bl. 4.
16 Ebenda, Bl. 6.
17 An Sophie Liebknecht, 27. Juli 1915. GRS VIII, S. 264f.
18 Am 14. September 1915. In: Lebt wohl, S. 85.
19 Lebt wohl, S. 85.
20 Vgl. GRS VIII, S. 253 u. 309.
21 Am 4. Oktober 1915. In: Lebt wohl, S. 89.
22 An Helmi, 28. April 1915. In: Lebt wohl, S. 76.
23 An Robert, 14. September 1915. In: Lebt wohl, S. 84.
24 Am 31. Oktober 1915. In: Lebt wohl, S. 93.
25 Lebt wohl, S. 92.
26 GRS VIII, S. 312.
27 GRS VIII, S. 313.
28 GRS VIII, S. 314.
29 Am 11. April 1915. GRS VIII, S. 221.
30 Am 5. August 1915. GRS VIII, S. 284.
31 Vgl. An Sophie, 20. September 1915. GRS VIII, S. 311.
32 Am 29. August 1915. RGASPI, Moskau, Fonds 528, Verz. 2, Nr. 358.
33 Am 20. September 1915. GRS VIII, S. 311.
34 An Sophie Liebknecht, 24. September 1915. RGASPI, Moskau, Fonds 210, Verz. 1, Nr. 980. – Pfemfert, Briefe aus dem Felde, S. 25 (hier keine exakte Wiedergabe).
35 An Sophie Liebknecht, 27. Juli 1915. GRS VIII, S. 264.
36 An Sophie Liebknecht, 25. Oktober 1915. GRS VIII, S. 353.
37 Vgl. An Bruder Wilhelm Liebknecht, 28. Oktober 1915, Anlage A vom 12. Oktober 1915. GRS VIII, S. 356.
38 Vgl. ebenda, S. 419ff.
39 Vgl. An Sophie Liebknecht, 23. September 1915. GRS VIII, S. 319.
40 GRS VIII, S. 330f.
41 An Sophie Liebknecht, 8. Oktober 1915. GRS VIII, S. 325.
42 Vgl. GRS VIII, S. 334ff.
43 Vgl. GRS VIII, S. 332f.
44 GB 5, S. 85.
45 Vgl. GRS VIII, S. 360.

46 Hoover Institution on War, Revolution and Peace, Stanford University, Archiv, Collection Rosa Luxemburg – Mathilde Jacob, Box 3, Folder 5.
47 GRS VIII, S. 379.
48 Dokumente aus geheimen Staatsarchiven. Bd. 4, S. 103.
49 Arbeiterführer, Parlamentarier, Parteiveteran. Die Tagebücher des Sozialdemokraten Hermann Molkenbuhr 1905 bis 1927. Hrsg. v. Bernd Braun u. Joachim Eichler. Mit einer Einleitung v. Bernd Braun. München 2000, S. 245.
50 Vgl. Pieck, Wilhelm, Gesammelte Reden und Schriften. Bd. 1, Berlin 1959, S. 333.
51 Anmerkung der Herausgeber, in: Die Internationale. Eine Monatszeitschrift für Praxis und Theorie des Marxismus, [Düsseldorf], 1915, H. 1, S. 48.
52 Vgl. GRS VIII, S. 1 ff.
53 Vgl. SAPMO-BArch, NY 4020.
54 RGASPI, Moskau, Fonds 191, Verz. 1, Nr. 628, Bl. 43 f. – Vgl. Laschitza, Annelies, Im Lebensrausch, trotz alledem, S. 492 f.
55 Jacob, Mathilde, Von Rosa Luxemburg und ihren Freunden in Krieg und Revolution 1914–1918. In: IWK, 24 (Dezember 1988), H. 4, S. 448 f.
56 Vgl. GRS IX, S. 272.
57 SAPMO-BArch, NY 4001/44, Bl. 102.
58 Vgl. Deutschland im ersten Weltkrieg. Bd. 2, Leipzig 2004, S. 218.
59 GRS VIII, S. 229 f.
60 Vgl. Dokumente und Materialien zur Geschichte der deutschen Arbeiterbewegung. Reihe II, Bd. 1, Juli 1914–Oktober 1917. Berlin 1958, S. 190 f.
61 Lenin, Werke, Bd. 21, S. 328.
62 GRS IX, S. 283.
63 Vgl. GRS VIII, S. 241 f.
64 Vgl. Das Kriegstagebuch des Reichstagsabgeordneten Eduard David, S. 141.
65 Vgl. Leipziger Volkszeitung, 19. Juni 1915, die danach bis 1. Juli 1915 verboten wurde. Dieser Aufruf wurde im Wesentlichen von Bernstein verfasst. Vgl. Dittmann, Erinnerungen 2, S. 336; Bernstein an Karl Kautsky, 19. u. 21. Juni 1915. IISG, NL Karl Kautsky, DV 507 u. Kautsky-Familienarchiv, Nr. 135.
66 Vgl. David, Eduard, Die Sozialdemokratie und der Krieg. Berlin 1915, S. 37 ff.
67 Vgl. GRS VIII, S. 286 ff.
68 GRS VIII, S. 295.
69 GRS VIII, S. 297.
70 Am 29. August 1915. RGASPI, Moskau, Fonds 528, Verz. 2, Nr. 358.
71 Vgl. Vorständekonferenz des Kreises Osthavelland-Potsdam am 22. 8. 1915. In: RGASPI, Moskau, Fonds 191, Verz. 1, Nr. 515.
72 GRS VIII, S. 266.
73 GRS VIII, S. 279.
74 GRS VIII, S. 272.
75 Vgl. GRS VIII, S. 275.

76 An Clara Zetkin, 29. August 1915, RGASPI, Moskau, Fonds 528, Verz. 2, Nr. 358.
77 An Clara Zetkin, 5. Mai 1915. SAPMO-BArch, NY 4001/44, Bl. 106.
78 GRS VIII, S. 305 f.
79 An Robert Grimm, 2. September 1915. GRS VIII, S. 620.
80 Vgl. Lademacher, Horst (Hrsg.), Die Zimmerwalder Bewegung. Protokolle und Korrespondenz. I. Protokolle, The Hague/Paris 1967, S. 54 f.
81 Vgl. Meyer, Ernst, Erinnerungen. In: Die Rote Fahne [Berlin], 15. Januar 1925.
82 Vgl. Blänsdorf, Agnes, Die Zweite Internationale und der Krieg. Die Diskussion über die internationale Zusammenarbeit der sozialistischen Parteien 1914–1917. Stuttgart 1979, S. 224.
83 Vgl. Melbourne Socialist, 9. Juli 1915. Die grüne Mappe, SAPMO-BArch, 4001/58, Bl. 169.
84 Vgl. Lenin, Werke, Bd. 22, S. 313 ff. – Laschitza, Annelies, Im Lebensrausch, trotz alledem, S. 496 ff.
85 GRS VIII, S. 393 f.
86 GB 5, S. 90 f.
87 GB 5, S. 91.
88 GB 5, S. 92.
89 GRS VIII, S. 459.
90 Das Kriegstagebuch des Reichstagsabgeordneten Eduard David, S. 145.
91 GRS VIII, S. 382.
92 GRS VIII, S. 377.
93 GRS VIII, S. 413.
94 Vgl. GRS VIII, S. 419 ff.
95 SAPMO-BArch, NY 4001/44, Bl. 183 ff.
96 GRS VIII, S. 432.
97 GRS VIII, S. 434.
98 «Ich kann nicht durch Morden mein Leben erhalten«. Briefwechsel zwischen Käte und Hermann Duncker. Hrsg. von Heinz Deutschland. Bonn 2005, S. 41.
99 SAPMO-BArch, NY 4445/132, Bl. 273.
100 IISG, NL Eduard Bernstein, D 410a.
101 Vgl. Albrecht, Richard, Karl Liebknecht und Genossen. Die »Ausrottung der Armenier« während des Ersten Weltkrieges und die deutsche politische Linke. In: IWK, 41 (September 2005), H. 3, S. 310 ff.
102 GRS VIII, S. 446 f.
103 GRS VIII, S. 462.
104 GRS VIII, S. 462 f.

Spartacus

1 Liebknecht, Sophie, Verschiedenes. SAPMO-BArch, NY 4001/58, Bl. 81.
2 GRS VIII, S. 380.
3 Vgl. Pfemfert, Briefe aus dem Felde, S. 97.
4 Vgl. GRS VIII, S. 381.

5 Liebknecht Sophie, Verschiedenes. SAPMO-BArch, 4001/58, Bl. 91.
6 Am 14. Juli 1915. SAPMO-BArch, NY 4001/44, Bl. 131.
7 Militärpaß in Privatbesitz von Dr. Charlotte Otto. – Vgl. Laschitza, Annelies, Theodor Liebknecht. In: Soziale Demokratie und sozialistische Theorie, S. 324.
8 Vgl. Curt Liebknecht an Karl Liebknecht, 31. Dezember 1914. SAPMO-BArch, NY 4001/48, Bl. 51 ff.
9 Vgl. Karl Liebknecht an Wilhelm Liebknecht, 9. Dezember 1917. SAPMO-BArch, NY 4001/35, Bl. 27.
10 Vgl.Karl Liebknecht an Kurt Geiser, 10. Juni 1917. SAPMO-BArch, NY 4001/35, Bl. 24.
11 Vgl. Abschrift der Memoiren von Elsa Liebknecht, S. 20 f. Privatbesitz von Gisela Liebknecht, Berlin.
12 SAPMO-BArch, NY 4001/48, Bl. 79.
13 Vgl. Dokumente aus geheimen Archiven, Bd. 4, S. 104.
14 »Ich kann nicht durch Morden mein Leben erhalten«. Briefwechsel zwischen Käte und Hermann Duncker, S. 42 u. 46 f.
15 Lindau, Rudolf, Erinnerungen. In: Neues Deutschland [B], 12. August 1971. – Dokumente und Materialien zur Geschichte der deutschen Arbeiterbewegung, Reihe II, Bd. 1, S. 283 f.
16 Vgl. GRS VIII, S. 479 f.
17 Vgl. Engel, Gerhard, Johann Knief – Biografisches zu seinem Platz in der Geschichte der deutschen Linken. In: JB 2005/III, S. 123.
18 »Ich kann nicht durch Morden mein Leben erhalten«. Briefwechsel zwischen Käte und Hermann Duncker, S. 51.
19 Spartakusbriefe, S. 113 ff. – GW 4, S. 43 ff.
20 Ebenda, S. 86 ff. – GRS VIII, S. 448 ff.
21 Vgl. Die Revolution, Nr. 2, August 1924.
22 GRS VIII, S. 466.
23 Vgl. GRS VIII, S. 437.
24 »Ich kann nicht durch Morden mein Leben erhalten«. Briefwechsel zwischen Käte und Hermann Duncker, S. 59.
25 Ebenda, S. 61.
26 Vgl. Deutschland im ersten Weltkrieg, Bd. 2, S. 255 ff.
27 GRS VIII, S. 544.
28 Vgl. GRS VIII, S. 544 ff.
29 Plener, Ulla, Karl Liebknecht. Referat auf der März-Konferenz der Spartakusgruppe 1916. In: JB 2005/I, S. 125.
30 Ebenda, S. 126.
31 Ebenda, S. 127.
32 Jacob, Mathilde, Von Rosa Luxemburg und ihren Freunden … In: IWK, 24 (Dezember 1988), H. 4, S. 453, Fußnote 34.
33 Ebenda, S. 453.
34 Vgl. Dokumente und Materialien, Reihe II, Bd. 1, S. 336 f.
35 SAPMO-BArch, NY 4001/7.
36 GRS VIII, S. 618.
37 GRS VIII, S. 601 f.

38 GRS VIII, S. 602ff.
39 GRS IX, S. 325.
40 Ebenda.
41 GB 5, S. 192f. u. 197.
42 GB 5, S. 228f.
43 GRS VIII, S. 609.
44 Karl und Rosa, Erinnerungen, S. 61.
45 GRS VIII, S. 614f.
46 Barth, Emil, Aus der Werkstatt der deutschen Revolution, Berlin [1919], S. 14f.
47 GRS VIII, S. 619.
48 GRS IX, S. 57.
49 Jacob, Mathilde, Von Rosa Luxemburg und ihren Freunden ..., S. 455f.
50 Dokumente aus geheimen Archiven, Bd. 4, S. 125.
51 Heinrich Ströbel an Maximilian Harden, 14. Mai 1916. BA Koblenz, N 1062 [NL Maximilian Harden], Nr. 103, Bl. 17f.
52 BArch, R 43/3, Bl. 258f.
53 GW 4, S. 216.
54 GW 4, S. 217.
55 GB 5, S. 121.
56 Karl und Rosa, Erinnerungen, S. 144.
57 GB 5, S. 216f.
58 GRS IX, S. 10.
59 GRS IX, S. 11.
60 SAPMO-BArch, NY 4001/65. – Pfemfert, Briefe aus dem Felde, S. 41 (unvollständig u. ungenau).
61 GB 5, S. 117.
62 Stenographische Berichte über die Verhandlungen des Reichstags, XIII. Legislaturperiode, II. Session, Bd. 307, Berlin 1916, S. 1027f.
63 BA Koblenz, N 1062 [NL Maximilian Harden], Nr. 103, Bl. 11ff.
64 GB 5, S. 243.
65 Ebenda, S. 119.
66 Vgl. SAPMO-BArch, NY 4001/10, Bl. 3.
67 Vgl. GRS IX, S. 24.

»Landesverrat«

1 GRS IX, S. 16.
2 Vgl. GRS IX, S. 20.
3 GRS IX, S. 8.
4 Vgl. GRS IX, S. 20 u. 58.
5 GRS IX, S. 21f.
6 GRS IX, S. 23f.
7 GRS IX, S. 26–46.
8 GRS IX, S. 47.
9 GRS IX, S. 51.
10 GRS IX, S. 52f.

11 GRS IX, S. 53ff.
12 Adler, Victor, Briefwechsel mit August Bebel und Karl Kautsky sowie Briefe von und an Ignaz Auer, Eduard Bernstein, Adolf Braun, Heinrich Dietz, Friedrich Ebert, Wilhelm Liebknecht, Hermann Müller und Paul Singer. Gesammelt und erläutert von Friedrich Adler. Wien 1954, S. 630f.
13 Gerlach, Hellmut von, Die Zeit der großen Lüge. Charlottenburg 1926, S. 107f.
14 GRS IX, S. 54.
15 GRS IX, S. 55f.
16 An Sophie Liebknecht, 18. Juni 1916. In: Pfemfert, Briefe aus dem Felde, S. 42.
17 GRS IX, S. 60f. – Zu den Kriegszielforderungen vgl. Deutschland im ersten Weltkrieg, Bd. 2, S.130ff. u. 250ff.
18 GRS IX, S. 68.
19 Am 30. September 1916. Pfemfert, Briefe aus dem Felde, S. 42f. Hier nach dem Original in: RGASPI, Fonds 210, Verz. 1, Nr. 1173, weil bei Pfemfert Abweichungen.
20 GRS IX, S. 72.
21 GRS IX, S. 73.
22 Vgl. Dokumente und Materialien zur Geschichte der deutschen Arbeiterbewegung, Reihe II, Bd. 1, S. 401f.
23 SAPMO-BArch, SgY 30/278.
24 GRS IX, S. 75.
25 GRS IX, S. 76.
26 GB 5, S. 129.
27 Mehring, Gesammelte Schriften, Bd. 15, S. 699.
28 Wehner, Frank, Ein Kampfgenosse von Karl und Rosa. Der italienische Kommunist Francesco Misiano und die Januarkämpfe 1919 in Berlin. In: Neues Deutschland, 17./18. Januar 1987.
29 GB 5, S. 129.
30 Vgl. GRS IX, S. 163f.
31 Am 30. November 1916. SAPMO-BArch, NY 4445/136, B. 192.
32 GB 5, S. 132.
33 Lebt wohl, S. 97.
34 Am 13. November 1917. SAPMO-BArch, NY 4001/65, Bl. 126.
35 Karl und Rosa, Erinnerungen, nur in 2. Auflage 1978, S. 142f. u. 139.
36 GRS IX, S. 169f.
37 Vgl. GRS IX, S. 174f.
38 GRS IX, S. 308f.
39 Potsdamer Zeitung, Nr. 60 v. 12. März 1917.
40 Vgl. Rückert, Zur Geschichte der Arbeiterbewegung ..., Teil 2, 221ff.
41 Am 22. April 1917. Pfemfert, Briefe aus dem Felde, S. 75.
42 Rückert, Zur Geschichte der Arbeiterbewegung ..., Teil 2, S. 223.
43 Vgl. GRS IX, S. 314ff.
44 Ebenda, S. 318.
45 Karl und Rosa, Erinnerungen, S. 152f.
46 GRS IX, S. 317.

47 GRS IX, S. 307.
48 GB 5, S. 159f.
49 Vgl. Spartakusbriefe, Berlin 1958, S. 217ff. u. 280ff.
50 Vgl. GRS IX, S. 7.
51 Vgl. GRS IX, S. 252.
52 An Sophie Liebknecht, 21. Januar 1917. In: Pfemfert, Briefe aus dem Felde, S. 57. – SAPMO-BArch, NY 4001/65.
53 Vgl. Lebt wohl, S. 98f.
54 Vgl. GRS IX, S. 315.
55 SAPMO-BArch, NY 4001/65, Bl. 84.

Im Zuchthaus Luckau

1 Vgl. An Sophie, 11. Dezember 1916. In: Speck, Ute, Ein weiterer Brief von Rosa Luxemburg und Ergänzungen zu einem Karl-Liebknecht-Brief. In: IWK, 33 (März 1997), H. 1, S. 86.
2 Faksimile einer Seite aus den Luckauer Zuchthausakten. GRS IX, nach S. 332.
3 An Sophie, 11. Dezember 1916. In: IWK, 33 (März 1997), H. 1, S. 88.
4 Vgl. ebenda, S. 87.
5 Am 11. Januar 1917. In: Rosa Luxemburg. Ich umarme Sie in großer Sehnsucht. Briefe aus dem Gefängnis 1915–1918. Berlin/Bonn 1980, S. 160.
6 Vgl. GB 5, S. 179.
7 GB 5, S. 155.
8 Am 10. Januar 1917. SAPMO-BArch, NY 4001/65, Bl. 88f. – Pfemfert, Briefe aus dem Felde, S. 54 u. 52.
9 SAPMO-BArch, NY 4001/65, Bl. 88f. – Pfemfert, Briefe aus dem Felde, S. 53 (unkorrekt).
10 SAPMO-BArch, NY 4001/65, Bl. 88f.
11 Pfemfert, Briefe aus dem Felde, S. 51.
12 Rosa Luxemburg. Ich umarme Sie in großer Sehnsucht, S. 152.
13 Am 11. Februar 1917. SAPMO-BArch, NY 4001/65, Bl. 96.
14 Vgl. An Sophie, 10. März 1918. Pfemfert, Briefe aus dem Felde, S. 102.
15 Karl und Rosa, Erinnerungen, S. 154.
16 Vgl. GRS IX, S. 5ff.
17 Vgl. GRS IX, S. 335.
18 Vgl. GRS VII, S. 3ff.
19 Vgl. Jacob, Mathilde, Von Rosa Luxemburg und ihren Freunden ... In: IWK, 24 (Dezember 1988), H. 4, S. 444.
20 Karl und Rosa. Erinnerungen, S. 157f.
21 Am 10. Januar 1917. SAPMO-BArch, NY 4001/65, Bl. 89f.
22 Am 26. Mai 1917. SAPMO-BArch, NY 4001/65, Bl. 106f.
23 Am 11. Februar 1917. SAPMO-BArch, NY 4001/65, Bl. 96f. – Pfemfert, Briefe aus dem Felde, S. 58f.
24 SAPMO-BArch, NY 4001/65, Bl. 97. – Pfemfert, Briefe aus dem Felde, S. 60 (unkorrekt).

25 An Sophie, 18. März 1917. SAPMO-BArch, NY 4001/65, Bl. 98. – Pfemfert, Briefe aus dem Felde, S. 64.
26 Vgl. Liebknecht, Sophie, Nach Bayern – Zur Erholung. SAPMO-BArch, NY 4001/58, Bl. 151.
27 »Ich kann nicht durch Morden mein Leben erhalten«. Briefwechsel zwischen Käte und Hermann Duncker, S. 147.
28 SAPMO-BArch, NY 4001/65, Bl. 110. – Pfemfert, Briefe aus dem Felde, S. 83.
29 An Sophie, 2. September 1917. Pfemfert, Briefe aus dem Felde, S. 86.
30 Am 6. April 1917. Rosa Luxemburg. Ich umarme Sie in großer Sehnsucht, S. 176.
31 Liebknecht, Sophie. SAPMO-BArch, NY 4001/58, Bl. 150.
32 Vgl. 3 Ansichtskarten von Sophie Liebknecht. Hoover Institution on War. Revolution and Peace, Stanford University, Archiv, Collection Rosa Luxemburg, Box 1, Nr. 21, 22 u. 23.
33 Liebknecht, Sophie. SAPMO-BArch, NY 4001/58, Bl. 152f.
34 Barbusse, Henri, Das Feuer. Tagebuch einer Korporalschaft. Alleinberechtigte deutsche Übersetzung v. L. v. Meyenburg. Zürich 1918, S. 301.
35 GB 5, S. 244.
36 Pfemfert, Briefe aus dem Felde, S. 70.
37 GB 5, S. 286.
38 Am 22. April 1917. SAPMO-BArch, NY 4001/65, Bl. 101. – Pfemfert, Briefe aus dem Felde, S. 76.
39 Am 11. Mai 1917. SAPMO-BArch, NY 4001/65, Bl. 105. – Pfemfert, Briefe aus dem Felde, S. 78 (unkorrekt).
40 Am 11. Februar 1917. Lebt wohl, S. 100ff.
41 SAPMO-BArch, NY 4001/65, Bl. 108f.
42 Vgl. Am 27. Juli 1917. SAPMO-BArch, NY 4001/65, Bl. 112 f.
43 Am 11. Februar 1917. Lebt wohl, S. 105f.
44 Am 10. Juni 1917. Lebt wohl, S. 122.
45 Am 18. März 1917. Lebt wohl, S. 112.
46 Vgl. Abschrift der Memoiren von Elsa Liebknecht, S. 22. Privatbesitz von Gisela Liebknecht, Berlin.
47 Vgl. Lebt wohl, S. 122, 126 u. 133.
48 Vgl. Karl Liebknecht an Olga Ryss, 4. Oktober 1918. SAPMO-BArch, NY 4001/66, Bl. 14.
49 Am 11. Februar 1917. Lebt wohl, S. 104f.
50 Liebknecht, Sophie, Verschiedenes. SAPMO-BArch, NY 4001/58, Bl. 90.
51 GRS IX, S. 558.
52 GRS IX, S. 345.
53 GB 5, S. 405.
54 Vgl. Karl Liebknecht an Sophie, 13./14. August 1918. SAPMO-BArch, NY 4001/65, Bl. 169. – GRS IX, S. 559.
55 An Sophie, 11. November 1917. GRS IX, S. 369. – Pfemfert, Briefe aus dem Felde, S. 93.

56 Ebenda, S. 370.
57 Pfemfert, Franz, Karl Liebknecht. In: Liebknecht, Karl, Politische Aufzeichnungen aus seinem Nachlaß. Geschrieben 1917–1918. Hrsg., mit einem Vorwort u. mit Anmerkungen vers. v. Franz Pfemfert. Berlin-Wilmersdorf 1919, S. VIII f.
58 Vgl. GRS IX, S. 551 ff.
59 Vgl. GRS IX, S. 534 ff.
60 Vgl. GRS IX, S. 510.
61 Vgl. GRS IX, S. 379.
62 Vgl. GRS IX, S. 382.
63 Vgl. GRS IX, S. 497.
64 GRS IX, S. 485.
65 Vgl. GRS IX, S. 465.
66 GRS IX, S. 554.
67 GRS IX, S. 562.
68 GRS IX, S. 541.
69 Vgl. GRS IX, S. 554.
70 Vgl. GRS IX, S. 489.
71 Vgl. GRS IX, S. 391 ff.
72 GRS IX, S. 554.
73 GRS IX, S. 434.
74 GRS IX, S. 426.
75 GRS IX, S. 521.
76 GB 5, S. 217.
77 Am 10. Juni 1917. SAPMO-BArch, NY 4001/65, Bl. 110. – Pfemfert, Briefe aus dem Felde, S. 81.
78 SAPMO-BArch, NY 4001/65, Bl. 118.
79 An Sophie, 22. April 1917. SAPMO-BArch, NY 4001/65, Bl. 100.
80 GRS IX, S. 337.
81 GRS IX, S. 340.
82 GRS IX, S. 339.
83 GRS IX, S. 357.
84 Vgl. GRS IX, S. 385 u. 488.
85 GRS IX, S. 385.
86 GRS IX, S. 371.
87 Vgl. Pfemfert, Briefe aus dem Felde, S. 95 ff.
88 Ebenda, , S. 97 f.
89 Ebenda, S. 100.
90 GRS IX, S. 443 f.
91 GRS IX, S. 444.
92 GRS IX, S. 519 f.
93 GRS IX, S. 555.
94 SAPMO-BArch, NY 4001/65, Bl. 156 f.
95 Am 26. Mai 1917. SAPMO-BArch, NY 4001/65, Bl. 109.
96 An Olga Ryss. SAPMO-BArch, NY 4001/66, Bl. 8 f.,
97 Am 26. Dezember 1917. SAPMO-BArch, NY 4001/65, Bl. 133 f.
98 GRS IX, S. 437.

99 An Sophie, 11. Mai 1918. Pfemfert, Briefe aus dem Felde, S. 109. – GRS IX, S. 437.
100 Vgl. »Prinzipielles zum Selbstbestimmungsrecht«. SAPMO-BArch, NY 4001/27, Bl. 182f. – »Neues zur Gaunersprache«. In: Pfemfert, Liebknecht, Karl, Politische Aufzeichnungen, S. 39.
101 Vgl. GRS IX, S. 411ff.
102 Vgl. GRS IX, S. 403, 406ff., 447ff.
103 Vgl. GRS IX, S. 468.
104 GRS IX, S. 445.
105 GRS IX, S. 545.
106 GRS IX, S. 494.
107 Vgl. GRS IX, S. 545.
108 Vgl. GRS IX, S. 556f.
109 Kassiber von Leo Jogiches an Sophie Liebknecht, 7. September 1918. In: Tych, Feliks/Luban, Ottokar, Die Spartakusführung zur Politik der Bolschewiki. In: IWK, 33 (März 1997), H. 1, S. 100f.
110 Vgl. Luban, Ottokar, Die »innere Notwendigkeit, mithelfen zu dürfen«. Zur Rolle Mathilde Jacobs als Assistentin der Spartakusführung bzw. der KPD-Zentrale. In: IWK, 29 (Dezmber 1993), H. 4, S. 441f.
111 Vgl. Mehring, Gesammelte Schriften, Bd. 15, S. 773ff.
112 An Sophie Liebknecht, 11. Februar 1917. SAPMO-BArch, NY 4001/65, Bl. 97.
113 An Sophie Liebknecht, 22. April 1917. SAPMO-BArch, NY 4001/65, Bl. 100.
114 Vgl. GRS IX, S. 563f.
115 Vgl. Norddeutsche Allgemeine Zeitung, Nr. 226, 4. Mai 1918. Der Beitrag stammte aus dem Schlusskapitel einer bei Teubner in der Sammlung »Aus Natur und Geisteswelt« erschienenen Einführung »Karl Marx«.
116 GRS IX, S. 522.
117 Vgl. GRS IX, S. 521.
118 Vgl. Luban, Zur Rolle Mathilde Jacobs … In: IWK, 29 (Dezember 1993), H. 4, S. 441f.
119 Vgl. Luban, Fanny Thomas-Jezierska (1887–1945). In: Jahrbuch für Historische Kommunismusforschung, 2003, S. 297.
120 An Sophie Liebknecht, 6. Juli 1918. GRS IX, S. 544f.
121 Vgl. Luban, Ottokar, Führung und Basis des Rosa-Luxemburg-Karl-Liebknecht-Kreises in Berlin (Spartakusgruppe). In: Groppo, Bruno/ Unfried, Berthold (Hrsg.), Gesichter in der Menge. Kollektivbiografische Forschungen zur Geschichte der Arbeiterbewegung, ITH-Tagungsberichte 40, Leipzig 2006, S. 121ff.
122 Vgl. An Julian Marchlewski, 30. September [1918]. In: GB 6, S. 210.
123 GRS IX, S. 560ff.
124 Am 8. September 1918. GRS IX, S. 563.
125 SAPMO-BArch, NY 4001/65, Bl. 157. – Pfemfert, Briefe aus dem Felde, S. 117 (unkorrekt).

1 Vgl. das Kapitel »Aufbruch in die Politik«.
2 Vgl. das Kapitel »Festungshaft«.
3 Vgl. Liebknecht, Sophie, Zur Entstehung des Buches »Studien über die Bewegungsgesetze der gesellschaftlichen Entwicklung«. SAPMO-BArch, NY 4001/24.
4 Vgl. An Sophie, 11. Februar 1917. SAPMO-BArch, NY 4001/65. – Pfemfert, Briefe aus dem Felde, S. 59.
5 Vgl. an Sophie, 18. März 1917. SAPMO-BArch, NY 4001/65. – Pfemfert, Briefe aus dem Felde, S. 65.
6 Vgl. Am 11. Februar 1917. SAPMO-BArch, NY 4001/65, Bl. 96f. – Pfemfert, Briefe aus dem Felde, S. 59.
7 GRS IX, S. 439.
8 Vgl. An Sophie, 22. April 1917. SAPMO-BArch, NY 4001/85, Bl. 100f. – Pfemfert, Briefe aus dem Felde, S. 75.
9 An Sophie, 16. Juni 1918. SAPMO-BArch, NY 4001/85, Bl. 155ff. – Pfemfert, Briefe aus dem Felde, S. 114f.
10 Am 11. April 1908. IISG, NL Karl Kautsky, Familienarchiv, part. 3.
11 SAPMO-BArch, NY 4001/65, Bl. 111. Pfemfert, Briefe aus dem Felde, S. 83.
12 Liebknecht, Sophie, Zur Entstehung des Buches »Studien über die Bewegungsgesetze …«. SAPMO-BArch, NY 4001/24.
13 Liebknecht, Karl, Vorbemerkung zum Fragment. In: Schulze, Karl Liebknecht. Die Bewegungsgesetze …, S. 21.
14 Ebenda, S. 19.
15 Liebknecht, Sophie, Zur Entstehung des Buches »Studien über die Bewegungsgesetze …«. SAPMO-BArch, NY 4001/24.
16 Susanne Leonhard an Helmut Trotnow, 5. August 1972. Vgl. Trotnow, Karl Liebknecht, S. 297f.
17 Liebknecht, Sophie, Zur Entstehung des Buches »Studien über die Bewegungsgesetze …«. SAPMO-BArch, NY 4001/24.
18 Liebknecht, Karl, Studien über die Bewegungsgesetze der gesellschaftlichen Entwicklung, Kurt Wolff Verlag, München 1922.
19 Schulze, Karl Liebknecht. Die Bewegungsgesetze …, S. 359f.
20 Vgl. Liebknecht, Karl, Studien über die Bewegungsgesetze der gesellschaftlichen Entwicklung. Neu hrsg. und mit einem Vorwort versehen von Ossip K. Flechtheim. Hamburg 1974.
21 Vgl. Liebknecht, Karl, Gedanken über Kunst. Schriften. Reden. Briefe. Hrsg. und mit einer Einführung und Kommentaren versehen von Marlen Michailowitsch Korallow, Dresden 1988.
22 Vgl. GRS IX, S. 17*.
23 Vgl. Schulze, Karl Liebknecht. Die Bewegungsgesetze … .
24 Vgl. Schumann, Harry, Karl Liebknecht. Ein Stück unpolitischer Weltanschauung. 2. Aufl., Dresden 1923, S. 171.
25 Vgl. Bartel, Walter. Karl Liebknecht. Sein Leben in Bildern. Leipzig 1961.
26 Janowskaja, M. Karl Liebknecht. Moskau 1965.

27 Vgl. Wohlgemuth, Heinz, Karl Liebknecht, S. 144f., 147, 154, 359f.
28 Vgl. Ebenda, S. 147.
29 Vgl. Trotnow, Karl Liebknecht, S. 293ff.
30 Ebenda, S. 293.
31 Ebenda, S. 299.
32 Laschitza, Annelies unter Mitwirkung von Elke Keller, Karl Liebknecht. Eine Biographie in Dokumenten, Berlin 1982, S. 99.
33 Ebenda, S. 358.
34 Aisin, B. A., Neistwestyi K. Liebknecht. Kritika wsgljadow K. Marksa. Nowaja i nowejschaja istorija, 2000, Nr. 5, S. 137ff. – K. Liebknecht o sakonach istorii, ebenda 2001, Nr. 6, S. 86ff.
35 Koenen, Gerd, Der Russland-Komplex. Die Deutschen und der Osten 1900–1945. München 2005, S. 199.
36 Liebknecht, Karl, Studien über die Bewegungsgesetze der gesellschaftlichen Entwicklung. Neu hrsg. und mit einem Vorwort versehen von Ossip K. Flechtheim. Hamburg 1974, S. 22.
37 Ebenda, S. 25.
38 Schulze, Karl Liebknecht. Die Bewegungsgesetze ..., S. 370ff.
39 Vgl. ebenda, S. 9ff.
40 Ebenda, S. 19.
41 Ebenda, S. 20.
42 Vgl. ebenda, S. 354.
43 Ebenda, S. 199.
44 Ebenda, S. 21f.
45 Vgl. ebenda, S. 51ff.
46 Ebenda, S. 39.
47 Vgl. ebenda, S. 53.
48 Vgl. ebenda, S. 354.
49 Vgl. ebenda, S. 19, 121, 129, 132, 140, 143ff., 218, 245, 332.
50 Vgl. ebenda, S. 368f.
51 Vgl. ebenda, S. 32.
52 Ebenda, S. 35.
53 Ebenda.
54 Vgl. die Kapitel »Gegen Krieg und Verderben« und »Armierungssoldat«.
55 Vgl. Schulze, Karl Liebknecht. Die Bewegungsgesetze ..., S. 37f.
56 Ebenda, S. 41f.
57 Ebenda, S. 43.
58 Ebenda, S. 367.
59 Vgl. ebenda, S. 55–79.
60 Ebenda, S. 59.
61 Vgl. ebenda, S. 64.
62 Ebenda, S. 65f.
63 Vgl. ebenda, S. 369.
64 Vgl. ebenda, S. 351.
65 Vgl. ebenda, S. 63.
66 Vgl. ebenda, S. 117–294.
67 Vgl. ebenda, S. 117f.

68 Ebenda, S. 118.
69 Ebenda, S. 120.
70 Ebenda, S. 124.
71 Ebenda, S. 127.
72 Ebenda, S. 137.
73 Vgl. ebenda, S. 141.
74 Ebenda, S. 145.
75 Vgl. ebenda, S. 152 ff.
76 Vgl. ebenda, S. 156 ff.
77 Ebenda, S. 164.
78 Ebenda, S, 165.
79 Ebenda.
80 Ebenda, S. 173.
81 Vgl. ebenda, S. 186 ff.
82 Vgl. ebenda, S. 189.
83 Ebenda, S. 191.
84 Ebenda, S. 208.
85 Vgl. ebenda, S. 214 f.
86 Ebenda, S. 218.
87 Ebenda, S. 245.
88 Ebenda, S. 270.
89 Ebenda, S. 270 f.
90 Ebenda, S. 287.
91 Vgl. ebenda, S. 304.
92 Vgl. ebenda, S. 314.
93 Ebenda, S. 294.
94 Ebenda, S. 344.
95 Ebenda, S. 191 f.

Revolution

1 SAPMO-BArch, NY 4001/13.
2 Vgl. Prinz Max von Baden, Erinnerungen und Dokumente. Berlin u. Leipzig 1927, S. 375 f.
3 Vgl. GB 5, S. 413.
4 Vgl. GB 6, S. 250.
5 Vgl. GW 4, S. 394.
6 Vgl. Dokumente und Materialien zur Geschichte der deutschen Arbeiterbewegung, Reihe II. Bd. 2, November 1917 – Dezember 1918. Berlin 1957, S. 251.
7 Prinz Max von Baden, Erinnerungen und Dokumente, S. 476.
8 Nicolai, Georg Friedrich, Gesammelte Aufsätze zum Wiederaufbau Europas, hrsg. u. eingel. v. Hans Wehberg. Leipzig/Wien/Zürich 1921, S. 162 f. – Sturm läutet das Gewissen, S. 309.
9 Vgl. Karl und Rosa, Erinnerungen, S. 91 u. 103.
10 Ebenda, S. 92 ff.

11 Jacob, Mathilde, Von Rosa Luxemburg und ihren Freunden ... In: IWK, 24 (Dezember 1988), H. 4, S. 488.
12 Vorwärts, 23. Oktober 1918.
13 Vgl. SAPMO-BArch, NY 4001/46, Bl. 52 u. 62.
14 Bayerische Staatszeitung, 25. Oktober 1918. Zit. nach Wohlgemuth, Karl Liebknecht, S. 416.
15 Stenographische Berichte über die Verhandlungen des Reichstages. XIII. Legislaturperiode, II. Session,Bd. 314, Berlin 1919, S. 6185 f.
16 Vgl. Dittmann, Erinnerungen 2, S. 547.
17 Vgl. ebenda, S. 555.
18 Vgl. Karl und Rosa, Erinnerungen, S. 75.
19 Lenin, Werke, Bd. 35, S. 347.
20 Holitscher, Arthur, Mein Leben in dieser Zeit. Der »Lebensgeschichte eines Rebellen« zweiter Band (1907–1925). Potsdam 1928, S. 143.
21 Ebenda, S. 144 f. – Wiedergabe der Rede durch Arnold Reisberg in: BzG 1973, H. 6, S. 948 f.
22 Ebenda, S. 145 f.
23 Jacob, Mathilde, Von Rosa Luxemburg und ihren Freunden ... In: IWK, 24 (Dezember 1988), H. 4, S. 488.
24 Holitscher, Mein Leben in dieser Zeit, S. 147.
25 Globig, Marta, Erinnerungen. SAPMO-BArch, SgY 30/278.
26 GRS IX, S. 580.
27 Simon, Hugo, Seidenraupen, Manuskript, S. 1397. In: Archiv der Hamburger Arbeitsstelle für Exilliteratur, Universität Hamburg.
28 SAPMO-BArch, NY 4001/14.
29 Ebenda.
30 GRS IX, S. 581.
31 Vgl. GRS IX, S. 581 f.
32 GRS IX, S. 586 f.
33 Vgl. Karl und Rosa, Erinnerungen, S. 77.
34 Ebenda, S. 78.
35 GRS IX, S. 583.
36 Vgl. GRS IX, S. 580 ff.
37 Vgl. GRS IX, S. 582 f.
38 Vgl. Prinz Max von Baden, Erinnerungen und Dokumente, S. 583.
39 Scheidemann. Philipp, Der Zusammenbruch. Berlin 1921, S. 205.
40 Zit. nach Illustrierte Geschichte der deutschen Novemberrevolution 1918/1919. Autorenkollektiv unter Leitung v. Günter Hortzschansky. Berlin 1978, S. 85.
41 Vgl. BArch, R 43/2462/1, Bl. 113.
42 Vgl. Faksimile. In: Illustrierte Geschichte der Novemberrevolution, S. 101. – Dittmann, Erinnerungen 2, S. 553.
43 Vgl. ebenda, S. 101 f.
44 GRS IX, S. 588 f.
45 Vgl. Dokumente und Materialien zur Geschichte der Arbeiterbewegung. Reihe II, Bd. 2, S. 326.
46 Vgl. ebenda, S. 324.

47 GRS IX, S. 585.
48 Dokumente und Materialien zur Geschichte der deutschen Arbeiterbewegung. Reihe II, Bd. 2, S. 324f.
49 Vgl. ebenda, S. 327.
50 GRS IX, S. 585.
51 Derfert-Casper, Cläre. In: Petzold, Joachim, Der 9. November 1918 in Berlin. Berliner Arbeiterveteranen berichten über die Vorbereitung der Novemberrevolution und ihren Ausbruch am 9. November 1918 in Berlin. Berlin 1958, S. 29.
52 Karl und Rosa, Erinnerungen, S. 81.
53 Prinz Max von Baden, Erinnerungen und Dokumente, S. 631f.
54 Vgl. Vorwärts, 9. November 1918, 2. Extraausgabe.
55 Vgl. Ullrich, Volker, Die nervöse Großmacht. Aufstieg und Untergang des deutschen Kaiserreichs 1871–1918. Frankfurt a. M. 1997, S. 571f.
56 Vgl. Vorwärts, 9. November 1918, Extraausgabe.
57 Vgl. Scheidemann, Memoiren eines Sozialdemokraten, Bd. 2, S. 310.
58 Vgl. Dittmann, Erinnerungen 2, S. 557.
59 Scheidemann, Memoiren eines Sozialdemokraten, Bd. 2, S. 313f.
60 GRS IX, S. 594.
61 Vgl. Hecht, Ben, Revolution im Wasserglas. Geschichten aus Deutschland 1919. Aus dem Englischen von Dieter H. Stündel und Helga Herborth. Mit einem Nachwort von Helga Herborth und Karl Riha. Berlin 2006, S. 12f.
62 Gerlach, Hellmut von, Von Rechts nach Links. Zürich 1937, S. 245.
63 Vgl. Dittmann, Erinnerungen 2, S. 559.
64 GRS IX, S. 593.
65 Dittmann, Erinnerungen 2, S. 560.
66 GRS IX, S. 619.
67 Vgl. Dittmann, Erinnerungen 2, S. 561.
68 Vgl. ebenda, 3, S. 1337.
69 Ebenda, 2, S. 560f.
70 Zeugen der Zeitgeschichte. Über Spartakus, den Mord an Karl und Rosa und die Maximen eines Malers. Interview von Volker Külow und Holger Becker mit Robert Liebknecht in Paris. In: Neues Deutschland, 19. Februar 1992, S. 11.
71 Vgl. Dokumente und Materialien zur Geschichte der deutschen Arbeiterbewegung. Reihe II, Bd. 2, S. 341f.
72 Vgl. ebenda, S. 347.
73 Ebenda, S. 365f.
74 SAPMO-BArch, NY 4001/58, Bl. 142.
75 GRS IX, S. 596f.
76 SAPMO-BArch, NY 4001/58, Bl. 142f.
77 Pieck, Gesammelte Reden und Schriften. Bd. I, Berlin 1959, S. 434.
78 Dokumente und Materialien zur Geschichte der deutschen Arbeiterbewegung. Reihe II, Bd. 2, S. 348.
79 Vgl. Paulus, Günter, Friedrich Ebert. Konkursverwaltung des alten Regimes. In: Gewalten und Gestalten. Miniaturen und Porträts zur deutschen Novemberrevolution 1918/1919. Leipzig/Jena/Berlin 1978, S. 96.

80 Zit. nach Mühlhausen, Walter, Friedrich Ebert 1871–1925. Reichspräsident der Weimarer Republik. Bonn 2006, S. 111. – Vgl. auch S. 110ff., 127, 144ff, 148.
81 Zeugen der Zeitgeschichte … In: Neues Deutschland, 19. Februar 1992, S. 11.
82 Jacob, Mathilde, Von Rosa Luxemburg und ihren Freunden … In: IWK, 24 (Dezember 1988), H. 4, S. 492.
83 Vgl. Pieck, Gesammelte Reden und Schriften. Bd. I, S. 436f.
84 Jacob, Mathilde, Von Rosa Luxemburg und ihren Freunden … In: IWK, 24 (Dezember 1988), H. 4, S. 492f.
85 GW 4, S. 401f.
86 GRS IX, S. 599.
87 Vgl. GRS IX, S. 603.
88 GRS IX, S. 375.
89 GRS IX, S. 604.
90 GRS IX, S. 607.
91 GRS IX, S. 631.
92 Quellen zur Geschichte des Parlamentarismus und der politischen Parteien. Die Regierung Eisner 1918/19. Ministerratsprotokolle und Dokumente. Eingel. u. bearb. v. Franz J. Bauer unter Verwendung der Vorarbeiten v. Dieter Albrecht. Düsseldorf 1987, S. 82. – Aktennotiz Kurt Eisners. BayHStA MA 1027. – Kolb, Eberhard, Die Arbeiterräte in der deutschen Innenpolitik 1918–1919. Frankfurt a.M./Berlin/Wien 1978, S. 140f.
93 Vgl. Eisner, Freya, Kurt Eisner: Die Politik des libertären Sozialismus. Frankfurt a.M 1979, S. 110.
94 Vgl. das Kapitel »Im Zuchthaus Luckau«.
95 Vgl. Laschitza, Annelies, Im Lebensrausch, trotz alledem, S. 580ff.
96 GRS IX, S. 382.
97 GRS IX, S. 383f.
98 GRS IX, S. 610f.
99 Vgl. Baier, Karl, Vorwärts und nicht vergessen. Berlin 1958, S. 133.
100 GRS IX, S. 621ff.
101 Karl und Rosa, Erinnerungen, S. 172f.
102 Vgl. Großmann, Stefan, Ich war begeistert. Eine Lebensgeschichte von Stefan Großmann. Berlin 1930, S. 269.
103 Karl und Rosa, Erinnerungen, S. 172ff.
104 Ebenda, S. 273.
105 Jacob, Mathilde, Von Rosa Luxemburg und ihren Freunden … In: IWK, 24 (Dezember 1988), H. 4, S. 493.
106 Papers Relating to the Foreign Relations of the United States 1919. The Paris Peace Coference. Bd. II, Washington 1942, S. 99ff.
107 Vgl. Petzold, Eduard Stadtler. Antibolschewismus und nationalsozialistische Demagogie. In: Gewalten und Gestalten, S. 300ff.
108 RGASPI, Fonds 215, I/213.
109 Vgl. Dittmann, Erinnerungen 2, S. 585.
110 Vgl. Groß-Berliner Arbeiter- und Soldatenräte in der Revolution 1918/19: Dokumente der Vollversammlung und des Vollzugsrates; vom

Ausbruch der Revolution bis zum 1. Reichsrätekongreß. Hrsg. von Gerhard Engel, Bärbel Holtz u. Ingo Materna. Berlin 1993, S. 624.

111 Dokumente und Materialien zur Geschichte der deutschen Arbeiterbewegung. Reihe II, Bd. 2, S. 544.

112 Groß-Berliner Arbeiter- und Soldatenräte in der Revolution 1918/19 ..., S. 627.

113 Ebenda, S. 625.

114 Vgl. Dittmann, Erinnerungen 2, S. 851.

115 Ullrich, Die nervöse Großmacht 1871–1918, S. 587.

116 Zuelzer, Wolf, Der Fall Nicolai. Frankfurt a. M. 1981, S. 248 f.

117 Ebenda, S. 249.

118 Vgl. GRS IX, S. 365.

119 Vgl. Laschitza, Annelies, Im Lebensrausch, trotz alledem, S. 601 ff.

120 GRS IX, S. 645.

121 GRS IX, S. 646.

122 Vgl. Koenen, Der Russland-Komplex, S. 202.

123 Vgl. GW 4, S. 468.

124 Die Freiheit (Berlin), 20. Dezember 1918.

125 Vgl. Herman Historica OHG München, 16. Auktion, 10./11. April 1987, Nr. 2933.

126 Zit. nach Koenen, Der Russland-Komplex, S. 204.

127 Zit. nach ebenda, S. 202 f.

128 GW 4, S. 448.

129 Radek, Karl, Die Entwicklung des Sozialismus von der Wissenschaft zur Tat (Die Lehren der russischen Revolution). Berlin 1919, S. 17 f.

130 Vgl. GRS IX, S. 647.

131 GRS IX, S. 649.

132 Vgl. GRS IX, S. 652 f.

133 GRS IX, S. 653 u. 660 f.

134 Vgl. GRS IX, S. 655 f.

135 GRS IX, S. 662.

136 GRS IX, S. 653.

Wagnis und tragisches Ende

1 Vgl. Der Gründungsparteitag der KPD. Protokoll und Materialien. Hrsg. u. eingel. v. Hermann Weber. Frankfurt a. M. 1969, S. 32.

2 Vgl. Dokumente und Materialien zur Geschichte der deutschen Arbeiterbewegung. Reihe II, Bd. 2, S. 653.

3 Walcher, Jacob, Das deutsche Proletariat und seine Revolution. In: Die Kommunistische Internationale, 2. (1920), Nr. 14, S. 129.

4 Vgl. GW 4, S. 440 ff.

5 Vgl. Hortzschansky, Günter/Naumann, Horst, Einleitung zum Protokoll des Gründungsparteitages der Kommunistischen Partei Deutschlands (30. Dezember 1918 – 1. Januar 1919). Berlin 1985, S. 40. – Weber, Hermann, Einleitung. In: Der Gründungsparteitag, S. 38 ff.

6 Vgl. Protokoll des Gründungsparteitages, S. 38 u. 318.

7 Ebenda, S. 38. – Vgl. Weber, Einleitung. In: Der Gründungsparteitag, S. 35f.
8 Protokoll des Gründungsparteitages, S. 75.
9 Ebenda, S. 73.
10 Ebenda, S. 78.
11 Ebenda, S. 80f.
12 Ebenda, S. 83.
13 Vgl. ebenda, S. 84.
14 Ebenda, S. 85.
15 Ebenda, S. 94.
16 Ebenda, S. 97.
17 Ebenda, S. 88.
18 Ebenda, S. 96.
19 Vgl. ebenda, S. 87ff.
20 Ebenda, S. 99f.
21 Ebenda, S. 102.
22 Vgl. ebenda, S. 103 u. 221f.
23 Ebenda, S. 104.
24 Liebknecht, Theodor, Wahrheit, Freiheit, Frieden, Brot (Manuskript/ Abschrift). IISG, NL Theodor Liebknecht, Nr. 47, S. 92ff. – Laschitza, Annelies, Theodor Liebknecht. In: Soziale Demokratie und sozialistische Theorie, S. 325.
25 Protokoll des Gründungsparteitages, S. 138.
26 Ebenda, S. 139.
27 Vgl. S. 137ff.
28 Vgl. S. 146.
29 Vgl. S. 221.
30 GB 5, S. 426.
31 Protokoll des Gründungsparteitages, S. 219f.
32 Vgl. ebenda, S. 221.
33 Vgl. ebenda, S. 221f.
34 Pieck, Gesammelte Reden und Schriften, Bd. I, S. 459f.
35 Vgl. Protokoll des Gründungsparteitages, S. 257.
36 Ebenda, S. 269.
37 Vgl. ebenda, S. 272.
38 Vgl. ebenda, S. 281f.
39 Vgl. ebenda, S. 283.
40 Ruge, Wolfgang, Novemberrevolution. Die Volkserhebung gegen den deutschen Imperialismus und Militarismus 1918/19. Berlin 1978, S. 124.
41 Jannack, Karl, Erinnerungen. In: Vorwärts und nicht vergessen. Berlin 1958, S. 179.
42 Zit. nach Illustrierte Geschichte der deutschen Novemberrevolution, S. 289.
43 Groener, Wilhelm, Lebenserinnerungen. Göttingen 1957, S. 477.
44 Dokumente zur deutschen Geschichte 1917–1919. Hrsg. v. Wolfgang Ruge und Wolfgang Schumann. Berlin 1975, S. 102f.

45 Vgl. Liebknechts letzte Tage. Geschildert und hrsg. von seinem ständigen Begleiter in den Revolutionstagen [Berlin 1919], S. 3. – Vgl. Weber, Jacob, Der Unbeugsame. Erinnerungen an Otto Franke. Berlin 1978.
46 Vgl. Wohlgemuth, Karl Liebknecht, S. 467.
47 Vgl. Luban, Ottokar, Demokratische Sozialistin oder »blutige Rosa«? Rosa Luxemburg und die KPD-Führung im Berliner Januaraufstand 1919. In: IWK, 35 (Juni 1999), H. 2, S. 178.
48 Vgl. ebenda, S. 182.
49 Vgl. ebenda, S. 178.
50 Ebenda, S. 189.
51 Ebenda, S. 183.
52 Zetkin, Clara, ARS, Bd. II, Berlin 1960, S. 446.
53 GRS IX, S. 707.
54 Liebknechts letzte Tage, S. 3f.
55 GRS IX, S. 708.
56 Vgl. Liebknechts letzte Tage, S. 4.
57 GW 4, S. 518ff.
58 Vgl. Luban, Demokratische Sozialistin oder »blutige Rosa«?. IWK, 35 (Juni 1999), H. 2, S. 186.
59 Ebenda, S. 187. Diese und einige der folgenden Angaben von Ottokar Luban stützen sich hauptsächlich auf ein Manuskript von Wilhelm Pieck »Zur Parteigeschichte der KPD«, das bisher nicht vollständig veröffentlicht wurde. SAPMO-BArch, NY 4036, Nr. 384.
60 GW 4, S. 521ff.
61 Zit. nach Luban, Demokratische Sozialistin oder »blutige Rosa«? In: IWK, 35 (Juni 1999), S. 176.
62 Vgl. ebenda, S. 191.
63 Vgl. ebenda, S. 196f.
64 Vgl. ebenda, S. 193f.
65 Zit. nach ebenda, S. 190.
66 Liebknechts letzte Tage, S. 5.
67 Ebenda.
68 Pfemfert, Briefe aus dem Felde, S. 132.
69 Zeugen der Zeitgeschichte ... In: Neues Deutschland, 19. Februar 1992.
70 Haase, Ernst (Hrsg.), Hugo Haase. Sein Leben und Wirken. Mit einer Auswahl von Briefen, Reden und Aufsätzen. Berlin [1929], S. 173f.
71 Liebknechts letzte Tage, S. 7.
72 Luban, Demokratische Sozialistin oder blutige Rosa«? In: IWK, 35 (Juni 1999), H. 2, S. 205f.
73 USPD. Protokoll über die Verhandlungen des außerordentlichen Parteitages in Halle. Vom 12. bis 17. Oktober 1920. Berlin (1920), S. 275.
74 GRS IX, S. 710.
75 GRS IX, S. 711.
76 GRS IX, S. 712.
77 GRS IX, S. 713.
78 Lebt wohl, S. 150.

79 SAPMO-BArch, NY 4001/19.
80 Gietinger, Klaus, Eine Leiche im Landwehrkanal. Die Ermordung der Rosa L. Berlin 1995, S. 111ff.
81 Am 17. Dezember 1919. SAPMO-BArch, NY 4445/143, Bl. 208.
82 Dokumente und Materialien zur Geschichte der deutschen Arbeiterbewegung. Reihe II, Bd. 3, S. 84f.
83 Lenin, Werke, Bd. 28, S. 429.
84 SAPMO-BArch, NY 4001/58.
85 Vgl. Jacob, Mathilde, Von Rosa Luxemburg und ihren Freunden ... In: IWK, 24 (Dezember 1988), H. 4, S. 501.
86 Liebknecht, Sophie, Einige Worte über Leviné. SAPMO-BArch, NY 4001/58, Bl. 54ff.
87 RGASPI, Fonds 2, Verz. 1, Nr. 11637.
88 RGASPI, Fonds 2, Verz. 1, Nr. 11637.
89 Zeugen der Zeitgeschichte ... In: Neues Deutschland, 19. Februar 1992.
90 Vgl. Laschitza, Annelies, Vorwort zu Lebt wohl, S. 26f.
91 Vgl. Zeugen der Zeitgeschichte ... In: Neues Deutschland, 19. Februar 1992.
92 Rolland, Romain, Das Gewissen Europas. Bd. 3, Berlin 1974, S. 780.
93 An Olga Ryss, 7. November 1919. RGASPI, Fonds 2, Verz. 1, Nr. 11637.
94 An Olga Ryss, 6. August 1919. RGASPI, Fonds 2, Verz. 1, Nr. 11637.
95 An Olga Ryss, 7. November 1919. RGASPI, Fonds 2, Verz. 1, Nr. 11637.
96 SAPMO-BArch, NY 4001/67, Bl. 30f.
97 Vgl. Laschitza, Annelies, Theodor Liebknecht. In: Soziale Demokratie und sozialistische Theorie, S. 322.
98 Liebknecht, Sophie, Einige Worte über Leviné. SAPMO-BArch, NY 4001/58, Bl. 57.
99 Abschrift der Memoiren von Elsa Liebknecht, S. 24. Privatbesitz von Gisela Liebknecht, Berlin. – Vgl. Liebknecht, Kurt, Mein bewegtes Leben. Aufgeschrieben von Steffi Knop. Berlin 1986, S. 19. – Büning, Marianne, Werte im Wandel. Geschichte eines Berliner Gymnasiums: Fichtenberg-Oberschule 1904–2004. Berlin 2003, S. 103.
100 Vgl. Büning, Marianne, Werte im Wandel, S. 88f u. 172ff.
101 Vgl. Tucholski, Herbert, Robert Liebknecht. In: Janitzki, Michael (Hrsg.), Robert Liebknecht. Ölbilder, Zeichnungen, Grafiken und Texte zu Leben und Werk. Gießen 1991, S. 10.
102 SAPMO-BArch, NY 4269/21.
103 USPD-Parteitagsprotokoll Halle 1920, S. 275.
104 Liebknecht, Theodor, Wahrheit, Freiheit, Frieden, Brot (Manuskript/Abschrift). IISG, NL Theodor Liebknecht, Nr. 47. – Vgl. Laschitza, Annelies, Theodor Liebknecht. In: Soziale Demokratie und sozialistische Theorie, S. 327.
105 Ebenda.
106 An Olga Ryss, 7. November 1919. RGASPI, Fonds 2, Verz. 1, Nr. 11637.
107 Vgl. Vorwort.
108 Schumann, Karl Liebknecht, S. 5.

109 Abschrift der Memoiren von Elsa Liebknecht, S. 29. In Privatbesitz von Gisela Liebknecht, Berlin. – Liebknecht, Kurt, Mein bewegtes Leben, S. 20. – Mühlhausen, Friedrich Ebert 1871–1925, S. 837.

110 Vgl. Der Mord an Rosa Luxemburg und Karl Liebknecht. Dokumentation eines Verbrechens. Hrsg. v. Elisabeth Hannover-Drück und Heinrich Hannover. Frankfurt a. M. 1967, Neuauflage Göttingen 1989.

111 Vgl. Gietinger, Eine Leiche im Landwehrkanal, S. 55 ff. u. S. 132. – Wessel, Harald, Das Bauernopfer. Notwendige Anmerkungen zu Otto Emil Runges letzten Geständnissen. In: Utopie kreativ, H. 7 (März 1991), S. 74 ff. – Ders. Wer verschwand im Keller? Gedenkstättenkultur heute: Vom offiziellen Umgang mit Otto Emil Runge, Beihelfer zum Mord an Rosa Luxemburg. In: junge welt, 13./14. Januar 1907. – Laschitza, Annelies, Neue Dokumente über den Mordkomplizen Otto Runge. In: BzG, 40. Jg. 1998, H. 1, S. 81 ff.

112 Vgl. Gietinger, Eine Leiche im Landwehrkanal, S. 128 ff. – Akte des Reichsjustizministeriums über Rudolf Liepmann, der an der Erschießung beteiligt gewesen ist, in: BArch, R 3012/155.

113 Haffner, Sebastian, Der Verrat. Berlin 1993, S. 149 f.

114 Vgl. ebenda, S. 149. – Gietinger, Eine Leiche im Landwehrkanal, S. 11 ff. – Kachulle, Doris, Die Diskussion in der Schweiz 1944–1946 um die Ausweisung des deutschen Majors a. D. Waldemar Pabst, der Organisator des Luxemburg-Mordes. In: Rosa Luxemburg im internationalen Diskurs. Hrsg. von Narihiko Ito, Annelies Laschitza und Ottokar Luban. Berlin 2002, S. 266 ff.

115 Vgl. SAPMO-BArch, NY 4001/59, Bl. 65a.

116 Vgl. Liebknecht, Sophie, Einige Zeilen über mein Archiv und was dazu gehört. SAPMO-BArch, DY 30/ IV A 2 9.07/136.

117 Vgl. ebenda. – Leonhard, Susanne, Ärger mit Zitaten – Karl Liebknechts Nachlaß, o. O. o. J. (60er Jahre]

118 Auskünfte von Maja Liebknecht, Hennigsdorf, 2005/2006. – Stammberger, Gabriele, Gut angekommen – Moskau. Berlin 1999, S. 140.

119 Hobsbawm, Eric, Das Zeitalter der Extreme. Weltgeschichte des 20. Jahrhunderts. Aus dem Englischen von Yvonne Badal. Wien 1995.

120 Lebt wohl, S. 104 u. 132.

Bildnachweis

Bildarchiv Preußischer Kulturbesitz: Abb. 15
Felix Greiner-Petter, Berlin: Abb. 47, 48
Gisela Liebknecht, Berlin: Abb. 28, 29
Maja Liebknecht, Hennigsdorf: Abb. 50
Marianne Liebknecht, Wien: Abb. 53
Mag. Helen Rupertsberger-Knopp, Wien: Abb. 21, 30, 31
Privat: Abb. 9, 10, 36 (Kopie), 51
SAPMO-BArch: Abb. 1 (Bild Y 10 – 5219/66), Abb. 2 (Bild Y 10 – 169/70), Abb. 3 (Bild Y 10 – 37236), Abb. 4 (Bild Y 10 – 1430), Abb. 5 (Bild Y 10 –

12650), Abb. 6 (Bild Y 10 – 441), Abb. 7 (Bild Y 10 – 13198), Abb. 8 (Bild Y 10 – 5234/66), Abb. 11 (Bild Y 10 – 5208/66), Abb. 12 (Bild Y 10 – 580/76), Abb. 13 (Bild Y 10 – 878/65), Abb. 14 (Bild Y 10 – 442), Abb. 16 (Bild Y 10 – 12645), Abb. 17 (Bild Y 10 – 446), Abb. 19 (Bild Y 10 – 22565), Abb. 20 (Bild Y 10 – 1131/68), Abb. 22 (Bild Y 10 – 24058), Abb. 23 (Bild Y 10 – 622/77), Abb. 24 (Bild Y 1 – 1183/68), Abb. 25 (Bild Y 10 – 26634), Abb. 26 (Bild Y 10 – 10180), Abb. 27 (Bild Y 10 – 1128/68), Abb. 28 (Bild Y 10 – 1697/79), Abb. 32 (Bild Y 10 – 638/72), Abb. 33 (Bild Y 10 – 1209), Abb. 35 (Bild Y 10 – 14996 und Bild Y 10 – 13702), Abb. 36 (Bild Y 10 – 2831/67), Abb. 37 (Bild Y 10 – 15608), Abb. 38 (Bild Y 10 – 1309/68), Abb. 40 (Bild Y 10 – 16630), Abb. 41 (Bild Y 10 – 1726/65), Abb. 42 (Bild Y 10 – 16634), Abb. 43 (Bild Y 10 – 1399/70), Abb. 44 (Bild Y 10 – 19303), Abb. 45 (Bild Y 10 – 10173), Abb. 46 (Bild Y 10 – 15378), Abb. 49 (Bild Y 10 – 834/00), Abb. 52 (Bild Y 10 – 833/00)

ullstein bild: Abb. 39

Personenregister